**Sindicatos e Autonomia
Privada Coletiva**

Sindicatos e Autonomia Privada Coletiva

PERSPECTIVAS CONTEMPORÂNEAS

2017

Organizadores:
Túlio Massoni
Francesca Columbu

SINDICATOS E AUTONOMIA PRIVADA COLETIVA

PERSPECTIVAS CONTEMPORÂNEAS

© Almedina, 2018

Organizadores: Túlio Massoni e Francesca Columbu
DIAGRAMAÇÃO: Almedina
DESIGN DE CAPA: FBA
ISBN: 978-85-8493-277-1

Dados Internacionais de Catalogação na Publicação (CIP)
(Câmara Brasileira do Livro, SP, Brasil)

Sindicatos e autonomia privada coletiva :
perspectivas contemporâneas / organizadores
Túlio Massoni, Francesca Columbu. -- São Paulo :
Almedina, 2018.

Vários autores.
Bibliografia.
ISBN 978-85-8493-277-1

1. Autonomia privada coletiva 2. Direito de
greve 3. Direito do trabalho 4. Negociação coletiva
5. Relações trabalhistas 6. Sindicalismo
7. Sindicatos I. Massoni, Túlio. II. Columbu,
Francesca.

18-14808	CDU18-34:331.105.44

Índices para catálogo sistemático:

1. Sindicatos e autonomia privada coletiva : Direito sindical 34:331.105.44

Este livro segue as regras do novo Acordo Ortográfico da Língua Portuguesa (1990).

Todos os direitos reservados. Nenhuma parte deste livro, protegido por copyright, pode ser reproduzida, armazenada ou transmitida de alguma forma ou por algum meio, seja eletrônico ou mecânico, inclusive fotocópia, gravação ou qualquer sistema de armazenagem de informações, sem a permissão expressa e por escrito da editora.

Abril, 2018

EDITORA: Almedina Brasil
Rua José Maria Lisboa, 860, Conj. 131 e 132, Jardim Paulista | 01423-001 São Paulo | Brasil
editora@almedina.com.br
www.almedina.com.br

APRESENTAÇÃO

A obra é um conjunto de reflexões sobre o atual estágio das relações coletivas e sindicais no Brasil, Itália, Espanha, Portugal e Uruguai. Tendo como fio condutor o princípio da autonomia privada coletiva, o livro encontra-se dividido em três grandes partes que compõem, tradicionalmente, este ramo do direito: o plano da estrutura das organizações coletivas, o plano das ações coletivas e o plano dos conflitos coletivos de trabalho e seus modos de solução.

Representa um válido aprofundamento de temas de direito sindical fruto do pensamento crítico de renomados professores e pesquisadores da área e, por consequência, uma contribuição original e madura para os interessados em conhecer, de forma mais sistematizada, os institutos, problemas e perspectivas contemporâneas desta disciplina, a qual atravessa um momento de grandes transformações tal como ocorre com o direito do trabalho.

Os organizadores

PREFÁCIO

Sindicatos e Autonomia Privada Coletiva: Perspectivas Contemporâneas resulta da organização editorial derivada do talento, da percuciência e da refinada competência dos Professores *Túlio de Oliveira Massoni* e *Francesca Columbu*. É um livro atual, instrumental e reflexivo, que consegue ilustrar, ensinar e suscitar os debates mais instigantes e necessários sobre Sindicatos e Autonomia Privada Coletiva à luz inclusive de experiências estrangeiras muito relevantes e pertinentes ao Brasil.

A divisão dos estudos em razão da organização, ação e conflitos coletivos permite a articulação a partir do núcleo da estrutura, do movimento e dos impasses no contexto da sociedade democrática. Este livro discute sob diversos aspectos as múltiplas variáveis do funcionamento da democracia na esfera das relações coletivas de trabalho. Autonomia Privada Coletiva é um tema e um assunto que só faz sentido na Democracia. Também, por isso, a obra deve ser enaltecida: por problematizar e refletir temas inerentes à democracia em tempos de inegáveis manifestações de apreço autoritário regressivo.

É um livro que discute derivações da democracia trabalhista pós Constituição de 1988, em um ambiente institucional inegavelmente aproximado do padrão regulatório anterior a 1930 para os sindicatos e para o sindicalismo. É um livro que mira a consolidação democrática apesar das nuvens cinzentas da incerteza permanente como variável de desequilíbrio constante a funcionar como rebaixamento dos Sindicatos e das organizações dos trabalhadores. É uma leitura necessária em tempos de passagem e os temas aqui debatidos são fundamentais à construção do futuro. E o futuro para um país como o Brasil–apesar da renitência de expressivos setores historicamente identificados—não tem como não ser auspicioso.

Além da organização temática, merece destaque a feliz opção na escolha dos países estrangeiros. Um dos mais importantes movimentos de método comparado é a definição dos países paradigmas. Para o caso brasileiro, as comparações com Itália, Portugal e Espanha são fundamentais pela semelhança dos padrões sindicais consolidados nas décadas de 20-30 do Século passado. Averiguar os percursos de reorganização sindical nos períodos de democratização, de ascensão e crise do diálogo social é um portentoso referencial reflexivo.

No mesmo sentido, é muito interessante e oportuna a perspectiva do Uruguai, não só por ser um país vizinho, com história fortemente ligada à do Brasil e integrar o espaço regional, tão importante para nós, mas sobretudo por ter construído um padrão acentuado e fortemente consolidado de Liberdade Sindical, demonstrando de maneira insofismável que a reclamada *"tropicalização"* da Liberdade Sindical entre nós não passa de subterfúgio discursivo.

A adequada e competente organização e escolha dos temas encontra sua máxima potencialidade nos autores dos textos. Integra esta obra um conjunto de professoras e professores do mais alto quilate intelectual do Brasil, Itália, Portugal, Espanha e Uruguai, com elevada atuação, produção e reconhecimento acadêmico, revelando o cuidado, a dedicação, a delicadeza e o refinamento na configuração da obra por parte dos organizadores.

Túlio e *Francesca* fazem parte de uma nova geração de juristas detentores de uma visão integrada do Direito, mas ciente das lateralidades e interlocuções próprias do mundo do trabalho globalizado. Representam as melhores perspectivas de renovação doutrinária consistente. O livro é pertinente, sua organização é refinada, seus autores são especiais. Os tempos são – temporariamente – difíceis, mas os leitores poderão amenizar os tropeços momentâneos e vislumbrar o futuro na mais fina companhia.

José Francisco Siqueira Neto
Professor Titular do Programa de Pós-Graduação em Direito Político e Econômico
Faculdade de Direito da Universidade Presbiteriana Mackenzie

SUMÁRIO

PARTE 1 – ORGANIZAÇÃO SINDICAL

Representatividade sindical na Organização Internacional do Trabalho, na União Européia e no Mercado Comum do Sul... 15
Walküre Lopes Ribeiro da Silva

Liberdade sindical 57
Otávio Pinto e Silva

(Re)visitar para (des)construir: Aspectos históricos do modelo sindical brasileiro 77
Patrícia Tuma Martins Bertolin
Túlio Augusto Tayano Afonso

Os Serviços Sociais Autônomos: história do Sistema "S".............................. 95
Pedro Paulo Teixeira Manus

Sindicalismo no Brasil: do corporativismo ao neocoporativismo. A questão das Centrais Sindicais... 103
Ronaldo Lima dos Santos

Por uma concepção democrática de categoria sindical no ordenamento jurídico brasileiro.. 131
Francesca Columbu
Túlio de Oliveira Massoni

El modelo español de representación de los trabajadores 153
Rafael Sastre Ibarreche

Democracia sindical interna 179
Elton Duarte Batalha

Panorama del modelo sindical uruguayo 203
Mario Garmendia Arigón

PARTE 2 – AÇÃO SINDICAL

Observações sobre as características gerais da negociação coletiva nos países da União Europeia 219
Giancarlo Perone

Concertação social: possibilidade ou utopia no cenário da estrutura sindical brasileira? 237
Carla Teresa Martins Romar

La inaplicación parcial o descuelgue de convenios colectivos: puntos críticos y posibles respuestas desde la autonomía colectiva.. 261
Wilfredo Sanguineti Raymond

Sindicato e gênero no Brasil: a dificuldade de inserção de pautas das trabalhadoras nos instrumentos coletivos 277
Regina Stela Corrêa Vieira

As possibilidades jurídicas de organização e atuação coletivas dos trabalhadores informais: sindicatos, cooperativas e associações·· 301
Renan Bernardi Kalil

A inevitabilidade da negociação coletiva no setor público... 331
Enoque Ribeiro dos Santos
Bernardo Cunha Farina

A coletivização necessária do processo individual do trabalho – proposta de criação de varas especializadas em ações coletivas 355
Homero Batista Mateus da Silva

Substituição Processual pelo Sindicato como instrumento de acesso à Justiça 369
Dânia Fiorin Longhi
Gabriel Henrique Santoro

PARTE 3 – CONFLITOS COLETIVOS DE TRABALHO

Autonomía sindical y derecho de huelga en la crisis económica. Un análisis del caso español 385
Antonio Pedro Baylos Grau

Conflito coletivo de trabalho 403
Renato Rua de Almeida

SUMÁRIO

Poder normativo da justiça do trabalho: do intervencionismo à arbitragem facultativa constitucional 411
Luiz Carlos Amorim Robortella
Antonio Galvão Peres

Da Proibição de Substituição de Grevistas à Luz do Artigo 535.º do Código do Trabalho 431
Júlio Manuel Vieira Gomes

Titularidade do direito à greve, dever de paz social e exercício do direito à greve nas microempresas 455
Catarina de Oliveira Carvalho

Repressão aos atos antissindicais: a experiência da OIT e do direito comparado 489
Firmino Alves Lima

A construção da legalidade da greve política 527
José Carlos de Carvalho Baboin

Abuso do direito de greve 547
Juliana Tavares Pegorer

PARTE 1 – ORGANIZAÇÃO SINDICAL

Representatividade sindical na organização internacional do trabalho, na União Europeia e no Mercado Comum do Sul

*Walküre Lopes Ribeiro da Silva**

1. Organização Internacional do Trabalho

1.1. Constituição da OIT: princípio do tripartismo e representatividade sindical

O artigo 3, número 1, da Constituição da OIT, aplica o princípio do tripartismo à composição da Conferência ao dispor que cada um dos Estados membros contará com quatro representantes, dos quais dois são delegados governamentais e os outros dois representam, respectivamente, os empregadores e os trabalhadores.[1]

O artigo 3, número 5, por sua vez, ao tratar da designação dos representantes patronais e obreiros, refere-se à representatividade sindical, noção que repercutiu em tantos ordenamentos jurídicos nacionais e no ordenamento comunitário europeu: "os Membros obrigam-se a designar os delegados e conselheiros técnicos não governamentais de acordo com as organizações profissionais mais representativas de empregadores e de trabalhadores, segundo seja o caso, sempre que tais organizações existam no país de que se trate".

---

* Livre-Docente pela Faculdade de Direito da Universidade de São Paulo – FDUSP.
[1] ORGANIZACIÓN INTERNACIONAL DEL TRABAJO. Constitución de la Organización Internacional del Trabajo y Reglamento de la Conferencia Internacional del Trabajo. Ginebra: Oficina Internacional del Trabajo, 1988. p. 7.

SINDICATOS E AUTONOMIA PRIVADA COLETIVA

Por fim, o artigo 3, número 9, prevê que "os poderes dos delegados e de seus conselheiros técnicos serão examinados pela Conferência, a qual poderá, por maioria de dois terços dos votos dos delegados presentes, rejeitar a admissão de qualquer delegado ou conselheiro técnico que na opinião da mesma não tenha sido designado em conformidade com o presente artigo".

Portanto, o descumprimento do artigo 3, número 5, da Constituição da OIT gera uma sanção: a invalidação da designação do delegado ou conselheiro técnico.

A estrutura tripartite da OIT, em que pese ter sido um fator de fortalecimento e democratização, acarretou dificuldades no tocante à representação e representatividade das organizações de trabalhadores e de empregadores escolhidas para compor seus órgãos internos.

Georges Scelle revela que em 1919, no momento da elaboração do artigo 3 da Constituição da OIT, os integrantes da Comissão de Legislação Internacional do Trabalho acreditavam que a própria redação do artigo estimularia "patrões e operários a organizarem-se em toda a parte onde ainda não o fossem e a assegurarem uma representação unificada no seio do novo organismo internacional. O sistema adotado pareceu adequado para evitar as complicações que gerariam necessariamente as eleições diretas, a organização de colégios, a designação de uma só candidatura por todo o patronato ou toda a classe trabalhadora de um Estado".[2]

Essas previsões não se confirmaram e tanto a Corte Permanente de Justiça Internacional como a Comissão de Verificação de Poderes, além de outros órgãos da OIT, apreciaram numerosos casos pertinentes à representação e representatividade sindicais.

1.2. Problemas postos pela representação e representatividade sindicais

Os principais problemas postos pelas organizações de trabalhadores dizem respeito aos países que consagram o sistema da pluralidade sindical ou que não respeitam o princípio da liberdade sindical. Quanto às organizações de empregadores, o maior problema enfrentado vincula-se aos países de regime comunista.

Desde as primeiras sessões da Conferência Internacional do Trabalho a designação de delegados dos trabalhadores suscitou impugnações. A primeira

---

[2] SCELLE, Georges. *L'Organisation Internationale du Travail et le B.I.T.* Paris: Librairie des Sciences Politiques et Sociales Marcel Rivière, 1930. p.146-147.

oportunidade para a apreciação da questão da representatividade sindical de modo amplo aconteceu durante a terceira sessão da Conferência, em 1921, por meio do chamado "caso Serrasens", que foi objeto de pronunciamento de Corte Permanente de Justiça Internacional em 31 de julho de 1922.[3]

O delegado dos trabalhadores da Holanda, Serrasens, teve sua designação impugnada pela Confederação Holandesa de Sindicatos, que possuía o maior número de filiados. Nas duas primeiras sessões da Conferência, em 1919 e 1920, essa havia indicado o delegado por ser considerada entidade majoritária. Na terceira sessão, não houve acordo entre as cinco grandes confederações sindicais de trabalhadores e o governo holandês designou o candidato integrante da entidade que ocupava o segundo lugar quanto ao número de filiados, apoiado pelas terceira e quarta colocadas.[4]

Primeiramente, a Corte Permanente de Justiça Internacional considerou que a participação das organizações de trabalhadores e de empregadores na designação de delegados e conselheiros técnicos visa a garantir que os governos escolham pessoas que expressem os pontos de vista dos atores sociais. Por isso, se há várias organizações representativas dos trabalhadores, todas devem ser levadas em consideração pelo governo do Estado membro, o que implica a necessidade de um acordo que envolva todos os interessados para assegurar a representação de todos os trabalhadores. Reconhecendo que tal acordo é um ideal de difícil concretização, a Corte conclamou os governos a fazerem todo o possível para obter o melhor acordo diante das circunstâncias concretas.[5]

Em segundo lugar, a Corte apreciou a questão relativa ao conceito de organização mais representativa, para o que indicou vários critérios a serem utilizados. Sem dúvida, a determinação dessas organizações deve ser feita à luz dos fatores vigentes no momento da designação pelo governo. Embora o número de filiados não deva constituir o único critério para aferir a representatividade sindical, é muito importante, de sorte que, havendo igualdade no tocante aos demais critérios, deve ser considerada mais representativa a entidade com maior número de sócios. Outros critérios foram apontados: a tradição do sindicato, a atuação por ele desenvolvida, sua independência, a autenticidade da tutela dos interesses que ele representa, todos de difícil apreciação para fins de comparação. Justifica-se, assim, a preponderância do

---

[3] PLÁ RODRIGUEZ, Américo. *Los convenios internacionales del trabajo*. Montevideo: Biblioteca de Publicaciones Oficiales de la Facultad de Derecho y Ciencias Sociales de la Universidad de la Republica, 1965. p.120.

[4] Idem, op. e loc. cit.

[5] Ibidem, op. cit. p.121.

fator quantitativo, muito mais fácil de medir. Por último, a Corte entendeu ser essencial a observância do princípio da liberdade sindical para que uma organização seja autenticamente representativa.[6]

No caso Serrasens a Corte Permanente de Justiça Internacional julgou que a designação do delegado holandês respeitava as disposições da Constituição da OIT e suas considerações fundamentaram a atuação posterior da Comissão de Verificação de Poderes e outros órgãos internos da Organização.

Os países em que vigora o sistema de pluralidade sindical são mais suscetíveis a problemas relativos à designação de delegados dos trabalhadores, o que ensejou o surgimento da prática de alternância entre as organizações representativas. Assim, uma delas indica o delegado designado pelo governo enquanto as demais são representadas por conselheiros técnicos. Nicolas Valticos aponta as anomalias geradas por essa prática: uma entidade sindical dotada de representatividade pode ser impedida durante anos de enviar um delegado à Conferência por força dos acordos entre as organizações; a função de conselheiro técnico foi desvirtuada, pois deveria constituir um especialista encarregado de assessorar o delegado e acabou sendo utilizada para garantir a participação de organizações de outras tendências.[7]

Quanto à exigência de respeito ao princípio da liberdade sindical para uma autêntica representatividade sindical, as delegações de trabalhadores de numerosos países têm sido objeto de impugnação, podendo ser invocados os exemplos da Itália, da Argentina, da Venezuela, da extinta União das Repúblicas Socialistas Soviéticas e outros países do Leste Europeu.

Georges Scelle relata que em 1923 e 1924 foi impugnada a designação do delegado dos trabalhadores pelo governo italiano, sob a alegação de que as corporações fascistas configuravam um sindicalismo misto. Como o governo italiano negou a existência dessa característica no modelo legal, a Conferência validou os poderes do delegado dos trabalhadores nas duas ocasiões. Em 1929 foi feita outra impugnação, pois a Corporação Geral das Corporações Fascistas havia sido dissolvida e substituída por seis confederações vinculadas aos setores de atividade econômica. Embora essa alteração tenha sido imposta por lei, fundamentando a alegação de inexistência de qualquer autonomia sindical no modelo italiano, a Conferência validou o mandato do delegado dos trabalhadores. Para o autor essas três decisões "são juridicamente contestáveis" e de

[6] Ibidem, op. cit. p.122.
[7] VALTICOS, Nicolas. op. cit. p.204.

fato não desarmaram a oposição do grupo das delegações dos trabalhadores na Conferência, o qual apresentou a cada ano um relatório da minoria.[8]

Américo Plá Rodriguez explica que em 1945 foi invalidada por unanimidade de votos a designação do delegado dos trabalhadores pelo governo argentino, enquanto o delegado patronal sequer compareceu. Em 1950 o delegado dos trabalhadores da Venezuela e seus conselheiros técnicos também tiveram sua designação invalidada pela Conferência. Em ambos os casos entendeu-se que inexistia liberdade sindical, agravada no segundo caso por ter sido retirada a personalidade jurídica da Confederação de Trabalhadores da Venezuela, a entidade sindical mais representativa do país.[9]

Quanto às delegações dos trabalhadores de países comunistas, em diversas oportunidades foram objeto de impugnação, a primeira delas em 1937, por iniciativa da Confederação Internacional dos Sindicatos Cristãos, que alegou não ser o delegado da URSS representante de organizações livres mas "dependentes das mesmas autoridades políticas que dirigem o governo". Tanto nesta como nas demais ocasiões a Conferência validou os poderes impugnados, com exceção do caso da Hungria entre 1957 e 1962, no qual o fundamento da invalidação não dizia respeito ao modelo sindical do país, mas à intervenção soviética ocorrida em 1956.[10]

Como foi mencionado anteriormente, a principal dificuldade enfrentada pelas organizações de empregadores no âmbito da OIT envolveu os países comunistas, em função da economia estatizada. Sem dúvida, a OIT foi criada no contexto da economia de mercado consagrada nos países capitalistas, de modo que empregadores e trabalhadores correspondiam aos fatores da produção e, como tais, foram admitidos no processo de elaboração das normas internacionais do trabalho. Com o ingresso da URSS na Organização em 1934 o problema da delegação patronal foi levado ao Conselho de Administração, sem ser objeto de impugnação formal, tornando-se objeto de um relatório divulgado em 1937, no qual se aceitou que o Estado assumisse o papel de agente econômico e, portanto, empregador, cumulativamente à atribuição de designar o delegado patronal. O problema agravou-se após a Segunda Guerra Mundial, no contexto da chamada Guerra Fria, quando o grupo das delegações patronais junto à Conferência impugnou em diversas oportunidades a designação de delegados patronais de países comunistas, sob a alegação de

---

[8] SCELLE, Georges. op. cit. p.152-153.
[9] PLÁ RODRIGUEZ, Américo. op. cit. p.122.
[10] VALTICOS, Nicolas. op. cit. p.206-207.

que neles não havia autênticos empregadores e de que os diretores de empresa configuravam "simples agentes do governo" enquanto a OIT exigia que os delegados dos empregadores representassem "organizações livres de empregadores livres". A Conferência validou os poderes das delegações patronais em todas as ocasiões, salvo no caso da Hungria no período de 1957 a 1962.[11]

1.3. Pronunciamentos da Comissão de Peritos na Aplicação de Convenções e Recomendações e do Comitê de Liberdade Sindical

Uma vez que o problema da representatividade sindical está indissoluvelmente ligado ao princípio da liberdade sindical, consagrado no Preâmbulo da Constituição da OIT e em numerosas normas internacionais do trabalho elaboradas no âmbito da Organização, devem ser examinados os pronunciamentos da Comissão de Peritos na Aplicação de Convenções e Recomendações e do Comitê de Liberdade Sindical quanto a essa matéria.

Nicolas Valticos afirma que tanto a Comissão de Peritos como o Comitê de Liberdade Sindical construíram uma jurisprudência em sentido amplo: os comentários individuais e os estudos gerais efetuados pela primeira revestem-se de grande autoridade, enquanto as decisões do segundo têm sido reunidas em sucessivas recompilações. A atuação do Comitê de Liberdade Sindical, em especial, não se limita à interpretação das convenções da OIT, propiciando a complementação das disposições nelas contidas.[12]

O estudo efetuado pela Comissão de Peritos para a Conferência Internacional do Trabalho em matéria de liberdade sindical e negociação coletiva, publicado em 1994, aprecia o problema do reconhecimento de sindicatos mais representativos.

A Comissão de Peritos observa que em diversas legislações nacionais é consagrada a noção de sindicato mais representativo, o qual beneficia-se de determinados direitos e vantagens, destacando que tais disposições em si mesmas não violam o princípio da liberdade sindical, desde que observadas certas condições: "antes de tudo, a determinação da organização mais representativa deveria ser feita segundo critérios objetivos, pré-estabelecidos e precisos, de modo a evitar qualquer possibilidade de parcialidade ou abuso. De outro lado, a distinção deveria geralmente limitar-se ao reconhecimento

---

[11] Idem, op. cit. p.208-210.
[12] Ibidem. Les méthodes de la protection internationale de la liberté syndicale. *Recueil des Cours de l'Académie de Droit Internationale*, Leyde, v. 144, p. 89-90, 1975-I.

REPRESENTATIVIDADE SINDICAL NA ORGANIZAÇÃO INTERNACIONAL DO TRABALHO...

de certos direitos preferenciais, por exemplo, para fins tais como a negociação coletiva, a consulta por parte das autoridades ou a designação de delegados junto a organismos internacionais".[13]

A Comissão de Peritos ressalta ainda que o reconhecimento de sindicatos mais representativos não deve impedir a existência de outros sindicatos ou gerar o monopólio de privilégios capazes de influenciar a escolha de uma organização pelos trabalhadores. Tanto os sindicatos mais representativos como os minoritários devem dispor dos meios necessários para tutelar os interesses de seus membros, incluindo o direito de representação, para organizar sua gestão e sua atividade, bem como para formular seus programas, nos ternos da Convenção n.87 da OIT.[14]

For fim, a Comissão de Peritos considera que nos países em que apenas um agente negocial pode representar os trabalhadores em uma dada unidade de negociação, gozando de direito exclusivo para celebrar convenções e acordos coletivos e velar por seu cumprimento, haverá compatibilidade com a Convenção se a legislação ou a prática negocial obrigar esse agente negocial a representar todos os trabalhadores compreendidos na unidade de negociação, sócios e não-sócios do sindicato.[15]

A propósito desse último aspecto, evocamos os problemas enfrentados na definição de uma unidade de negociação nos Estados Unidos da América, por serem estabelecidos critérios muito rígidos para o reconhecimento da comunidade de interesses e exigir a filiação sindical dos trabalhadores abrangidos.

Dada a centralidade do princípio da liberdade sindical no âmbito da OIT, em virtude de sua estrutura tripartite, foi instituído em 1950 um procedimento especial para o controle de sua observância, mediante acordo celebrado com o Conselho Econômico e Social das Nações Unidas. O referido procedimento prevê a participação de dois organismos na apreciação das queixas: a Comissão de Investigação e Conciliação em Matéria de Liberdade Sindical e o Comitê de Liberdade Sindical do Conselho de Administração. Uma vez que a primeira enfrentou dificuldades no exercício de suas funções, pois só pode intervir com o consentimento do governo respectivo caso o Estado não tenha ratificado as convenções da OIT sobre a liberdade sindical, ganhou relevância a atuação

---

[13] ORGANISATION INTERNATIONALE DU TRAVAIL. Liberté syndicale et négociation collective: rapport de la Commission d'experts pour l'application des conventions et recommandations. In: CONFÉRENCE INTERNATIONALE DU TRAVAIL, 81, Genève, 1994. Rapport III (Partie 4B). Genève, Bureau International du Travail, 1994. p. 46. § 97.

[14] Idem, op. e loc. cit. § 98.

[15] Ibidem, op. cit. p. 46-47. § 99.

do segundo, em princípio encarregado de um exame preliminar seguido da elaboração de um relatório para o Conselho de Administração, justificando o encaminhamento ou não do caso à Comissão. Com o tempo o Comitê passou a decidir ele próprio sobre o mérito das queixas.[16]

As decisões contidas nos relatórios do Comitê de Liberdade Sindical constituem relevante fonte para a configuração da representatividade sindical no âmbito da OIT, oferecendo parâmetros para os ordenamentos jurídicos dos Estados membros.

O Comitê alertou para o efeito indireto de restringir a liberdade de filiação sindical dos trabalhadores que a distinção entre sindicatos pode provocar: "de modo geral, a possibilidade para um governo de conceder uma vantagem a uma determinada organização ou retirá-la para beneficiar outra contém o risco, ainda que não seja esse a sua intenção, de acabar por favorecer ou desfavorecer um sindicato frente a outros, cometendo um ato de discriminação. E mais, favorecendo ou desfavorecendo determinada organização frente a outras, os governos podem influir no ânimo dos trabalhadores quando elegem uma organização para filiar-se, já que é indubitável que estes últimos sentir-se-ão inclinados a filiar-se ao sindicato mais apto a servi-los, enquanto que por motivos de ordem profissional, confessional, político ou outro, suas preferências tê-los-iam levado a filiar-se a outra organização".[17]

Manifestando mais uma vez preocupação quanto à liberdade de filiação sindical, o Comitê admitiu a concessão de certas vantagens em matéria de representação desde que a intervenção estatal nesse campo não influa indevidamente na escolha pelos trabalhadores da organização à qual desejam filiar-se.[18]

Levando em conta que a própria Constituição da OIT no artigo 3, número 5, consagra a noção de "organizações profissionais mais representativas", o

---

[16] JENKS, C.Wilfred. The international protection of freedom of association for trade union purposes. *Recueil des Cours de l'Académie de Droit International*, Leyde, v. 87, p. 36-46, 1955-1. POTOBSKY, G. Von. La protección de los derechos sindicales: veinte años de labor del Comité de Libertad Sindical. *Revista Internacional del Trabajo*, Ginebra, v. 85, p. 81, ene./jun. 1972.

[17] 58º relatório, caso núm. 231, parágrafos 551 e 552; 202º relatório, caso núm. 949, parágrafo 277; 208º relatório, caso núm. 981, parágrafo 115; 254º relatório, caso núm. 1226, parágrafo 63. ORGANIZACIÓN INTERNACIONAL DEL TRABAJO. *La libertad sindical*: recopilación de decisiones y principios del Comité de Libertad Sindical del Consejo de Administración de la OIT. Ginebra: Oficina Internacional del Trabajo, 1985. p. 51. § 235.

[18] 92º relatório, caso núm. 376, parágrafo 31; 143° relatório, caso núm. 655, parágrafo 40; 158º relatório, caso núm. 655, parágrafo 57; 197º relatório, caso núm. 958, parágrafo 158. Idem, op. cit. p. 52. § 238.

Comitê entende que a distinção entre as organizações mais representativas e as demais não é em si criticável, desde que não gere a concessão de "privilégios que ultrapassem uma prioridade em matéria de representação nas negociações coletivas, consultas por parte dos governos ou inclusive em matéria de designação de delegados perante organismos internacionais. Em outras palavras, tal distinção não deveria ter como consequência privar as organizações sindicais que não tenham sido reconhecidas como mais representativas dos meios essenciais para defender os interesses profissionais de seus membros nem do direito de organizar sua gestão e sua atividade e de formular seu programa de ação, previsto na Convenção n.87".[19]

Esse pronunciamento está em sintonia com a apreciação feita pela Comissão de Peritos no estudo de 1994. O Comitê voltou a se manifestar sobre o problema da coexistência de sindicatos mais representativos com outras entidades, com vistas à observância da liberdade de organização sindical: "um sistema de registro introduzido por uma lei, que outorga o direito exclusivo de negociação aos sindicatos registrados não seria incompatível com os princípios da liberdade sindical sempre que o registro se baseie em critérios objetivos e preestabelecidos. Sem embargo, acordar direitos exclusivos à organização mais representativa não deveria significar a proibição da existência de outros sindicatos aos quais certos trabalhadores interessados desejariam filiar-se. As organizações minoritárias deveriam estar autorizadas a exercer suas atividades e a ter ao menos o direito de falar em nome de seus membros e representá-los".[20]

Em uma decisão, o Comitê fundamenta-se expressamente em entendimento da Comissão de Peritos, ao recordar que em alguns casos o reconhecimento de uma organização pelo governo pode supor uma proibição de criar outra organização apta a tutelar os interesses de seus representados: "a Comissão

---

[19] 36º relatório, caso núm. 190, parágrafo 193; 58º, relatório, caso núm. 220, parágrafos 37 e 38, caso núm. 231, parágrafos 545 e 546; 59º relatório, caso núm. 258, parágrafos 48 e 49; 67° relatório, caso núm. 303, parágrafo 310; 77º relatório, caso núm. 368, parágrafo 24; 78º relatório, caso núm. 352, parágrafo 165; 105° relatório, caso núm. 531, parágrafo 284; 118º relatório, caso núm. 559, parágrafo 128; 132º relatório, caso núm. 682, parágrafo 17; 197º relatório, caso núm. 918, parágrafos 157 e 158; 207º relatório, caso núm. 1001, parágrafo 78; 208º relatório, caso núm. 981, parágrafo 113; 217° relatório, caso núm. 1061, parágrafo 133; 218º relatório, caso núm. 1113, parágrafo 718. Ibidem, op. cit. p. 51-52. § 236.

[20] 259º relatório, caso núm. 1385, parágrafos 544 e 545. ORGANIZACIÓN INTERNACIONAL DEL TRABAJO. *La libertad sindical*: recopilación de decisiones y principios del Comité de Libertad Sindical del Consejo de Administración de la OIT. Ginebra: Oficina Internacional del Trabajo, 1996. p. 73. § 312.

SINDICATOS E AUTONOMIA PRIVADA COLETIVA

de Peritos na Aplicação de Convenções e Recomendações deixou estabelecido em 1959 que 'assim ocorre notoriamente, por exemplo, quando a própria lei designa explicitamente a organização beneficiária'. Também pode suceder o mesmo quando a regulamentação relativa ao 'reconhecimento' impõe às organizações de tais trabalhadores uma estrutura capaz de restringir sua liberdade de ação e não fixa normas 'objetivas' para o reconhecimento, durante um determinado período, de uma organização para os fins de 'representação' ou de 'negociação'".[21]

O problema das normas objetivas para a determinação dos sindicatos mais representativos voltou a ser enfrentado pelo Comitê de Liberdade Sindical, que ressaltou a importância da seleção ser promovida segundo critérios de caráter objetivo e fundados em elementos que não ofereçam a possibilidade de parcialidade ou abuso. Também aqui temos um pronunciamento em harmonia com o divulgado no supracitado estudo da Comissão de Peritos.[22]

O Comitê abordou especificamente o problema dos critérios para a aferição da representatividade sindical, esclarecendo que devem ser objetivos, precisos e previamente estabelecidos na legislação e que sua apreciação não pode ser deixada à discrição dos governos.[23]

O Comitê também considerou a certificação do sindicato mais representativo com a finalidade de torná-lo agente negocial exclusivo em uma unidade de negociação, de forma complementar à da Comissão de Peritos, entendendo ser essencial o estabelecimento das seguintes garantias: 1) a certificação deve ser realizada por um organismo independente; 2) a organização mais representativa deve ser eleita por voto da maioria dos trabalhadores na respectiva unidade; 3) toda organização que não obtiver o certificado deve ter o direito de requerer nova eleição após determinado prazo, geralmente doze meses.[24]

---

[21] 36º relatório, caso núm. 190, parágrafo 205. La libertad sindical... 1985. p. 52. § 240.

[22] 36º relatório, caso núm. 190, parágrafo 195; 59° relatório, caso núm. 258, parágrafo 54; 69º relatório, caso núm. 280, parágrafo 23; 77° relatório, caso núm. 368, parágrafo 17; 85º relatório, caso núm. 341, parágrafo 193; 92º relatório, caso núm. 376, parágrafo 31; 160º relatório, caso núm. 841, parágrafo 387; 197° relatório, caso núm. 918, parágrafo 159; 234º relatório, caso núm. 1192, parágrafo 542. La libertad sindical... 1985. p. 52. § 239.

[23] 255° relatório, casos núms. 1129, 1298, 1344, 1351 e 1372, parágrafo 63. La libertad sindical... 1996, p. 73. § 315.

[24] 67° informe, caso núm. 303, parágrafo 292; 73° relatório, caso núm. 316, parágrafo 94; 109º relatório, caso núm. 533, parágrafo 101; 118º relatório, caso núm. 559, parágrafo 129; 121º relatório, caso núm. 624, parágrafo 56; 187º relatório, caso núm. 796, parágrafo 173; 222º relatório, caso núm. 1163, parágrafo 313. La libertad sindical... 1985. p. 52. § 237.

Ainda quanto à certificação da representatividade sindical, o Comitê apontou que a relação de força entre os sindicatos pode mudar, de forma que deve ser admitida a reconsideração dos elementos de fato que fundamentaram a atribuição do direito de representação exclusiva dos trabalhadores em negociações coletivas. Ou seja, a representatividade deve ser avaliada ao longo do tempo e não em um único momento, pois não deve ser presumida mas real. Com o passar do tempo, um sindicato pode deixar de ser mais representativo em confronto com outro.[25]

Diante dessa hipótese, o Comitê de Liberdade Sindical destaca que "as autoridades competentes deveriam sempre estar habilitadas para proceder a uma verificação objetiva de toda reclamação de um sindicato que afirme representar a maioria dos trabalhadores, sempre que tal afirmação pareça plausível".[26]

O Comitê reafirmou que a representatividade não deve ser presumida ao determinar que, existindo dúvidas quanto ao sindicato pelo qual os trabalhadores querem ser representados e estando as autoridades habilitadas a realizar eleições para determinar o sindicato majoritário com vistas à representação na negociação coletiva, tais eleições devem ser promovidas.[27]

Em outra oportunidade, o Comitê reiterou o entendimento de que a representatividade sindical deve ser real com vistas a "estimular o desenvolvimento harmonioso das negociações coletivas e evitar os conflitos". Para atingir tal objetivo, o Comitê determina que "conviria aplicar sempre, quando existirem, os procedimentos destinados a designar os sindicatos mais representativos para os fins de negociação coletiva, quando não se saiba claramente por qual desses sindicatos os trabalhadores desejam optar. Quando não existam tais procedimentos, ocorrendo a hipótese as autoridades teriam que examinar a possibilidade de instituir regras objetivas a respeito".[28]

---

[25] 109º relatório, caso núm. 533, parágrafo 101; 132º relatório, caso núm. 690, parágrafo 95; 138º relatório, caso núm. 728, parágrafo 52; 147º relatório, caso núm. 756, parágrafo 164; 177° relatório, caso núm. 879, parágrafo 111. La libertad sindical... 1985. p. 53. § 241.

[26] 138º relatório, caso núm. 728, parágrafo 53; 153° relatório, caso núm. 790, parágrafo 46; 199° relatório, casos núms. 860 e 882, parágrafo 58; 204º relatório, caso núm. 922, parágrafo 217. La libertad sindical... 1985. p. 53. § 242.

[27] 121º relatório, caso núm. 624, parágrafo 55; 132º relatório, caso núm. 690, parágrafo 100; 168º relatório, caso núm. 867, parágrafo 88; 187° relatório, caso núm. 796, parágrafo 173. La libertad sindical... 1985. p. 53. § 243.

[28] 147° relatório, caso núm. 756, parágrafo 165.
ORGANIZACIÓN INTERNACIONAL DEL TRABAJO. *La libertad sindical*: recopilación de decisiones del Comité de Libertad Sindical del Consejo de administración de la OIT. Ginebra: Oficina Internacional del Trabajo, 1976. p. 18. § 37.

Observamos que a preocupação do Comitê de Liberdade Sindical com a possibilidade da representatividade sindical ser mais presumida do que real, contribuindo para a elevação da conflitualidade e para a discriminação de uma organização frente a outra, encontra ressonância nas controvérsias sobre a matéria no plano nacional. Em países que consagram o sistema da pluralidade sindical e a figura do sindicato mais representativo, como a França, a Espanha e a Itália, têm sido formuladas críticas à representatividade desvinculada de critérios de aferição objetivos como número de filiados ou eleições periódicas. A crise de representatividade sindical deve-se em parte a esse fato e tem sido proposta a reforma do modelo, com a adoção de critérios que permitam avaliar com objetividade e precisão a real capacidade de representação dos sindicatos.

2. União Europeia

2.1. Participação dos interlocutores sociais no processo de integração

No âmbito europeu, a participação dos representantes dos trabalhadores e dos empregadores no processo de integração regional foi prevista já nos anos 1950 nos tratados constitutivos da CEE (Comunidade Econômica Europeia, atualmente denominada Comunidade Europeia-CE), da CECA (Comunidade Europeia do Carvão e do Aço) e da CEEA (Comunidade Europeia de Energia Atômica), que juntas formam a União Europeia, mas apenas a partir do final dos anos 1980 obteve relevância concreta.

Afinal, a participação dos atores sociais limitava-se ao Comitê Econômico e Social, organismo comum às três Comunidades com função consultiva em matéria socio-econômica e de composição paritária, cujo poder de iniciativa foi reconhecido somente em 1972.[29]

Graças à iniciativa da Comissão Europeia, órgão dotado de poder de decisão próprio e que participa da formação dos atos do Conselho e do Parlamento Europeu, os interlocutores sociais foram incluídos em procedimentos informais de consulta que resultavam em pareceres utilizados na elaboração de propostas de diretivas e recomendações.[30]

---

[29] FOGLIA, Raffaele; SANTORO PASSARELLI, Giuseppe. *Profili di diritto comunitario del lavoro.* Torino: Giappichelli, 1996. p. 77.
[30] Idem, op. e loc. cit.

REPRESENTATIVIDADE SINDICAL NA ORGANIZAÇÃO INTERNACIONAL DO TRABALHO...

Em fevereiro de 1986 foi aprovado o Ato Único Europeu, que consagrou pela primeira vez a ideia de "diálogo social" vinculada à promoção da "coesão econômica e social" e à construção de um "espaço social europeu". O principal responsável pela divulgação dessa ideia foi Jacques Delors, então presidente da Comissão Europeia.[31]

Sob o impulso da Comissão Europeia, os atores sociais passaram a vivenciar uma experiência inovadora de diálogo social que obteve resultados cada vez mais notáveis. Momento marcante nessa trajetória é a assinatura de um acordo entre a UNICE (União das Confederações da Indústria e dos Empregadores da Europa), o CEEP (Centro Europeu das Empresas Públicas) e a CES (Confederação Europeia dos Sindicatos), em 31 de outubro de 1991, por meio do qual foi aprovada uma proposta comum de reforma do Tratado CE, de forma a reconhecer a negociação coletiva em âmbito comunitário. Essa proposta seria acolhida quase integralmente no Tratado de Maastricht, celebrado em 7 de fevereiro de 1992.[32]

Porém, em virtude da oposição do Reino Unido, as inovações não foram inseridas no próprio corpo do Tratado de Maastricht, mas no Acordo sobre Política Social a ele anexado por força de um Protocolo. Assim, no Protocolo assinado pelos doze Estados membros autoriza-se onze deles (excluído o Reino Unido) a avançar no caminho da integração social nos termos previstos no Acordo subsequente.[33]

O Acordo sobre Política Social dispôs que "o diálogo social entre parceiros sociais no nível comunitário pode conduzir, se estes o entenderem desejável, a relações contratuais, incluindo acordos" (artigo 4º, parágrafo 1) e que o acordo por eles firmado será recepcionado por uma decisão do Conselho mediante proposta da Comissão (artigo 4º, parágrafo 2). Também foi consagrado um procedimento de consulta prévia dos interlocutores sociais com vistas à orientação da atuação comunitária, tornando obrigatória a consulta informal promovida desde a década de 70 pela Comissão (artigo 3º). Por fim, foi prevista a possibilidade de aplicação de diretivas em matéria social pela via negocial (artigo 2º, parágrafo 4).

---

[31] GUÉRY, Gabriel. La dimensión convencional de la Europa social según se desprende del Tratado de Maastricht. *Revista Internacional del Trabajo*, Ginebra, v. 112, n. 2, p. 294-295, 1993.

[32] LYON-CAEN, Antoine. La négociation collective dans ses dimensions internationales. *Droit Social*, Paris, n. 4, p. 360, avr. 1997.

[33] TIZZANO, António; VILAÇA, José Luís; GORJÃO-HENRIQUES, Miguel. Código da União Europeia. Coimbra, Almedina, 1997. p. 117-120.

Após a ratificação do Tratado de Maastricht, iniciou-se o período de aplicação que deu lugar a uma série de interrogações. Se, por um lado, a Comissão Europeia multiplicou os esforços em prol do envolvimento dos interlocutores sociais no processo de elaboração legislativa, com base no artigo 4º do Acordo sobre Política Social, por outro lado surgiram discussões sobre o campo de aplicação das normas que viessem a ser aprovadas. Afinal, o Reino Unido não subscrevera o referido Acordo e recusar-se-ia a aplicar normas relativas a matérias e procedimentos nele previstos. Contudo, alguns chegaram a sugerir a possibilidade teórica de aplicação de um acordo coletivo comunitário na Grã-Bretanha, caso a CBI ("Confederation of British Interprises") e o TUC ("Trades Union Congress") pactuassem sua extensão ao território britânico, enquanto filiados da UNICE e da CES.[34]

Em meio a dúvidas e controvérsias, a Comissão Europeia promoveu a consulta dos interlocutores sociais (UNICE, CES e CEEP) com vistas à elaboração legislativa quanto a licença parental, flexibilidade do tempo de trabalho e segurança dos trabalhadores, ônus da prova em caso de discriminação fundada no sexo, entre outras matérias.

Em decorrência dessas consultas, os atores sociais resolveram invocar o disposto no artigo 3°, parágrafo 4, do Acordo sobre Política Social, e comunicaram à Comissão Europeia seu interesse em disciplinar a matéria mediante o procedimento de negociação. Foram celebrados os primeiros acordos coletivos comunitários. A Comissão entendeu que a decisão não constituía o instrumento jurídico mais apropriado para receber os acordos sobre licença parental, trabalho em tempo parcial e contrato por prazo determinado, propondo em todas as oportunidades a adoção de diretiva do Conselho que os contemplassem sem alterações, o que foi feito, respectivamente, por meio das Diretivas 96/34/CE, 97/81/CE e 1999/70/CE.[35]

---

[34] BLANPAIN, Roger; JAVILLIER, Jean-Claude. *Droit du travail communautaire*. Paris: LGDJ, 1995. p. 322.

[35] UNIÃO EUROPEIA. Directiva 96/34/CE do Conselho de 3 de junho de 1996 relativa ao Acordo--quadro sobre a licença parental celebrado pela UNICE, pelo CEEP e pela CES. p. 1-8. Disponível em: <http://europa.eu.int/eur-lex/pt/lif/dat/1996/pt_396L0034.html>. Acesso em: 19 fev. 2001. UNIÃO EUROPEIA. Directiva 97/81/CE do Conselho de 15 de dezembro de 1997 respeitante ao Acordo-quadro relativo ao trabalho a tempo parcial celebrado pela UNICE, pelo CEEP e pela CES – Anexo: Acordo-quadro relativo ao trabalho a tempo parcial. p. 1-8. Disponível em: <http://europa.eu.int/eur-lex/pt/lif/dat/1997/pt_397L0081.html>. Acesso em: 19 fev. 2001. UNIÃO EUROPEIA. Directiva 1999/70/CE do Conselho de 28 de junho de 1999 respeitante ao Acordo-quadro CES, UNICE e CEEP relativo a contratos de trabalho a termo. p. 1-9. Disponível em: <http://europa.eu.int/eur-lex/pt/lif/dat/1999/pt_399L0070.html>. Acesso em: 19 fev. 2001.

O primeiro acordo coletivo comunitário, relativo a licença parental, foi assinado em 14 de dezembro de 1995, excluindo o Reino Unido de seu campo de aplicação. Contudo, uma vez recepcionado sob a forma de diretiva do Conselho, deu margem a intensas discussões, pois a legislação comunitária visa à harmonização e aproximação (mediante diretiva) ou uniformização (mediante regulamento) dos ordenamentos jurídicos nacionais, tornando-se uma anomalia a exclusão de um Estado membro de seu campo de aplicação.

A controvérsia sobre a aplicabilidade de diretiva que recepciona um acordo coletivo comunitário aos trabalhadores e empregadores do Reino Unido perdeu impulso porque em junho de 1997, por ocasião da assinatura do segundo acordo coletivo, referente ao trabalho em tempo parcial, o novo governo britânico, de orientação trabalhista, já anunciara sua intenção de subscrever o Acordo sobre Política Social e participava das negociações do Tratado de Amsterdã, que seria firmado em 2 de outubro de 1997.[36]

O Tratado de Amsterdã promoveu substanciais alterações no ordenamento jurídico comunitário em matéria social. Em primeiro lugar, revogou o Protocolo e o Acordo sobre Política Social anexados ao Tratado de Maastricht, geradores de uma política social "de duas vias": uma para todos os Estados membros, prevista no capítulo social do Tratado, e outra para os onze Estados (e mais tarde quatorze, com o ingresso da Áustria, da Finlândia e da Suécia) signatários do Acordo, exceto o Reino Unido. E, em segundo lugar, promoveu a integração das normas relativas à política social mediante a incorporação do referido acordo no Tratado CE.[37]

Em 1º de maio de 1999 o Tratado de Amsterdã entrou em vigor, após sua ratificação pelos quinze Estados membros, inaugurando uma nova etapa na construção do espaço social europeu.[38]

Nas palavras de Alessandro Garilli, após o Tratado de Amsterdã "não é possível limitar-se a falar, com referência aos procedimentos introduzidos com este acordo (o Acordo sobre Política Social), da valorização de uma legislação meramente promocional da contratação coletiva europeia, mas a relação interativa que se instaura entre Comissão e partes sociais, na área das decisões referentes à política social, permite reconhecer sem dúvida a existência de

---

[36] UNIÃO EUROPÉIA. Conselho Europeu de Amsterdão: conclusões da Presidência. *Boletim da União Européia*, Luxemburgo, n. 6, p. 13, 1997.

[37] ARRIGO, Gianni. La politica sociale nel Trattato di Amsterdam: una "riforma minore" destinata a crescere. *Il Diritto del Lavoro*, Roma, ano 72, pt. 1, p. 51, genn./apr. 1998.

[38] UNIÓN EUROPEA. El ABC de la Unión Europea – Tratados europeos. p. 1. Disponível em: <http://www.europa.eu.int/abc/treaties_es.htm>. Acesso em: 24 out. 2000.

um sofisticado modelo concertativo (...) Porém, se nos movemos no âmbito da verdadeira e própria contratação coletiva europeia, entre autonomia coletiva e órgãos legislativos da União realiza-se seguramente uma repartição de poder normativo".[39]

Contudo, Gianni Arrigo observa que, ao receber integralmente o artigo 4º do Acordo sobre Política Social, o Tratado de Amsterdã deixou sem solução vários problemas surgidos no breve período de aplicação desse Acordo, especialmente os seguintes: a) capacidade negocial dos interlocutores sociais (mandato e representatividade); b) natureza jurídica e efeitos da "decisão" que recepciona o acordo coletivo e a admissibilidade de rejeição ou modificação desse por parte do Conselho; c) qualificação da decisão como ato normativo "típico" ou "atípico" e a legitimidade de sua adoção fora dos procedimentos ordinários do Tratado CE (artigos 189 e seguintes); d) procedimentos para aplicar o acordo coletivo comunitário nos Estados membros.[40]

Em 1º de dezembro de 2009, com a entrada em vigor do Tratado de Lisboa, duas novidades foram introduzidas no Tratado de Funcionamento da União Europeia: o art. 152 estipula que a União leva em conta a diversidade dos sistemas nacionais e facilita o diálogo entre os atores sociais com respeito por sua autonomia, enquanto o art. 153 assegura que os Estados Membros podem confiar aos atores sociais a implementação de uma decisão do Conselho que ratificou um acordo coletivo em nível comunitário. Esses dois artigos estimulam a negociação coletiva como meio para participar no processo legislativo comunitário.[41]

Apesar de ter sido reconhecido no Tratado de Lisboa que a diversidade dos sistemas nacionais impede a adoção da norma comunitária, a representatividade sindical gerou controvérsia entre os próprios interlocutores sociais envolvidos no processo de integração e a Comissão Europeia, encarregada de promover a consulta com vistas à orientação da atuação comunitária. Isso se deu por força do papel preponderante conferido a algumas organizações sindicais na negociação coletiva comunitária em detrimento de outras entidades. Como se verá a seguir, a representatividade sindical tornou-se questão central na etapa atual da integração europeia, uma vez que o próprio desenvolvimento

---

[39] GARILLI, Alessandro. Concertazione e contrattazione collettiva nell'Europa dell'Unione Economica e Monetaria. *Il Diritto del Lavoro*, Roma, ano 73, pt. 1, p. 457, nov./dic. 1999.

[40] ARRIGO, Gianni. op. cit. p. 54.

[41] UNIAO EUROPEIA. Versão Consolidada do Tratado sobre o Funcionamento da União Europeia. Disponível em: <http://eur-lex.europa.eu/legal-content/PT/TXT/?uri=CELEX:12012E/TXT> Acesso em: 22 fev.2018.

da política social depende da capacidade dos atores sociais de afirmarem a autonomia privada coletiva como fonte normativa comunitária.

2.2. Problema da representatividade sindical

Desde o período das consultas informais promovidas pela Comissão Europeia, organizações sindicais de trabalhadores e de empregadores apresentam-se como interlocutores das autoridades comunitárias, dentre as quais três ocupam posição de destaque: a UNICE (União das Confederações da Indústria e dos Empregadores da Europa) é a organização mais representativa dos empregadores, reunindo confederações nacionais tanto dos Estados membros da Comunidade como extracomunitários. É também a mais antiga, pois foi instituída em 1958; o CEEP (Centro Europeu das Empresas Públicas), criado em 1961, representa as empresas ou organizações de participação pública; a CES (Confederação Europeia dos Sindicatos) é a organização mais representativa dos trabalhadores, agrupando organizações sindicais nacionais no âmbito da Comunidade e do Leste europeu. Foi fundada em 1973 e representa mais de 53 milhões de trabalhadores.[42]

Essas três organizações sindicais foram escolhidas pela Comissão Europeia para negociar os acordos coletivos comunitários, em função das experiências das consultas informais realizadas a partir de 1985 em Val Duchesse, que elas protagonizaram.[43]

Essa decisão foi tomada em 14 de dezembro de 1993, após a ratificação do Tratado de Maastricht, com vistas à aplicação do Acordo sobre Política Social, mediante uma Comunicação que distinguiu duas fases procedimentais: 1ª) consulta ampla aos interlocutores sociais, fundamentada no artigo 3° do Acordo, com vistas à elaboração de uma proposta tendente à aprovação de um texto básico para eventual negociação; 2ª) negociação, nos termos do artigo 4º do Acordo, reservada aos parceiros sociais institucionalmente reconhecidos (UNICE, CEEP e CES). Essa Comunicação também apresentou um rol de organizações sindicais europeias interprofissionais, categoriais e setoriais admitidas na primeira fase do procedimento.[44]

---

[42] CENTRE D'INFORMATION SUR L'EUROPE.Sources d'Europe. Dialogue social et partenaires sociaux européens. p. 1-3. Disponível em: <http://www.info-europe.fr/europe.web/document.dir/fich.dir/qr000886.htm>. Acesso em: 24 out. 2000.

[43] GUÉRY, Gabriel. op. cit. p. 296.

[44] MOREAU, Marie-Ange. Sur la représentativité des partenaires sociaux européens. *Droit Social*, Paris, n. 1, p. 54, janv. 1999.

Além disso, a Comunicação da Comissão de dezembro de 1993 fixou três critérios para a determinação da representatividade dos interlocutores sociais no nível comunitário: a) serem interprofissionais, setoriais ou categoriais e estarem organizados em nível comunitário; b) serem compostos de organizações reconhecidas, por sua vez, como interlocutores sociais nos Estados membros e terem capacidade de negociar acordos e, na medida do possível, serem representativas em todos os Estados membros; c) possuírem estruturas adequadas que lhes permitam participar eficazmente do processo de consulta. Deve ser ressaltado que a essa Comunicação somaram-se a Comunicação da Comissão de 20 de maio de 1998, sobre diálogo social em nível comunitário, que manteve os três critérios acima referidos, e a Decisão da Comissão também de 20 de maio de 1998, sobre a criação de Comitês de diálogo social setorial, que passou a exigir que as organizações de trabalhadores e de empregadores sejam representativas de vários Estados membros, reduzindo a amplitude do requisito de representatividade no âmbito setorial.[45]

Essa iniciativa não foi suficiente para disciplinar de modo eficaz a representatividade sindical no âmbito comunitário por dois motivos: a Comunicação da Comissão não tem força jurídica vinculante e os critérios nela contidos não são precisos. Marie-Ange Moreau revela que a Comissão justificou sua opção pela não delimitação do conceito de representatividade em função de três fatores: a) os interlocutores sociais não concluíram seu processo de organização no nível europeu; b) é essencial respeitar a autonomia dos interlocutores sociais; c) a concepção de representatividade sindical apresenta configurações diversas nos Estados membros.[46]

A supracitada autora critica a posição da Comissão Europeia, explicando que todos os seus argumentos apontam para o respeito da autonomia das três grandes organizações europeias escolhidas para participar da segunda fase do procedimento e implicam uma aproximação meramente formal do problema da representatividade. Essa disciplina da matéria não é provisória nem estimula as grandes centrais sindicais europeias a acelerarem sua estruturação e

---

[45] EUROPEAN UNION. Communication from the Comission adopting and promoting the social dialogue at Community level. COM/98/0322 final. Disponível em: < EUROPA> EU LAW AND PUBLICATIONS> EUR-Lex> EUR-Lex 51998DC0322-EN>. Acesso em 22 fev 2018. UNIAO EUROPEIA 98/500/CE. Decisão da Comissão de 20 de maio de 1998 relativa à criação de Comitês de diálogo setorial para promover o diálogo entre os parceiros sociais a nível europeu. Disponível em: <EUROPA> EU law and publications> EUR-Lex> EUR-Lex31998D050- En>. Acesso em: 22 fev.2018.

[46] MOREAU, Marie-Ange. op. cit. p. 56.

a procurarem estabelecer uma base real de representação dos empregadores e dos trabalhadores no âmbito comunitário.[47]

Também Jean-Emmanuel Ray formulou críticas à débil regulamentação de matéria tão relevante quanto o controle da representatividade sindical: "o Tratado de Amsterdã menciona os 'parceiros sociais' sem defini-los e neste Império do Direito que é a União desde a sua fundação, é uma simples comunicação da Comissão (portanto sem valor jurídico) que fixou em 14 de dezembro de 1993 as regras para a aplicação do protocolo sobre política social".[48]

Destacamos, por fim, que o grupo de especialistas encarregado de analisar as perspectivas do trabalho e do direito do trabalho na Europa, sob a coordenação de Alain Supiot, alertou em seu relatório final à Comissão Europeia para a necessidade de "um verdadeiro debate sobre a representatividade" no âmbito da União Europeia: "na medida em que os parceiros sociais são associados à deliberação ou à negociação de disposições com força regulamentar, a questão de sua representatividade é uma questão de interesse geral, da qual os poderes públicos não podem se desinteressar".[49]

Os problemas não demorariam a aparecer. O diálogo social interprofissional atraiu a atenção de todos e diversas organizações sindicais pleitearam sua admissão na segunda fase do procedimento instituído pela Comunicação de dezembro de 1993, ao lado da UNICE, do CEEP e da CES, o que não foi aceito pela Comissão Europeia. Inconformada com sua exclusão da negociação, uma delas arguiu judicialmente os critérios de representatividade sindical fixados pela Comissão, como será analisado a seguir.

2.3. Arguição da representatividade sindical perante o Tribunal de Primeira Instância

Após a assinatura do acordo coletivo comunitário sobre licença parental pelas organizações interprofissionais de vocação geral (UNICE, CEEP e CES), a CGPME (Confederação Geral das Pequenas e Médias Empresas) interpôs recurso de anulação perante o Tribunal de Primeira Instância das Comunidades Europeias, alegando que a negociação ter-se-ia desenvolvido sem

---

[47] Idem, op. e loc. cit.

[48] RAY, Jean-Emmanuel. À propos de la subsidiarité horizontale. *Droit Social*, Paris, n. 5, p. 463, mai 1999.

[49] SUPIOT, Alain. (Coord.). *Au-delà de l'emploi*: transformations du travail et devenir du droit du travail en Europe: rapport pour la Commission des Communautés européennes avec la collaboration de l'Université Carlos III de Madrid. Paris: Flammarion, 1999. p. 179.

SINDICATOS E AUTONOMIA PRIVADA COLETIVA

uma representação efetiva das pequenas e médias empresas que assegurasse a consideração de seus interesses específicos, uma vez que sua organização representativa foi excluída da segunda fase do procedimento estabelecido pela Comissão. A sentença foi prolatada em 17 de junho de 1998 e constituiu a primeira apreciação judicial da representatividade sindical dos interlocutores sociais no âmbito comunitário.[50]

Sob o ângulo procedimental, o Tribunal de Primeira Instância admitiu o direito da CGPME de interpor recurso de anulação, ao entender que as organizações não signatárias podem ser consideradas "diretamente e individualmente" abrangidas pelo acordo transformado em diretiva.[51]

Tal pronunciamento baseia-se em requisito imposto aos particulares no caso Plaumann (proc. 25/62, sentença de 15 de julho de 1963), que se tornou jurisprudência constante do Tribunal de Justiça: "os sujeitos outros que os destinatários de uma decisão não pretenderão estar abrangidos individualmente salvo se esta decisão os alcançar em razão de certas qualidades que lhes são particulares ou de situações de fato que os caracterizam em relação a qualquer outra pessoa e desse modo individualiza-os de forma análoga àquela do destinatário".[52]

Apesar de reconhecer que a CGPME tem direito de ação por estar direta e individualmente abrangida pela diretiva, o Tribunal de Primeira Instância não apreciou a condição de protagonista do processo legislativo comunitário ou a natureza do acordo coletivo comunitário. Quanto a esse segundo aspecto, limita-se a afirmar que a Diretiva 96/34/CE, que recepcionou o acordo sobre licença parental, "reveste, por sua natureza, um caráter normativo e não constitui uma decisão no sentido do artigo 189 do tratado". Portanto, o Tribunal endossou a escolha da Comissão quanto ao instrumento jurídico apropriado para recepcionar o acordo, sem tocar na especificidade deste último, apta a converter a diretiva dele originada em ato normativo comunitário atípico.[53]

Como ressalta Marie-Ange Moreau, o Tribunal "teve ocasião de precisar em que condições os sindicatos europeus podem ser chamados à mesa das negociações, desde que justifiquem sua capacidade de defender no plano europeu os interesses coletivos dos trabalhadores, o que não fez. (...) o tribunal desde o

---

[50] UNION EUROPÉENNE. Tribunal de Première Instance (quatrième chambre élargie). Ordonnance du 17 juin 1998. Aff. T-135-96. *Droit social*, Paris, n. 1, p. 60-63, janv. 1999.

[51] Idem, op. cit. p. 60.

[52] MOREAU, Marie-Ange. op. cit. p. 55.

[53] UNION EUROPÉENE. Tribunal de Première... p. 60.

primeiro momento recusou entrar no debate de fundo da representatividade dos parceiros sociais, seguindo as pegadas da Comissão".[54]

O Tribunal de Primeira Instância chancelou os atos praticados pela Comissão Europeia ao entender que o fato de ser consultado na primeira fase do procedimento não gera um direito de negociar. Invocando o ponto 31 da Comunicação de 14 de dezembro de 1993, intitulado "da consulta à negociação", considera que a fase da negociação, nascida da fase da consulta iniciada pela Comissão, depende exclusivamente da iniciativa daqueles que desejam negociar: "os parceiros sociais abrangidos por esta fase de negociação são então aqueles que manifestaram mutuamente sua vontade de iniciar o processo previsto no artigo 4 do acordo e conduzi-lo a bom termo". Por isso, a circunstância da CGPME haver "solicitado diversas vezes à Comissão poder participar das negociações desenvolvidas pelos outros parceiros sociais não faria diferença, a direção da fase de negociação propriamente dita dizendo respeito apenas à iniciativa dos parceiros sociais abrangidos e não à Comissão".[55]

De fato, o ponto 31 da Comunicação da Comissão menciona expressamente que "os parceiros sociais abrangidos serão aqueles que aceitam negociar uns com os outros. A conclusão de um tal acordo é assunto exclusivo das diferentes organizações".[56]

Todavia, não nos parece que a negociação de um acordo que será recepcionado sob a forma de diretiva e, portanto, aplicado em todo o território da União Europeia, constitua "assunto exclusivo" das organizações sindicais nele envolvidas.

Não por acaso, desde a assinatura do Tratado de Maastricht, ao qual foi anexado o Protocolo e subsequente Acordo sobre Política Social, questiona-se a escolha da CES, da UNICE e do CEEP como representantes dos trabalhadores e dos empregadores para fins de negociação coletiva. Embora alguns tenham sustentado que houve a "recepção constitucional" das organizações protagonistas do diálogo social no momento da celebração do Tratado, o que as legitimaria como partes sociais europeias, outros contestam esse entendimento, apontando para os problemas que poderiam sobrevir, dos quais o recurso de anulação interposto pela CGPME é um exemplo: "do ponto de vista jurídico, fundar a legitimação para negociar em uma presunção que se quer implícita na lei é fundamento pobre onde os há e na medida em que

---

[54] MOREAU, Marie –Ange. op. cit. p. 56.
[55] UNION EUROPÉENNE. Tribunal de Première... p. 61.
[56] Idem, op. e loc. cit.

comporta afinal a exclusão de outros sujeitos eventualmente legitimados, poderia chocar-se frontalmente com a liberdade sindical, reconhecida por todos os ordenamentos dos países membros como fundamento de sua ordem política e afirmada como direito na Carta Comunitária dos direitos sociais. Do ponto de vista prático, a – nova – fuga para o futuro que suporia a aceitação desta tese poderia dar lugar a dinâmicas centrífugas que colocariam em perigo o já realizado. Sem uma sólida base representativa, a ação dos interlocutores sociais por pouco incisiva que seja, ver-se-á impugnada em todo lugar e o que aparentemente era uma medida de promoção – a presunção de outrora – poderá ter efeitos deletérios".[57]

O fato do Tribunal de Primeira Instância ter rejeitado a pretensão da CGP-ME e apoiado a atuação da Comissão não resolve o problema da representatividade sindical, que continua a ser contornado pelas autoridades comunitárias, ao basearem sua atuação conjunta com os atores sociais nas Comunicações da Comissão de 1993 e 1998, bem como na Decisão da Comissão de 1998.

Apresentamos ainda duas outras questões examinadas na sentença do Tribunal de Primeira Instância que convidam à reflexão: o critério do número de filiados e o controle da representatividade sindical.

Quanto à primeira questão, a CGPME alegou que a representatividade acumulada das organizações patronais interprofissionais de vocação geral não era suficiente, diante do número de pequenas e médias empresas que ela própria representa. Assim, o Tribunal viu-se obrigado a examinar o critério do número de filiados, mas entendeu que este não poderia ser apresentado como decisivo relativamente ao conteúdo do acordo: "desde que ele visa a toda relação de trabalho, não é realmente a qualidade de empresa que importa, mas sobretudo aquela de empregador. Ora, no próprio momento em que o Conselho declarou que, representando principalmente o artesanato, a maior parte dos membros da requerente não contava com qualquer empregado, esta não forneceu elementos tangíveis demonstrando o contrário, apesar das solicitações expressas formuladas pelo tribunal por ocasião da audiência. Nessa oportunidade, ela contentou-se em citar algumas porcentagens esparsas relativas a um ou outro Estado membro abrangido pelo acordo".[58]

Na verdade, o Tribunal de Primeira Instância não aprofundou a análise do critério quantitativo para verificação da representatividade sindical, que no

---

[57] PEREZ DE LOS COBOS ORIHUEL, Francisco. *El derecho social comunitario en el Tratado de la Unión Europea*. Madrid: Civitas, 1994. p. 139.

[58] UNION EUROPÉENNE. Tribunal de Première... p. 62.

REPRESENTATIVIDADE SINDICAL NA ORGANIZAÇÃO INTERNACIONAL DO TRABALHO...

plano nacional geralmente é apontado como o mais preciso, aceitando a UNI-CE como representante de "empresas do setor privado de todas as dimensões" e, enquanto tal, detentora de representatividade acumulada.[59]

No tocante à segunda questão, o Tribunal considerou que "a representatividade dos parceiros sociais deve ser verificada pela Comissão e o Conselho no momento da adoção da decisão que confere ao acordo assento comunitário, sob o controle do tribunal, em virtude de um princípio democrático fundamental".[60]

A preocupação com o princípio democrático justifica-se porque o Parlamento Europeu, garantidor da legitimidade dos atos do Conselho enquanto assembleia representativa popular, não intervém nos procedimentos previstos no Acordo sobre Política Social, de modo que a participação popular é assegurada de forma alternativa por intermédio dos parceiros sociais, configurando exemplo do que Antoine Lyon-Caen denominou "apropriação coletiva do interesse geral".[61]

Nesse contexto, a verificação da representatividade dos interlocutores sociais desponta como exigência de legitimação democrática. O Tribunal determina um controle da representatividade sindical *a posteriori*, ou seja, depois de concluída a negociação do acordo, extremamente relevante porque uma vez adotado pelo Conselho esse acordo adquire natureza legislativa.[62]

Segundo o Tribunal, tal controle deve ser efetuado tendo à vista o princípio da representatividade acumulada das partes signatárias do acordo, o qual diz respeito à capacidade dessas organizações de representar todas as categorias de trabalhadores e de empregadores abrangidas pelo acordo. A seu ver, a UNICE preenche essa condição porque, no momento da conclusão do acordo sobre licença parental, "representava as empresas do setor privado de todas as dimensões, de sorte que era suscetível de representar as PME, e que ela contava entre seus membros associações de PME das quais diversas eram de resto igualmente filiadas à requerente".[63]

Marie-Ange Moreau critica a forma pela qual o Tribunal aborda as duas questões. De um lado, promoveu um controle das categorias representadas formalmente pelas organizações signatárias do acordo, sem recorrer na verdade

---

[59] Idem, op. e loc. cit.
[60] Ibidem, op. cit. p. 60.
[61] LYON-CAEN, Antoine. Programme pour qu'un avenir soit un devenir. *Droit Social*, Paris, n. 5, p. 449, mai 1999.
[62] UNION EUROPÉENNE. Tribunal de Première... p. 60.
[63] Idem, op. cit. p. 62.

ao critério do número de filiados, de modo que a condição de representatividade acumulada será sempre preenchida se os signatários configurarem organizações interprofissionais de vocação geral. De outro lado, o controle *a posteriori* parte de premissas contestáveis, pois "dificilmente pode-se admitir que a existência de um controle judicial baste para justificar a ausência de qualquer intervenção do Parlamento europeu no procedimento e a escolha limitada que é deixada ao Conselho de adotar ou recusar o acordo, para compensar o '*deficit* democrático' desse procedimento".[64]

Também Antoine Jacobs e Antonio Ojeda-Aviles formulam críticas à sentença do Tribunal de Primeira Instância, sobretudo quanto ao critério quantitativo para aferição da representatividade sindical. Para ambos o Tribunal "abriu uma caixa de Pandora para casos futuros", pois muitas questões emergem da própria sentença, entre as quais como deve ser medida a representatividade das organizações patronais – mediante o critério do número de empresas filiadas, do número de empregados das empresas ou ainda do número de empregados das empresas na esfera de representação dos trabalhadores – e a repercussão desse raciocínio no âmbito das organizações de trabalhadores uma vez que, se forem contados os sócios, cabe perguntar se a CES é realmente representativa, dado o baixo índice de filiação em muitos Estados membros da União Europeia.[65]

Só é possível compreender a posição da Comissão e a do próprio Tribunal de Primeira Instância mediante o raciocínio de que na atual etapa da integração europeia busca-se o engajamento dos interlocutores sociais no processo de elaboração legislativa, aceitando-os tal como se apresentam na esfera comunitária e recepcionando sem modificações o resultado das negociações por eles desenvolvidas.

A nosso ver, as autoridades comunitárias deveriam enfrentar o problema da representatividade sindical, talvez até por meio de emendas ao texto do Tratado CE, como propõem Antoine Jacobs e Antonio Ojeda-Aviles. No futuro próximo não são esperados novos pronunciamentos da jurisdição comunitária: embora a CGPME tenha recorrido da sentença do Tribunal de Primeira Instância perante o Tribunal de Justiça e também tenha interposto outro recurso de anulação contra o segundo acordo coletivo comunitário referente

---

[64] MOREAU, Marie-Ange. op. cit. p. 58.

[65] JACOBS, Antoine; OJEDA-AVILES, Antonio. The european social dialogue: some legal issues. In: BERCUSSON, Brian. (Coord.). *A legal framework for european industrial relations*: report by the ETUI Research Network on Transnational trade union rights. Brussels, june 1999. European Trade Union Institute (ETUI). p. 73.

a trabalho em tempo parcial (Proc. T-55/98), ambos foram encerrados em virtude de um acordo de cooperação celebrado entre a UNICE e a CGPME, que autoriza essa última a participar da fase de negociação do procedimento de consulta como membro da delegação da primeira.[66]

O diálogo social no âmbito interprofissional gerou quatro acordos coletivos comunitários, recepcionados por meio de Diretivas, sobre licença parental (1995), trabalho em tempo parcial (1997), contratos de trabalho por prazo determinado (1999) e revisão do acordo sobre licença parental (2009). Melhores resultados foram obtidos pelo diálogo social no âmbito setorial, havendo sido assinados 847 textos conjuntos até 2017. Porém, apenas doze acordos coletivos setoriais, recepcionados por Diretivas, foram concluídos desde que foi instituído o diálogo social na União Europeia. Uma vez que existem 44 Comitês de Diálogo Social Setorial, o número de acordos é baixo. As causas para esse resultado modesto são "os objetivos contraditórios dos parceiros sociais e o progressivo desinvestimento da Comissão Europeia. Para Sylvain Lefbre, secretário geral adjunto do Industrial European Trade Union, a crise de 2008 afetou quase todos os setores, o que 'acentuou a necessidade de os parceiros sociais encontrarem orientações comuns e posições para influenciar políticas'".[67]

À vista da estagnação do diálogo social e das consequências sociais nefastas da crise de 2008, como o desemprego dos jovens e de longa duração, a Comissão Europeia tomou a iniciativa de estimular o diálogo social. Em 5 de março de 2015, foi promovida em Bruxelas uma importante conferência intitulada "Um novo começo para o Diálogo Social", com a participação de políticos de alto nível da EU e organizações de trabalhadores e de empregadores. Foi a primeira ação concreta sobre o tema após o discurso sobre o Estado da União proferido pelo Presidente da Comissão Europeia, Jean-Claude Juncker, no qual defendeu que o diálogo social precisava ser reforçado e que ele "gostaria de ser um Presidente do diálogo social". Ao encerrar a conferência, Juncker ressaltou que "é necessário privilegiar sempre, em todas as circunstâncias,

---

[66] Idem, op. cit. p. 71-72.

[67] MOUNIER-KUHN, Angélique. Sectorial social dialogue: promising side of industrial relations in the EU. EURACTIV.fr reports. Trad. Freya Kirk. 8 fev.2018. Disponível em: <https://www. euractiv.com/section/economy-jobs/news/sectoral-social-dialogue>. Acesso em 23 fevereiro.2018. UNIÃO EUROPEIA. Um novo começo para o diálogo social – Europa EU. Comissão Europeia, manuscrito terminado em agosto de 2016.pdf. Disponível em: http://ec.europa.eu/social/blobservlet?docld=1609988langld=pt. Acesso em: 23 fev. 2018.

o diálogo social e fazer tudo para que ele possa reviver lá onde ele tem sido enfraquecido e que ele possa nascer lá onde não existe".[68]

Essa iniciativa prosseguiu com consulta pública, encerrada por uma conferência e reuniões de cúpula até que em 17 de novembro de 2017 foi proclamado pelo Parlamento Europeu, pelo Conselho da União Europeia e pela Comissão o Pilar Europeu dos Direitos Sociais, em Gotemburgo. Esse documento não tem força vinculante, mas pretende alcançar "resultados eficazes em matéria social e de emprego" e afirma que o diálogo social "desempenha um papel central do reforço dos direitos sociais e do crescimento sustentável e inclusivo". Também reitera o art. 152 do TFUE, que "reconhece e promove o papel dos parceiros sociais ao nível da União, tendo em conta a diversidade dos sistemas nacionais" e "respeita a sua autonomia". Ou seja, aceita-os como atualmente existem na nova etapa do diálogo social.[69]

3. Mercado Comum do Sul

3.1. Participação dos atores sociais no processo de integração regional

Após a assinatura do Tratado de Assunção, em 26 de junho de 1991, que instituiu uma zona de livre comércio entre Argentina, Brasil, Paraguai e Uruguai, com vistas à criação do Mercado Comum do Sul (Mercosul), verificou-se a inexistência de mecanismos e instituições destinados à promoção de uma dimensão social no processo de integração regional.

---

[68] HIGH Level Conference in Brussels: a new star for social dialogue? European Trade Union Committee for Education News.06 mars2015. Disponível em: <https//www.csee-etuce.org/em/archive/719-high-level-conference-social-dialogue>. Acesso em: 23 fev.2018. EUROPEAN UNION. European Comission: Employment, social affairs & Inclusions. Events. A new start for Social Dialogue. 5 mars 2015. Disponível em: <ec.europa.eu> social> eventsld=1028>. Acesso em: 23 fev.2018. UNION EUROPÉENE. Comission européene. Discours. Conférence avec les partenaires sociaux. "Um nouvel élan pour le dialogue social" – Remarques de clôture du Président Juncker. Bruxelles, 05 mars 2015. Disponível em: <europa.eu/rapid/press-release_SPEECH-15-4607_fr.pdf>. Acesso em: 23 fev.2018.

[69] EUROPEAN UNION. European Pilar of Social Rights: building a more inclusive and faires European Union. Disponível em: https://ec.europa.eu/commision/priorities/deeper-and-fairer--economic-and-monetary-union. Acesso em: 23 fev.2018. EUROPEAN UNION. European Pillar of Social Rights-European Commision.pdf. Disponível em: https://europa.eu/comission/sites/beta-political/files/social-summit. Acesso em: 23 fev.2018.

Nas palavras de Oscar Ermida Uriarte, o Tratado de Assunção "ignorava quase totalmente a faceta laboral e social que inevitavelmente tem toda experiência de integração regional. Redigido por diplomatas e economistas (...) somente previu normas comerciais e orgânicas, sem incluir nos órgãos por estas desenhados mais do que representantes dos Poderes Executivos dos Estados Partes e, mais especificamente, apenas dos Ministérios de Economia e de Relações Exteriores".[70]

A única referência a um aspecto social está contida no Preâmbulo do Tratado de Assunção, no qual os Estados Partes consideram a ampliação dos mercados nacionais, por meio da integração, "condição fundamental para acelerar seus processos de desenvolvimento econômico com justiça social".

Contudo, tal lacuna começou a ser sanada na reunião dos Ministros do Trabalho dos quatro Estados Partes em Montevidéu, que resultou na aprovação de uma Declaração, em 9 de maio de 1991, cujo item III propôs a criação de subgrupos de trabalho com o objetivo de avançar no estudo das matérias vinculadas às suas pastas.[71]

Acatando a sugestão dos Ministros do Trabalho dos Estados Partes, o Grupo Mercado Comum (GMC), órgão executivo do Mercosul, criou por meio da Resolução n.11/1991 o Subgrupo de Trabalho n.11, denominado Assuntos Laborais. Em 27 de março de 1992 foi realizada a primeira reunião do SGT 11, na qual foi aprovada Recomendação com vistas a alterar a denominação para Relações Laborais, Emprego e Seguridade Social e a estabelecer que a representação dos trabalhadores e dos empregadores se fizesse "segundo os critérios imperantes em cada país integrante do Mercosul para a constituição das Delegações para a Conferência Internacional do Trabalho".[72]

A influência da Organização Internacional do Trabalho evidencia-se não apenas na eleição do critério de representatividade sindical previsto no artigo 3, número 5, da Constituição da OIT, mas também na composição tripartite do SGT 11, embora os interlocutores sociais não tenham poder decisório, ao contrário do que ocorre naquela Organização.

---

[70] ERMIDA URIARTE, Oscar. La ciudadanía laboral en el Mercosur. *Revista de Direito do Trabalho*, São Paulo, ano 26, n. 98, p. 153-154, abr./jun. 2000.

[71] DECLARACIÓN de los Ministros de Trabajo de los países miembros del Mercosur. In: *MERCOSUR sociolaboral*: selección de documentos fundacionales 1991-1999. Buenos Aires: Ed. Corregidor, 1999 p. 113.

[72] RESOLUCIÓN del Grupo Mercado Común del Mercosur n° 11/1991. ACTA nº 1 del Subgrupo de Trabajo nº 11 Asuntos Laborales. In: MERCOSUR sociolaboral... p. 114-115.

Apesar das restrições, foi rica a experiência do tripartismo no âmbito do SGT 11, ao favorecer a troca de pontos de vista e de sugestões quanto ao processo de integração regional em matéria social, com o estudo das simetrias e assimetrias entre os ordenamentos jurídicos dos quatro Estados Partes do Tratado de Assunção, bem como discussões sobre a adoção de uma Carta de Direitos Fundamentais do Mercosul e a ratificação comum de um rol de Convenções da OIT consideradas prioritárias.

Com a assinatura do Protocolo de Ouro Preto em 17 de dezembro de 1994, a zona de livre comércio foi transformada em união aduaneira e a estrutura institucional do Mercosul foi aperfeiçoada, com a criação de novos órgãos e a ampliação das funções daqueles já existentes.

Assim, cresceu a importância do Grupo Mercado Comum, que passou a ter poderes para propor projetos de decisão ao Conselho do Mercado Comum (CMC) – órgão político que centraliza o poder decisório –, bem como velar pelo cumprimento das decisões adotadas, e para estabelecer programas de trabalho que promovam avanços na instituição do mercado comum (artigo 14, Protocolo de Ouro Preto).

Nesse novo contexto foi instituído o Foro Consultivo Econômico-Social (FCES) como órgão auxiliar do GMC, de representação dos setores econômicos e sociais e composição paritária, nos moldes do Comitê Econômico e Social da União Europeia (artigos 28 a 30, Protocolo de Ouro Preto).

Após a assinatura do Protocolo de Ouro Preto, o Grupo Mercado Comum modificou sua estrutura interna, de modo que o SGT 11 foi extinto. Contudo, mediante a Resolução n.20/95 foi criado o Subgrupo de Trabalho n.10, sobre Assuntos Laborais, Emprego e Seguridade Social. Como ressalta Américo Plá Rodriguez, tal decisão afastou as dúvidas sobre a possibilidade de manutenção de um Subgrupo sobre essa matéria diante da criação do Foro Consultivo Econômico-Social (FCES). Assim, com a mudança de número e leve alteração na denominação, o Subgrupo subsistiu.[73]

Quanto ao FCES, teve seu Regulamento Interno aprovado em 31 de maio de 1996, o qual confere às Seções Nacionais dos Estados membros autonomia organizacional para determinar que setores econômicos e sociais nela serão representados, o que possibilita a inserção de associações de defesa do meio ambiente, dos direitos do consumidor, etc. Também a composição da representação da Seção Nacional do Plenário do FCES é deixada à autonomia deste,

---

[73] PLÁ RODRIGUEZ, Américo. Las perspectivas de un derecho del trabajo comunitario. *Revista do Advogado*, São Paulo, n. 60, p. 13-14, set. 2000.

estipulando-se apenas o número de delegados – nove titulares e respectivos suplentes.[74]

Recordamos que no âmbito da União Europeia o Comitê Econômico e Social atravessou quase duas décadas sem poder de iniciativa, enquanto no âmbito do Mercosul o Foro Consultivo Econômico-Social teve tal poder expressamente reconhecido em seu Regulamento Interno: tem o direito de emitir Recomendações, seja por iniciativa própria seja sob consulta, de propor normas e políticas econômicas e sociais e de cooperar ativamente no processo de integração (artigo 2º, I, II e IV).

Embora o FCES tenha adotado várias recomendações, encaminhadas ao GMC, seu funcionamento deixa a desejar. Oscar Ermida Uriarte aponta que a maior dificuldade diz respeito ao fato de ser um órgão meramente consultivo, sem poder de decisão e, até o momento, carente de um orçamento e de suporte administrativo, o que "determina que lhe seja muito difícil dar seguimento a seus acordos, entre uma e outra reunião plenária".[75]

Apesar dos avanços obtidos, a participação dos representantes dos trabalhadores e dos empregadores no processo de elaboração normativa do Mercosul ainda não alcançou o grau de institucionalização presente na União Europeia. Afinal, as Decisões do Conselho do Mercado Comum configuram as principais normas aprovadas no Mercosul, somente sendo possível influenciar as deliberações mediante o envio de Recomendações ao Grupo Mercado Comum que as encaminha ao CMC.

Hartmut Hentschel critica asperamente a centralização do poder no Conselho do Mercado Comum, considerando que "conduz, necessariamente, a uma sobrecarga de responsabilidades no Conselho e a um esvaziamento de responsabilidades em todo o resto das instituições. Sob os aspectos de eficiência e eficácia, duas características do Conselho agravam a situação: tem todo o poder, porém está composto pelos Presidentes dos Estados Membros e, em consequência, não é um órgão permanente. (...) Até hoje está construído mais como uma "entidade intergovernamental". A sorte do Mercosul depende menos de suas instituições e significativamente mais dos Presidentes de turno e sua predisposição a fomentar ou obstaculizar o processo de integração".[76]

---

[74] REGLAMENTO Interno del Foro Consultivo Económico Social del Mercosur (1996). In: MERCOSUR sociolaboral... p. 71-80.

[75] ERMIDA URIARTE, Oscar. La ciudadanía laboral... p. 158.

[76] HENTSCHEL, Hartmut. Unión Europea y Mercosur: estabilidad y fragilidad de los sistemas de integración social. *Contribuciones*, Buenos Aires, ano 16, n. 2, p. 119-120, abr./jun. 1999.

Porém, em que pese a apontada centralização do poder no Conselho do Mercado Comum, a influência dos interlocutores sociais é visível na própria criação do FCES ao lado da manutenção de um Subgrupo de Trabalho dedicado aos assuntos trabalhistas, emprego e seguridade social, ampliando-se o espaço para a representação dos trabalhadores e dos empregadores. Além disso, essa influência manifesta-se na celebração do Acordo Multilateral de Seguridade Social, em 1997, e na aprovação da Declaração Sociolaboral do Mercosul, em 1998, cujos projetos foram gestados no antigo SGT 11 e atual SGT 10.[77]

Também o FCES foi envolvido nas discussões sobre a Declaração Sociolaboral, objeto de consulta por parte do GMC formulada por meio da Nota SECEC n.663, de 18 de maio de 1998 e apreciada em uma Plenária extraordinária do primeiro, realizada entre 5 e 6 de novembro de 1998 em Porto Alegre. Houve consenso quanto à composição tripartite do órgão de seguimento do instrumento sobre direitos sociais, mas divergências quanto à sua eficácia: o setor empresarial entendeu que este deveria constituir uma Declaração Presidencial de Princípios sem efeito vinculante, enquanto o setor sindical considerou que deveria ter a forma de um tratado multilateral, denominando-se Protocolo Sociolaboral, com a mesma eficácia dos tratados.[78]

Após o encerramento dos trabalhos do SGT 10 relativos à elaboração do texto da Declaração Sociolaboral, os Ministros do Trabalho dos países membros do Mercosul, bem como do Chile, na reunião de 19 de novembro de 1998, consideraram que esse documento contribuiria para a "criação de um espaço privilegiado de negociação e diálogo social na região", encaminhando-o ao GMC com vistas à remissão ao CMC para assinatura pelos Estados membros do Mercosul.[79]

Em 10 de dezembro de 1998 a Declaração Sociolaboral do Mercosul foi firmada pelos Presidentes dos quatro Estados Partes, o que propiciou nova ampliação do espaço institucional para a representação dos trabalhadores e

---

[77] Cabe lembrar que em 12 de dezembro de 1991 as centrais sindicais dos quatro Estados Partes do Tratado de Assunção reivindicaram, entre outras coisas, a criação de um órgão consultivo semelhante ao Conselho Econômico e Social da União Europeia, mas com caráter tripartite. Foram atendidas em parte no Protocolo de Ouro Preto, que instituiu o FCES e lhe conferiu composição paritária.

[78] CONSULTA realizada por el Grupo Mercado Común al Foro Consultivo Económico Social en relación a la Declaración Sociolaboral del Mercosur. *Revista do Tribunal Regional do Trabalho da 15ª Região*, Campinas, n. 11, p. 311-313, 2000.

[79] ACTA de la Reunión de los Ministros de Trabajo del Mercosur y Chile. In: MERCOSUR sociolaboral... p. 81-82.

dos empregadores, uma vez que seu artigo 20 institui a Comissão Sociolaboral do Mercosul, órgão auxiliar do Grupo Mercado Comum e de composição tripartite, encarregado de fomentar e acompanhar a aplicação dos direitos e princípios consagrados na Declaração, mediante a análise das memórias anuais a serem apresentadas pelos Estados signatários, das observações e consultas sobre dificuldades e incorreções e das dúvidas sobre a aplicação.[80]

Como ressalta Oscar Ermida Uriarte, a atuação da Comissão Sociolaboral influirá na eficácia real que pode ter a Declaração pois, embora alguns documentos preparatórios desta refiram-se a seu caráter não vinculante, "o texto aprovado – especialmente os seus 'considerando' – difere de tal qualificativo (...) Esta possibilidade interpretativa de atribuir a máxima eficácia jurídica à Declaração, ver-se-ia facilitada pela redação de alguns de seus preceitos, que admitem uma aplicação direta e imediata pelos operadores jurídicos nacionais. Com efeito, suas cláusulas não são somente programáticas, mas as há de ambas as classes. Entre as disposições suscetíveis de aplicação direta e imediata, podem ser citadas as que reconhecem ou garantem um direito efetivo ou prescrevem uma atitude (tal é o caso, por exemplo, do primeiro parágrafo do artigo 1, que estabelece que 'todo trabalhador tem assegurada a igualdade efetiva de direitos, trato e oportunidades' ".[81]

Embora o artigo 20 da Declaração Sociolaboral deixe claro que a Comissão Sociolaboral tem "caráter promocional e não sancionador", entendemos que isso não prejudica sua função de velar pela observância dos direitos e princípios consagrados naquela.

Ericson Crivelli também opõe-se à conclusão de que o impedimento da adoção de sanção seja elemento que reduz a relevância do instrumento cuja aplicação a Comissão Sociolaboral deve fomentar e acompanhar: "como órgão auxiliar do GMC, pode e deve propor por consenso a este órgão a adoção de Resoluções. Estas (...) serão, inevitavelmente, obrigatórias aos Estados membros. A única limitação que deve observar o GMC é quanto à não vinculação destas Resoluções, oriundas de decisões encaminhadas pela CSL, às questões

---

[80] DECLARACIÓN Sociolaboral del Mercosur, *Revista do Tribunal Regional do Trabalho da 15ª Região*, Campinas, n. 11, p. 282-289, 2000. Em 17 de julho de 2015 foi assinada nova Declaração Sociolaboral do Mercosul, já com a participação da Venezuela como Estado Parte, a qual manteve os direitos previstos no texto original e instituiu outros como os relativos a férias, descanso e jornada de trabalho. MERCOSUL. Declaração Sociolaboral do Mercosul de 2015. Disponível em: <cartilhaciudadania.mercosur.int>. Acesso em: 21 fev.2018.

[81] ERMIDA URIARTE, Oscar. La Declaración Sociolaboral del Mercosur y su aplicabilidad judicial. *Revista de Direito do Trabalho*, São Paulo, ano 26, n. 99, p. 196; 204, jul./set. 2000.

comerciais, econômicas e financeiras, como expressamente vedou o texto da Declaração".[82]

Sem dúvida, do mesmo modo que propostas anteriormente encaminhadas ao GMC foram acolhidas, dando origem a órgãos de composição tripartite ou paritária, bem como a normas como a própria Declaração Sociolaboral do Mercosul, nada indica que novas propostas venham a ser recusadas, salvo se o projeto de integração regional for abandonado pelos quatro Estados membros.

Em 9 de novembro de 1999, mediante a Resolução n.15/99, o Grupo Mercado Comum criou a Comissão Sociolaboral do Mercosul, solicitando a apresentação de proposta de Regulamento Interno, tanto no âmbito regional como no das Comissões Nacionais (artigo 2). Também foi estipulado que a Comissão deveria ser integrada por um membro titular e outro alterno de cada um dos três setores abrangidos por Estado Parte do Mercosul (artigo 3).[83]

Iniciou-se, assim, a fase de discussões sobre os Regulamentos da Comissão Sociolaboral e das Comissões Nacionais, além dos formulários de memórias a serem apresentadas anualmente pelos Estados Partes.

Foram aprovados os formulários de memórias referentes a seis artigos da Declaração Sociolaboral, devendo ser aprovados em 2001 os relativos às demais disposições. No processo de elaboração dos formulários foi valiosa a cooperação técnica da Organização Internacional do Trabalho, mediante o estudo *Critérios e metodologias comuns para a confecção de memórias*, baseado na experiência imposta pelo artigo 22 da Constituição da OIT de apresentação de memórias anuais sobre as medidas adotadas para aplicar as Convenções ratificadas.[84]

A Comissão Sociolaboral aprovou seu Regulamento Interno, bem como o das Comissões Sociolaborais Nacionais, respectivamente em março e outubro de 2000, encaminhando-os ao Grupo Mercado Comum para aprovação, o que foi feito mediante as Resoluções ns. 12/00 e 85/00. Até 31 de junho de 2001

---

[82] CRIVELLI, Ericson. Normas internacionais do trabalho no Mercosul: a vigência e eficácia jurídica da Declaração Sociolaboral. In: CÚPULA Sindical do Mercosul. Florianópolis, dezembro de 2000. p. 22.

[83] MERCOSUR/GMC/RES N.15/99. Creación de la Comisión Socio-Laboral del Mercosur. *Revista do Tribunal Regional do Trabalho da 15ª Região*, Campinas, n. 11, p. 293-294, 2000.

[84] CRITERIOS y metodologias comunes para la confección de memorias. Documento anexo a: MINISTÉRIO DO TRABALHO E EMPREGO. Secretaria de Relações do Trabalho. Coordenação Nacional do SGT 10 "Assuntos Trabalhistas, Emprego e Seguridade Social". Ofício Circular Nº 025/SGT 10, de 08/08/2000. Documento obtido do representante brasileiro do Setor Trabalhador na Comissão Sociolaboral do Mercosul. Os formulários de memórias foram alterados ao longo do tempo, com base na prática da atuação da Comissão Sociolaboral.

devem ser apresentadas as primeiras memórias anuais correspondentes aos enunciados da Declaração constantes dos artigos 3º (promoção da igualdade entre homens e mulheres), 6º (trabalho infantil), 13 (diálogo social), 14 (fomento do emprego) e 16 (formação profissional).[85]

Uma vez que o processo de integração regional europeu é uma referência forte para os interlocutores sociais no âmbito do Mercosul, especialmente para as organizações sindicais de trabalhadores, o papel desempenhado pelo diálogo social na construção de uma dimensão social na União Europeia despertou interesse. Assim, o diálogo social foi expressamente consagrado na Declaração Sociolaboral.

Deve ser apontada a existência do primeiro acordo coletivo internacional no âmbito do Mercosul, celebrado em 16 de abril de 1999, entre a Volkswagen do Brasil, a Volkswagen da Argentina e os sindicatos de trabalhadores dos dois países cuja esfera de representação abrange os referidos estabelecimentos. O acordo está aberto à adesão das comissões de fábrica que forem instituídas nas unidades produtivas no Mercosul. Após esse acordo pioneiro se discutiu a celebração de um acordo internacional no setor financeiro no âmbito do Mercosul, mas isso não foi possível até o momento. O único acordo celebrado entre Banco Itaú-Unibanco S.A. e Union Network International para as Américas extrapola o âmbito do Mercosul, pois é aplicável a todas as sucursais desse banco no continente americano.[86]

---

[85] PROGRAMA de trabalho do SGT 10 (11/00-05/01) e da Comissão Sociolaboral do Mercosul (01-04/01), segundo a área temática e o(s) órgão(s) responsável(eis) pela execução. p. 5. Documento anexo a: MINISTÉRIO DO TRABALHO E EMPREGO. Secretaria de Relações do Trabalho. Coordenação Nacional do SGT 10 "Assuntos Trabalhistas, Emprego e Seguridade Social". Ofício Circular Nº 055/SGT 10, de 27/12/2000; MERCOSUL/GMC/COMISSÃO SOCIOLABORAL DO MERCOSUL/ATA Nº 3/00. Regulamento Interno das Comissões Nacionais. Anexo III: Ata da VII Reunião da Comissão Sociolaboral do Mercosul. Documentos obtidos do representante brasileiro do Setor Trabalhador na Comissão Sociolaboral do Mercosul; MERCOSUR/GMC/RES. Nº 12/00. Reglamento Interno de la Comisión Sociolaboral del Mercosur. Disponível em: <http://www.mercosur.org.uy/espanol/snor/normativa/resoluciones/2000/res1200.htm>. Acesso em: 23 abr. 2001. MERCOSUR/GMC/RES. Nº 85/00. Reglamento Interno de la Comisión Sociolaboral del Mercosur (Comisiones Nacionales). Disponível em: <http://www.mercosur.org.uy/espanol/snor/normativa/LRES004.htm>. Acesso em: 23 abr. 2001.

[86] ROSENBAUM, Jorge; RACCIATTI, Octavio. Negociación colectiva internacional. *Revista de Trabajo*, Buenos Aires, ano 2, n. 3, p. 119, jul./dic. 2006. ACORDO MARCO ENTRE BANCO ITAÚ-UNIBANCO S.A. E UNION NETWORK INTERNATIONAL PARA AS AMÉRICAS. Disponível em <http://www.contrafcut,org.br/download/convenção_acordo/1432416325.pdf>. Acesso em: 13 maio 2014.

Portanto, como esclarecem Jorge Rosenbaum e Octavio Racciatti, não se trata de um acordo entre uma empresa transnacional e um sindicato ou federação sindical internacional ou regional, como se verifica na experiência européia. De certo modo, expressa o desejo de maior descentralização na tomada de decisões e de valorização da gerência local da empresa multinacional, contemplando as seguintes matérias: a) direito de informação, mediante reunião dos representantes sindicais e empresariais pelo menos uma vez por ano com pautas previamente estipuladas; b) busca permanente de melhores condições de competitividade nas unidades produtivas, com a conscientização de todos os envolvidos na produção; c) prevenção e solução de conflitos mediante o diálogo permanente; d) representatividade sindical, com o reconhecimento por parte da empresa dos sindicatos de trabalhadores signatários e das comissões de fábrica como interlocutores em matéria trabalhista; e) desenvolvimento de sistemas de capacitação profissional homogêneos nas diferentes unidades produtivas, mas respeitando as peculiaridades e necessidades de cada uma.[87]

3.2. Representatividade sindical

Como foi mencionado na seção anterior, a primeira reunião do extinto SGT 11, realizada em 27 de março de 1992, decidiu que a representação dos trabalhadores e dos empregadores se desse nos termos estipulados nos quatro Estados membros do Mercosul com vistas à designação das Delegações para a Conferência Internacional do Trabalho.

Assim, pela primeira vez a noção de representatividade sindical foi evocada no âmbito do Mercosul. Como analisamos anteriormente, na seção dedicada à Organização Internacional do Trabalho, desde 1922, por força da sentença da Corte Permanente de Justiça Internacional, prevalece o entendimento segundo o qual o governo deve promover acordo com as organizações sindicais representativas existentes com vistas ao envolvimento de todos os interessados, de modo a assegurar a representação de todos os trabalhadores.

De modo geral, isso é o que se tem procurado alcançar no âmbito do Mercosul, mesmo em detrimento do modelo sindical legal, como exemplifica o Brasil: embora a Constituição Federal de 1988 imponha o sindicato único por categoria, econômica ou profissional, e por base territorial (artigo 8°, II), o que excluiu do modelo legal as centrais sindicais de trabalhadores, as quais não se organizam por categoria mas são intercategoriais, o governo brasileiro

---

[87] Idem, op. cit. p. 196-197.

realizou acordos informais que resultam na nomeação de uma ou várias delas para representar os trabalhadores em diferentes órgãos do Mercosul. E, com a aprovação da Lei n. 11.648, de 2008, que promoveu o reconhecimento formal das Centrais Sindicais, esse problema foi superado.

Assim, por exemplo, a Central Única dos Trabalhadores (CUT) tem participado da Comissão Sociolaboral como membro titular e a Força Sindical (FS), como membro alterno, enquanto ambas, juntamente com a Confederação Geral dos Trabalhadores (CGT), compõem a representação dos trabalhadores na Seção Brasileira do FCES.

Se a organização sindical brasileira fosse considerada exclusivamente à luz da Constituição Federal e da Consolidação das Leis do Trabalho, no início da atuação no Mercosul, deveriam ter sido indicadas para compor a representação dos trabalhadores nos órgãos do Mercosul as confederações nacionais de categorias profissionais, não as centrais sindicais. Houve o reconhecimento por parte do governo da pluralidade de fato existente na cúpula da estrutura sindical, bem como da representatividade de que gozam essas entidades. Cabe lembrar que o mesmo tem ocorrido no âmbito da Organização Internacional do Trabalho, no qual as centrais sindicais há muito substituíram as confederações nacionais de categorias profissionais na delegação brasileira junto à Conferência Internacional do Trabalho.

Quanto à Comissão Sociolaboral, a Declaração Sociolaboral que lhe deu origem refere-se à composição tripartite mas não aos critérios para a designação de seus integrantes (artigo 20). Coube ao Regulamento Interno da Comissão Sociolaboral sanar essa lacuna, dispondo no artigo 2º que "os membros titulares e alternos do setor governamental serão designados pelos governos dos Estados Partes do Mercosul. Os membros titulares e alternos dos setores empregador e trabalhador serão designados pelas respectivas organizações mais representativas de cada Estado Parte, de acordo com suas práticas nacionais". O Regulamento das Comissões Nacionais, ao tratar de sua composição, remete ao supracitado artigo 2º do Regulamento da Comissão Regional (artigo 2º).

Portanto, não há em parte alguma a definição de organização mais representativa, cabendo recorrer à experiência da Organização Internacional do Trabalho nessa matéria, seja mediante a sentença histórica da Corte Permanente de Justiça Internacional seja mediante os pronunciamentos da Comissão de Verificação de Poderes, da Comissão de Peritos na Aplicação de Convenções e Recomendações e do Comitê de Liberdade Sindical. Tal interpretação baseia-se na referência aos Estados Partes da Declaração Sociolaboral como membros da OIT que ratificaram as principais convenções sobre direitos essenciais dos trabalhadores e adotam as recomendações voltadas para diversos objetivos, entre os quais o diálogo social, feita no Terceiro Considerando e também na remissão feita pelo extinto SGT 11 à escolha dos representantes dos trabalhadores e dos empregadores à luz dos critérios para constituição das Delegações para a Conferência Internacional do Trabalho.

Pode ocorrer controvérsia em matéria de representatividade sindical no âmbito do Mercosul, uma vez que apenas no Uruguai há uma única central sindical de trabalhadores, o PIT/CNT ("Plenario Intersindical de Trabajadores y Conferencia Nacional de Trabajadores"). Nos outros Estados membros há pluralidade sindical, de fato ou de direito, na cúpula da organização sindical.

Por fim, recordando o acordo coletivo pioneiro no âmbito do Mercosul, que abrange a Volkswagen da Argentina e a Volkswagen do Brasil, mencionado na seção anterior, apontamos que não houve a participação de sindicato ou federação sindical internacional ou regional: os trabalhadores brasileiros foram representados pela Confederação Nacional dos Metalúrgicos da CUT, pelos sindicatos dos metalúrgicos do ABC e de Taubaté e pelas Comissões de Fábrica das duas unidades produtivas (São Bernardo do Campo e Taubaté), enquanto os trabalhadores argentinos foram representados pelo Sindicato de Mecânicos e Afins de Transporte Automotor da Argentina e pelas Comissões Internas de Trabalhadores das unidades de General Pacheco e Córdoba.[88]

Essa experiência revela as deficiências da organização sindical dos trabalhadores no âmbito do Mercosul. No estágio atual do processo de integração regional são as centrais sindicais dos Estados membros que têm desempenhado papel de destaque. Há uma entidade internacional, a Coordenadora de Centrais Sindicais do Cone Sul (CCSCS) que, como a própria denominação indica, constitui apenas uma instância de coordenação. Maria Sílvia Portella de Castro informa que a CCSCS, criada em 1987, em seus três primeiros anos de existência "era quase que simbólica; com o desenvolvimento do processo de integração, passou a ter uma vida mais efetiva".[89]

Quanto às organizações patronais, Oscar Ermida Uriarte explica que reagiram mais tarde ao processo de integração. O Conselho Industrial do Mercosul e o Conselho de Câmaras de Comércio do Mercosul, criados respectivamente

---

[88] CASTRO, Maria Sílvia Portella de. Movimento sindical no Mercosul: trajetória e perspectiva de ação. In: LORENZETTI, Jorge; FACCIO, Odilon Luís. (Coord.). *O sindicalismo na Europa, Mercosul e Nafta*. São Paulo: LTr, 2000. p. 129.

[89] Idem, op. cit. p. 111.

em 1994 e 1995, são órgãos com função meramente coordenadora, cuja presença é menos ativa do que a sindical.[90]

Lembramos ainda que nem todos os Estados membros do Mercosul possuem confederações gerais de empregadores, podendo ser invocado o exemplo brasileiro: são as confederações nacionais de categorias econômicas, especialmente as da indústria, do comércio e da agricultura, que representam os empregadores nos órgãos do Mercosul.

À vista do exposto, entendemos que a prática da negociação coletiva no âmbito do Mercosul depende do aperfeiçoamento da estrutura das organizações de trabalhadores e de empregadores existentes no contexto regional.

Quanto à participação nos órgãos do Mercosul, outro problema soma-se às deficiências estruturais: a precariedade dos recursos financeiros, especialmente por parte dos representantes dos trabalhadores. Há ocasiões em que não é possível comparecer às reuniões, o que poderia impedir a tomada de decisões, que deve se dar por consenso. Para superar esse obstáculo foram encontradas soluções criativas. Por exemplo, a Comissão Sociolaboral previu no artigo 19 de seu Regulamento Interno que, imediatamente após a reunião, a Coordenação deve comunicar os assuntos adotados aos membros ausentes, que terão 15 dias para apresentar objeções. Se não houver manifestação nesse prazo, a Comissão considerará o texto acordado como adotado por consenso dos três setores. Tal prática ficou conhecida como "consenso negativo".

Todos esses problemas terão que ser enfrentados para que os interlocutores sociais possam participar de modo eficiente nos órgãos do Mercosul e desenvolver negociação coletiva internacional ou regional.

4. Bibliografia

ACORDO MARCO ENTRE BANCO ITAÚ-UNIBANCO S.A. E UNION NETWORK INTERNATIONAL PARA AS AMÉRICAS. Disponível em <http://www.contrafcut,org. br/download/convenção_acordo/1432416325.pdf.

ACTA de la Reunión de los Ministros de Trabajo del Mercosur y Chile. In: *MERCOSUR sociolaboral*: selección de documentos fundacionales 1991-1999. Buenos Aires: Ed. Corregidor, 1999. p. 81-82.

ARRIGO, Gianni. La politica sociale nel Trattato di Amsterdam: una "riforma minore" destinata a crescere. *Il Diritto del Lavoro*, Roma, ano 72, pt. 1, p. 33-60, genn./apr. 1998.

[90] ERMIDA URIARTE, Oscar. La ciudadanía laboral... p. 169.

BLANPAIN, Roger; JAVILLIER, Jean-Claude. *Droit du travail communautaire*. Paris: LGDJ, 1995.

CASTRO, Maria Sílvia Portella de. Movimento sindical no Mercosul: trajetória e perspectiva de ação. In: LORENZETTI, Jorge; FACCIO, Odilon Luís. (Coord.). *O sindicalismo na Europa, Mercosul e Nafta*. São Paulo: LTr, 2000. p. 103-135.

CENTRE D'INFORMATION SUR L'EUROPE.Sources d' Europe. Dialogue social et partenaires sociaux européens. Disponível em: <http://www.info-europe.fr/europe.web/document.dir/fich.dir/qr000886.htm>. Acesso em: 24 out. 2000.

CONSULTA realizada por el Grupo Mercado Común al Foro Consultivo Ecnómico Social en relación a la Declaración Socio-Laboral del Mercosur. *Revista do Tribunal Regional do Trabalho da 15ª Região*, Campinas, n. 11, p. 311-313, 2000.

CRITERIOS y metodologias comunes para la confección de memorias. Documento anexo a: MINISTÉRIO DO TRABALHO E EMPREGO. Secretaria de Relações do Trabalho. Coordenação Nacional do SGT 10 "Assuntos Trabalhistas, Emprego e Seguridade Social". Ofício Circular Nº 025/SGT 10, de 08/08/2000. Documento obtido do representante brasileiro do Setor Trabalhador na Comissão Sociolaboral do Mercosul.

CRIVELLI, Ericson. Normas internacionais do trabalho no Mercosul: a vigência e eficácia jurídica da Declaração Sociolaboral. In: CÚPULA Sindical do Mercosul. Florianópolis, dezembro de 2000. 55 p. Mimeografado.

DECLARACIÓN de los Ministros de Trabajo de los países miembros del Mercosur. In: *MERCOSUR sociolaboral*: selección de documentos fundacionales 1991-1999. Buenos Aires: Ed. Corregidor, 1999. p. 113-114.

DECLARACIÓN Sociolaboral del Mercosur, *Revista do Tribunal Regional do Trabalho da 15ª Região*, Campinas, n. 11, p. 282-289, 2000.

EUROPEAN UNION. Communication from the Comission adopting and promoting the social dialogue at Community level. COM/98/0322 final. Disponível em: < EUROPA> EU LAW AND PUBLICATIONS> EUR-Lex> EUR-Lex 51998DC0322-EN>. Acesso em 22 fev 2018.

EUROPEAN UNION. European Comission: Employment, social affairs & Inclusions. Events. A new start for Social Dialogue. 5 mars 2015. Disponível em: < ec.europa.eu> social> eventsld=1028>. Acesso em: 23 fev.2018.

EUROPEAN UNION. European Pilar of Social Rights: building a more inclusive and faires European Union. Disponível em: https://ec.europa.eu/commision/priorities/deeper-and-fairer-economic-and-monetary-union. Acesso em: 23 fev.2018.

EUROPEAN UNION. European Pillar of Social Rights-European Commision.pdf. Disponível em: https://europa.eu/comission/sites/beta-political/files/social-summit. Acesso em: 23 fev.2018.

ERMIDA URIARTE, Oscar. La ciudadanía laboral en el Mercosur. *Revista de Direito do Trabalho*, São Paulo, ano 26, n. 98, p. 151-173, abr./jun. 2000.

ERMIDA URIARTE, Oscar. La Declaración Sociolaboral del Mercosur y su aplicabilidad judicial. *Revista de Direito do Trabalho*, São Paulo, ano 26, n. 99, p. 193-206, jul./set. 2000.

FOGLIA, Raffaele; SANTORO PASSARELLI, Giuseppe. *Profili di diritto comunitario del lavoro*. Torino: Giappichelli, 1996.

GARILLI, Alessandro. Concertazione e contrattazione collettiva nell'Europa dell'Unione Economica e Monetaria. *Il Diritto del Lavoro*, Roma, ano 73, pt. 1, p. 447-462, nov./ dic. 1999.

GUÉRY, Gabriel. La dimensión convencional de la Europa social según se desprende del Tratado de Maastricht. *Revista Internacional del Trabajo*, Ginebra, v. 112, n. 2, p. 293-312, 1993.

HENTSCHEL, Hartmut. Unión Europea y Mercosur: estabilidad y fragilidad de los sistemas de integración social. *Contribuciones*, Buenos Aires, ano 16, n. 2, p. 113-126, abr./ jun. 1999.

HIGH Level Conference in Brussels: a new star for social dialogue? European Trade Union Committee for Education News.06 mars2015. Disponível em: <https//www.csee-etuce. org/em/archive/719-high-level-conference-social-dialogue>. Acesso em: 23 fev.2018.

JACOBS, Antoine; OJEDA-AVILES, Antonio. The european social dialogue: some legal issues. In: BERCUSSON, Brian. (Coord.). *A legal framework for european industrial relations*: report by the ETUI Research Network on Transnational trade union rights. Brussels, june 1999. European Trade Union Institute (ETUI). 75 p. Mimeografado.

JENKS, C.Wilfred. The international protection of freedom of association for trade union purposes. *Recueil des Cours de l'Académie de Droit International*, Leyde, v. 87, p. 7-115, 1955-1.

LYON-CAEN, Antoine. La négociation collective dans ses dimensions internationales. *Droit Social*, Paris, n. 4, p. 352-363, avr. 1997.

LYON-CAEN, Antoine. Programme pour qu'un avenir soit un devenir. *Droit Social*, Paris, n. 5, p. 447-453, mai 1999.

MERCOSUL. Declaração Sociolaboral do Mercosul de 2015. Disponível em: <cartilha-ciudadania.mercosur.int>. Acesso em: 21 fev.2018.

MERCOSUL. MERCOSUL/GMC/COMISSÃO SOCIOLABORAL DO MERCOSUL/ ATA Nº 3/00. Regulamento Interno das Comissões Nacionais. Anexo III: Ata da VII Reunião da Comissão Sociolaboral do Mercosul. Documento obtido do representante brasileiro do Setor Trabalhador na Comissão Sociolaboral do Mercosul.

MERCOSUR. MERCOSUR/GMC/RES N.15/99. Creación de la Comisión Socio-Laboral del Mercosur. *Revista do Tribunal Regional do Trabalho da 15ª Região*, Campinas, n. 11, p. 293-294, 2000.

MERCOSUR. MERCOSUR/GMC/RES. Nº 12/00. Reglamento Interno de la Comisión Sociolaboral del Mercosur. Disponível em: <http://www.mercosur.org.uy/espanol/ snor/normativa/resoluciones/2000/res1200.htm>. Acesso em: 23 abr. 2001.

MERCOSUR. MERCOSUR/GMC/RES. Nº 85/00. Reglamento Interno de la Comisión Sociolaboral del Mercosur (Comisiones Nacionales). Disponível em: <http://www. mercosur.org.uy/espanol/snor/normativa/LRES004.htm>. Acesso em: 23 abr. 2001.

MOREAU, Marie-Ange. Sur la réprésentativité des partenaires sociaux européens. *Droit Social*, Paris, n. 1, p. 53-59, janv. 1999.

MOUNIER-KUHN, Angélique. Sectorial social dialogue: promising side of industrial relations in the EU. EURACTIV.fr reports. Trad. Freya Kirk. 8 fev.2018. Disponível em: <https://www.euractiv.com/section/economy-jobs/news/sectoral-social-dialogue>. Acesso em 23 fev.2018.

ORGANISATION INTERNATIONALE DU TRAVAIL. Liberté syndicale et négociation collective: rapport de la Commission d'experts pour l'application des conventions et recommandations. In: CONFÉRENCE INTERNATIONALE DU TRAVAIL, 81, Genève, 1994. Rapport III (Partie 4B). Genève, Bureau International du Travail, 1994.

ORGANIZACIÓN INTERNACIONAL DEL TRABAJO. Constitución de la Organización Internacional del Trabajo y Reglamento de la Conferencia Internacional del Trabajo. Ginebra: Oficina Internacional del Trabajo, 1988.

ORGANIZACIÓN INTERNACIONAL DEL TRABAJO. *La libertad sindical*: recopilación de decisiones y principios del Comité de Libertad Sindical del Consejo de Administración de la OIT. Ginebra: Oficina Internacional del Trabajo, 1985.

ORGANIZACIÓN INTERNACIONAL DEL TRABAJO. *La libertad sindical*: recopilación de decisiones y principios del Comité de Libertad Sindical del Consejo de Administración de la OIT. Ginebra: Oficina Internacional del Trabajo, 1996.

ORGANIZACIÓN INTERNACIONAL DEL TRABAJO. *La libertad sindical*: recopilación de decisiones del Comité de Libertad Sindical del Consejo de administración de la OIT. Ginebra: Oficina Internacional del Trabajo, 1976.

PEREZ DE LOS COBOS ORIHUEL, Francisco. *El derecho social comunitario en el Tratado de la Unión Europea.* Madrid: Civitas, 1994.

PLÁ RODRIGUEZ, Américo. Las perspectivas de un derecho del trabajo comunitario. *Revista do Advogado*, São Paulo, n. 60, p. 7-22, set. 2000.

PLÁ RODRIGUEZ, Américo. *Los convenios internacionales del trabajo.* Montevideo: Biblioteca de Publicaciones Oficiales de la Facultad de Derecho y Ciencias Sociales de la Universidad de la Republica, 1965.

POTOBSKY, G. Von. La protección de los derechos sindicales: veinte años de labor del Comité de Libertad Sindical. *Revista Internacional del Trabajo*, Ginebra, v. 85, p. 81-95, ene./jun. 1972.

PROGRAMA de trabalho do SGT 10 (11/00-05/01) e da Comissão Sociolaboral do Mercosul (01-04/01), segundo a área temática e o(s) órgão(s) responsável(eis) pela execução. p. 5. Documento anexo a: MINISTÉRIO DO TRABALHO E EMPREGO. Secretaria de Relações do Trabalho. Coordenação Nacional do SGT 10 "Assuntos Trabalhistas, Emprego e Seguridade Social". Ofício Circular Nº 055/SGT 10, de 27/12/2000. Documento obtido do representante brasileiro do Setor Trabalhador na Comissão Sociolaboral do Mercosul.

RAY, Jean-Emmanuel. À propos de la subsidiarité horizontale. *Droit Social*, Paris, n. 5, p. 459-466, mai 1999.

REGLAMENTO Interno del Foro Consultivo Económico Social del Mercosur (1996). In: *MERCOSUR sociolaboral*: selección de documentos fundacionales 1991-1999. Buenos Aires: Ed. Corregidor, 1999. p. 71-80.

RESOLUCIÓN del Grupo Mercado Común del Mercosur n° 11/1991. ACTA nº 1 del Subgrupo de Trabajo nº 11 Asuntos Laborales. In: *MERCOSUR sociolaboral*: selección de documentos fundacionales 1991-1999. Buenos Aires: Ed. Corregidor, 1999. p. 114-115.

ROSENBAUM, Jorge; RACCIATTI, Octavio. Negociación colectiva internacional. *Revista de Trabajo*, Buenos Aires, ano 2, n. 3, p. 91-124, jul./dic. 2006.

SCELLE, Georges. *L'Organisation Internationale du Travail et le B.I.T.* Paris: Librairie des Sciences Politiques et Sociales Marcel Rivière, 1930.

SUPIOT, Alain. (Coord.). *Au-delà de l'emploi*: transformations du travail et devenir du droit du travail en Europe: rapport pour la Commission des Communautés européennes avec la collaboration de l'Université Carlos III de Madrid. Paris: Flammarion, 1999.

TIZZANO, António; VILAÇA, José Luís; GORJÃO-HENRIQUES, Miguel. Código da União *Européia*. Coimbra, Almedina, 1997.

UNIÃO EUROPÉIA. Conselho Europeu de Amsterdão: conclusões da Presidência. *Boletim da União Européia*, Luxemburgo, n. 6, p. 8-17, 1997.

UNIÃO EUROPEIA. Directiva 1999/63/CE do Conselho, de 21 de junho de 1999, respeitante ao acordo relativo à organização do tempo de trabalho dos marítimos celebrado pela Associação de Armadores da Comunidade Européia (ECSA) e pela Federação dos Sindicatos dos Transportes da União Européia (FST). Disponível em: <http://europa.eu.int/eur-lex/pt/lif/dat/1999/pt-_399L0063.html>. Acesso em: 05 mar. 2001.

UNIÃO EUROPEIA. Directiva 1999/70/CE do Conselho de 28 de junho de 1999 respeitante ao Acordo-quadro CES, UNICE e CEEP relativo a contratos de trabalho a termo. Disponível em: <http://europa.eu.int/eur-lex/pt/lif/dat/1999/pt_399L0070.html>. Acesso em: 19 fev. 2001.

UNIÃO EUROPEIA. Directiva 2000/34/CE do Parlamento Europeu e do Conselho, de 22 de junho de 2000, que altera a directiva 93/104/CE do Conselho relativa a determinados aspectos da organização do tempo de trabalho, afim de abranger os setores e actividades excluídos dessa directiva. Disponível em: <http://europa.eu.int/eur-lex/pt/lif/dat/2000/pt_300L0034.html>. Acesso em: 05 maio 2001.

UNIÃO EUROPEIA. Directiva 96/34/CE do Conselho de 3 de junho de 1996 relativa ao Acordo-quadro sobre a licença parental celebrado pela UNICE, pelo CEEP e pela CES. Disponível em: <http://europa.eu.int/eur-lex/pt/lif/dat/1996/pt_396L0034.html>. Acesso em: 19 fev. 2001.

UNIÃO EUROPEIA. Directiva 97/81/CE do Conselho de 15 de dezembro de 1997 respeitante ao Acordo-quadro relativo ao trabalho a tempo parcial celebrado pela UNICE, pelo CEEP e pela CES – Anexo: Acordo-quadro relativo ao trabalho a tempo parcial. Disponível em: <http://europa.eu.int/eur-lex/pt/lif/dat/1997/pt_397L0081.html>. Acesso em: 19 fev. 2001.

UNIÃO EUROPEIA. Um novo começo para o diálogo social – Europa EU. Comissão Europeia, manuscrito terminado em agosto de 2016.pdf. Disponível em: http://ec.europa.eu/social/blobservlet?docld=1609988langld=pt. Acesso em: 23 fev. 2018.

UNIAO EUROPEIA. Versão Consolidada do Tratado sobre o Funcionamento da União Europeia. Disponível em: <http://eur-lex.europa.eu/legal-content/PT/TXT/?uri=CELEX:12012E/TXT > Acesso em: 22 fev.2018.

UNIAO EUROPEIA 98/500/CE. Decisão da Comissão de 20 de maio de 1998 relativa à criação de Comitês de diálogo setorial para promover o diálogo entre os parceiros sociais a nível europeu. Disponível em: <EUROPA> EU law and publications> EUR-Lex> EUR-Lex31998D050- En>. Acesso em: 22 fev.2018.

UNIÓN EUROPEA. El ABC de la Unión Europea – Tratados europeos. 1 p. Disponível em: <http://www.europa.eu.int/abc/treaties_es.htm>. Acesso em: 24 out. 2000.

UNIÓN EUROPEA. El diálogo social: adaptación y promoción del diálogo social a escala comunitaria. Disponível em: <http://europa.eu.int/scadplus/leg/es/cha/c10713.htm>. Acesso em: 24 out. 2000.

UNION EUROPÉENE. Comission européene. Discours. Conférence avec les partenaires sociaux. "Um nouvel élan pour le dialogue social" – Remarques de clôture du Président Juncker. Bruxelles, 05 mars 2015. Disponível em: <europa.eu/rapid/press--release_SPEECH-15-4607_fr.pdf>. Acesso em: 23 fev.2018.

UNION EUROPÉENNE. Le dialogue social, acquis transversal et multidimensionnel... dans le droit du travail. Disponível em: < http://europa.eu.int/comm/imployment_social/soc-dial/social/dia2000_fr.pdf>. Acesso em: 24 out. 2000.

UNION EUROPÉENNE. Tribunal de Première Instance (quatrième chambre élargie). Ordonnance du 17 juin 1998. Aff. T-135-96. *Droit social*, Paris, n. 1, p. 60-63, janv. 1999.

VALTICOS, Nicolas. Les méthodes de la protection internationale de la liberté syndicale. *Recueil des Cours de l'Académie de Droit Internationale*, Leyde, v. 144, p. 77-138, 1975-I.

Liberdade sindical

Otávio Pinto e Silva[*]

1. Introdução

Tema importante que sempre incentiva nossa reflexão é o da *liberdade sindical*, concebida como a premissa básica para a organização das entidades sindicais no Estado Democrático de Direito.

É indispensável que o Estado efetue a tutela nessa área, pois a existência de adequada negociação coletiva depende do direito de os trabalhadores poderem formar organizações e a elas se associarem, por sua livre escolha.

Com efeito, a valorização da autonomia privada coletiva, como uma maneira de reconhecer aos particulares a prerrogativa de autorregulamentação dos respectivos interesses, está ligada de forma indissociável ao direito dos trabalhadores organizarem livremente as entidades que os representem.

A doutrina italiana, como mostra Gino Giugni, interpretou e sistematizou de modo congruente a exigência de liberdade dos grupos organizados perante o Estado, depois da queda do sistema corporativista. A noção de autonomia é bivalente, porque pressupõe a identificação de uma esfera de liberdade mas ao mesmo tempo o exercício de um poder de autorregulamentação.[1]

Não por outro motivo, a Organização Internacional do Trabalho (OIT) aprovou a Convenção nº 87, em 1948, relativa à liberdade sindical e à proteção

---

[*] Professor Associado do Departamento de Direito do Trabalho e Seguridade Social da Faculdade de Direito da USP e advogado trabalhista.

[1] GIUGNI, Gino. Il diritto sindacale e i suoi interlocutori. *Rivista Trimestrale di diritto e Procedura Civile*. Milão, ano 24, 1970, p. 388/389.

ao direito de se organizar, visando estabelecer algumas ideias fundamentais para a configuração da liberdade sindical, a saber:

a) os trabalhadores e os empregadores, sem distinção de qualquer espécie, devem ter garantido o direito de constituir, sem autorização prévia, organizações de sua escolha, bem como o direito de se filiar a essas organizações, sob a única condição de aceitar os seus estatutos (artigo 2º);

b) as organizações de trabalhadores e empregadores devem ter o direito de elaborar os seus estatutos e regulamentos administrativos, de eleger livremente os seus representantes, de organizar suas atividades e sua gestão, de formular o seu programa de ação;

c) o Estado deve adotar uma postura de não intervenção, de modo que as autoridades públicas se abstenham de adotar quaisquer medidas que possam limitar o direito de livre organização sindical ou entravar o seu exercício.

Mesmo aprovada há tanto tempo e sempre citada como uma referência no ordenamento jurídico internacional, o que se observa é que a Convenção 87 tem sido ignorada em um grande número de países, sendo certo que inúmeras queixas formais de contravenções já foram examinadas pelos órgãos de controle da OIT, como a Comissão de Peritos e o Comitê de Liberdade Sindical.

O direito à liberdade sindical não pode ser visto apenas como um direito dos trabalhadores, mas, sim, como um direito humano fundamental, que possibilita o equilíbrio de forças necessário para a garantia das condições de trabalho e para a construção de um sistema produtivo eficiente, beneficiando o conjunto da sociedade[2].

2. As diversas dimensões da liberdade sindical

Amauri Mascaro Nascimento apontou cinco dimensões para a liberdade sindical, a saber: a) liberdade de associação; b) liberdade de organização; c)

---

[2] SARCEDO, Cristiana Lapa Wanderley. *Representatividade Sindical e Negociação Coletiva: diretrizes da OIT, experiências dos modelos francês e norte-americano e contribuições ao sistema brasileiro*. São Paulo: LTr, 2011, p. 33.

liberdade de administração; d) liberdade de exercício das funções; e) liberdade de filiação e desfiliação[3]. Vejamos.

2.1. Liberdade de associação

A liberdade sindical pressupõe, em primeiro lugar, a aplicação do *direito de associação* no terreno das entidades sindicais. Se as leis de um Estado permitem e incentivam que as pessoas se agrupem em organizações, para a defesa de seus interesses profissionais e econômicos, fala-se em liberdade sindical, caracterizada pelo reconhecimento, pela ordem jurídica, de que devem existir essas associações.

Trata-se, portanto, da aplicação da idéia do direito de associação ao âmbito trabalhista, até mesmo no que se refere ao direito de reunião, como se depreende das regras gerais contidas no artigo 5º, incisos XVI e XVII da Constituição Federal, que são especificadas para o campo sindical no artigo 8º, "caput".

A mera garantia formal da existência de sindicatos, porém, é insuficiente: na verdade, é necessário ir mais longe e averiguar o modo como o sindicato é concebido e a maneira como se relaciona com seus representados, com outras entidades e com o próprio Estado.

2.2. Liberdade de organização

Sendo assim, falar em *liberdade de organização* significa reconhecer a necessidade de os indivíduos promoverem a defesa de seus interesses comuns. Isso afeta o sistema de relações de trabalho, pois transpõe o diálogo trabalhista do plano individual para o coletivo.

Os trabalhadores organizados podem se valer de inúmeros mecanismos de ação sindical e de resistência contra os empregadores, dos quais o exemplo mais significativo é a paralisação da prestação de serviços, utilizada como uma forma de pressão: a greve. Nesse sentido, o artigo 9º da Constituição Brasileira prevê que cabe aos trabalhadores decidir sobre a oportunidade de exercer o direito de greve e sobre os interesses que queiram por meio dele defender.

São diversas as formas de organização que podem ser adotadas em um modelo de liberdade, tais como os sindicatos, as centrais sindicais, as federações, as confederações, as seções sindicais, as comissões de fábrica, as

---

[3] NASCIMENTO, Amauri Mascaro. *Direito Sindical*, São Paulo, Saraiva, 1991, p. 115.

representações de trabalhadores. No artigo 11 da Constituição Brasileira alude-se ao direito dos trabalhadores elegerem representantes, nas empresas com mais de duzentos empregados, com a finalidade exclusiva de promover o entendimento direto com os empregadores.

A organização pode ser *espontânea*, quando resulta da autonomia dos grupos que, segundo seus próprios critérios, escolhem os meios de união que julgam mais adequados, ou *não-espontânea*, quando os critérios são pré-estabelecidos pelo Estado, por meio de legislação que prevê um modelo fechado.

Aqui surge a questão da pluralidade sindical *versus* sindicato único, que tanta polêmica já gerou no Brasil, tendo em vista a regra do inciso II do artigo 8º da Constituição Federal: o *"caput"* assegura que a organização sindical é livre, mas o referido inciso mostra que não é *tão livre* assim.

Esse aspecto não passou despercebido na análise efetuada por Guido Zangari, para quem a unidade por "coação legal" prevista no modelo brasileiro afeta diretamente a livre organização dos trabalhadores: a norma em questão é "espúria e ambígua", porque ao mesmo tempo afirma e tutela, mas limita e até mesmo nega a liberdade sindical[4].

É também relevante a questão da liberdade de organização interna, com a possibilidade de escolha pelos membros do grupo das alternativas que bem entenderem acerca dos estatutos, dos órgãos de que a entidade se compõe, das atribuições de cada um desses órgãos.

Não se pode deixar de mencionar, ainda, a questão do reconhecimento e do registro: maior será a liberdade se o sindicato puder constituir-se mediante simples registro, independente de ato do Estado. A regra do artigo 8º, inciso I, da Constituição Federal foi interpretada pelo Supremo Tribunal Federal não como um mecanismo de ingerência do Estado na criação das entidades, mas apenas de ato vinculado, visando o controle do critério da unicidade sindical.

Essa solução, no entanto, é passível de justa crítica doutrinária, na medida em que os governantes podem não resistir à tentação de criar "regras" para o registro. José Carlos Arouca, após estudar as Portarias editadas sobre o tema, afirma que *"autonomia de verdade só existirá quando a organização sindical livrar-se de vez do controle do Estado representado pelo Ministério do Trabalho"*[5].

---

[4] ZANGARI, Guido. *Monismo Sidacale e Stato corporativo in Brasile*. Diritto sindacale Comparato dei Paesi Ibero-Americani. Milão: Giuffré Editore, 1990, p.171/176

[5] AROUCA, José Carlos. *Organização Sindical no Brasil:Passado, Presente, Futuro (?)*. São Paulo: LTr, 2013, p. 76

2.3. Liberdade de administração

Duas idéias básicas fundamentam essa terceira dimensão da liberdade sindical, a saber: a democracia interna e a não interferência externa.

A democracia interna é condição de legitimidade do sindicato e pressupõe a redação dos próprios estatutos, a definição do modelo de eleições para escolha dos dirigentes, a alternância no poder, o respeito às oposições, a admissão de candidaturas de grupos que divirjam da diretoria, a livre propaganda de idéias e dos objetivos que cada grupo almeja alcançar.

O Brasil ainda enfrenta muitas dificuldades para garantir a democracia interna nas entidades sindicais, como frequentemente se verifica em denúncias apuradas pela imprensa que apontam atos de violência envolvendo diferentes categorias de trabalhadores. Tome-se como exemplo reportagem publicada pela Revista Istoé, dando conta de três episódios de agressões envolvendo sindicalistas: um envolvendo o sindicato dos marceneiros de Taboão da Serra, outro o sindicato dos químicos de Jundiaí, e o terceiro o sindicato dos gráficos de São Paulo. Em todos, um denominador comum: disputas pelo direito de controlar as entidades[6].

Também merecem ser lembradas as sempre conturbadas eleições no sindicato dos condutores de veículos de São Paulo: segundo investigações conduzidas pelo Ministério Público, em um período de vinte anos ao menos dezesseis pessoas morreram em disputas pelo poder na entidade[7].

Mas a liberdade de administração também exige garantias de que o sindicato não sofra interferências externas em seu dia a dia. Pressupõe a escolha dos dirigentes pelos próprios interessados, sem que o Estado possa nomear pessoas para a administração; o controle e a fiscalização dos atos da diretoria pelos órgãos do próprio sindicato; a proibição do afastamento de dirigentes sem que sejam ouvidos esses órgãos de controle; a fixação de contribuições financeiras ao sindicato pelos membros do grupo, em assembleia; a livre destinação dos recursos arrecadados, conforme deliberação dos interessados.

Em razão da necessidade de se garantir a liberdade de administração, ganha relevância a previsão no ordenamento jurídico de mecanismos que impeçam os atos de ingerência do Estado ou dos empregadores nos sindicatos dos trabalhadores, evitando assim possíveis práticas desleais. É o que a doutrina denomina de proibição de atos antissindicais: imprescindível, portanto,

---

[6] *Banditismo Sindical*. Istoé, 07/09/2011, p. 40/44
[7] *Briga por poder em entidade já matou 16*. Folha de S.Paulo, 11/07/2013, p. C1

que em um sistema de liberdade sindical o ordenamento jurídico contenha previsões do gênero.

2.4. Liberdade de exercício das funções

A quarta dimensão da liberdade sindical envolve a questão da definição, pela ordem jurídica, das funções do sindicato e das formas pelas quais essas funções devem ser cumpridas.

Trata-se da garantia do exercício das funções sindicais, por meio das quais a entidade poderá desenvolver sua ação, com o objetivo de atingir a consecução de seus fins[8].

A primeira função essencial do sindicato, que deve ser reconhecida, é a de *representação* dos interesses do grupo nas suas relações com outros órgãos ou com o próprio Estado. É o que justifica, por exemplo, a necessidade de oitiva das entidades sindicais em audiências públicas quando o Parlamento debate a elaboração de uma determinada lei.

A função de *negociação* deve ser plenamente assegurada, pois é a partir dela que os sindicatos exercem o poder de criação de normas jurídicas trabalhistas (convenções e acordos coletivos de trabalho), que devem reger as relações individuais de trabalho.

A Convenção 98 da OIT aponta a importância dessa função do sindicato, ao assinalar a necessidade da adoção de medidas adequadas para estimular trabalhadores e empregadores ao pleno desenvolvimento dos procedimentos de negociação.

Vale dizer, somente se pode cogitar de efetiva garantia da autonomia privada coletiva quando o ordenamento jurídico não apenas assegura o "reconhecimento" de acordos e convenções coletivas de trabalho (artigo 7º, inciso XXVI, da Constituição Brasileira), mas vai mais além, promovendo e incentivando a função negocial.

A função *assistencial* é bastante criticada, especialmente quando se afirma que o sindicato não deve assumir um papel de mero prestador de serviços. Com efeito, soa um pouco estranho que o sindicato seja concebido como uma entidade que visa prestar serviços de natureza médica, odontológica, ambulatorial; ou ainda como uma espécie de agência de viagens dos trabalhadores, por meio de manutenção de colônias de férias.

---

[8] MELLO, Lais Correa de. *Liberdade Sindical na Constituição Brasileira*. São Paulo: Editora LTr, 2005, p. 74.

Mas não se deve negar a importância da *assistência jurídica*, por meio da qual o sindicato pode atuar tanto na orientação extrajudicial quanto na defesa judicial dos interesses dos seus membros; bem como a *assistência aos desempregados*, visando a requalificação profissional e a recolocação no mercado.

Interessante ainda debater a *função educacional* dos sindicatos, na perspectiva de uma formação sindical que, em sentido mais amplo, refira-se a tudo aquilo que possa preparar pessoalmente os trabalhadores para a melhoria de suas condições como indivíduos e como grupo[9].

Por fim, não se pode deixar de registrar que geram certa polêmica as funções *econômica* e *política*, que são questionadas por significativa parte da doutrina.

A função *econômica* é entendida como a faculdade de o sindicato obter receita pelo exercício de atividades econômicas (como, por exemplo, a montagem de negócios ou a participação acionária em empresas); há quem critique essa possibilidade, sob o argumento de que isso representaria um desvio nas atribuições ordinárias do sindicato, capaz de gerar prejuízos para o grupo.

Quanto à função *política*, não se pode negar que é inerente à ação sindical, como meio para atingir os seus fins; mas é freqüente a existência de normas jurídicas que buscam impedir a política partidária, sob o argumento de que o sindicato deve ser plural, o que não combina com a atuação ao lado de um determinado partido.

2.5. Liberdade de filiação e desfiliação

A quinta e última dimensão da liberdade sindical pode ser enunciada a partir de uma equação básica, contida nos artigos 5º, inciso XX e 8º, inciso V, da Constituição Federal: ninguém pode ser obrigado a ingressar ou a não ingressar em uma associação ou em um sindicato.

Essa ideia fundamental deve ser examinada sob um tríplice aspecto: liberdade de filiação perante o sindicato, o Estado e o empregador.

Em relação ao *sindicato*, o problema que se apresenta é o da autoridade do grupo sobre os seus membros, e a liberdade dos indivíduos diante da entidade.

Em conformidade com a Declaração dos Direitos do Homem, toda pessoa tem o direito de ingressar em um sindicato; mas se trata de um direito que deve ser exercido em mão dupla. A liberdade de aderir ao sindicato deve ser acompanhada da liberdade de dele sair, a qualquer tempo.

---

[9] FIORAVANTE, Tamira Maira. *Sindicato, educação e liberdade*. São Paulo: LTr, 2008, p. 105-109.

No que se refere ao Estado, deve haver a preservação da garantia de filiação do sindicato a entidades de grau superior (federações, confederações, centrais sindicais), como também a entidades internacionais.

Nesse aspecto, o sistema brasileiro acabou por levar ao desenvolvimento da chamada "pluralidade na unicidade": como demonstra Edson Gramuglia Araújo, as confederações se multiplicaram, com maior ou menor grau de litigiosidade, pela repartição da base territorial dos sindicatos de base e das correspondentes federações, associando-se por sua vez a específicas centrais sindicais[10].

Ainda quanto ao Estado surge a questão da proibição de certos grupos de trabalhadores se filiarem a sindicatos: é o que acontece em muitos ordenamentos jurídicos no que se refere a servidores públicos, militares e policiais.

Por fim, a liberdade de filiação deve também ser preservada em face do empregador, evitando-se medidas que possam inibir o direito do trabalhador de exercer sua opção de filiar-se ou não ao sindicato. Assim, não devem ser permitidas atitudes discriminatórias na admissão ou na execução do contrato de trabalho, em virtude da condição de sindicalizado que o trabalhador venha a ostentar.

3. A organização sindical brasileira e a questão da liberdade sindical

A teoria corporativista teve grande influência na definição do sistema de organização sindical brasileiro, forjado a partir da Revolução de 1930 no sentido de consolidar uma nova estrutura de relações de trabalho. Buscou-se organizar a sociedade, atribuindo papéis específicos para os trabalhadores, os empregadores e o próprio Estado: cada parte da sociedade deveria adquirir uma função pública a cumprir.

Antes, os sindicatos eram pessoas jurídicas de direito privado; a partir de 1931, passam a ser tidos como órgãos de colaboração do governo, em evidente publicização, tanto que dependiam do reconhecimento do Estado para seu funcionamento (sendo certo, ainda, que somente poderiam se organizar sob a forma de categorias, delimitadas segundo um rígido plano de enquadramento sindical).

---

[10] ARAÚJO, Edson Gramuglia. *As Centrais no Sistema de Representação Sindical no Brasil*. São Paulo: LTr, 2013, p. 91.

LIBERDADE SINDICAL

Adotou-se o princípio da unicidade sindical, por meio do qual só se admitia a formação de um único sindicato para representar os interesses de cada categoria profissional, na mesma base territorial.

Amauri Mascaro Nascimento mostra que com tais medidas *"procurou o Estado ter em suas mãos o controle da economia nacional, para melhor desenvolver os seus programas. Para esse fim julgou imprescindível evitar a luta de classes; daí a integração das forças produtivas: os trabalhadores, empresários e profissionais liberais, numa unidade monolítica e não em grupos fracionados, com possibilidades estruturais conflitivas"*[11] .

Cesarino Júnior admite a influência da legislação da Itália na instauração do corporativismo brasileiro, mas constata algumas diferenças que, para ele, seriam fundamentais. Assim, afirma que o modelo brasileiro teria um caráter solidarista, ao proteger o trabalho *"como meio de subsistência do indivíduo"*, enquanto o italiano evidenciaria um caráter totalitário, ao tutelar o trabalho apenas e tão somente a título de um *"dever social"*.[12]

De todo modo, a legislação brasileira se consolidou observando as seguintes características fundamentais: a) unicidade sindical, princípio por meio do qual apenas se admite a constituição de um único sindicato representativo de categoria profissional e econômica, numa determinada base territorial; b) sistema confederativo, em que o sindicato se integra num sistema de relacionamento hierárquico, com federações e confederações, constituídas respectivamente por categorias e ramos de atividade econômica; c) sujeição das entidades sindicais ao Estado, uma vez que cabia ao Ministério do Trabalho não só o seu registro, mas também a autorização para funcionamento e a fiscalização das atividades, com poderes de intervenção; d) predeterminação das funções a serem exercidas pelos sindicatos, considerados como colaboradores do poder público; e) imposto sindical, cobrado pelo Estado, e destinado à manutenção das entidades sindicais.

Esse sistema se contrapõe ao modelo de sindicalismo autônomo defendido pela Organização Internacional do Trabalho, consoante os princípios de organização sindical estabelecidos em sua Convenção 87.

A autonomia é o poder de autorregulamentação dos próprios interesses. Implica a possibilidade de criação de normas próprias, não identificáveis com as da ordem estatal. Está relacionada com uma concepção pluralista da sociedade, por meio da qual se admite a existência de vários centros de positivação do Direito.

---

[11] NASCIMENTO, Amauri Mascaro. *Direito Sindical*. São Paulo: Saraiva, 1991, p. 68.

[12] CESARINO JUNIOR, Antonio F. *Direito Social brasileiro*. São Paulo: Saraiva, 1970, p. 82.

Obviamente, um sistema de autonomia não se coaduna com a intervenção estatal na vida sindical. Em verdade, cabe ao Estado simplesmente a garantia da liberdade sindical, por meio de normas de sustentação das atividades dos sindicatos, mas sem influência no seu funcionamento.

A Constituição de 1988 trouxe algum avanço, estabelecendo em seu artigo 8º, inciso I, que *"a lei não poderá exigir autorização do Estado para a fundação de sindicato, ressalvado o registro no órgão competente, vedadas ao Poder Público a interferência e a intervenção na organização sindical"*.

Entretanto, não houve um rompimento total com a concepção corporativista, uma vez que restaram alguns de seus traços, como por exemplo, o princípio da unicidade sindical, o poder normativo da Justiça do Trabalho e o imposto sindical (este último, classificado por Octavio Bueno Magano como um *"ranço do corporativismo"*, uma vez que *"a contribuição sindical, criada por lei, é um favor que o Estado concede ao sindicato"*[13]).

Assim, pode-se afirmar a indispensabilidade da reforma do modelo vigente: para que se possa falar em liberdade sindical, como garantia para o desenvolvimento da autonomia privada coletiva, é preciso partir do princípio pluralista (consagrado no artigo 1º da Constituição Federal), a ser irradiado para o campo da organização sindical.

Minuciosa pesquisa da jurisprudência do Comitê de Liberdade Sindical da OIT, focada nos casos por ela debatidos e que envolveram o Brasil, levou Sandor José Ney Resende a concluir que *"sindicatos têm direito de existir e negociar. Devem gozar de proteção contra atos tendentes a limitar esses direitos. Se esses direitos necessitarem de lei que os garantam, deve ser criada. Se a lei existe, deve ser preservada. Se é imperfeita, deve ser aperfeiçoada"*[14].

4. A liberdade sindical como garantia da autonomia privada coletiva

As transformações no direito coletivo do trabalho brasileiro precisam começar pela organização sindical e representação dos trabalhadores no local de trabalho, com a aplicação prática do princípio da livre formação de sindicatos: deve ser garantido aos grupos de trabalhadores ou de empresários o direito de

---

[13] MAGANO, Octavio Bueno. *Contribuição Confederativa*. Anais do CONJUR, FIESP, São Paulo, 1990, p. 19.

[14] REZENDE, Sandor José Ney. *Liberdade sindical: o Brasil sob o olhar da OIT*. Dissertação de mestrado apresentada na Faculdade de Direito da USP. São Paulo, 2011, p. 223.

criar livremente suas entidades sindicais, sem a sujeição a atos de ingerência do poder público.

Essa ideia é fundamental para que se possa falar em efetiva valorização da autonomia privada coletiva, na busca de um modelo que vise assegurar aos particulares, na prática, os mecanismos necessários para a autorregulamentação de condições de trabalho.

Como observou Pedro Paulo Teixeira Manus[15], não há como fortalecer o poder de negociação coletiva das entidades sindicais sem que se democratize a própria estrutura sindical brasileira. A ação governamental voltada a aumentar o poder dos sindicatos dentro da atual estrutura corporativa só pode ser compreendida no sentido de retirar direitos dos trabalhadores, por ausência de mecanismos democráticos de debate sobre o conteúdo das negociações coletivas de trabalho.

Para que objetivo de fortalecimento da negociação coletiva seja alcançado, diversas medidas reformadoras precisam ser aprovadas, muitas delas implicando a necessidade de emenda constitucional, conforme veremos a seguir.

4.1. Supressão da unicidade sindical

A primeira das medidas reformadoras é a *supressão da regra da unicidade sindical*, prevista no artigo 8º, inciso II, da Constituição Federal.

Os parâmetros para a organização sindical devem ser os estabelecidos pela Convenção 87 da Organização Internacional do Trabalho (OIT), que consagra os princípios da liberdade e autonomia sindical.

Cabe aos interessados – trabalhadores e empregadores – definir quantas e quais entidades representarão seus interesses.

A unidade do movimento sindical não deve ser imposta mediante intervenção legislativa estatal, pois tal intervenção contraria o princípio de liberdade sindical previsto no artigo 2º da referida convenção internacional.

4.2. Eliminação das categorias como formas obrigatórias de organização sindical

Se a regra deve ser a liberdade sindical, não cabe ao Estado definir os contornos das entidades representativas de trabalhadores e empresários.

---

[15] MANUS, Pedro Paulo Teixeira. *Negociação coletiva e contrato individual de trabalho*. São Paulo: Atlas, 2001, p. 134.

Sendo assim, uma segunda medida indispensável é a supressão tanto na Constituição (artigo 8º, inciso II) quanto na lei (parágrafos do artigo 511 da CLT) das referências aos conceitos de categorias econômica, profissional e diferenciada como formas obrigatórias de organização em entidades sindicais.

Não deve o Estado estabelecer a forma de organização dos sindicatos, impondo a existência das categorias; ao contrário, a possibilidade de escolha precisa ser atribuída aos próprios grupos.

Pode até ser que a similitude das condições de vida e de trabalho decorrente das atividades desenvolvidas justifique a continuidade da existência de sindicatos tão tradicionais quanto os de metalúrgicos, de bancários, de comerciários; mas cabe a estes trabalhadores (e somente a eles) decidir se devem se organizar de tal forma.

Por outro lado, aos empresários também deve ser deixada a opção da forma mais conveniente de organização sindical, em vista da solidariedade de interesses econômicos que possam ter, diante das atividades que desempenham.

A enorme proliferação de sindicatos que se deu no Brasil a partir da Constituição de 1988 deixa claro que o critério da unicidade sindical por categoria não garante a união dos trabalhadores, na medida em que foram inúmeras as categorias profissionais surgidas sem um mínimo de representatividade.

Disputas judiciais são freqüentes entre os sindicatos de trabalhadores, visando definir quem tem o direito de representar determinadas categorias: a Emenda Constitucional 45/2005, que aprovou a Reforma do Poder Judiciário, trouxe essas questões para a competência da Justiça do Trabalho, demonstrando que a suposta unidade de ação que decorreria do sistema previsto no artigo 8º da Constituição não se efetivou na prática.

Some-se a isso, ainda, que a sindicalização por categorias não consegue enfrentar o problema do crescimento do trabalho informal, realidade bem observada por Kjeld Aagaard Jakobsen ao alertar o movimento sindical para o fato de que sua base tradicional se transfere em ritmo constante para o trabalho desregulamentado, comprometendo a própria força política do sindicalismo[16].

Diante disso, Paul Singer chama a atenção para a necessidade de uma atuação dos sindicatos em relação ao trabalho informal, auxiliando-o a organizar-se, mas em formas diferentes do sindicato clássico, porque os trabalhadores informais não têm emprego regular e não estão vinculados a empresas em

---

[16] JAKOBSEN, Kjeld Aagaard. A dimensão do trabalho informal na América Latina e no Brasil. In: Mapa do trabalho informal: perfil socioeconômico dos trabalhadores informais na cidade de São Paulo, São Paulo: Ed. Perseu Abramo, 2000, p. 18.

caráter permanente. O auxílio na formação de cooperativas pode ser uma forma de atuação, como tem se mostrado viável, por exemplo, com os catadores de material reciclável.[17]

4.3. Revogação da base territorial mínima municipal

A terceira medida de garantia da liberdade e autonomia sindical é a revogação da regra constitucional (também contida no inciso II do artigo 8º) que prevê a área do Município como limite mínimo da base territorial de atuação dos sindicatos.

Deve ser aberta a possibilidade de criação de sindicatos por empresas ou por região geográfica, em conformidade com a similitude das condições de trabalho nas empresas envolvidas e de acordo com as conveniências e circunstâncias ditadas unicamente pelos interesses dos trabalhadores e empresários.

Basta o exemplo da grandiosidade de São Paulo e da pluralidade de atividades econômicas desenvolvidas em seu território para justificar a possibilidade de criação de um sindicato que busque atuar em apenas uma parte do Município.

A região central da cidade, por si só, pode justificar a criação de entidades que congreguem o enfrentamento problemas de problemas comuns a uma variedade de atividades produtivas e a um expressivo quantitativo de trabalhadores nelas envolvidos.

Ou ainda, não deve ser desprezada a possibilidade de criação de sindicatos por empresas, segundo a avaliação de conveniência de tal medida, o que deve ser objeto de deliberação exclusiva dos interessados.

4.4. Extinção da contribuição sindical compulsória

A quarta medida sugerida é o fim da contribuição sindical compulsória, que não se justifica em um sistema de liberdade sindical.

Os trabalhadores e os empresários devem ter o direito de se filiar à organização sindical de sua escolha, com a única condição de conformarem-se aos seus estatutos.

---

[17] SINGER, Paul. O trabalho informal e a luta da classe operária. In: Mapa do trabalho informal: perfil socioeconômico dos trabalhadores informais na cidade de São Paulo, São Paulo: Ed. Perseu Abramo, 2000.

O artigo 2º da Convenção 87 consagra o direito do indivíduo aderir ou não à entidade sindical, isto é, não impõe um dever de sindicalização; de tal forma, a obrigação de pagar uma contribuição ao sindicato pressupõe o ato voluntário de filiação.

A liberdade sindical é incompatível com a imposição (por via legal ou constitucional) do pagamento da contribuição sindical obrigatória: se a sindicalização é um direito, a contribuição não pode ser uma obrigação, de modo que devem ser revogados o inciso IV do artigo 8º da Constituição, bem como todo o Capítulo III do Título V da CLT.

Essa medida poderia levar à morte, por inanição, de muitos sindicatos? Ora, então ficaria provado que essas entidades realmente não têm razão de existir, pois evidentemente carecem de representatividade.

É de se lamentar a omissão do Congresso Nacional em debater e aprovar a lei que viria substituir a contribuição sindical compulsória pela chamada *contribuição negocial*, vinculada ao resultado da negociação coletiva e condicionada à aprovação de assembleia dos trabalhadores representados. Essa reforma foi prometida no artigo 7º da Lei nº 11.648/2008 (que regulamentou as Centrais Sindicais), mas ao que parece que ficou relegada a um momento futuro e incerto, sem qualquer sinal de que esteja próximo.

4.5. Estímulo à representação e participação dos trabalhadores no local de trabalho

A quinta transformação proposta consiste na criação de novas formas de representação e participação dos trabalhadores no local de trabalho.

É necessário ampliar os canais institucionais de atuação dos trabalhadores, incrementando a sua representação e participação no quotidiano empresarial, de maneira a tornar mais freqüentes as negociações nos próprios locais de trabalho e a democratizar a gestão.

Walküre Lopes Ribeiro da Silva ensina que a representação é uma forma de atuação dos trabalhadores no local de trabalho para a defesa e promoção de seus interesses individuais e coletivos; já a participação constitui mecanismos por meio dos quais os trabalhadores participam da gestão, dos lucros ou do capital da empresa[18].

---

[18] SILVA, Walküre Lopes Ribeiro da. *Representação e participação dos trabalhadores na gestão da empresa.* São Paulo: LTr, 1998. p. 15.

Existem dois dispositivos constitucionais nesse sentido que devem ser lembrados: o artigo 11 (que assegura, nas empresas com mais de duzentos empregados, a eleição de um representante destes com a finalidade exclusiva de promover-lhes o entendimento direto com os empregadores) e o inciso XI do artigo 7º (que prevê a participação dos trabalhadores, em caráter excepcional, na gestão da empresa).

Para se cogitar de prioridade para a negociação coletiva, Renato Rua de Almeida aponta dois pressupostos de representação dos trabalhadores:

a) a atividade ou ação sindical não deve representar a categoria, por ser um todo indefinido, mas sim os interesses dos trabalhadores identificados;

b) a representação eleita dos trabalhadores na empresa é o meio adequado para sua efetiva participação, pois torna a empresa mais institucional e comunitária, além de desenvolver a solidariedade entre os trabalhadores[19].

4.6. Proteção contra os atos antissindicais

Uma sexta providência imprescindível é a inclusão no ordenamento jurídico de mecanismos efetivos de proteção contra os atos antissindicais, medida que visa dar legitimidade ao processo de negociação coletiva, estabelecendo garantias para o livre exercício da atividade dos sindicatos.

Mostra-se necessário identificar os atos jurídicos que produzem efeitos danosos na órbita da liberdade sindical (individual ou coletiva, positiva ou negativa, organizacional ou de ação sindical), de forma a propiciar interpretações ampliativas de conteúdo para aquelas condutas, como acontece com os ilícitos civis.[20]

São classificados como antissindicais quaisquer atos que venham a prejudicar indevidamente o titular de direitos sindicais, quando em exercício de atividade sindical.

O sujeito prejudicado tanto pode ser um indivíduo quanto o próprio sindicato: como exemplos, podem ser citados atos como a despedida injusta de

---

[19] ALMEIDA, Renato Rua de. O moderno direito do trabalho e a empresa: negociação coletiva, representação dos empregados, direito à informação, participação nos lucros e regulamento interno. *LTr* Revista Legislação do Trabalho, São Paulo, ano 62, nº 1, janeiro 1998, pp.37-38.

[20] MARTINEZ, Luciano. *Condutas antissindicais*. São Paulo: Saraiva, 2013, p. 209.

dirigente sindical, a proibição de distribuição de material informativo do sindicato na porta da empresa, ou ameaças do empregador que visem desencorajar os seus empregados de se filiarem ao sindicato.

Quanto aos agentes, capazes de praticarem tais atos, podem ser arrolados os empregadores e seus prepostos, as organizações de empregadores e até mesmo o Estado (este, tanto no seu papel de empregador quanto no de autoridade administrativa).

A idéia de que o direito deve coibir certas "práticas desleais" surge com a lei nacional de relações de trabalho dos Estados Unidos da América, de 1935, conhecida como "Lei Wagner", que proíbe determinadas condutas dos empregadores (*"unfair labour practices"*), tais como: obstrução do exercício de direitos sindicais, atos de ingerência dos empregadores nas associações de trabalhadores, certos atos discriminatórios e a negativa de promover a negociação coletiva.

Posteriormente, uma outra lei, de 1947, chamada de "Lei Taft-Hartley", bilateralizou as práticas desleais (que antes só estavam previstas para o setor patronal), para qualificar como desleais também determinados atos cometidos pelas organizações sindicais de trabalhadores, relacionados principalmente com o uso da violência, da intimidação, da represália, da negativa de negociar.

A Organização Internacional do Trabalho expressa a sua preocupação quanto à proibição dos atos antissindicais, prevendo mecanismos de proteção contra o que chama de atos de "discriminação" e de "ingerência".

O conceito de "atos de discriminação" está previsto no artigo 1º da Convenção nº 98 da OIT, de 1949:

> *"os trabalhadores gozarão de adequada proteção contra atos de discriminação com relação a seu emprego. Essa proteção aplicar-se-á especialmente a atos que visem: a) sujeitar o emprego de um trabalhador à condição de que não se filie a um sindicato ou deixe de ser membro de um sindicato; b) causar a demissão de um trabalhador ou prejudicá-lo de outra maneira por sua filiação a um sindicato ou por sua participação em atividades sindicais fora das horas de trabalho ou, com o consentimento do empregador, durante o horário de trabalho".*

Já a noção de "atos de ingerência" está prevista no artigo 2º da Convenção nº 98 da OIT:

> *"as organizações dos trabalhadores e dos empregadores gozarão de adequada proteção contra atos de ingerência de umas nas outras, ou por agentes ou membros de umas nas outras, na sua constituição, funcionamento e administração. Serão considerados atos de ingerência, nos*

termos deste artigo, promover a constituição de organizações de trabalhadores dominadas por organizações de empregadores ou manter organizações de trabalhadores com recursos financeiros ou de outra espécie, com o objetivo de sujeitar essas organizações ao controle de empregadores ou de organizações de empregadores".

Oscar Ermida Uriarte explica a proteção contra os atos antissindicais como toda medida tendente a evitar, reparar ou sancionar qualquer ato que prejudique indevidamente o trabalhador ou as organizações sindicais no exercício da atividade sindical, ou ainda qualquer ato que lhes negue injustificadamente as facilidades ou prerrogativas necessárias para o normal desenvolvimento da ação coletiva[21].

A experiência da Comissão de Peritos da OIT revela que a existência de normas legislativas fundamentais que proíbam atos antissindicais é insuficiente, se estas não vem acompanhadas de procedimentos eficazes que garantam sua aplicação na prática. Alguns requisitos são apontados para a eficácia dos mecanismos de proteção:

I) a possibilidade de suspensão liminar do ato antissindical, para evitar que os seus efeitos se consolidem antes de uma decisão definitiva;

II) uma diferenciação na distribuição do ônus da prova, pois pode ser muito difícil para o trabalhador ou para a sua entidade provar que determinado ato patronal está sendo praticado com fim ilícito: assim, por exemplo, surge a necessidade de o empregador demonstrar que uma despedida que está sendo questionada tenha um determinado fundamento;

III) a celeridade do processo, uma vez que a lentidão para a solução de pendência acerca de um ato antissindical gera dois efeitos perversos: de um lado, se o ato não é suspenso provisoriamente, produz seus efeitos ilícitos durante todo esse tempo, e por outro lado, nesse mesmo período é possível que a situação violadora se consolide, tornando impraticável uma solução reparatória tardia.

Acrescente-se, por fim, que a previsão de uma sanção penal para os atos antissindicais é um mecanismo adotado pelo direito italiano com bons resultados, segundo relata Gino Giugni, ao comentar o dispositivo contido no

---

[21] ERMIDA URIARTE, Oscar. *La proteccion contra los actos antisindicales.* Montevidéu: Fundación de Cultura Universitária, 1987, pp.9-19.

artigo 28 do Statuto dei Lavoratori que autoriza o juiz a punir o autor de ato considerado antissindical, em procedimento especial que se caracteriza pela celeridade processual e que representa uma coação indireta ao cumprimento de ordens judiciais exaradas com o objetivo de cessar um comportamento antissindical[22].

Como afirma Walküre Lopes Ribeiro da Silva, a previsão dos atos ou condutas antissindicais na legislação trabalhista e a instituição da respectiva repressão penal são medidas indispensáveis quando se reflete sobre a reforma de nosso sistema. Mas o sucesso de tais medidas depende menos da gravidade da pena do que da tempestividade da intervenção judicial, com a anulação do comportamento antissindical[23].

4.7. Enfrentamento da crise de representatividade sindical

Constata-se que existem várias premissas indispensáveis para que se possa falar em um sistema de organização sindical fundamentado no critério de liberdade.

Essas premissas devem fazer parte de uma reforma do nosso modelo, pois somente com a tutela da liberdade sindical é que o Estado poderá garantir o desenvolvimento de negociações coletivas autênticas.

Vale dizer, a autonomia privada coletiva está vinculada à efetividade da representação sindical: como aponta Túlio de Oliveira Massoni, as ambíguas instituições legais brasileiras condicionam uma estrutura legal burocratizada e desvinculada das bases, fatores esses que impedem o nosso movimento sindical de demonstrar sua capacidade de viver democraticamente e atingir sua plena maturidade[24].

Em síntese, o que se pode afirmar é que o grande dilema do sindicalismo no século XXI não é outro senão o de obter efetiva representatividade, pois esta é a única forma de sobreviver ao novo sistema de relações de trabalho que vem sendo desenhado.

---

[22] GIUGNI, Gino. *Diritto sindacale*. Bari: Cacucci Ed., 1991, p.119.

[23] SILVA, Walküre Lopes Ribeiro da. Repressão penal dos atos antissindicais no direito brasileiro e italiano. *Boletim da Procuradoria Geral do Estado*, São Paulo, v. 17, n. 5, p. 13, maio 1993. Suplemento especial.

[24] MASSONI, Túlio de Oliveira. *Representatividade Sindical*, São Paulo, Editora LTr, 2007, p. 163

5. Conclusão

Não há como negar que o Brasil necessita de medidas transformadoras nos campos da organização sindical e da negociação coletiva. Porém, como destaca Maurício Godinho Delgado[25], não se trata apenas de suplantar os traços corporativistas e autoritários do velho sistema: ao mesmo tempo e na mesma medida é preciso elaborar um conjunto de garantias jurídicas à efetivação, organização e fortalecimento sindicais

A modernização do direito do trabalho no Brasil passa necessariamente pelo enfrentamento da reforma sindical, como um grande desafio que se coloca para os sindicatos brasileiros: como alterar o atual modelo, sem que isso represente risco de perdas para os trabalhadores?

O que se defende, em conclusão, é a continuidade da luta pela garantia da liberdade sindical no Brasil para que possamos enfrentar as deficiências de nosso sistema de organização sindical, exatamente como sempre ouvimos nas aulas do professor Amauri Mascaro Nascimento.

Se quisermos um novo modelo de relações de trabalho em nosso país, que busque valorizar – de verdade – a autonomia privada coletiva, não há como deixar de defender a indispensável reforma sindical, na perspectiva de garantia da liberdade.

6. Referências

ALMEIDA, Renato Rua de. O moderno direito do trabalho e a empresa: negociação coletiva, representação dos empregados, direito à informação, participação nos lucros e regulamento interno. *LTr* Revista Legislação do Trabalho, São Paulo, ano 62, nº 1, janeiro 1998

ARAÚJO, Edson Gramuglia. *As Centrais no Sistema de Representação Sindical no Brasil*. São Paulo: LTr, 2013

AROUCA, José Carlos. *Organização Sindical no Brasil: Passado, Presente, Futuro (?)*. São Paulo: LTr, 2013

CESARINO JUNIOR, Antonio F. *Direito Social brasileiro*. São Paulo: Saraiva, 1970

DELGADO, Maurício Godinho. *Curso de Direito do Trabalho*. São Paulo: LTr, 2013

ERMIDA URIARTE, Oscar. *La proteccion contra los actos antisindicales*. Montevidéu: Fundación de Cultura Universitária, 1987.

FIORAVANTE, Tamira Maira. *Sindicato, educação e liberdade*. São Paulo: LTr, 2008

GIUGNI, Gino. *Diritto sindacale*. Bari: Cacucci Ed., 1991.

---

[25] DELGADO, Maurício Godinho. *Curso de Direito do Trabalho*. São Paulo: LTr, 2013, pp. 1370-1371

GIUGNI, Gino. Il diritto sindacale e i suoi interlocutori. *Rivista Trimestrale di diritto e Procedura Civile*. Milão, ano 24, 1970

JAKOBSEN, Kjeld Aagaard. A dimensão do trabalho informal na América Latina e no Brasil. In: Mapa do trabalho informal: perfil socioeconômico dos trabalhadores informais na cidade de São Paulo, São Paulo: Ed. Perseu Abramo, 2000.

MAGANO, Octavio Bueno. *Contribuição Confederativa*. Anais do CONJUR, FIESP, São Paulo, 1990

MANUS, Pedro Paulo Teixeira. *Negociação coletiva e contrato individual de trabalho*. São Paulo: Atlas, 2001.

MARTINEZ, Luciano. *Condutas antissindicais*. São Paulo: Saraiva, 2013

MASSONI, Túlio de Oliveira. *Representatividade Sindical*, São Paulo: Editora LTr, 2007

MELLO, Lais Correa de. *Liberdade Sindical na Constituição Brasileira*. São Paulo: Editora LTr, 2005

NASCIMENTO, Amauri Mascaro. *Curso de Direito do Trabalho*. São Paulo: Saraiva, 2001.

NASCIMENTO, Amauri Mascaro. *Direito Sindical*. São Paulo: Saraiva, 1991

ORGANIZAÇÃO INTERNACIONAL DO TRABALHO. Negociações coletivas. Tradução Sandra Valle, São Paulo: LTr; Brasília, OIT, 1994

REZENDE, Sandor José Ney. *Liberdade sindical: o Brasil sob o olhar da OIT*. Dissertação de mestrado apresentada na Faculdade de Direito da USP. São Paulo, 2011

SARCEDO, Cristiana Lapa Wanderley. *Representatividade Sindical e Negociação Coletiva: diretrizes da OIT, experiências dos modelos francês e norte-americano e contribuições ao sistema brasileiro*. São Paulo: LTr, 2011

SILVA, Otavio Pinto e. *A contratação coletiva como fonte do direito do trabalho*. São Paulo: LTr, 1998.

SILVA, Otavio Pinto e. *Subordinação, autonomia e parassubordinação nas relações de trabalho*. São Paulo: LTr, 2004

SILVA, Walküre Lopes Ribeiro da. Crise de representatividade e participação dos sindicatos em políticas ativas de emprego. Tese (Titular em Direito do Trabalho) na Faculdade de Direito da USP, São Paulo, 2001.

SILVA, Walküre Lopes Ribeiro da. *Representação e participação dos trabalhadores na gestão da empresa*. São Paulo: LTr, 1998.

SILVA, Walküre Lopes Ribeiro da. Repressão penal dos atos antissindicais no direito brasileiro e italiano. *Boletim da Procuradoria Geral do Estado*, São Paulo, v. 17, n. 5, p. 13, maio 1993. Suplemento especial.

SINGER, Paul. O trabalho informal e a luta da classe operária. In: Mapa do trabalho informal: perfil socioeconômico dos trabalhadores informais na cidade de São Paulo, São Paulo: Ed. Perseu Abramo, 2000.

ZANGARI, Guido. Monismo Sidacale e Stato corporativo in Brasile. *Diritto sindacale Comparato dei Paesi Ibero-Americani*. Milão: Giuffré Editore, 1990

(Re)visitar para (des)construir:
Aspectos históricos do modelo sindical brasileiro*

*Patrícia Tuma Martins Bertolin***
*Túlio Augusto Tayano Afonso****

Introdução

O objeto deste estudo é identificar os principais determinantes para a implantação da estrutura sindical no Brasil, nos anos de 1930. Essa verificação é essencial à compreensão dos rumos que o sindicalismo brasileiro tomaria, a partir de então. Serão também apontadas as características principais do modelo sindical brasileiro e em que medida a Constituição de 1988 as manteve.

No período que antecedeu a década de 1930, inexistiu qualquer *"regulamentação sindical específica"*.[1]

---

[1] SIQUEIRA NETO, José Francisco.*Liberdade sindical e representação dos trabalhadores nos locais de trabalho*. São Paulo: LTr, 1999, p. 294.

* O presente estudo é uma versão preliminar do trabalho desenvolvido para o livro *História do Direito do Trabalho no Brasil (1930-1946)*, Ed. Atlas, no prelo, resultado do grupo de pesquisa *O Direito do Trabalho como instrumento de cidadania e de limite do poder econômico*. Os autores agradecem a Vivian Dias e Paula Ozório o auxílio na pesquisa histórica.

** Mestre e Doutora em Direito do Trabalho pela Universidade de São Paulo; Professora do Curso de Graduação em Direito e do Programa de Pós-Graduação em Direito Político e Econômico da Universidade Presbiteriana Mackenzie (UPM); Líder do Grupo de Pesquisa (CNPq) *O Direito do Trabalho como instrumento de cidadania e de limite do poder econômico*. Vice-Diretora da Faculdade de Direito da UPM; Coordenadora de Pesquisa da Faculdade de Direito da UPM, *Campus* São Paulo.

*** Advogado. Doutor em Direito das Relações Sociais pela PUC/SP. Mestre em Direito Político e Econômico e Especialista em Direito e Processo do Trabalho pela Universidade Presbiteriana Mackenzie (UPM). Professor da Faculdade de Direito da UPM. Membro do Grupo de Pesquisa (CNPq) *O Direito do Trabalho como instrumento de cidadania e de limite do poder econômico*.

O golpe de 30 acabou por encaminhar o ambiente autoritário que, a partir de 1937, propiciaria a instalação do modelo corporativista de relações de trabalho.

Previamente, toda uma estrutura foi montada para amparar e criar um meio ambiente adequado à nova ordem sindical. Integrou esses preparativos, entre outras medidas, a criação do Ministério do Trabalho e do Departamento Nacional do Trabalho.

Com o reconhecimento das entidades sindicais, em 1931, os sindicatos, até então marginais, ganharam feição de legalidade, ao mesmo tempo em que se estabelecia uma série de regras permitindo ao Estado uma real aproximação, para vigiar e controlar sua criação e atividade, sendo o controle também estendido aos sócios e dirigentes da entidade. Estava se sedimentando o modelo corporativista, que viria a ser confirmado pela legislação em 1934 e amplamente contemplado pela Carta do Estado Novo, em 1937.

As bases corporativistas foram implementadas e, desde então, não sofreram modificações substanciais. Algumas alterações legislativas e até mesmo constitucionais ocorreram, principalmente a partir de 1988, mas os conceitos básicos e primários do modelo estabelecido permanecem intocados: a unicidade sindical, a contribuição compulsória, o Poder Normativo da Justiça do Trabalho, a base territorial e, em certa medida, a ideia de categoria.

1. Cenário Político que antecedeu o Golpe de 1930

Até então, a economia brasileira era eminentemente agrária, fundada na monocultura dos grandes latifúndios, sendo a distribuição de renda um grande problema nacional. O investimento estrangeiro se mostrava cada vez mais necessário e a diminuição das exportações do café estava afetando diretamente a economia do Brasil.

Para manter o equilíbrio econômico a qualquer custo, o então presidente Washington Luís adotou medidas que acabaram por endividar o país. Para agravar a situação econômica, a quebra da Bolsa de Nova Iorque potencializou a crise interna, causando o fechamento de grande parte das empresas ligadas ao setor cafeeiro. Todas as camadas sociais foram afetadas e o desemprego surgiu como um problema de extrema gravidade.

A avaliação da imprensa na época era de uma crise mundial catastrófica sem precedentes:

(RE)VISITAR PARA (DES)CONSTRUIR

A situação econômica agrava-se cada vez mais. O *crack* da Bolsa de Nova York explodiu como um vulcão embaixo do mundo capitalista. O exército dos sem trabalho sobe a milhões e aumenta de semana em semana (mais de 4 milhões na riquíssima América do Norte; mais de 3 milhões na restaurada Alemanha; 3 milhões na Inglaterra...). O rumor de revoltas das massas famintas enche a atmosfera capitalista de negros presságios![2]

O pânico econômico acabou contaminando a esfera política. As políticas adotadas por Washington Luís desagradavam os produtores rurais, em especial os cafeicultores, pois a cada dia as exportações diminuíam, fazendo cair ainda mais o valor da saca de café.

Mesmo naquele cenário desfavorável, Júlio Prestes, candidato da situação, conseguiu se eleger, com a oposição de Getúlio Vargas, que foi derrotado. Por conta disso, Getúlio lançou um manifesto denunciando fraudes.[3]

Naquele panorama conturbado, o ex-candidato à vice-presidência da Paraíba, João Pessoa, foi assassinado por um desafeto local, ligado ao grupo que contava com o apoio político de Washington Luís. Essa situação criou um ambiente propício para uma conspiração, liderada por Góes Monteiro, que tinha como base os políticos da Aliança Liberal e um grupo de tenentes. Washington Luís resistiu por algum tempo, mas acabou por deixar a presidência, desistindo de empossar Júlio Prestes.

Com o fim do mandato de Washington Luís, uma junta militar governou o país por dez dias. Em 03 de novembro de 1930, Getúlio Vargas assumiu o poder. Do ponto de vista social, "(...) *a revolução pode ter parecido apenas mais um capítulo na história das lutas entre as elites em lenta transformação que dominaram a política* (...)"[4] no Brasil, já que a estrutura social e as forças políticas não sofreram modificações.

Os burgueses urbanos eram criticados por serem apolíticos e pela omissão ante as oligarquias cafeeiras, que exerciam dominação política eleitoral. Por

---

[2] *Classe Operária*, edição de 17 de abril de 1930. *In* MEIRELLES, Domingos. *1930: os órfãos da Revolução*. Rio de Janeiro: Record, 2005, pp. 430-431.

[3] José Murilo de Carvalho destaca que, tanto Getúlio Vargas, quanto Júlio Prestes, provinham das oligarquias dos seus respectivos estados, onde haviam sido governadores, mas as circunstâncias fizeram com que suas campanhas tivessem assumido conotações diversas. (*Cidadania no Brasil: o longo caminho*. Rio de Janeiro: Civilização Brasileira, 2007, p. 94).

[4] SKIDMORE, Thomas. *Brasil: de Getúlio a Castelo (1930-1964)*. 7ª ed. Rio de Janeiro: Paz e Terra, 1982, pp. 25-26.

conta disso, as Associações de Classe constituíam os interlocutores entre os empresários e o Estado.[5]

Entretanto, quanto à obtenção de crédito e à denúncia da grande quantidade de impostos, a atuação da burguesia urbana foi muito intensa na defesa de seus interesses.

Neste sentido, pode-se verificar que se a política econômica do período mantém uma palpável orientação agrícola, o compromisso político inaugurado em trinta – incorporando novos atores ao jogo do poder e tendo que enfrentar os efeitos da depressão econômica internacional – não podia mais, simplesmente, preservar o modelo econômico da República Velha.

E é justamente dentro do contexto desta nova problemática, política e econômica, que os interesses ligados à industrialização ganham novo estímulo, emergindo como uma área que precisava ser efetivamente considerada e incorporada às alternativas governamentais para a superação da crise e para a promoção do desenvolvimento econômico global do país. [6]

Há que se considerar que, nas condições da sociedade brasileira, na época, o que ocorria eram *"lutas pela ampliação do estatuto liberal, a fim de atender às demandas democratizadoras vindas de baixo, quer da classe operária, quer das camadas médias urbanas."* [7]

Para Ângela Maria Carneiro Araújo[8] o golpe de 1930 foi uma *"revolução passiva"* e a industrialização do Brasil *"(...) um processo conduzido por um Estado forte, que assumiu o papel de condutor do desenvolvimento e regulador da distribuição"*, fatores estes que evidenciaram a dimensão consensual que permeou as relações entre o Estado e os trabalhadores no período. Tratava-se de um projeto corporativo-inclusivo, que exigiu certa aquiescência dos operários.

---

[5] As Associações de Classe se fizeram presentes no Brasil, desde finais do século XIX. Em 1894, foi fundada a Associação Comercial, em São Paulo. Em 1904, no Rio de Janeiro, foi criado o Centro Industrial do Brasil, com o objetivo de defender nacionalmente os interesses da indústria.

[6] GOMES, Ângela Maria de Castro. *Burguesia e trabalho: política e legislação social no Brasil, 1917-1937.* Rio de Janeiro: Ed. Campus, 1979, p. 201.

[7] VIANNA, Luiz Werneck. *Liberalismo e Sindicato no Brasil.* 4ª ed., rev. Belo Horizonte: Ed. UFMG, 1999, p. 131.

[8] ARAÚJO, Ângela Maria Carneiro. ESTADO E TRABALHADORES: a montagem da estrutura sindical corporativista no Brasil. *In* ARAÚJO, Ângela (Org). *DO CORPORATIVISMO AO NEOLIBERALISMO: Estado e trabalhadores no Brasil e na Inglaterra.* São Paulo: Boitempo, 2002, p. 31.

Adalberto Paranhos[9] afirma que o discurso Estatal Varguista *"ignora por completo o período revolucionário do pré-30"*, para opor a tal pensamento a assertiva de que os discursos Estatais do período (1942/1943) ecoavam a existência das lutas operárias, mas sempre lembradas como um *"mal superado"* e, no Brasil, em grande parte *"evitadas"* pelo *"gênio político"* de Vargas, como *"doador"* da legislação social.[10]

2. O alicerce do modelo sindical: a criação de um ambiente propício para a instalação do Corporativismo

Evaristo de Moraes Filhoreconheceu ter havido muitas conquistas das classes trabalhadoras brasileiras no período que antecedeu 1930[11]:

> Daí considerarmos erro histórico, além de mera propaganda eleitoral, a frase feita de que o Brasil nada possuía nesse terreno antes daquela última data. É uma injustiça que se comete à massa operária; aos grandes idealistas e lutadores que a defenderam e orientaram; aos parlamentares, principalmente, aos membros da Comissão de Legislação Social; e, finalmente, a alguns homens de governo. [12]

Dando outra conotação, com um espírito mais crítico, Maurício de Lacerda, observou que *"no espaço de tempo que medeou entre o seu início e o desfecho, a Primeira República* (...) não chegou a decretar uma dúzia de leis do trabalho".[13] Dentre essas leis de cunho social, poucas tiveram sucesso em sua aplicabilidade. Algumas não saíram do papel, outras caducaram pelo desuso.[14]

A interferência do Estado nas relações de trabalho somente se consolidou depois de 1930, a partir de quando o Poder Executivo e os órgãos Legislativos passaram a ser, de uma forma mais evidente, os responsáveis pela garantia de direitos ao operariado. Roberto Santos registrou que, *"o primeiro indício de autoritarismo da legislação social de 1930-32 reside em seu caráter não participado.*

---

[9] PARANHOS, Adalberto. *O Roubo da Fala: origens da ideologia do trabalhismo no Brasil.* São Paulo: Boitempo, 1999, pp. 142-143.

[10] *Idem. ibidem*, p. 147.

[11] Insta salientar que até então inexistia regulamentação sindical.

[12] MORAES Filho, Evaristo de. *Tratado Elementar de Direito do Trabalho.* 2ª ed. Rio de Janeiro: Livraria Freitas Bastos S.A., 1965, vol. I, p. 315.

[13] LACERDA, Maurício de. *A Evolução Legislativa do Direito Social Brasileiro.* Rio de Janeiro: Ed. Nova Fronteira, 1980, p. 280.

[14] *Idem. ibidem*, p. 280.

Alegando que uma 'revolução' prescindia do aparato formal da democracia, os líderes do movimento vitorioso passaram a legislar por decreto."[15]

O Decreto n° 19.443, de 1930, criou o Ministério do Trabalho, Indústria e Comércio, que se ocuparia, a partir de então, dos assuntos trabalhistas. Vargas incumbiu de cumprir essa missão Lindolfo Collor, proveniente das oligarquias do Rio Grande do Sul.[16] Segundo Maurício de Lacerda, Lindolfo Collor "(...) *entrou no drama nacional como membro da classe dominante, de sorte que sua vida política, na medida de sua lealdade de classe, se confunde de algum modo e até certo ponto com a história da classe dominante e o papel desta na Revolução de 1930."*[17]

Em 1931, o Decreto n° 19.671 criou o Departamento Nacional do Trabalho, objetivando a melhoria das condições de trabalho e a adoção de medidas de previdência social. Até a promulgação da Constituição de 1934, foi intensa a atividade legislativa, em matéria trabalhista. Muitos temas forma regulamentados, como a nacionalização do trabalho, a duração do trabalho, as Comissões Mistas de Conciliação e as Juntas de Conciliação e Julgamento, a carteira profissional, as convenções coletivas de trabalho, o trabalho das mulheres e dos menores, a criação dos primeiros Institutos de Previdência, entre outros.

Avaliando as políticas do Estado à época, pode-se identificar um projeto corporativo, que vinha sendo implementado há duas décadas, com fundamentação teórica de Francisco Campos, Oliveira Vianna e Azevedo Amaral, além da ideologia dos tenentes. Havia uma busca incessante por um novo "sistema" para minimizar as mazelas da crise mundial e o rompimento com o Estado liberal-oligárquico rural.[18]

A sociedade e o Estado foram rearranjados nos moldes corporativistas, ampliando-se assim a sustentação do Estado, com a incorporação da burguesia industrial e dos trabalhadores urbanos, cuja organização em sindicatos e cuja participação (na representação classista e nos conselhos técnicos) deram o controle ao Estado, voltado a impedir o conflito entre as classes e à promoção da colaboração entre elas.

---

[15] SANTOS, Roberto A. O. *Trabalho e Sociedade na Lei Brasileira*. São Paulo: LTr, 1993, p. 188.

[16] Cesarino Junior observa que, no período compreendido entre 1931 e 1934, foram promulgadas numerosas leis trabalhistas, "(...) mudando completamente a maneira de se encarar, entre nós, a questão social, no período anterior considerada até mesmo como mero 'caso de polícia'(...)." Denominou, portanto, o período em questão de "socialista". (*Direito Social Brasileiro*. 5ª ed. São Paulo: Freitas Bastos, 1º vol., 1963, pp. 135-136).

[17] SANTOS, Roberto A. O. *Trabalho e Sociedade na Lei Brasileira*. São Paulo: LTr, 1993, p. 162.

[18] ARAÚJO, Ângela Maria Carneiro. *ESTADO E TRABALHADORES: a montagem da estrutura sindical corporativista no Brasil. In* ARAÚJO, Ângela (Org). *DO CORPORATIVISMO AO NEOLIBERALISMO: Estado e trabalhadores no Brasil e na Inglaterra*. São Paulo: Boitempo, 2002, pp. 33-34.

Emblemático foi o discurso de Lindolfo Collor como Ministro do Trabalho, no Rotary Clube, em 26 de dezembro de 1930:

> ...nem os operários, nem os patrões têm o direito, por mais justos que sejam os seus interesses e reivindicações, de perder de vista a própria sorte do país(...). Toda agitação deve ser denunciada como inútil e impatriótica neste momento (...). É tempo de substituirmos o velho e negativo conceito de *luta de classes* pelo conceito novo, construtor e orgânico de *colaboração de classes* (...). A luta de classes encontra suas origens em condições retrógradas, que nós refugamos por absurdas e atentatórias da própria dignidade do Estado.[19]

Pode-se observar que, a intervenção do Estado nas questões de trabalho passou a se evidenciar cada vez mais, tanto no tocante às medidas de proteção ao trabalhador, quanto no aspecto da organização sindical. Preparado estava o terreno para a implantação do modelo sindical.

3. A implantação do modelo sindical

Para implantar o modelo sindical, a primeira medida do novo governo foi a fixação de regras para o reconhecimento do Poder Público, para que as entidades deixassem de ter uma aura de ilegalidade. Isso foi feito pelo Decreto nº 19.770, de 1931, de autoria de Evaristo de Moraes e Joaquim Pimenta.

Na mais pura acepção corporativista, já em seu art. 1º negava os conflitos em sociedade, deslocando todos os impasses para o Governo. Por força daquele Decreto, as *"associações sindicais"* poderiam defender, perante o Governo da República e por intermédio do Ministério do Trabalho os *"(...) interesses de ordem econômica, jurídica, hygienica e cultural (...)*[20] de todas as classes operárias e patronais que exercessem profissões idênticas, similares ou conexas.

Para se constituir/fundar um sindicato, o Decreto impunha uma série de condições que deveriam ser observadas, entre as quais as seguintes[21]:

---

[19] *In* ARAÚJO, Rosa Maria Barboza de. *O batismo do trabalho: a experiência Lindolfo Collor*. Rio de Janeiro: Civilização Brasileira, 1981, pp. 178-179.

[20] Dec. nº 19.770, de 19 de março de 1931, art. 1º, *caput*.

[21] Tais condições fizeram com que o Decreto em estudo fosse responsável pela instalação de um modelo efetivamente corporativista.

a) reunião de, pelo menos, 30 associados de ambos os sexos, maiores de 18 annos;

b) maioria, na totalidade dos associados, de dous terços, no mínimo, de brasileiros natos ou naturalisados;

c) exercicio dos cargos de administração e de representação, confiado á maioria de brasileiros natos ou naturalisados com 10 annos, no mínimo, de residência no paiz, só podendo ser admittidos estrangeiros em numero nunca superior a um terço e com residência effectiva no Brasil de, pelo menos, 20 annos;

(...)

f) abstenção, no seio das organisações syndicaes, de toda e qualquer propaganda de ideologias sectárias, de caracter social, politico ou religioso, bem como de candidaturas a cargos electivos, extranhos á natureza e finalidade das associações.[22]

Além disso, regulamentava ainda o reconhecimento da entidade. Seu art. 2º estabelecia que, uma vez constituídos os sindicatos, deveriam obter o reconhecimento pelo Ministério do Trabalho. Para tanto, seria necessária a remessa ao Ministério dos atos constitutivos, dos estatutos e de eventuais alterações. O reconhecimento ficava condicionado a aprovação.

Somente por intermédio do reconhecimento é que os sindicatos adquiririam personalidade jurídica, mas o controle do Poder Público sobre eles não cessava: seria necessária a remessa periódica ao Ministério do Trabalho de relatório demonstrativo das alterações no quadro de sócios e da situação financeira do sindicato, entre outros aspectos. Exigia até mesmo a identificação dos sócios, favorecendo assim todo tipo de discriminação em função do exercício de práticas sindicais.

Em abril de 1933, o Decreto n° 22.653 dispôs que só poderiam participar da eleição dos deputados classistas os sindicatos legalmente reconhecidos pelo Ministério do Trabalho, fazendo com que as entidades patronais finalmente aceitassem o Estado corporativo e levando um grande número de sindicatos a se "registrar" e obter a aprovação e reconhecimento.

O Comitê de Reorganização Sindical, localizado na cidade de São Paulo, era composto principalmente por anarquistas e trotskistas. Contava ainda com

---

[22] Separata do livro *Legislação Social Trabalhista*, coletânea de Decretos feita por determinação do Ministro do Trabalho, Indústria e Comércio pelo Bel. Alfredo João Louzada, do Departamento Nacional do Trabalho. Rio de Janeiro, 1933, pp. 402-403.

(RE)VISITAR PARA (DES)CONSTRUIR

a adesão de comunistas, o que possibilitou a reorganização das antigas associações e a criação de novas entidades, entre as quais duas novas federações estaduais: a Federação Operária de São Paulo, de influência anarcossindicalista, congregando o maior número de sindicatos e algumas das categorias mais importantes, e a Federação Sindical Regional de São Paulo, dirigida pelos comunistas, reunindo principalmente sindicatos do interior.

Além das federações, alguns grupos de operários organizavam-se em entidades representativas de outras tendências, identificadas como *"sindicalismo amarelo"*, de tom colaboracionista.

Não existia unidade no sindicalismo, e isso dificultava a resistência contra o Decreto n° 19.770. Mesmo assim, as greves deflagradas entre 1930 e 1932 são consideradas a maior expressão da resistência dos trabalhadores, porque criticavam a inoperância do Ministério do Trabalho e o próprio significado das leis que estavam sendo elaboradas.

A segunda maior greve da história, datada de 1932, parou São Paulo por mais de um mês, tendo contado com a adesão de cerca de 40 mil grevistas, *"(...) os trabalhadores sofreram um aumento da repressão sob o governo 'civil e paulista' e passaram pela revolução paulista, que expressava a tentativa de estabelecer um regime liberal excludente."* [23]

A resistência do setor patronal à sindicalização só começou a ser minimizada em 1932, quando o Decreto n° 22.132 conferiu direitos aos sindicalizados, possibilitando que os trabalhadores filiados ao sindicato ajuizassem reclamações perante as Juntas trabalhistas. O Decreto n° 23.768, de 1934, concedeu férias aos sindicalizados. Essas disposições não foram recepcionadas pelas Constituições de 1934 e 1937. Ainda na década de 1940, algumas portarias do Ministério do Trabalho concederam privilégios aos trabalhadores que se tornassem sócios do sindicato, tendo em vista fomentar a sindicalização. Cite-se como exemplo a Portaria nº 790, de 1942, que determinava que as consultas somente poderiam ser efetuadas por operários sindicalizados e com a presença de sua entidade sindical.

O Decreto n° 22.653, de 1933, foi extremamente eficaz para cooptação das classes pelo sistema corporativista, uma vez que todas almejavam fazer parte do jogo político, pois todos queriam enviar representantes para a Constituinte.

---

[23] ARAÚJO, Ângela Maria Carneiro. *ESTADO E TRABALHADORES: a montagem da estrutura sindical corporativista no Brasil. In* ARAÚJO, Ângela (Org). *DO CORPORATIVISMO AO NEOLIBERALISMO: Estado e trabalhadores no Brasil e na Inglaterra.* S.P.: Boitempo, 2002, p. 48.

SINDICATOS E AUTONOMIA PRIVADA COLETIVA

Houve ainda um ato do governo no sentido de frear a sindicalização, segundo o seu critério, com o objetivo de barrar o *"desvirtuamento da verdadeira instituição sindical"*.

Evidencia-se, com efeito, que elementos alheios ao natural movimento sindicalista, que, sob o amparo da lei, se vai operando por parte de empregados e empregadores, começaram a promover campanha para o reconhecimento de organizações que, embora simulem sindicatos, não apresentam, na verdade, o requerido carater profissional, o objetivo permanente e o fim associativo indispensaveis á consecução do bem comum e, assim, pretendem, com o intento oposto á natureza do proprio instituto, conseguir eleitores nas assembléas que devem escolher os representantes das associações genuinamente profissionais.[24]

O governo não tinha a mesma leitura dos trabalhadores ou empregadores a respeito da organização sindical, uma vez que pretendia, por meio da sindicalização, mantê-los sob controle, enquanto estes buscavam uma representação efetiva.

Com as eleições para a Constituinte em 1933, seguiu-se a eleição indireta de Vargas para quatro anos de mandato. A Constituição de 1934 viria a ter um perfil socialdemocrata.[25]

Segundo Thomas Skidmore[26], essa Constituição foi um *"produto híbrido"*, pois, *"como documento jurídico, concretizava em grau notável, tanto os ideais do liberalismo político quanto do reformismo econômico."*

Os direitos trabalhistas não produziram efeitos concretos na melhoria das condições de vida dos trabalhadores, o que Ângela Araújo atribui "à burla sistemática por parte do empresariado que continuou sendo a tônica nos primeiros anos do Governo Constitucional".[27]

---

[24] Exposição que justificou o Decreto n° 22.745/33. *In* Separata do livro *Legislação Social Trabalhista*, coletânea de Decretos feita por determinação do Ministro do Trabalho, Indústria e Comércio pelo Bel. Alfredo João Louzada, do Departamento Nacional do Trabalho. Rio de Janeiro, 1933.

[25] O Constitucionalismo Social, inaugurado com a Constituição Mexicana de 1917, estava em pleno apogeu nos países europeus e os quatro anos de intensa legislação trabalhista com que o Brasil já contava foram importantes, segundo Evaristo de Moraes Filho, para que a Assembléia Constituinte de 1934 aceitasse o "modernismo jurídico". (MORAES Filho, Evaristo. *Tratado Elementar de Direito do Trabalho*. 2ª ed. Rio de Janeiro: Livraria Freitas Bastos S.A., 1965, vol. I, p. 318).

[26] SKIDMORE, Thomas. *Brasil: de Getúlio a Castelo (1930-1964)*. 7ª ed. Rio de Janeiro: Paz e Terra, 1982, p. 39.

[27] ARAÚJO, Ângela Maria Carneiro. *ESTADO E TRABALHADORES: a montagem da estrutura sindical corporativista no Brasil. In* ARAÚJO, Ângela (Org). *DO CORPORATIVISMO AO NEOLIBERALISMO: Estado e trabalhadores no Brasil e na Inglaterra*. São Paulo: Boitempo, 2002, p. 53.

(RE)VISITAR PARA (DES)CONSTRUIR

As péssimas condições de trabalho, o desrespeito às leis sociais e a inoperância dos poderes públicos para alterar esta situação foram os principais motivos da intensa movimentação grevista que marcou o biênio 1934/35.(...) Os dois primeiros anos do Governo Constitucional concentraram o maior número de movimentos grevistas da década de 30...[28]

As principais reivindicações dos trabalhadores eram reajustes salariais, para recompor as perdas dos anos de depressão, assim como a aplicabilidade da legislação trabalhista.

O Decreto nº 24.694, de 1934, editado quatro dias antes da Constituição, procurou se adaptar à nova ordem constitucional. Essa norma manteve a maioria das regras do Decreto nº 19.770, mas incorporou a idéia de categoria, originária do Direito Italiano.

O sindicato passou a poder atuar em nome da categoria profissional, perante as autoridades administrativas e judiciárias, e a manter atividades beneficentes assistenciais. Entretanto, o Decreto proibiu a sindicalização dos funcionários públicos.

A sindicalização era fomentada aos trabalhadores da iniciativa privada. Isso se dava pela concessão de benefícios, como, por exemplo, a *"preferência, em igualdade de condições"* na manutenção do emprego. Era também assegurada essa preferência aos empregados sindicalizados na admissão por empresas que explorassem serviços públicos ou mantivessem contratos com os poderes públicos. Os sindicatos faziam constar cláusulas nas convenções coletivas de trabalho que proibiam aos patrões admitirem empregados não sindicalizados.

Em 1934 e 1935, houve novamente inúmeras greves, tendo ficado a maior parte desses movimentos a cargo dos sindicatos oficiais, que objetivavam conquistar o direito de greve.[29]

Havia no Brasil grande efervescência de ideias, expressas em um ambiente de manifestações de caráter político e social, panorama que se intensificou a partir de 1935, com o levante comunista denominado pelos anticomunistas de "Intentona", liderado pela Aliança Nacional Libertadora e derrotado após forte repressão. *"O comunismo, considerado como o perigo mais ameaçador à*

---

[28] *Idem. ibidem*, pp. 53-54.
[29] *Idem. ibidem*, p. 56.

sociedade brasileira desde os anos 20, deu ensejo a uma forte campanha de propaganda anticomunista que acabou servindo para justificar o fortalecimento do regime."[30]

Em face da intensa agitação social que então se verificava, começara a ser discutido o projeto de lei de segurança nacional, prevendo, entre outras medidas, a supressão dos sindicatos e das associações profissionais, o que provocou reações contrárias. No entanto, até mesmo alguns liberais passaram a justificar as medidas de exceção, sob o argumento de que o combate ao comunismo era a prioridade do momento, o que acabou por fortalecer o poder do governante.[31]

Contando com o apoio das Forças Armadas e da elite brasileira, Vargas desfechou um golpe de Estado, que originou o Estado Novo.

> Assim nasceu uma ditadura autoritária, considerada por seus líderes como o regime mais adequado às características do país, e não apenas como um expediente ditado pelas circunstâncias. Isto não obstante o fato de que, no discurso político e nas formulações intelectuais, o autoritarismo fosse apresentado como a verdadeira democracia, liberta da parafernália de partidos e eleições, típica dos regimes liberais.[32]

Os partidos e o Parlamento foram extintos, exterminando qualquer eventual vestígio de autonomia do sindicato.

A Carta de 1937 copiou a parte trabalhista da *Carta Del Lavoro*, da qual, segundo Evaristo de Moraes Filho, "traduziu diretamente e mal todas as declarações".[33] Seu artigo 138 reconhecia a associação sindical pelo Estado: somente o sindicato regularmente reconhecido pelo Estado tinha o direito de representação legal dos que participarem da categoria de produção para que foi constituído e de defender-lhes os direitos perante o Estado e as outras associações profissionais, estipular contratos coletivos de trabalho obrigatórios para todos os seus associados, impor-lhes contribuições e exercer em relação a eles funções delegadas do poder público.

---

[30] FERREIRA, Jorge; DELGADO, Lucilia de Almeida Neves (Orgs.). *O Brasil Republicano. O tempo do nacional-estatismo – do início da década de 1930 ao apogeu do Estado Novo*. Rio de Janeiro: Civilização Brasileira, 2003, p. 115.

[31] *Idem. ibidem.* p. 116.

[32] FAUSTO, Boris. *O pensamento nacionalista autoritário (1920-1940)*. Rio de Janeiro: Jorge Zahar Ed., 2001, p. 22.

[33] MORAES Filho. Evaristo de. *Tratado Elementar de Direito do Trabalho*. 2ª ed. Rio de Janeiro: Livraria Freitas Bastos S.A., 1965, vol. I, p. 319.

(RE)VISITAR PARA (DES)CONSTRUIR

O artigo 139 da Carta de 1937 manteve a Justiça do Trabalho como órgão executivo e desvinculado do Poder Judiciário com atribuições de mediação e solução dos conflitos de trabalho, fiel à concepção corporativista de negação do conflito, ou, antes, de absorção dos conflitos pelo Estado, providencial solucionador de todas as questões. O parágrafo único desse artigo declarou a greve e o *lock-out* como sendo *"recursos anti-sociais, nocivos ao trabalho e ao capital e incompatíveis com os superiores interêsses da produção nacional".*

Essa aversão ao exercício do direito de greve não era novidade da nova ordem, pois as legislações que tratavam da segurança nacional já regulamentavam o assunto desde 1935, inclusive com tipificações criminais.

Vários outros instrumentos normativos foram editados, movidos por essa lógica eminentemente corporativista.

O Decreto-Lei n° 2.848, de 1940, – o Código Penal – em vigor até hoje, com inúmeras alterações, trouxe um Título destinado à prevenção e repressão dos Crimes contra a Organização do Trabalho.[34]

Em 1942, o Decreto-Lei nº 4.298 regulamentou o Imposto Sindical, devido pelos empregadores, pelos empregados e pelos trabalhadores *"por conta própria"* independentemente de filiação sindical.

No ano seguinte, no dia 1º de Maio, foi editado o Decreto-Lei nº 5.453 – a Consolidação das Leis do Trabalho – sistematizou e ordenou toda a matéria trabalhista, incluindo a sindical. No que diz respeito às organizações sindicais e às relações coletivas de trabalho, nenhuma alteração foi efetuada, não passando de mera reunião de textos já existentes, com algumas modificações pouco ou em quase nada inovadoras.[35] Foi incorporada, por exemplo, a Lei n° 1.402/39 que mantinha a unicidade e o reconhecimento das associações sindicais pelo Ministério do Trabalho, Indústria e Comércio.

Com a saída de Getúlio Vargas do poder, em 1945, este continuou sendo reconhecido pelos trabalhadores como o principal responsável pela legislação trabalhista.

Embora a Constituição de 1946 tenha revogado os dispositivos constitucionais corporativistas, permitia na prática a prevalência da legislação infraconstitucional, eminentemente contaminada pela ordem anterior. Seu artigo 158 reconheceu o direito de greve que era proibido até então, mas determinou

---

[34] O Código atual manteve alguns desses crimes sob o título de "Crimes Contra a Liberdade do Trabalho".

[35] NASCIMENTO, Amauri Mascaro. *Direito Sindical*. São Paulo: Saraiva, 1989, p. 71.

que lei regulamentaria a matéria. Por conta disso, foi editado o Decreto-Lei nº 9.070, do mesmo ano, conhecido como a primeira lei de greve brasileira.

Seu artigo 159 estabelecia: "É livre a associação profissional ou sindical, sendo reguladas por lei a forma de sua constituição, a sua representação legal nas convenções coletivas de trabalho e no exercício de funções delegadas pelo Poder Público." Naquele momento histórico, estava sedimentado o modelo sindical brasileiro.

Ao se pesquisar, nos dias de hoje, a legislação de Getúlio Vargas e o regime de 1937, percebe-se que os doutrinadores tendem a *"justificar o regime autoritário como caminho necessário para se realizar, nos anos 30, o projeto maior de desenvolvimento econômico do país, por meio da industrialização".*[36]

Nesse sentido, Boris Fausto observa que *"parece claro o fato de que a tentação autoritária e, de certo modo, a 'reabilitação' de seus ideólogos esteve presente na cena brasileira desde a queda de Getúlio em 1945 até dias recentes."*[37]

Outros doutrinadores apontam no *"varguismo"* ou *"getulismo"* aspectos mais positivos que negativos, valorizando a sua herança em termos das conquistas sociais. Alguns formulam diversos questionamentos acerca do período, sobretudo o do Estado Novo, *"pelo caráter autoritário dessa experiência, não só no que se refere à natureza do regime, mas também no que diz respeito à formulação da política trabalhista. Neste caso, pretende-se que essa herança seja superada."*[38]

As percepções acerca do período compreendido entre o golpe de 1930 e a Constituição de 1946 têm variado de acordo com a época em que se foram verificadas. Na década de 1970, por exemplo, se tendia a considerar os sindicatos, de forma absoluta, não como sujeitos da história, mas como instrumentos a serviço do regime, e os trabalhadores como espectadores pacíficos do desenrolar da regulamentação do trabalho no Brasil.

Hoje, inúmeros estudos negam o caráter monolítico que se pretendeu atribuir aos sindicatos do período, mostrando como diversos deles, apesar das muitas dificuldades decorrentes do regime político, resistiam na defesa dos interesses dos trabalhadores contra os empregadores e o Estado.

Ângela Maria Carneiro Araújo demonstrou em seu estudo que *"(...) se houve resistência à política trabalhista e sindical do Governo Vargas, houve também*

---

[36] FAUSTO, Boris. *O pensamento nacionalista autoritário (1920-1940)*. Rio de Janeiro: Jorge Zahar Ed., 2001, p. 68.

[37] *Idem. ibidem*, p. 68.

[38] CAPELATO, Maria Helena. *O Estado Novo: o que trouxe de novo? In* FERREIRA, Jorge; DELGADO, Lucilia de Almeida Neves (Orgs.). *O Brasil Republicano. O tempo do nacional-estatismo – do início da década de 1930 ao apogeu do Estado Novo*. Rio de Janeiro: Civilização Brasileira, 2003, p. 112.

aceitação de parcelas significativas do operariado urbano e mesmo adesão de segmentos importantes do movimento sindical preexistente."[39]

Conclusões

Para que fosse possível a construção das estruturas corporativistas, foi fundamental certo grau de consenso dos trabalhadores. A política do Estado brasileiro com relação aos trabalhadores não objetivou a sua exclusão; muito ao contrário: pretendeu incluí-los, embora os mantendo sob controle.

A realidade das transformações sociais, políticas e econômicas por que passou o Brasil para sua transformação, de país eminentemente agrário que era, até sua integração ao capitalismo industrial mundial até 1945, desmistificam a leitura parcial da construção do ordenamento trabalhista brasileiro, em específico o sindical, que era feita até a década de 1970.

Apenas quando os sindicatos passaram a incomodar mais diretamente a burguesia, a *"questão social"* passou a ser tratada de maneira mais séria e específica. O tratamento conferido aos trabalhadores veio na lógica do capitalismo que se implantou no Brasil, a partir do golpe de 1930.

Especialmente em relação às organizações sindicais, o modelo corporativista estabelecido durante o Estado Novo se manteve, com tênues alterações introduzidas por meio da Constituição de 1988.

Nem mesmo a chamada *"Constituição-Cidadã"* foi incisiva em prever alterações ao nosso modelo de organização sindical, cujo tripé manteve: unicidade sindical, contribuição compulsória[40] e Poder Normativo da Justiça do Trabalho. Sem falar da base territorial e também, em certa medida, da ideia de categoria, de inspiração corporativista.

Leôncio Martins Rodrigues verifica algumas coincidências entre o Brasil de Vargas e outros países subdesenvolvidos, que tinham como objetivo se desenvolver rapidamente industrializando-se e reformulando suas estruturas

---

[39] ARAÚJO, Ângela Maria Carneiro. *ESTADO E TRABALHADORES: a montagem da estrutura sindical corporativista no Brasil. In* ARAÚJO, Ângela (Org). *DO CORPORATIVISMO AO NEOLIBERALISMO: Estado e trabalhadores no Brasil e na Inglaterra*. São Paulo: Boitempo, 2002, p. 30.

[40] Mais recentemente, a Lei nº 13.467, de 2017, mais conhecida por "Reforma Trabalhista", pretendeu suprimir a contribuição sindical, contribuição acerca da qual sempre houve bastante polêmica. Contudo, como o art. 8º, IV, da Constituição a respaldou, ao prever a contribuição confederativa "independentemente da contribuição prevista em lei...", ainda haverá que se discutir a constitucionalidade dessa supressão mediante dispositivo de lei.

sociais por meio de um Estado autoritário, demonstrando que essa via quase sempre acarreta o controle do movimento sindical.[41]

A estruturação do modelo sindical no Brasil encontrou sentido e fundamento, naquele contexto, em face dos valores que, à época, eram considerados primordiais. Entretanto, nos dias de hoje, não mais se justifica esse modelo não democrático, pois o ambiente é de um Estado Democrático de Direito e de uma sociedade pluralista.

A opção ao modelo atual é o modelo de Liberdade Sindical, previsto na Convenção nº 87, de 1948, da Organização Internacional de Trabalho, que dissocia o sindicato do Estado, estabelecendo um ambiente de autonomia e de representatividade sindical. Note-se que a Liberdade Sindical é um dos direitos fundamentais previstos na Declaração de Princípios e Direitos Fundamentais no Trabalho e seu seguimento, aprovada pela OIT, em 1998. O Brasil, por ser Estado-membro da OIT, tem o compromisso de efetivá-la em seu território.

Ocorre, contudo, que alguns dirigentes, descomprometidos com os interesses dos representados, se mantêm durante décadas à frente das entidades, perseguindo única e exclusivamente seus interesses particulares.

Por tudo isso, é muito adequada a obra que este artigo integra. Este tem vista (re)visitar aspectos históricos que fundamentaram o modelo brasileiro, para propor, mais uma vez, a sua (des)construção.

Referências

ARAÚJO, Ângela (Org). *DO CORPORATIVISMO AO NEOLIBERALISMO: Estado e trabalhadores no Brasil e na Inglaterra.* São Paulo: Boitempo, 2002.

CARVALHO, José Murilo de. *Cidadania no Brasil: o longo caminho.* Rio de Janeiro: Civilização Brasileira, 2007.

CESARINO Junior, Antonio Ferreira. *Direito Social Brasileiro.* 5ª ed. São Paulo: Freitas Bastos, 1º vol., 1963.

FAUSTO, Boris. *A Revolução de 1930: historiografia e história.* 16ª ed., revista e ampliada. São Paulo: Companhia das Letras, 1997.

_____. *O pensamento nacionalista autoritário (1920-1940).* Rio de Janeiro: Jorge Zahar Ed., 2001.

---

[41] RODRIGUES, Leôncio Martins. *Conflito Industrial e Sindicalismo no Brasil.* São Paulo: Difusão Européia do Livro, 1966, p. 203.

(RE)VISITAR PARA (DES)CONSTRUIR

FERREIRA, Jorge; DELGADO, Lucilia de Almeida Neves (Orgs.). *O Brasil Republicano. O tempo do nacional-estatismo – do início da década de 1930 ao apogeu do Estado Novo.* Rio de Janeiro: Civilização Brasileira, 2003.

GOMES, Ângela Maria de Castro. *Burguesia e trabalho: política e legislação social no Brasil, 1917-1937.* Rio de Janeiro: Campus, 1979.

_____. *Cidadania e direitos do trabalho.* Rio de Janeiro: Jorge Zahar Ed., 2002.

_____. *A invenção do trabalhismo.* Rio de Janeiro: IUPERJ, 1988.

LACERDA, Maurício de. *A Evolução Legislativa do Direito Social Brasileiro.* Rio de Janeiro: Ed. Nova Fronteira, 1980.

MEIRELLES, Domingos. *1930: os órfãos da Revolução.* Rio de Janeiro: Record, 2005.

MORAES Filho, Evaristo. *O Problema do Sindicato Único no Brasil: seus fundamentos sociológicos.* 2ª ed. São Paulo: Alfa-Omega, 1978.

_____. *Tratado Elementar de Direito do Trabalho.* 2ª ed. Rio de Janeiro: Livraria Freitas Bastos S.A., 1965, vol. I.

NASCIMENTO, Amauri Mascaro. *Direito Sindical.* São Paulo: Saraiva, 1989.

PARANHOS, Adalberto. *O Roubo da Fala: origens da ideologia do trabalhismo no Brasil.* São Paulo: Boitempo, 1999.

RODRIGUES, Leôncio Martins. *Conflito Industrial e Sindicalismo no Brasil.* São Paulo: Difusão Européia do Livro, 1966.

SANTOS, Roberto A. O. *Trabalho e Sociedade na Lei Brasileira.* São Paulo: LTr, 1993.

Separata do livro *Legislação Social Trabalhista*, coletânea de Decretos feita por determinação do Ministro do Trabalho, Indústria e Comércio pelo Bel. Alfredo João Louzada, do Departamento Nacional do Trabalho. Rio de Janeiro, 1933.

SIQUEIRA NETO, José Francisco.*Liberdade sindical e representação dos trabalhadores nos locais de trabalho.* São Paulo: LTr, 1999.

SKIDMORE, Thomas. *Brasil: de Getúlio a Castelo (1930-1964).* 7ª ed. Rio de Janeiro: Paz e Terra, 1982.

VIANNA, Luiz Werneck. *Liberalismo e Sindicato no Brasil.* 4ª ed., rev. Belo Horizonte: Ed. UFMG, 1999.

Os Serviços Sociais Autônomos: história do Sistema "S"

*Pedro Paulo Teixeira Manus**

1. Conceito de Sistema "S"

Denomina-se Sistema "S" o conjunto de entidades privadas originariamente criadas pelo empresariado brasileiro e por ele mantidas, com a finalidade de promover a orientação e formação profissional dos trabalhadores.

Ademais, o referido sistema destina-se a desenvolver serviços sociais que possibilitem ao trabalhador melhor equacionar suas necessidades básicas atinentes à saúde, alimentação, habitação, instrução, recreação e convivência social, como afirma Julio Cesar do Prado Leite ("O Princípio Tripartite e a Direção das Entidades de Orientação e Formação Profissional e dos Serviços Sociais para os Trabalhadores", SENALBA/RJ, apostila).

São entidades na maioria cujas siglas iniciam pela letra "s" e que por tal fato, para facilitar sua identificação, passaram a ser agrupadas no que se convencionou denominar Sistema "S", às quais, com o passar dos anos, foram agregadas outras entidades similares, mas com denominação diversa daquela original, de que tratamos.

---

* Diretor da Faculdade de Direito da PUC-SP. Professor Titular de Direito do Trabalho da PUC--SP. Ministro aposentado do Tribunal Superior do Trabalho.

2. Histórico

A criação destes "serviços" foi iniciativa do empresariado brasileiro, que no ano de 1942 decidiu criar O SESI (Serviço Social da Indústria) e o SENAI (Serviço Nacional de Aprendizagem Industrial) na indústria, secundado pela criação no âmbito do comércio, em 1946, do SESC (Serviço Social do Comércio) e do SENAC (Serviço Nacional de Aprendizagem Comercial).

Foram responsáveis pela criação dos serviços pioneiros Roberto Simonsen na indústria e João Daudt de Oliveira no comércio, como afirma Antonio de Oliveira Santos ("A Vocação do Sistema S", Jornal do Brasil, 06-10-04, Caderno Outras Opiniões, p. A-11).

A necessidade inspirou os idealizadores e seus correligionários, em decorrência dos efeitos da II Grande Guerra em nosso país, exigindo uma resposta eficiente do empresariado, que precisava suprir o mercado consumidor de produtos em substituição à indústria estrangeira, que havia cessado de exportar para nós, ocupada que estava com a guerra.

O Brasil necessitava de uma indústria que fosse capaz de suprir suas necessidades, o que dependia da formação, qualificação e treinamento de mão-de-obra, até então praticamente inexistente em nosso mercado, já que os produtos manufaturados eram importados quase que totalmente. A formação desta mão de obra era indispensável, a fim de tornar a indústria nacional competente para produzir bens de qualidade, adaptando-se às novas tecnologias, o que até então entre nós não existia e que foram aprimoradas com o avanço tecnológico em decorrência da indústria bélica.

Diante da incapacidade do Estado de dar uma resposta satisfatória ao problema existente, decidiram os empresários da indústria e do comércio tomar para si a responsabilidade de enfrentar e solucionar a questão que se colocava.

Fundaram assim as entidades da indústria – SESI (Serviço Social da Indústria) e SENAI (Serviço Nacional de Aprendizagem Industrial) e as entidades do comércio – SESC (Serviço Social do Comércio) e SENAC (Serviço Nacional de Aprendizagem Comercial), que se destinavam, respectivamente, a promover a assistência social e a aprendizagem no âmbito de suas representações.

No ano de 1946 realizou-se na cidade de Teresópolis a Iª CONCLAP (Convenção das Classes Produtoras), que ensejou a elaboração da Carta da Paz, consolidando a idéia da criação das entidades em questão.

Embora entidades privadas o financiamento das mesmas, de acordo com a proposta encaminhada ao Sr. Presidente da República à época, fruto da

OS SERVIÇOS SOCIAIS AUTÔNOMOS: HISTÓRIA DO SISTEMA "S"

deliberação da convenção referida, seria feito pela contribuição compulsória das empresas, mediante arrecadação do Órgão Previdenciário e remunerado por tal encargo e cujos recursos destinar-se-iam à consecução dos objetivos sociais.

Criadas as entidades pioneiras, assentadas nas bases já referidas, a elas vieram agregar-se, por força da Constituição Federal de 05-10-88, o SE-BRAE (Serviço Brasileiro de Apoio às Pequenas e Médias Empresas), o SE-NAR (Serviço Nacional de Aprendizagem Rural), o SEST (Serviço Social do Transporte) e o SENAT (Serviço Nacional de Aprendizagem do Transporte).

3. Fundamento constitucional e legal

Examinando as Cartas Constitucionais anteriores verificamos que não havia previsão constitucional de instituição pela União, Estados e Municípios de contribuição sociais no interesse das classes profissional e econômica, o que só foi alçado ao nível constitucional com a Carta de 1988.

Não obstante, embora não houvesse previsão expressa a respeito, nada havia nas Cartas anteriores que impedisse a instituição da contribuição de que ora tratamos, o que encontrou fundamento na normal legal ordinária já na década de 1940.

O artigo 149 da atual Constituição Federal dá competência exclusiva à União para instituir contribuições sociais de interesse das categorias profissionais e econômicas, sendo o fundamento da instituição das contribuições para o sistema "S".

Isso porque, como vimos, destinam-se as entidades do sistema à formação e aperfeiçoamento profissional e aos serviços sociais das variadas categorias, aí compreendidos lazer, educação e saúde, dentre outros benefícios.

Compõem o rol de beneficiários destas contribuições as entidades já referidas SESC, SENAC, SESI, SENAI, SEBRAE, SENAR, SEST e SENAT, além do INCRA (Instituto Nacional de Colonização e Reforma Agrária), a DPC (Diretoria de Portos e Costas do Ministério da Marinha) e o FUNDO AEROVIÁRIO (Fundo Vinculado ao Ministério da Agricultura), totalizando onze entidades.

Obedecida a ordem cronológica, o fundamento legal para a cobrança compulsória dos empregadores das contribuições é a seguinte: **SENAI: Lei nº 4048/42; SENAC: Lei nº 8621/46; SESI: Lei nº 9403/46; SESC: Lei** nº 9853/46; **INCRA**: Lei nº 2613/55: **DPC**: Lei nº 5461/68; **Fundo Aeroviário**: Dec. Lei nº 1305/74; **SEBRAE**: Lei nº 8029/90; **SENAR**: Lei nº 8315/91; **SEST**: Lei nº 8706/93 e **SENAT**: Lei nº 8706/93.

4. Finalidade

A razão de ser do denominado Sistema "S" é sua atuação no campo da formação e treinamento de profissionais, como ocorre com o SENAI e SENAC, que ensinam cerca de 5 milhões de jovens por ano, em seus cursos profissionalizantes voltados ao mercado de trabalho, bem como pelas atividades desenvolvidas pelo SESI e SESC no campo da assistência social, lazer, saúde, cultura e educação, em seus centros sociais e parcerias com instituições afins.

Atentos às determinações constitucionais de valorização da dignidade da pessoa humana, bem como de construção de uma sociedade livre, justa e solidária e prevalência dos direitos sociais, dentre eles a educação, a saúde e o lazer (Constituição Federal, artigos 1º, 2º e 6º), não há como olvidar a obrigação do Estado de prover as necessidades do cidadão.

Não obstante, é sabido que não possui a estrutura estatal condições de bem atender às necessidades sociais, daí porque a ação supletiva da sociedade organizada na garantia da efetividade de tais princípios constitucionais surge como justificativa para a ação empresarial de contribuição para a formação do cidadão e sua qualificação profissional, além do oferecimento de condições satisfatórias de convívio social.

É importante refletir ao tratar deste tema que estamos cuidando de uma questão em que a ação estatal é muito deficiente. Assim não se trata de privatizar a atividade que o Estado tem a obrigação de desenvolver, mas de fomentar a ação supletiva da sociedade, que significa estímulo à responsabilidade social de todos nós.

5. Financiamento e gestão

O financiamento do Sistema "S" ocorre pela cobrança compulsória de contribuição normalmente incidente sobre a folha de pagamento de salários das empresas pertencentes à categoria, cuja finalidade é a destinação para aperfeiçoamento profissional e melhoria do bem estar dos trabalhadores.

A cobrança das contribuições é feita pelo INSS que repassa às entidades respectivas, sendo remunerado com um percentual do valor arrecadado, para custear as despesas de arrecadação.

O produto arrecadado, embora de natureza compulsória e efetivado pelo Estado, é gerido pelas respectivas entidades, normalmente de natureza privada, devendo ser aplicado de acordo com os estatutos de cada uma.

Eis porque se discute a natureza de tais valores, entendendo alguns que são contribuições de natureza parafiscais. É possível fazer uma analogia de tais contribuições com a contribuição sindical, que igualmente tem como beneficiária a estrutura sindical brasileira, não obstante seja compulsória a todos empregados e empregadores, ainda que não sejam sócios do respectivo sindicato, que tem o monopólio da representação da categoria, diante do princípio da unicidade sindical existente em nosso ordenamento jurídico.

Discute-se também a questão da imposição de contribuição a todas as empresas, como se tributo fosse e a destinação a apenas uma parcela da população que são os trabalhadores, quando a essência do tributo é a destinação a toda a sociedade.

É bem de ver, contudo, que o aperfeiçoamento profissional da classe trabalhadora e a possibilidade de condições satisfatórias de saúde, educação e lazer resultam em benefício de toda a sociedade, sublinhando a importância do tema.

6. Problematização

Com relação à própria existência do Sistema "S", podemos identificar três correntes de pensamento a respeito, que se colocam **contra a existência do sistema**, ou **contra a forma de arrecadação de fundos**, ou, ainda, **contra a forma de gestão** destes mesmos valores arrecadados.

A primeira idéia é a de que sendo as atribuições das entidades típicas de Estado não se justifica a sua existência como atividade privada. Ademais, ao impor contribuição a todas as empresas onera o custo do salário do empregado, militando para o encarecimento da mão de obra, com todas as nocivas conseqüências deste fato.

É preciso, porém, atentar para a realidade em que vivemos, constando por um lado a incapacidade do Estado de dar resposta positiva a esta exigência social, o que ocorre não somente em nosso país.

De outra parte, ainda quanto à questão da ação da sociedade na gestão participativa, trata-se de garantia da efetiva cidadania assumir os encargos de desenvolver projetos de caráter social, gerindo-os de forma adequada, o que compromete tanto os cidadãos quanto as pessoas jurídicas com o resultado do trabalho efetivado.

Lembremos que estamos tratando de um problema relevante à sociedade e que necessita tratamento real e adequado, não comportando posições extremadas que teoricamente possam ter sustentação, mas que do ponto de vista prático apresentam-se como discursos não preocupados com a verdadeira solução do problema.

Uma segunda posição contrária diz respeito ao caráter imperativo da contribuição e sua incidência sobre o salário, o que não se justifica, pois para os que assim se posicionam constitui critério injusto de arrecadação.

Acreditamos que a imperatividade é a forma necessária de contribuição da sociedade com a arrecadação dos recursos necessários à manutenção do sistema, que acreditamos seja de grande importância social.

Concordamos, contudo, com a crítica que se faz ao critério de arrecadação que constitui um percentual normalmente incidente sobre a folha de pagamento de salário e por prestação de serviços em geral, que oscila de 0,3% (SEBRAE); 1,0% (SENAI, SENAC e SENAT); 1,5% (SESI, SESC e SEST) a 2,5% (INCRA, DPC, Fundo Aeroviário e SENAR).

A arrecadação baseada no valor da folha de pagamento gera alguma distorção pois temos empresas cujo número de empregados e o valor do salário é menor e, não obstante, apresentam lucros consideráveis.

Outras empresas, ao contrário, contam com número muito maior de empregados ou trabalhadores, contribuindo para a geração de empregos e afinal são penalizadas, pois são oneradas com arrecadação maior do que as anteriores.

Assim, a fim de que a arrecadação seja justa, colocando fim à distorção acima mencionada, cremos que a alíquota deveria incidir sobre o lucro da empresa, desvinculando do salário, o que colocaria inclusive fim à idéia incorreta de que o salário é causa de impedimento do desenvolvimento empresarial.

A terceira corrente de pensamento diz respeito à forma de gerenciamento dos recursos do sistema e deliberação tanto de sua aplicação quanto de fiscalização afinal do uso dos recursos.

Já vimos que as contribuições são compulsórias, por força do fundamento constitucional (Constituição Federal, art. 149), além de cada um dos diplomas legais que regulamenta a atuação de cada entidade. Assim, aliado o fundamento legal à arrecadação pelo INSS, mesmo que seja remunerado para tanto, sugere que o Estado deva fiscalizar a destinação e utilização destes recursos.

OS SERVIÇOS SOCIAIS AUTÔNOMOS: HISTÓRIA DO SISTEMA "S"

Por outro lado, mesmo em se tratando de entidades cuja idéia de criação e a efetiva manutenção seja do empresariado, os destinatários de suas atividades são os trabalhadores, como parcela social que precisa de tratamento especial.

Além disso vimos que o fundamento do caráter parafiscal das contribuições reside no interesse social da destinação de tais recursos em proveito da própria sociedade a quem beneficia o melhor nível de seus trabalhadores.

Eis porque acreditamos também que ao lado dos empresários e do representante do Estado na gestão dos recursos, deveremos ter também representantes dos trabalhadores, que são diretamente interessados na aplicação de verbas para uma finalidade, o que deve se submeter a critério de prioridade, bem como na fiscalização da real utilização do recurso para tal fim.

Temos a nosso ver avanços a respeito, tendo sido apresentados ao Congresso Nacional dois projetos neste sentido de manutenção e aperfeiçoamento do Sistema "S", ocupando-se da criação de conselhos deliberativos compostos por representantes dos empresários, dos trabalhadores e do Estado, um da Deputada Maninha e outro dos Deputados Meneghelli e Paulo Rocha.

Paralelamente, o Ministro de Estado do Trabalho e Emprego, através de Portaria nº 243, de 25-03-04, criou o Comitê de Qualificação para o Emprego, com atribuição inclusive para convergência e compatibilização das ações dos serviços de aprendizagem do Sistema "S".

Tais fatos demonstram a preocupação com o aperfeiçoamento do sistema, que a nosso ver cumpre uma função essencial à cultural e à vida social, no oferecimento de opções importantes à população, mormente à juventude, como se vê com a importante e significativa atuação do SESC em São Paulo, com relação à cultura, lazer e educação, alvo merecido de destaque e aprovação.

Referências

LEITE, Julio Cesar do Prado. *O Princípio Tripartite e a Direção das Entidades de Orientação e Formação Profissional e dos Serviços Sociais para os Trabalhadores*. SENALBA/RJ, sem data, apostila.

SANTOS, Antonio de Oliveira. *A Vocação do Sistema S*, Jornal do Brasil, 06-10-04, Caderno Outras Opiniões, p. A-11.

Sindicalismo no Brasil: do corporativismo ao neocoporativismo. A questão das Centrais Sindicais

*Ronaldo Lima dos Santos**

1. Raízes históricas do corporativismo de Estado: colégios romanos

Embora o sindicalismo moderno seja fruto histórico da Revolução Industrial, não é raro encontrar na doutrina juslaboral posicionamentos diversos a respeito das raízes do sindicalismo, entre os quais se destacam: a) existência já na Antiguidade, com as sreni na Índia, além de associações profissionais na China e no Egito; b) origem na Antiguidade Clássica, com as hetérias, na Grécia, e os colégios, em Roma; c) surgimento na Idade Média (corporações de ofício, guildas).

O sindicalismo, tal como o conhecemos, entretanto, é fruto da Revolução Industrial, não se podendo falar dele antes desse fenômeno histórico. Como destacou Gino Giugni, *"O direito sindical é paralelo, no seu curso e desenvolvimento, à história do movimento operário e reflete, na própria evolução, aquela contraposição entre capital e trabalho, que foi uma das mais específicas consequências da revolução industrial"*.[1]

---

* Professor Doutor de Direito e Processo do Trabalho da Faculdade de Direito da Universidade de São Paulo – USP. Procurador do Trabalho do Ministério Público do Trabalho – PRT/2ª Região – São Paulo. Mestre e Doutor em Direito do Trabalho pela Faculdade de Direito da Universidade de São Paulo (USP).

[1] GIUGNI, GINO. *Diritto Sindacale*. Bari: Cacucci Editori. 2001. p. 11.

Evidentemente que não se pode negar a influência das diversas entidades presentes desde a Antiguidade (Sreni, hetérias, colégios romanos, guidas e corporações de ofício) até a Idade Moderna no desenvolvimento dos laços de união, solidariedade e profissionais que vieram a marcar o nascimento do moderno sindicalismo, uma vez que todas essas formas associativas possuíam características organizativas, e mesmo corporativistas, que, *mutatis mutandis*, influenciaram as formas associativas sindicais.

A respeito especificamente do desenvolvimento do sindicalismo corporativista, vale destacar as peculiaridades dos colégios romanos como raízes históricas remotas de um modelo de organização corporativista que viria a receber uma nova coloração e forma na primeira metade do Século XX, durante os regimes totalitários ou ditatoriais, e a concepção corporativista de Estado.

Vale ressaltar que Antiguidade Clássica não foi um período propício para o desenvolvimento de uma típica solidariedade profissional como estrutura nos dias atuais, uma vez que aquela sociedade era sociedade de base escravocrata, na qual o elemento trabalho era associado à dor, considerado uma ocupação vil, indigna de um cidadão, sendo que o trabalho livre, embora largamente exercido, não constituía a forma de produção predominante naquelas sociedades, em virtude da ausência de uma consciência coletiva ou solidariedade profissional entre os trabalhadores.

Na civilização grega, surgiram as hetérias, associações que compreendiam trabalhadores livres, escravos e estrangeiros incorporados à polis, mas que não adquiriram importância, diante do desprezo dos gregos pelo trabalho.

Em Roma, consolidou-se a formação de **colégios**. Constituíam associações distribuídas por ordens profissionais (artesãos, sapateiros, oleiros, joalheiros, forjadores de cobre, carpinteiros, tocadores de flautas). Além destes, existiam os colégios de homens livres, libertos e escravos.

Relatos de Plutarco afirmam que os colégios foram fundados por Numa Pompílio, mas se tem certo que o seu desenvolvimento e formalização data do reinado de Sérvio Tulio.[2] Via de regra, eram tidos como organismos vinculados ao Estado e gozavam de certas prerrogativas políticas; tinham liberdade de organizar seus próprios estatutos, porém necessitavam de autorização do Estado para sua existência. Desempenhavam atividades políticas, religiosas e assistenciais. Atuavam também na regulamentação de salário dos locadores de mão de obra e conquistaram vantagens como isenção de impostos e taxas e prestação do serviço militar. Muitas destas características dos colégios

---

[2] CABANELLAS, Guilhermo. *Derecho sindical...*, cit, . p. 19

SINDICALISMO NO BRASIL: DO CORPORATIVISMO AO NEOCOPORATIVISMO

romanos e da relação destes com o Estado estiveram (e ainda estão em determinados ordenamentos jurídicos) presentes no denominado sindicalismo corporativista ou de estado, como veremos adiante.

Na ordem romana, a organização profissional, por vezes, coincidia com a militar, sendo que algumas profissões constituíam uma centúria do exército romano.

Uma lei de Sólon, conservada por Gaio no Digesto de Justiano, reconhecia e permitia a existência dos colégios e das hetérias gregas, proclamando o direito de elaborem seus regulamentos, desde que não fossem contrários às leis estatais. As origens dos colégios gremiais estão nas associações gregas (*heterai* e *eranos*) e nas associações romanas denominadas *soldalitates* e *collegias*.[3]

Durante a época imperial os colégios foram divididos em duas categorias: públicos e privados, conforme os ofícios que agregavam. Os primeiros envolviam as profissões e ofícios tidos como necessários para a segurança do Estado e abastecimento do povo (padeiros, salsicheiros etc.), gozavam de certos benefícios do Estado (isentos de funções públicas, do serviço militar e dos impostos municipais). Seus membros e seus herdeiros eram obrigados ao exercício do ofício[4], de forma que a integração aos colégios, por vezes, independia de ato volitivo do membro, trazendo à lembrança a concepção de categorias profissionais e econômicas do sindicalismo de Estado, cujos membros são representados pelos respectivos sindicatos independentemente de filiação.

Os colégios públicos eram os que detinham maiores privilégios, sendo também denominados **corporações**. O aumento dos privilégios trouxe uma acentuação da intervenção e das restrições estatais. Foram severamente regulamentados; objetos de tributos fiscais e a impossibilidade de mudança de profissão por membros e herdeiros. Para se constituírem ou se dissolverem necessitavam de autorização estatal, sendo que poderiam ser extintos ao alvedrio estatal. Seus regulamentos não poderiam contrariar a legislação vigente.[5] Os colégios possuíam em seus membros magistrados eleitos pelos seus pares, os quais possuíam o poder de julgar os delitos profissionais. Tais circunstâncias remetem-nos à concepção de sindicato atrelado ao Estado como pessoa jurídica de direito público, cuja existência depende de reconhecimento formal do próprio Estado, que lhe concede, entre determinados

[3] Idem. Ibidem. loc. cit.
[4] Idem. Ibidem. p. 22.
[5] RUPRECHT, Alfredo J. *Relações coletivas de trabalho*. São Paulo: LTr. 1995. p. 62.

privilégios, o poder de impor contribuição sindical compulsória a todos os membros pertencentes à categoria representada; características presentes no sindicalismo corporativista de Estado.

Fundamentalmente, os colégios romanos possuíam caráter religioso, político e exerciam funções de auxílio de seus membros, sem, entretanto, possuírem propósitos profissionais ou classistas.

O Imperador Augusto editou a *Lex Iulia* (67 a.C.), similar a muitas **legislações sindicais** modernas (principalmente do período corporativista do Século XX). Pela Lei Júlia, a existência dos colégios dependia de autorização legal; todo colégio não autorizado seria considerado ilícito; seus membros ficavam sujeitos a severas penas etc. Inicia-se o processo de transformação do *collegia* em **corpora**; vocábulo que se tornou (no século XX) sinônimo de estatização ou publicização dos sindicatos, inclusive pela atribuição de poder tributário[6], daí as expressões "corporação" e "corporativismo".

Após a *Lex Iulia* (67 a. C.), os colégios profissionais que subsistiram foram submetidos a uma rígida regulamentação. Embora lhe fossem concedidos direitos e privilégios, transformaram-se em órgãos oficiosos do Estado.[7] *A Lex Iulia* (56 a. C.) restabeleceu o direito de associação.

Os colégios desapareceram conjuntamente com a queda do Império, mas desempenharam importante papel na constituição da sociedade e das instituições romanas.

Além dos colégios, a sociedade romana também conheceu associações de cunho religioso e festivo, denominadas *sodalitates* (sodalícias). São as associações mais antigas de Roma. Algumas sodalícias constituam **organizações** sacerdotais que se encontravam abaixo dos colégios. Eram responsáveis pelos rituais públicos da religião romana, sendo controladas por diferentes colégios sacerdotais e por alguns sacerdotes e magistrados influentes.

As associações romanas (colégios e sodalícias) não podem ser associadas diretamente às origens do sindicalismo, pois possuíam finalidades predominantemente mutualistas e religiosas, sem conotação profissional, numa sociedade marcada pela presença do trabalho escravo como modo prevalente de produção, em detrimento do trabalho livre e/ou assalariado.

Vale ressaltar novamente que, embora os colégios romanos e as corporações de ofício da Idade Medieval possam ser considerados formas organizacionais corporativistas, elas não simbolizam o corporativismo enquanto doutrina

---

[6] DEVEALI, Mario L. Apud CATHARINO, José Martins. Op. cit. p. 17.
[7] RUPRECHT, Alfredo J. Op. cit.p. 63.

ideológica de **estruturação orgânica da sociedade**, cuja ideologia político-econômica viria a se desenvolver como doutrina somente no Século XX. Os colégios romanos e as corporações de ofícios devem ser compreendidos nas suas épocas históricas específicas.

2. Corporativismo como doutrina jurídica pluralista

Entre as diversas doutrinas pluralistas do ordenamento jurídico[8], insere-se, no desenvolvimento histórico a concepção do corporativismo pluralista, o qual se fundamenta na presença das corporações como centros normativos, isto é, como fontes do direito.

Ao lado das doutrinas pluralistas sindicalistas, que consideram os sindicatos como as fontes, por excelência, das normas jurídicas, desenvolveu-se o denominado "pluralismo corporativista". Embora não haja uma diferença substancial do ponto de vista jurídico entre as duas teorias, sob as óticas políticas e sociológicas, o corporativismo distingue-se pela não aceitação do primado da economia, como concebido pelos sindicalistas, e destaca-se por estender a todos os setores sociais o princípio da corporação. Há nessa concepção um predomínio do sociológico sobre o econômico conjugado com uma compreensão mais elevada das funções estatais. [9]

Outra diferença marcante entre as duas teorias consiste no fato de no pluralismo sindicalista a organização sindical constituir o centro, por excelência, da produção normativa, ao passo que no corporativismo as associações profissionais são apenas uma das espécies de corporações. O direito corporativo engloba o direito sindical.

No pluralismo jurídico corporativista, as corporações não abrangem somente as formações de natureza econômica, compreendendo os órgãos de todas as forças e atividades sociais e culturais de uma nação, sendo consideradas como corporações a igreja, o exército, a magistratura, o corpo de educadores, os entes ligados à saúde, às ciências e às artes. No corporativismo, as corporações constituem a base única e legítima sobre a qual devem ser estabelecidos

---

[8] Historicismo jurídico, pluralismo funcional, pluralismo sindicalista, pluralismo corporativista, pluralismo institucional, pluralismo normativista, teoria da graduação da positividade jurídica. (SANTOS, Ronaldo Lima dos. *Teoria das normas coletivas*. 2ª Ed. São Paulo: Ltr, 2009).

[9] REALE, Miguel. *Teoria do Direito e do Estado*. São Paulo: Saraiva. 2000.p. 281.

o poder político e a autoridade legislativa. São elas as únicas fontes de onde procede todo o poder do Estado.[10]

Mihail Manoïlesco é o expoente-mor do corporativismo. Na sua definição, a corporação é *"uma organização coletiva e pública, composta pela totalidade de pessoas (físicas ou jurídicas) que desempenham em conjunto a mesma função nacional, e tendo por objetivo assegurar o exercício desta no interesse supremo da nação, por meio de regras de direito impostas aos seus membros."*[11]

Entretanto, o aspecto público da corporação não a identifica necessariamente como órgão do Estado, pois o seu caráter de entidade pública poder ter um sentido meramente funcional, não retirando a sua natureza de ente autônomo e distinto do Estado.[12]

Na doutrina do corporativismo pluralista, cada corporação é considerada um centro autônomo de produção do direito, com soberania não derivada do Estado. Cada corporação possui uma soberania própria e originária, paralela à do Estado, sendo este organizado sob a forma de uma federação de corporações soberanas, equivale a dizer: o Estado seria uma supercorporação.[13]

Prevalece a ideia da equivalência dos ordenamentos jurídicos, pois, um dos traços fundamentais da doutrina corporativista é a organização autônoma das forças sociais, denominada de "descentralização do Estado" ou de "pluralidade do poder público".

Na doutrina de *Mihail Manoilesco*, a fonte do poder legislativo supremo consiste nas corporações. O Estado é uma corporação entre as corporações. *"É a expressão suprema da coletividade nacional"*. A ele são atribuídas duas categorias de funções: uma particular, onde atua como uma corporação propriamente dita, e uma de coordenação, em que se apresenta como uma supercorporação.[14] **As corporações figuram como órgãos de expressão e manifestação da vida nacional.** *"São instrumentos secundários a serviço do Estado, que por seu turno é o*

---

[10] Entre os expoentes do pluralismo corporativista destacam-se *Sergio Panunzio* (*Il sentimento dello Stato*); *Walter Heinrich* (*Staat und Wirtschaft*, 1931), *François Perroux* (*Capitalisme et communaute de travail*, 1937), *Mihail Manoïlesco* (*Le siècle du corporativisme*, 1938), *Othmar Spann* (*Filosofia de la sociedad*, 1933), *Guido Bortolotto* (*Diritto corporativo*, 1934). No Brasil, destacou-se a concepção corporativista de *Oliveira Vianna* (*Problemas de Direito Corporativo*, 1938; *O idealismo da Constituição*, 1939; *Instituições políticas brasileiras*, 1949) e a de *Tasso Silveira* (*Estado corporativo*, 1937).

[11] MANOILESCO, Mihail. *O século do corporativismo*. Trad. Azevedo Amaral. Rio de Janeiro: José Olympio Ed. 1938. p. 126.

[12] Idem. Ibidem. Loc. cit.

[13] REALE, Miguel. Op. cit. p. 284-287.

[14] MANOILESCO, Mihail. Op. cit. passim.

instrumento de primeira ordem, destinado a servir um ideal superior da coletividade nacional."[15]

A nação organiza-se funcionalmente por meio das corporações, que são os órgãos que executam funções. A organização da nação é um imperativo. Esta organização se realiza pelo conjunto de atividades necessárias à nação, que a põem em funcionamento e mobilizam-na.[16] O imperativo da organização implica a observância de certos "sub-imperativos", como os da unidade (pela coordenação), da competência e da hierarquia.

Cada corporação constitui uma fonte normativa, uma nascente de poder. O Estado corporativo abrange, assim, uma pluralidade de fontes de poder público representadas pelas corporações. Estas agem sempre no interesse maior da nação, não estando atreladas a qualquer tipo de representação ou tutela de interesses grupais. Seus objetivos são determinados conforme o seu papel funcional na nação.[17]

A competência normativa das corporações é determinada pela sua funcionalidade social, isto é, pela função exercida por cada uma delas na sociedade; é por esta função que são definidas as matérias sobre as quais cada corporação pode emitir normas e o seu campo de aplicação. Por isso, a corporação tem autonomia para instituir suas regras de funcionamento e as regras para o cumprimento das suas funções. Essa competência normativa não provém de qualquer assentimento dos indivíduos, pois as corporações estão acima deles, inclusive os precedendo historicamente, de modo que cada indivíduo, desde o nascimento, já se encontra vinculado a corporações que lhe são pré-existentes.

A corporação surge automática e naturalmente das suas funções sociais. À cada função corresponde uma corporação, e vice-versa. Seu poder normativo não deriva do Estado, como um poder delegado; trata-se de um poder que se origina autonomamente das forças sociais, tal como o próprio poder estatal, posto que é inerente ao exercício das funções corporativas. A função social da corporação é a fonte de todo o seu poder normativo.

---

[15] Idem. Ibidem. passim.
[16] Idem. Ibidem. passim.
[17] Idem. Ibidem. passim.

3. Corporativismo de Estado

O corporativismo de Estado consiste numa forma de organização política, econômica e social que preconiza a criação de instituições profissionais, organizadas em corporações, dotadas de poderes econômicos, sociais e mesmo políticos, mas sob a fiscalização do Estado. No corporativismo de Estado, as corporações constituem a base única e legítima sobre a qual devem ser estabelecidos o poder político e a autoridade legislativa. São elas as únicas fontes de onde procede todo o poder do Estado.

O corporativismo de Estado é considerado um produto original do Estado fascista italiano. Consistiu no sistema político-econômico que tinha como objetivo organizar a economia e as relações entre as classes sociais por meio de uma concepção orgânica da sociedade em corporações vinculadas ao Estado, com a eliminação do conflito e a harmonização entre capital e trabalho, em nome dos superiores interesses da nação. O corporativismo tinha como intenção fixar-se como uma "terceira via" entre o socialismo de Estado (de modelo soviético) e o capitalismo liberal.

O corporativismo de Estado caracterizou-se como uma forma de organização das classes sociais pela ação reguladora do Estado, integrativa das forças produtivas – os grupos profissionais e econômicos – em organizações verticais e não conflitivas, as quais dependem de reconhecimento estatal para adquirirem existência jurídica como pessoa de direito público, com o exercício de funções delegadas do poder público e a detenção do monopólio de representação da respectiva categoria profissional ou econômica.[18]

Esse sistema foi consagrado na Itália de Benito Mussolinicom a *Carta del Lavoro* de 1927, embora já tivesse sido implantado, naquele país, pela Lei Rocco (Lei n. 563, de 3.4. de 1926). Tornou-se emblemática do regime totalitário italiano a expressão lançada por Mussolini: *"Tudo no Estado, nada contra o Estado, nada fora do Estado."*

O corporativismo de Estado encontrou a maior realização teórica e concreta no Direito italiano da época do fascismo. O modelo corporativista fascista influenciou diversos outros regimes autoritários, tendo sido implantado na Espanha, com o *Fuero del Trabajo*, de 1938; em Portugal, com a Constituição e o Estatuto do Trabalho Nacional de 1933; em França, com a Carta do Trabalho de 1941, durante a invasão nazista.

---

[18] RODRIGUES, Leôncio Martins apud NASCIMENTO, Amauri Mascaro. *Compêndio de Direito Sindical*. 4. ed. São Paulo: Ltr. 2005. p. 54.

Esta espécie de corporativismo se estrutura em derredor do conceito de solidariedade orgânica dos interesses concretos da nação e nas fórmulas de colaboração entre os diversos agentes sociais, com a consequente obstacularização ou neutralização dos elementos de conflito, da concorrência no plano econômico, da luta de classes no plano social e das diferenças ideológicas no plano político.[19] O Estado corporativista rejeita o conflito de classes, tornando compulsórias a harmonização e a colaboração entre os diversos setores sociais. As organizações de trabalhadores e empresários são mantidas como corporações vinculadas ao Estado. O sindicalismo sofre rígida intervenção do Estado, integrado como pessoa jurídica de direito público à máquina estatal, com total submissão ao Estado. A economia apresenta-se planejada e controlada pelo Estado.

A doutrina corporativista, de um modo geral, e o corporativismo de Estado, somente podem ser compreendidos a partir do advento da Revolução Industrial, do sistema capitalista e da luta de classes, surgindo como concepção ideológica de estruturação da sociedade de forma orgânica, com vistas à eliminação dos elementos de conflito no seu interior.

Enquanto doutrina, o corporativismo está inserido nos processos de revolução e contrarrevolução que marcariam a nascente Idade Moderna, originando dois tipos conceituais de corporativismo: corporativismo católico e corporativismo de Estado. A diferença primordial entre as duas formas de corporativismo é que o corporativismo católico fundamenta-se numa sociedade pluralista e tende à difusão do poder, com oposição à centralização burocrática estatal; já o corporativismo de estado é monístico, baseado na centralização do poder no Estado, para o qual deve convergir toda a unidade da ordem social.

4. Sindicalismo corporativista de Estado

O sindicalismo de Estado foi típico dos regimes corporativistas que vigoraram em países da Europa como Itália (fascismo), Alemanha (nazismo), Espanha (franquismo) e Portugal (salazarismo) e na União Soviética. A sua idealização pelos regimes totalitários ou autoritários da primeira metade do Século XX teve como objetivo inserir as entidades sindicais nas estruturas orgânicas

---

[19] BOBBIO, Norberto; Matteucci; Nicola; PASQUINO, Gianfranco. *Dicionário de política*. Vol. I. 13. ed. Brasília: UNB. 2007. p. 287.

e controladoras dos regimes totalitários, com vistas a controlar as forças da produção, obstar o antagonismo entre as classes sociais e controlar os conflitos sociais.

Como assinalado alhures, um dos elementos ideológicos do corporativismo de Estado é a rejeição da luta de classes. Neste contexto, os órgãos de classe, transformados em corporações, são submissos aos interesses do Estado, aos quais se vinculam como entes de direito público. Nega-se o conflito de classes e destaca-se a colaboração entre as classes para a realização dos supremos interesses da produção nacional.

O corporativismo de Estado consistiu num sistema rigidamente intervencionista nas entidades sindicais, a ponto de invocar uma nova concepção de sindicalismo, o "sindicalismo de Estado", também conhecido como "sindicalismo corporativista de Estado", "sindicalismo corporativista" ou "corporativismo sindical", cujas linhas mestras são o sindicato como pessoa jurídica de direito público ou exercente de funções delegadas do poder público, a unicidade sindical, o enquadramento sindical em categorias econômicas e profissionais, o poder de representação de todos os membros da categoria independentemente de filiação e de firmar contrato coletivo, com efeito normativo *erga omnes* em relação a todos os representados, o poder arrecadatório, por meio da imposição de contribuições sindicais e o paralelismo sindical.

Esse sistema foi implantado na Itália de *Mussolini* com a *Carta del Lavoro* de 1927; na Espanha, com o *Fuero del Trabajo*, de 1938; em Portugal, com a Constituição e o Estatuto do Trabalho Nacional de 1933. Suas premissas influenciaram a Constituição brasileira de 1937, a qual adotou as linhas mestras do sindicalismo corporativista de Estado do fascismo italiano.

A *Carta Del Lavoro* (21 de april de 1927) constituiu o documento fundamental do corporativismo fascista italiano, tendo sido promulgada pelo *Gran Consiglio Del Fascismo*, presidido por Benito Mussolini, Chefe do governo e *Duce* do fascismo. Do ponto de vista do direito constitucional, a *Carta Del Lavoro* constituía a parte dogmática do regime fascista, formulada por uma declaração de princípios reitores, com o reconhecimento de direitos e deveres e regras de organização do Estado corporativo, tendo um evidente caráter enunciativo e diretor dos rumos da nação italiana.

Em trinta declarações traçava os princípios e regras mestras do Estado corporativista fascista, cujas premissas inspiraram a legislação social do regime, fundada sobre a colaboração e harmonia entre as classes, predominância dos interesses da produção nacional, o sindicato único como órgão do Estado, *a Magistratura del Lavoro* (Justiça do Trabalho) como órgão de conciliação e solução de controvérsias entre trabalhadores e empresários. Estabelecia as normas fundamentais para a celebração de contratos coletivos de trabalho e assegurava a sua observância sobre a aplicação da lei para a tutela do trabalho e o desenvolvimento da segurança social. Estas premissas já haviam sido delineadas pela Lei Rocco (Lei n. 563/26) que houvera delineado a organização sindical corporativista italiana anteriormente ao advento da *Carta Del Lavoro*. A Declaração III da *Carta Del Lavoro* delineava as linhas centrais do corporativismo fascista.

Carta Del Lavoro de 1927 (Excertos)
Do Estado Corporativo e da sua Organização

Declaração I. *A nação italiana é um organismo que tem fins, vida e meios de ação superiores, por seu poder e duração, aos dos indivíduos isolados ou associados, que a compõem. É uma unidade moral, política e econômica, que se realiza integralmente no Estado fascista.*

Declaração II. *O trabalho, sob todas as suas formas de organização ou de execução, intelectuais, técnicas ou manuais, é um dever social. A esse título, e somente a esse título, é tutelado pelo Estado.*

O conjunto da produção é unitário do ponto de vista nacional; seus objetivos são unitários e consistem no bem-estar dos indivíduos e no desenvolvimento da potência nacional.

Declaração III. *A organização sindical ou profissional é livre, mas somente o sindicato legalmente reconhecido e submetido ao controle do Estado tem o direito de representar legalmente toda a categoria de empregadores ou de trabalhadores para a qual é constituído; de defender perante o Estado e as outras associações os seus interesses; de celebrar contratos coletivos de trabalho obrigatórios para todos os integrantes da categoria, impor-lhes contribuições e exercer, relativamente a eles, funções delegadas de interesse público.*

Declaração IV. *No contrato coletivo de trabalho encontra a sua expressão concreta a solidariedade entre os vários fatores da produção, mediante a conciliação dos interesses opostos dos empregadores e dos trabalhadores e sua subordinação aos interesses superiores da produção.*

Declaração V. *A Justiça do Trabalho é o órgão pelo qual o Estado intervém para regular as controvérsias do trabalho, seja as que versam sobre a observância dos pactos e outras normas existentes seja as que versam sobre determinações de novas condições de trabalho.*

A *Carta Del Lavoro* elevou o trabalho a um valor superior do Estado fascista, traçando diversas regras para a sua proteção, com a contemplação de princípios sobre proteção da maternidade, acidentes do trabalho, desemprego e seguridade social. Somente ao final de 1941, a *Carta Del Lavoro* foi inserida entre os princípios gerais do ordenamento jurídico italiano, com valor interpretativo da lei vigente.

No sindicalismo corporativista, a definição e o delineamento das categorias profissionais e econômicas são realizados pelo próprio Estado, sendo que as entidades sindicais são consideradas como corporações e células do Estado, com poderes normativos e fiscalizatórios sobre a categoria representada. Com vistas a impor uma pacificação social, a greve e locaute são proibidos.[20]

Os sindicatos estão submetidos à orientação e ao controle do Estado, do qual recebem delegação de encargos estatais e são beneficiados com recursos financeiros de natureza pública. Detêm o monopólio de representação de toda a categoria profissional ou econômica e são organizados de forma vertical, piramidal e hierarquizada, com o controle das entidades de grau inferior pelas de grau superior.[21]

No sindicalismo de Estado, os sindicatos constituem pessoas jurídicas de direito público, só podendo existir a partir de reconhecimento formal do Estado, a partir do qual adquirem o poder de representação de toda a categoria e de estipulação de contratos coletivos de trabalho com efeitos normativos a todos os membros das categorias representadas. Eventuais querelas entre categorias devem submetidas à *magistratura del lavoro*[22], a qual recebe o poder normativo para a solução dos conflitos coletivos

O sindicalismo de Estado é o sistema sindical em que se encontrou a maior influência e intervenção estatal nas entidades sindicais. Seu modelo não teve uma duração extensa, pois de um modo geral foi extinguindo-se com a passagem dos regimes políticos corporativistas, aos quais estava visceralmente atrelado, para regimes democráticos. Não obstante, legislações de outros países, como o Brasil, elaboradas em períodos de ascensão de governos autoritários, sofreram grande influência do corporativista de Estado do regime fascista italiano.

---

[20] NASCIMENTO, Amauri Mascaro. *Compêndio de Direito Sindical*. São Paulo: Ltr. 2005. p. 36.

[21] SÜSSEKIND, Arnaldo. *Direitoconstitucionaldotrabalho*. Rio de Janeiro: Renovar, 1999. p. 320.

[22] DEL GIUDICE, F; MARIANI, F; IZZO F. *Diritto sindacale*. Napoli: Ed. Giuridiche Simone. 1998. p. 11.

5. Corporativismo de Estado e a organização sindical brasileira

A organização sindical brasileira desenvolveu-se historicamente inspirada no sindicalismo de Estado italiano do período fascista, cujas características corporativistas ainda se encontram presentes na atual estrutura sindical delineada pela Constituição Federal de 1988, não obstante referido regime tenha sido extirpado do ordenamento jurídico italiano com a redemocratização do período pós-guerra e com a Constituição italiana de 1948.

A Carta Constitucional brasileira de 1937, outorgada durante a Era Vargas, inspirou-se na Declaração III da *Carta Del Lavoro*, cuja cópia, quase que literal encontra-se no artigo 138 da Carta Constitucional do Estado Novo.

Carta Del Lavoro Declaração III	Constituição Federal de 1937 Art. 138
"A organização sindical ou profissional é livre. Mas só o sindicato legalmente reconhecido submetido ao controle do Estado tem o direito de representar legalmente toda a categoria de empregadores ou de trabalhadores para a qual é constituído; de defender os interesses dessa categoria perante o Estado e as outras associações profissionais; de celebrar contratos coletivos de trabalho obrigatórios para todos os integrantes da categoria, impor-lhes contribuições e exercer, relativamente a eles, funções delegadas do Poder Público"	*"A associação profissional ou sindical é livre. Somente, porém, o sindicato regularmente reconhecido pelo Estado tem o direito de representação legal dos que participem da categoria de produção para que foi constituído, e de defender-lhes os direitos perante o Estado e as outras associações profissionais, estipular contratos coletivos de trabalho obrigatórios para todos os associados, impor-lhes contribuições exercer em relação a eles funções delegadas de poder público."*

Ascendia ao âmbito constitucional sob a égide do Estado Novo presidido por Getúlio Vargas a doutrina do corporativismo sindical inspirada no modelo do fascismo italiano consagrado na *Carta Del Lavoro* de 1927, a qual teve início normativo no âmbito infraconstitucional antes mesmo da Carta de 1937, com o advento do Decreto n. 19.770, de 19.3.1931, que havia regulamentado minuciosamente a organização sindical; complementada pelo Decreto n. 24.694, de 12.7.1934, ambos consagradores de uma política intervencionista e corporativista em relação ao sindicalismo.

SINDICATOS E AUTONOMIA PRIVADA COLETIVA

Embora possa ser compreendido em diversas fases[23], o período getulista se caracterizou, desde o seu início, pela centralização do poder, preocupação com a questão social e os direitos dos trabalhadores e pelo nacionalismo. A centralização política fez-se sentir na esfera sindical por meio de uma legislação intervencionista que se iniciou precocemente ainda durante o governo provisório, inspirada na *Carta Del Lavoro*, do fascismo italiano, e seguiu-se por todo o regime, marcando não somente o Direito Sindical deste período, mas estruturando as linhas mestras da nossa estrutura sindical, presentes até os dias atuais e na Carta Constitucional de 1988.

Além da implementação de uma legislação minuciosa em matéria sindical, a qual consolidava a intervenção estatal e as linhas mestras do corporativismo, outro marco importante para as relações coletivas de trabalho foi a criação do Ministério do Trabalho, Indústria e Comércio, em 26 de novembro de 1930, cuja primeira pasta foi ocupada por Lindolfo Collor, o qual contou com a colaboração dos renomados juristas trabalhistas Joaquim Pimenta e Evaristo de Moraes.

Consolidava-se a fase corporativista e intervencionista. O Estado, para manter maior controle sobre o movimento operário, regulou minuciosamente a atividade sindical, idealizando um sistema sindical burocratizado, piramidal e atrelado ao Ministério do Trabalho, recém-criado. A legislação do trabalho passou a ser um instrumento de sustentação do regime autoritário que se seguiu, atribuindo aos sindicatos uma função de colaboração com o Estado, típica dos regimes corporativistas europeus.

Hiato na história sindical brasileira, a Constituição de 1934 sofreu ressonância da Constituição de *Weimar* e, entre outros direitos trabalhistas, assegurou a liberdade de associação (art. 113) e a pluralidade sindical (art. 120). Porém, logo foi sucedida pela Carta Política de 1937.

A Carta de 1937 extinguiu o modelo pluralista da Constituição de 1934 e acentuou o intervencionismo estatal nos sindicatos, centralizado no Conselho

---

[23] A "Era Vargas" teve início com a ascensão ao poder de Getúlio Vargas, chefe político da "Revolução de 1930", dando nascimento a uma nova fase da história brasileira, que se estendeu até 1945. A "Era Vargas" pode ser dividida em três grandes etapas: governo provisório (1930-1934); governo constitucional (1934-1937) e governo ditatorial (1937-1945). "Perdurante esse período, a sociedade brasileira sofreu grandes transformações: a população urbana cresceu em relação à sociedade rural; a indústria aumentou seu espaço na economia nacional; a burguesia empresarial das cidades aumentou o seu poder sobre as tradicionais oligarquias agrárias, a classe média e o proletariado desenvolveram-se e conquistaram um amplo espaço na vida política e econômica do país". (COTRIM, Gilberto. *História global: Brasil e geral*. 5. ed. São Paulo: Saraiva. 1999. p. 413)

de Economia Nacional. Alçou o conceito de representatividade da categoria ao âmbito constitucional (art. 138). Previu a liberdade sindical, mas condicionou a representação legal da categoria apenas à associação sindical reconhecida pelo Estado (art. 138). Atribuiu aos sindicatos o poder de celebrar contratos coletivos de trabalho e de impor contribuições aos membros das categorias representadas (art. 137, "a" e art. 138).

A Carta Política de 1937 também atribuiu aos sindicatos o exercício de funções delegadas do poder público, colocando-os "sob a assistência e a proteção do Estado" (art. 140). Considerou a greve e o *lockout* "recursos anti-sociais, nocivos ao trabalho e ao capital e incompatíveis com os superiores interesses da produção nacional" (art. 139). Também instituiu a Justiça do Trabalho para dirimir os conflitos oriundos de relações entre empregadores e empregados, com expressa previsão de que não faria parte do Poder Judiciário, ao dispor que a referida Justiça seria "regulada em lei e à qual não se aplicam as disposições desta Constituição relativas à competência, ao recrutamento e às prerrogativas da justiça comum".

O Decreto n. 1.402, de 5.7.1939, fortaleceu a política intervencionista e consagrou as linhas mestras do corporativismo na estrutura sindical brasileira: regulamentou a unicidade sindical compulsória, com excessiva intervenção estatal na organização e estrutura das entidades sindicais, com a possibilidade de cassação da carta de reconhecimento sindical; possibilitou a formação de associações, sendo que a investidura sindical passou a ser conferida pelo Ministério do Trabalho à associação mais representativa; proibiu a greve e instituiu o enquadramento sindical e a divisão por categorias econômicas e profissionais.[24]

O Decreto-lei n. 2.377, de 8.7.1940, criou o imposto sindical, cujas receitas seriam partilhadas entre as entidades sindicais reconhecidas e o Ministério do Trabalho.[25] No esteio da política intervencionista, proliferaram as medidas legislativas em matéria sindical. Em 1943, foi promulgada a Consolidação das Leis do Trabalho, Decreto n. 5.452, de 1º de maio, que praticamente manteve o sistema sindical com os componentes corporativistas e intervencionistas: associação profissional prévia, imposto sindical, paralelismo sindical, enquadramento sindical, padronização de estatutos e balanços dos sindicatos, unicidade sindical etc.

---

[24] AROUCA, José Carlos. *Repensandoosindicato*. São Paulo: LTr. 1998. p. 570-581.

[25] MARTINS, Milton. *Sindicalismoerelaçõestrabalhistas*. São Paulo: LTr, 1995. p. 82.

Fruto da redemocratização do país, a Constituição de 1946, votada em Assembleia Nacional Constituinte, reconheceu o direito de greve (já instituído no Decreto-lei n. 9.070, de 13.3.1946, de controvertida constitucionalidade, à época) e estabeleceu a liberdade sindical, porém nos termos regulamentados em lei: "*Art. 159. É livre a associação profissional ou sindical, sendo reguladas por lei a forma de sua constituição, a sua representação legal nas convenções coletivas de trabalho e o exercício de funções delegadas pelo poder público*". Embora possível a elaboração de lei ordinária instituidora da pluralidade sindical, a Consolidação das Leis do Trabalho, vigente desde 1943, foi tida como recepcionada pela nova Carta, pois o Supremo Tribunal Federal, em julgamento de mandado de segurança impetrado por um sindicato de bancários, proclamou a compatibilidade dos dispositivos da CLT com a nova ordem constitucional.[26]Com a recepção do estatuto celetista, manteve-se a organização sindical corporativista implementada durante a Era Vargas.

A Carta de 1967, em seu art. 166, repetiu o art. 159 da Constituição anterior. Acrescentou, no entanto, dois parágrafos para garantir entre as funções delegadas das entidades sindicais o direito de arrecadar contribuições para o custeio das suas atividades e instituir o voto obrigatório nas eleições sindicais. Assegurou o direito de greve (art. 165, XXI), excetuando os serviços públicos e atividades essenciais definidos em lei (art. 162). A Emenda Constitucional n. 1/69 manteve integralmente as disposições da CF/67.

Durante o regime militar, o Estado procurou impor aos sindicatos uma postura assistencialista em detrimento da reivindicatória. Essa característica é facilmente notada no Decreto n. 67.227/70, que previu uma série de posturas assistenciais aos sindicatos para a promoção social do trabalhador — assistência médico-hospitalar, odontológica, creches, cooperativas de consumo, colônias de férias etc., com a respectiva participação dos sindicatos em órgãos públicos e privados para cumprimento desses desideratos.

A Constituição de 1988 mesclou alguns elementos de autonomia e liberdade sindicais com outros de heteronomia e intervencionismo ao estear o modelo sindical do seguinte modo: a) apesar de dispor que é livre a associação em sindicatos, manteve o monopólio de representação e a unicidade sindical (não permissão de mais de um sindicato da mesma categoria profissional ou econômica na mesma base territorial); b) adotou a liberdade de autodefinição das bases e de fixação da base territorial pelos sindicatos, mas condicionou

---

[26] GOMES NETO, Indalécio. Características do sindicalismo brasileiro. *Revista LTr*, ano 58, n. 3, p. 267-270, mar. 1994.

que esta não seja ser inferior à área de um município (inviabiliza-se a criação de sindicatos por empresa ou estabelecimento); c) manteve a contribuição sindical compulsória e criou a contribuição confederativa; d) aboliu o estágio preliminar de sindicatos sob a forma de associações e a necessidade de reconhecimento pelo Ministério do Trabalho; e) garantiu a livre criação de sindicatos sem a necessidade de autorização do Estado e a liberdade de administração com vedação da interferência do Poder Público; f) manteve a organização sindical piramidal, com sindicatos, federações e confederações; g) previu a liberdade individual de filiação e de desfiliação; h) concedeu aos aposentados o direito de votar e serem votados nas eleições sindicais; i) consagrou o direito de negociação coletiva, com o reconhecimento dos acordos e convenções coletivas; j) dispôs sobre o direito de greve; l) conferiu estabilidade aos dirigentes sindicais; m) consagrou o direito de representação dos trabalhadores.

Como se observa, desde os primórdios do desenvolvimento sindical no país, o Brasil adotou um sistema heterônomo de regulamentação da atividade sindical, caracterizado por uma forte intervenção sindical, no campo legislativo, por meio de uma legislação prescritiva da atividade sindical (trata da organização sindical, greve, negociação coletiva, unicidade sindical). A Constituição Federal de 1988 conservou os principais traços estruturais da organização sindical corporativista instituída durante o Estado Novo e inspirada no regime fascista italiano.

O modelo corporativista brasileiro caracterizou pela marginalização ou exclusão dos trabalhadores dos fóruns decisórios governamentais, ao mesmo tempo em que o empresariado garantia a sua representação na máquina estatal. Este regime de representação corporativa limitava-se a áreas específicas e com temporalidade limitada nos processos decisórios, propiciando a setorização de interesse dentro das agências governamentais específicas.[27] Nestas arenas decisórias foi relegado aos sindicatos profissionais, na maior parte das vezes, um papel consultivo e não decisório, alijando-os de uma verdadeira e efetiva participação na elaboração e implementação de políticas públicas.

---

[27] KELLER, Wilma. Neocorporativismo e trabalho: a experiência brasileira recente. *Trabalho em perspectiva*, São Paulo, p. 76.

6. Neocorporativismo

O Neocorporativismo constitui um conceito recentemente difundido na literatura política internacional para designar um *"conjunto de mudanças ocorridas nas relações entre Estado e organizações representativas dos interesses particulares, nos países capitalistas com regime democrático"*. [28] A prefixação "neo" (do grego *"néos"*, novo, novel, moderno) ao vocábulo "corporativismo", tem como objetivo distinguir a nova forma de relação entre Estado e entidades sociais do tradicional corporativismo de Estado do fascismo italiano, também denominado de corporativismo clássico.

A expressão adquiriu aceitação ampla, porém, não se encontrando definitivamente conceituada, podendo ser empregada com diversas texturas simbólicas, que vai desde o resgate do corporativismo clássico até a designação de um fenômeno totalmente diverso deste último.

O vocábulo neocorporativismo, isto é, como significante de uma nova forma particular de intermediação dos interesses entre sociedade civil e Estado, foi utilizado com referência ao sindicalismo contemporâneo, por Philippe Schimtter, em 1974.

Não obstante as referências ao histórico corporativismo de Estado nos estudos sobre o neocorporativismo, vale destacar a advertência de Manuel de Lucena a respeito das diversas acepções do deste fenômeno, o qual não se apresenta unívoco em relação aos seus fins perseguidos e meios empregados. No entanto, como elucida, *"o reconhecimento deste facto não implica que as devamos menosprezar, antes pelo contrário, pois um dos traços distintivos do (neo)corporativismo que se manifesta em sociedades capitalistas avançadas e de transição demo-liberal consiste justamente num empirismo e num gradualismo que o contrapõem às preconcebidas arquiteturas das variante fascista, ideologicamente marcadas e autoritariamente impostas pelo Estado aos parceiros sociais."* [29]

A expressão neocorporativismo tende a designar um fenômeno de superação do (neo) liberalismo, mas a imersão num corporativismo de Estado (estatismo absorvente da sociedade). O emprego do prefixo "neo" ao substantivo "corporativismo" possui o conteúdo simbólico de exorcização do fantasma

---

[28] BOBBIO, Norberto; MATTEUCCI, Nicola; PASQUINO, Gianfranco. *Dicionário...*, cit, p. 818.
[29] LUCENA, Manuel de. Neocorporativismo? — Conceito, interesses e aplicação ao caso português. *Análise Social*, vol.XXI (87-88-89), 1985-3.º-4.º-5.º, p. 824.

do fascismo num momento histórico em que se delineiam importantes mecanismos de institucionalização das classes.[30]

O neocorporativismo teve inicialmente desenvolvimento nos países da Europa Central, nas décadas de 60 70, com a ascensão dos denominados governos trabalhistas, cujas plataformas políticas baseavam-se em princípios dos Estados de bem-estar social, democráticos e pós-liberais.

Até a década de 70, o fenômeno, embora existente, não nominalmente relacionado ao corporativismo, nem deixara de ser objeto de teorização, muitas vezes ligado à questão das políticas públicas como as da *participacion* francesa, as políticas alemãs de cogestão e de codecisão (*mimbestimmung*), a contratação *articolata* do direito italiano e a denominada "política de rendimentos" holandesa. Porém, por estarem ligados à realidades específicas, as denominações destes mecanismos de tomada de decisão não possuíam envergadura para designar o fenômeno que hoje se conhece por "neocorporativismo", embora algumas deles vieram a adquirir conteúdos cada vez mais amplos e diversificados.[31]

Philippe Schimtter estabeleceu a ideia de "corporativismo societal" em contraposição ao "corporativismo estatal" para caracterizar o processo de decisão política fundamentado na articulação de interesses que emergem autonomamente da sociedade em relação ao Estado, com a conservação da autonomia relativa dos atores sociais envolvidos. No corporativismo estatal, contrariamente, enfatiza-se o papel central do Estado como soberano no controle das organizações de interesse, em específico daquelas vinculadas ao capital e ao trabalho.[32]

Para Gerhard Lembruch enuncia um conceito pluridimensional de neocorporativismo, com a integração de três processos inter-relacionados: 1) a expansão de organizações civis de interesses centralizadas, que detêm o monopólio de representação; 2) a cristalização da relação entre o Estado e estes corpos intermediários; 3) a consolidação de negociações tripartites, em arenas de diálogo e deliberação das quais participam as organizações sindicais e empresariais, com coordenação com as instância governamentais de coordenação e implementação de políticas públicas.[33]

---

[30] Idem. Ibidem. p. 828.

[31] Idem. Ibidem. p. 827.

[32] SCHIMTTER, Philippe. Apud KELLER, Wilma. Neocorporativismo e trabalho: a experiência brasileira recente. *Trabalho em perspectiva*, São Paulo, p. 73.

[33] LEMBRUCH, Gerhard. *Apud* KELLER, Wilma. Neocorporativismo e trabalho: a experiência brasileira recente. *Trabalho em perspectiva*, São Paulo, p. 73.

SINDICATOS E AUTONOMIA PRIVADA COLETIVA

O neocorporativismo fundamentou-se na necessidade de legitimação das políticas dos governos ascendentes em resposta às políticas neoliberais que lhes antecederam. A dificuldade da transição político-econômica e a necessidade de legitimação das políticas de governo, ensejaram o desenvolvimento de um novo modo de sustentação política, a partir da cooptação dos movimentos sociais e da apresentação do governo como um promotor dos interesses dos trabalhadores.

Neste cenário político-institucional, os governos com tendências neocorporativistas, passam a criar mecanismos de integração orgânica dos atores e agentes sociais, particularmente entidades profissionais e patronais, na máquina governista, com vistas à legitimação das políticas adotadas. Esta legitimação elicia-se com a conversão de um sistema de oposição em um de "corresponsabilização", na medida em que a participação dos atores sociais nas políticas de governo, apaziguaria a oposição dos grupos representados, uma vez que estes se tornam participantes, de fato ou de direito, das políticas implementadas.

Implementa-se, desta forma, uma espécie de "consensualismo orgânico", com a inserção das entidades sindicais na estrutura orgânico-institucional do governo, tanto por meio da nomeação de seus dirigentes para a ocupação de postos governamentais como pela concessão de representação formal em fóruns e arenas de discussão política. Por meio deste processo, o governo incorpora as entidades sindicais nos processos de formação e gestão das decisões, tornando-as copartícipes das políticas de governo, levando à diminuição das pressões externas e do poder social de veto por estas organizações. Concede-se poder e sustentação em troca de uma moderação político-social.

O neocorporativismo envolve um processo de intima articulação – sem absorção ou imposição estatal – entre os corpos intermediários e os poderes públicos. Essa articulação se processa pela participação de forma sistemática e institucional (mesmo que somente ocupem uma posição subalterna, mas consultiva do que deliberativa) na elaboração, deliberação e/ou aplicação das decisões estatais, e, também quando estes corpos intermediários são investidos do desempenho de funções de interesse público e no exercício (ainda que meramente delegado) de parcelas de autoridade, como cobranças de taxas, emanação de regulamentos gerais, fiscalização do seu cumprimento, aplicação de sanções administrativas e afins.[34]

---

[34] LUCENA, Manuel de. Op. cit., p. 832.

SINDICALISMO NO BRASIL: DO CORPORATIVISMO AO NEOCORPORATIVISMO

Trata-se de uma tendência, um "processo de corporativização", pelo qual Estado e sociedade civil vão progressivamente articulando-se e construindo uma forma predominante de organização sociopolítica. Esta corporativização com o enlace institucional entre os poderes públicos e os corpos intermediários poderá definir um sistema sociopolítico como (neo)corporativista quando ela se torne condição *sine qua non* para o funcionamento do Estado, isto é, quando a colaboração orgânica e permanente com interesses organizados é fundamental para a sustentação do Estado, embora isto não necessariamente deve ocorrer em todos os setores e todos o níveis estatais.[35]

Poderá o neocorporativismo ser total ou parcial, conforme a dimensão da abrangência dos importantes setores da sociedade e daqueles de igual relevância que escapam à sua articulação. Pode se apresentar igualmente como um neocoporativismo subordinado, quando os corpos intermediários não detenham ao menos uma parcela da soberania.[36]

O sindicalismo, neste contexto articulatório, torna-se muito mais politizado, sendo tal politização representada pela influência político-partidária conquistada ou, quiçá, concedida em detrimento da politização das bases e do mobilismo sindical. No regime neocorporativista, a elite sindical apresenta-se mais elitizada e tecnicista, em contraposição à politização das bases.

Diversamente do que ocorre em sistemas pluralistas, no neocorporativismo, os interesses da sociedade civil são organizados em derredor de um número limitado de associações, principalmente em entidades profissionais ou econômicas, com estruturas internas centradas, que obtêm reconhecimento formal do Estado, o qual lhes concede o monopólio dos interesses de determinados grupos ou setores sociais e o exercício de funções delegadas do poder público.[37]

O neocorporativismo se distingue do corporativismo clássico porque, ao contrário deste último, no sistema neocorporativista as organizações representativas dos interesses particulares são livres para aceitar ou não as suas relações com o Estado; já no corporativismo clássico, é o Estado quem impõe e define estas relações.[38] No corporativismo clássico, as entidades sindicais constituem pessoa jurídica de direito público, com o exercício de funções delegadas; no neocorporativismo, embora também exerçam algumas funções

---

[35] Idem. Ibidem. p. 833-835.
[36] Idem. Ibidem. p. 835.
[37] BOBBIO, Norberto; MATTEUCCI, Nicola; PASQUINO, Gianfranco. *Dicionário...*, cit, p. 818.
[38] Idem. Ibidem. Loc. cit. 818.

delegadas, estas entidades continuam a manter a natureza de pessoa jurídica de direito privado, lastreadas na liberdade de associação.

7. Neocorporativismo e as centrais sindicais: Lei n. 11.648/2008

As centrais sindicais no Brasil sempre receberam uma "atenção marginalizada" no campo jurídico e político-institucional, sem uma clara definição da sua situação no âmbito do ordenamento jurídico sindical. Como assevera Amauri Mascaro Nascimento, *"A história das Centrais em nosso País é uma linha sinuosa com altos e baixos, mas sempre à margem da lei, não no sentido de que nem sempre foram aceitas, mas no de que a sua trajetória percorreu períodos de tolerância e períodos de proibição, culminando, agora, com uma nova etapa, a do reconhecimento legal."*[39] Esta nova fase de reconhecimento legal das centrais sindicais adveio com a edição da Lei n. 11.648/2008, com entrada em vigor em 01.04.2008, a qual *"Dispõe sobre o reconhecimento formal das centrais sindicais para os fins que especifica, altera a Consolidação das Leis do Trabalho – CLT, aprovada pelo Decreto-Lei n° 5.452, de 1° de maio de 1943, e dá outras providências."*

Mutatis mutandis, a trajetória institucional das centrais sindicais no Brasil seguiu uma linha semelhante àquela traçada pela história do sindicalismo no mundo. A primeira fase das centrais sindicais foi marcada pela sua proibição pelo Estado Novo e durante o período dos governos militares. Pela Portaria n. 3.337/78 do Ministério do Trabalho, as centrais sindicais continuavam formalmente proibidas.

A partir do ano de 1985, iniciou-se uma fase de liberação. A Portaria n. 3.100/85 do Ministério do Trabalho, ao revogar a Portaria n. 3.337/78 do mesmo órgão, retirou a proibição de constituição de centrais sindicais.[40] As centrais sindicais ingressavam numa fase de existência de fato, pois, embora não fossem proibidas, também não possuíam um reconhecimento formal como entidades sindicais componentes da estrutura sindical brasileira.

Durante a década de oitenta, o sindicalismo forçou o universo da legalidade, instituindo um período de maior liberdade em face do Estado. Com

---

[39] NASCIMENTO, Amauri Mascaro. As centrais sindicais e as modificações de 2008. São Paulo: *Suplemento Trabalhista LTr.* 2008. p. 220.
[40] NASCIMENTO, Amauri Mascaro. Organização sindical na perspectiva da Constituição de 1988. *RevistaLTr*, ano 52, n. 12, p. 8, jan. 1988.

o crescimento das uniões sindicais possibilitou-se uma maior liberdade de organização interna, externa e político-ideológica.

Desenvolveram-se dois grandes tipos de sindicalismo: o reivindicativo--revolucionário, originário na região do ABC paulista, altamente industrializada, que se aliou à atividade política com a criação do Partido dos Trabalhadores e o sindicalismo reformista, de resultados, voltado para a melhoria das condições materiais dos trabalhadores; representado, principalmente, pelo Sindicato dos Metalúrgicos de São Paulo. [41]

Apesar de não constarem da organização sindical delineada pela CF/88, o movimento sindical brasileiro ensejou o desenvolvimento destes órgãos de cúpula, as centrais sindicais, como a CUT (Central Única dos Trabalhadores), a CGT (Central Geral dos Trabalhadores), a USI (União Sindical Independente), CGTB (Central Geral dos Trabalhadores do Brasil), FS (Força Sindical), UGT (União Geral dos Trabalhadores), NCST (Nova Central Sindical dos Trabalhadores) e CSP Conlutas (Central Sindical e Popular), as quais localizam acima do sistema confederativo delineado pela CF/88, institucionalizando-se como uma estrutura espontânea e, não obstante a ausência de personalidade jurídica sindical, apresentaram-se bastante atuantes e com forte presença na articulação das demais entidades sindicais. [42]

Da representação de fato, as centrais sindicais ingressaram na fase político--institucional, caracterizada pela conquista de assentos em fóruns e arenas de discussão tripartite de interesses dos trabalhadores, como o Conselho Curador do FGTS (Lei n. 8.036/90), o Conselho Nacional da Seguridade Social (Lei n. 8.212/91), o Conselho Gestor do Cadastro Nacional do Trabalhador (Lei n. 8212/91), o Conselho Deliberativo do Fundo de Amparo ao Trabalhador (Lei n. 7.998/90) e a Comissão Tripartite de Relações Internacionais do Ministério do Trabalho e Emprego. Esta fase político-institucional é marcada por um reconhecimento legal de natureza infraconstitucional e assistemático, o qual, embora declara assento às centrais sindicais em alguns fóruns tripartites de discussão, não lhes garante a condição de entidades sindicais representativas dos trabalhadores.

O reconhecimento legal das centrais sindicais como entidades associativas dos trabalhadores deu-se no âmbito infraconstitucional com a Lei n. 11.648, de 31.3.2008, dando início à fase jurídico-institucional, no qual as centrais sindicais são reconhecidas infraconstitucionalmente, de forma sistematizada

---

[41] Idem,ibidem. p. 75.
[42] NASCIMENTO, Amauri Mascaro. *Compêndio...*, cit., p. 74.

pela nova legislação, não obstante as diversas controvérsias a respeito da constitucionalidade da norma reconhecedora diante do sistema confederativo acolhido pela Constituição Federal de 1988. Aliás, a própria redação da lei em comento, não conferiu expressamente às centrais sindicais a personalidade sindical, definindo a central sindical como "entidade de representação geral dos trabalhadores, constituída em âmbito nacional", com natureza jurídica de *"entidade associativa de direito privado, composta por organizações sindicais de trabalhadores"* (art. 1º).

A regulamentação jurídica das centrais sindicais pela Lei n. 11.648/2008 constitui o marco do neocorporativismo no Brasil, o qual insere as entidades sindicais de cúpula nas arenas político-partidárias de decisões governamentais, nos termos delineados por Philippe Schimtter.

No esteio do neocorporativismo, esta integração não poderia ocorrer sem a limitação das entidades legitimadas para o diálogo nas arenas governamentais e fóruns tripartites de representação de interesses da sociedade, principalmente diante da multiplicidade de entidades que passaram a intitular-se central sindical após a Constituição de 1988.

As centrais sindicais haviam se multiplicado volitivamente à margem do sistema legal, em quantidade que tornara difícil mensurar o número de entidades no país, até mesmo pela ausência de registro. Entidades que sequer possuíam as características de central sindical passaram a assim se considerar, não obstante a sua artificialidade e o seu âmbito não nacional (muitas delas com dimensões regionais ou estaduais) ou meramente categorial ou setorial.[43]

Alçadas a entidades gerais de representação de interesses dos trabalhadores, as centrais sindicais, uma vez preenchidos os requisitos previstos na Lei n. 11.648/2008, adquirem estatuto jurídico-institucional e a capacidade de exercício das seguintes atribuições e prerrogativas: *"I – coordenar a representação dos trabalhadores por meio das organizações sindicais a ela filiadas; e II – participar de*

---

[43] NASCIMENTO, Amauri Mascaro. *As centrais sindicais e as....* p. 221. O autor, com vistas a demonstrar o problema da desorganização das centrais sindicais, elenca um rol de entidades que intitulam centrais: *"Associação Coordenação de Lutas do Estado de Minas Gerais, Associação Estadual de Sindicatos Social-Democratas de São Paulo, Associação Nacional dos Sindicatos Social-Democratas, Central Autônoma de Trabalhadores – CAT, Central Nacional Democrática Sindical, Central Nacional dos Motociclistas-CNM, Central Nacional dos Trabalhadores – CNT, Central Geral dos Trabalhadores do Brasil – CGTB, Confederação Geral dos Trabalhadores – CGT, Coordenação Nacional de Lutas – CONLUTAS, Central Única dos Trabalhadores – CUT, Força Sindical – FS, Intersindical da Orla Portuária do Espírito Santo, Nova Central Sindical de Trabalhadores –NCST, Pólo Sindical da Região do Livramento, União Geral dos Trabalhadores – UGT, União Sindical- Unidade do Estado de Minas Gerais, União Sindical Brasileira (USB), União Sindical Independente (Fonte: Ministério do Trabalho e Emprego)."* (Idem. Ibidem. Loc. cit.)

negociações em fóruns, colegiados de órgãos públicos e demais espaços de diálogo social que possuam composição tripartite, nos quais estejam em discussão assuntos de interesse geral dos trabalhadores." (ar. 1º, Lei n. 11.648/2008).

Deste modo, ao simultaneamente à sua integração ao sistema jurídico-formal de representação dos interesses dos trabalhadores, as centrais sindicais adquirem assento formal e sistematizado em diversas arenas de decisões políticas, de natureza tripartite, em que se discutem matérias de interesse geral dos trabalhadores, portanto, temas não restritos a uma categoria ou a um setor econômico.

Consoante a exposição de motivos da Lei n. 11.648/2008, *"A proposta foi elaborada por entendimento entre o Governo e trabalhadores, e tem por escopo conferir legitimidade às centrais sindicais que, organizadas paralelamente às disposições legais, e em sua maioria firmadas como as principais entidades nacionais de representação dos trabalhadores, com reconhecimento político-institucional e crescente participação em conselhos e fóruns públicos, ainda não tiveram assegurada em lei as suas atribuições e prerrogativas como entidade de representação geral dos trabalhadores."*

Elucidou referida exposição que o reconhecimento das centrais sindicais não tem como objetivo incrementar um regime de concorrência com os sindicatos ou comprometer as prerrogativas com relação à negociação coletiva, mas atribuir às centrais um papel político-institucional, com vistas a representar e articular os interesses do conjunto de seus representados, cabendo às confederações, federações e sindicatos a tarefa efetiva de promover a negociação coletiva em seus respectivos âmbitos de representação. Deste modo, às centrais sindicais não foi reconhecido o direito de firmar convênios coletivos de trabalho, permanecendo a legitimação primária dos sindicatos (art. 611, § 1º, CLT) e as legitimações subsidiária (art. 611, § 2º, CLT) e substitutivas das federações e confederações (art. 617 CLT).

Às centrais sindicais foi relegada a discussão de matérias de interesse geral dos trabalhadores, comumente de natureza intercategorial ou intersetorial, de modo a propiciar a participação em arenas decisórias de políticas públicas, como ressaltado na exposição de motivos da lei n. 11.648/2008: *"Alguns conselhos e colegiados de órgãos públicos já preveem a participação das centrais sindicais como representantes dos trabalhadores em seus atos constitutivos, e o que se pretende é que uma política comum para a incorporação dessas entidades nesses espaços, evitando, assim, a arbitrariedade na indicação das representações dos trabalhadores."*

Com vistas a possibilitar a definição das centrais aptas a integrar as arenas decisórias de composição tripartite, fixou o legislador uma série de requisitos para o reconhecimento jurídico-formal das centrais sindicais, entre os quais se destaca o critério de representatividade[44], em detrimento do elemento representação, este último constituído em elemento de controle da unicidade sindical.

A aferição dos requisitos de representatividade previstos na lei será realizada pelo Ministério do Trabalho e Emprego. A indicação pela central sindical de representantes nos fóruns tripartites, conselhos e colegiados de órgãos públicos será em número proporcional ao índice de representatividade apurado salvo acordo entre as centrais sindicais. O critério de proporcionalidade, bem como a possibilidade de acordo entre as centrais, não poderá prejudicar a participação de outras centrais sindicais que preencherem os requisitos estabelecidos na lei.

Como fonte de custeio, a nova legislação previu que as centrais sindicais receberão uma parcela no percentual de 10% da contribuição sindical compulsória devido por todos os membros das categorias aos respectivos sindicatos representantes. O percentual atribuído às centrais sindicais foi extraído da parcela da contribuição sindical recolhida para a "Conta Especial Emprego e Salário", o qual anteriormente estava fixado em 20% do montante da respectiva contribuição.[45]

Para fins de destinação do crédito, o sindicato de trabalhadores deverá indicar ao Ministério do Trabalho e Emprego a central sindical a que estiver filiado como beneficiária da respectiva contribuição sindical. A central sindical deverá estar observando os requisitos de representatividade fixados na legislação para o recebimento da contribuição.

Não obstante não esteja expresso na nova Lei das Centrais Sindicais, a partir do momento em que lhe são garantidos assentos em fóruns, conselhos

---

[44] Consoante o artigo 2º da Lei n. 11.648/2008: *"Para o exercício das atribuições e prerrogativas a que se refere o inciso II do caput do art. 1º desta Lei, a central sindical deverá cumprir os seguintes requisitos: I – filiação de, no mínimo, 100 (cem) sindicatos distribuídos nas 5 (cinco) regiões do País; II – filiação em pelo menos 3 (três) regiões do País de, no mínimo, 20 (vinte) sindicatos em cada uma; III – filiação de sindicatos em, no mínimo, 5 (cinco) setores de atividade econômica; e IV – filiação de sindicatos que representem, no mínimo, 7% (sete por cento) do total de empregados sindicalizados em âmbito nacional. Parágrafo único. O índice previsto no inciso IV do caput deste artigo será de 5% (cinco por cento) do total de empregados sindicalizados em âmbito nacional no período de 24 (vinte e quatro) meses a contar da publicação desta Lei."*

[45] *"Art. 5º Os arts. 589, 590, 591 e 593 da Consolidação das Leis do Trabalho – CLT, aprovada pelo Decreto-Lei nº 5.452, de 1º de maio de 1943, passam a vigorar com a seguinte redação: "Art. 589. (....) I – para os empregadores: a) 5% (cinco por cento) para a confederação correspondente; b) 15% (quinze por cento) para a federação; c) 60% (sessenta por cento) para o sindicato respectivo; e d) 20% (vinte por cento) para a 'Conta Especial Emprego e Salário'; II – para os trabalhadores: a) 5% (cinco por cento) para a confederação correspondente; b) 10% (dez por cento) para a central sindical; c) 15% (quinze por cento) para a federação; d) 60% (sessenta por cento) para o sindicato respectivo; e e) 10% (dez por cento) para a 'Conta Especial Emprego e Salário".*

e colegiados de discussão dos interesses gerais dos trabalhadores, a nova regulamentação cria uma "obrigação de pertencimento" das demais entidades sindicais às centrais, não somente porque esta devam observar requisitos de representatividade, como também pela possibilidade de, ao não se filiar a uma central sindical, determinado ente sindical poder ficar sem a representação dos seus interesses nestas arenas de discussão, para quais são ou serão legitimadas somente as centrais sindicais, integradas organicamente na estruturas de sustentação de poder e instâncias decisórias.

Por ser um processo recente e em desenvolvimento, não se pode afirmar veementemente que o Brasil, com a nova legislação das centrais sindicais e a reformulação pontual e assistemática de determinados aspectos da organização sindical brasileira, tenha consagrado uma vertente do neocorporativismo, máxime com a consagração político-institucional das centrais sindicais e da ampliação das arenas tripartites de deliberação sobre políticas públicas de governo.

No entanto, como se trata de um processo sociopolítico de âmbito interestatal (internacional), que representa uma nova forma de articulação governamental com os corpos intermediários da sociedade civil, não se pode negar as transformações na conformação político-econômica, no sistema de relações de trabalho e na estrutura governamental de intermediação de interesses e legitimação das políticas públicas a partir de arenas tripartites, o que parece vaticinar, no mínimo, um novo direcionamento para o sindicalismo no Brasil.

8. Referências

AROUCA, José Carlos. *Repensandoosindicato*. São Paulo: LTr. 1998.

BOBBIO, Norberto; Matteucci; Nicola; PASQUINO, Gianfranco. *Dicionário de política*. Vol. I. 13. ed. Brasília: UNB. 2007.

CABANELAS, Guillermo. *Derecho Sindical y Corporativo*. Buenos Aires: Atalaya. 1946.

CATHARINO, José Martins. *Tratado elementar de Direito Sindical*. São Paulo: LTr, 1977.

COTRIM, Gilberto. *História global: Brasil e geral*. 5. ed. São Paulo: Saraiva. 1999.

DEL GIUDICE, F; MARIANI, F; IZZO F. *Diritto sindacale*. Napoli: Ed. Giuridiche Simone. 1998.

GIUGNI, Gino. *Diritto Sindacale*. Bari: Cacucci Editori. 2001.

GOMES NETO, Indalécio. Características do sindicalismo brasileiro. *RevistaLTr*, ano 58, n. 3, p. 267-270, mar. 1994.

KELLER, Wilma. Neocorporativismo e trabalho: a experiência brasileira recente. *Trabalho em perspectiva*, São Paulo, p. 73-83.

LUCENA, Manuel de. Neocorporativismo? — Conceito, interesses e aplicação ao caso português. *Análise Social*, vol.XXI (87-88-89), 1985-3.º-4.º-5.º, 819-865.

MANOILESCO, Mihail. *O século do corporativismo*. Trad. Azevedo Amaral. Rio de Janeiro: José Olympio Ed. 1938.

MARTINS, Milton. *Sindicalismoerelaçõestrabalhistas*. São Paulo: LTr, 1995.

NASCIMENTO, Amauri Mascaro. *Compêndio de Direito Sindical*. 4. ed. São Paulo: Ltr. 2005.

_____. As centrais sindicais e as modificações de 2008. São Paulo: *Suplemento Trabalhista LTr*. 2008.

_____. Organização sindical na perspectiva da Constituição de 1988. *RevistaLTr*, ano 52, n. 12, jan. 1988.

REALE, Miguel. *Teoria do Direito e do Estado*. São Paulo: Saraiva. 2000.

RUPRECHT, Alfredo J. *Relações coletivas de trabalho*. São Paulo: LTr. 1995.

RUSSOMANO, Mozart Victor. *Princípios gerais de Direito Sindical*. 2. ed. Rio de Janeiro: Forense.1995.

SANTOS, Ronaldo Lima dos. *Teoria das normas coletivas*. 2ª Ed. São Paulo: Ltr, 2009.

SÜSSEKIND, Arnaldo. *Direitoconstitucionaldotrabalho*. Rio de Janeiro: Renovar, 1999.

Por uma concepção democrática de categoria sindical no ordenamento jurídico brasileiro

Francesca Columbu*
Túlio de Oliveira Massoni**

1. O Corporativismo sindical

Dentre as questões mais debatidas no direito coletivo do trabalho brasileiro, em primeiro lugar, situa-se, sem dúvida, o problema da permanência de elementos característicos do corporativismo estatal em seu atual modelo sindical.

Tendo em vista tal herança, como poderíamos hoje definir o sindicalismo brasileiro: é ainda corporativista? Conseguiu se tornar – com a transição democrática de 1988 – um sistema pós-corporativista? Ou é semi-corporativista?

As definições por si mesmas não têm uma utilidade senão descritiva. O que é importante examinar, em verdade, são as suas implicações sobre a organização e ação sindicais.

* Doutora em Direito (2013) pela Universidade de Roma "Tor Vergata" e pela Universidade de São Paulo (USP). Formou-se em Direito em 2008 pela Universidade de Roma "Tor Vergata". Professora Convidada no Curso de Especialização em Direito do Trabalho Ítalo Brasileiro na Faculdade de direito da Universidade Federal de Minas Gerais (UFMG, 2011). Professora Convidada no Curso de Extensão da Universidade de Roma Tor Vergata "O direito do trabalho entre evolução histórica e comparação". Pesquisadora no Departamento de Direito Sindical da Confederação Italiana de União das Profissões Intelectuais – CIU (2012 – 2014). É membro do Instituto Italo-brasileiro de direito do trabalho. Professora na Universidade Presbiteriana Mackenzie – Campus Campinas.
** Doutor em Direito do Trabalho pela USP. Especialista em Direito Sindical pela Universidade de Modena, Itália. Bacharel em Ciências Sociais pela USP. Professor concursado da UNIFESP. Professor Convidado da Universidade de Roma "Tor Vergata". Professor dos Cursos de Pós graduação da FGV-RJ e da PUC-SP. Membro do Grupo de Pesquisa (CNPq) *O Direito do Trabalho como instrumento de cidadania e de limite do poder econômico*. Advogado.

Na primeira metade do século XX, inúmeros países vivenciaram experiências corporativistas, baseadas em uma concepção orgânica da sociedade com vistas a superar a crise do capitalismo daquele momento e as conseqüências da Revolução Francesa, que supostamente teria reduzido a sociedade a uma "poeira humana" formada por indivíduos isolados e desarticulados. O corporativismo propunha-se, então, a introduzir, na ordem econômica, o princípio da organização em lugar do conceito do lucro individual, assumindo a organização do Estado uma forma unitária de suprema solidariedade. Constituía, assim, o meio de organização de cada ramo de produção com o fim de chegar à "harmonia integral da economia nacional".[1]

Corporativismo estatal, na lição de Philippe Schmitter, é "aquele sistema de representação de interesses em que as unidades constitutivas são organizadas em um numero limitado de categorias singulares, compulsórias, não competitivas, hierarquicamente ordenadas e funcionalmente diferenciadas, reconhecidas ou permitidas (quando não criadas) pelo Estado, às quais se concede um monopólio de representação dentro de suas respectivas categorias em troca da observância de certos controles na seleção de seus líderes e na articulação de suas demandas e dos seus apoios"[2].

Na visão de Leôncio Martins Rodrigues, o corporativismo é uma forma de organização das classes sociais pela ação reguladora do Estado, integrativa das forças produtivas (os grupos profissionais e econômicos) em organizações verticais e não conflitivas, cujas associações, para terem existência legal, dependem do reconhecimento do Estado, do qual recebem a delegação do exercício de funções públicas, sendo detentores do monopólio de representação no interior de sua respectiva categoria.[3]

Dentre os países que vivenciaram o corporativismo, podemos citar Portugal de Salazar, a Espanha de Franco, a França de Vichy, a Itália de Mussolini e a Alemanha de Hitler. Com o final da Segunda Guerra Mundial, todos esses países, uns mais e outros menos rapidamente e por diferentes caminhos, efetuaram um processo de transição – tanto do regime político quanto do modelo sindical – para a democracia.

---

[1] MANOILESCO, Mihail. *O século do corporativismo*. Trad. Azevedo Amaral. Rio de Janeiro: José Olympio Ed, 1938. p. 13, 25.

[2] SCHMITTER, Philippe C. *Still the century of corporatism?* Review of Politics, vol. 36, n.1, 1974, Published by: Cambridge University Press, p.93.

[3] RODRIGUES, Leôncio Martins. *Partidos e sindicatos*: escritos de sociologia política. São Paulo: Ática, 1990. p. 54.

POR UMA CONCEPÇÃO DEMOCRÁTICA DE CATEGORIA SINDICAL...

No Brasil, o modelo sindical corporativista-estatal nasceu com o Estado Novo Varguista, baseado nos seguintes pilares: proibição de criação de mais de um sindicato de cada categoria na mesma base territorial, enquadramento sindical obrigatório (fundado na concepção ontológica da categoria), imposto sindical, proibição da greve, poder normativo como forma de solução de conflitos coletivos de trabalho e, finalmente, composição classista da Justiça do Trabalho. O interesse coletivo dos grupos profissionais, portanto, coincidia com o interesse público e não existia espaço para autonomia coletiva dos particulares.

2. Paradoxos e disfuncionalidadesdo modelo sindical brasileiro atual

A Constituição democrática de 1988 não abandonou completamente tal marco autoritário das relações coletivas de trabalho. Optou-se pela manutenção, em especial, de dois princípios típicos do corporativismo sindical: a unicidade sindical (proibição de mais de um sindicato por cada categoria na mesma base territorial) e a contribuição sindical compulsória.

Tais elementos, de acordo com o Antônio Álvares da Silva[4], impedem o pleno desenvolvimento do sindicalismo brasileiro, sendo que a unicidade sindical obsta a concorrência e a disputa entre os grupos profissionais, favorecendo a inércia e o "peleguismo" dos sindicatos, que se garantem como entidades formais; por outro lado, a contribuição sindical compulsória propicia aos sindicatos a sustentação financeira que provém de um favor do Estado e não dos serviços que deveriam ser prestados ou de taxas de associação, o que, em ultima análise, é fonte da irracional proliferação de sindicatos inexpressivos. Na síntese de Arion Sayão Romita, "infelizmente, no Brasil, a organização sindical ainda não assimilou os princípios da democracia, pois ainda respira os ares soprados pelo Estado Novo de Getúlio Vargas"[5].

Analisada a questão trabalhista nesta perspectiva, explica-se em larga medida a carência de efetividade dos direitos sociais trabalhistas, a passagem deles do plano legal para o plano da justiça cotidiana, eis que surgidos (ou melhor, apresentados) que foram como dádiva de um Estado benfeitor,

---

[4] SILVA, Antônio Álvares da. Unidade e pluralidade sindical. *Direito Sindical Brasileiro,* Estudos em Homenagem ao Prof. Arion Sayão Romita, Ney Prado (coord.) São Paulo: LTr, 1998, p. 73.
[5] ROMITA, Arion Sayão. *A (des)organização sindical brasileira,* in Revista LTr, ano 54, n.6, Junho 2007, p.667.

desprovidos de sua dimensão propriamente política dos sujeitos assujeitados a quem deveriam se destinar. Na precisa análise de Maria Célia Paoli, a luta entre a justiça formulada pelos trabalhadores e a justiça proferida pela lei e também as suas estranhas formas de conciliação parecem balizar, há muito, as experiências dos trabalhadores na constituição e afirmação de si mesmos como presença e representação pública de classe. Desse modo, "a natureza ambígua dos direitos promovidos pelo Estado: seu sucesso em promover identificações e seu relativo fracasso em produzir cidadãos a partir da idéia de justiça social". [6]

Desde logo, portanto, podemos excluir a definição de pós-corporativista para o atual modelo sindical brasileiro se entendemos, com tal definição, uma fase sucessiva e de completa superação de tal sistema de regulação das relações coletivas de trabalho. De fato, embora a Constituição tenha proibido a intervenção direta do Estado na organização sindical (art. 8º, I), ao mesmo tempo regula os pressupostos de organização, amarrando a autonomia privada coletiva em laços estritos, o que a impede de ser qualificada como autenticamente livre.

Pós-corporativista é, dentre outros, o modelo sindical italiano, reconstruído após a queda do regime fascista, com a Constituição democrática de 1948. Nele, o direito sindical "ressurgiu das cinzas deixadas do corporativismo, sob o impulso da jurisprudência e da doutrina, com base no direito civil dos contratos".[7] O sistema sindical pós-corporativista italiano fundou-se no princípio da liberdade sindical mais ampla (art. 39 da Constituição) e da autonomia privada coletiva como expressão da livre vontade dos grupos profissionais de expressarem os próprios interesses. Optou-se por um modelo pluralístico--conflitual que privilegia a livre competição entre grupos privados, "com a ideia de que o equilíbrio – mesmo instável – conquistado duramente por meio da autônoma composição privatística dos conflitos econômicos coletivos é preferível ao equilíbrio que não seja fruto do livre confronto entre as partes".[8]

Diversamente, no Brasil, hoje, coexistem na mesma Carta Magna, que estrutura o modelo, dois vetores inconciliáveis: um potencialmente democrático (inciso I do art. 8º), e outro autoritário (incisos II, III, IV do art. 8º). Não é

[6] PAOLI, Maria Célia. Trabalhadores e cidadania: experiência do mundo público na história do Brasil moderno. *Estudos Avançados*, São Paulo, v. 3, n. 7, set./dez. 1989, p. 65.

[7] PERONE Giancarlo. A liberdade sindical na Itália. In: *Relações de direito coletivo Brasil-Itália*. Yone Frediani (org.), São Paulo: LTr 2004.

[8] VALLEBONA, Antonio. *Istituzioni di diritto del lavoro: il diritto sindacale*. Padova: Cedam 2008, p.23

POR UMA CONCEPÇÃO DEMOCRÁTICA DE CATEGORIA SINDICAL...

possível, portanto, qualificar o atual sindicalismo brasileiro como corporativista em seu sentido puro e tradicional, de vertente puramente publicística. Mais adequado seria caracterizá-lo como *semi-corporativista*: elimina alguns dos traços mais autoritários do sistema político-estatal anterior vedando a interferência direta na organização sindical (art. 8º, 1) e assegurando o direito de greve (art. 9º). Mas, como salienta Otávio Pinto e Silva, trata-se de um modelo "híbrido" no qual os trabalhadores e empregadores, embora possuam liberdade e autonomia para se organizarem, estão sujeitos a diversas limitações constitucionais: a categoria, a base territorial e a unicidade sindical[9].

O paradoxo do sistema sindical brasileiro emerge claramente na contradição sistemática de querer conciliar a liberdade sindical com a unicidade sindical. Evaristo de Moraes Filho explicava a contradição do art. 8º da Constituição brasileira assim: "o pai que falando para filha diz que ela pode se casar com quem quiser, desde que seja com João"[10].

Ao se proclamar Estado democrático de Direito fundado no pluralismo político (artigo 1º da Constituição), o Brasil deveria ter eliminado totalmente os componentes corporativistas de seu modelo sindical[11].

Em suma, pode-se dizer que as alterações procedidas na estrutura sindical com a Constituição Federal de 1988 foram meramente epidérmicas; e a transição democrática, por conseqüência, foi incompleta. Os sindicatos obtiveram autonomia perante o Estado, mas os trabalhadores não conseguiram plena liberdade de organização.

3. Autoritarismos e falácias na defesa da unicidade sindical.

É autoritário e falacioso o discurso que defende, ainda hoje, no Brasil, a manutenção da unicidade sindical sob a pretensão de supostamente "proteger" a classe trabalhadora da pulverização de entidades sindicais inexpressivas. Tal

---

[9] SILVA, Otávio Pinto e. *A contratação coletiva como fonte do direito do trabalho*. São Paulo: LTr, 1998, p.55.

[10] MORAES FILHO, Evaristo de. *A organização sindical perante o Estado*. São Paulo: Revista LTr, v.52, n.11, nov.1988, p.1307.

[11] Como observa Arion Sayão Romita: "fundamental para a apreensão do conceito de estado democrático de direito é a compreensão de que o interesse geral resulta do livre jogo dialético entre os diversos interesses dos grupos que integram a sociedade pluralista, reconhecida e preservada pela Constituição" In:ROMITA, Arion Sayão. *Sindicalismo, Economia, Estado Democrático*. São Paulo: LTr, 1993, p.20.

discurso protetor, no campo sindical, nega voz aos próprios trabalhadores, diretamente interessados. Incentiva a perpetuação entre nós de um modelo sindical de assujeitamento da classe trabalhadora que engendra um sindicalismo, como já se disse, de "cofres cheios e assembleias vazias".

Por que a defesa da unicidade sindical constitui um discurso autoritário?

Autoritário porque reproduz, em pleno século XXI, uma tese sustentada por Oliveira Vianna, ideólogo do Estado Novo varguista e arquiteto do corporativismo estatal, lançador das bases do nosso modelo sindical, cujos resquícios até hoje encontramos entre nós: sindicato único por categoria imposto por lei, contribuição sindical compulsória, enquadramento sindical automático, poder normativo da Justiça do Trabalho, representação legal de todos os membros da categoria profissional ou econômica, com todos os efeitos deletérios. Oliveira Vianna justificava, nos anos de 1930, a necessidade deste modelo sindical com base na incompetência da classe trabalhadora de se auto-organizar de forma independente e autônoma.[12]Emblemático o diagnóstico de Maria Célia Paoli sobre tal discurso autoritário: tratava-se de "um horizonte simbólico que despachava os trabalhadores pobres a um mundo do favor, da dependência, da hierarquia excludente; uma figura que, para ser incluída na ordem das coisas, necessitava ser um habitante silencioso e sem interioridade, constituído por obra benemérita das elites".[13]

O mais escandaloso é o fato de esta tese, hoje, ser reproduzida pelo próprio movimento sindical brasileiro (melhor dizendo: por suas lideranças) que, com a CF/88, obteve relativa liberdade de administração interna face aos poderes públicos: um avanço em relação ao período anterior, mas insuficiente uma transição incompleta por não permitir a plena liberdade organizativa e autônoma por parte dos trabalhadores.

O silêncio não é ausência de palavras. Impor o silêncio não é apenas calar o interlocutor, mas também impedi-lo de sustentar outro discurso. No mais, do ponto de vista estritamente jurídico, convém registrar que a Convenção n.

---

[12] Caberia então ao Estado organizar/controlar diretamente os sindicatos, apagando da memória histórica todo o movimento operário pré-Revolução de 1930. No Prefácio da obra *Problemas de Direito Sindical*, afirma Oliveira Vianna que "o Brasil não tem povo" e que "no Brasil, povo significa uma multidão de homens, como porcada significa uma multidão de porcos"(VIANNA, Oliveira. *Problemas de direito sindical*. Rio de Janeiro: Max Limonad, 1943).

[13] PAOLI, Maria Célia. Trabalhadores e cidadania: experiência do mundo público na história do Brasil moderno. *Estudos Avançados*, São Paulo, v. 3, n. 7, p. 40-66, set./dez. 1989, p. 46. Ainda segundo Paoli, os atos de brutalidade contra "cidadãos que a polícia não gosta", tão conhecidos até hoje, são portanto registrados desde o final do século passado e completam o quadro do paternalismo privativista, da assistência benemérita da elite.

POR UMA CONCEPÇÃO DEMOCRÁTICA DE CATEGORIA SINDICAL...

87 da OIT é considerada um direito fundamental, assim reconhecido pela Declaração de Princípios Fundamentais da OIT, de 1998. Além disso, de acordo com o Comitê de Liberdade Sindical da OIT, a despeito da "boa intenção" de se evitar uma multiplicidade excessiva de pequenos sindicatos concorrentes entre si, "é preferível que o governo procure recomendar aos sindicatos que se associem voluntariamente e constituam organizações fortes e unidas e não que imponha, pela via legislativa, uma unificação obrigatória que prive os trabalhadores do livre exercício de seus direitos sindicais".[14] Ademais, o princípio da livre escolha de organizações de empregadores e de trabalhadores, firmado no artigo 2º da Convenção nº 87, não foi formulado para apoiar qualquer tese favorável ao "pluralismo sindical"; tampouco serviu para respaldar a noção de "monopólio sindical"; limitou-se a garantir, pelo menos, a possibilidade da pluralidade, caso desejada.[15]

Por que a defesa da unicidade sindical constitui um argumento falacioso?

Primeiro, porque "de fato", já temos em nosso país um modelo sindical extremamente pulverizado e não-representativo, perfazendo um número de quase 20 mil entidades sindicais com vínculos fortes com o Estado e vínculos precários com os trabalhadores representados. Armando Boito Jr. denuncia o curioso paradoxo do modelo brasileiro de unicidade sindical: "a propalada virtude da unicidade sindical, que seria assegurar, segundo dizem os seus defensores, a unidade da organização sindical dos trabalhadores, na verdade estimula, associada à regalia das taxas sindicais obrigatórias, uma próspera indústria da criação de sindicatos, fazendo do sindicalismo brasileiro um dos mais pulverizados do mundo".[16]

---

[14] POTOBSKY, Geraldo Von; BARTOLOMEI DE LA CRUZ, Héctor G. *La organización internacional del trabajo:* el sistema normativo internacional: los instrumentos sobre derechos humanos fundamentales. Buenos Aires: Astrea, 1990. p. 247.

[15] ORGANIZAÇÃO INTERNACIONAL DO TRABALHO. A liberdade sindical. LTr, 1993. p. 41--42. Daí a " diferença fundamental entre a vigência de um monopólio sindical instituído e mantido por lei e a decisão voluntária dos trabalhadores ou de seus sindicatos de criar uma organização única, que não resulte da aplicação de uma lei promulgada para esse fim" (p. 42).

[16] BOITO JR, Armando. Neoliberalismo e corporativismo de Estado no Brasil. In: ARAÚJO, Ângela Maria Carneiro (Org.). *Do corporativismo ao neoliberalismo:* Estado e trabalhadores no Brasil e na Inglaterra. São Paulo: Boitempo. 2002, p. 73. Sérgio Amad Costa alude a uma espécie de círculo vicioso: "o imposto sindical garantia a sobrevivência de sindicatos fracos e, paralelamente, mantinha financeiramente a estrutura de representação profissional do tipo corporativo, principal responsável pela formação daqueles sindicatos fracos" (COSTA, Sérgio Amad. *Estado e controle sindical no Brasil.* São Paulo: Queiroz, 1986, p. 182).

Segundo, porque a força do movimento sindical decorre de suas bases democráticas, de sua liberdade organizativa e de ação; não resulta da unicidade sindical.

Terceiro, porque, muito embora seja indiscutível a conveniência tática, para os trabalhadores, de uma frente unida em seus eventuais confrontos, é inadmissível impor, pela via legal ou administrativa, uma unicidade forçada que, sacrificando o princípio da livre determinação de cada trabalhador, prive o movimento de sua espontaneidade.[17]

E, quarto, porque uma eventual pluralidade organizativa não impede uma unidade de ação. Como adverte Amauri Mascaro Nascimento, a pluralidade sindical, isto é, a coexistência de mais de um sindicato representativo e concorrente, pode conviver com a unidade de ação entre as diversas entidades, quando, por exemplo, diversos sindicatos se unem numa atuação conjunta, embora organicamente sejam sindicatos separados. Em suma, "a auto-organização sindical passa pela possibilidade de livre organização. É impossível compatibilizá-la com o monopólio sindical orgânico. A pluralidade pode prejudicar a união orgânica. Não impede, contudo, a unidade de ação. A unicidade orgânica pode assegurar a união formal. Não pode, no entanto, evitar o fracionamento da ação".[18]

Acrescente-se, ademais, que na prática de outros países os termos unidade e pluralidade não são necessariamente antagônicos. A experiência mostra que a pluralidade organizacional não impede a ação unitária e pode, às vezes, conduzir a ela. Existem igualmente situações complexas de pluralidade na unidade e de unidade na pluralidade que resistem a uma catalogação simplista. Observa-se, assim, que a unidade pode ser alcançada sem se afastar dos princípios da liberdade sindical. Como ensina Alejandro Gallart Folch, a superação da diversidade sindical é um problema de orientação dos trabalhadores, resolvido livremente entre esses. A resolução de divergências pela atividade legislativa ou administrativa do Estado afasta os trabalhadores, consciente ou inconscientemente, da área da liberdade sindical e nega, na ordem profissional, o direito à *divergência*, próprio de toda solução livre.[19]

---

[17] GALLART FOLCH, Alejandro. *El sindicalismo como fenómeno social y como problema jurídico.*Buenos Aires: Zavalia, 1957, p. 176-177.
[18] NASCIMENTO, Amauri Mascaro. *Compêndio de direito sindical.* São Paulo: LTr, 2005, p. 166-167.
[19] GALLART FOLCH, Alejandro. op.cit, p. 177.

4. Reflexos na noção de categoria: um autoritarismo renovado

Entre outros, existe um aspecto problemático e interessante da permanência de traços do corporativismo autoritário varguista na organização sindical brasileira, é o da evolução e os difíceis ajustes do conceito de categoria, frente ao principio de liberdade sindical.

A violação deste princípio reside, justamente, na interpretação autoritária ou democrática que se tem do conceito de categoria, tema central, por ser o critério estruturante da organização sindical brasileira. Como ensina Arion Sayão Romita "inerente ao exercício da liberdade sindical é a faculdade que goza o sindicato de determinar o âmbito profissional da organização"[20].

A individuação da categoria como base para criar sindicatos, deve-se a influência sobre a Constituição brasileira de 1937, da Lei Rocco (1926) e da "Carta del Lavoro"(1927), da época do fascismo italiano.

Na verdade, ambos os países com a transição democrática (Brasil em 1988 e Itália em 1948) mantiveram a sindicalização por categoria, mas deram a este critério, leituras absolutamente diferentes.

Na Itália, o conceito de categoria é ligado à plena liberdade sindical e ao pluralismo sindical. No Brasil, ao contrário, o conceito de categoria é intimamente ligado ao de obrigação de unicidade sindical e sem dúvida ao conceito de enquadramento sindical.

Como nos ensina Arion Sayão Romita,[21]"este é o *punctum saliens* da questão: o confronto entre a concepção ontológica e a concepção voluntarista da categoria. Segundo a primeira corrente, a categoria é um "prius" lógico do sindicato, é um dado "a priori" ao qual a organização sindical deve adequar--se; portanto a lei pode fixar o âmbito profissional da entidade sindical. Para a corrente oposta, é no grupo que reside a fonte de autodeterminação da área de interesses comuns; o campo de atuação dos sindicato não pode ser, então, fixado por lei, mas sim pelos grupos organizadosno processo de livre formação (...) O sindicato é que fixa a categoria, e não o contrário".

Até a promulgação da Constituição de 1988, o Estado, por meio do Ministério do Trabalho e Emprego e pela Comissão de Enquadramento Sindical promoveu o enquadramento sindical das categorias econômicas e profissionais, agrupando-as segundo o setor de atividade econômica das empresas.

---

[20] ROMITA, Arion Sayão. *Organização Sindical*. Revista de Direito do Trabalho, São Paulo, RT, ano 30, n. 113, jan./mar. 2004, p. 58.
[21] ROMITA, Arion Sayão. Op. cit., p. 58

SINDICATOS E AUTONOMIA PRIVADA COLETIVA

O processo de enquadramento sindical consistia em um ato declaratório de colocação de uma entidade sindical no quadro de sua categoria. Tal padrão da categoria ontológica, remonta suas origens ao Decreto-Lei 1.402, de 1939[22] e a emanação por parte do Ministério do Trabalho criando um "mapa" das categorias, que organizava formalmente as atividades e as profissões no quadro oficial. O quadro de atividades e profissões não se confunde com o enquadramento que – como o definia Oliveira Viana – é um conceito dinâmico, um procedimento associativo, cujo desenvolvimento obedece sempre à inspiração de uma política sindical e social.[23]

Aqui, ressaltamos, há um dado interessante na atual perspectiva democrática: o enquadramento corresponde à um processo, portanto um conceito em movimento, mutável, que oferece a adaptabilidade as mutações sociais, políticas e econômicas[24].

Como observava Russomano o quadro de atividades e profissões "é o plano básico do enquadramento sindical. As linhas que retraça não têm o rigor das arestas minerais. Ao contrário, são plásticas. Sempre que se torne indispensável, será possível a fundação de sindicatos, de federações ou de confederações em oposição às regras gerais que se baseiam no aludido plano". [25]

Com a Constituição de 1988 e a declarada autonomia sindical (art. 8º, I), abolida a Comissão de Enquadramento Sindical, o quadro de atividade e profissões perdeu obrigatoriedade, mas seguiu sendo uma referência para fundação de sindicatos ou disputas sobre desmembramento, um guia para criação de sindicatos (anexo do art. 577 da CLT).

Extinta a antiga Comissão de Enquadramento Sindical, do Ministério do Trabalho (CLT, art. 577), inúmeros sindicatos foram criados a partir de desmembramentos categoriais e geográficos. Convivem, em nosso ordenamento sindical, dois princípios: o da unicidade sindical e o da possibilidade de desmembramentos. Ademais, novas atividades e profissões surgiram nas

---

[22] Segundo o art. 54 da Lei "O Ministério do Trabalho organizará, para os fins da presente lei, o quadro de atividades e profissões".

[23] VIANNA, Oliveira. *Quadro e enquadramento na nossa legislação sindical.* Revista Direito. Rio de Janeiro, v. 7, p. 94-115, jan./fev. 1941, p. 108.

[24] O art. 575, da CLT declarava que o quadro seria submetido a revisão periódica, por iniciativa da Comissão do Enquadramento Sindical, a qual deveria se processar de dois em dois anos com a finalidade de adaptar o mapa de enquadramento sindical à realidade da conjuntura econômica profissional do País.

[25] RUSSOMANO, Mozart Victor. *Comentários à Consolidação das Leis do Trabalho.* 10ª edição; Rio de Janeiro: Forense, 1983, p. 645; 677.

ultimas duas décadas, com o que o quadro a que se refere o art. 577 da CLT mostra-se totalmente defasado, servindo apenas como mera diretriz.

Nessa ordem de coisas, notamos que a suposta "virtude" da unicidade sindical, que seria a de evitar pulverização excessiva do movimento sindical, quando atrelada à contribuição sindical compulsória, estimulou (e ainda estimula) a criação desenfreada de milhares de sindicatos inexpressivos, muitos dos quais sem a mínima consistência associativa e de ação. São esses os efeitos naturais da estrutura, de um modelo jurídico que condiciona e estimula tais consequências, derivações necessárias do sistema. E tais são, em nosso sentir, os aspectos essenciais que devem ser postos em discussão, para além de eventual classificação de nosso modelo como corporativista, semi-corporativista ou pós-corporativista; ou, ainda, seguindo uma tradição da ciência política, encartá-lo como corporativismo estatal ou societal.

Segundo o art. 8º da Constituição, os sindicatos constituem-se por categoria profissional ou econômica: "é vedada a criação de mais de uma organização sindical, em qualquer grau, representativa da categoria profissional ou econômica, na mesma base territorial, que será definida pelos trabalhadores ou empregadores interessados".

Segundo o art. 511 da CLT, a solidariedade de interesses econômicos dos que empreendem atividades idênticas, similares ou conexas, constitui o vínculo social básico que se denomina categoria econômica. O sindicato organizado por categoria representará os trabalhadores de empresas de um mesmo setor de atividade produtiva ou prestação de serviços, por outro lado a categoria econômica é formada pelas empresas do mesmo setor.

O art. 570 da CLT determina o critério principal da sindicalização no Brasil é o das "categorias específicas". A exceção é que haja categorias ecléticas (ou seja, similares ou conexas), isto é, apenas quando os exercentes de quaisquer atividades não puderem se sindicalizar eficientemente pelo critério da especialidade de categoria.

No caso de sindicato representativo de categorias idênticas, similares ou conexas, este poderá desdobrar-se. O desmembramento previsto na CLT ao art. 571, prevê que qualquer das atividades ou profissões concentradas num mesmo sindicato, desde que apresente condições de vida associativa regular e de ação sindical eficiente, poderá dissociar-se, formando um sindicato específico.

Como salienta Arnaldo Süssekind "Por se tratar de exceção, o art. 571, que complementa o precedente, prescreve que qualquer das atividades concentradas poderá dissociar-se para formar um sindicato específico, de atividades idênticas, desde que ofereça possibilidade de vida associativa regular e de ação sindical eficiente [...] O caput do art. 570 da CLT, depois de fixar a regra do sindicato por categoria de atividades específicas, admitiu a subdivisão da mesma, mediante proposta da Comissão de Enquadramento Sindical aprovada pelo Ministério do Trabalho. É claro que o desmembramento da categoria específica em razão da sua subdivisão não mais depende do pronunciamento da aludida Comissão, já que extinta, e do Ministro de Estado" [26].

É pelo art. 571 da CLT que se permite a possibilidade de desenvolvimento do sindicalismo, fenômeno social intimamente ligado as transformações da economia e da sociedade em geral. O art. 571 é a regra flexibilizadora que permite e plasticidade sindical e a democratização das relações coletivas de trabalho, desde que temos em vista a criação de categorias que sejam o espelho dos tempos atuais.

A problemática atual, entretanto, concentra-se, no ingresso de um novo ator na prática fundacional de sindicatos: o Juiz do Trabalho. Podemos afirmar que existe um "autoritarismo renovado", perante o problema da criação de sindicatos, e finalmente que, como supra afirmado, ainda no Brasil não se pode falar em um sistema de plena liberdade sindical?

Os defensores da unicidade sindical dirão que, tendo a Constituição de 1988 vedado a interferência ou intervenção do Estado na organização sindical, e sendo que enquadramento sindical não mais regulado por o Ministério do Trabalho, com a abolição da Comissão de Enquadramento sindical, o problema não mais subsistiria. Na realidade, contudo, a prática demonstra o contrário.

Como vimos, a fundação de um sindicato no Brasil é dada pela leitura – entre outros – do art. 8° CF e dos artigos 511, 570 e 577 da CLT que seguem sendo aplicados de forma autoritária (mesmo se o *sujeito decisor* seja alterado) produzindo uma distorção.

O Juiz chamado a resolverconflitos coletivos de trabalho no que tange a disputas interssindicais, no caso, por exemplo, das hipóteses do desmembramento[27], ao decidir a possibilidade (ou não) de criação de um novo sindicato, mesmo não sendo obrigatória a aplicação dos art. 570 e 577 CLT, acaba

---

[26] SÜSSEKIND, Arnaldo Lopes. *Instituições de Direito do Trabalho*. São Paulo: LTr, 2001, p.1119.

[27] Um sindicato pode ser fundado por desmembramento de categoria: consiste numa "cisão", quando existe um sindicato preexistente que representa mais de uma atividade ou profissão, dele se destacando uma delas com o propósito de constituir um sindicato específico para aquela atividade ou profissão exatamente para permitir a criação de sindicatos específicos.

partindo de noções autoritárias do conceito de categoria (profissional ou econômica).

Na prática, a possibilidade ou não de os trabalhadores escolherem o sindicato que os represente é decisão que, com a Constituição de 1988, transferiu-se do Ministério do Trabalho e Emprego para a Justiça do Trabalho.

Mudam os sujeitos mas permanece a regra: a criação de um sindicato não é dada pela espontaneidade do grupo que se auto-organiza mas sim pelo poder de um sujeito terceiro, que define a organização desrespeitando (ou no mínimo ignorando) a autonomia privada coletiva das partes.

E esse ponto é central se nos propusermos algum avanço por meio de uma interpretação evolutiva de nosso modelo atual. Como afirma Arion Sayão Romita, "a noção de categoria sofre uma evolução na dependência do regime político em que o sindicato atua: de um conceito absoluto e apriorístico, submetido ao ato estatal de enquadramento constitutivo, passa, em alternativa democrática, a um conceito relativo, segundo o qual ocupa a posição "a posteriori" em face da entidade sindical. Vem a ser então, em cada caso, determinada pelos modos de exteriorização da autonomia coletiva, principalmente mercê da negociação. A noção sociológica de categoria se expressa como coletividade caracterizada pelo conjunto dos destinatários de determinada organização"[28].

5. Por uma concepção democrática de categoria

Uma concepção realmente democrática da categoria, hoje, no Brasil, para fins de criação de sindicatos, ou mesmo para fins de reconhecimento judicial de legitimidade de sindicatos, deveria pautar-se no conceito de representatividade sindical. Este é um conceito dinâmico que não se confunde com o conceito de representação sindical; a distinção é sutil, mas determinante.

Presenciamos inúmeras disputas intersindicais, em geral por desmembramento categorial e territorial, que antes eram dirimidas autoritariamente pelo Poder Executivo, e que desde a Emenda Constitucional 45/04 deslocaram-se para a Justiça do Trabalho. Foi um avanço em relação ao período anterior, sem dúvida. Mas ainda assim, quase sempre, a análise passa por questões eminentemente técnicas, sem a necessária oitiva dos trabalhadores representados

---

[28] ROMITA, Arion Sayão, *Organização Sindical*. Revista de Direito do Trabalho, São Paulo, RT, ano 30, n. 113, jan./mar. 2004, p. 59.

SINDICATOS E AUTONOMIA PRIVADA COLETIVA

(no caso dos sindicatos profissionais), sujeitos diretamente interessados no processo de fundação de certa entidade.

Portanto, ainda subsiste uma dimensão de assujeitamento da coletividade de trabalhadores, heteronomamente determinada, no sentido de poder ou não existir na qualidade de entidade representante e porta-voz dos trabalhadores. Em outras palavras, há ainda uma apropriação estatal (agora judicial, mas ainda estatal) de um momento particularmente importante e que deveria permanecer no campo da autonomia privada coletiva, qual seja, o de delimitação da esfera de representação pelos próprios atores sociais. Ausente tal senso de liberdade, igualmente se exclui a dimensão de responsabilidade por tal procedimento fundador: é como se os dirigentes sindicais litigantes, o grupo representado, a coletividade interessada em criar outra entidade, enfim, todos os afetados, ao perderem sua autonomia fundacional, deixam, de certo modo, de assumir responsabilidade por seus atos, que passam a ser apenas um cumprimento de uma ordem judicial, que lhes é externa e que ainda ostentará o atributo de coisa julgada. Mas isso, logo se vê, é conseqüência inevitável do regime de unicidade sindical por categoria...

E são inúmeras as dificuldades com que se deparam os Tribunais Trabalhistas, carecendo a jurisprudência de um critério racionalizador e mesmo de uma diretriz unificante na apreciação dos casos. Muitas vezes se nota um grande esforço para evitar o fracionamento e a perda de uma perspectiva classista do movimento sindical (TST – 3ª Turma – RR-126600-88.2010.5.16.0020), optando-se pela manutenção do sindicato detentor de uma mais ampla esfera de representação e mais antigo, não obstante a antiguidade, por si só, não seja um indicativo de uma ação sindical eficiente. Por outras vezes, esse mesmo freio limita indevidamente autênticos impulsos associativos por parte de trabalhadores descontentes com lideranças sindicais acomodadas, distanciadas das bases, que se perpetuam no poder por longos anos e cuja amplitude da categoria, eclética em demasia, impede a negociação coletiva de interesses mais concretos de certa fração de trabalhadores, os quais restam sub-representados em suas aspirações e anseios.

Desde 1988 muitas águas – inclusive turbulentas – rolaram por debaixo do edifício sindical brasileiro, o qual demonstra cada vez mais sinais de ruína, já que hoje vem se mostrando disfuncional até mesmo para os tradicionais sindicatos antigos – alguns com relativa acomodação propiciada pela contribuição sindical compulsória – e que devem lutar para conter a contínua ameaça de desmembramentos e a perda de bases territoriais que, em tempos antigos obtiveram em águas mais mansas.

A solução ideal, por óbvio, seria a ratificação, pelo Brasil, da Convenção n. 87 da OIT, padrão internacional da liberdade sindical, considerada um dos princípios fundamentais da OIT de acordo com a Declaração de Princípios Fundamentais de 1998.

Mas essa mudança – a despeito de necessária para a consolidação democrática – não parece despontar no horizonte próximo. E se assim é, talvez fosse o caso de discutir, à luz do ordenamento atual, alternativas jurídicas possíveis para um melhor equacionamento de tais questões, cuja importância é inegável diante da repercussão que ostentam para toda uma coletividade de trabalhadores. Trata-se de discutir a considerável diferença entre representação formal (legal) e representatividade; entre legitimação e legitimidade, termos correlatos, mas não coincidentes.

Como afirma o jurista italiano Gino Giugni: "os grupos sociais não se apresentam como fato ontologicamente definido, mas adquirem identidade em função de avaliação – de escolha realizada como ato de autonomia negociável – que transforma a amorfia sociológica em caso organizativo e confere ao grupo importância jurídica. O grupo profissional, portanto, adquire tal relevância quando se auto-organiza e se coloca enquanto centro propulsor de atividade juridicamente relevante".[29]

A efetividade de ação de tutela coletiva é a melhor chave analítica para entender o conceito de categoria: será representativo um sindicato que cuide eficazmente dos interesses de seus representados, que seja responsivo às exigências dos representados e que, portanto, seja um puro porta-voz de consenso virtual[30].

Como sucede nos ordenamentos que contemplam a pluralismo sindical, o conceito de representatividade é um critério de "seleção natural" dos grupos mais atuantes aos quais são atribuídas certas prerrogativas que não pertencem a qualquer sindicato.

Assim, no ordenamento sindical brasileiro, vítima por um lado da absurda pulverização de sindicatos inexpressivos, por outro de um mecanismo que impede a completa promoção da autonomia coletiva, o conceito de representatividade – como critério para fundar sindicatos – seria uma alternativa democratizante das relações coletivas de trabalho e, ao mesmo tempo, afastaria

---

[29] GIUGNI, Gino. *Direito sindical.* Trad. Eiko Lúcia Itioka; rev. téc. José Francisco Siqueira Neto. São Paulo: LTr, 1991. p. 60.

[30] MASSONI, Túlio de Oliveira, *Representatividade sindical*, LTr, São Paulo 2007, p. 121. Veja-se também a obra para aprofundar o conceito de representatividade em uma perspectiva comparada.

, gradativamente, os resquícios corporativos de critérios autoritários, como o antigo quadro de enquadramento sindical (anexo do art. 577 da CLT).

O ponto de partida – e do qual não se pode fugir – é o próprio conceito de "categoria", inscrito no art. 511 da CLT e mantido pela CF/88 (art. 8º). Esta, parece-nos, é a chave analítica de uma possível interpretação progressista e mais democrática para nosso modelo de relações coletivas de trabalho, além de frear a criação de sindicatos inexpressivos e muitas vezes cooptados em prejuízo da classe trabalhadora.

E o que é categoria?

A CF/88 manteve o critério, mas não define o que é.

A categoria é abstração; é apenas um critério para organizar sindicatos, ao lado de tantos outros possíveis e existentes mundo afora, como empresa, ramo de atividade, cidade, zona, profissão.

Não há, hoje, um conceito ontológico de categoria, tal como fixado no passado pelo Estado, isto é, um "a priori" da criação de entidades sindicais. Daí afirmar o Prof. Amauri Mascaro Nascimento que, após a CF/88, a categoria se tornou um "a posteriori": antes era a categoria que criava o sindicato; e hoje é o sindicato que cria a categoria.

A definição de "categoria profissional" – no caso dos trabalhadores – é eminentemente sociológica e calcada em laços de solidariedade. Declara o art. 511, §2º da CLT: "a similitude de condições de vida oriunda da profissão ou trabalho em comum, em situação de emprego na mesma atividade econômica ou em atividades econômicas similares ou conexas, compõe a expressão social elementar compreendida como categoria profissional". E ainda o §4º do mesmo dispositivo enfatiza a importância da espontaneidade do ímpeto associativo: "Os limites de identidade, similaridade ou conexidade, fixam as dimensões dentro das quais a categoria econômica ou profissional é homogênea e a associação é natural".Pouco esclarece o referido dispositivo, tamanha a amplitude das expressões nele contidas.

Propomos, então, que o conceito de "categoria" seja complementado pelos elementos constantes dos artigos 570 e 571 celetistas, mais especificamente, a "possibilidade de vida associativa regular" e a "ação sindical eficiente".

Trata-se, logo se vê, de uma perspectiva democrática no exame do próprio conceito de categoria. Haverá uma categoria autônoma – e por conseguinte, a exigir um correlato sindicato – sempre que houver vida associativa regular e, sobretudo, uma ação sindical eficiente. Objetar-se-ia que tais expressões são igualmente vagas demais, verdadeiros conceitos indeterminados; mas mesmo os conceitos desta natureza têm um núcleo essencial, traduzíveis na própria noção de representatividade sindical.

Assim, o elemento essencial a nortear as disputas intersindicais será, portanto, a ação sindical eficiente, podendo a mesma ser aferida a partir de critérios de representatividade sindical, razão última de ser do sindicato. Assim, "ação sindical eficiente" e "possibilidade de vida associativa regular" são termos que permitiriam uma reinterpretação democrática do conceito de "categoria", pautada por critérios de representatividade: número de filiados, capacidade de mobilização para a greve, infra-estrutura, qualidade e nível de conquistas nas negociações coletivas, serviços assistenciais, nível de politização e ação global no seio da sociedade, inter-relações com outros movimentos sociais, e assim por diante.

Afinal, o sindicato surge com a aspiração natural de se tornar representativo, vale dizer, um autêntico porta-voz da base de representados que se propõe a defender de forma eficaz. Esta é a sua vocação inerente e potencial.

Não por outra razão é que a CF/88, art. 8º, inciso III, declara que cabe ao sindicato a defesa dos interesses individuais e coletivos (dos membros) da categoria. A interpretação a ser feita, portanto, deve partir da Constituição para a lei infraconstitucional (CLT), e não o inverso.

Já existem critérios de representatividade sindical em nosso país, obtusamente inseridos na Lei das Centrais Sindicais, as quais sequer integram a estrutura sindical confederativa (CF, art. 8º, IV). Seja como for, alguns deles podem ser tomados por analogia, dentre os quais o número de filiados, sem prejuízo de outros, previstos em outros ordenamentos jurídicos (art. 8º da CLT) ou construídos pela jurisprudência.

O modelo sindical brasileiro, portanto, não é absolutamente infenso a critérios de representatividade, não obstante estes tenham sido concebidos para imprimir funcionalidade em sistemas de pluralidade sindical e nos quais vigora a plena liberdade sindical.

Assim, onde houver solidariedade de interesses, ação sindical eficiente e consistência associativa haverá uma categoria e, por conseqüência, uma entidade sindical que lhe é correspondente. Esta parece ser uma interpretação possível, progressista e democrática do conceito de categoria profissional e que possa permitir avanços relativos e uma depuração do sistema de relações coletivas brasileiro.

6. Conclusões

Não há nada mais autoritário do que aquilo que se apresenta sem oportunidade de escolhas. O problema fundamental, em verdade, não reside no tipo de organização ou de ação. Livres são os sistemas que respeitam o princípio da liberdade sindical: sejam aqueles de pluralidade sindical, sejam aqueles de unidade sindical espontânea, sabendo-se que, de fato, a unidade pode constituir uma aspiração dos movimentos coletivos para fortalecer as próprias reivindicações, mas é sempre o resultado da escolha dos trabalhadores. O problema surge quando tal modalidade organizativa não é fruto de escolha, mas sim de imposição externa e, quase sempre, sem a consulta ao grupo representado.

Uma das mais fundamentais dimensões da autonomia privada coletiva é a escolha do tipo de organização desejada, liberdade essa que pertence ao grupo profissional ou econômico, e que constitui a direta manifestação daquela.

Hoje, mais do que nunca, a organização sindical precisa ser quanto mais adaptável, participativa e aberta a diferentes soluções para enfrentar as rápidas mudanças econômicas e sociais do mundo do trabalho.

O estabelecimento de uma democracia pluralista não se exaure no reconhecimento do pluralismo político e na sua forma comum de expressão – os partidos políticos. Supõe também a atuação dos sindicatos e das associações empresariais no processo de mediação entre a sociedade e os órgãos constitucionais, por meio dos quais se expressa a vontade popular.[31]

Ao tratar da redemocratização italiana no pós-guerra, Norberto Bobbio salienta a importância central das instituições democráticas para a efetiva transição. O autor entende por instituições democráticas aquelas que chamam o maior número possível de cidadãos à responsabilidade sem amarrá-los e educando-os para a liberdade, já que só o homem livre é responsável. Somente assim, afirma, "a democracia poderá enraizar-se no costume; e o costume democrático será a primeira e a mais válida garantia da Constituição".[32] Todavia, como alerta Bobbio, é absurdo imaginar que um costume democrático seja concebido fora das instituições da democracia, de modo que "instituições democráticas e costume democrático sustentam-se reciprocamente: o costume necessita da instituição para nascer, a instituição precisa do costume

---

[31] RIVERO LAMAS, Juan. Democracia pluralista y autonomia sindical (actividad politica de los sindicatos y Constitución). In: ESTUDIOS de derecho del trabajo en memoria del Profesor Gaspar Bayon Chacon.Madrid: Tecnos, 1980, p. 185.

[32] BOBBIO, Norberto. *Entre duas Repúblicas*: às origens da democracia italiana. Trad. Mabel Malheiros Bellati. Brasília: Ed. UnB; São Paulo: Imprensa Oficial do Estado, 2001. p. 37.

para durar. Um povo tem o direito de ser posto à prova antes que seja pronunciada a fatal sentença sobre a sua capacidade ou incapacidade de viver democraticamente".[33]

A liberdade sindical, concebida como direito fundamental de associação no plano das relações de trabalho, tem inegável centralidade para que uma sociedade possa se intitular autenticamente democrática. Associações sindicais livres e representativas (e representativas porque livres) que defendam a cidadania dos trabalhadores e garantam o espaço de circulação autônoma da palavra e da ação são fundamentais para a democracia política.

Não se pode conceber o pleno desenvolvimento dessas liberdades a não ser numa ambientação estatal e civil que reconheça, nos processos democráticos e no pluralismo democrático, os instrumentos normais de formação e de expressão das livres opiniões dos indivíduos e das coletividades. A consagração da liberdade sindical é um movimento paralelo de maturação e aperfeiçoamento do sistema democrático como um todo, tendo ocorrido no Brasil, uma transição incompleta[34]. Nas palavras de um poeta italiano, "a liberdade não é um espaço livre, a liberdade é participação"[35].

Tendo a Carta Constitucional de 1988 mantido o conceito de "categoria" como critério organizativo das entidades sindicais, sem, todavia, defini-lo, entendemos que o conceito deva ser construído a partir de critérios de representatividade sindical. A própria CLT, ao cuidar de desmembramentos categoriais põe em relevo a idéia da "ação sindical eficiente". Evidentemente, entre nós, o ideal seria a plena liberdade sindical nos moldes da C. 87 da OIT. Contudo, há possibilidades interpretativas do conceito de "categoria" muito mais democráticas do que aquelas que vêm sendo adotadas atualmente. Não por outra razão é que a CF/88, art. 8º, inciso III, declara que cabe ao sindicato a defesa dos interesses individuais e coletivos (dos membros) da categoria. A interpretação a ser feita, portanto, deve partir da Constituição para a lei infraconstitucional (CLT), e não o inverso.

Há um caminho ainda a ser trilhado para o sindicalismo no Brasil, pois o semi-corporativismo ainda não se tornou pós-corporativismo.

[33] Id. Ibid., p. 39.
[34] MASSONI, Túlio de Oliveira. *Da indispensabilidade da liberdade sindical para a consolidação democratica: Itália, Espanha e os desafios do Brasil*, Tese de Doutorado, Departamento de Direito do Trabalho e da Seguridade Social – Faculdade de Direito da USP São Paulo, 2010.
[35] GABER, Giorgio. *La Libertà*, *in* Far finta di essere sani, ed. Carosello 1972.

Referências

BOBBIO, Norberto. *Entre duas Repúblicas*: às origens da democracia italiana. Trad. Mabel Malheiros Bellati. Brasília: Ed. UnB; São Paulo: Imprensa Oficial do Estado, 2001.

BOITO JR, Armando. Neoliberalismo e corporativismo de Estado no Brasil. In: ARAÚJO, Ângela Maria Carneiro (Org.). *Do corporativismo ao neoliberalismo:* Estado e trabalhadores no Brasil e na Inglaterra. São Paulo: Boitempo. 2002.

COSTA, Sérgio Amad. *Estado e controle sindical no Brasil*. São Paulo: Queiroz, 1986.

GABER, Giorgio. *La Libertà. In:* Far finta di essere sani. Roma: ed. Carosello, 1972.

GALLART FOLCH, Alejandro. *El sindicalismo como fenómeno social y como problema jurídico.* Buenos Aires: Zavalia, 1957.

GIUGNI, Gino. *Direito sindical.* Trad. Eiko Lúcia Itioka; rev. téc. José Francisco Siqueira Neto. São Paulo: LTr, 1991.

MANOILESCO, Mihail. *O século do corporativismo.* Trad. Azevedo Amaral. Rio de Janeiro: José Olympio Ed, 1938.

MASSONI, Túlio de Oliveira. *Representatividade sindical.* São Paulo: LTr, 2007.

_____. *Da indispensabilidade da liberdade sindical para a consolidação democrática: Itália, Espanha e os desafios do Brasil.* (Tese de Doutorado) Departamento de Direito do Trabalho e da Seguridade Social – Faculdade de Direito da USP São Paulo, 2010.

MORAES FILHO, Evaristo de. *A organização sindical perante o Estado.* São Paulo: Revista LTr, v.52, n.11, nov.1988.

NASCIMENTO, Amauri Mascaro. *Compêndio de direito sindical.*São Paulo: LTr, 2005.

ORGANIZAÇÃO INTERNACIONAL DO TRABALHO. A liberdade sindical. São Paulo: LTr, 1993.

ORGANIZAÇÃO INTERNACIONAL DO TRABALHO – OIT. La O.I.T y los derechos humanos. Memoria del Director General (parte 1) a la Conferencia Internacional del Trabajo, quincuagésima segunda reunión, 1968. Informe presentado por la Organización Internacional del Trabajo a la Conferencia Internacional de Derechos Humanos. Ginebra: Oficina Internacional del Trabajo, 1968.

PAOLI, Maria Célia. Trabalhadores e cidadania: experiência do mundo público na história do Brasil moderno. *Estudos Avançados*, São Paulo, v. 3, n. 7, set./dez. 1989. p. 40-66.

PERONE, Giancarlo. A liberdade sindical na Itália, *Relações de direito coletivo Brasil-Itália*. Yone Frediani (org.), São Paulo: LTr 2004.

POTOBSKY, Geraldo von; BARTOLOMEI DE LA CRUZ, Héctor G. *La organización internacional del trabajo:* el sistema normativo internacional: los instrumentos sobre derechos humanos fundamentales. Buenos Aires: Astrea, 1990.

RIVERO LAMAS, Juan. Democracia pluralista y autonomia sindical (actividad politica de los sindicatos y Constitución). In: ESTUDIOS de derecho del trabajo en memoria del Profesor Gaspar Bayon Chacon.Madrid: Tecnos, 1980.

RODRIGUES, Leôncio Martins. *Partidos e sindicatos*: escritos de sociologia política. São Paulo: Ática, 1990.

ROMITA, Arion Sayão. *A (des)organização sindical brasileira*, in Revista LTr, ano 54, n.6, Junho 2007.

ROMITA, Arion Sayão, *Organização Sindical*. IRevista de Direito do Trabalho, São Paulo, RT, ano 30, n. 113, jan./mar. 2004.

ROMITA, Arion Sayão. *Sindicalismo Economia Estado Democratico*. São Paulo: LTr, 1993.

RUSSOMANO, Mozart Victor. *Comentários à Consolidação das Leis do Trabalho*. 10ª edição; Rio de Janeiro: Forense, 1983.

SCHMITTER, Philippe C. *Still the century of corporatism?* Review of Politics, vol. 36, n.1, Published by: Cambridge University Press.1974.

SILVA, Antônio Álvares da. Unidade e pluralidade sindical. *Direito Sindical Brasileiro*, Estudos em Homenagem ao Prof. Arion Sayão Romita, Ney Prado (coord.) São Paulo: LTr, 1998.

SILVA, Otávio Pinto e. *A contratação coletiva como fonte do direito do trabalho*. São Paulo: LTr, 1998.

SÜSSEKIND, Arnaldo Lopes. *Instituições de Direito do Trabalho*. São Paulo: LTr, 2001.

VALLEBONA, Antonio. *Istituzioni di diritto del lavoro: il diritto sindacale*. Padova: Cedam, 2008.

VIANNA, Oliveira. *Problemas de direito sindical*. Rio de Janeiro: Max Limonad, 1943.

VIANNA, Oliveira. *Quadro e enquadramento na nossa legislação sindical*. Revista Direito. Rio de Janeiro, v. 7, p. 94-115, jan./fev. 1941.

El modelo español de representación de los trabajadores

*Rafael Sastre Ibarreche**

Las páginas que siguen pretenden ofrecer al lector no familiarizado con ellas las principales características que presenta el marco de representación y organización de los trabajadores en los centros de trabajo y empresas para el caso de España. Marco que, por cierto y como a continuación se dirá, coincide en sus líneas básicas con el existente en buen número de países de la Unión Europea. Finalmente, conviene advertir de que, con la finalidad de aligerar el discurso para los potenciales lectores no españoles, se ha optado por sintetizar al máximo las referencias legislativas y jurisprudenciales, aunque ello pudiera afectar al rigor de la exposición.

1. Una pluralidad de fórmulas representativas y de organización

La presencia de órganos de representación colectiva de los trabajadores en la empresa conlleva un importante cambio en la concepción tradicional del conjunto de los trabajadores como bloque carente de significación jurídica unitaria porque, de simples sujetos individuales, pasan a ser considerados como colectividad dotada de intereses comunes, susceptibles de expresarse unitariamente a través de órganos representativos.

Históricamente, la organización y acción colectiva de los trabajadores en la empresa ha asumido tres formas distintas: la representación unitaria, en

---

* Professor Titular de "Derecho del Trabajo y de la Seguridad Social" da Universidade de Salamanca, Espanha.

SINDICATOS E AUTONOMIA PRIVADA COLETIVA

primer lugar; la representación sindical, en segundo término; y, por último, la participación en la gestión en la empresa.

a) Por lo que se refiere al modelo de representación unitaria, cabe indicar que se trata de la primera forma de organización obrera que surge en el interior de las empresas. Lo característico del modelo es la creación de órganos específicos, formalmente distintos a los sindicatos, elegidos por el conjunto de los trabajadores de la empresa -delegados, comités o consejos obreros, comisiones internas, etc. Dichos órganos asumen la representación de la totalidad del personal, con independencia de su afiliación o no afiliación sindical.

Por lo general, estos órganos se configuran para establecer un diálogo permanente entre los trabajadores y la dirección de la empresa. Por ello, suelen tener reconocidas funciones básicamente informativas o de consulta, antes que reivindicativas. Sin embargo, en algunas ocasiones también asumen competencias de signo reivindicativo, como negociar colectivamente o recurrir a la huelga.

b) En cuanto al modelo de representación sindical, se caracteriza por ser su implantación reciente -a partir de los años sesenta del siglo pasado-, debido al tradicional alejamiento de los sindicatos de la empresa y a la oposición del empresariado. A diferencia del caso anterior, el modelo se basa en la lógica asociativa y en la libertad de afiliación. Por ello, se caracteriza por la conformación voluntaria de órganos que agrupan y representan únicamente a los trabajadores afiliados a cada sindicato con presencia en la empresa -secciones o representaciones sindicales de empresa.

La función de estas representaciones es básicamente reivindicativa, por lo que asumen competencias vinculadas a la autotutela colectiva de intereses, especialmente la negociación colectiva y el recurso a la huelga.

c) La participación de los trabajadores en la gestión de la empresa alude, en sentido estricto, a la presencia de representantes de los trabajadores en los órganos de dirección o gestión de la empresa[1]. Su referencia histórica más importante la constituye la experiencia alemana de la cogestión (*Mitbestimmung*),

---

[1] Sobre los distintos significados del término *participación*, véase con detalle M.C. PALOMEQUE LÓPEZ, «La participación de los trabajadores en la empresa (Una revisión institucional)», en AA.VV., *Gobierno de la empresa y participación de los trabajadores: viejas y nuevas formas institucionales* (XVII Congreso Nacional de Derecho del Trabajo y de la Seguridad Social), Salamanca, Universidad, 2006, pp. 13 y ss.

con participación de representantes de los trabajadores en los Consejos de Vigilancia de las grandes empresas. Asimismo, como ejemplos con interés, podrían mencionarse los casos de Austria y de los países nórdicos. Obviamente, la participación en la gestión descansa sobre una propuesta integradora del conflicto social, que trata de sustituir la actuación conflictiva de los sindicatos por una lógica de colaboración con el empresario.

En todo caso, ninguna de las experiencias de participación ha supuesto una real alteración de la estructura de poder y decisión dentro de la empresa. La razón de ello radica en que, tanto los órganos de participación -que, por lo general, no son los decisorios-, como el alcance de la participación -siempre minoritaria-, impiden que los representantes de los trabajadores puedan tener alguna influencia sobre las decisiones que se toman en la empresa.

De ahí que la participación en la gestión, actualmente, no se vea como una alternativa a la acción sindical, sino como un mecanismo complementario, que puede contribuir, bajo ciertas condiciones, a fortalecer sus posiciones dentro de la empresa.

Debe tenerse en cuenta, sin embargo, que a instancias del Derecho comunitario viene impulsándose desde hace algún tiempo en la Unión Europea una noción de mayor alcance como es la de la *implicación* de los trabajadores que ha venido a reavivar el interés por esta cuestión. En efecto, partiendo del Reglamento (CE) 2157/2001, por el que se aprueba el Estatuto de la Sociedad Anónima Europea, la Directiva 2001/86/CE, completó dicho Estatuto en lo referente a la implicación de los trabajadores. Esta implicación es entendida como la información, la consulta y la participación, así como cualquier otro mecanismo mediante el cual los representantes de los trabajadores pueden influir en las decisiones que se adopten en la empresa[2].

---

[2] Por su parte, y como después se indicará, la Ley 31/2006, que ha materializado en España la transposición de la mencionada Directiva, define en su art. 2 la participación como "la influencia del órgano de representación de los trabajadores o de los representantes de los trabajadores en una sociedad mediante: 1º. El derecho a elegir o designar a determinados miembros del órgano de administración o de control de la sociedad; o 2º. El derecho a recomendar u oponerse a la designación de una parte o de todos los miembros del órgano de administración o de control". Actualmente, el Estatuto de los Trabajadores reconoce, como derechos básicos de los trabajadores, los de "información, consulta y participación en la empresa".

Los diversos modelos de representación existentes hoy en los países de la UE-28 podrían sistematizarse del siguiente modo[3]:

a) Canal único (comité de empresa elegido por todos los trabajadores): es el caso de cuatro países, Austria, Alemania, Luxemburgo y Países Bajos.

b) Canal único (sindicato, a través de las secciones de empresa y sin necesidad de mecanismos electorales): en ocho países con altas tasas de afiliación, como Dinamarca, Finlandia, Suecia, Italia, Rumanía, Lituania, Chipre y Malta.

c) Doble canal, con prevalencia de la vía electoral: es el modelo mayoritario, implantado en once países (Bélgica, Croacia, Chequia, Francia, Grecia, Hungría, Polonia, Portugal, Eslovaquia, Eslovenia y España). En ellos, la representación de los trabajadores en la empresa puede articularse, tanto por la vía electoral -comités y delegados-, como por la afiliativa -secciones sindicales-, aunque, por lo general, es la primera la que ostenta mayor implantación real y cobertura legal.

d) Doble canal, con prevalencia de la vía afiliativa: vigente en cinco países, Reino Unido, Irlanda, Bulgaria, Estonia y Letonia. A diferencia del anterior, lo característico de este modelo es que los mecanismos de audiencia electoral cuentan con menor implantación y competencias que los delegados y secciones sindicales de empresa.

Como acaba de indicarse, adscribiéndose al modelo mayoritario, también en España los cauces de representación de los trabajadores en la empresa son dos: la representación unitaria, que se articula a través de los delegados de personal y comités de empresa, y la representación propiamente sindical, que se organiza mediante las secciones sindicales y los delegados de igual denominación. Cada una de estas vías de representación tienenaturaleza distinta, como distintas sonsus fuentes reguladoras. Ello no obsta para que, entre ambos cauces, exista un elevado nivel de interacción.

Así, los delegados de personal y comités de empresa son órganos cuya representación es legal y unitaria, calificaciones éstas con las que se quiere

---

[3] P.J. BENEYTO, *La representación de los trabajadores en la Unión Europea y España: modelos, cobertura y recursos. Fichas e indicadores por países*, Estudio nº 78, Fundación 1º de Mayo, Madrid, 2014, pp. 5 y ss. El análisis se basa, a su vez, en un detallado estudio publicado por el Instituto Sindical Europeo (ETUI) y disponible en http://www.worker-participation.eu/National-Industrial-Relations.

significar, de un lado, que el mandato representativo no nace de la voluntad de los representados, sino de la voluntad legal y, de otro, que éstos son todos los trabajadores que prestan servicios en la empresa o centro de trabajo, sea cual fuere su categoría profesional o tipo de contrato que tengan. La representación sindical, por el contrario, se asienta sobre un fondo irreductiblemente voluntario, siendo la fuente de representación el acto de afiliación de un trabajador a un sindicato. En cuanto a las fuentes reguladoras de una y otra, hay que hacer notar que la representación unitaria se reglamenta en el Título II del Estatuto de los Trabajadores de 1995 (en adelante, ET). La representación sindical, en cambio, se regula en el Título IV de la Ley Orgánica de Libertad Sindical de 1985 (LOLS, en lo sucesivo).

Con todo, las funciones atribuidas a ambas representaciones no responden a la tradicional distinción entre órganos de colaboración y órganos reivindicativos: los órganos de representación unitaria son también órganos reivindicativos ya que, además de funciones de carácter consultivo, tienen atribuidas competencias de negociación colectiva y adopción de medidas de conflicto colectivo. De ahí que, en España, pueda hablarse de la existencia, en el ámbito de la empresa, de un *sistema sindical dual*, dentro del cual la acción sindical puede desarrollarse por dos vías distintas aunque intercomunicadas: las representaciones unitarias y las representaciones sindicales. De esta forma, la expresión "representantes legales de los trabajadores" abarca tanto a los representantes unitarios como a los sindicales[4].

En cuanto a laparticipación de los trabajadores en la gestión de la empresa, se trata de una figura prevista en el art. 129.2 de la Constitución española. Sin embargo, este derecho constitucional no ha sido sistemáticamente desarrollado por ninguna disposición legal, limitándose el ET a enunciarlo. Ahora bien, como acaba de apuntarse líneas atrás, sí existen, en cambio, en el ámbito del Derecho comunitario, algunas previsiones sobre la materia[5]. Se trata, primero, de la Directiva 2001/86/CE, que completa el Estatuto de la sociedad anónima

---

[4] Un resumen de las razones para la creación del doble canal, así como una relación de los problemas que genera la naturaleza común de muchas de las competencias atribuidas puede encontrarse en F. RODRÍGUEZ-SAÑUDO, «La representación unitaria de los trabajadores en la empresa», en AA.VV. (F. Rodríguez-Sañudo y E. Carrizosa Prieto, coords.), *El ejercicio de los derechos colectivos de los trabajadores en la empresa*, Madrid, Tecnos, 2011, pp. 63-65

[5] Para una visión general, véase C. ORTIZ LALLANA, «La participación de los trabajadores en el plano internacional y comunitario», en AA.VV., *Gobierno de la empresa y participación de los trabajadores: viejas y nuevas formas institucionales*, cit., pp. 67 y ss.

europea (SE) en lo relativo a la implicación de los trabajadores y, en segundo lugar, de la Directiva 2003/72/CE, que completa el Estatuto de la sociedad cooperativa europea en lo referente a la implicaciónde los trabajadores, en sentido anteriormente visto. La regulación presenta grandes similitudes con la contenida en la Directiva 94/95/CE, sobre representación en empresas y grupos de dimensión comunitaria, que luego se comentará.

La regulación española de esta implicación se encuentra en la Ley 31/2006, sobre implicación de los trabajadores en las sociedades anónimas y cooperativas europeas. En ella se articula un complejo procedimiento de negociación entre los órganos competentes de las sociedades participantes y los representantes de los trabajadores para determinar los derechos de implicación, así como una serie de disposiciones subsidiarias para el caso de que las partes así lo decidan o no se hubiera alcanzado ningún acuerdo. En el acuerdo a que pudiera llegarse tras las negociaciones se recogerán los elementos esenciales de las normas de participación en el caso de que éstas se hubieran establecido. En su caso, se incluirá "la determinación del número de miembros del órgano de administración o de control de la SE que los trabajadores tendrán derecho a elegir, designar o recomendar o a cuya designación tendrán derecho a oponerse, de los procedimientos a seguir para ello y de sus derechos".

Junto a ello, han de ser mencionadas algunas tímidas manifestaciones legales como las contenidas en la normativa sobre cooperativas y Cajas de Ahorro, que abren la puerta a una presencia de representantes de los trabajadores en sus respectivos órganos rectores. Puede también citarse el supuesto de la normativa reguladora de los planes y fondos de pensiones, por lo que se refiere a la Comisión de control de los planes de empleo de promoción conjunta.

Con todo, mayor interés revisten ciertas experiencias articuladas a través de la negociación colectiva. Es el caso del *Acuerdo sobre participación sindical en la empresa pública*, suscrito entre representantes de los Ministerios competentes y de las empresas participadas por el Estado y la UGT el 16 de enero de 1986, acuerdo que fue seguido por otro, en 1993, también suscrito por CC.OO. En dicha línea, debe reseñarse la presencia, en órganos de dirección de algunas sociedades, de representantes sindicales. Así, tanto UGT como CC.OO. contaban con participación en los Consejos de Administración del Grupo Arcelor Mittal, del Grupo HUNOSA o de la Corporación RTVE.

2. La representación unitaria de los trabajadores

A) Órganos de representación

Delegados de personal y *comités de empresa* son los órganos de representación unitaria, junto con las asambleas de personal, en el Derecho español[6]. De todos modos, su significación trasciende su sentido de órganos de participación, actuando como obligado punto de referencia a efectos de determinación de la representatividad sindical, según establece la LOLS[7]. Para el caso del personal al servicio de las Administraciones Públicas, se cuenta con unos órganos específicos: los *Delegados* y las *Juntas de Personal*. Igualmente, existen unos órganos de representación singulares para la tutela de los derechos de trabajadores y funcionarios en el ámbito concreto de la seguridad y salud laborales, los *delegados de prevención*.

Debe apuntarse, también, que las últimas reformas llevadas a cabo en el ET por las Leyes 3/2012 y 1/2014 han previsto la posibilidad de crear una comisión *ad hoc*, en los supuestos de ausencia de representación legal, para actuar como interlocutora en ciertos procedimientos de consultas.

Los delegados de personal son los órganos de representación unitaria y actuación mancomunada en centros de trabajo y empresas de pequeñas dimensiones. En concreto, el ET autoriza la elección de delegados en las empresas o establecimientos con un censo de trabajadores entre 11 y 49, aun cuando permite el que empresas con plantilla superior a 5 trabajadores cuenten con delegados, si así lo deciden éstos por mayoría. El número de delegados varía en función del tamaño de la empresa, eligiéndose 1 cuando la plantilla no supera los 30, y 3 en caso de hallarse entre 31 y el máximo de 49[8].

[6] Con una experiencia institucional de más de treinta años de funcionamiento, dan vida a un cauce representativo plenamente consolidado en la realidad de las relaciones laborales españolas y más extendido que el segundo canal, esto es, la vía sindical: F. RODRÍGUEZ-SAÑUDO, «La representación unitaria...», cit., p. 61.

[7] Porque es la audiencia electoral, que se mide por los resultados conseguidos por cada sindicato en las elecciones a órganos de representación unitaria de trabajadores y funcionarios, el criterio fundamental para medir la representatividad sindical en sus distintos niveles (mayor representatividad y representatividad simple) y ámbitos territoriales. Al respecto, véase M.C. PALOMEQUE LÓPEZ y M. ÁLVAREZ DE LA ROSA, *Derecho del Trabajo*, 21ª ed., Madrid, Ceura, 2013, pp. 353 y ss.

[8] Esta rigidez legal respecto de los umbrales numéricos ha sido, en ocasiones, matizada a través de la negociación colectiva. Por lo que se refiere a los supuestos de empresas sin representación -por

Los rasgos más destacables de la regulación legal son:

1º) En caso de pluralidad de delegados, éstos ejercen la representación de manera mancomunada, lo que debe interpretarse -a tenor de la jurisprudencia dominante- no en el sentido de exigir la unanimidad para la toma de decisiones, sino dando entrada al criterio mayoritario.

2º) Las competencias y garantías de los delegados son idénticas a las atribuidas a los comités de empresa.

3º) A diferencia de lo que sucede en otros ordenamientos, en los que los delegados coexisten con los comités de empresa, el sistema español se asienta sobre la regla de la representación no compartida, de modo que ambos órganos no actúan de forma concurrente, sino excluyente.

Los comités de empresa son órganos colegiados de representación de los trabajadores en empresas o centros de trabajo de 50 o más trabajadores. Igual que sucede con los delegados, los comités se erigen de manera efectiva como instituciones representativas de la totalidad de los trabajadores de una empresa. Como se acaba de indicar, el comité de empresa ha de constituirse en cada centro de trabajo cuyo censo sea de 50 o más trabajadores. Su composición varía numéricamente en atención al número de trabajadores[9]. Variantes funcionales de este comité común u ordinario son el *comité conjunto* y el *comité intercentros*, supuestos ambos de ruptura de la relación estricta entre representación y centro de trabajo[10].

La negociación colectiva, además, ha ido creando otras formas de representación adecuadas a nuevas realidades empresariales, como los *comités de grupo*

---

ejemplo, menores de 5 trabajadores- y los casos de representación atípica, resulta muy interesante el estudio de S. GONZÁLEZ ORTEGA, «El ejercicio de derechos colectivos en empresas sin representación», en AA.VV. (F. Rodríguez-Sañudo y E. Carrizosa Prieto, coords.), *El ejercicio de los derechos colectivos de los trabajadores en la empresa*, cit., pp. 135 y ss.

[9] Así, sus miembros aumentan de 4 en 4 desde una composición mínima de 5 para plantillas entre 50 y 100 trabajadores, hasta 21 en caso de que el censo esté comprendido entre 750 y 1.000. A partir de esta cifra, el número de miembros se incrementa a razón de 2 por cada 1.000 o fracción, con un máximo de 75.

[10] Pues el ET contempla la posibilidad de constituir un *comité conjunto* en representación del personal de todos los centros de trabajo de una empresa en aquellos casos en que ésta cuente con varios establecimientos, en la misma provincia o en municipios limítrofes, con censo de 50 trabajadores, sin alcanzarlo por sí mismo ninguno de ellos. Por su lado, la figura del *comité intercentros*, sólo posible a través del convenio colectivo, se erige en órgano de representación unitaria para una pluralidad de centros de trabajo pertenecientes a la misma empresa.

de empresa. En general, se utiliza el mismo esquema del comité intercentros, trasladando las referencias a los centros de trabajo de las diferentes empresas del grupo. También como ejemplo de organismo complejo de representación de intereses, cabe citar al *comité de empresa europeo*, diseñado por el Derecho comunitario (Directivas 94/95/CE y 2009/38) para cada empresa de dimensión comunitaria -esto es, con más de 1.000 trabajadores empleados y, al menos en dos Estados, 150 o más- y en cada grupo de empresas de tal dimensión[11]. LaLey 10/1997, de derechos de información y consulta de los trabajadores en las empresas y grupos de empresas de dimensión comunitaria, regula el procedimiento para la constitución del comité o el establecimiento del mecanismo alternativo de información y consulta. Son varias las empresas españolas en que se han alcanzado acuerdos en esta materia. Entre otras, Roca Corporación Empresarial, Grupo Praxair, Grupo Repsol YPF, GE Power Controls Ibérica, General Cable Corporation, Altadis, S.A., BBVA, Grupo Saico, Grupo Santander y Grupo Axa.

B) Competencias y funciones

Las competencias de los órganos de representación unitaria son numerosas, aunque su alcance resulta ciertamente limitado en algunos casos. De modo esquemático, dichas competencias pueden agruparse en torno a varios bloques -derecho de negociación; derechos de información y de consulta; competencias de vigilancia y control; derechos de huelga y de conflicto; funciones de colaboración-, destacando, especialmente, las siguientes:

1º) Negociaciónde los convenios colectivos de empresa o ámbito menor, dotados de eficacia normativa y general. Junto a ello, existen otros supuestos, referidos básicamente a los *acuerdos o pactos de empresa*.

2º) Competencias en materia deconflicto colectivo. Así, tienen atribuidas facultades para acordar la declaración de huelga y la legitimación para iniciar el procedimiento administrativo de conflicto colectivo. Sin embargo, y dada la configuración no orgánica del derecho de huelga en nuestro Derecho, también la asamblea de trabajadores y las secciones sindicales pueden convocarla. Por su parte, las normas procesales otorgan legitimación al comité para promover

---

[11] Para más detalles, véase A. OJEDA AVILÉS, *Compendio de Derecho Sindical*, 2ª ed., Madrid, Tecnos, 2012, pp. 139 y ss.

proceso de conflicto colectivo cuando el ámbito de éste sea de empresa o inferior, pudiendo igualmente acudir a fórmulas de composición no judiciales, como la mediación o el arbitraje.

3º) Competencias de vigilancia y control en el cumplimiento, por el empresario, de las normas y pactos vigentes y aplicables a la empresa, tanto en materia laboral, de empleo y de Seguridad Social, como de condiciones de seguridad y salud en el trabajo, así como del respeto y aplicación del principio de igualdad de trato y de oportunidades entre mujeres y hombres.

4º) Ejercicio de acciones administrativas o judiciales en lo relativo al ámbito de su competencia y en consonancia con la mencionada función fiscalizadora. La legitimación procesal del comité posee una gran relevancia práctica y refuerza el papel de representante institucional de la totalidad de los trabajadores que desempeña este organismo.

5º) Competencias -derechos- de carácter informativo y consultivo.De forma general, en ET se establece el derecho del comité de empresa "a ser informado y consultado por el empresario sobre aquellas cuestiones que puedan afectar a los trabajadores, así como sobre la situación de la empresa y la evolución del empleo en la misma"[12]. Añadidamente, se prevé que "en los convenios colectivos se podrán establecer disposiciones específicas relativas al contenido y a las modalidades de ejercicio de los derechos de información y consulta previstos en este artículo, así como al nivel de representación más adecuado para ejercerlos".

Comenzando por los aspectos informativos, en este ámbito el ET reconoce un derecho de las representaciones a obtener del empresario la información necesaria para el adecuado cumplimiento de su función en una amplia serie

---

[12] En la norma se ha incorporado una genérica definición de tales derechos, entendiendo por información, primero, "la transmisión de datos por el empresario al comité de empresa, a fin de que éste tenga conocimiento de una cuestión determinada y pueda proceder a su examen"; en segundo lugar, hace equivalente la consulta al "intercambio de opiniones y la apertura de un diálogo entre el empresario y el comité de empresa sobre una cuestión determinada, incluyendo, en su caso, la emisión de informe previo por parte del mismo". La operación se completa con una llamada a ambos interlocutores para actuar, en la articulación de los procedimientos de información y consulta, "con espíritu de cooperación, en cumplimiento de sus derechos y obligaciones recíprocas, teniendo en cuenta tanto los intereses de la empresa como los de los trabajadores".

de casos.Éstos pueden clasificarse en tres apartados: a) Información sobre la empresa y el sector económico al que ésta pertenece (datos sobre producción y ventas, programa productivo y de empleo, balances, cuentas de resultados y memorias anuales o previsiones empresariales acerca de la celebración de nuevos contratos); b) Información en materia de relaciones individuales (estadísticas de siniestralidad, absentismo y medio ambiente, sanciones por faltas muy graves y despidos, movilidad funcional y geográfica, modificación sustancial de condiciones de trabajo o cambio de titularidad de la empresa); c) Información referente a la aplicación en la empresa del derecho de igualdad de trato y de oportunidades entre mujeres y hombres.

Paralelamente, compete al comité de empresa informar a los trabajadores representados "en todos los temas y cuestiones señalados en este artículo en cuanto directa o indirectamente tengan o puedan tener repercusión en las relaciones laborales". Pero el ET reconoce al comité de empresa, no sólo un derecho de información sino, también, de consulta, en relación a un conjunto de supuestos. Así, en primer término, en lo que respecta a "la situación y estructura del empleo en la empresa o en el centro de trabajo. En segundo lugar, en relación a "todas las decisiones de la empresa que pudieran provocar cambios relevantes en cuanto a la organización del trabajo y a los contratos de trabajo en la empresa", así como "sobre la adopción de eventuales medidas preventivas, especialmente en caso de riesgo para el empleo". Por último, se recoge el derecho del comité a la emisión de informes previos a la ejecución empresarial de decisiones sobre una amplia serie de cuestiones: reestructuración de plantilla y ceses totales o parciales, definitivos o temporales de la empresa; reducción de jornada y traslado total o parcial de las instalaciones; procesos de fusión, absorción y modificación del *status* jurídico de la empresa, siempre que estas operaciones incidan en el volumen de empleo; planes de formación profesional en la empresa; implantación y revisión de sistemas de organización y control del trabajo, estudios de tiempos, establecimiento de sistemas de primas e incentivos y valoración de puestos de trabajo. A ello ha de añadirse la previsión relativa a los expedientes sancionadores incoados a representantes de los trabajadores con ocasión de la imputación de la comisión de faltas graves o muy graves.

En diversos supuestos, el trámite de consulta no se agota en la emisión de un concreto informe, sino que abre una fase de verdadera negociación sobre la decisión empresarial, previa a su efectividad, y que puede concluir con la firma de un acuerdo de empresa entre la dirección y los representantes de los trabajadores. Entre otras, como ya se indicó, encajan aquí las previsiones estatutarias relativas a traslados colectivos, modificaciones sustanciales de condiciones de trabajo, sucesión de empresas o suspensiones y despidos colectivos por causas económicas, técnicas, organizativas o de producción.

Los términos del ejercicio de estos derechos de información y consulta aparecen perfilados, con más detalle, en el propio ET. De este modo, la información habrá de ser facilitada por el empresario al comité de empresa "en un momento, de una manera y con un contenido apropiados, que permitan a los representantes de los trabajadores proceder a su examen adecuado y preparar, en su caso, la consulta y el informe", sin perjuicio de lo que se estableciera específicamente en cada caso. Igualmente, en segundo lugar, la norma exige que la consulta deba llevarse a cabo -de nuevo, salvo que se establezca de forma expresa otra previsión- "en un momento y con un contenido apropiados" y dentro del nivel de dirección y representación correspondiente de la empresa. El procedimiento utilizado habrá de permitir a los representantes de los trabajadores, una vez recibida la información, "reunirse con el empresario, obtener una respuesta justificada a su eventual informe y poder contrastar sus puntos de vista u opiniones con objeto, en su caso, de poder llegar a un acuerdo sobre las cuestiones indicadas" en la norma, todo lo cual se entenderá sin perjuicio de las facultades reconocidas al empresario en lo referente a cada una de tales cuestiones. Asimismo, el procedimiento que se articule deberá posibilitar que el criterio del comité se conozca por parte del empresario en el momento de la adopción o de la ejecución de las decisiones. Con mayor precisión que la existente hasta el momento, se dispone, por fin, que los informes emitidos por el comité de empresa tendrán que ser elaborados "en el plazo máximo de quince días desde que hayan sido solicitados y remitidas las informaciones correspondientes".

6º) Funciones de colaboración. A ellas se refiere también el ET, cuando habla de la participación, según disponga el convenio colectivo, "en la gestión de obras sociales establecidas en la empresa en beneficio de los trabajadores o de sus familiares", al igual que de colaborar con la dirección de la empresa "para conseguir el establecimiento de cuantas medidas procuren el mantenimiento y el incremento de la productividad, así como la sostenibilidad ambiental de la empresa, si así está pactado en los convenios colectivos" o "en el establecimiento y puesta en marcha de medidas de conciliación".

C) Garantías

De acuerdo con diversos preceptos estatutarios, los representantes unitarios tienen atribuido un conjunto de garantías mínimas, mejorables por convenio colectivo, susceptible de sistematizarse como sigue y distinguiendo entre *facilidades* para el ejercicio de la función -que son también garantías, aunque de carácter instrumental, pues persiguen una mejor y más efectiva realización de esa función representativa- y *garantías* en sentido estricto.

Entre los medios que facilitan la función representativa, pueden citarse los tres siguientes:

a) Libertad de expresión de opiniones en materias concernientes a la esfera de su representación, así como de difusión de publicaciones de interés laboral o social, previa comunicación a la empresa y sin alterar el normal desenvolvimiento del trabajo. Se trata de un derecho que va más allá del que poseen individualmente y reviste un contenido más valorativo -de opinión- que estrictamente informativo.

b) El empresario ha de poner a disposición de los representantes un local adecuado, para facilitar el derecho de reunión y siempre que las características del centro lo permitan, y uno o varios tablones de anuncios. La mención estatutaria a la publicidad y difusión de información u opiniones lo es a un soporte escrito, no a instrumentos de comunicación más recientes como el correo electrónico o intranet, cuyo uso colectivo ha sido regulado, en algunos casos, por la negociación colectiva y códigos de conducta o códigos corporativos empresariales.

c) Crédito de horas mensuales retribuidas -de 15 a 40 mensuales- para el ejercicio de las funciones de representación, conforme a la escala establecida legalmente, y sin perjuicio de su incremento y acumulación por pacto en convenio, posibilidad que da lugar a la figura del *liberado*, esto es, el representante que es relevado del trabajo para ejercer exclusivamente tareas representativas sin merma de su remuneración. La jurisprudencia del Tribunal Supremo ha ido perfilando ciertos aspectos conflictivos, especialmente en relación al control por parte del empresario del uso del crédito horario y a la sanción del representante por su utilización indebida.

Por lo que se refiere a las concretas garantías de los representantes como trabajadores, nos encontramos con cuatro categorías.

a) Primero, unas garantías diseñadas frente al poder sancionador y disciplinario del empresario:

– Prohibición de despido o sanción, bien durante el ejercicio de sus funciones, bien en el año siguiente a la expiración del mandato cuando el despido o sanción se fundamente en las acciones o conductas del trabajador en el ejercicio de su representación[13]. Este principio de *inmunidad representativa* se extiende a los candidatos a la elección de representantes de los trabajadores. La invocación de las reglas sobre desplazamiento de la carga de la prueba resulta decisiva si concurren indicios de que la sanción empresarial obedece a motivos dudosos, de modo que este principio de inmunidad se respete en términos materiales.

De manera particular, por lo que respecta al ejercicio de acciones administrativas y judiciales, nos hallaríamos ante una concreta manifestación de la genérica *garantía de indemnidad* que ampara a la totalidad de los trabajadores y perfilada por una abundante jurisprudencia constitucional, en el campo de las relaciones laborales, como imposibilidad de adoptar medidas de represalia derivadas del ejercicio por el trabajador de la tutela de sus derechos.

– Apertura de expediente contradictorio en sanciones por faltas contractuales graves o muy graves. Esta protección formal frente al poder disciplinario se articula en torno a la audiencia del interesado y la intervención del órgano de representación en su conjunto emitiendo el preceptivo informe. La garantía se extiende al año siguiente a la expiración del mandato, salvo que ésta se deba a revocación o dimisión y abarca a los representantes electos que aún no hayan tomado posesión del cargo y a los candidatos mientras dure el proceso electoral. El incumplimiento de este requisito conlleva la calificación del despido disciplinario como improcedente y la nulidad de la sanción.

– En caso de despido improcedente, el derecho de opción entre extinción indemnizada o readmisión corresponde al representante, ejecutándose la sentencia en sus propios términos si éste opta por la readmisión.

---

[13] Ha de entenderse que la prohibición se refiere a medidas sancionadoras basadas en la actividad del representante como tal: pero si incumple sus obligaciones como trabajador, el ejercicio de las facultades disciplinarias empresariales es perfectamente posible.

b) Preferencia para permanecer en la empresa en caso de suspensión o extinción de los contratos por causas económicas, técnicas, organizativas o de producción, aunque esta previsión habrá de modularse si a través de convenio o acuerdo se establecieran prioridades de permanencia a favor de trabajadores de otros colectivos, tales como trabajadores con cargas familiares, mayores de determinada edad o personas con discapacidad.

c) Prioridad de permanencia en el puesto de trabajo en casos de traslados por razones económicas, técnicas, organizativas o de producción, con el matiz que acaba de indicarse.

d) Igualdad de trato y prohibición de actos discriminatorios, respecto a los demás trabajadores, que afecten a su promoción económica o profesional "en razón, precisamente, del desempeño de su representación". También aquí los problemas probatorios que se planteen habrán de resolverse de acuerdo con el mencionado desplazamiento de la carga de la prueba si existen indicios de actuación empresarial discriminatoria en la negativa al ascenso o al incremento salarial.

D) Un supuesto singular: la representación especializada en materia de prevención de riesgos laborales

La Ley 31/1995, de prevención de riesgos laborales, regula en su Capítulo V los derechos de consulta y participación de los trabajadores en lo que se refiere a las cuestiones vinculadas a la seguridad y salud en el trabajo. A partir del vigente sistema de representación colectiva, la Ley atribuye a los llamados *Delegados de Prevención* -elegidos por y entre los representantes del personal en el ámbito de los respectivos órganos de representación- el ejercicio de las funciones especializadas en materia de prevención de riesgos en el trabajo, proporcionándoles para tal menester un conjunto de competencias, facultades y garantías. Además, el *Comité de Seguridad y Salud* aparece como órgano de encuentro entre dichos representantes y el empresario para el desarrollo de una participación equilibrada en materia de riesgos. Finalmente, se otorga en esta materia una amplia libertad de acción a la negociación colectiva a la hora de configurar de modo diferente los instrumentos de participación de los trabajadores.

Partiendo de una genérica atribución a favor de los distintos órganos de representación unitaria y sindical de "la defensa de los intereses de los trabajadores en materia de prevención de riesgos en el trabajo", para lo cual los representantes ejercerán las competencias que las distintas normas contemplan "en materia de información, consulta y negociación, vigilancia y control y ejercicio de acciones ante las empresas y los órganos y tribunales competentes", la representación especializada que crea la Ley 31/1995 la protagonizan los *Delegados de Prevención*.

En la definición legal, son "los representantes de los trabajadores con funciones específicas en materia de prevención de riesgos en el trabajo". Como ya eran representantes con anterioridad a su elección, se ha hablado de que esta representación específica creada por legalmente posee una condición subordinada y carece de autonomía y de entidad propia. En efecto, su designación se efectuará por y entre los representantes unitarios del personal, "en el ámbito de los órganos de representación previstos" y de acuerdo con una escala que oscila entre dos (empresas de 50 a 100 trabajadores) y ocho Delegados (empresas de 4.001 trabajadores en adelante). Debe tenerse en cuenta que, en las empresas de hasta treinta trabajadores, el Delegado de Prevención será el Delegado de Personal, y que en las empresas de treinta y uno a cuarenta y nueve trabajadores, "habrá un Delegado de Prevención que será elegido por y entre los Delegados de Personal".

Con todo, la norma establece un importante margen de acción para la autonomía colectiva, al contemplar: a) que los convenios colectivos puedan establecer otros sistemas de designación de los Delegados de Prevención "siempre que se garantice que la facultad de designación corresponde a los representantes del personal o a los propios trabajadores"; b) que en la negociación colectiva pueda acordarse "que las competencias reconocidas en esta Ley a los Delegados de Prevención sean ejercidas por órganos específicos creados en el propio convenio". Esta flexibilidad ha permitido, por ejemplo, la creación de figuras novedosas en la negociación colectiva, como los Delegados de medio ambiente, dotados de competencias *ad hoc* en dicho campo.

En líneas generales, las competencias que se atribuyen a estos representantes específicos son de colaboración, promoción y fomento de la cooperación de los trabajadores, consulta y vigilancia y control, para cuyo ejercicio la norma contempla ciertas facultades de visita y acceso a los lugares de trabajo, recepción de información y realización de propuestas. El cuadro se completa con la aplicación de un marco de garantías -del que, por cierto, ya disfrutaban, en cuanto representantes unitarios- y la imposición de un deber de sigilo profesional. Asimismo, se prevé un deber de proporcionar medios y de formación en materia preventiva a cargo del empresario, considerándose como tiempo de trabajo el que se dedique a la formación.

En cuanto a la figura del *Comité de Seguridad y Salud*, expresión típica de la idea de participación, aparece definida como "órgano paritario y colegiado de participación destinado a la consulta regular y periódica de las actuaciones de la empresa en materia de prevención de riesgos", constituyéndose en todas las empresas o centros de trabajo que cuenten con 50 o más trabajadores. Ese carácter paritario queda claramente reflejado en la composición legalmente prevista, permitiéndose, por otra parte, la participación en las reuniones del Comité, con voz pero sin voto, de los Delegados Sindicales y responsables técnicos de la prevención en la empresa que no formaran parte del mismo.

3. Cauces de representación unitaria para los funcionarios en las administraciones públicas

Para el caso del personal al servicio de las Administraciones Públicas, el Estatuto Básico del Empleado Público de 2007 (EBEP) prevé la creación de unos órganos específicos: los *Delegados* y las *Juntas de Personal*. La Ley regula tales órganos siguiendo un esquema similar al ET, pero con diferencias en cuanto a las competencias atribuidas. Así, en materia informativa poseen menos facultades, careciendo por completo de ellas por lo que a la negociación colectiva se refiere, ya que las mismas se atribuyen exclusivamente a los sindicatos. Se habla, por lo tanto, de un régimen de "paralelismo incompleto" respecto del personal laboral regulado por el ET, norma ésta que incluye también -por cierto y con matices- a los empleados públicos con contrato laboral.

Tras definir a la representación como "la facultad de elegir representantes y constituir órganos unitarios a través de los cuales se instrumente la interlocución entre las Administraciones Públicas y sus empleados", el EBEP ha mantenido para el personal que preste sus servicios en las distintas Administraciones Públicas y que esté vinculado a las mismas a través de una relación de carácter funcionarial unos órganos representativos unitarios, de base electiva, inspirados directamente en los regulados en el ET.

Tales órganos son los *Delegados de Personal*, "en las unidades electorales donde el número de funcionarios sea igual o superior a 6 e inferior a 50" y las *Juntas de Personal* "en unidades electorales que cuenten con un censo mínimo de 50 funcionarios". El número de Delegados de Personal -1 o 3- varía según el censo, al igual que el número de miembros de las Juntas, de acuerdo con la escala legal. Aunque el modelo organizativo de representación no se construye sobre los centros de trabajo, sino sobre ámbitos de actuación previsiblemente más extensos y no prefigurados completamente en la Ley, las denominadas *unidades electorales*, debe subrayarse que el sistema de representación de intereses en la Administración Pública es, también aquí, expresivo del *modelo dual* presente en las relaciones de trabajo ya antes mencionado. Por lo tanto, se yuxtaponen instancias de representación colectiva de base electiva y creadas por la ley, con las representaciones sindicales derivadas directamente del derecho de libertad sindical reconocido en la Constitución. Esta homogeneización del modelo de representación es un efecto buscado por la norma, que se ha preocupado de extenderlo a otros aspectos, como los relativos a la prevención de riesgos laborales[14].

Por lo que se refiere a las competencias desarrolladas, debe indicarse que, manteniendo la identidad de funciones entre Delegados y Juntas de Personal, la Ley les reconoce determinados derechos de información, derechos de audiencia o consulta y de vigilancia y control del cumplimiento de la legislación, a los que se añade la función de "colaborar con la Administración correspondiente para conseguir el establecimiento de cuantas medidas procuren el mantenimiento e incremento de la productividad".

Concretamente, la norma refiere la recepción de información a la política de personal, datos relativos a la evolución de las retribuciones, evolución probable del empleo en el ámbito correspondiente y programas de mejora del rendimiento, así como a todas las sanciones impuestas por faltas muy graves. En cuanto a las materias objeto, también, de audiencia o informe, abarcarían el traslado total o parcial de las instalaciones, implantación o revisión de sus sistemas de organización y métodos de trabajo, así como el establecimiento de la jornada laboral, horario de trabajo y el régimen de vacaciones y permisos.

Con todo, ya se indicó, las competencias resultantes son más reducidas que las contenidas en el ET, y éste es el rasgo distintivo más claro entre ambas regulaciones, ya que el EBEP no les otorga el derecho de negociación colectiva: el derecho de participación en la determinación de las condiciones de trabajo y la negociación colectiva se encomienda exclusivamente a los sindicatos representativos. En la tutela del interés colectivo de los funcionarios públicos,

---

[14] BAYLOS GRAU, Antonio. *Sindicalismo y Derecho Sindical*, 4ª ed., Albacete, Bomarzo, 2009, p. 53.

por lo tanto, el cauce de la representación unitaria se presenta en posición subalterna respecto del sindical.

Asimismo, a los representantes unitarios el EBEP les dota de ciertos medios para facilitar su función de representación y garantías que protegen la posición del funcionario representante. En general, el contenido es muy similar y, en ocasiones, coincidente con el régimen jurídico previsto por el ET para los representantes unitarios de los trabajadores asalariados -libre difusión de publicaciones, crédito horario, audiencia en expedientes disciplinarios, etc.

De este modo, se atribuye a los representantes legales de los funcionarios las siguientes garantías y derechos en el ejercicio de su función representativa: primero, el acceso y libre circulación por las dependencias de su unidad electoral, sin que se entorpezca el normal funcionamiento de las correspondientes unidades administrativas, dentro de los horarios habituales de trabajo y con excepción de las zonas que se reserven de conformidad con lo dispuesto en la legislación vigente; en segundo término, la libre distribución de las publicaciones que se refieran a cuestiones profesionales y sindicales; asimismo, la audiencia en los expedientes disciplinarios a que pudieran ser sometidos sus miembros durante el tiempo de su mandato y durante el año inmediatamente posterior, sin perjuicio de la audiencia al interesado regulada en el procedimiento sancionador; en cuarto lugar, un crédito de horas mensuales dentro de la jornada de trabajo y retribuidas; añadidamente, la prohibición de traslado o sanción por causas relacionadas con el ejercicio de su mandato representativo, ni durante la vigencia del mismo, ni en el año siguiente a su extinción, exceptuando la extinción que tenga lugar por revocación o dimisión; por último, la prohibición de discriminación, tanto en lo referente a su formación como a su promoción económica o profesional, por razón del desempeño de su representación.

Como contrapartida, la propia norma regula un deber de sigilo profesional que pesa sobre todos los representantes unitarios "en todo lo referente a los asuntos en que la Administración señale expresamente el carácter reservado, aun después de expirar su mandato". De cualquier forma, se estipula que "ningún documento reservado entregado por la Administración podrá ser utilizado fuera del estricto ámbito de la Administración para fines distintos de los que motivaron su entrega".

Por último, el EBEP reconoce también a los empleados públicos los derechos de reunión y de participación. Enunciado el primero como derecho individual que se ejerce colectivamente, está previsto que las reuniones en el centro de trabajo se lleven a cabo fuera de las horas de trabajo, "salvo acuerdo entre el órgano competente en materia de personal y quienes estén legitimados para convocarlas". Por otro lado, se establece que la celebración de la reunión no podrá perjudicar la prestación de los servicios, siendo los convocantes de la misma los responsables de su normal desarrollo[15]. Finalmente, el EBEP configura la participación institucional como "el derecho a participar, a través de las organizaciones sindicales, en los órganos de control y seguimiento de las entidades u organismos que legalmente se determine". Se trata, por lo tanto, de un derecho dotado de perfiles claramente sindicales.

4.La asamblea de trabajadores

El ET regula también el ejercicio del derecho de reunión en asamblea de los trabajadores, reconocido previamente con carácter general, como manifestación singular del derecho de reunión de todos los ciudadanos consagrado constitucionalmente, pero con importantes peculiaridades. La referencia normativa lo es al derecho de reunión de los trabajadores en general, que se ejercita dentro de la empresa, en los locales que el empresario debe proporcionar, por lo que es precisa la colaboración de éste. El derecho de reunión de los afiliados sindicalmente se contempla en la LOLS y, como ha señalado el TC, presenta perfiles diferentes.

De esta forma, los preceptos estatutarios regulan el funcionamiento de la asamblea de trabajadores, en cuanto órgano de deliberación y decisión colectiva de éstos. Referencias concretas de asuntos sobre los que la asamblea puede decidir son la convocatoria de una reunión del comité de empresa; la revocación del mandato de los representantes unitarios, cuyos requisitos han sido aclarados por la jurisprudencia; la designación de la representación sindical para negociar un convenio franja; o la promoción de elecciones. Con

---

[15] Además de las organizaciones sindicales, sujetos legitimados para llevar a cabo la convocatoria son los Delegados de Personal, las Juntas de Personal, los Comités de Empresa y los empleados públicos de las Administraciones respectivas en número no inferior al 40 por 100 del colectivo convocado.

todo, éstos y otros supuestos, como la decisión de declarar la huelga o el nombramiento del comité de huelga, bien pueden considerarse casos especiales o atípicos de asamblea si se confrontan con lo establecido en el art. 80 ET: al presentar requisitos específicos para la adopción de acuerdos, no pueden ser considerados como la expresión típica de las asambleas *ex* art. 80[16].

El modelo de asamblea típica que adopta el ET conlleva que el papel de dicho órgano acabe siendo básicamente informativo o consultivo. El ET aborda los principales aspectos procedimentales y que afectan al régimen de convocatorias: sujetos legitimados, comunicación al empresario, horario y lugar de celebración, obligaciones empresariales y régimen de votaciones.

En cuanto al derecho de reunión de los empleados públicos, tanto funcionarios como personal laboral, aparece regulado muy someramente en el EBEP. Esta norma otorga un trato indiferenciado a las asambleas y a las reuniones de las secciones sindicales, limitándose a establecer algunas previsiones en cuanto a los sujetos convocantes, horario y garantías para la presentación de los servicios. Reglas específicas contienen otras normas para jueces y policías, por ejemplo.

5. La representación sindical en el centro de trabajo: secciones y delegados sindicales

Las relaciones entre los dos cauces tradicionales de representación de los trabajadores en la empresa -el electivo y el sindical- han arrojado un balance manifiestamente favorable al sistema de representación unitaria. Pese a que la Constitución de 1978 privilegió la figura del sindicato, el ET primero y la jurisprudencia más tarde -al reforzar el papel de los delegados de personal y comités de empresa, hasta llegar a referirles, inclusive, una naturaleza sindical-, contribuyeron a restringir o, al menos, a contener la actuación directa del sindicato en el ámbito de la empresa. El reconocimiento y protección de la acción sindical en la empresa llevado a cabo por el Título IV de la LOLS ha significado la introducción formal del sistema de doble canal de representación.

El modelo de representación y acción sindical en la empresa que la Ley ha establecido no es un modelo uniforme; los cauces de representación, las funciones y competencias atribuidas a los representantes y la protección de la

---

[16] A. OJEDA AVILÉS, *Compendio de Derecho Sindical*, cit., p. 148.

acción sindical varían y se diversifican en atención a las distintas situaciones contempladas[17].

A) La LOLS ha optado por el reconocimiento de las *Secciones sindicales deempresa*, instancias organizativas que, formando parte de la estructura interna de un sindicato, agrupan a la totalidad de los trabajadores afiliados a dicho sindicato dentro de una empresa o centro de trabajo y cuyo reconocimiento no viene determinado por la Constitución[18].

Desprovistas de personalidad jurídica, actúan en dos planos: en el estrictamente empresarial, se erigen en cauce de representación y acción de los trabajadores dentro de la empresa, ostentando un conjunto de derechos y obligaciones frente al empresario; en el propiamente sindical, constituyen las instancias más descentralizadas del sindicato. Este doble carácter de las secciones sindicales y su relación con los contenidos esencial y adicional del derecho de libertad sindical ha sido puesto de manifiesto por la jurisprudencia constitucional.

A diferencia de lo que ocurre con la representación unitaria, en cada empresa, pueden existir tantas secciones como grupos de trabajadores afiliados haya a uno u otro sindicato. Por otro lado, su constitución no se realiza por mandato de la ley, sino por iniciativa del sindicato o de sus afiliados. Además, y en principio, en principio, las funciones desempeñadas no se refieren a la totalidad de los trabajadores, sino exclusivamente a los afiliados; tienen, por lo tanto, una base asociativa, y no electiva. Por último, aparte de funciones de representación frente al empresario, la sección ejerce otras de enlace y coordinación con la organización sindical de la que es parte; de este modo, contribuye a mantener la relación con los afiliados en el marco del lugar de trabajo "y realiza una actividad de aproximación a otros trabajadores no afiliados pero que pueden llegar a serlo, logrando así la expansión y consolidación de la implantación sindical"[19].

---

[17] Para un examen de las principales cuestiones problemáticas que suscita en la actualidad la vía sindical de representación, véase F. ELORZA GUERRERO, «La representación sindical en la empresa: viejos y nuevos problemas», en AA.VV. (F. Rodríguez-Sañudo y E. Carrizosa Prieto, coords.), *El ejercicio de los derechos colectivos de los trabajadores en la empresa*, cit., pp. 97 y ss.

[18] "La sección sindical de empresa se compone por todos o por una fracción de los afiliados a un sindicato, formando con ellos la unidad organizativa de base, característica de división meramente organizativa que la distingue del sindicato de empresa, dotado de personalidad jurídica por los trámites conocidos, y la mantiene aferrada al sindicato de procedencia": A. OJEDA AVILÉS, *Compendio deDerecho Sindical*, cit., p. 205.

[19] MARTÍN VALVERDE, A. *et al.*, *Derecho del Trabajo*, 22ª ed., Madrid, Tecnos, 2013, p. 328.

En cuanto a su establecimiento, la Ley establece una remisión a las normas internas sindicales, respetando la autonomía organizativa sindical: se reconoce a los trabajadores afiliados a un sindicato en la empresa o centro de trabajo "constituir Secciones Sindicales de conformidad con lo establecido en los Estatutos del Sindicato". De esta forma, es la propia organización sindical la que decide si extiende su estructura hasta el centro de trabajo o empresa; los Estatutos suelen incorporar normas al respecto, regulando el procedimiento de constitución de la sección, su ámbito de actuación y funciones. Debe resaltarse que la facultad de constitución se reconoce por la LOLS a cualquier sindicato, sin distinción.

Ahora bien, la ley establece diversas categorías de secciones, atendiendo a la representatividad del sindicato correspondiente:

1ª) Los derechos que la LOLS atribuye genéricamente a los trabajadores de una empresa afiliados a un mismo sindicato son el propio derecho de constituir la sección sindical; la celebración de reuniones, previa notificación al empresario, fuera de las horas de trabajo y sin perturbar la actividad normal en la empresa; en tercer lugar, la recaudación de cuotas y la distribución de información sindical, también fuera del horario laboral y evitando la alteración de las actividades empresariales; igualmente, distribuir información sindical y recibir la información remitida por el sindicato[20]; por último, el derecho a la actividad sindical, que comprende la convocatoria de huelga, el planteamiento de conflictos individuales y colectivos, la presentación de candidaturas a las elecciones a órganos de representación unitaria y el genérico derecho de negociación colectiva.

2ª) Pero las secciones de sindicatos más representativos y de sindicatos que cuenten con presencia en los órganos de representación unitaria de la empresa, además de los derechos anteriormente citados, tienen reconocidas las siguientes facultades: primero, disponer de un tablón de anuncios en el centro de trabajo y colocado en lugar que garantice el adecuado acceso al mismo de los trabajadores, dada su finalidad de difusión de información; en segundo término, utilizar un local adecuado para el desarrollo de sus actividades en

---

[20] Indica el Tribunal Constitucional queesta actividad de *proselitismo sindical* asegura la transmisión de noticias de interés sindical y el flujo de información entre los trabajadores afiliados, sus delegados y la estructura sindical externa a la empresa.

empresas o centros de trabajo de más de 250 trabajadores; en tercer lugar, negociación colectiva, de acuerdo con el ET[21]; finalmente y tras la reforma llevada a cabo por las Leyes 3/2012 y 1/2014, el ET legitima a las secciones sindicales para intervenir -en lugar de los representantes unitarios- como interlocutores ante la dirección de la empresa en los procedimientos de consultas previstos para los traslados colectivos, modificación sustancial de condiciones de trabajo de carácter colectivo y despidos colectivos. Ello se condiciona al acuerdo de las secciones sindicales y a que éstas sumen la mayoría de los miembros del comité de empresa o delegados de personal.

B) Junto a las secciones sindicales, la LOLS prevé un segundo cauce representativo, de carácter unipersonal, que es el *delegado sindical*, y que representa a la sección sindical "a todos los efectos", siendo elegido por y entre los afiliados a un mismo sindicato en la empresa o centro de trabajo. Adicionalmente a este papel representativo, es habitual que el delegado sume funciones de animación y coordinación interna de la sección así como de conexión con el sindicato en el que se integra[22]. La figura del delegado sindical es una creación de la LOLS, que, sin formar parte del contenido esencial de la libertad sindical, viene a personificar un nuevo tipo de representante de los trabajadores en la empresa, de origen asociativo y directamente sindical, aunque sus cometidos representativos no se limitan a los propios afiliados, sino que se proyectan también sobre el conjunto de los trabajadores de la empresa[23].

El derecho a elegir delegado sindical queda condicionado a la concurrencia de un doble requisito: censo mínimo de 250 trabajadores en el centro y que se trate de secciones sindicales de sindicatos con presencia en los órganos de representación unitaria. Aunque, con frecuencia y vulgarmente, se los denomine *delegados sindicales*, los portavoces de las secciones sindicales son una figura distinta: representantes también de la sección, para ser designados no es preciso que concurran los requisitos que acaban de mencionarse; por ello, es posible designar a portavoces que no tengan presencia en el comité y que desempeñen labores de proselitismo sindical y de planteamiento de conflictos colectivos.

[21] La referencia lo es a la negociación colectiva estatutaria de eficacia normativa y general, siempre que tales representaciones sindicales en su conjunto sumen la mayoría de miembros del comité de empresa, y con reglas específicas para la negociación de convenios franja de eficacia general.
[22] MARTÍN VALVERDE. A. *et al.*, *Derecho del Trabajo*, cit., p. 329.
[23] BAYLOS GRAU, A. *Sindicalismo y Derecho Sindical*, cit., p. 50.

En cuanto al número de delegados, la ley establece una doble situación y, así, la cifra oscila entre 1 y 4, como máximo, atendiendo a la audiencia obtenida en los órganos de representación unitaria y a la dimensión de la empresa. De cualquier forma, el número de delegados puede ser y es frecuentemente ampliado por la negociación colectiva. En efecto, la regulación legal en materia de representación y acción sindical actúa como mínimo y, por lo mismo, su contenido puede ser mejorado a través de la negociación colectiva. Así, las facultades de las secciones sindicales, las condiciones de elección de delegados sindicales y número y, sobre todo, la protección de los derechos sindicales, en cualquiera de sus tres vertientes, pueden ser reforzadas o ampliadas mediante convenio colectivo.

Por lo que se refiere al régimen de garantías de los delegados sindicales, la LOLS establece que, en el caso de que los mismos no formen parte del comité de empresa, tendrán las mismas garantías que las establecidas legalmente en el ET para los miembros de dichos comités[24], así como los siguientes derechos ycompetencias que pueden completarse con lo establecido por convenio colectivo: primero, "tener acceso a la misma información y documentación que la empresa ponga a disposición del comité", extendiéndose a su actividad la misma exigencia de sigilo profesional que a los miembros de la representación unitaria; añadidamente, "asistir a las reuniones de los comités de empresa [y Juntas de Personal] y de los órganos internos de la empresa en materia de seguridad e higiene (...) con voz pero sin voto"; y, en tercer lugar, "ser oídos por la empresa previamente a la adopción de medidas de carácter colectivo que afecten a los trabajadores en general (derecho de consulta) y a los afiliados a su sindicato en particular, y especialmente en los despidos y sanciones de estos últimos". El incumplimiento del requisito de audiencia al delegado sindical conlleva la nulidad de la sanción impuesta al afiliado, salvo en el despido disciplinario, que será calificado como improcedente.

Adicionalmente, la LOLS prevé unosderechos específicos para los trabajadores que ostenten cargos electivos de ámbito provincial, autonómico o estatal, en las organizaciones sindicales más representativas, así como para los representantes sindicales que participen en las Comisiones negociadoras de

---

[24] Permanencia en el puesto de trabajo, prohibición de trato discriminatorio, protección formal frente al poder disciplinario e inmunidad ante las represalias. También, les son aplicables las previsiones en materia de crédito horario y de acumulación del mismo.

SINDICATOS E AUTONOMIA PRIVADA COLETIVA

convenios colectivos. Tales derechos forman parte del contenido adicional de la libertad sindical y se traducen, en el primer caso, en el disfrute de permisos no retribuidos, excedencia forzosa con derecho a reserva de puesto de trabajo y asistencia y acceso a los centros de trabajo para participar en actividades sindicales, "previa comunicación al empresario, y sin que el ejercicio de ese derecho pueda interrumpir el desarrollo normal del proceso productivo". En el segundo, en la concesión de permisos retribuidos "que sean necesarios para el adecuado ejercicio de su labor como negociadores, siempre que la empresa esté afectada por la negociación"[25].

Referências

AA.VV., *Gobierno de la empresa y participación de los trabajadores: viejas y nuevas formas institucionales* (XVII Congreso Nacional de Derecho del Trabajo y de la Seguridad Social), Salamanca, Universidad, 2006; AA.VV. (F. Rodríguez Sañudo y E. Carrizosa Prieto, coords.), *El ejercicio de los derechos colectivos de los trabajadores en la empresa*, Madrid, Tecnos, 2011; ALBIOL MONTESINOS, I., *Los representantes de los trabajadores en la jurisprudencia laboral*, Valencia, Tirant lo Blanch, 1998; ALFONSO MELLADO, C.L., *Los derechos colectivos de los empleados públicos en el estatuto básico*, Albacete, Bomarzo, 2008;

ÁLVAREZ MORENO, A., *El delegado de prevención: estudio crítico de su régimen jurídico*, Granada, Comares, 2001;

BAYLOS GRAU, A., *Sindicalismo y Derecho Sindical*, 4ª ed., Albacete, Bomarzo, 2009;

BENEYTO, P.J., *La representación de los trabajadores en la Unión Europea y España: modelos, cobertura y recursos. Fichas e indicadores por países*, Estudio nº 78, Fundación 1º de Mayo, Madrid, 2014;

BOGONI, M., *El comité de empresa europeo*, Albacete, Bomarzo, 2010;

CABEZA PEREIRO, J., *Las elecciones sindicales*, Albacete, Bomarzo, 2009;

MARTÍN VALVERDE, A., *et al.*, *Derecho del Trabajo*, 22ª ed., Madrid, Tecnos, 2013; MORATO GARCÍA, R. y SASTRE IBARRECHE, R., *Una aproximación al Derecho Sindical*, Salamanca, Ratio Legis, 2013;

PALOMEQUE LÓPEZ, M.C., y ÁLVAREZ DE LA ROSA, M., *Derecho del Trabajo*, 21ª ed., Madrid, Ceura, 2013;

SEMPERE NAVARRO, A.V., y PÉREZ CAMPOS, A.I., *Las garantías de los representantes de los trabajadores*, Pamplona, Thomson/Aranzadi, 2004

---

[25] A partir de la doctrina constitucional sobre la *indemnidad retributiva* de los representantes, comentan detalladamente estos derechos M.C. PALOMEQUE LÓPEZ y M. ÁLVAREZ DE LA ROSA, *Derecho del Trabajo*, cit., pp. 422 y ss.

Democracia sindical interna

*Elton Duarte Batalha**

Introdução

A democracia sindical interna é tema pouco estudado no Brasil. Diante de tal fato e da importância do assunto em uma sociedade que procura aperfeiçoar seu caráter democrático, a análise da questão apontada torna-se evidentemente necessária, pois demonstra a compatibilidade entre os valores que informam o ente sindical e os princípios que orientam a comunidade em que se situa o sindicato.

Primeiramente, serão estudados os conceitos de democracia e sindicato, com o objetivo de fornecer sólida sustentação para a posterior reflexão sobre os elementos que devem existir em um sindicato que apresente, internamente, um ambiente democrático.

Em seguida, serão estudados os sistemas jurídicos de países europeus com experiência relevante no que tange ao estudo da democracia sindical interna. Considerando-se a ligação histórica e a influência do pensamento justrabalhista de tais países no panorama brasileiro, optou-se por examinar o material jurídico existente na Itália, em Portugal, na Espanha e na França.

---

* Advogado. Especialista em direito e processo do trabalho pela Faculdade de Direito da Universidade Presbiteriana Mackenzie. Especialista em direito tributário pela Faculdade de Direito da Pontifícia Universidade Católica de São Paulo. Mestre e doutor pela Faculdade de Direito da Universidade de São Paulo. Professor de direito do trabalho e direito empresarial das Faculdades de Administração, Ciências Contábeis e Comércio Internacional da Universidade Presbiteriana Mackenzie.

Para finalizar o presente artigo, será estudada especificamente a realidade do Brasil, a partir da análise da Consolidação das Leis do Trabalho, da Constituição da República de 1988 e dos estatutos de alguns entes sindicais notoriamente relevantes no país, levando à conclusão quanto ao grau de democracia existente no âmbito interno das entidades sindicais brasileiras.

1.Conceitos básicos

1.1. Democracia

O conceito de democracia, embora largamente utilizado, parece bastante obscuro[1]. Tal imprecisão, aliás, faz com que a democracia seja tratada como algo positivo de forma praticamente unânime, ainda que seja para sustentar as mais diversas posições. Observe-se, por exemplo, que o argumento democrático é utilizado para que a minoria submeta-se à vontade da maioria e, do mesmo modo, a democracia é brandida pelos grupos minoritários na defesa dos respectivos interesses diante da maioria.

Primeiramente, deve-se atentar ao fato de que a democracia não é um fim em si mesmo, mas um instrumento a ser utilizado por qualquer coletividade a fim de que haja a concretização dos direitos fundamentais dos indivíduos que compõem a comunidade. Democracia é um processo político em que o poder pertence à coletividade, deve ser exercido, de forma direta ou indireta, pelos integrantes da comunidade e deve produzir resultado positivo em favor dessa mesma coletividade[2].

O sistema democrático, portanto, deve sustentar-se essencialmente em dois princípios: a coletividade é a fonte do poder e, além disso, deve participar do exercício do poder. Nesse contexto, a igualdade e a liberdade surgem como valores fundantes da democracia[3], sendo esta um meio de concretização de tais valores[4]. O objetivo da utilização da democracia como forma de exercício

---

[1] Em sentido similar, cf. FERREIRA FILHO, Manoel Gonçalves. *Curso de direito constitucional*. 27. ed. atual. São Paulo: Saraiva, 2001, p. 96.

[2] Cf. SILVA, José Afonso da. *Curso de direito constitucional positivo*. 32. ed. rev. e atual. São Paulo: Malheiros, 2009, p. 125-126.

[3] Nesse sentido, cf. FERREIRA FILHO, Manoel Gonçalves. *Curso de direito constitucional*. 27. ed. atual. São Paulo: Saraiva, 2001, p. 97.

[4] Cf. SILVA, José Afonso da.*Curso de direito constitucional positivo*. 32. ed. rev. e atual. São Paulo: Malheiros, 2009, p. 131-132.

de poder é, em última análise, a realização de direitos fundamentais, constatação de importância fulcral diante da solução de problemas relacionados à dominação da maioria sobre a minoria em qualquer comunidade[5].A valorização da pluralidade de visões[6], algo típico da democracia, tem assento constitucional no Brasil, sendo mencionado no Preâmbulo da Carta Magna de 1988 e reafirmado no inciso V do artigo 1º do mesmo diploma[7].Em um ambiente democrático, a divergência não deve ser silenciada; na democracia, o antagonismo é fecundo[8].

Atente-se, outrossim, a um fator que, muitas vezes, parece confundir-se com o conceito de democracia, podendo ensejar grandes injustiças: a técnica da maioria. Obviamente, não se pretende aqui desqualificar tal técnica ou diminuir-lhe a utilidade no bojo de um sistema democrático. Busca-se, apenas, ressaltar o fato de que a observância da escolha majoritária é fator necessário, mas não suficiente, para vivenciar plenamente as vantagens da democracia[9]. A vontade da maioria encontra limites nos direitos fundamentais[10]. Caso tal

---

[5] A preocupação com a visão meramente procedimental da democracia, baseada somente na vontade da maioria, é exposta por Ronald Dworkin, na obra *Is democracy possible here? Principles for a new political debate*. Princeton/Oxford: Princeton University Press, 2006, p. 131: *"According to the majoritarian view, democracy is government by majority will, that is, in accordance with the will of the greatest number of people, expressed in elections with universal or near universal suffrage. There is no guarantee that a majority will decide fairly; its decisions may be unfair to minorities whose interests the majority systematically ignores. If so, then democracy is unjust but no less democracy for that reason"*.

[6] Nesse sentido, Alain TOURAINE, na obra *O que é a democracia?* Trad. Guilherme João de Freitas Teixeira. Petrópolis: Vozes, 1996, p. 25, assevera: "o regime democrático é a forma de vida política que dá a maior liberdade ao maior número de pessoas, que protege e reconhece a maior diversidade possível".

[7] O referido dispositivo estabelece o seguinte: "Art. 1º A República Federativa do Brasil, formada pela união indissolúvel dos Estados e Municípios e do Distrito Federal, constitui-se em Estado Democrático de Direito e tem como fundamentos: (...) V – o pluralismo político". Disponível em: <http://www.planalto.gov.br/ccivil_03/Constituicao/Constituicao.htm> Acesso em: 20-2-2014.

[8] Nesse sentido, cf. BOBBIO, Norberto. *Liberalismo e democracia*. Trad. Marco Aurélio Nogueira. São Paulo: Brasiliense, 2007, p. 26-30.

[9] Nesse sentido, atente-se ao seguinte excerto de DWORKIN, Ronald. *Is democracy possible here? Principles for a new political debate*. Princeton/Oxford: Princeton University Press, 2006, p. 139-140: *"In fact, it is a serious mistake to think that a majority vote is always the appropriate method of collective decision whenever a group disagrees about what its members should do. (...) Majority rule is appropriate in politics not because is the only fair method but for the more practical reason that majority results in wiser and better government. (...) But we have absolutely no right to that assumption when the issues are fundamental moral ones"*.

[10] Entenda-se por fundamental aquele direito conferido pela constituição a todos os cidadãos, sem qualquer distinção. Em sentido semelhante, cf. BOBBIO, Norberto. *Liberalismo e democracia*. Trad. Marco Aurélio Nogueira. São Paulo: Brasiliense, 2007, p. 41.

limite não seja respeitado, há um considerável risco de que a relação de poder entre as forças sociais seja caracterizada simplesmente como a tirania da maioria[11].

Observa-se, portanto, que não deve haver confusão entre as técnicas (como a eleição majoritária), os princípios (como a participação da coletividade no poder) e os valores (como a igualdade) com o objetivo da democracia (concretização dos direitos fundamentais). Em suma, José Afonso da Silva ensina o que é, essencialmente, a democracia, definindo-a como "o regime de garantia geral para a realização dos direitos fundamentais do homem"[12].Essa é a orientação que irá pautar o presente trabalho.

1.2. Sindicato

O sindicato é órgão fundamental de representação dos agentes que participam das relações de trabalho, sobretudo dos trabalhadores, considerados, em regra, economicamente mais fracos que os empregadores. Síndico, aliás, é termo encontrado no direito romano para aludir à pessoa incumbida de representar determinada coletividade[13].

A legislação brasileira faz referência ao sindicato no *caput* do artigo 511 da Consolidação das Leis do Trabalho (CLT)[14], nos seguintes termos:

> "É lícita a associação para fins de estudo, defesa e coordenação dos seus interesses econômicos ou profissionais de todos os que, como empregadores, empregados, agentes ou trabalhadores autônomos ou profissionais liberais exerçam, respectivamente, a mesma atividade ou profissão ou atividades ou profissões similares ou conexas".

---

[11] Para maiores informações sobre a mencionada tolerância, cf. KELSEN, Hans. *A democracia*. Trad. Vera Barkow, Jefferson Luiz Camargo, Marcelo Brandão Cipolla e Ivone Castilho Benedetti. 2. ed. São Paulo: Martins Fontes, 2000, p. 182-183. Ademais, para aprofundar a reflexão sobre o assunto, atente-se às palavras de Alain TOURAINE, na obra *O que é a democracia?* Trad. Guilherme João de Freitas Teixeira. Petrópolis: Vozes, 1996, p. 26, em uma situação hipotética na África do Sul após o *Apartheid*: "Se amanhã uma eleição direta por sufrágio universal permitisse que a maioria negra eliminasse a minoria branca, não invocaríamos a democracia para justificar essa política de intolerância".

[12] *Curso de direito constitucional positivo*. 32. ed. rev. e atual. São Paulo: Malheiros, 2009, p. 132.

[13] NASCIMENTO, Amauri Mascaro. *Curso de direito do trabalho: história e teoria geral do direito do trabalho – relações individuais e coletivas do trabalho*. 22. ed. rev. e atual. São Paulo: Saraiva, 2007, p. 1116.

[14] Disponível em: <http://www.planalto.gov.br/ccivil_03/Decreto-Lei/Del5452.htm> Acesso em: 15-2-2014.

Nota-se, nos termos legais, a enumeração de três aspectos característicos do sindicato: a natureza (associativa),os sujeitos (empregadores, empregados e profissionais liberais) e a finalidade (tutela de interesses econômicos ou profissionais). O sindicato, assim, é um grupo funcional que reúne e singulariza alguns indivíduos levando em consideração os elementos que apresentam em comum[15], no caso, a defesa de interesses relacionados à condição de agentes nas relações de trabalho. Observe-se, ademais, que o termo sindicato, no Brasil, faz referência não somente ao ente que representa os trabalhadores, mas também os empregadores, diferentemente de outros países[16].

A visão legal é uma definição analítica importante, mas incompleta, uma vez que não faz referência a outro elemento fundamental da caracterização do sindicato: o caráter permanente da união das pessoas que compõem o ente sindical. Não se trata de uma união esporádica de pessoas interessadas em realizar algo em favor da coletividade, mas de uma entidade estruturada para defender continuamente a comunidade que representa.

Nesse sentido, parece interessante a definição do ente sindical de base dada por José Augusto Rodrigues Pinto[17]: "associação constituída, em caráter permanente, por pessoas físicas ou jurídicas, para estudo e defesa de seus interesses afins e prestação assistencial a todo o grupo, além de outras atividades complementares que o favoreçam".

Outra definição doutrinária que agrega um aspecto importante ao trabalho de conceituação do sindicato é dada por Amauri Mascaro Nascimento: "sindicato é uma organização social constituída para, segundo um princípio de autonomia privada coletiva, defender os interesses trabalhistas e econômicos nas relações coletivas entre grupos sociais"[18]. Ressaltamos as palavras do mencionado doutrinador em virtude da referência à autonomia do ente sindical na luta por adquirir vantagens em favor de quem é por ela representado.

Continuando o exercício de análise dos elementos que caracterizam o sindicato, observe-se a visão adotada por Luciano Martinez[19]:

---

[15] Cf. MORAES FILHO, Evaristo de; MORAES, Antonio Carlos Flores de. *Introdução ao direito do trabalho*. 10. Ed. São Paulo: LTr, 2010, p. 667.

[16] Nesse sentido, cf. BRITO FILHO, José Claudio Monteiro de. *Direito sindical*. 2. ed. São Paulo: LTr, 2007, p. 101.

[17] PINTO, José Augusto Rodrigues. *Tratado de direito material do trabalho*. São Paulo: LTr, 2007, p. 717.

[18] NASCIMENTO, Amauri Mascaro. *Curso de direito do trabalho: história e teoria geral do direito do trabalho – relações individuais e coletivas do trabalho*. 22. ed. rev. e atual. São Paulo: Saraiva, 2007, p. 1118.

[19] MARTINEZ, Luciano. *Curso de direito do trabalho: relações individuais, sindicais e coletivas de trabalho*. 2. ed. São Paulo: Saraiva, 2011, p. 652.

> Sindicatos são associações autônomas, constituídas em caráter permanente e sem fins lucrativos, criadas com o objetivo de promover o estudo, a defesa e a coordenação dos interesses econômicos e profissionais daqueles que exerçam a mesma atividade ou profissão ou atividades ou profissões conexas.

Merece realce, na definição transcrita, a menção do autor à finalidade não lucrativa da entidade sindical. O fato de o sindicato não ter o lucro em vista, aliás, é aspecto que o distingue de outra coletividade, caracterizada justamente por buscar lucratividade como resultado de sua atuação: a sociedade[20].

Conclui-se, portanto, que o conceito de sindicato, extraído das definições expostas, deve conter os seguintes elementos: a natureza da entidade (associação); a estabilidade (união permanente); os sujeitos integrantes (empregadores, empregados e profissionais liberais); a liberdade de atuação (autonomia privada coletiva)e a finalidade (não lucrativa, mas de tutela de interesses econômicos ou profissionais).

2.Elementos da democracia sindical interna

Tema de fundamental relevância a ser estudado concerne aos elementos indicadores do nível de desenvolvimento da democracia no interior do sindicato. A observância de tais indícios demonstra a possibilidade de os entes sindicais superarem os obstáculos característicos de um sistema sindical marcado por traços corporativistas, como no caso brasileiro. A partir da análise desse tópico, torna-se possível a análise pormenorizada da democracia sindical interna no Brasil.

Robert Dahl[21] fornece importantes subsídios para a existência de um regime democrático, arrolando seis elementos: funcionários eleitos; eleições livres, justas e frequentes; liberdade de expressão; fontes de informação diversificadas; autonomia para as associações e cidadania inclusiva. Nota-se que, embora os elementos realçados por Dahl sejam interessantes para a reflexão sobre o assunto, a visão do mencionado autor deve ser considerada com cautela, pois a noção de democracia por ele estudada tem caráter exclusivamente político, sem as necessárias adaptações do tema ao meio sindical.

---

[20] No mesmo sentido, cf. NASCIMENTO, Amauri Mascaro. *Compêndio de direito sindical*. 6. ed. São Paulo: LTr, 2009, p. 286.

[21] DAHL, Robert. *Sobre a democracia*. Trad. de Beatriz Sidou. Brasília: Editora UnB, 2001, p. 99.

DEMOCRACIA SINDICAL INTERNA

Parece mais adequada, para os fins do presente estudo, a adoção dos elementos apontados por Ericson Crivelli[22] como indicadores de democracia sindical interna. O ambiente democrático, segundo tal autor, depende da existência dos seguintes aspectos: facções; oposição; suborganizações; convenção; eleições; assembleias e meios de comunicação.

Ao aludir às facções, buscou-se fazer referência a grupos caracterizados por certa instabilidade em sua existência, diferentemente dos partidos políticos, marcados por maior formalismo e estabilidade[23]. Os mencionados grupamentos são importantes como forma de canalizar as diferentes visões políticas existentes no interior do sindicato. Note-se a importância de tal fato em um sistema sindical que não se caracteriza pelo pluralismo sindical, como ocorre no Brasil.

A oposição é importante no sindicato, pois materializa a possibilidade de contestação à facção dirigente, tendo papel importante na limitação do poder exercido por aqueles que estão na administração do sindicato. Obviamente, a oposição deve ter a chances concretas de alcançar o poder no ente sindical. Caso isso não ocorra, a facção que não está no poder será mero simulacro de oposição e não haverá a caracterização exata da democracia, marcada pela existência efetiva de visões plúrimas e divergentes quanto às decisões que devem ser tomadas em favor da coletividade[24].

Quanto às suborganizações, deve ser observado o papel a ser desempenhado por determinadas associações existentes no seio sindical no processo de competição entre as facções pelo poder, sobretudo no que tange à relação existente entre tais organismos e a direção sindical. Associações esportivas são um exemplo dessas suborganizações.

Outro elemento a ser analisado na relação de poder sindical diz respeito à existência da convenção, entendida esta como um procedimento anterior às eleições sindicais em que são escolhidos os dirigentes. Dessa maneira,

---

[22] CRIVELLI, Ericson. *Democracia sindical no Brasil.* São Paulo: LTr, 2000, p. 54-59.

[23] Importante estudo sobre a existência de oposição sindical pode ser consultado em LIPSET, Seymour Martin; TROW, Martin A.; COLEMAN, James S. *La democracia sindical – La política interna del Sindicato Tipográfico Internacional.* Trad. B. Gimeno. Madrid: Ministerio de Trabajo y Seguridad Social, 1989. No caso exposto na obra mencionada, entretanto, há análise de um sistema bipartidário permanente no interior do sindicato, com todas as implicações daí advindas.

[24] Robert Dahl sustenta que a existência de oposição é fundamental em um sistema democratizado. Na obra *Poliarquia.* Trad. Celso Mauro Paciornik. São Paulo: Editora da Universidade de São Paulo, 1997, p. 29, o autor mencionado considera essencial, em um ambiente democrático, a possibilidade de contestação pública e o direito de participação.

SINDICATOS E AUTONOMIA PRIVADA COLETIVA

amplia-se a possibilidade de participação política dos membros do sindicato, havendo maior legitimidade na constituição da autoridade sindical.

A eleição representa o momento de maior importância para verificação da existência da democracia no interior dos sindicatos, pois representa o ponto de síntese dos demais elementos que caracterizam o ambiente democrático. A existência concreta de possibilidade de alternância de poder é percebida no processo eleitoral. Questões como a elegibilidade, fiscalização e publicidade dos atos praticados no pleito, bem como a transparência de todo o processo eleitoral são aspectos essenciais na caracterização da democracia sindical interna.

As assembleias também são relevantes no meio sindical, pois cristalizam um momento em que a coletividade dos trabalhadores pode participar do processo de tomada de decisões, conscientizando-se de assuntos que podem influenciar a vida profissional desse mesmo conjunto de pessoas[25].

Observe-se, por fim, a importância da existência de meios de comunicação para que as diversas facções sindicais possam externar suas visões políticas sobre o futuro do sindicato que integram. Evidentemente, deve-se atentar, sobretudo, ao grau de liberdade desfrutado pela oposição na manifestação de suas ideias, dado que os dirigentes sindicais, por ocuparem o poder, não encontram dificuldade em disseminar suas visões para a coletividade.

É, em suma, com base nos elementos acima expostos que serão estudados os estatutos de determinados sindicatos, buscando-se uma conclusão sobre o grau de desenvolvimento da democracia sindical no Brasil. Antes disso, porém, mister analisar o sistema jurídico estrangeiro para a obtenção de maiores subsídios à reflexão.

3.Experiência estrangeira

O tema da democracia sindical interna ainda é pouco explorado no Brasil. Além de não haver grande disponibilidade de estudos doutrinários,

---

[25] A noção de participação ampla no processo deliberativo como fator essencial da democracia, não se restringindo apenas à eleição, é sustentada por Gaspar Rul-LánBuades na obra *Poder sindical y democracia*. Cordoba: ETEA, 1989, p. 37: *"Democracia no es sólo participar em la elección de aquéllos que han de tomar las decisiones, ni tampoco participar únicamente em los resultados de estas decisiones. Democracia es, fundamentalmente, participar en todo el proceso de la toma de decisiones, com aquéllos que han sido eligidos para el gobierno, de maniera que en cada decisión política se tomen en cuenta los intereses de los electores de la clase obrera"*.

percebe-se que a legislação nacional também é omissa sobre o assunto. Diante disso, torna-se evidente a importância da busca de substrato à reflexão no direito estrangeiro, algo que será feito, ainda que sucintamente, nesse ponto do estudo. Serão observadas as experiências de quatro países europeus que apresentam, historicamente, influência sobre a realidade jurídica brasileira: Itália, Portugal, Espanha e França.

3.1. Itália

O sistema jurídico trabalhista italiano, no campo coletivo, é caracterizado pela liberdade sindical. Essa afirmação é sustentada, sobretudo, pela afirmação contida no parágrafo primeiro do artigo 39 da Constituição da Itália, que assegura ser livre a organização sindical[26]. Tal liberdade é, além de fruto da construção histórica da sociedade italiana, resultado da influência de legislação internacional, como a Convenção 87 da Organização Internacional do Trabalho, ratificada em 1953; Convenção para a salvaguarda dos direitos do homem e das liberdades fundamentais, ratificada em 1955; e, finalmente, da Carta Social Europeia, ratificada em 1965[27].

Com efeito, a liberdade dos sindicatos, nos âmbitos externo e interno, é tema tratado com cuidado no referido artigo 39 da Constituição Italiana. O parágrafo 3º de tal dispositivo[28] ressalta claramente a necessidade de que o estatuto do sindicato tenha caráter democrático para que haja o registro da entidade no órgão competente do governo. Esse ato de registro, previsto no parágrafo 2º do artigo em estudo[29], estabelece um dever ao sindicato que pretende representar a coletividade dos trabalhadores. Dessa forma, para haver o registro oficial, deveria haver previsão no ato constitutivo do sindicato de pontos como eleições majoritárias dos dirigentes sindicais e atribuição de certos poderes à assembleia de associados, dando vazão à vontade dos representados.

---

[26] O mencionado dispositivo estatui que: *"L'organizzazione sindacale è libera"*. Disponível em: <http://www.governo.it/Governo/Costituzione/1_titolo3.html>. Acesso em: 23-2-2014.

[27] GALANTINO, Luisa. *Diritto sindacale*. 14. Torino: G. Giappichelli Editore, 2006, p. 1.

[28] Parágrafo 3º do artigo 39 da Constituição italiana, *in verbis*: "È condizione per la registrazione che gli statuti dei sindacati sanciscano un ordinamento interno a base democratica".

[29] Determina o parágrafo 2º do artigo 39 da Carta Magna da Itália: *"Ai sindacati non può essere imposto altro obbligo se non la loro registrazione presso uffici locali o centrali, secondo Le norme di legge"*.

Segundo Luisa Galantino[30], o registro tem por objetivo a constatação da legitimidade da entidade sindical para conferir-lhe a personalidade jurídica de direito privado. Ocorre, porém, que os parágrafos que constam no artigo 39 da Constituição da Itália são normas de caráter programático e que, portanto, dependem de atuação do legislador infraconstitucional para que possam produzir efeitos de forma plena, algo que ainda não ocorreu. Isso faz com que o esquema jurídico traçado na Constituição para fins de registro do sindicato não é observado, o que exonera a entidade sindical, em tese, da necessidade de ter um estatuto democrático caso não queira ser submetida ao ato registral. A generalidade dos sindicatos italianos são, portanto, privados de personalidade jurídica.

Diferentemente daquilo que se poderia concluir em um primeiro momento, os sindicatos italianos não encontram liberdade a ponto de desrespeitar os princípios democráticos vigentes na sociedade italiana. Tal fato ocorre pois tais entidades, ainda que não reconhecidas de acordo com as regras constitucionais, estão submetidas às regras do Código Civil da Itália, o qual estabelece regras de cunho evidentemente democrático, como a periodicidade com que a assembleia deve ser convocada[31] e o princípio majoritário a prevalecer nas votações[32].

Portanto, conclui-se que, apesar de não haver aplicação prática do artigo da Constituição italiana, os sindicatos apresentam democracia interna em virtude da determinação do código civil daquele país, refletindo a consciência de democracia que permeia a Itália.

---

[30] *Diritto sindacale*. 14. Torino: G. Giappichelli Editore, 2006, p. 9-11.

[31] O artigo 20 do código civil italiano estabelece o seguinte: *"L'assemblea delle associazioni deve essere convocata da gli amministratori una volta l'anno per l'approvazione del bilancio. L'assemblea deve essere inoltre convocata quando se ne ravvisa la necessità o quando ne è fattari chiesta motivata da almeno un decimo degli associati. In quest'ultimo caso, se gli amministratori non vi provvedono, la convocazione può essere ordinata dal presidente del tribunale"*. Disponível em: <http://www.altalex.com/index.php?idnot=34800> Acesso em: 20-2-2014.

[32] Estatui o artigo 21 do código civil italiano, *in verbis: "Le deliberazionidell'assemblea sono prese a maggioranza di voti e com la presenza di almeno la metà degli associati. In seconda convocazione la deliberazione è valida qualunque sia il numero degli intervenuti. Nelle deliberazioni di approvazione del bilancio e in quelle che riguardano la loro responsabilità gli amministratori non hanno voto. Per modificare l'atto costitutivo e lo statuto, se in essi non è altrimenti disposto, occorrono la presenza di almeno tre quarti degli associati e il voto favorevole della maggioranza dei presenti. Per deliberare lo scioglimento dell'associazione e la devoluzione del patrimonio occorre il voto favorevole di almeno tre quarti degli associati".*

3.2.Portugal

Do mesmo modo que ocorre na Itália, o sistema jurídico português adota a liberdade sindical como sustentáculo de seu sistema de relações coletivas de trabalho[33]. As principais fontes que justificam a adoção de tal ponto de vista são as Convenções n. 87 e n. 98, ambas ratificadas por Portugal; o artigo 55 da Constituição Portuguesa[34]; o artigo 5º da Carta Social Europeia[35]; o artigo 11 da Carta Comunitária dos Direitos Sociais Fundamentais dos Trabalhadores[36]; o item 1 do artigo 12 da Carta dos Direitos Fundamentais da União Europeia[37], o item 1 do artigo 22 do Pacto Internacional sobre Direitos Civis e Políticos[38]; e a alínea 'a' do item 1 do artigo 8º do Pacto Internacional sobre os Direitos Econômicos e Sociais[39].

---

[33] Cf. XAVIER, Bernardo da Gama Lobo. *Manual de direito do trabalho*. Lisboa: Verbo, 2011, p. 110.

[34] Determina o nº 1 do artigo 55 da Constituição de Portugal: "1. É reconhecida aos trabalhadores a liberdade sindical, condição e garantia da construção da sua unidade para defesa dos seus direitos e interesses". Disponível em: <http://www.tribunalconstitucional.pt/tc/crp.html#art55> Acesso em: 22-2-2014.

[35] O mencionado artigo determina o seguinte: "Todos os trabalhadores e empregadores têm o direito de se associar livremente em organizações nacionais ou internacionais para a protecção dos seus interesses econômicos e sociais". Disponível em: <http://www.gddc.pt/direitos-humanos/ textos-internacionais-dh/tidhregionais/rar64A_2001.html> Acesso em: 25-2-2014.

[36] Dispõe o referido artigo: "Os empregadores e os trabalhadores da Comunidade Europeia têm o direito de se associar livremente com vista a constituir organizações profissionais ou sindicais da sua escolha para a defesa dos seus interesses econômicos e sociais. Todos os empregadores e todos os trabalhadores têm a liberdade de aderir ou não aderir a essas organizações, sem que tal lhes acarrete qualquer prejuízo pessoal ou profissional". Disponível em: <http://ftp.infoeuropa. eurocid.pt/database/000043001-000044000/000043646.pdf> Acesso em: 24-2-2014.

[37] Determina o dispositivo mencionado: "1. Todas as pessoas têm direito à liberdade de reunião pacífica e à liberdade de associação a todos os níveis, nomeadamente nos domínios político, sindical e cívico, o que implica o direito de, com outrem, fundarem sindicatos e de neles se filiarem para a defesa dos seus interesses". Disponível em: <http://www.europarl.europa.eu/charter/pdf/text_ pt.pdf> Acesso em: 26-2-2014.

[38] O dispositivo mencionado estatui o seguinte: "Toda pessoa terá o direito de associar-se livremente a outras, inclusive o direito de construir sindicatos e de a eles filiar-se, para a proteção de seus interesses".

[39] *In verbis*: "Os Estados Partes no presente Pacto comprometem-se a assegurar: a) O direito de todas as pessoas de formarem sindicatos e de se filiarem no sindicato da sua escolha, sujeito somente ao regulamento da organização interessada, com vista a favorecer e proteger os seus interesses econômicos e sociais. O exercício deste direito não pode ser objeto de restrições, a não ser daquelas previstas na lei e que sejam necessárias numa sociedade democrática, no interesse da segurança nacional ou da ordem pública, ou para proteger os direitos e as liberdades de outrem".

SINDICATOS E AUTONOMIA PRIVADA COLETIVA

Obviamente, um dos corolários da adoção da liberdade sindical em um sistema jurídico consiste na existência de autonomia de organização e gestão do sindicato, situação, aliás, prevista na alínea 'c' do nº 2 do artigo 55 da Constituição[40]. Seria, de fato, um contrassenso a coexistência da liberdade sindical como pressuposto de um conjunto de regras e o desrespeito à autogestão da entidade sindical.

A democracia sindical interna tem relevância em Portugal a ponto de assumir assento constitucional. O nº 3 do artigo 55 da Constituição Portuguesa[41] faz clara referência ao fato de que as organizações sindicais devem se reger por princípios democráticos, sustentadas em aspectos como eleições periódicas e voto secreto. Há liberdade para que o sindicato organize-se internamente, não sendo, porém, absoluto tal direito, dada a necessidade de que os estatutos sejam regidos por princípios democráticos. Caso esse requisito não seja cumprido, o estatuto do sindicato não será considerado válido, assim como a consequente constituição do sindicato, conforme aponta a jurisprudência lusitana[42].

Nota-se que Portugal preza os princípios democráticos não somente como direito do cidadão na condição de integrante da sociedade civil, mas também na condição de trabalhador que integra uma entidade associativa que o representa. A democracia, assim, permeia as instituições presentes na sociedade.

Merece especial atenção, nesse sentido, o direito de tendência previsto na Constituição Portuguesa[43]. A criação desse instituto pelo constituinte lusitano teve por finalidade possibilitar a expressão de diversas opiniões dentro do mesmo sindicato a partir da institucionalização das diversas correntes[44]. Buscou-se, dessa forma, permitir que as demandas das minorias existentes na entidade sindical fossem devidamente ouvidas – ainda que não necessariamente atendidas. Percebe-se, portanto, que o direito de tendência representa

---

[40] *In verbis*: "A liberdade de organização e regulamentação interna das associações sindicais".

[41] Determina o referido dispositivo: "As associações sindicais devem reger-se pelos princípios da organização e da gestão democráticas, baseados na eleição periódica e por escrutínio secreto dos órgãos dirigentes, sem sujeição a qualquer autorização ou homologação, e assentes na participação activa dos trabalhadores em todos os aspectos da actividade sindical".

[42] Nesse sentido, cf. LEITÃO, Luís Manuel Teles de Menezes. *Direito do trabalho*. 2.ed. Coimbra: Almedina, 2010, p. 597 e 603.

[43] A alínea 'e' do item 2 do artigo 55 do referido diploma determina o seguinte: "O direito de tendência, nas formas que os respectivos estatutos determinarem".

[44] Para mais informações sobre direito de tendência no sistema jurídico português, cf. XAVIER, Bernardo da Gama Lobo. *Manual de direito do trabalho*. Lisboa: Verbo, 2011, p. 116-117; LEITÃO, Luís Manuel Teles de Menezes. *Direito do trabalho*. 2. ed. Coimbra: Almedina, 2010, p. 603.

DEMOCRACIA SINDICAL INTERNA

um instrumento relevante na materialização dos fundamentos democráticos: a prevalência da vontade da maioria combinada com o respeito à opinião da minoria.

Obviamente, a existência da mencionada válvula de escape à fecunda divergência que caracteriza os sistemas democráticos não impediu algumas cisões ou criações de novos sindicatos, como se verifica pela criação da UGT (União Geral de Trabalhadores), em contraposição à CGTP (Confederação Geral dos Trabalhadores Portugueses), além do desenvolvimento de certo sindicalismo independente[45]. Ainda que o objetivo do direito de tendência fosse o respeito à pluralidade de visões dentro da unidade do ente sindical, o movimento de criação de novos sindicatos não deve ser visto como o fracasso da democracia. A possibilidade de criação de novos sindicatos, dando vazão às outras formas de atuação nas relações coletivas de trabalho, demonstra o vigor da democracia e o respeito à liberdade sindical vigentes em Portugal.

Observa-se a importância da democracia sindical interna no país em estudo a partir da análise do artigo 451 do atual Código do Trabalho lusitano[46]. Há referência clara, em tal dispositivo, a aspectos tipicamente democráticos, como o amplo direito de participação dos trabalhadores associados, igualdade de oportunidades no processo eleitoral, prazo para o exercício do mandato dos dirigentes sindicais (observando-se, entretanto, o estatuto, caso disponha em sentido contrário)[47].Note-se que, embora o legislador determine alguns parâmetros democráticos, há permissão às partes envolvidas para que regulamentem de forma autônoma os seus interesses, em respeito à autonomia administrativa dos sindicatos.

---

[45] Cf. XAVIER, Bernardo da Gama Lobo. *Manual de direito do trabalho*. Lisboa: Verbo, 2011, p. 117.

[46] Disponível em: <http://www.cite.gov.pt/pt/legis/CodTrab_L1_008.html#L8_007> Acesso em: 20-2-2014.

[47] Nesse sentido, veja o item do mencionado dispositivo legal: "1 – No respeito pelos princípios da organização e da gestão democráticas, as associações sindicais e as associações de empregadores devem reger-se, nomeadamente, em obediência às seguintes regras: a) Todo o associado no gozo dos seus direitos tem o direito de participar na actividade da associação, incluindo o de eleger e ser eleito para os corpos sociais e ser nomeado para qualquer cargo associativo, sem prejuízo de poder haver requisitos de idade e de tempo de inscrição; b) São asseguradas a igualdade de oportunidades e imparcialidade no tratamento das listas concorrentes a eleições para os corpos sociais; c) O mandato dos membros da direcção não pode ter duração superior a quatro anos, sendo permitida a reeleição para mandatos sucessivos, salvo disposição estatutária em contrário".

3.3. Espanha

O sistema jurídico espanhol alberga o direito do sindicato de redigir o próprio estatuto como um corolário lógico da liberdade sindical, conforme o exposto na alínea 'a' do item 2 do artigo 2º da Lei Orgânica de Liberdade Sindical[48]. A Constituição Espanhola[49], por sua vez, reconhece a liberdade de criação e de atividade sindical, desde que respeitado o estabelecido na lei e no Texto Maior, além de determinar que a estrutura interna e o funcionamento da entidade sindical devem ser democráticos, de acordo com o exposto no artigo 7º[50].

A questão democrática no interior do ente sindical é tratada no artigo 4º da Lei Orgânica de Liberdade Sindical, ao determinar alguns aspectos que, obrigatoriamente, devem constar no estatuto. A alínea 'c' do item 2 do mencionado dispositivo estatui que os órgãos de direção sindical, o funcionamento e as eleições sindicais deverão ser regidas por princípios democráticos[51]. É a efetiva participação de todos aqueles que fazem parte do sindicato que justifica a existência do mencionado ente, conferindo-lhe legitimidade na criação e manutenção dos direitos dos sujeitos representados. Seria estéril a faculdade de constituir sindicatos caso não fosse respeitado o direito de participação daqueles que deram origem a tal entidade coletiva[52].

Assim, como já estudados em sistemas jurídicos de outros países, nota-se que, também na Espanha, a liberdade de autogoverno concedida aos entes sindicais não é absoluta, devendo ser observado o conteúdo legal e constitucional, bem como os elementos básicos da democracia. Portanto, não seria possível, por exemplo, o estatuto determinar a aceitação exclusiva de trabalhadores de

---

[48] O referido dispositivo determina o seguinte: *"2. Las organizaciones sindicales em el ejercicio de la libertad sindical, tienen derecho a: a) Redactar sus estatutos y reglamento, organizar su administración interna y sus actividades y formular su programa de acción"*. Disponível em: <http://www.ugr.es/~feteugt/documentos/lols.pdf> Acesso em: 25-2-2014.

[49] Disponível em: http://www.congreso.es/consti/constitucion/indice/titulos/articulos.jsp?ini=1&fin=9& tipo=2> Acesso em: 25-2-2014.

[50] O artigo sob análise determina o seguinte: *"Los sindicatos de trabajadores y las asociaciones empresariales contribuyen a la defensa y promoción de los intereses económicos y sociales que les son propios. Su creación y el ejercicio de su actividad son libres dentro del respeto a la Constitución y a la ley. Su estructura interna y funcionamiento deberán ser democráticos"*.

[51] *In verbis: "Los órganos de representación, gobierno y administración y su funcionamiento, así como el régimen de provisión electiva de sus cargos, que habrán de ajustarse a princípios democráticos"*.

[52] Em sentido similar, cf. OJEDA AVILÉS, Antonio. *Derecho sindical*. 8. ed. Madrid: Tecnos, 2003, p. 157.

determinada nacionalidade em um sindicato, excluindo os demais, sendo tal conduta de caráter nitidamente discriminatório[53].

3.4. França

No direito francês, prevalece a visão de que os sindicatos podem ser criados livremente, sendo proibido qualquer tipo de ingerência estatal na constituição e no funcionamento do referido ente. O estatuto, ato constitutivo do ente sindical, determina as regras que deverão ser observadas no interior do sindicato, tendo como limite o respeito às leis[54].

Os artigos L2131-5 e L-2131-4, ambos do Código do Trabalho Francês[55], determinam que qualquer membro do sindicato que esteja em pleno exercício dos direitos civis pode exercer funções de administração ou direção de um sindicato[56]. É possível concluir que a liberdade concedida para a criação do ente sindical não é absoluta, devendo observar parâmetros legais e princípios democráticos. Preenchidos os requisitos apontados, não é possível ao estatuto instituir qualquer tipo de discriminação de modo a impedir o acesso de algum integrante à direção sindical.

Com efeito, a mera adesão de uma pessoa ao sindicato não pode sofrer discriminação, sendo impensável, por exemplo, a recusa de alguém em virtude de orientação política ou confessional. A democracia sindical é caracterizada por essa participação e por certo grau de controle exercido pelos integrantes sobre a entidade coletiva[57].

---

[53] Para mais informações sobre a democracia sindical interna na Espanha, cf. MARTÍN VALVERDE, Antonio; RODRÍGUEZ-SAÑUDO GUTIÉRREZ, Fermín; GARCÍA MURCIA, Joaquín. *Derecho del trabajo*. 19. ed. Madrid: Tecnos, 2010, p. 278-280.

[54] Nesse sentido, cf. PÉLISSIER, Jean; SUPIOT, Alain; JEAMMAUD, Antoine. *Droit du travail*. 23. ed. Paris: Dalloz, 2006, p. 649-650; CAMERLYNCK, G.H.; LYON-CAEN, Gérard. *Précis de droit du travail*. 5. ed.Paris: Dalloz, 1972, p. 437.

[55] Disponível em: <http://www.legifrance.gouv.fr> Acesso em: 26-2-2014.

[56] Os mencionados dispositivos estatuem o seguinte: *"Article L2131-4 - Tout adhérent d'un syndicat professionnel peut, s'il remplitles conditions fixées par l'article L. 2131-5, accéder aux fonctions d'administration ou de direction de ce syndicat. Article L2131-5 - Tout membre français d'un syndicat professionnel chargé de l'administration ou de la direction de ce syndicat doit jouir de sés droits civiques et n'être l'objet d'aucune interdiction, déchéance ou incapacite relative à sés droits civiques. Sous lês mêmes conditions, tout ressortis santétrangerâgé de dix-huitansaccomplisadhérent à un syndicat peut accéder aux fonctions d'administration ou de direction de ce syndicat".*

[57] Em sentido similar, cf. PÉLISSIER, Jean; SUPIOT, Alain; JEAMMAUD, Antoine. *Droit du travail*. 23. ed.Paris: Dalloz, 2006, p. 658 e 661.

SINDICATOS E AUTONOMIA PRIVADA COLETIVA

Nota-se que, também na França, o sindicato deve ser plasmado por princípios democráticos, sendo observados especialmente os aspectos relativos à legitimidade eleitoral e a prevalência da vontade da maioria, com o respeito à manifestação de vontade da minoria. O respeito à expressão das correntes minoritárias é concretizada pela existência, na maioria dos sindicatos franceses, de um espaço destinado à representação de tais tendências de menor expressão numérica[58].

4.Experiência brasileira

A existência de democracia no interior do sindicato diz respeito, sobretudo, à relação de poder existente entre os membros da categoria envolvidos com o ente sindical. Erro grave, entretanto, seria desconsiderar a influência estatal na determinação das normas aptas a reger a estrutura e a condução da administração sindical[59]. Assim, a efetiva autonomia sindical é pressuposto importante na análise da existência de democracia sindical interna[60].

O sistema jurídico brasileiro não é caracterizado por ampla liberdade sindical[61]. Diante da matriz corporativista da legislação trabalhista nacional, não houve a ratificação da Convenção n. 87 da Organização Internacional do

---

[58] Cf. CAMERLYNCK, G.H.; LYON-CAEN, Gérard. *Précis de droit du travail*. 5. ed. Paris: Dalloz, 1972, p. 451; PÉLISSIER, Jean; SUPIOT, Alain; JEAMMAUD, Antoine. *Droit du travail*. 23ª ed. Paris: Dalloz, 2006, p. 661.

[59] Interessante estudo sobre os sistemas abstencionista e intervencionista no que toca à relação entre Estado e sindicato pode ser consultado em GALLARDO MOYA, Rosario. *Democracia sindical interna – um análisis jurídico*. Madrid: Trotta, 1996, p. 26-31. Juan Pablo Landa Zapirain, na obra *Democracia sindical interna: régimen jurídico de la organización y funcionamiento de los sindicatos*. Madrid: Civitas, 1996, p. 110, faz importante ponderação acerca da atuação estatal em relação ao sindicato: "A diferencia de las organizaciones de interés público, en las que la intervención de los poderes públicos para el cumplimiento de fines que se consideran de interés público está justificada, la intervención en las asociaciones (...) surgidas de la libre decisión de sus miembros para la obtención de fines autónomamente elegidos, se justificaría solamente em atención a los precisos fines constitucionalmente previstos, siempre que su eficaz garantía así lo exigiera, com respeto el contenido constitucional regulador de tales organizaciones que comprende el contenido esencial de la libertad sindical".

[60] A influência de fatores externos no funcionamento interno do sindicato é aspecto ressaltado por Sabine Erbès-Seguin na obra *Démocratie dans les syndicats*. Paris: Mouton, 1971, p. 16-17.

[61] Com entendimento similar, atente-se ao disposto em MARTINEZ, Luciano. *Curso de direito do trabalho: relações individuais, sindicais e coletivas de trabalho*. 2. ed. São Paulo: Saraiva, 2011, p. 645: "A análise do desenho sindical brasileiro atual permite chegar à conclusão de que, desde o advento do texto constitucional de 1988, há nele uma liberdade sindical apenas relativa. Diz-se 'liberdade sindical apenas relativa' porque a própria Constituição ressalvou algumas ingerências, notadamente

Trabalho (OIT), relativa à liberdade sindical[62]. A análise de alguns dispositivos da CLT e da Constituição da República de 1988 é apta a demonstrar a diferença estrutural do panorama jurídico brasileiro em relação aos demais países estudados nesse trabalho.

Veja-se, como exemplo, o Título V da Consolidação das Leis do Trabalho, que disciplina a organização sindical, estando as seções III e IV do Capítulo I voltadas, respectivamente, à regulamentação da administração do sindicato e das eleições sindicais. Há, nitidamente, certo grau de ingerência estatal na autonomia sindical quanto aos temas que deveriam ser tratados pelo estatuto do sindicato. Tais regras são, em grande parte, incompatíveis com a vedação de intervenção ou interferência do Estado nas entidades sindicais[63], como preconiza o artigo 8º, inciso I, do Texto Magno de 1988[64].

No que tange à administração do sindicato, o artigo 522 do diploma consolidado[65] determina a limitação do número de dirigentes a sete, sendo tal dispositivo recepcionado pela Constituição da República de 1988, conforme entendimento esposado pelo Tribunal Superior do Trabalho (TST)[66].

---

sob a autonomia de que dispõem as entidades sindicais para sua fundação e para alguns itens de sua administração interna".

[62] A Constituição da República de 1988 apresenta elementos de avanço democrático e conservação de aspectos vinculados ao modelo corporativista. Tal fato é ressaltado por Mauricio Godinho Delgado na obra *Curso de direito do trabalho*. 11. ed. São Paulo: LTr, 2012, p. 1381-1382.

[63] Com visão semelhante quanto à incompatibilidade entre CLT e Constituição da República nesse assunto, atente-se ao ensinamento de NASCIMENTO, Amauri Mascaro. *Compêndio de direito sindical*. 6. ed. São Paulo: LTr, 2009, p. 290-291: "A CLT enumera os órgãos que o sindicato deve ter, número de dirigentes, *quorum* para assembleias e processo eleitoral. Essas regras não se compatibilizam com o princípio da não interferência do Estado na organização sindical, proclamado pela Constituição Federal de 1988. Mudou o sistema brasileiro. A administração dos sindicatos deveria ser matéria *interna corporis*". No mesmo sentido, cf. SÜSSEKIND, Arnaldo. *Curso de direito do trabalho*. 3. ed. rev. e atual. Rio de Janeiro: Renovar, 2010, p. 560; MORAES FILHO, Evaristo de; MORAES, Antonio Carlos Flores de. *Introdução ao direito do trabalho*. 10. Ed. São Paulo: LTr, 2010, p. 683.

[64] Artigo 8º, inciso I, da Constituição da República de 1988: "Art. 8º É livre a associação profissional ou sindical, observado o seguinte: (...) I – a lei não poderá exigir autorização do Estado para a fundação de sindicato, ressalvado o registro no órgão competente, vedadas ao Poder Público a interferência e a intervenção na organização sindical".

[65] *In verbis*: "A administração do sindicato será exercida por uma diretoria constituída no máximo de sete e no mínimo de três membros e de um Conselho Fiscal composto de três membros, eleitos esses órgãos pela Assembléia Geral".

[66] Súmula 369, II, do TST: "O art. 522 da CLT foi recepcionado pela Constituição Federal de 1988. Fica limitada, assim, a estabilidade a que alude o art. 543, § 3.º, da CLT a sete dirigentes sindicais e igual número de suplentes".

O estabelecimento, por lei, da composição dos órgãos diretivos do sindicato não é recomendado pela OIT[67].

Havendo liberdade sindical, parece recomendável que o Estado mantenha-se à margem de qualquer determinação relativa ao número de dirigentes sindicais. Em um ambiente jurídico como o brasileiro, porém, de nítido caráter intervencionista, prevalecea visão de que a determinação do diploma consolidado é válido[68].

O artigo 524 da CLT determina um rol de temas nos quais a deliberação da assembleia geral deverá ser feita por escrutínio secreto. A votação realizada da forma descrita é entendida como positiva para a promoção dos princípios democráticos, segundo a OIT, não havendo qualquer irregularidade em tal situação[69]. O cotejo com a literalidade do artigo 8º, I, da Constituição da República de 1988, entretanto, pode ensejar a conclusão de que o dispositivo celetista não foi recepcionado pelo atual Texto Maior.

No que toca à questão eleitoral, os artigos 529[70] e 530[71] da CLT determinamos requisitos que devem ser cumpridos por aqueles que queiram votar ou ser

---

[67] Nesse sentido, atente-se ao disposto no parágrafo 402 da Reunião de decisões e princípios do Comitê de Liberdade Sindical do Conselho de Administração da OIT, 5. ed., Genebra, 2006, p. 89: *"La determinación del número de dirigentes de una organización debería ser de la competencia de las propias organizaciones sindicales"*. Disponível em: <http://www.ilo.org/wcmsp5/groups/public/---ed_norm/---normes/documents/publication/wcms_090634.pdf>. Acesso em: 19-2-2014.

[68] Nesse sentido, atente-se à opinião de Francisco Antonio de Oliveira, em *Comentários às súmulas do TST*. 7. ed., rev., atual. e ampl. São Paulo: Editora Revista dos Tribunais, 2007, p. 652, sobre a súmula 369, II, do TST: "o item sumular é oportuno, pois existe uma tendência de alargar-se o benefício a um número bem maior de dirigentes sindicais com o objetivo de buscar a segurança no emprego".

[69] Observe-se o parágrafo 378 da Reunião de decisões e princípios do Comitê de Liberdade Sindical do Conselho de Administração da OIT, 5. ed., Genebra, 2006, p. 85: *"Es admisible la existencia de disposiciones que tienen por finalidad promover los princípios democráticos en el seno de lãs organizaciones sindicales. Ciertamente La votación secreta y directa es una de las modalidades democráticas y en este sentido no sería objetable"*. Disponível em: <http://www.ilo.org/wcmsp5/groups/public/---ed_norm/---normes/documents/publication/wcms_090634.pdf>. Acesso em: 19-2-2014.

[70] Determina o mencionado dispositivo: "São condições para o exercício do direito do voto como para a investidura em cargo de administração ou representação econômica ou profissional: a) ter o associado mais de seis meses de inscrição no Quadro Social e mais de 2 (dois) anos de exercício da atividade ou da profissão; b) ser maior de 18 (dezoito) anos; c) estar no gozo dos direitos sindicais".

[71] *In verbis*: "Não podem ser eleitos para cargos administrativos ou de representação econômica ou profissional, nem permanecer no exercício desses cargos: I – os que não tiverem definitivamente aprovadas as suas contas de exercício em cargos de administração; II – os que houverem lesado o patrimônio de qualquer entidade sindical; III – os que não estiverem, desde dois (2) anos antes, pelo menos, no exercício efetivo da atividade ou da profissão dentro da base territorial do sindicato, ou no desempenho de representação econômica ou profissional; IV – os que tiverem sido condenados por crime doloso enquanto persistirem os efeitos da pena; V – os que não estiverem no gozo de seus

DEMOCRACIA SINDICAL INTERNA

votados no ente sindical. A interferência estatal em tema evidentemente ligado à autonomia sindical demonstra o desrespeito ao disposto na Carta Magna, não cabendo a recepção constitucional de tal dispositivo[72]. A OIT manifesta-se claramente de forma contrária à regulamentação estatal do assunto[73].

Feita a análise dos dispositivos relacionadosao tema em estudo que constam na CLT e na Constituição da República de 1988, torna-se necessário estudar a existência de ambiente democrático no interior das entidades sindicais brasileiras. Para atingir tal objetivo, serão objeto de perquirição os estatutos de entes sindicais que tenham algum grau de representatividade.

O estatuto do Sindicato dos Bancários e Financiários de São Paulo, Osasco e região[74] apresenta um bom nível de desenvolvimento de democracia sindical interna. Quanto às eleições, observa-se o caráter sigiloso no processo de votação (artigos 77, 115 e 116), fator importante para evitar qualquer tipo de pressão sobre as pessoas envolvidas no pleito. Além disso, o estatuto prevê que a eleição dos membros dos órgãos do sistema diretivo do sindicato deve ocorrer trienalmente (artigo 95), não havendo, portanto, a existência de mandato muito longo, fator que prejudicaria a questão da alternância de poder. Outrossim, percebe-se a adoção do critério de igualdade entre as chapas concorrentes no que atine à fiscalização, coleta e contagem de votos durante o processo eleitoral (artigo 97). As condições que devem ser cumpridas para que alguém possa votar e ser votado (artigos 98 e 99, respectivamente) demonstram a adoção de visão consentânea com o ideal democrático, sendo suficientemente abrangente para que a maior parte dos trabalhadores possa participar do processo político sindical.

---

direitos políticos; VI – (Revogado pela Lei n. 8.865, de 29-3-1994); VII – má conduta, devidamente comprovada; VIII – (Revogado pela Lei n. 8.865, de 29-3-1994)".

[72] Como mesmo entendimento, cf. BARROS, Alice Monteiro de. *Curso de direito do trabalho*. 9. ed. São Paulo: LTr, 2013, p. 978.

[73] Nesse sentido, atente-se ao disposto no parágrafo 405 da Reunião de decisões e princípios do Comitê de Liberdade Sindical do Conselho de Administração da OIT, 5. ed., Genebra, 2006, p. 90: "*La determinación de las condiciones para la afiliación o la elegibilidade para cargos directivos sindicales es una cuestión que debería dejarse a la discreción de los estatutos de los sindicatos y que las autoridades públicas deberían abstenerse de toda intervención que podría obstaculizar el ejercicio de este derecho por las organizaciones sindicales*". Disponível em: <http://www.ilo.org/wcmsp5/groups/public/---ed_norm/---normes/documents/publication/wcms_090634.pdf>. Acesso em: 19-2-2014.

[74] Disponível em: <http://www.spbancarios.com.br/Pagina.aspx?id=264#T1C1> Acesso em: 23-2-2014.

SINDICATOS E AUTONOMIA PRIVADA COLETIVA

O Sindicato dos Professores do Ensino Oficial do Estado de São Paulo (APEOESP) também tem estatuto[75] interessante a ser analisado para verificação da existência de democracia sindical. A eleição para a direção do sindicato ocorre trienalmente, entre os meses de maio e junho (artigo 49), demonstrando que a duração do mandato não é excessivamente longa, fato importante para dificultar a cristalização de uma camada de dirigentes sindicais no poder[76]. Merece menção especial a existência de regra impondo que cada chapa deverá ter, ao menos, trinta por cento de membros de cada gênero (artigo 50), aspecto relevante a ser observado para que seja dada voz às diversas demandas existentes de homens e mulheres.Observe-se, por fim, que a alteração estatutária somente pode ocorrer com a aprovação da maioria absoluta dos participantes do congresso sindical (artigo 70), ponto importante para dificultar eventual mudança que favoreça aqueles que ocupam a direção sindical. Nota-se, portanto, um bom nível de desenvolvimento democrático no interior de tal sindicato do ponto de vista estrutural.

O estatuto do Sindicato dos Metalúrgicos do ABC[77] é, indubitavelmente, o mais detalhado entre os analisados quanto ao procedimento a ser adotado nos diversos momentos da vida política sindical. Autoproclamada organização democrática e autônoma (artigo 3º), a entidade estabelece claramente um processo marcado por contraditório diante da possibilidade de perda de mandato do dirigente sindical (artigo 65). O processo eleitoral ocorre em dois turnos (artigo 87), garantindo-se igualdade aos concorrentes na fiscalização, coleta e contagem dos votos (artigo 89). A possibilidade de votar é concedida amplamente, inclusive aos que estiverem desempregados por até três meses até o primeiro dia de votação (artigos 91 e 92). O voto é secreto (artigo 107) e as mesas coletoras são compostas paritariamente pelas chapas concorrentes (artigo 109), havendo a mesma preocupação no que tange à composição da mesa apuradora (artigo 119, parágrafo 2º).Observe-se, por fim, que somente será possível a alteração estatutária pelo voto de dois terços dos presentes em assembleia, a qual deve ser formada por, no mínimo, 2% dos associados,

---

[75] Disponível em: <http://www.apeoesp.org.br/o-sindicato/estatuto-da-apeoesp/> Acesso em: 23-2-2014.

[76] A criação de oligarquia no âmbito sindical é tema tratado em LIPSET, Seymour Martin; TROW, Martin A.; COLEMAN, James S. *La democracia sindical – La política interna del Sindicato Tipográfico Internacional*. Trad. B. Gimeno. Madrid: Ministerio de Trabajo y Seguridad Social, 1989, p. 41-54; CAREW, Anthony. *Democracia y gobierno de los sindicatos europeos*. Trad. Agustín Alonso Fernández. Madrid: Felmar, 1978, p. 22-25.

[77] Disponível em: <www.smabc.org.br/conteudo/doc/estatuto.pdf> Acesso em: 23-2-2014.

em primeira convocação, e quatrocentos associados, em segunda convocação (artigo 182, parágrafos 1º e 2º).

Os estatutos escolhidos, de entidades reconhecidamente fortes no processo de negociação e conquista de direitos sociais em favor dos trabalhadores, demonstram que o elevado grau de democracia sindical interna reflete-se no apurado grau de representatividade dos mencionados entes, baseada na efetiva correspondência entre os anseios da categoria representada e as condutas praticadas pela direção sindical.

Conclusões

A democracia somente pode vicejar em um ambiente em que, entre outras coisas, dois fatores estejam presentes. Antes de mais nada, a coletividade deve ter o direito de manifestar suas opiniões de forma livre, especialmente para contestar o poder constituído. Além disso, os integrantes da comunidade devem poder participar, do modo mais amplo possível, da tomada de decisões que irão influenciar os destinos de todos que participam do mencionado ente coletivo. Os dois fatores apontados não guardam entre si uma relação de hierarquia; ao contrário, são aspectos interdependentes que conduzem à construção de um ambiente democrático.

Obviamente, a análise dos elementos acima aplica-se ao sindicato. Uma associação que tenha por finalidade defender os interesses profissionais de determinado conjunto de trabalhadores deve apresentar, internamente, características como a possibilidade de contestação e o direito de participação na forma de conduzir a atividade sindical.

Nesse contexto, o grau de liberdade sindical apresenta grande importância. O estudo de diversos sistemas jurídicos demonstra que, quanto maior o grau de liberdade sindical em um país, maior o desenvolvimento da democracia no interior dos entes sindicais. É evidente, também, a relação de mútua implicação entre o ambiente interno do sindicato e o nível de liberdade da sociedade que o circunda: quanto mais democrática for uma sociedade, maior a probabilidade que os valores democráticos que a inspiram tornem-se presentes na estrutura sindical.

O estudo das experiências estrangeira e brasileira evidencia a afirmação acima, ao relacionar o desenvolvimento democrático na sociedade e no sindicato. Itália, Portugal, Espanha e França apresentam arcabouço jurídico que dá sustentação à necessidade de que conste, nos estatutos sindicais, a exigência de democracia interna. Ao analisar os estatutos de entidades do Brasil, ainda que haja referência expressa à democracia, nota-se que, nem sempre, as regras específicas presentes em tais documentos tornam possível a obtenção de uma estrutura sindical plenamente democrática.

Em suma, percebe-se que a democracia no interior dos sindicatos brasileiros, ainda que seja algo defendido estatutariamente, não está tão concretizada quanto seria desejável. O sistema sindical que vige no Brasil, caracterizado pela unicidade sindical, não apresenta as condições adequadas para um desenvolvimento pleno da potencialidade democrática no âmbito sindical. O ambiente de liberdade sindical, vigente nos países estrangeiros aqui analisados, é mais propício para que a democracia seja vivenciada de forma aprofundada, possibilitando a concorrência entre os sindicatos, a efetiva manifestação de vontade das diversas correntes políticasno âmbito sindical e, também, a real participação dos integrantes na condução das atividades do sindicato.

Referências

BARROS, Alice Monteiro de. *Curso de direito do trabalho*. 9. ed. São Paulo: LTr, 2013.

BOBBIO, Norberto. *Liberalismo e democracia*. Trad. Marco Aurélio Nogueira. São Paulo: Brasiliense, 2007.

BRITO FILHO, José Claudio Monteiro de. *Direito sindical*. 2. ed. São Paulo: LTr, 2007.

CAMERLYNCK, G.H.; LYON-CAEN, Gérard. *Précis de droit du travail*. 5. ed. Paris: Dalloz, 1972.

CAREW, Anthony. *Democracia y gobierno de los sindicatos europeos*. Trad. Agustín Alonso Fernández. Madrid: Felmar, 1978.

CRIVELLI, Ericson. *Democracia sindical no Brasil*. São Paulo: LTr, 2000.

DAHL, Robert. *Poliarquia*. Trad. Celso Mauro Paciornik. São Paulo: Editora da Universidade de São Paulo, 1997.

_____. *Sobre a democracia*. Trad. de Beatriz Sidou. Brasília: Editora UnB, 2001.

DELGADO, Mauricio Godinho. *Curso de direito do trabalho*. 11. ed. São Paulo: LTr, 2012.

DWORKIN, Ronald. *Is democracy possible here? Principles for a new political debate*.Princeton/Oxford: Princeton University Press, 2006.

ERBÈS-SEGUIN, Sabine.*Démocratie dans les syndicats*.Paris: Mouton, 1971.

FERREIRA FILHO, Manoel Gonçalves. *Curso de direito constitucional*. 27. ed. atual. São Paulo: Saraiva, 2001.

GALANTINO, Luisa. *Diritto sindacale*. 14. Torino: G. Giappichelli Editore, 2006.

GALLARDO MOYA, Rosario. *Democracia sindical interna – um análisis jurídico*. Madrid: Trotta, 1996.

KELSEN, Hans. *A democracia*. Trad.Vera Barkow, Jefferson Luiz Camargo, Marcelo Brandão Cipolla e Ivone Castilho Benedetti. 2. ed. São Paulo: Martins Fontes, 2000.

LANDA ZAPIRAIN, Juan Pablo. *Democracia sindical interna: régimen jurídico de la organización y funcionamento de los sindicatos*. Madrid: Civitas, 1996.

LEITÃO, Luís Manuel Teles de Menezes. *Direito do trabalho*. 2. ed. Coimbra: Almedina, 2010.

LIPSET, Seymour Martin; TROW, Martin A.; COLEMAN, James S. *La democracia sindical – La política interna del Sindicato Tipográfico Internacional*. Trad. B. Gimeno. Madrid: Ministerio de Trabajo y Seguridad Social, 1989.

MARTÍN VALVERDE, Antonio; RODRÍGUEZ-SAÑUDO GUTIÉRREZ, Fermín; GARCÍA MURCIA, Joaquín. *Derecho del trabajo*. 19. ed. Madrid: Tecnos, 2010.

MARTINEZ, Luciano. *Curso de direito do trabalho: relações individuais, sindicais e coletivas de trabalho*. 2. ed. São Paulo: Saraiva, 2011.

MORAES FILHO, Evaristo de; MORAES, Antonio Carlos Flores de. *Introdução ao direito do trabalho*. 10. Ed. São Paulo: LTr, 2010.

NASCIMENTO, Amauri Mascaro. *Compêndio de direito sindical*. 6. ed. São Paulo: LTr, 2009.

_____. *Curso de direito do trabalho: história e teoria geral do direito do trabalho – relações individuais e coletivas do trabalho*. 22. ed. rev. e atual. São Paulo: Saraiva, 2007.

OJEDA AVILÉS, Antonio. *Derecho sindical*. 8. ed. Madrid: Tecnos, 2003.

OLIVEIRA, Francisco Antonio de. *Comentários às súmulas do TST*. 7. ed., rev., atual. eampl. São Paulo: Editora Revista dos Tribunais, 2007.

PÉLISSIER, Jean; SUPIOT, Alain; JEAMMAUD, Antoine. *Droit du travail*. 23. ed. Paris: Dalloz, 2006.

PINTO, José Augusto Rodrigues. *Tratado de direito material do trabalho*. São Paulo: LTr, 2007.

RUL-LÁN BUADES, Gaspar. *Poder sindical y democracia*. Cordoba: ETEA, 1989.

SILVA, José Afonso da. *Curso de direito constitucional positivo*. 32. ed. rev. e atual. São Paulo: Malheiros, 2009.

SÜSSEKIND, Arnaldo. *Curso de direito do trabalho*. 3. ed. rev. e atual. Rio de Janeiro: Renovar, 2010.

TOURAINE, Alain. *O que é a democracia?* Trad. Guilherme João de Freitas Teixeira. Petrópolis: Vozes, 1996.

XAVIER, Bernardo da Gama Lobo. *Manual de direito do trabalho*. Lisboa: Verbo, 2011.

Panorama del modelo sindical uruguayo

Mario Garmendia Arigón*

1. Presentación: intervención estatal y modelos sindicales

Suele emplearse el término "modelo" para describir los rasgos más característicos que un determinado fenómeno asume en cierto lugar. Por constituir una expresión espontánea de las relaciones de trabajo, los "modelos sindicales" perfilan sus rasgos característicos a partir de las realidades concretas en que se originan y desarrollan. Por esta razón, cualquier intento de sistematización solamente puede aspirar a permanecer en un plano muy abstracto, pues la enorme diversidad y riqueza de cada realidad concreta, determina el surgimiento de elementos particulares -a veces únicos en su género- y, por este motivo, difícilmente identificables con el tipo que *a priori* se ha propuesto como "modelo".

Existen múltiples criterios para definir "modelos sindicales". Por ejemplo, desde una perspectiva estadística, se atenderán datos tales como el número total de sindicatos que actúan en un determinado país, o en cierto sector de actividad; o se prestará atención a la cantidad de afiliados de cada sindicato y a la relación que ese número mantiene con el total de trabajadores en actividad, etc. También es posible describir "modelos" a partir del perfil ideológico predominante en el movimiento sindical (v. gr.: anarquista, anarco-sindicalista,

---

* Decano de la Facultad de Derecho del Instituto Universitario CLAEH (Centro Latinoamericano de Economía Humana, Punta del Este). Magíster en DTSS. Docente de DTSS en la Facultad de Derecho de la Universidad de la República (Montevideo) y en la Facultad de Derecho del CLAEH (Punta del Este).

revolucionaria, marxista, cristiana, radical, corporativista, etc.) o las razones que inspiran la actuación de los sindicatos (para así distinguir, por ejemplo, un sindicalismo de oposición, que persigue cambios profundos en el sistema socioeconómico imperante del sindicalismo que tiene por meta el mejoramiento de la condición económica de sus afiliados).

Es frecuente, asimismo, tomar en cuenta la actitud de los sindicatos frente al conflicto y sobre esta base suele aludirse a "modelos conflictivos" o "de confrontación" y, por otro lado, a "modelos contemporizadores" o "negociadores".

Otro criterio que a menudo se emplea, consiste en tomar en cuenta el nivel en que se organizan los sindicatos. En este caso se suelen distinguir modelos de organización "centralizada" y modelos de organización "descentralizada" o "desconcentrada". Y, a su vez, muy vinculado con esto, también se describen modelos de "unidad" o "unicidad sindical" y modelos "atomizados" o "dispersos".

Pero, sin lugar a dudas, cuando la cuestión se enfoca, específicamente en la idea de la "libertad sindical", uno de los criterios que adquiere más importancia es el que toma en cuenta a la "intervención estatal".

En este caso, partiendo de la *existencia* o *ausencia* de dicha intervención o de la *intensidad* que exhiba la misma, se distinguen, por una parte, los "modelos intervenidos" y, por otra, los "modelos no intervenidos" o "abstencionistas". A su vez, teniendo en cuenta el *sentido* o *carácter* de dicha intervención estatal, se diferencian, de un lado, los "modelos limitadores", "restrictivos" o "represivos" y, de otro lado, los "modelos garantistas", "promotores", "tutelares" o "paternalistas".

En cualquier caso es importante tener presente que la actitud que el Estado asume en relación a estos temas nunca puede ser tenida por inocua, pues siempre, indefectiblemente, provoca efectos trascendentes sobre las mismas. Esto significa que incluso aquellos Estados que optan por mantener una posición abstencionista en referencia a estas cuestiones, están con dicha elección provocando consecuencias (buscadas o no) en el desarrollo de la actividad de los sindicatos. Ello es así por una razón muy simple: el Estado es un actor esencial en las relaciones laborales del mundo actual, lo que determina que su posición en referencia a las mismas nunca resulte anodina o superflua.

De modo que, en puridad, casi podría decirse que la presencia estatal en el ámbito de las relaciones colectivas de trabajo, más que una opción es un dato de la realidad. El Estado siempre estará presente en las mismas y su influencia (para bien o para mal, por su carácter excesivo o demasiado escaso) nunca podrá ser menospreciada o soslayada.

A la hora de evaluar las ventajas e inconvenientes que presenta la intervención del Estado en la materia, quizás no resulte correcto hacerlo en abstracto, sino atendiendo a las circunstancias concretas que en cada caso se presentan.

En tal sentido, es habitual que se asocie la escasa presencia estatal en estas cuestiones con más amplias posibilidades de desenvolvimiento de la libertad sindical, en idea que, resumidamente, podría enunciarse señalando que *las mejores perspectivas para el desarrollo pleno de la libertad sindical son directamente proporcionales al menor grado de injerencia estatal en el sistema.*

Sin embargo, esto será cierto en la medida que estén aseguradas algunas premisas esenciales: reconocimiento jurídico y tutela efectiva de la libertad sindical, sindicatos independientes y con suficiente representatividad y poder de negociación, reconocimiento y amparo de los mecanismos de autotutela colectiva, etc.

Por eso, no parece adecuado juzgar si la intervención estatal es en sí misma buena o mala por definición, sino que en todo caso, la respuesta dependerá, por una parte, del escenario real que se tome como referencia y, por otra parte, del sesgo o impronta que aquélla presente. Pues es bien claro que el dato fundamental a la hora de valorar las virtudes o defectos de la presencia estatal, será el sesgo o impronta que la inspire. De este modo, mientras una intervención promotora y tutelar (desplegada, por ejemplo, mediante una legislación de soporte o apoyo) puede ser apreciada como valiosa, en cambio, cuando la presencia del Estado adquiere un tenor restrictivo, necesariamente debe ser objeto de críticas.

Lamentablemente, la práctica se ha encargado de demostrar que la sinonimia "intervención-limitación", es mucho más frecuente que el binomio "intervención-promoción". Es bastante más usual que los Estados opten por intervenir preocupados por restringir o por no perder el dominio o control de la dinámica de las relaciones colectivas, que inspirados por una finalidad promotora o de amparo de dichas expresiones colectivas.

Y esta constatación resulta particularmente cierta cuando se analiza la realidad de América Latina.

2. El caso uruguayo

El sistema uruguayo de relaciones colectivas de trabajo suele ser caracterizado como un modelo particular y digno de estudio. Sus originalidades se proyectan sobre todos los institutos, pues alcanzan, no solamente a los sindicatos, sino también, a la negociación colectiva y al conflicto en sus más diversas manifestaciones.

El rasgo distintivo más singular sin dudas está asociado a la muy escasa injerencia del Estado, que históricamente ha mantenido a una distancia prudencial en relación a las cuestiones relativas a las *relaciones colectivas de trabajo*.

Ello se ha manifestado, por ejemplo, en el plano normativo –donde el modelo ha sido descripto como *"desregulado"* o, incluso, *"arregulado"*- y, asimismo, en el ámbito de la dilucidación de controversias, el que tradicionalmente ha estado apartado de la intervención de los estrados judiciales.

1) La escasa presencia estatal en estas materias, ha hecho del "caso uruguayo" una especie bastante rara, en particular cuando se la contrasta con las experiencias de la mayoría de los países de la región, en los que la intervención heterónoma resulta ser la regla más extendida.

Esta, que puede ser señalada como la *particularidad esencial* del caso uruguayo, no es el resultado de una casualidad, sino que es la consecuencia de la conjunción de diversos factores que a lo largo de la historia han contribuido a conformar un *perfil cultural* con contornos claramente singulares.

Para empezar, es de señalar la muy arraigada concepción anarquista que se detecta en el origen y desarrollo del movimiento sindical uruguayo, conformado mayoritariamente por inmigrantes que llegaban al Río de la Plata desde diversos países europeos (mayoritariamente, desde España e Italia, pero también de países de Europa del este).

Los primeros sindicatos de cuya actuación se conserva algún registro corresponden a la segunda mitad del siglo XIX. Uno de los primeros (1865-1870, aproximadamente) parece haber sido la "Sociedad Tipográfica Montevideana" y las primeras huelgas de las que se tiene referencia, se produjeron alrededor del año 1880. Resultaba por entonces habitual el recurso a los llamados medios de "acción directa": piquetes, actos de boicot, sabotaje y similares.

Por esa misma época también comenzaron a circular los primeros periódicos de estos movimientos obreros, cuyos títulos solían estar asociados a la ideología que los alentaba ("El Internacional", "El Tipógrafo", "Revolución Social", "La lucha obrera" y similares). Las dificultades de financiación determinaban que la continuidad de estas publicaciones fuera muy irregular y que, incluso, alguna de ellas, con ironía, apostillara: *"sale cuando puede"*.

La inequívoca orientación ideológica de aquel incipiente movimiento sindical se puede apreciar en el "editorial" que en 1901, con motivo de la celebración del 1º de mayo, se publicaba en el periódico "La Tribuna Libertaria": "...despreciamos el mendigar y solicitar bienestar. Queremos que la sociedad futura surja de lo lógico, bello y heroico. Es por eso que despreciamos los medios electorales, es por eso que no queremos ir ni mandar a nadie al parlamento (...) No, no queremos votar; deseamos luchar. Una barricada es siempre más hermosa y viril que las urnas todas!"

En 1905 se conformó la primera central sindical: la Federación Obrera Regional Uruguaya (FORU), de inequívoca inspiración anarquista.

Algunos años después, en 1922, se produjo un episodio verdaderamente sorprendente de la historia del movimiento sindical uruguayo. Una violenta huelga se desató en la "Compañía Telefónica de Montevideo", que tenía la concesión de los servicios telefónicos en la capital del país. La principal reivindicación obrera consistía en reclamar un sustantivo incremento salarial. La empresa, de capitales británicos, optó por despedir a todos los huelguistas. La respuesta del Estado uruguayo no se hizo esperar: se aprobó una ley que, además de ordenar el inmediato reintegro de los trabajadores y el pago de los jornales perdidos durante la huelga, impuso el monto de los salarios mínimos en beneficio de los obreros, plasmando de este modo, en la propia ley, lo que había sido el motivo que había llevado al conflicto. Tales condiciones se imponían a la "Compañía Telefónica" como exigencia para conservar la concesión de la que era beneficiaria[1]. La ley de referencia llevó el número 7.514 y fue promulgada el 5 de octubre de 1922.

A esta, para la época, muy sorprendente respuesta del Estado uruguayo, se vino a sumar otra reacción todavía más increíble: dos días después de aprobada la ley, el 7 de octubre de 1922, los obreros que se habían visto beneficiados por aquélla, publicaban en el periódico "Justicia" el siguiente comunicado: "Las obreras y obreros telefonistas desde que se lanzaron al movimiento, sabían que el triunfo tenía que ser y será obra de los trabajadores mismos y protestan contra la interesada actitud de los políticos burgueses que quieren a toda costa aparecer como protectores de los explotados, aprovechando cualquier coyuntura para hacer "reclame".

Como se indicó, ese importante componente anarquista que estuvo presente en los inicios del movimiento sindical uruguayo, fue el resultado de la integración al mismo de un importante contingente de inmigrantes europeos.

---

[1] En el art. 1º se disponía que "La Compañía Telefónica de Montevideo para seguir funcionando en uso de la autorización precaria y con carácter provisorio (...) deberá abonar a sus operarias telefonistas (...) el sueldo mínimo de $50 mensuales (...) Igualmente quedará obligada a reponer en su puesto a todo el personal a su servicio antes de la iniciación de la huelga actual". En el art. 2, "abonará, además, al personal en huelga el sueldo correspondiente a los días que haya estado sin trabajo".

La corriente migratoria que se produjo en la segunda mitad del siglo XIX, abarcó toda la región del Río de la Plata y el sur de Brasil.

En el caso de Uruguay, el fenómeno fue extremadamente significativo en términos cuantitativos: en el periodo 1852-1873 la población uruguaya pasó de 132.000 a 450.000 habitantes y para fines del siglo XIX alcanzó una cifra cercana al millón de personas. En la capital, Montevideo, en 1860 habitaban 54.500 personas, en tanto que para comienzos del siglo XX, esa cantidad se había casi quintuplicado, llegando a 270.000 habitantes. Según datos que arroja un censo industrial realizado en 1889, para ese año, en la capital del país el 69% del total de la población estaba integrada por extranjeros.

Estas características demográficas fueron bastante similares en todo el Río de la Plata y su proyección ideológica también fue apreciable en Argentina. En ese país, por ejemplo, en ocasión de celebrarse (en 1925) el tercer Congreso de la, por entonces, recientemente creada "Unión General de Trabajadores" (UGT), se rechazó expresamente la posibilidad de que el Parlamento aprobara un Código de Trabajo y, asimismo, la intervención legislativa de cualquier otra índole en las cuestiones sociales.

Sin embargo, a pesar de las innegables similitudes, la situación no era idéntica en una y otra margen del Río de la Plata. Para empezar, en Uruguay no hubo, por ejemplo, una "Ley de Residencia" como la aprobada en 1902 en Argentina. Esa ley autorizaba al Poder Ejecutivo a ordenar la inmediata salida del país de todo extranjero que hubiera sido condenado o enjuiciado por tribunales extranjeros por crímenes o delitos comunes. Las mismas potestades se reconocían al Poder Ejecutivo respecto de los extranjeros cuya conducta pudiera comprometer la seguridad nacional o perturbar en cualquier forma el orden público. En aplicación de esta norma, el Poder Ejecutivo argentino expulsó de ese país (o, directamente, no permitió ingresar al mismo) a miles de inmigrantes.

Algo similar aconteció en Brasil con el decreto 1.641, del 7 de enero de 1907, norma conocida como "Ley de Adolfo Gordo". La misma permitía la expulsión de extranjeros que por cualquier motivo pudieran comprometer la seguridad nacional o la tranquilidad pública[2].

La forma de encarar estas cuestiones fue bien distinta en Uruguay, donde la eminente figura de José Batlle y Ordóñez (Presidente de la República en dos oportunidades: 1903-1907 y 1911-1915) le imprimió un sesgo muy particular. La posición de Batlle y Ordóñez en referencia a estos temas se vislumbraba

---

[2] A propósito de la defensa que de la ley hiciera en 1912 el diputadoAdolfo Afonso da Silva Gordo, puede consultarse el link http://www.ebooksbrasil.org/eLibris/gordo.html

claramente desde antes que asumiera la Presidencia de la República: en 1896, escribía lo siguiente en el diario "El Día" (periódico que él mismo fundara): "simpatizamos con las huelgas (...) he ahí los débiles que se hacen fuertes y que, después de haber implorado justicia, la exigen (...) Una huelga es mirada siempre como una sublevación. Así se explica los malos ojos que ponen siempre a las huelgas las autoridades policiales (....) Así se explica que los titulados agentes del orden, con frecuencia verdaderos agentes del desorden, no se den punto de reposo para disolver, con fútiles pretextos, las reuniones obreras que los huelguistas conciertan en su defensa".

Esa misma visión mantuvo Batlle y Ordóñez cuando asumió la Presidencia de Uruguay. La mención de dos episodios es suficiente para ilustrar a este respecto: a poco de asumir la Presidencia, instruyó a las autoridades del Puerto de Montevideo para que facilitaran el arribo al país de los inmigrantes eran expulsados desde Buenos Aires. Algunos años después, en mayo de 1911, se dirigió así a un grupo de manifestantes en medio de una huelga general, habían ido a vivarlo hasta la puerta de su casa: "Organizaos, uníos y tratad de conquistar el mejoramiento de vuestras condiciones económicas, que podéis estar seguros que en el gobierno no tendréis nunca un enemigo, mientras respetéis el orden y las leyes".

Desde luego, no toda la clase política uruguaya compartía esta forma de ver las cosas. Un ejemplo de ello se aprecia en el editorial publicado el 16 de abril de 1919 en el diario "La Mañana", donde el Dr. Ramón P. Díaz se preguntaba: "¿Hasta dónde llegan las ideas comunistas del batllismo? ¿Es un partido socialista? ¿Es un grupo de bolcheviques? Nos parecería útil saberlo porque ello interesa grandemente a todos. (...) Hay ya gentes que sueñan con cosas horribles y hasta dormidas tiemblan de miedo ante multitudes enfurecidas que piden el reparto general".

Hasta comienzos de la década de los años '40 continuó siendo apreciable una fuerte presencia anarquista en el movimiento sindical uruguayo. Tal característica fue determinante para que, al contrario de lo que aconteció en otros países de la región, no se generaran "vínculos carnales" entre el movimiento sindical y algún partido de gobierno.

En general, la actitud del sindicalismo ha sido caracterizada, en este sentido, como "dualista", pues tradicionalmente mantuvo posiciones "de izquierda" en el plano de la "militancia sindical", que contrastaban con otras más conservadoras en el plano político-electoral.

De este modo se fue generando una suerte de equilibrio: por una parte, el fracaso electoral de los partidos de izquierda, no provocaba que éstos perdieran influencia ideológica en los sindicatos y, como contrapartida, el éxito electoral de los partidos "tradicionales" ("Colorado" y "Blanco"), no significaba que éstos quedaran en condiciones de "permear" hacia los sindicatos.

Todas estas circunstancias fueron propiciando la idea de que cualquier intento de "reglamentación sindical" sería sinónimo de "restricción" y, por lo tanto, resultó rechazada por el movimiento sindical.

Por otra parte, hay que decir que a lo largo de la historia diversos episodios confirmaron la certeza de aquellos temores. Al respecto, la experiencia más significativa fue, sin dudas, la vivida durante el último periodo de facto (1973 y 1985). En esos años (además de declararse ilícita la central sindical, disolverse los sindicatos y perseguirse a los dirigentes sindicales) se dictaron varias normas con la pretensión de reglamentar, en forma muy restrictiva, el ejercicio de las actividades sindicales. No obstante, los pequeñísimos resquicios que las mismas ofrecían, comenzaron a ser explorados por los trabajadores con miras a reconstituir el movimiento sindical que había resultado duramente desarticulado.

Inmediatamente de recuperada la democracia, todas las normas que la dictadura había aprobado en materia sindical, fueron declaradas **absolutamente nulas,** como una clara demostración del rechazo que su contenido provocaba para la conciencia democrática y republicana.

3. Panorama sinóptico de la normativa uruguaya sobre sindicatos y libertad sindical

Puede decirse que hasta el año 2006 Uruguay no tuvo ninguna norma legal referida a los sindicatos o a la libertad sindical. En esa materia el ordenamiento uruguayo se nutría de las disposiciones contenidas en normas internacionales sobre "derechos humanos" (Declaraciones, Pactos, etc.), normas básicas de la Organización Internacional del Trabajo (Constitución de la OIT, Declaración de Filadelfia, Declaración sobre Principios y Derechos Fundamentales en el Trabajo y su seguimiento) y en la Declaración Sociolaboral del Mercosur. También había ratificado, desde 1953, los Convenios Internacionales de Trabajo Nº 87 (sobre libertad sindical y protección del derecho de sindicación) y Nº 98 (sobre derecho de sindicación y negociación colectiva), además de una serie de Convenios Internacionales que aluden al tema en relación con ciertas actividades específicas (v. gr.: el Nº 11, relativo al derecho de asociación y coalición de los trabajadores agrícolas; el Nº 110, relativo a las condiciones de empleo de los trabajadores de las plantaciones; el Nº 141, sobre la organización de trabajadores rurales y el Nº 151, sobre relaciones de trabajo en la función pública).

En cuanto a las normas de origen "interno", además de reconocer genéricamente el "derecho de asociación" (artículo 39), desde 1934 las sucesivas reformas constitucionales han mantenido una norma que dispone que "La ley promoverá la organización de sindicatos gremiales, acordándoles franquicias y dictando normas para reconocerles personería jurídica" (artículo 57 de la actual Constitución).

Además, otras dos normas constitucionales solían ser referidas como importantes en la materia: el art. 72 (que establece que "La enumeración de derechos, deberes y garantías hecha por la Constitución, no excluye los otros que son inherentes a la personalidad humana o se derivan de la forma republicana de gobierno") y el art. 332, que consagra la aplicación automática de los preceptos constitucionales, con independencia de la inexistencia de normas inferiores que los reglamenten ("Los preceptos de la presente Constitución que reconocen derechos a los individuos, así como los que atribuyen facultades e imponen deberes a las autoridades públicas, no dejarán de aplicarse por falta de la reglamentación respectiva, sino que ésta será suplida, recurriendo a los fundamentos de leyes análogas, a los principios generales de derecho y a las doctrinas generalmente admitidas")[3].

La importancia de estas dos normas derivaba, precisamente, de la inexistencia de normas infra-constitucionales sobre la materia.

Y, como se adelantó, antes de 2006, pocas normas más podían ser mencionadas en relación a este tema. Tan solo una de rango legal (la ley 13.556, de octubre de 1966, que de manera absolutamente indirecta y tangencial hacía referencia a los criterios que debían ser tenidos en cuenta a los efectos de determinar la "organización más representativa" entre varias que eventualmente pudieran disputarse tal condición con miras a celebrar convenios colectivos en materia de "licencias") y solamente una en el nivel Infra-legal (el decreto 93/968, que facultaba al Ministerio de Trabajo para imponer multas a aquellas empresas que incurrieran en conductas antisindicales).

---

[3] Las normas referidas son similares a las respectivamente contenidas en los § 2 y 1 del art. 5 de la Constitución brasileña (art. 5, § 2: "*Os direitos e garantias expressos nesta Constitução nao excluem outros decorentes do regime e dos principios por ela adotados, ou dos tratados internacionais em que a República Federativa do Brasil seja parte*"; art 5, § 1: "*As normas definidoras dos direitos e garantias fundamentais têm aplicação imediata*").

Con este panorama normativo, los actos antisindicales en que podían incurrir las empresas recibían un tratamiento jurisprudencial que no conformaba a la doctrina y que, naturalmente, no tutelaba a cabalidad el bien jurídico que con los mismos resultaba lesionado. En efecto, un despido probadamente antisindical, podía llegar a ser calificado, en el mejor de los casos, como "abusivo" y eso determinar que el empleador fuera condenado a pagar una indemnización, una, dos o a lo sumo, tres veces superior a la indemnización por despido "común".

Sin embargo, los jueces consideraban que las normas vigentes no les habilitaban a declarar la nulidad del acto antisindical y, por lo tanto, que no estaban facultados para disponer el reintegro de un trabajador despedido por razones sindicales.

En enero de 2006, con la promulgación de la ley Nº 17.940, este panorama normativo cambió en forma sustancial. Esta ley reconoció expresamente la nulidad absoluta de "cualquier discriminación tendiente a menoscabar la libertad sindical de los trabajadores en relación con su empleo o con el acceso al mismo" y consagró dos estructuras procesales tendientes a asegurar la tutela de aquella declaración (una de ellas, que puede ser promovida por quienes están más expuestos a ser objeto de represalias, adopta la estructura de la "acción de amparo" y consagra la inversión de la carga de la prueba en beneficio del trabajador).

Además de estos instrumentos de "protección", la misma ley también consagró diversos mecanismos de "promoción" de la actividad sindical, tales como la obligación de los empleadores de retener la "cuota sindical", el derecho de los trabajadores a gozar de "licencia sindical" y a contar con una "cartelera" en el lugar de trabajo para difundir informaciones del quehacer sindical.

4. Situación resultante

Como resultado del panorama normativo antes descripto, es posible resumir los principales rasgos del régimen jurídico uruguayo diciendo que en el mismo no existe, por supuesto, ninguna norma que exija algún tipo de autorización para constituir un sindicato, ni tampoco la hay que indique la necesidad de cumplir con alguna formalidad o requisito de alguna índole en materia de, por ejemplo, número mínimo de afiliados o cosa similar. No hay registro de organizaciones sindicales, ni reglamentación que establezca de qué forma deben éstas estructurarse, cómo deben elegir a sus autoridades o cuáles son los mecanismos para la adopción de sus decisiones.

Es más: ni siquiera existe una norma que defina qué es un "sindicato" y la doctrina tradicionalmente ha aceptado la idea de que cualquier tipo de organización, incluyendo las meras "coaliciones", son titulares de la "libertad sindical".

Del mismo modo, a pesar de la ausencia de cualquier norma que la consagre, también la doctrina ha concebido y aceptado la existencia de una "personería sindical", que habilita a las organizaciones de trabajadores a actuar como tales (y por lo tanto, a negociar, celebrar convenios colectivos, llevar a cabo conflictos e, incluso, comparecer en juicio) aún cuando no cuenten con una "personería jurídica" en el sentido "civil".

En materia jurisdiccional, en Uruguay existen desde 1960 Juzgados de Trabajo que tienen su competencia delimitada por el concepto "asuntos originados en conflictos *individuales* de trabajo" y si bien una reciente norma la amplió para abarcar a un determinado tipo de contiendas colectivas[4], calificada doctrina rechaza tal posibilidad por considerarla inconstitucional e, incluso, yendo más allá, sostiene que los "conflictos colectivos" no son materia susceptible de dilucidación judicial de tipo alguno[5]. Por lo demás, más allá de la polémica que sobre el punto se plantea en el plano teórico, desde el punto de vista práctico es muy infrecuente que los conflictos colectivos se planteen ante los estrados judiciales[6].

Por otra parte, sin ninguna norma que imponga que así deba ser, desde hace cuatro décadas existe en Uruguay una única central sindical. Esto no siempre fue así, pues durante toda la primera mitad del siglo XX fueron frecuentes las divisiones en el seno del movimiento sindical, llegando incluso a coexistir hasta cuatro "centrales" (la Federación Obrera Regional Uruguaya – FORU, de ideología anarquista; la Unión Sindical Uruguaya – USU, de vertiente anarco-sindicalista; la Confederación General de Trabajadores del Uruguay – CGTU, de orientación comunista y la Unión General de Trabajadores – UGT, constituida por comunistas escindidos).

---

[4] El art. 21 de la ley 18.566 (denominada *"Sistema de negociación colectiva"*), luego de consagrar una obligación de paz, establece que el incumplimiento de la misma puede dar lugar a la rescisión del convenio colectivo, "...la que deberá promoverse ante la justicia laboral".

[5] BARBAGELATA, Héctor-Hugo, *"Conflictos individuales y conflictos colectivos"*, in rev. Derecho Laboral, T. LIV, Nº 241, enero-marzo 2011, p. 33 y ss.

[6] GARMENDIA, Mario y CASTELLO, Alejandro, *"Las relaciones colectivas de trabajo ante la jurisdicción civil. La responsabilidad del sindicato por el incumplimiento de un convenio colectivo"*, in rev. Derecho Laboral, t. XLI, nº 189, enero-marzo 1998, p. 136 y ss.

Sin embargo, en 1966 se fundó la Convención Nacional de Trabajadores (CNT), que fuera prohibida y disuelta durante el periodo de facto y que resurgió en las postrimerías del mismo, adoptando el nombre actual de PIT--CNT (Plenario Intersindical de Trabajadores – Convención Nacional de Trabajadores). Se estima que en la actualidad, los sindicatos que integran el PIT-CNT presentan una "tasa de afiliación" del entorno del 25%, con un claro predominio de trabajadores que se desempeñan en el sector público[7].

Por su parte, los sindicatos tienden a organizarse por "rama" o "sector" de actividad. Si bien esto tampoco ha sido impuesto obligatoriamente por ninguna norma, es altamente probable que en ello sí haya tenido incidencia fundamental la ley que creó los denominados "Consejos de Salarios" (ley 10.449, de noviembre de 1943). Dicha ley estableció un mecanismo de negociación colectiva tripartito para la fijación de salarios mínimos por categorías y sectores de actividad, provocando con ello que los sindicatos se organizaran a imagen y semejanza del esquema de negociación que en ella se consagró.

5. Algunas conclusiones

La existencia autónoma en relación al Estado, el recelo hacia la intervención legislativa en materia sindical, el carácter voluntario y no burocratizado de los dirigentes y la fuerte influencia ideológica, que se proyecta en una concepción altamente clasista, son, muy resumidamente las principales características del movimiento sindical uruguayo.

En cuanto al debate "intervención – no intervención", parece claro que no es posible brindar una respuesta en abstracto, con pretensión de resultar válida en todo tiempo y lugar. En todo caso, la evaluación de su conveniencia dependerá de las circunstancias del entorno y de las condiciones que sea capaz de ofrecer cada momento histórico. También es necesario tener claro que no sería correcto pensar que un esquema de "no intervención" sea sinónimo de "ausencia de reglas". Las pautas culturales son generadoras de reglas y en este sentido, Uruguay es un país que puede sentirse orgulloso de exhibir una tradición democrática y una sentida concepción republicana, valores asentados sobre la base de instituciones que, a pesar de sus pequeñas dimensiones físicas, le han permitido adquirir su propia dignidad como nación.

---

[7] Sobre la "representatividad" del PIT-CNT se puede consultar una reciente encuesta disponible en http://www.factum.edu.uy/node/403.

En el contexto de un país de dimensiones físicas y demográficas pequeñas, como es el caso de Uruguay, las reglas de ese tipo pueden asemejarse bastante a las consagradas en normas jurídicas.

Es cierto que en Uruguay ha existido y hoy existe una amplia libertad para el desenvolvimiento de la actividad sindical. Sin embargo, la historia se ha encargado de demostrar que el despliegue verdadero de la misma, sólo es posible cuando están garantizadas ciertas condiciones contextuales.

Pues como enseñaba el maestro Mario De la Cueva, libertad e igualdad marchan por los caminos del Derecho del trabajo como dos hermanas tomadas de la mano: la igualdad sin libertad no puede existir y ésta no florece donde falta aquella.

PARTE 2 – AÇÃO SINDICAL

Observações sobre as caraterísticas gerais da Negociação coletiva nos países da União Europeia

*Giancarlo Perone**

1. Nos ordenamentos europeus, o contrato coletivo é, em geral, amplamente aplicado como instrumento de ação sindical.

A estrutura da negociação coletiva nos países da União Europeia tem raízes profundas na história e tradição nacional, mas a evolução desde a União de seis países fundadores até a União atual ampliada mostra processos no sentido de convergir a propósito de alguns importantes âmbitos.

Todavia, se nos Estados que há muito tempo fazem parte da União Europeia o contrato coletivo, amplamente aplicado, exerce um papel central nas relações industriais, nos novos Estados membros, embora com algumas exceções, este papel permanece fraco. O número de contratos coletivos estipulados é reduzido em relação ao de contratos coletivos celebrados nos Estados já há tempo membros da União, e a cobertura assegurada é notavelmente mais limitada em relação àquela oferecida pela autonomia coletiva nos Estados de mais antiga *membership*.

Nascido na Inglaterra da primeira revolução industrial, há mais de dois séculos, o contrato coletivo tem mostrado maleabilidade em adaptar-se à diversidade dos contextos nacionais e à mudança dos tempos; e pode-se esperar que tal capacidade de adequação, também naqueles países do continente europeu onde luta para se afirmar, saiba atingir a posição de protagonista que lhe compete em razão da importância da sua função.

---

* Professor Ordinário Aposentado de Direito do Trabalho da Universidade de Roma II – Tor Vergata.
** Revisão técnica de Francesca Columbu.

Encontra-se uma tendência à "europeização" das relações industrias apta a equilibrar a peculiaridade dos sistemas nacionais. Contudo a questão diz respeito ao tempo em que é possível hipoteticamente atingir este objetivo.

2. Em um ordenamento inspirado no princípio de liberdade sindical, portanto nos ordenamentos dos Estados membros da União Europeia, os sindicatos alcançam os seus interesses no âmbito da autonomia privada. Quando se tutelam os interesses coletivos, se usa o termo de autonomia coletiva, no tocante ao poder de contratar a regulamentação destes interesses. No entanto, em ordenamentos de tal inspiração, estamos diante uma manifestação de autonomia privada, isto é, de capacidade de estabelecer livremente a estrutura dos próprios interesses considerados, na prática, mais convenientes, independentemente de eventual necessidade de concretizar os referidos interesses conforme o que indicam sujeitos estranhos aos sindicatos ou até mesmo pelo Estado.

O contrato coletivo é ato de autonomia privada, ao passo que um ato análogo concluído em um diverso regime sindical, por sujeitos de direito público, assim como ocorria nos ordenamentos corporativos, é apenas na aparência um contrato, mas na substância apresenta a natureza de um ato público. Se trata de uma espécie de lei ou de regulamento, cuja emanação o Estado descentraliza, na forma contratual, aos sujeitos, públicos, que lhe oferecem requisitos seguros de conformidade aos seus próprios desígnios de controle da realidade social.

Em todos os países europeus, sem exceção, embora com relevantes diferenças quanto a métodos e práticas da negociação coletiva, principalmente quanto aos seus procedimentos e instituições, deve-se observar que todos aqueles que possuem uma prática autêntica de negociação coletiva contam com organizacões sindicais livres.

Pode-se, portanto, sustentar que o quadro privatístico no qual se insere, no tempo atual, a disciplina europeia da organização e da ação sindicais, com ou sem o apoio de adequadas intervenções legislativas, enquanto favorece, pelo clima de liberdade, a afirmação da organização e da ação sindical, não é empecilho para a sua reconstrução em termos juridicamente plausíveis.

3. O modelo de contrato coletivo efetivamente praticado, na maioria dos ordenamentos europeus se assume na expressão "lei da categoria profissional", mas tende, diversamente, a um gênero diverso de relações entre as partes

coletivas. Relações, isto é, não apenas circunscritas aos intervalos periódicos das renovações contratuais das quais origina a disciplina vinculante para os contratos individuais de trabalho, mas sim estendida a uma série contínua de contatos entre as partes coletivas, que no âmbito dos procedimentos previstos por este contrato coletivo, asseguram a permanente adequação do seu conteúdo às necessidades da realidade em transformação.

O segundo modelo de negociação coletiva, que pode ser definido como dinâmico em contraposição ao primeiro, definível como estático, afirmou-se na experiência britânica – coerentemente com a peculiar eficácia do contrato coletivo daquele sistema, não produtor de vínculos jurídicos formais, mas, em vez disso, confiada à efetividade social. Todavia, em anos recentes, está ganhando espaço também em outros ordenamentos.

4. Tradicionalmente, a organização sindical na Europa se apresenta como de tipo associativo, no sentido de que surge como uma associação voluntária de trabalhadores, que a ela aderem visando a melhor realização dos próprios interesses coletivos. Esta associação pode obter ou não, nos vários ordenamentos, personalidade jurídica, mas, em cada caso, goza do reconhecimento de uma forma qualquer de subjetividade jurídica. A associação, implementando a sua ação contratual, exercita poderes que lhe são conferidos pelos aderentes individuais através do ato de adesão.

Os mecanismos de identificação dos sujeitos legitimados a estipular, pelo lado dos trabalhadores, o contrato coletivo são diferentes de Estado para Estado. As diferenças concernem em primeiro lugar à fonte do mecanismo de identificação. Em muitos ordenamentos europeus isso encontra fundamento na lei, enquando em outros ordenamentos isso opera com base no mero reconhecimento recíproco das partes interessadas.

No Reino Unido e na Itália, a individualização dos atores da negociação coletiva deriva automaticamente do mútuo reconhecimento das partes contrapostas.

A individualização dos sujeitos da negociação coletiva, por outro lado, está vinculada por um nexo natural e imprescindível aos níveis da própria negociação. Se compreende, portanto, como a nível interprofissional – que, todavia, com fins de negociação, resulta dotado de importância efetiva não em todos os Estados membros da União Europeia, e onde este nível seja importante, se vê realizar-se especialmente aquela forma muito atípica de negociação constituída dos acordos triangulares – operam organizações confederativas, enquanto a nível de categoria e naquele territorial operam as correlativas

SINDICATOS E AUTONOMIA PRIVADA COLETIVA

associações. Mais complexa se apresenta a situação a nível empresarial, onde com o empregador individualmente considerado contrata, representando os trabalhadores, sejam as articulações das associações sindicais externas presentes em tal nível, sejam outros sujeitos diferentes por esquema organizativo, por natureza e por âmbito de poderes.

Na Espanha, o art. 37 da Costituição reconhece o direito a negociar em benefício de qualquer representação dos trabalhadores e dos empregadores, mas é a lei sobre o Estatuto dos Trabalhadores (arts. 87 e 88) que se destaca a este respeito. Os sujeitos legitimados para a negociação de contratos de âmbito superior ao empresarial podem ser tão somente as associações sindicais, enquanto os agentes contratuais, no âmbito empresarial ou intraempresarial, são, além da representação empresarial das associações sindicais externas, os delegados de pessoal e os comitês de empresa, eleitos pelo pessoal da unidade produtiva. Em tal modo se pode registrar um duplo canal peculiar de representação dos trabalhadores nos locais de trabalho; duplo canal no qual, diversamente do que se observa em outros sistemas sindicais que adotam uma análoga representação dos trabalhadores, sejam os organismos eletivos de representação do inteiro corpo dos empregados, seja aquele de direta derivação sindical, detém os mesmos direitos e, por isso, segundo a jurisprudência, devem instaurar um clima de recíproca colaboração, de resto necessária pela sobreposição de suas competências. Nas unidades de negociação *extra* empresariais, os sujeitos legitimados são unicamente as associações sindicais.

Na Itália, no Reino Unido e na Dinamarca, no entanto, não há nenhuma limitação legislativa ou jurisprudencial a propósito do papel de agente contratual. Disso deriva que, pelo lado dos trabalhadores, podem ser parte do contrato coletivo sujeitos que não se identificam como associações sindicais. Tal é a situação verificada – sobre o plano empresarial – na Itália, com as comissões internas e os conselhos de fábrica, salvo que, em relação às primeiras, os acordos interconfederais a partir dos quais ganharam vida e disciplina, as excluíam da posição de agentes contratuais, enquanto os segundos surgiram como alternativa às associações sindicais tradicionais, nas quais são confluídas, em um momento sucessivo, e sem diversificação funcional. Por sua vez, os *shop stewards, como já mencionamos, podem desempenhar o papel de representantes, na empresa, e do sindicato e do pessoal, no Reino Unido e na Irlanda.*

Onde a lei atribui apenas às associações sindicais o poder de concluir contratos coletivos, obviamente, o pessoal empregado nas várias empresas resulta – para além das organizações associativas do sindicato – privado de seus instrumentos específicos para a regulamentação, pela via autônoma, dos próprios interesses coletivos profissionais.

5. O peso das associações, nacionais ou territoriais, externas às empresas em relação ao pessoal empregado nas próprias empresas, acentua-se quando a lei reserva a legitimação para estipular contratos coletivos somente aos sindicatos majoritariamente representativos sobre o plano nacional.

É fácil compreender como o problema não se coloca quando se registre, na experiência concreta, correspondência entre os interesses e as atitudes dos trabalhadores, no vértice e na base, e a lei reserva às associações sindicais nacionais territoriais o poder de celebrar os contratos coletivos. O desconforto e a intolerância dos trabalhadores não abarcados pelos regimes de filiação sindical para tal solução legislativa, entretanto, são reveladas em toda a sua gravidade em momentos particulares da dinâmica das relações industriais. Se cruzam, então, questões atinentes, por uma parte, à organização nacional ou empresarial do sindicato e, por outra, ao esquema – associativo ou não – da organização dos interesses coletivos dos trabalhadores.

A história das relações industriais indica que, no nascimento do sindicalismo moderno, seja a organização seja a ação sindical constituíam fenômenos internos da empresa. E é aqui que os trabalhadores constituíram a organização e os meios de ação aptos a realizar tais interesses.

Se o interesse à coalizão sindical foi determinado originariamente na dimensão empresarial, todavia, apenas em alguns ordenamentos dos Estados europeus há mais tempo membros da União Europeia – notadamente naqueles dos países anglo-saxões e em Luxemburgo, pelo próprio âmbito territorial reduzido deste último – uma dimensão similar do movimento sindical tem conservado constantemente os aspectos característicos no sistema de relações industriais.

Além disso, não se deve passar desapercebido que, em um bom número de novos Estados membros da União Europeia, o nível empresarial está se tornando dominante: deve-se, porém, esperar para que possamos afirmar se estamos diante de um aspecto caracterizante de uma forma estável naqueles sistemas, ou, de uma consequência contingente da ausência de experiência ou tradição do sindicato livre, o qual se esforça para se dar estruturas de maior amplitude.

Certo é, contudo, que, na história sindical europeia, a origem empresarial, geralmente, foi rapidamente superada em um processo de agregação mais amplo, muitas vezes de natureza política, culminante na afirmação do sindicato de categoria (*industrial union* ou *syndicat de branche*), desenvolvido com vistas à satisfação das necessidades comuns a todos aqueles os quais trabalham em empresas do mesmo ramo, dentro de um território nacional.

Uma solidariedade mais ampla levou as associações de categoria a afiliar-se a confederações, dando lugar a um modelo organizativo difuso, articulado em estruturas verticais e horizontais, entre elas conectadas e todas exteriores à empresa. Da mesma forma, *extra* empresarial é, em geral, a área individualizada para perseguir os objetivos da ação sindical.

Por um longo tempo e até os anos entre as décadas de 60 e de 70 do século passado, na maior parte dos países europeus os sindicatos permaneceram fora das empresas, sem poderem consolidar suas estruturas organizativas e sem conseguirem superar a recusa dos empregadores à negociação coletiva a nível empresarial.

6. O grau de representatividade dos sindicatos em relação às relativas categorias profissionais, por numerosos ordenamentos europeus, constitui, em face da função de agente contratual, um importante requisito, não formal – diferentemente daquele referente à personalidade jurídica – mas substancial, que leva em conta a força do sindicato, medida pela história e pela realidade sociológica.

A figura do 'sindicato mais representativo' foi introduzida no direito internacional do trabalho em 1919, pelo Tratado de Versalhes, quando foi constituída a Organização Internacional do Trabalho (OIT) prevendo que o componente profissional das delegações dos Estados-Membros que comporiam, em aplicação da fórmula do tripartismo, os órgãos da OIT, seriam nomeadas pelos governos com base da designação, precisamente, entre as associações de trabalhadores e empregadores 'mais representativas' a nível nacional.

A noção de tal sindicato foi absorvida pelos ordenamentos estatais nacionais. Vários destes ordenamentos atribuíram aos sindicatos mais representativos uma posição de privilégio, ou reservando-lhes a exclusiva legitimação para a contratação coletiva, ou prevendo que os contratos coletivos estipulados por estes sindicatos adquiririam uma eficácia especial. Pode, por conseguinte, ressaltar-se que, no âmbito de não poucos contextos normativos europeus, no seio da genérica figura do sindicato, irá emergir, em relação à força representativa encontrada, uma outra mais restrita e selecionada, a partir da qual serão reconhecidas peculiares posições jurídicas ativas.

A reserva do poder de celebrar contratos coletivos a favor dos sindicatos qualificados "representativos", ou "mais representativos", foi prevista na

OBSERVAÇÕES SOBRE AS CARATERÍSTICAS GERAIS DA NEGOCIAÇÃO COLETIVA...

França, Bélgica, Luxemburgo, Áustria, Grécia e também na Espanha, onde, no entanto, admitiu-se que outras organizações, privadas deste requisito, poderiam, pelo menos, celebrar contratos coletivos c.d. *extraestatutarios*, ou impróprios, ou de direito comum. A referência à representatividade sindical também foi registrada em Portugal, e deve ser coligada à peculiaridade decorrente da transição do sistema anterior para um de liberdade sindical, todavia caracterizado pela persistência de algumas formulas do passado ou, pelo menos, do critério de institucionalizar significativamente a organização e a ação sindicais.

A reserva em favor do sindicato (mais) representativo, além disso, baseia-se não apenas sobre a necessidade de selecionar sujeitos que possam ser considerados potencialmente idôneos a defenderem os interesses coletivos profissionais que transcendem a esfera dos inscritos, mas também para garantir o uso dos meios de ação sindical em harmonia com o interesse coletivo da categoria profissional, de forma não incompatível com o interesse geral.

Em outros ordenamentos, por exemplo o da República Federal da Alemanha, uma análoga preocupação para a orientação da ação sindical a interesses não restritos levou o legislador a reservar o poder de celebrar o contrato coletivo, do lado dos trabalhadores, apenas a sujeitos que são associações sindicais, sem exigir que esses fossem mais representativos. Mas excluiu-se um mero agrupamento ocasional, premido pela suspeita de natural inclinação ao setoralismo. Não pode ser ignorada a circunstância de que, no sistema sindical alemão, a fisionomía unitária das organizações sindicais de categoria, que é livremente elegida pelos seus membros e caracterizada por uma alta taxa de sindicalização, elimina um outro pressuposto essencial para a adoção do critério de maior representatividade, constituído pela existência de uma pluralidade de sindicatos, mais fracos e potencialmente litigantes entre si, no âmbito da mesma categoria.

7. A liberdade sindical deve abranger o direito do grupo de trabalhadores de escolher a forma jurídica mais compatível com a sua própria tradição e com a qualidade da base representada. O valor da liberdade de auto-organização é reconhecido pelas Constituições dos Estados europeus, expressamente (Itália e Holanda) ou, indiretamente, derivando da mais ampla liberdade de associação (França e Bélgica). O equilíbrio alcançado pela ausência de interferência pública na dinâmica dos grupos privados, no entanto, pode ser perturbado quando a lei ou a própria Constituição determinam que a organização sindical conforme-se a um valor que, contudo, não pode ser ignorado,

que é a democracia. Uma similar previsão constitui um significativo ponto de tangência entre autonomia e heteronomia, entre ordenamento intersindical e ordenamento jurídico estatal. E é necessáriio considerá-lo como um elemento de heteroregulamentação diversamente apreciável em função dos diversos contextos em que se encontra.

8. A fase central e decisiva do processo de celebração do contrato coletivo é aquela na qual se desenvolve a negociação.

Em vários encontros sucessivos, dos quais participam as pessoas legitimadas a negociar, muitas vezes assistidas por especialistas, as negociações se desenvolvem, entrecortadas pela utilização de meios de pressão para a solução do conflito, com destaque para a greve.

A utilização de tais instrumentos de ação direta é influenciada por uma multiplicidade de fatores: a propensão conflitual das diversas organizações protagonistas do conflito; a regulação dos meios de luta sindical prevista nos ordenamentos nacionais; o clima geral das relações de trabalho subsistente no interior dos vários países; e, obviamente, o tom mais ou menos agudo dos conflitos específicos. Particular relevância assume, também, o grau de institucionalização do sistema negocial.

Diversas são as formas de institucionalização – pública ou privada – das negociações, que nos vários sistemas constituem os espaços próprios, ou principais, da negociação das condições coletivas de trabalho.

Um sistema de negociação coletiva pode qualificar-se informal quando se rege exclusivamente por regras elaboradas pelos próprios sujeitos e o Estado se mantém em uma posição de abstenção normativa no que diz respeito seja à atividade de negociação, seja em relação à eficácia dos contratos coletivos celebrados. Esta era a característica do ordenamento britânico, que, todavia, ao longo dos anos, abandonou o abstencionismo absoluto e optou por algumas formas de intervenção pública, seguindo aquela que parece ser a solução freqüentemente adotada pelos ordenamentos europeus.

É oportuno considerar, por um lado, as modalidades organizativas do processo de negociação – introduzidas autonomamente pelas próprias partes sociais, ou heteronomamente pela lei – que não alteram as características essenciais do contrato coletivo por intermédio delas celebrado, sobretudo respeitando a liberdade das partes contratantes a quem compete em última análise decidir sobre a celebração do contrato, e sobre o seu conteúdo.

Por outro lado, no entanto, são consideradas as formas de institucionalização – de caráter essencialmente publicístico – no âmbito das quais a autonomia das partes sociais é sacrificada. Esta, de fato, está condicionada à satisfação de interesses gerais tutelados, segundo uma escala de progressiva intensidade, seja mediante a presença de funcionários públicos dentro das opostas comissões, onde se desenvove a negociação coletiva, seja mediante controles públicos sobre os seus resultados, ou seja, finalmente, mediante a substituição do arbitragem administrativo ao acordo das partes, quando este último não for alcançado ou for considerado inadequado.

A distinção, todavia, não é fácil, porque a experiência concreta da intervenção pública sobre a negociação sindical se realiza, nos vários sistemas, segundo fórmulas onde diferentes ingredientes são misturados, em doses variadas, de acordo com as circunstâncias. A distinção essencial permanece entre os procedimentos negociais institucionalizados, mas inspirados nas autorregulamentação das relações de trabalho, e os procedimentos cuja institucionalização provoca a heterorregulamentação.

Deve-se notar, por outro lado, como a institucionalização da negociação responde ainda a uma outra e diversa finalidade: a da extensão generalizada da eficácia do contrato coletivo.

Em alguns países, coexistem diferentes formas de institucionalização, públicas e privadas (Irlanda, Países Baixos, Dinamarca), enquanto que neste último ordenamento – que é também pertence ao rol daqueles que mais respeitam a autonomia das partes sociais – está prevista, extraordinariamente, a possível intervenção, caso a caso, do legislador.

Deve-se tomar nota desta situação, não sem, contudo, observar como alguns sistemas de relações industriais conservam notáveis analogias recíprocas, apesar da diversidade das respectivas formas de organização do processo de negociação. Isso sugere a hipótse de que é recorrente uma situação de fungibilidade dos instrumentos jurídicos em relação ao fim econômico.

9. Nos ordenamentos dos Estados membros da União Europeia, a autonomia sindical resulta amplamente garantida no que diz ao campo de aplicação profissional e territorial do contrato coletivo, com algumas exceções.

Do ponto de vista do campo de aplicação profissional, nos ordenamentos dos Estados da UE, existem acordos interconfederais (voltados a regular a posição, não dos pertencentes a uma categoria particular ou a um setor particular, mas sim de todos os trabalhadores abrangidos no âmbito interprofissional das confederações ou, ao menos, de um grupo de setores produtivos), contratos coletivos por ramo de indústria, ou seja, de categoria e contratos coletivos de profissões. Onde os sindicatos dos trabalhadores são organizados com base na profissão (*craft-unions, syndicat de métier*) enquanto as organizações empresariais são constituídas – obviamente – por ramo de indústria, a mesma associação empresarial é obrigada a estipular mais contratos coletivos, em relação às varias organizações sindicais consitituídas pela contraparte.

Acerca do campo de aplicação territorial, há registros de contratos coletivos nacionais, estatais (nos Estados federais), regionais, locais, empresariais, de estabelecimento e, por fim, contratos relativos a diversos grupos de trabalhadores no interior do mesmo estabelecimento (são exemplos deste tipo as *bargaining units* reconhecidas pelo sistema sindical britânico).

O nível negocial prevalente é diverso nos vários ordenamentos. Assim, na Finlândia, na Dinamarca, na Suécia (ordenamentos onde, porém, não faltam articulações com a negociação descentralizada), na Bélgica, na França (mas com mais recentes desenvolvimentos da negociação empresarial e uma experiência de negociação local para certas categorias) e nos Países Baixos, tradicionalmente prevaleceu o nível nacional. Não raro, este é o mesmo nível em que agem, com perspectiva interprofissional, as confederações sindicais, que por isso desenvolvem, a um só tempo, uma função de orientação nas relações das federações de categoria e aquela dos sujeitos da política econômica nacional geral, por meio de denominados acordos-quadro.

Na República Federal Alemã são mais numerosos os contratos coletivos estatais, relativos a um ou mais *Länder,* enquanto é fraca a negociação empresarial, em parte substituída pela atividade dos organismos institucionalizados de cogestão empresarial.

No Reino Unido, vice-versa, existe uma notável descentralização da negociação, pela qual os salários efetivos são aqueles pactuados a nível empresarial.

Na Espanha, o Estatuto dos Trabalhadores prevê que os contratos coletivos possuem o âmbito de aplicação acordado entre as partes. Se concluem, portanto, acordos interprofissionais entre as confederações mais representativas dos empregadores e prestadores de trabalho, para estabelecer a estrutura da negociação coletiva, isto é, os modelos contratuais; contratos coletivos que afetam os trabalhadores de uma pluralidade de empresas pertencentes ao mesmo ramo de indústria no âmbito nacional ou de *Comunidad Autónoma*; contratos coletivos empresariais.

Certas matérias ou funções regulatórias são atribuídas, em via preferencial, e por vezes exclusiva, aos contratos coletivos de determinado nível: por vezes, particularmente elevado e amplo, em outras vezes, de empresa. Se trata de uma distribuição de competências de fonte legislativa (na Itália se encontra uma tendência legislativa análoga, com vistas a individualizar o nível de contratação mais idôneo a realizar o que em outra oportunidade, já denominamos "flexibilização sindicalmente controlada"), mas, ao lado desta, opera uma distribuição que tem sua fonte na própria autonomia coletiva.

A definição da área geográfica em que se aplica um contrato coletivo, no direito do trabalho português é um dos elementos de seu conteúdo obrigatório (art. 23 Decreto legislativo 519-C1/79). Essa área pode ser a de todo o territorio nacional, a de uma província ou distrito, ou simplesmente a de uma empresa, mas não constitui uma referência autônoma: ela será correspondente à zona de intersecção dos âmbitos geográficos cobertos pelas entidades interessadas (art. 7º do mencionado decreto).

Na Grécia, segundo a lei de 1990, são praticáveis cinco níveis de negociação: o nacional geral, remetido às confederações que concluem acordos que tenham por objeto a fixação das condições de trabalho fundamentais (por exemplo, salário mínimo interprofissional); o setorial; o nacional de categoria; o local de categoria; o empresarial.

Na Itália, do mesmo modo, são praticáveis todos os níveis territoriais ora indicados, com uma ênfase correspondente que sofre, segundo as circunstâncias, as pressões – opostas – relativas à centralização e à descentralização contratual, decorrente da variação das condições econômicas dos países e dos diretrizes de política econômica.

Com o 'Protocolo sobre o custo do trabalho e as relações industriais', subscrito pelas confederações de trabalhadores e de empresários e pelo Governo, em julho de 1993, as partes optaram por um nível duplo de negociação, nacional e local, através do qual foi racionalizado o desenvolvimento das relações sindicais, seja no setor público, seja naquele privado. Successivamente, o Protocolo foi substituído, mas a situação necessita, ainda de uma regulamentação estável.

10. As considerações supra expostas devem ter em mente a evolução que, no âmbito das tradições dos respectivos sistemas nacionais, denotam as estruturas da contratação coletiva, em correspondência a seus fatores de desenvolvimento próprios, mas sobretudo à história geral das economias nacionais nas quais se inserem. À centralização da negociação, em particular a nível interconfederal, recorre-se em particular em períodos de inflação e de desemprego generalizado, nos quais os objetivos de contenção do custo do trabalho e de defesa dos níveis ocupacionais invocam o papel de protagonista das confederações, em razão de sua atitude natural de colocar-se como fatores de política econômica, em estreito diálogo (embora não sem divergências e confrontos) com as instituições às quais compete a disciplina da economia.

Interessante, por outro lado, é o estudo das formas de coordenação entre os diversos níveis profissionais e territoriais de negociação, também por evidente ligação com as questões concernentes ao conteúdo do contrato e a obrigação de paz sindical. Não é excepcional, de fato, o contraste entre a disciplina estabelecida com relação a um mesmo instituto, por contratos coletivos de níveis diversos.

Trata-se do fenômento do concurso, em um mesmo âmbito de aplicação profissional, de contratos coletivos de níveis diversos, fenômeno que difere daquele da sucessão de contratos coletivos. No concurso, de fato, não se concretizam a subtituição ou derrogação de disposições contratuais vigentes, mas sim se verifica a presença simultânea, muitas vezes contrastante, de mais disciplinas coletivas originadas por agentes contratuais de níveis diversos. Quando as disciplinas estão em contraste entre si, ocorre uma situação de concurso-conflito, as quais os ordenamentos enfrentam e resolvem de diferentes maneiras.

Nos ordenamentos da União Europeia se distinguem dois sistemas diversos. De um lado, aquele que, tutelando o interesse dos trabalhadores acima do interesse geral (a cuja consideração é deixada à boa vontade das partes coletivas) prevê que o contrato coletivo de nível inferior pode derrogar aquele de nível superior apenas em sentido favorável aos trabalhadores (França, Bélgica, Eslovénia, Eslováquia); de outro lado, o sistema fundado em acordos-quadro estipulados a nível interconfederal, os quais vinculam em todos os casos as organizações de categoria em respeito aos princípíos gerais de tratamento nele previstos, levando em conta também o interesse geral. Tais princípios constituem *standards* que não são derrogáveis nem mesmo a favor do trabalhador, segundo cláusulas particulares dos estatutos associativos que limitam a capacidade negocial das organizações de grau inferior (Suécia, Dinamarca, Países Baixos).

Na Itália, no Reino Unido e na Irlanda se discute se o contrato coletivo empresarial pode derrogar *in pejus* o contrato nacional, mas parece prevalecer a resposta afirmativa.

Na Itália – depois de uma primeira orientação jurisprudencial inclinada, também em razão da fraqueza das organizações sindicais que naqueles anos induzia a ver com suspeita qualquer derrogação desfavorável aos trabalhadores, a dar, no entanto, prevalência à disciplina coletiva mais favorável a eles – se afirmou a tese de que admite a derrogação *in peius*. Todavia, persistem opiniões doutrinárias críticas quanto ao mérito de tal derrogabilidade.

Às críticas semelhantes se respondeu com argumentos embasados em uma consideração mais madura das diversas dimensões do interesse coletivo e da liberdade de efetuar avaliações que na matéria devem ser reconhecidas às organizações que dele são portadoras.

Por outro lado, o critério da prevalência do tratamento mais favorável, se se justifica no conflito entre o contrato coletivo e contrato individual pela fraqueza do trabalhador singular, não possui razões correspondentes na relação entre contratos coletivos de níveis diversos, onde em todos os casos se trata de dar solução ao concurso de produtos da autonomia coletiva. É a própria existência de níveis diversos de contratação que requer o respeito à autonomia dos agentes contratuais que desenvolvem respectivamente a sua função adequada às específicas situações locais ou empresariais, segundo um critério razoável de especialidade, salvo, é claro, que esteja negociando um sindicato de conveniência, manipulado pelo empregador. O mencionado 'Protocolo Sindical sobre Custo do Trabalho', de julho de 1993, confirmado, neste ponto, pelo Acordo-quadro de 22 de janeiro de 2009, prefigurando um preciso e articulado sistema de competências contratuais respectivas, a nível nacional e descentralizado, por sua vez, procurava abordar a própria possibilidade de insurgência de tal gênero de conflito.[1]

Na República Federal Alemã, não existem acordos interconfederais tendentes a limitar a autonomia das organizações de categoria, mas estas são corresponsabilizadas mediante diretivas confederais acordadas com o Governo.

No ordenamento espanhol vigora uma disciplina legislativa detalhada sobre o concurso dos contratos coletivos de diversos âmbitos territoriais. A regra geral é aquela por força da qual um contrato coletivo, na duração de sua vigência, não pode ser modificado ou derrogado por outro contrato coletivo de nível diverso. A tal regra geral fazem exceção os acordos-quadro interprofissionais que podem estabelecer uma disciplina diferente neste concurso. Deve-se lembrar que a própria regra prevê a hipótese de concurso-conflito e não se estende à hipótese na qual, ao contrário, o concurso seja fruto de uma escolha das partes pelo próprio contrato coletivo que venha a suportar a competição.

Há, no entanto, regras especiais que permitem o concurso de contratos coletivos empresariais com os *"sectoriales"*, ou seja, de ramo de indústria. Opera,

---

[1] D'Antona,M. *Il protocollo sul costo del lavoro e l'«autunno freddo» dell'occupazione*, in *Riv. It. Dir. Lav.*, 1993, I, 411.

nesta hipótese, o princípio da especialidade da disciplina relativa a determinados contextos empresariais.

11. Precisa destacar a distinção entre os ordenamentos nos quais o contrato coletivo, nos seus aspectos fundamentais, é diretamente e especificamente disciplinado pela lei, de um lado, e os ordenamentos em que falta tal disciplina legal do contrato coletivo, por outro lado. A distincão tem influência no modo como estes modelos lidam com a crise econômica.

A distinção não tem caráter puramente formal, mas envolve uma questão de substância. A sua importância não se exaure na diversa amplitude e especificidade da regulamentação jurídica do contrato coletivo, concernente ao fato que na matéria intervenha ou não a lei. Em outras palavras, não seria suficiente para salientar que, em um dado ordenamento, o legislador se absteve de disciplinar expressamente e organicamente o fenômeno, enquanto em outro ordenamento tal regulamentação legislativa existe. Não está em jogo apenas um aspecto quantitativo, inerente à subsistência da intervenção legislativa e suas dimensões. A questão é de ordem qualitativa e se refere à diferente posição prévia que o legislador assume no confronto com a autonomia coletiva.

Os ordenamentos nos quais, em conformidade com o princípio do abstencionismo legislativo, falta uma lei geral sobre contrato coletivo e, nestes, as principais características do contrato coletivo se devem à elaboração doutrinária e jurisprudencial, na realidade, apresentam, com respeito aos sistemas de regulamentação legal do contrato coletivo, uma diferença de fundo. Essa consiste no fato de que nestes ordenamentos a falta de tal intervenção legislativa está ligada ao respeito da mais ampla liberdade das partes no âmbito das relações de trabalho.

No direito do trabalho coexistem instrumentos de regulamentação autônoma e heterônoma. Isto é, a disciplina do contrato de trabalho deriva de fontes normativas diversas: de um lado, o contrato coletivo, fruto da autonomia coletiva; do outro, a lei, emanada pelo Estado. Estes instrumentos, também na UE, são distribuídos de maneira variada nos ordenamentos singulares. Segundo a distribuição de funções e competências entre as regulamentações autonomas e regulamentações heterônomas, se mede o pertencimento de um determinado ordenamento aos dois grandes modelos juslavorísticos: o modelo "voluntário" e o modelo "estatal" (ou "estatalista").

Um intervencionismo estatal excessivo esteriliza a negociação coletiva e diferencia-se com respeito a uma regulamentação legislada dos princípios da matéria sindical, porém sem papel proeminente da lei a ponto de asfixiar o sistema. O Estado pode estabelecer apenas algumas diretrizes gerais a respeito da negociação coletiva, a fim de que o interesse público seja sempre tutelado.

12. A preferência por um ou outro dos dois modelos depende, para além das propensões ideológicas, da ênfase posta na amplitude da eficácia da regulamentação jurídica, bem como sobre sua intensidade. A lei, por sua própria generalidade inerente, é levada a expandir a sua tutela a âmbitos obviamente mais vastos em relação ao contrato coletivo, que, ao contrário, é limitado pela eficácia *inter partes* característica dos atos contratuais.

Além disso, a lei, na realidade, demonstra uma intensidade mais reduzida de penetração social em relação ao contrato coletivo; e, em alguns casos, pode se revelar dotada de menor efetividade.

A escolha entre a lei e o contrato coletivo, todavia, depende também de outras razões. Entre elas, leva a uma preferência pelo modelo "voluntário" já recordado a relutância (se não a recusa explícita) dos sindicatos em relação a uma hipoteca legislativa que tolhe o seu espaço e não se revela em sintonia com o equilíbrio duramente conquistado nas relações de força entre as partes sociais e em seu interior. De tal natureza são as motivações que sugeriram ao sindicato italiano recusar o projeto de implementação legislativa das normas sobre o tema do contrato coletivo com eficácia *erga omnes* ditado pelo art. 39 da Constituição Italiana, e ao sindicato inglês de se opor energicamente às iniciativas legislativas com as quais, nos últimos anos do século passado (mas antes disso outras iniciativas legislativas dos governos daquela cor já haviam colhido hostilidade sindical), os governos conservadores britânicos intervieram em matéria sindical. Iniciativas que, de fato, comprimiram a autonomia sindical.

Qualquer lei, nesta perspectiva, é percebida como um limite para o espaço de liberdade de organização sindical. Em particular, não se pode esquecer que toda lei direcionada à regulamentação do contrato coletivo implica a valorização do interesse, geral, à composição ordenada, em formas e modos determinados, do conflito coletivo. Ao invés, quando o legislador não intervenha para resolver o fenômeno, mas se limite a garantir a liberdade sindical, a inspiração do ordenamento tende à máxima expansão da autonomia coletiva, em todas as formas e modos possíveis e lícitos. Uma tal ampla afirmação da liberdade de organização e de ação do sindicato, no modelo "voluntário", surge precisamente como instrumento de realização do interesse geral, não parecendo entretanto necessário, neste sistema, a intervenção legislativa no instrumento (o contrato coletivo) da livre ação sindical.

A intervenção do legislador, também quando se revela de indiscutível utilidade social e se coloque até mesmo como sustento da autonomia sindical, termina sempre por dar lugar a uma regulamentação heterônoma das relações industriais, que subtrai espaço da autonomia dos grupos profissionais.

Prescindindo de qualquer juízo de valor, é possível afirmar que esta é uma observação de caráter objetivo, a qual resulta de importância essencial para a compreensão dos diversos ordenamentos. Em termos de valores, o discurso sobre a concorrência (e sobre o conflito) de fontes legislativas e contratuais coletivas pode-se traduzir em uma definição dialética entre autoridade e liberdade. Isto é, entre a tendência de reservar centralizadamente ao aparato dos poderes públicos a regulamentação dos contratos de trabalho, de um lado, e, de outro, a aspiração da sociedade civil de emancipar-se de tal tutela, sentida – e sofrida – pelo menos como paternalista, para confiar preferencialmente à autorregulação dos interesses coletivos profissionais às forças que são protagonistas dos relativos conflitos.

13. Merece consenso, por outro lado, a opinião segundo a qual a evolução do direito do trabalho contemporâneo atenua – nos ordenamentos dos Estados onde consolidada é a presença e vastas são as competências adquiridas pelo sindicato – a força da alternativa entre lei e contrato coletivo (mas não a anula). Se registram, de fato, a aproximação, a convergência no objetivo de superar as crises econômicas recorrentes, a fungibilidade entre as duas fontes, as recíprocas referências e reenvios. Portanto, ocorre não apenas que a lei faça o reenvio ao contrato coletivo da disciplina concreta e detalhada dos aspectos sobre os quais considera inoportuno ou muito árduo intervir diretamente, mas também que grandes acordos coletivos sejam assinados, para além das confederações contrapostas, também pelo Governo (denominados acordos triangulares), que reenviam à lei a particularizada solução de objetivos sobre os quais o acordo registra um consenso de princípios.

A reciprocidade entre a lei e o contrato coletivo se percebe claramente quando, no último quarto do século passado, as relações entre Estados, empreendedores e sindicatos se caracterizaram, em vários países membros da União Europeia (França, Itália, Reino Unido, República Federal Alemã, Suécia), pela ampliação dos espaços de negociação coletiva sobre temas políticos. A conjuntura econômica desfavorável leva os governos a concentrar o interesse nos problemas do custo e do mercado de trabalho e a promover uma legislação que, criada para enfrentar as relativas necessidades de proteger a renda dos trabalhadores, dizimada pela inflação, e os níveis de ocupação (denominada "legislação de emergência"), se transforma e se estabiliza em uma "legislação da crise". Os traços, negativos e não transitórios da situação econômica ameaçam, de fato, não apenas a estabilidade do sistema de relações industriais, mas também a estrutura política global, e a necessidade de recompor o consenso social insta os poderes públicos à redução das distâncias entre representação política e corpo social.

14. O contato se realiza no co-envolvimento frequente (que de fato se tornou obrigatório, substancialmente) da autonomia coletiva na elaboração de normas legislativas concernentes ao mundo do trabalho (denominadas leis contratadas). Estes fenômenos se baseiam na interação entre fontes legais e fontes contratuais, no âmbito de uma troca política a qual é acompanhada de uma nova imagem de gestão do poder público.

Ressalte-se, geralmente, que a recepção, em lei, dos acordos com as partes sociais levou à contratação do procedimento legislativo pela via informal, e até mesmo provocando a adulteração dele.É possível, porém, enquadrar a intervenção das partes sociais no *iter* formativo da lei no leito da participação dos particulares, seus destinatários, na formação dos atos finais os quais concluem os procedimentos: no caso, a lei, a conclusão do *iter* legislativo.

Fenômeno deste gênero acima exposto são encontrados na Itália, na Bélgica, onde o diálogo entre o poder público e o sindicato pode contar com sede institucional, na França[2] e na Espanha e em Portugal, mais jovens democracias nas quais em tal modo é reforçada a relação dos sindicatos renascidos com o poder legislativo e com o poder executivo.

As negociacões, ou debates conjuntos, entre o Governo português, as confederações sindacais e patronais, sobre temas como salarios, politica de emprego, dispositivos de proteção social, competitividade da economia, têm reconhecimento constitucional (art. 56/2-d, 92/1 da Constituição) e enquadramento institucional próprio: a Comissão Permanente de Concertação Social, integrada no Conselho Econômico e Social. A Concertação Social é um mecanismo auto-regulador, através do qual as organizações de cúpula, representativas dos trabalhadores, partecipam nos processos de decisão que cabem na competência do Governo.

Por outro lado, todos estes elementos não diminuem a relevância da distinção entre lei e contrato coletivo, que permanece, mesmo quando o modelo de interação é diferente daquele agora ilustrado e se concretiza em uma série de

---

[2] WEISS, D. *Les relations du travail. Employeurs, personnel, syndicats, Etat,* Paris, 1983.

reenvios em sentidos alternados entre fontes legais e fontes contratuais, como ocorrido no caso da França onde os acordos nacionais interprofissionais, como aquele sobre a formação profissional em 1970, se destinavam a completar leis precedentes e a promover iniciativas legislativas posteriores.

Concertação social: possibilidade ou utopia no cenário da estrutura sindical brasileira?

*Carla Teresa Martins Romar**

1. Introdução

Empregados e empregadores são naturalmente desiguais sob o aspecto econômico. O Direito do Trabalho representa, então, uma forma de estabelecer uma igualdade jurídica entre eles.

O surgimento do Direito do Trabalho a partir da Revolução Industrial significou, naquele momento histórico, uma derrota do liberalismo. A autonomia individual dos particulares é substituída pelo intervencionismo do Estado nas relações entre patrões e empregados, primeiramente caracterizada pela elaboração de leis e, posteriormente, pela consolidação do Direito do Trabalho como um conjunto de normas e princípios específicos voltados à proteção do trabalhador, cuja posição é desigual em relação ao seu empregador, não só no âmbito econômico, como também no social e no político.

O liberalismo, enquanto ideologia que tem como fundamento a intervenção mínima do Estado nas relações entre os particulares, limitada ao indispensável à preservação da coesão social, e que não reconhece a existência de corpos intermediários entre o Estado e os indivíduos, demonstrou ser incapaz de incentivar, ou sequer de permitir, um equilíbrio de forças entre empregadores e empregados, e, mais do que isso, de permitir a realização da justiça

---

* Professora de Direito do Trabalho da PUC-SP. Perita em relações do trabalho da OIT (Organização Internacional do Trabalho).

social. É inegável, portanto, que em um regime liberal a dignidade humana sofre e é agredida em razão da opressão econômica.

Em decorrência disso o Direito do Trabalho se desenvolveu e em vários países, inclusive no Brasil, as formas de luta dos trabalhadores sempre visaram ao atendimento de suas reivindicações, e sua solução vem sendo encontrada, basicamente, através da lei, "utilizada, por excelência, na solução estatal dos problemas sociais"[1].

No entanto, em nosso País as leis trabalhistas sempre foram fruto de um "movimento descendente", ou seja, são resultado de uma ação de cima para baixo, do Estado para a coletividade. No Brasil não se pratica, no âmbito trabalhista, "movimentos ascendentes" na elaboração de leis, ou seja, as leis trabalhistas não decorrem diretamente de um movimento específico de trabalhadores e de empregadores do qual tenham resultado reivindicações que venham a ser atendidas pelo Estado e que se concretizam através de uma lei.

Segadas Vianna indica as seguintes características dos "movimentos descendentes": a) inexistência de luta, sem que isso indique a ausência de uma questão social, embora latente; b) falta de associações profissionais de expressiva representatividade; c) os grupos sociais são ainda inorgânicos; d) não há atividades econômicas que exijam massas proletárias densas[2].

Trata-se, evidentemente, de uma realidade que decorre do corporativismo que vigorou em nosso País a partir de 1930 e que, enquanto ideologia, tem como ideia básica a organização das forças econômicas em torno do Estado, com o objetivo de promover o desenvolvimento nacional a partir da centralização de poder e da consequente possibilidade de imposição de regras a todos os cidadãos.

Contudo, não se pode deixar de esclarecer que o corporativismo, ao contrário do liberalismo, reconhece a existência de grupos intermediários entre o Estado e os cidadãos, e lhes atribui o poder de impor normas a seus próprios membros.

Como consequência desse reconhecimento estatal dos grupos intermediários é que surgem os sindicatos como órgãos de representação dos interesses de trabalhadores e de empregadores, sempre, é claro, sob a supervisão do Estado, e aos quais se delega o poder de celebrarem contratos coletivos de trabalho (convenções e acordos coletivos de trabalho), com o objetivo de regulamentação específica de suas relações trabalhistas.

---

[1] Arnaldo Süssekind et. al. *Instituições de Direito do Trabalho*, São Paulo: LTr, 1997. p. 51.
[2] Ibid., p. 52.

Os sindicatos, porém, inseriram-se em uma estrutura muito mais ampla, criada pelo corporativismo com o objetivo de limitar a atuação sindical dentro dos parâmetros estabelecidos pelo Estado. Nesse sentido identificamos a categorização, a unicidade sindical, o sistema confederativo, a submissão dos sindicatos ao Ministério do Trabalho, a pré-determinação das funções dos sindicatos e a criação da Justiça do Trabalho como elementos que não permitiram, ao longo do tempo, que os sindicatos brasileiros se desenvolvessem de forma livre e efetivamente representativa.

Assim sendo, a própria atividade negocial dos sindicatos e o decorrente exercício da autonomia coletiva na elaboração de normas jurídicas trabalhistas não foi incentivada e desenvolvida por muito tempo. Não se criou no Brasil a prática do diálogo social e nem se criou um ambiente propício para a busca concertada de problemas conjunturais.

É evidente, portanto, que jamais tivemos em nosso País a experiência da concertação social enquanto procedimento através do qual se realizam debates ou negociações conjuntas entre o Governo e os chamados atores sociais (trabalhadores e empregadores, representados por seus respectivos sindicatos), com a finalidade de estabelecer-se medidas de consenso que visem a possibilitar o desenvolvimento econômico e social do país.

Ressaltamos mais uma vez que o "movimento descendente" sempre foi o determinante em nosso País na elaboração das normas trabalhistas e na construção do Direito do Trabalho tal qual existe hoje.

Sob esse enfoque parece ser bastante difícil a celebração de um pacto social, embora não impossível.

Cumpre salientar, que os pactos sociais derivam de mecanismos de concertação realizados a partir de negociações tripartites mantidas entre os atores sociais e o Governo, e que servem de pano de fundo para a elaboração de normas específicas de regulamentação das relações de trabalho.

No entanto, também é importante lembrar que o panorama sindical brasileiro se alterou a partir da Constituição Federal de 1988, que trouxe ares de liberdade aos sindicatos e realçou o papel da negociação coletiva como forma de solução dos conflitos trabalhistas.

Podemos dizer, então, que a partir da Constituição de 1988 os sindicatos estão reaprendendo a dialogar e a negociar, e estão tendo uma maior consciência da sua importância, enquanto atores sociais, na participação de medidas que visem o desenvolvimento social e econômico.

Nesse contexto, a concertação social, como forma mais ampla e moderna de negociação coletiva, pode ser considerada como um procedimento necessário e ideal para se atingir o patamar de desenvolvimento econômico e social que se espera em relação ao nosso País.

2. Noções gerais sobre concertação social

Etmologicamente a palavra *concertação* deriva do verbo *concertar*, que significa compor, ajustar, harmonizar, conciliar, pactuar, ajustar, combinar, deliberar, concordar, harmonizar-se[3].

Sob o aspecto sociológico, *concertação* significa a convergência de vontades e de atitudes, com a finalidade de determinar aspectos específicos ou resolver certas questões acerca de um determinado assunto, mediante a conciliação e a composição de pontos de vista e de interesses distintos e, às vezes, contraditórios[4].

Transportando esses conceitos iniciais para o âmbito do Direito do Trabalho, podemos dizer que a concertação social é a política de acordo social através da qual os três protagonistas principais da vida econômica concertam suas vontades para enfrentar situações de crise. Trata-se, conforme esclarece Oscar Ermida Uriarte, da participação do setor sindical, do setor empresarial e do Estado, no planejamento e/ou adoção de decisões que recaem em diferentes âmbitos, mais especificamente no econômico e no social[5].

Como ideia básica para o estudo da concertação social é possível concluir que a mesma, fruto do diálogo social, é, genericamente, considerada uma negociação coletiva, que, especificamente, se desenvolve entre os parceiros sociais (trabalhadores e empregadores, representados por seus respectivos sindicatos) e o Governo e que envolve, na sua essência, a finalidade de fixar diretrizes maiores de ação, no sentido de promover o desenvolvimento econômico e o desenvolvimento social, o que pressupõe, entre outras coisas, reformas fundamentais das normas legais trabalhistas, através da celebração de pactos sociais[6].

---

[3] Aurélio Buarque de Holanda Ferreira. *Novo dicionário da língua portuguesa*, p. 358.

[4] ERMIDA URIARTE, Oscar. *La concertación social*. In: *Cuatro estudios sobre la concertación social*, p. 62.

[5] Ibid., p. 62-63.

[6] Amauri Mascaro Nascimento diferencia concertação social de pacto social, entendendo a concertação como procedimento e o pacto como instrumento. *Compêndio de Direito Sindical*, p.198. No mesmo sentido: a) Éfren Córdova, *Pactos sociais: experiência internacional, tipologia e* modelos, p. 13: a concertação é um processo, enquanto que o pacto é o "resultado de discussões e contatos, que podem ou não se realizar no marco de um sistema de concertação"; b) Antonio Rodrigues de Freitas

Partindo-se da premissa de que a concertação social deriva do diálogo social, torna-se necessário analisar os aspectos que o envolvem, para que se entenda exatamente a dimensão da estrutura na qual a mesma está inserida.

O termo diálogo social é ambíguo e bastante aberto, e tem sido utilizado, desde que se passou a reconhecer a existência de grupos intermediários entre o Estado e os cidadãos[7], para definir situações das mais diversas. No entanto, atualmente, seguindo a orientação da Organização Internacional do Trabalho, tem sido utilizado com o objetivo de designar a cooperação tripartite (Governo, trabalhadores e empregadores, através de seus respectivos órgãos representativos) na elaboração da política econômica e da política social de um país.

É inegável que o crescimento dos países depende, entre outras coisas, do tipo de relações trabalhistas que neles se verifiquem. Tanto maior será o nível de desenvolvimento econômico de um país, quanto mais construtiva seja a interação entre trabalhadores e empregadores e quanto mais os mesmos exercitem o espírito de liberdade, de cooperação e de justiça. O inverso dessa situação terá como reflexo imediato a perda da capacidade de produção e o aumento da injustiça social, com a consequente dificuldade de desenvolvimento geral.

A partir desta constatação podemos vislumbrar claramente a importância da prática constante de diálogo pelos atores sociais, com a celebração de acordos nos mais diversos níveis, que permitam a exequibilidade das políticas de relações de trabalho, em um âmbito mais restrito, e das metas de desenvolvimento econômico e social, no aspecto mais amplo.

O diálogo favorece a concertação social, como prática do entendimento e da cooperação tripartite envolvendo Governo, trabalhadores e empregadores, e pode levar à celebração de pactos sociais que fixem regras genéricas de políticas públicas e de comportamento dos atores sociais, conjugando os interesses gerais e os interesses setoriais dos envolvidos.

Jr., *Conteúdo dos pactos sociais*, p. 25: "Já a noção de *concertação social* indica o procedimento negocial que visa à obtenção de um pacto social, como resultado colimado pelas tratativas entre os grandes atores sociais, pode eventualmente não ser alcançado ou mesmo não chegar a ser formalizado. Isso não descaracteriza a concertação social como um procedimento que se justifica em nome de sua obtenção."

[7] Para os idealizadores da Revolução Francesa (1789) somente existia Estado, de um lado, e cidadãos, de outro. Veja-se a respeito Nestor de Buen, *La concertación social*. In: *Cuatro estudios sobre la concertación social*, p. 36.

Assim, podemos identificar três níveis básicos de envolvimento dos atores sociais na adoção das políticas públicas: a) diálogo social, como prática a ser exercitada constantemente pelo Governo e pelos atores sociais; b) concertação social, como processo de participação concreta dos atores sociais nas grandes linhas de política social e de política econômica do Governo e na fixação dos parâmetros a serem seguidos nas negociações coletivas; c) pacto social, como resultado das discussões mantidas pelos atores sociais e pelo Governo e que, uma vez adotados, permitem uma mobilização dos esforços de toda a população para o atingimento do objetivo pretendido.

Segundo Manuel Alonso Olea[8], a participação dos atores sociais, em qualquer um desses níveis, justifica-se e é necessária porque em sistemas socioeconômicos tão complexos como os atuais, caracterizados por uma extrema divisão do trabalho, é muito tênue a linha que separa os interesses particulares dos grupos de trabalhadores e de empregadores e de suas respectivas associações (interesse coletivo), dos interesses gerais da comunidade que o Estado articula (interesse público).

Após fazer tal constatação, o autor conclui que da proximidade entre os interesses coletivos e o interesse público deriva o fato que o esforço de conciliação entre todos esses interesses não pode ficar exclusivamente nem a cargo do Estado, nem a cargo dos setores sociais. É necessária uma ação conjunta, devendo estabelecer-se uma ligação entre as estruturas públicas de poder, representadas pelo Poder Legislativo e pelo Poder Executivo, e as estruturas formais (já que constitucionalmente reconhecidas) de poder dos interesses particulares de trabalhadores e de empregadores, representadas pelos sindicatos.

A concertação social aparece, então, como uma possibilidade inteligente de busca de soluções conjuntas e de pacificação de conflitos em situações de crise econômica e social.

No entanto, a prática de cooperação e entendimento entre Governo, trabalhadores e empregadores somente é viável em sociedades democráticas, que reconhecem a autonomia coletiva dos grupos, e em cuja conjuntura se encontra ambiente propício para que isso ocorra, caracterizado por uma circunstância social adequada, na qual haja uma forte representatividade dos atores sociais.

---

[8] Conferência proferida no II Encuentro Iberoamericano sobre relaciones de trabajo, realizado em Madrid, em 1982, *apud* Nestor de Buen, *La concertacion social*, p. 36-37.

Assim, conclui-se que a concertação necessita de uma condição favorável para que possa ser realizada e dar bons resultados.

3. A OIT e o diálogo social

Em 1960, e com fundamento em experiências bem sucedidas de concertação social realizadas nos países escandinavos, a OIT adotou a Recomendação n° 113 sobre consulta e colaboração entre as autoridades públicas e as organizações de empregadores e de trabalhadores nos diversos ramos de atividade econômica e em âmbito nacional.

O parágrafo 1, item (1) da referida Recomendação assim estabelece:

> "1. (1) Medidas condizentes com as condições nacionais devem ser tomadas para promover efetiva consulta e cooperação em níveis industrial e nacional entre as autoridades públicas e as organizações de empregadores e de trabalhadores, bem como entre estas organizações, com o objetivo indicado nos Parágrafos 4 e 5 abaixo, e em outras matérias de mútuo interesse, conforme determinado pelas partes".

A Recomendação estipula a ação voluntária por parte das organizações de trabalhadores e de empregadores, a ação promocional por parte das autoridades públicas e a adoção de leis ou regulamentos nacionais como medidas que devem ser tomadas em conjunto no sentido de permitir a realização dos objetivos da consulta e cooperação, que são os seguintes:

> " 4. A consulta e a cooperação devem ter o objetivo geral de promover o entendimento mútuo e as boas relações entre as autoridades públicas e as organizações de empregadores e de trabalhadores e entre estas organizações, visando ao desenvolvimento da economia como um todo ou de segmentos individuais, melhoria das condições de trabalho e aumento do padrão de vida.
>
> 5. A consulta e a cooperação devem almejar, em particular:
>
> a) consideração conjunta por organizações de empregadores e de trabalhadores de matérias de mútuo interesse com vista a chegar, com o máximo alcance possível, a soluções acordadas; e
>
> b) assegurar que as competentes autoridades públicas procurem opiniões, conselhos e assistência das organizações de empregadores e de trabalhadores, de modo adequado, em relação a assuntos como:

(ii) elaboração e aplicação de leis ou regulamentos nacionais que afetem seus interesses;

(ii) instituição e funcionamento de organismos nacionais responsáveis pela organização de empregos, formação profissional e reciclagem, proteção ao trabalho, saúde e segurança industrial, produtividade, seguridade e bem-estar social; e

(iii) elaboração e implementação de planos de desenvolvimento econômico e social.."

Como esclarece Éfren Córdova, esta Recomendação da OIT previa que a consulta e a colaboração *"não estavam limitadas a questões que interessavam somente às partes diretamente envolvidas, mas destinavam-se, também a influir na elaboração e implementação dos planos de desenvolvimento econômico e social que diziam respeito a toda a sociedade"[9]*.

A partir da adoção da Recomendação n° 113 a OIT passa a promover o diálogo social e a incentivar a prática da concertação social por seus países-membros.

Posteriormente, a Conferência Internacional do Trabalho de 18 de junho de 1998 adota a Declaração relativa aos Princípios e Direitos Fundamentais no Trabalho em seu preâmbulo afirma:

"...o crescimento econômico é essencial, mas ele não é suficiente para assegurar a equidade, o progresso social e a erradicação da pobreza, e isto confirma a necessidade da OIT de promover políticas sociais sólidas, a justiça e as instituições democráticas."

Com a adoção da Declaração dos Princípios e Direitos Fundamentais o sentido da Recomendação n° 113 é realçado, e a prática da consulta e cooperação passa a ser mais incentivada pela OIT.

Assim, no alvorecer deste século a OIT definiu suas prioridades para o milênio que se iniciava e, como primeira medida concreta, adotou um programa para o biênio 2000-2001 que propunha quatro objetivos estratégicos: (i) promover e materializar os princípios e direitos fundamentais no trabalho; (ii) criar maiores oportunidades para que homens e mulheres consigam empregos e salários dignos; (iii) ampliar a cobertura e eficácia da proteção social universal; e (iv) fortalecer o sistema tripartite e o diálogo social.

---

[9] *Pactos sociais: experiência internacional, tipologia e modelos*, p. 16.

Esses objetivos estratégicos foram mantidos no programa para os biênios seguintes, até os dia atuais, e especificamente em relação ao fortalecimento do diálogo social a OIT criou o Programa InFocus sobre Diálogo Social, Legislação e Administração do Trabalho, cuja atuação principal está voltada para o aumento da participação dos interlocutores sociais na formulação de políticas econômicas e sociais de cada um dos países[10].

Na busca da realização efetiva dos Princípios e Direitos Fundamentais do Trabalho, a OIT parte do pressuposto que o consenso entre Governo e organizações de trabalhadores e de empregadores é essencial para a concretização das metas de obtenção de condições justas de emprego, de condições dignas de trabalho e do desenvolvimento econômico e social em benefício de todos, metas essas que dependem de um amplo esforço dos atores sociais e dos Governos e que somente podem ser realizadas a partir da prática do diálogo social.

Exatamente por isso estabeleceu o "fortalecimento do tripartidarismo e do diálogo social" como um de seus quatro objetivos estratégicos para concentrar e reforçar seu apoio à consolidação do tripartidarismo e do papel dos interlocutores sociais (Governos, organizações de empregadores e de trabalhadores) e, especialmente, de sua capacidade de promoção do diálogo social e de comprometimento em relação ao mesmo.

A OIT reconhece que a promulgação de leis trabalhistas assegurando o cumprimento efetivo do diálogo social, da negociação coletiva e de outras formas de cooperação entre Governos, trabalhadores e empregadores, é meio importante para a promoção da justiça social. A legislação estabelece níveis de proteção social que os convênios coletivos normalmente melhoram para grupos específicos de trabalhadores.

No entanto, a OIT não ignora as dificuldades que envolvem a prática do diálogo social. Segundo dados por ela publicados, em 1995 aproximadamente 164 milhões de trabalhadores (estimados mundialmente em 1.300 milhões) eram filiados aos sindicatos. Durante as últimas duas décadas, porém, a filiação sindical que, como se vê, já não alcançava índices elevados, caiu vertiginosamente.

Apesar dessa tendência negativa, afirma que a baixa nos efetivos sindicais não significou um correspondente decréscimo da influência dos mesmos. Na maioria dos países os sindicatos têm conseguido consolidar sua força em

---

[10] Para maiores informações sobre este Programa, consultar a página da OIT na internet: www. ilo.org.

SINDICATOS E AUTONOMIA PRIVADA COLETIVA

setores básicos, recrutar filiados em setores emergentes da economia e desenvolver novas estratégias de negociação coletiva diante da globalização.

Os sindicatos continuam desempenhando um importante papel como veículos da democracia e defensores da justiça social.

As organizações de empregadores também enfrentam problemas que não são muito diferentes daqueles experimentados pelos sindicatos de trabalhadores: decréscimo de filiação, perda parcial de influência em determinadas regiões e uma dura batalha para se firmarem nos países em desenvolvimento ou em transição. Mas também estão aprendendo a adaptar suas estruturas e os serviços que oferecem para adequar-se às necessidades dos tempos de mudança.

Os Governos precisam aumentar suas capacidades para participar do diálogo social e para facilitar os processos de diálogo. Para que exista diálogo social o Governo não pode adotar um papel passivo, ainda que não participe diretamente do processo, ou seja, mesmo que se trate de diálogo bipartite, o Governo deve apoiar as iniciativas das partes, oferecendo, entre outras coisas, a base jurídica e institucional necessárias para que as mesmas possam atuar com eficácia. Além disso, deve criar um clima político e cívico estável que permita aos atores sociais uma atuação livre, sem temor de represálias.

Este é, segundo a OIT, o panorama dos atores sociais no mundo de hoje.

Em relação às condições que permitem a prática do diálogo social, a OIT aponta as seguintes: a) existência de organizações de trabalhadores e de empregadores sólidas e independentes, com capacidade técnica e com acesso às informações necessárias para a um diálogo transparente e sério; b) vontade política e o compromisso sincero de todos as partes interessadas; c) respeito à liberdade sindical e à negociação coletiva; d) apoio institucional adequado.

O objetivo primordial da OIT, enquanto organismo internacional criado para elaborar e desenvolver normas de proteção ao trabalho e garantir sua aplicação concreta no âmbito mundial, consiste na promoção de oportunidades para que todos os trabalhadores tenham um trabalho decente e produtivo, e o exerçam em condições de liberdade, igualdade, segurança e dignidade humana.

A partir das ideias expostas acima, podemos concluir que a OIT considera o diálogo social como um meio adequado para permitir a concretização desse objetivo, uma vez que impulsiona a busca de consenso e a participação democrática de todos os interlocutores do mundo do trabalho e contribui para a solução dos importantes problemas econômicos e sociais, alcançando, assim, a paz e a estabilidade no plano social e o desenvolvimento econômico[11].

4. Origem, conceito e finalidade da concertação social

Os mecanismos de concertação social, com a adoção de pactos sociais, tiveram origem nos países escandinavos, onde se desenvolveu a prática do diálogo com o objetivo de alcançar a paz social e diminuir o conflito entre os sindicatos e as empresas.

Aponta-se como exemplo mais antigo de pacto social o chamado "Convênio de Setembro", celebrado na Dinamarca em 1899 e que contém diversos itens referentes às relações trabalhistas.

Conforme esclarece Efrén Córdova[12], *"o 'Convênio de Setembro' representou o início, na Dinamarca, de um novo ciclo histórico nas relações do trabalho, abrindo o caminho para a coexistência pacífica entre os sindicatos e as organizações de empregadores, como também para o estabelecimento de um acordo nacional suscetível de fomentar o desenvolvimento"*.

Na Noruega a primeira experiência de pacto social ocorreu em 1902, quando a central de empregadores e a central de trabalhadores firmaram um convênio regulando a utilização da mediação e da arbitragem como forma de solução de conflitos.

Posteriormente, em 1935, a Noruega voltou a exercitar a experiência de um pacto social, chamado de "Convênio Básico Completo", que teve uma influência extremamente benéfica no desenvolvimento das relações trabalhistas naquele país.

Na Suécia a prática dos pactos sociais também é antiga. A primeira experiência neste sentido ocorreu em 1938, quando as centrais de trabalhadores

---

[11] Existem vários programas específicos da OIT no sentido de desenvolvimento do diálogo social em diversos países. Entre esses programas podemos citar: a) Programa Regional de Promoção do Diálogo Social nos Países Africanos de Língua Francesa (OIT-PRODIAF), com duração de 1998 a 2003 e que abrange 19 países; b) Programa de Fortalecimento da Capacidade dos Interlocutores Sociais para Promoção do Diálogo Social na Jordânia, com duração de 2001 a 2003; c) Tripartismo e Diálogo Social na América Central: Fortalecimento dos Processos de Consolidação da Democracia (PRODIAC), com duração de 2000 a 2002, abrangendo sete países da América Central; d) Promoção do Diálogo Social e Revisão da Legislação Trabalhista na Bósnia e Herzegovinia, com duração de 2001 a 2002. Para maiores informações sobre esses e outros programas de desenvolvimento do diálogo social, consultar a página da OIT na internet: www.ilo.org.

[12] *Pactos sociais: experiência internacional, tipologia e modelos*, p. 11.

e de empregadores celebraram um convênio básico ("Saltsjobadem") que padronizou os procedimentos de solução dos conflitos trabalhistas, instituindo regras uniformes para os procedimentos judiciais de solução dos mesmos e para as negociações coletivas.

Como se vê, os países escandinavos desenvolveram uma tradição nos mecanismos de concertação social, o que, no nosso entender, é um dos fundamentos do alto nível de desenvolvimento econômico e social que possuem.

O diálogo social praticado nos países escandinavos, e posteriormente nos países de língua germânica, especialmente a Áustria, deu origem a mecanismos de concertação social que começaram a se expandir por outros países, não só da Europa como também da África, da Ásia, chegando até a América Latina[13].

Assim, as décadas de setenta e oitenta do século passado representaram um momento de ampliação da concertação social, que passou a ser realizada pelos países como um meio de compatibilização de um sistema autônomo de relações de trabalho com um processo de desenvolvimento econômico e social.

Vários são os exemplos de concertação nesse período, mas vale a pena ressaltar aqui a experiência vivida pela Espanha com a celebração dos chamados "Pactos de la Moncloa" que representaram um processo vigoroso de concertação social que transformou aquele País no que ele é hoje: uma sociedade democrática e pluralista, onde se reconhece e se pratica a liberdade sindical, onde se pratica a negociação coletiva em todos os níveis e se exercitam, sem restrições, os direitos coletivos.

Na realidade, podemos dizer que dois foram os fatores determinantes para a ampliação e desenvolvimento da concertação social. Primeiramente, as experiências bem sucedidas realizadas na Noruega, Suécia e Dinamarca, cujos sistemas de relações de trabalho passaram a ser considerados como modelos a serem seguidos e cujo grau de desenvolvimento econômico e de progresso social passaram a ser considerados objetivos a serem atingidos. Em segundo lugar, conforme ressaltamos anteriormente, os programas de incentivo do diálogo social desenvolvidos pela OIT, que têm grande importância na ampliação da prática da concertação social no mundo todo.

---

[13] Efrén Córdova indica os seguintes exemplos: na Europa – Bélgica, Holanda, Espanha, França, Itália, Grã-Bretanha, Irlanda; Ásia – Índia, Malásia e Singapura; África – Quênia; América Latina: Colômbia; México. *Pactos sociais: experiência internacional, tipologia e modelos*, p. 14-15.

A concertação social é *"um procedimento ou método de negociação em nível mais alto do que o da negociação coletiva", tem "finalidade mais ampla, predominantemente programática, mas também organizacional, por meio do qual é discutido o pacto social"*[14].

Efrén Córdova esclarece que *"a concertação social representa a participação das forças fundamentais da sociedade civil na definição das grandes linhas da política social do Governo e na fixação dos grandes parâmetros da negociação coletiva. Os atores da concertação estabelecem as prioridades, fixam as metas do desenvolvimento e determinam a cota de benefícios, sacrifícios e contribuições de cada um"*[15].

A análise das definições acima nos leva a concluir que têm razão Tomás Sala Franco e Ignácio Albiol Monstesinos ao afirmarem que a concertação social representa um fenômeno sem contornos definidos ou institucionalizados, que pode referir-se a uma grande variedade de situações heterogêneas[16].

A concertação social abrange vários procedimentos, de natureza negocial e consultiva, que se desenvolvem entre sujeitos específicos, que são o Governo, os empregadores e os trabalhadores, através de seus órgãos de representação e, segundo Éfren Córdova[17], *"o reconhecimento de que o governo, sozinho, ou os demais protagonistas, isoladamente, talvez não sejam suficientes para fazer frente à magnitude dos problemas sócio-econômicos atuais"*.

Na realidade, por ter um caráter participativo e tripartite e por versar sobre temas relativos às políticas econômica e social, a concertação representa uma via alternativa para a composição dos conflitos, com a finalidade de estabelecer mecanismos de regulação social baseados no consenso sobre a política social e econômica a ser adotada, visando o desenvolvimento econômico com justiça social.

Luiz Carlos Amorim Robortella entende a concertação social como uma *"forma de co-gestão das relações de trabalho, com efetiva participação das empresas e dos trabalhadores na formulação econômica e social"*, que *"permite maior harmonização de direitos e de objetivos macroeconômicos como inflação, desemprego, política de emprego, investimentos, tecnologias, formação profissional, etc"*[18].

Portanto, podemos dizer que a concertação social tem um fundamento prático, que é a solução de problemas econômicos e sociais urgentes, ou,

---

[14] Amauri Mascaro Nascimento. *Compêndio de Direito Sindical*, p. 198.

[15] *Pactos sociais: experiência internacional, tipologia e modelos*, p. 14.

[16] *Derecho Sindical*, p. 319.

[17] Ibid., p. 17.

[18] ROBORTELLA, Luiz Carlos Amorim. *Função econômica e social da negociação coletiva*. In: *Revista do Advogado*, n. 54, p. 89.

como indica Oscar Ermida Uriarte, uma determinada necessidade política e econômica conjuntural[19].

Mas há que se considerar também o fundamento teórico da concertação social, que é o reconhecimento da autonomia coletiva dos grupos de trabalhadores e de empregadores, exercitada dentro da concepção pluralista dos regimes democráticos.

Assim, concordamos com Uriarte no sentido de que a concertação social surge como o mecanismo mais adequado para evitar a excessiva conflitualidade do pluralismo "puro", ou seja, o exercício da autonomia privada dos grupos intermediários serve como um freio para as situações de conflito surgidas no âmbito da sociedade[20].

Entre os elementos caracterizadores da concertação social, dois são de extrema importância: a) a participação do Poder Público nas negociações e acordos com as organizações de representação de interesses de trabalhadores e de empregadores; b) o fato de constituir-se a concertação social em um método cuja finalidade é incorporar ao Direito legislado os acordos celebrados pelos atores sociais e o Governo.

Por diversas vezes neste artigo nos referimos ao caráter tripartite da concertação social, em razão do envolvimento do Governo, dos trabalhadores e dos empregadores através de seus respectivos órgãos representativos.

No entanto, cumpre esclarecer que, embora essa assertiva seja verdadeira e que os processos de concertação sempre exigem a presença do Governo, podemos dizer que existem duas modalidades de concertação social, dependendo do grau de envolvimento do mesmo: a) a típica modalidade tripartite, na qual o Governo não só está presente, como efetivamente participa das discussões e da tomada de decisões no sentido de estabelecer-se políticas de consenso visando o desenvolvimento econômico e social, ou seja, nessa forma de concertação o Governo também faz concessões e se compromete, em igualdade de condições com os atores sociais, a uma distribuição igualitária dos benefícios e dos sacrifícios derivados da concertação; e b) a modalidade bipartite, na qual a atuação do Governo limita-se a um apoio aos atores sociais, no sentido de, num primeiro momento, promover o diálogo entre eles e, posteriormente, verificar o cumprimento dos acordos celebrados ou tornar possível

---

[19] *La concertación social*. In: *Cuatro estudios sobre la concertación social*, p. 74.

[20] Em relação a esse posicionamento, assim conclui Uriarte: *"El fundamento teórico de la concertación (reconocimiento del pluralismo y la autonomía colectiva y de la necesidad de introducir o limites a sus efectos extremos), con sumotivación o fundamentación práctica (una situación concreta de crisis economica que exige cierto consenso social mínimo para enfrentarla)".* Ibid., p. 72-75.

concretamente a realização do que foi por eles convencionado, mediante a adoção ou a reorientação das políticas e estratégias inicialmente seguidas.

Portanto, em qualquer uma dessas modalidades de concertação social a presença do Governo é verificada, sendo certo que o peso específico disso, como muito bem esclarece Éfren Córdova[21], está diretamente relacionado com a percepção que os atores sociais têm a respeito de sua credibilidade, estabilidade e autoridade moral.

Assim, podemos concluir que quanto maior for a credibilidade depositada pelos atores sociais no Governo, mais fácil será a realização de uma concertação social que concretize as pretensões das partes em relação ao seu objetivo inicial. Exatamente por esse motivo é que muitas experiências de concertação social não tiveram o resultado esperado.

5. Requisitos da concertação social

Antes de analisarmos os requisitos específicos da concertação social, é necessário buscar uma resposta para a seguinte questão: a concertação social está sempre vinculada a situações de conflito econômico e social? A resposta nos levará à conclusão sobre o caráter exclusivamente conjuntural, ou não, da concertação social.

É inegável que em momentos de crise a negociação coletiva se torna mais difícil, há mais desempregados, as possibilidades de concessões por parte dos empregadores são muito mais escassas, normalmente se tem alta inflação e baixo consumo, e a necessidade de encontrar uma solução eficaz faz com que o Governo e os atores sociais exercitem o diálogo de forma mais constante e profunda e adotem posturas de cooperação e entendimento.

Ao contrário, em épocas de abundância econômica os problemas sociais também parecem desaparecer, há empregos para todos e os sindicatos disputam entre si a representação dos trabalhadores, estabelecendo uma competição por melhores condições coletivas de trabalho.

Parece evidente, portanto, que o impacto da crise sobre o emprego é sempre um fator determinante para o desenvolvimento de práticas de concertação social. O aumento das formas de contratação temporária de trabalhadores, caracterizando uma precarização do emprego, o fechamento de diversas empresas, enfim, todos os processos de decadência do mercado, debilitam o poder

---

[21] CÓRDOVA, Efren. *Pactos sociais: experiência internacional, tipologia e modelos*, p. 21-22.

de luta dos trabalhadores e conduzem à predominância da defesa do emprego em detrimento da defesa das condições de trabalho, ou seja, busca-se manter o emprego, ainda que isto custe abrir mão de melhores condições de trabalho conquistadas ao longo do tempo.

Os problemas econômicos e sociais também enfraquecem os sindicatos, pois os índices de sindicalização sempre diminuem em épocas difíceis, o que faz com os mesmos, que antes competiam entre si, busquem alianças com os demais sindicatos com a finalidade de formar uma força única na luta pelo emprego.

Mas não é somente em época de dificuldades que a concertação social pode ocorrer. Muito pelo contrário, a concertação social deve ser um processo permanente de concretização do diálogo social que se desenvolve nas sociedades democráticas. A viabilidade e a probabilidade de sucesso da concertação social se verificam com mais ênfase em períodos de prosperidade econômica e de desenvolvimento social, nos quais certamente os conflitos e os desequilíbrios de forças são menores.

No entanto, da análise das experiências de concertação social já realizadas nos mais diversos países, constata-se que a sua utilização se deu muito mais em épocas de crise. Esse dado ganha relevância quando se estuda a prática da concertação nos chamados países em desenvolvimento.

Éfren Córdova esclarece que essa realidade traz duas consequências negativas. A primeira delas diz respeito ao êxito da concertação social, que se torna muito mais problemático em razão das dificuldades concretas que é necessário superar. Além disso, também se verifica uma possível perda da credibilidade que poderia afetar a instituição, se as partes se convencessem de que somente são chamadas a cooperar em momentos difíceis[22].

Oscar Ermida Uriarte também é da mesma opinião: *"Una cuarta consideración relacionada con el carácter exclusivamente coyuntural, o no, de la concertación social, se relaciona también con la perdida de credibilidad que, entre los trabajadores, experimenta esta política, cuando se formulan llamamientos a ella unicamente en épocas de dificultades económicas, para incitarlos a 'apretarse el cinturón', puesto que así 'adquieren la convicción de que solo sirve para que se les haga consentir sacrificios y se olvida que en tiempos de prosperidad también podría ser útil para dar mayor impulso y dinamismo a las fuerzas sociales'"[23].*

A partir das constatações ora apresentadas e dos aspectos que envolvem a concertação social, podemos indicar os seguintes requisitos essenciais: a) um

---

[22] CÓRDOVA, Éfren. *Pactos sociais: experiência internacional, tipologia e modelos*, p. 22.

[23] *ERMIDA URIARTE, Oscar. La concertación social.* In: *Cuatro estudios sobre la concertación social*, p. 77.

contexto de liberdade, de democracia e de reconhecimento efetivo dos atores sociais; b) a representatividade dos atores sociais por organizações fortes e legítimas; c) um contexto social favorável, no qual se verifique consenso das partes sobre a necessidade e as vantagens de se adotar a forma concertada de solução dos conflitos, com a consequente vontade de realização da mesma; e d) atuação eficaz e estável do Governo.

Como já discutido anteriormente, a concertação social somente encontra campo fértil para seu desenvolvimento em ambientes de liberdade e democracia, que reconheçam a existência de corpos intermediários entre o Estado e os indivíduos. Exatamente por isso se diz que a concertação é incompatível com o liberalismo, que ignora os grupos sociais, e com o corporativismo, que caracteriza-se pela intervenção estatal nas relações entre os particulares, com a consequente limitação da liberdade.

Para que a concertação social se realize e produza bons resultados também é necessário que os interlocutores sociais sejam apropriados, ou seja, as organizações de empregadores e de trabalhadores devem ter representatividade suficiente. Ressaltamos que a representatividade tem um sentido muito mais amplo do que o mero preenchimento de condições formais, tais como o registro da entidade no órgão competente ou o número de associados; significa o reconhecimento que a outra parte e a sociedade em geral têm em relação a ela, reconhecendo-a como legítima representante dos interesses do grupo.

Importante também o contexto no qual se realiza a concertação, sendo indispensável que haja clareza em relação aos procedimentos que serão adotados, com mecanismos preestabelecidos, flexíveis e apropriados, tais como conhecimento antecipado pelas partes da pauta de discussões, além da necessidade de que as mesmas tenham noção das perspectivas do debate e abdiquem do "elemento surpresa" e do sigilo como instrumentos a serem utilizados na negociação.

Por fim, a relação entre o Governo e os atores sociais deve fundar-se em uma base suficiente de confiança para permitir que os avanços que se consiga através do diálogo social não sejam meras declarações, mas sim que se convertam em medidas reais de melhoria da condição econômica e social.

Éfren Córdova identifica basicamente os mesmos tipos de requisitos da concertação social, dividindo-os, porém, em objetivos e subjetivos[24].

Denomina de requisitos objetivos: a) presença de interlocutores apropriados, isto é, organizações de trabalhadores e de empregadores com um grau de

---

[24] CÓRDOVA, Éfren. *Pactos sociais: experiência internacional, tipologia e modelos*, p. 19-22.

representatividade suficiente para permitir o desenvolvimento das discussões e dar validade ao comprometimento que assumirem – trata-se especificamente do requisito da legitimidade; e b) existência de um mecanismo pré-existente de desenvolvimento do diálogo, que seja de conhecimento dos atores e que seja apropriado ao fim a que se propõe, qual seja, o de permitir o sucesso da concertação.

Os chamados requisitos subjetivos são, segundo o autor, mais difíceis de serem identificados, mas são fundamentais para a viabilidade da concertação social. São eles: a) existência de pré-disposição favorável dos interlocutores sociais e do Governo no sentido da realização da concertação, que, acreditando na possibilidade de sucesso da mesma, relacionam-se dentro de um espírito de respeito e de confiança mútuos, aceitando cada qual sua cota de sacrifício para o atingimento dos objetivos comuns; b) identificação clara dos pontos que se pretende alcançar com a concertação social, ou seja, a fixação dos objetivos pretendidos pelos atores sociais e pelo Governo, com a distribuição dos benefícios obtidos.

O não atendimento dos requisitos acima apontados impede a realização da concertação social, tornando inviável a celebração de um pacto social que tenha, ao menos, um mínimo de efetividade.

No entanto, uma vez preenchidos os requisitos acima apontados a concertação social permitirá uma participação direta das organizações profissionais e das associações empresariais nos procedimentos de decisão política.

Luiz Carlos Amorim Robortella sustenta que *"a participação transforma o sindicato em centro de irradiação de um poder sindical, ao lado do poder político e econômico"*, sendo certo que *"tal participação instaura uma espécie de neocorporativismo, com o sindicato procurando reconquistar, na esfera política, o poder perdido na economia de mercado"*[25].

No entanto, por um outro lado, a concertação social é também um mecanismo que permite que o poder governamental influencie as decisões próprias da autonomia coletiva.

Trata-se, pois, de uma interpenetração de competências decorrente do diálogo social, devendo ser um processo permanente e que deve representar um equilíbrio constante de forças entre os atores sociais e o Poder Público.

O diálogo e a concertação social são, no sistema capitalista atual, formas de governabilidade dos processos sociais e econômicos, que devem ser utilizados

---

[25] ROBORTELLA, Luiz Carlos Amorim. *Função econômica e social da negociação coletiva*. Revista do Advogado, n. 54, p. 89.

como instrumentos fundamentais para a solução dos problemas existentes no âmbito das sociedades.

6. Perspectivas da concertação social

Amauri Mascaro Nascimento ensina que *"o pacto social não é um mecanismo unicamente de Direito do Trabalho. Envolve questões mais amplas, de economia, de política fiscal de previdência social, etc. Mas, é preponderantemente, um instrumento de solução de conflitos coletivos trabalhistas, visando ao acordo entre os agentes econômicos, o trabalho e o capital, mediante o consenso sobre as principais divergências que os separam"*[26].

Exatamente pela abrangência que o pacto social pode ter, e pela finalidade de alterações estruturais profundas, ninguém melhor do que os interessados diretos para participarem das discussões com o Governo, para aprovarem as medidas a serem adotadas e para efetivamente se engajarem nas políticas de reforma.

Nos últimos vinte anos o Brasil tem assistido a transformações no sistema político, no sistema econômico, no sistema produtivo, no mercado de trabalho, na estrutura das empresas, mas muito pouca coisa mudou nos sindicatos. Os sindicatos dos tempos atuais, embora atuando com mais liberdade do que há vinte anos, ainda são um reflexo do corporativismo sobre o qual se originaram.

A unicidade sindical, a categorização e a imposição de contribuições compulsórias construíram em nosso País sindicatos com pouca representatividade e sem capacidade suficiente para manterem um diálogo social constante e eficiente que se traduza na melhoria da condição econômica e social dos trabalhadores.

A imposição da unicidade sindical dificulta o equacionamento desses fatores, à medida que impede o surgimento de sindicatos e de organizações empresariais efetivamente representativos e capazes de desenvolver um diálogo concreto e coerente que, a partir da conjugação dos interesses de ambas as partes com os interesses gerais de mercado, leve a uma solução viável.

Os efeitos da unicidade agrava-se com a previsão de categoria como pressuposto lógico da existência do sindicato, que implica no fato de que o mesmo é o representante legal de todos os trabalhadores ou dos empregadores, na

---

[26] NASCIMENTO, Amauri Mascaro. *Teoria geral do Direito do Trabalho*. São Paulo, LTr, 1998, p. 177.

sua base territorial, independentemente de serem ou não sindicalizados. Essa condição imposta por lei define os critérios de representação, mas não implica necessariamente em representatividade.

A unicidade sindical e a categorização são incompatíveis com o pluralismo, no qual os grupos econômicos e profissionais ganham identidade através de um ato de autonomia negocial, que transforma um grupo social em uma organização representativa.

Octavio Bueno Magano esclarece que a categoria não constitui o antecedente necessário do sindicato, que desta maneira pode incluir todos os trabalhadores de um tipo de atividade, ou os de uma cidade, ou apenas os trabalhadores de uma determinada empresa, tudo dependendo unicamente da vontade dos participantes do grupo e do poder que tiveram para organizarem-se[27].

Portanto, a representação exercida pelo sindicato é *sui generis*, e, dentro de um modelo ainda corporativista, dá um aspecto peculiar ao direito coletivo do trabalho no Brasil: *"os direitos defendidos ou conquistados pelo sindicato em nome da categoria profissional se irradiam em proveito dos trabalhadores que a integram ou venham a integrá-la durante a vigência do respectivo instrumento normativo, sejam ou não associados do sindicato"*[28].

É evidente que esta não é uma realidade favorável ao desenvolvimento da concertação social em nosso País. Aliás, trata-se de uma situação que não permite um verdadeiro comprometimento dos interlocutores na celebração de pactos sociais – trabalhadores e empregadores são representados, mas não se sentem assim – isso gera uma maior facilidade de descumprimento dos mesmos, tornando-os ineficazes.

Outro fator desfavorável para a realização da concertação social no Brasil, é a imposição de contribuição compulsória para os sindicatos, o que somente serve para agravar a situação de falta de representatividade, uma vez que o equilíbrio financeiro dos mesmos independe do trabalho que desenvolvam para a promoção dos interesses e para a defesa dos direitos dos seus representados.

Muitos sindicatos defendem a contribuição compulsória, tentando justificar sua cobrança com o fato de que aqueles trabalhadores e empregadores que não são sindicalizados também se beneficiam das normas coletivas por eles negociadas. Ora, isso só ocorre pelos problemas que já apontamos anteriormente: categorização; adesão à categoria sem sindicalização; unicidade

---

[27] MAGANO, Octavio Bueno. *Liberalismo, corporativismo, pluralismo y neocorporativismo*. In: Cuatro estudios sobre la concertación *social*, p. 19.

[28] SUSSEKIND, Arnaldo. *Instituições de Direito do Trabalho*, p. 1135.

sindical. Se não fosse assim, não seria necessária essa cobrança compulsória, e estaríamos em consonância com a liberdade sindical preconizada pela OIT.

Assim, a falta de representatividade da maior parte dos sindicatos no Brasil decorre dos fatos acima apontados, resquícios do regime corporativista que, a despeito de virem ao longo dos anos enfraquecendo o movimento sindical, foram mantidos pela Constituição Federal de 1988.

É inegável que quanto maior for a debilidade dos sindicatos, menor é a possibilidade de realização da concertação social.

Além dos fatores acima apontados, não poderíamos deixar de citar um outro aspecto bastante desfavorável para a concertação social no Brasil: a estrutura sindical confederativa, imposta por lei e que dilui a atuação das organizações centrais interprofissionais.

Nos diversos países que adotam a prática da concertação social os pactos são subscritos pelas grandes centrais de trabalhadores e confederações de empregadores, autorizadas a discutir e a celebrar acordos em nome de todos os seus representados.

No Brasil, no entanto, poucas são as confederações de empregadores que abarcam um grande número de empresas e que podem negociar em nome das mesmas e, entre elas, somente algumas têm uma maior representatividade. As centrais sindicais vêm, nos últimos tempos, atuando de forma mais efetiva no sentido da representação. Mas ainda estamos longe de chegarmos à celebração de um pacto mais amplo e geral subscrito pelas mesmas.

Em um ambiente como o nosso, no qual os sindicatos locais inexistem de forma representativa em grande parte do território nacional, as centrais sindicais ganham uma importância redobrada e são imprescindíveis para a defesa dos interesses e dos direitos dos trabalhadores.

A partir dos aspectos acima discutidos, resta evidente que somente a reforma da estrutura sindical brasileira irá permitir que os sindicatos, partindo da realidade e da própria prática sindical de todos os dias, possam estar em condições de dar uma resposta às novas exigências provocadas pelas profundas mudanças no sistema político, econômico, produtivo e de relações trabalhistas.

A reforma da estrutura sindical tornará o campo mais fértil para o desenvolvimento da prática da concertação social no Brasil, com a consequente adoção de um pacto social capaz de modificar as estruturas política, econômica e social de nosso País, com o atingimento da tão necessária justiça social.

É claro que somente a modificação dos sindicatos não resolve – o sindicato é apenas um dos atores da concertação; o mecanismo da concertação social se desenvolve de forma tripartite e somente dá resultados se todos os participantes estiverem em condições reais de assumir compromissos e tiverem efetiva vontade de realizar mudanças.

Portanto, é imprescindível que haja a mudança da mentalidade do empresariado brasileiro, que deve passar a reconhecer os sindicatos como interlocutores sociais capazes e aptos a desenvolver um diálogo social efetivo, e que devem ter consciência de que o desenvolvimento econômico não pode existir sem um pleno desenvolvimento social, com respeito aos direitos e à dignidade dos trabalhadores.

Além disso, não podemos deixar de ressaltar que a reforma política também é imprescindível para possibilitar um maior comprometimento das forças políticas com o cumprimento dos pactos celebrados.

Talvez por isso não seja tão simples assim falar-se em concertação social. Se não é fácil discutir o tema, muito mais difícil é realizar na prática o tão necessário pacto social.

Assim, podemos concluir que, para a adoção do modelo tripartite no Brasil, é preciso desenvolver e fortalecer organizações sindicais representativas, independentes e democráticas, com capacidade para participar das negociações coletivas e das tomadas de decisões políticas, econômicas e sociais.

Nosso País não está acostumado ao diálogo social. Conforme discutido anteriormente, as normas trabalhistas são elaboradas "de cima para baixo", ou seja, não são fruto de discussão no seio da sociedade e muitas vezes não refletem os reais interesses daqueles a quem se dirigem.

Além disso, a atuação dos sindicatos no Brasil sempre foi controlada pelo Governo e, como consequência, a negociação coletiva não se desenvolveu como hábito e expressão do diálogo social, tendo sido utilizada por muito tempo com o objetivo precípuo de reposição salarial.

É inegável que a negociação coletiva é um instrumento eficaz na modernização das relações de trabalho, mas que só sustenta a partir da existência de sindicatos livres, de representação legítima e com forte capacidade negocial.

Para tanto, ressaltamos mais uma vez, é necessário urgentemente modificar a atual estrutura sindical brasileira, que ainda está atrelada a um modelo corporativista concebido numa época de forte intervenção estatal nas relações de trabalho e, consequentemente, nos sindicatos.

A Constituição Federal de 1988 foi promulgada em um momento em que as bases democráticas ainda não estavam definitivamente assentadas e os atores sociais não sabiam ao certo seu papel, e refletiu essa situação em dispositivos ambíguos e na timidez em instituir mudanças profundas, inclusive no âmbito das relações trabalhistas.

Em relação à liberdade sindical, os próprios sindicatos não tinham, à época da Assembleia Nacional Constituinte, uma posição única ou de consenso em relação às modificações que deveriam ser feitas na estrutura sindical brasileira e à dimensão que deveria ser dada ao princípio da liberdade sindical.

E, assim, a Constituição Federal de 1988 manteve resquícios do modelo corporativista, perpetuando um sistema não democrático, dificultador da negociação coletiva e do diálogo social.

O fortalecimento da negociação coletiva e o seu desenvolvimento em nível mais amplo (pactos sociais e acordos gerais) depende, portanto, de uma reforma na estrutura sindical, que permita a ratificação pelo Brasil da Convenção n° 87, da OIT e a adequação do nosso ordenamento jurídico, integral e definitivamente, aos preceitos de liberdade e autonomia sindical preconizados pela Convenção.

A ratificação da Convenção nº 87 da OIT significará a transição para um modelo democrático de organização sindical, no qual os atores sociais definem, por si mesmos, os rumos de sua composição e de sua atuação. Este é o ponto de partida para que se concretize, gradativamente, o diálogo, o consenso, a convergência e a administração democrática dos conflitos.

De acordo com José Francisco Siqueira Neto[29], a liberdade sindical é a espinha dorsal, é o "ponto de conexão e articulação estrutural" do direito do trabalho de um país.

Isto porque, como esclarece com precisão o autor, a partir do grau de liberdade sindical é que se pode verificar a *função da negociação coletiva e dos meios de composição dos conflitos coletivos de trabalho e, consequentemente, da legislação trabalhista, dos órgãos administrativos e judiciários, dos mecanismos privados auxiliares de composição dos conflitos trabalhistas, e reconhecer, enfim, a estrutura do direito do trabalho". Na verdade, a liberdade sindical "assume uma função preliminar, enquanto condição para a atuação dos direitos individuais e coletivos; dela decorrem os demais institutos do direito do trabalho".*

Ao contrário do que muitos pensam, a ratificação da Convenção nº 87, da OIT não resulta necessariamente em pluralismo sindical e o pluralismo, por sua vez, não é sinônimo de debilidade dos sindicatos.

Na realidade, a unicidade sindical instituída em nosso País na década de 30 e mantida pela Constituição Federal de 1988 é que acabou por resultar

---

[29] SIQUEIRA NETO, José Francisco. *Liberdade sindical e representação dos trabalhadores nos locais de trabalho no Brasil: obstáculos e desafios.* In: Organização Internacional do Trabalho – Reforma sindical e negociação coletiva, p. 82.

em uma pulverização dos sindicatos, levando-nos a um absurdo número de sindicatos em todo o território nacional.

Muito tem se falado nos últimos tempos sobre a necessidade de uma maior flexibilização do Direito do Trabalho, situação na qual a concertação social ganha relevo extraordinário.

O desenvolvimento da concertação social, com resultados também em relação ao incremento da negociação coletiva no sentido de permitir a flexibilização das normas trabalhistas sem deixar de lado a proteção dos trabalhadores, depende da reforma da estrutura sindical. Se não for assim, inevitavelmente o problema da representatividade e da capacidade de negociação dos sindicatos em nosso País vai ser colocado à prova e o sucesso da concertação social não será verificado.

Podemos concluir que o exercício da participação social na configuração concreta das relações de trabalho exige a presença de atores efetivamente representativos, e isso somente será possível com a modificação da estrutura sindical brasileira.

Como bem salienta Amauri Mascaro Nascimento, *"a proteção do emprego não depende da legislação trabalhista, mas, e primordialmente, de políticas de desenvolvimento econômico aliadas a políticas de treinamento e reciclagem profissional e de políticas empresariais industriais que permitam a abertura, pelas empresas, de postos de trabalho"*[30].

Desta forma, constatamos que o protecionismo hoje tem um aspecto mais amplo, não se limitando a normas legais de proteção do trabalhador, mas determinando condições genéricas e abrangentes de proteção, permitindo o exercício de trabalho digno, com remuneração compatível e gerando a promoção dos níveis de vida.

Isso somente pode ser alcançado a partir de um consenso de toda a sociedade, com a participação ativa dos atores sociais na elaboração de um projeto conjunto que tente aliar o desenvolvimento econômico com a justiça social.

A concertação social, portanto, permitirá que empregadores, trabalhadores e o Governo desenvolvam um cenário propício para o início de mudanças profundas nas relações de trabalho sem, no entanto, atingir a estrutura fundamental do Direito do Trabalho, qual seja, a proteção do trabalhador.

A adoção de mecanismos de concertação social em nosso País é de extrema importância, pois é necessária uma reforma nos mais diferentes âmbitos de nossa sociedade, para que se possa efetivamente alcançar o desenvolvimento econômico com o concomitante desenvolvimento social.

---

[30] NASCIMENTO, Amauri Mascaro. *O novo âmbito do protecionismo do Direito do Trabalho.* In: Revista LTr n. 66-08, p. 907.

La inaplicación parcial o descuelgue de convenios colectivos: puntos críticos y posibles respuestas desde la autonomía colectiva

Wilfredo Sanguineti Raymond*

1. Del "descuelgue" salarial a la inaplicación de convenios colectivos**

La inaplicación de convenios colectivos en un singular de mecanismo jurídico a través del cual es posible sustituir el régimen convencional de determinadas condiciones de trabajo previstas en un convenio colectivo por otro mas adaptado o próximo a la realidad y las necesidades de la empresa (si el convenio a inaplicar es de sector) o a su situación actual (si es de empresa). Su función no es, en consecuencia, simplemente dejar de aplicar la regulación de una o más materias prevista en el convenio aplicable a la empresa, sino reemplazarla por otra de origen igualmente colectivo, pero adoptada con posterioridad en el ámbito de la empresa. De allí que a nivel doctrinal se afirme que lo que se consagra en estos casos es una regla de preferencia aplicativa del acuerdo de inaplicación posterior frente al convenio colectivo anterior (Cruz Villalón), la cual opera excepcionalmente, cuando se cumpla con las causas y se siga el procedimiento previstos en el artículo 82.3 ET.

---

* Catedrático de Derecho del TrabajoUniversidad de Salamanca.

** El texto recoge el contenido de la conferencia sobre *"Inaplicación de convenios: causas, procedimientos y efectos sobre las relaciones individuales de trabajo"*, pronunciada el 13 de octubre de 2013, en el marco del *Plan de Formación de Expertos en Negociación Colectiva y Salud Laboral en Canarias*.

SINDICATOS E AUTONOMIA PRIVADA COLETIVA

Aunque el origen remoto de este mecanismo hay que situarlo en los procesos de concertación social de los años ochenta, adquirirá carta de naturaleza legal recién en el año 1994, por dos vías diferentes:

- Las cláusulas de descuelgue salarial, que debían ser previstas y reguladas por todos los convenios colectivos de ámbito superior a la empresa, de acuerdo con el artículo 82.3 ET.
- Los acuerdos de empresa de modificación de otras condiciones de trabajo reguladas en convenio estatutario previstos por el artículo 41.3 ET.

El ciclo reformador iniciado en 2010 –y al aparecer no concluido aún– ha incidido de manera decisiva en la arquitectura de este instrumento, al haber introducido en él dos cambios estructurales:

- La unificación de las dos vías mencionadas en un único procedimiento regulado por el articulo 82.3 ET.
- El despojo de los convenios colectivos de ámbito superior a la empresa de la capacidad de regular estos procesos de la que disponían con anterioridad, al menos en lo que a la inaplicación de su régimen salarial se refiere, mediante la atribución de la competencia para decidir la inaplicación y fijar las nuevas condiciones al acuerdo entre la empresa y los representantes de los trabajadores.

Es más, esta decisión fundamental, de claro signo descentralizador, ha venido acompañada de otras, puestos en circulación por las sucesivas normas reformadoras (la Ley 35/2010, el Real Decreto-Ley 7/2011, la Ley 3/2012 e incluso el Real Decreto-Ley 11/2003) dirigidas a favorecer al máximo el uso de este mecanismo hasta por cinco vías distintas:

- La ampliación de su objeto, que no afecta ya solo a los convenios de sector sino también de empresa, y abarca además un abanico bastante amplio de condiciones laborales (en realidad, todas las relevantes dentro de un convenio colectivo: salarios, tiempo de trabajo, funciones, etc.).
- El aligeramiento de sus exigencias causales, al desparecer el requisito de que el estado de cosas que lo justifique sea uno en el que la aplicación del convenio pueda suponer un daño a la estabilidad económica

de la empresa o afectar al mantenimiento del empleo. Frente a ello, basta ahora con que exista "una situación económica negativa", evidenciada a través de la existencia de perdidas actuales o previstas, o de una disminución de ingresos o ventas en dos trimestres, o que concurran otras causas "técnicas, organizativas o de producción" de alcance no definido.

- La solución de los problemas de interlocución que bloqueaban la aplicación de este mecanismo en las empresas sin representantes del personal, mediante la previsión de la elección de una comisión *ad hoc*, de conformación sindical o elegida democráticamente por y entre los trabajadores, a opción de éstos.
- La limitación de las posibilidades de impugnación de los acuerdos que puedan alcanzarse, al señalarse expresamente que su celebración determina que se presuma que concurren las causas exigidas legalmente. Y que los mismos solo podrán ser impugnados judicialmente por la existencia de fraude, dolo, coacción o abuso de derecho.
- La creación de un cauce preceptivo para la solución definitiva de las situaciones de falta de acuerdo, mediante la imposición de un, constitucionalmente muy discutible, arbitraje público obligatorio a cargo de la Comisión Consultiva Nacional de Convenios Colectivos o sus equivalentes de ámbito autonómico.

En la base de esta evolución facilitadora está, como es sabido, la presunta falta de capacidad del sistema español de negociación colectiva para adaptar sus contenidos a las circunstancias específicas de las empresas, reiteradamente denunciada por las autoridades gubernamentales. Pero también la desconfianza de los sujetos negociadores de los convenios supraempresariales hacia este mecanismo, visto por ellos como una fórmula favorecedora de la disminución injustificada de las condiciones laborales y la competencia desleal entre empresas, la cual los condujo a introducir regulaciones del mismo que dificultaban sensiblemente o incluso bloqueaban su puesta en práctica.

Vamos a dejar para otra ocasión el debate, de *lege ferenda*, sobre si ésta es una fórmula inadecuada, a través de la cual se favorece la continuidad de empresas improductivas o deficientemente gestionadas, obsequiándolas con un abanico de posibilidades de reducción de las condiciones laborales que deben aplicar, sin exigirles a cambio contrapartidas verificables en materias de mantenimiento o recuperación del empleo (Guerrero Vizuete). Frente ello, voy a optar en esta ocasión por un planteamiento diferente, centrado en los problemas y los riesgos que, desde una perspectiva del *lege data*, conlleva la aplicación de este mecanismo. Y en lo que, a pesar de todo, pueden hacer los sujetos negociadores de los conveníos colectivos a inaplicar para prevenirlos.

Este enfoque me parece más adecuado, antes que nada porque, como podremos comprobar, la puesta en práctica de la actual regulación de este mecanismo contenida en el artículo 82.3 ET conlleva riesgos importantes, para cuya prevención pudiera ser de gran interés una intervención moderada de la autonomía colectiva. Pero también debido a que, como he anticipado y explicaré con más detalle a continuación, en su afán de facilitar lo más posible su empleo, el legislador ha descuidado el establecimiento de mecanismos de control de este instrumento o incluso los ha desactivado deliberadamente, como ocurre, señaladamente, con el control judicial.

En un país como España, con una estructura productiva marcada por la preponderancia más absoluta de las empresas de muy reducidas dimensiones, en las que no existen representantes de los trabajadores o éstos carecen de experiencia o capacidad negociadora, no es difícil presagiar el tipo de "descuelgue" a los que una regulación tan laxa como ésta es capaz de dar lugar, en particular cuando quienes negocien sean las comisiones *ad hoc* nombradas por trabajadores.

Ante tan importante panorama, me parece evidente que es preciso llevar a cabo una labor interpretativa que, sin bloquear el funcionamiento de este mecanismo, contribuya a su utilización conforme a las finalidades perseguidas por la ley. Y también que los convenios colectivos pueden realizar una valiosa contribución a este objetivo mediante la introducción de garantías que, sin desnaturalizarlo, favorezcan su empleo razonable y adecuado.

Esto es, pues, lo que voy a hacer a continuación: desarrollar un examen crítico de los puntos clave de la regulación actual de la inaplicación de convenios colectivos, destacando cómo es posible rellenar algunos de sus vacíos y diferencias más notorios desde la labor interpretativa o la actuación moderadora de la autonomía colectiva.

2. El régimen jurídico de la inaplicación convencional: puntos críticos desde una óptica funcional y garantista

El análisis del artículo 82.3 ET con arreglo a esta perspectiva puede ser descompuesto en los siguientes apartados:

A. Sujetos legitimados para negociar el acuerdo de inaplicación

Como se ha apuntado ya, el legislador ha optado por atribuir de manera exclusiva y excluyente la legitimación para negociar y aprobar el acuerdo de inaplicación a "la empresa y los representantes de los trabajadores legitimados para negociar un convenio Colectivo conforme a lo previsto por el artículo 87.1" ET. Naturalmente, ésta es una atribución competencial que no puede ser alterada por los convenios colectivos susceptibles de ser afectados por ella, concediéndola por ejemplo a su comisión paritaria, como aun hacen algunos, o sometiendo el acuerdo que pueda alcanzarse al visto buenode la misma.

Igualmente taxativo ha sido el legislador a la hora de regular las distintas formulas como se integra dicha representación, especialmente luego de la reforma del artículo 41.4 ET por el Real Decreto-Ley 13/2011, al que remite el artículo 82.3 ET, al extremo de no haber dejado éste prácticamente márgenes para la duda sobre cómo formularla. Si acaso, es importante aclarar que en nuestro caso, es decir en el ámbito de los procesos de inaplicación convencional, no cabe distinguir entre centros de trabajo afectados y no afectados, ya que la misma opera siempre, como veremos, en relación a la empresa en su globalidad.

Por los demás, el funcionamiento de la fórmula de composición de la representación en ausencia de representantes sindicales o unitarios deja, a pesar de todo, al menos tres cuestiones abiertas.

La primera se vincula con la determinación de lo que ocurre si no se conforma comisión alguna, ni sindical, ni de trabajadores. Aquí, el hecho de que el artículo 82.3 señale que los trabajadores "podrán optar" por una u otra, impide entender que se trata de un obligación. Sin embargo, la aclaración que hace luego el artículo 41.4 ET de que "la falta de constitución de la comisión representativa no impedirá el inicio y el transcurso del período de consultas", permite considerar agotado éste aunque no se haya materializado, con la decisiva consecuencia de que entonces se abrirá la posibilidad de recurrir sin más trámites al arbitraje obligatorio de la Comisión Consultiva Nacional de Convenios Colectivos para que decida sobre la pretensión empresarial.

La segunda tiene que ver con los procedimientos de elección de dicha comisión, no previstos en la ley. En este caso, la mera referencia al carácter democrático de la elección de los trabajadores que van a negociar resulta manifiestamente insuficiente, por lo que sería muy recomendable que los convenios colectivos regulen el procedimiento a seguir, rodeándolo de garantías que lo coloquen al abrigo de posibles injerencias del empresario. Adicionalmente, la fórmula prevista para la conformación "sindical" de la comisión, cuando se opte por ella, puede ser también fuente de dudas y conflictos, los cuales hacen aconsejable que los firmantes de los convenios colectivos prevean "en frío" cuál será su composición (Navarro Nieto).

Por último, nada dice la ley sobre las garantías de las que deban gozar los integrantes de dicha comisión, sobre todo cuando son trabajadores de la propia empresa, con el objeto de colocarlos al abrigo de cualquier presión o represalia de la contraparte. Nuevamente, este vacío puede llenarse por la negociación colectiva, asignando a estos trabajadores una protección equivalente a los de los representantes legales del personal, bien que en este caso de fuente convencional.

Todo lo anterior, claro está, sin entrar al debate sobre si la fórmula de elección de la tantas veces referida comisión por y entre los trabajadores da lugar a un auténtico órgano de representación y no a unos meros portavoces (Gorelli Hernández), lo cual conduciría a dudar, como ocurre en mi caso, de su legitimidad constitucional, al afectarse a través de ella un producto de la autonomía colectiva garantizado por el artículo 37.1 de la Constitución.

B. Convenios colectivos susceptibles de ser afectados

Por lo que respecta a los convenios colectivos cuya inaplicación puede llevarse a cabo por esta vía, conviene empezar por precisar que éstos son solo los estatutarios. Los convenios extraestatutarios, así como los pactos y acuerdos colectivos, en cambio, se someten al procedimiento del artículo 41 ET, de acuerdo con su apartado 2, el cual admite que su inaplicación pueda llevarse a cabo por decisión unilateral del empresario a falta de acuerdo con los representantes de los trabajadores.

Los convenios estatutarios susceptibles de ser afectados pueden ser, en cualquier caso, tanto de sector como de empresa, según aclara expresamente el legislador. La referencia a los convenios de empresa parecería inútil, ya que siempre cabe su renegociación *ante tempus* por los mismos sujetos legitimados para su inaplicación. No lo es, sin embargo, si se tiene en cuenta que aquí sí existiría deber de negociar. Y que la falta de acuerdo puede desembocar en un arbitraje obligatorio a cargo de Comisión Consultiva Nacional de Convenios Colectivos. Lo que sí no parece que quepa es la inaplicación de convenios de ámbito inferior a la empresa (por ejemplo de centro de trabajo), visto el tenor taxativo de la norma (convenios colectivos "de sector o de empresa") y la naturaleza excepcional de la facultad reconocida en este caso.

Por lo demás, la inaplicación debe tener siempre como ámbito de actuación la empresa en su conjunto y no uno o algunos de sus centros de trabajo, ya que la facultad prevista por el artículo 82.3 ET es la de "inaplicar en la empresa las condiciones de trabajos previstas por el convenio colectivo aplicable". Debiendo valorarse, además, al menos las causas económicas, en función igualmente de los "resultados de la empresa" en su totalidad. Otra cosa será que, aún siendo el acuerdo de inaplicación de eficacia general, regule novedosamente alguna condición privativa de un grupo o categoría de trabajadores (un complemento salarial, horarios específicos). O incluso que pueda impactar sobre ex trabajadores de la empresa, cuando afecte a mejoras voluntarias de la Seguridad Social. Algo que, como veremos, viene expresamente autorizado por el legislador, aunque es difícil que ocurra en los hechos.

C. Condiciones laborales modificables

El artículo 82.3 ET incluye un elenco de hasta siete materias cuya regulación es susceptible de ser inaplicada. A diferencia de la lista de materias de las que alude el artículo 41.1 ET, se trata en este caso de un listado taxativo, que no puede ser alterado por la negociación colectiva, ni reduciéndolo, ni ampliándolo. La reducción sería nula, como es evidente, mientras que la ampliación daría lugar a un descuelgue atípico, sujeto exclusivamente a lo dispuesto por el convenio colectivo que lo prevé.

Las materias incluidas son todas de gran peso especifico y con una repercusión muy clara sobre la adaptabilidad de las condiciones laborales y la estructura de costes de la empresa (Gorelli Hernández), ya que a través de ellas se abre la posibilidad de que la empresa reconfigure tanto la regulación del tiempo del trabajo (jornada, horario, distribución del tiempo de trabajo y régimen de trabajo a turnos), como los salarios y las retribuciones (sistema de remuneración, cuantía salarial, mejoras voluntarias de la acción protectora de la Seguridad Social) o incluso las funciones (aunque sólo si va más allá de los límites del artículo 39 ET).

Naturalmente, por más amplia que sea la enumeración de las materias, deja fuera otras muchas, que no pueden tocarse. Este es el caso, por ejemplo, de las relativas a las relaciones colectivas de trabajo, la seguridad y salud laboral, la conciliación de la vida laboral y familiar, la movilidad geográfica, las modalidades de contratación o el periodo de prueba (Cruz Villalón).

También hay que tener en cuenta que hay materias cuyos alcances resultan difíciles de identificar. Así, la referencia a las funciones cuando se excedan los límites previstos para la movilidad funcional por el artículo 39 ET no parece que autorice a suprimir grupos profesionales o a imponer el desarrollo de funciones de varios grupos a la vez, sino solo a alterar la regulación que pueda hacer el convenio colectivo de la movilidad funcional permanente más allá del grupo profesional de origen del trabajador (Gorelli Hernández). Igualmente, no es fácil que la alusión a las mejoras voluntarias de la Seguridad Social pueda proyectarse más allá de los subsidios por incapacidad temporal, pese a la letra del precepto, toda vez que, como se ha advertido, las extinciones pactadas en el marco de un expediente de regulación de empleo a cambio del mantenimiento de las cotizaciones a la Seguridad Social y el abono de complementos a prestaciones de jubilación de carácter anticipado, conllevan la suscripción de un convenio especial con la Seguridad Social y se encuentran aseguradas a través de contratos con entidades privadas que implican incluso la asunción de cláusulas penales (Gorelli Hernández).

D. Causas habilitantes de la inaplicación

La inaplicación es, conviene recordarlo, una institución causal, que precisa para el despliegue de sus efectos, como indica el artículo 83.3 ET, que "concurran causas económicas, técnicas, organizativas o de producción".

Ahora bien, como he apuntado, esta referencia a las causas justificativas, aunque no ha desaparecido, se ha ligerado en la última etapa, al no requerirse ya una situación de partida que puede afectar a la estabilidad económica de la empresa o el mantenimiento del empleo. Con todo, la redacción del precepto no es tan abierta como en principio pudiera pensarse. Para empezar, porque aquí el legislador ha huido de la indicación, contenida en el artículo 41ET respecto de las modificaciones sustanciales de condiciones de trabajo, en el sentido de que se consideran como tales causas "las que estén relacionadas con la competitividad, productividad u organización del trabajo en la empresa". Como consecuencia de ello, no parece que la simple mejora de la competitividad o de la productividad esté en condiciones de avalar la inaplicación de un convenio colectivo, aunque sí avale el cambio de las condiciones reguladas por otras fuentes. La redacción del precepto emparenta, más bien, con la definición de las mismas causas prevista por el artículo 51.1 ET respecto de los despidos colectivos. En ambos casos, se habla de una "situación económica negativa", y se da, además, como ejemplos de la misma las pérdidas actuales o previstas o la disminución persistente del nivel de ingresos ordinarios o ventas; mientras que las definiciones de las causas técnicas, organizativas o

LA INAPLICACIÓN PARCIAL O DESCUELGUE DE CONVENIOS COLECTIVOS

de producción son idénticas: cambios, entre otros, en los sistemas y métodos de trabajo, el modo de organizar la producción o la demanda de productos o servicios que la empresa debe colocar. La única diferencia radica en que, en nuestro caso, la disminución de los ingresos o ventas se considera persistente si afecta a dos trimestres consecutivos y no tres, como ocurre con los despidos colectivos.

Lo dicho creo que nos permite deducir que existe una cierta graduación implícita entre las causas que habilitan a una modificación sustancial de condiciones de trabajo, un descuelgue y un despido colectivo (Gorelli Hernández), situándose las del descuelgue en un punto intermedio en lo que a su gravedad o intensidad se refiere.

Lo anterior es importante tenerlo en cuenta porque la entidad de los cambios que se pretende imponer en las condiciones de trabajo ha de guardar necesariamente una relación de adecuación, correspondencia o proporcionalidad con la importancia o gravedad de las causas que se aleguen. Además de tener que estar en condiciones de presentarse razonablemente como medidas, si no indispensables para su superación, al menos recomendables desde el punto de vista de la racionalidad empresarial. Estas son exigencias que están en la esencia misma de la inaplicación como institución causal, pero que pueden ser útilmente remarcadas por los convenios colectivos mediante alusiones expresas a la necesidad de que se cumpla esa relación de adecuación o proporcionalidad entre causas y medidas.

También los convenios colectivos pueden cumplir una función útil de especificación en el ámbito de las causas de inaplicación respecto de dos problemas adicionales, no tratados por el legislador.

El primero tiene que ver con la clarificación de los efectos que en este ámbito puede tener la pertenencia de la empresa a un grupo de sociedades. Aquí hay que tener presente que, aunque la inaplicación opere, como indicamos antes, a nivel de empresa, la pertenecía de ésta a un grupo puede ser el caldo de cultivo de situaciones de dificultad mas o menos inducidas o incluso claramente fraudulentas, favorecidas por la empresa que ejerce el control (Baz Rodríguez). Para evitarlo, los convenios colectivos podrían exigir, en línea con lo previsto por el artículo 4.5 del Real Decreto 1483/2012, que se tenga en cuenta para el análisis de las causas económicas las cuentas anuales y el informe de gestión consolidado de la sociedad dominante o de las demás empresas del grupo, si no con carácter general, al menos cuando existan saldos deudores o acreedores con la empresa que inicia el procedimiento de descuelgue.

El segundo se vincula con el desarrollo de los derechos de información de los que deben disponer los representantes de los trabajadores para poder negociar la inaplicación con conocimiento de causa. Aquí, el llamativo silencio del legislador puede ser suplido por los convenios colectivos mediante la inclusión de las exigencias, inspiradas también en lo previsto para el despido colectivo por el artículo 51.2 ET, de que el empresario aporte al inicio del periodo de consultas, tanto "una memoria explicativa de las causas", "como la documentación contable y fiscal", así como "informes técnicos", necesarios para su acreditación.

De todas formas, parecería que el análisis de las causas es, en el fondo, intranscendente en estos casos, ya que, en última instancia, lo decisivo es que exista acuerdo con los representantes, máxime cuando luego su impugnación está limitada notablemente, como hemos visto. Esto no es así, al menos por dos razones. La primera, porque la impugnación está limitada pero no prohibida. Y menos a nivel individual. Y la segunda, porque el procedimiento puede desembocar, si no hay un acuerdo, en un arbitraje obligatorio público, dentro del cual, lo primero que deberá discernirse es, precisamente, si hay o no causa para la inaplicación (Cruz Villalón), como de hecho apunta el artículo 22.2 del Real Decreto 1362/2012, al regular el ejercicio de esta potestad por la Comisión Consultiva Nacional de Convenios Colectivos.

E. Procedimiento de descuelgue

Luego de la reforma del 2012, la tramitación de las solicitudes empresariales de la inaplicación puede discurrir hasta por cuatro fases distintas, en principios sucesivas, tres de las cuales se sitúan en el ámbito de la autonomía colectiva y una fuera de ella (Cruz Villalón).

Estas fases o escalones son los siguientes:

- Acuerdo directo en el seno de la empresa.
- Acuerdo en el seno de la comisión paritaria del convenio a inaplicar.
- Avenencia o laudo en el marco de los sistemas autónomos de solución de conflictos.
- Resolución por la Comisión Nacional de Convenios Colectivos u órgano autonómico equivalente.

La primera fase se articula en torno al desarrollo de un periodo de consultas, que el artículo 82.3 ET señala que deberá llevarse a cabo en los términos del artículo 41.4 ET. Esta remisión es problemática, ya que el artículo 41.4 ET regula el periodo de consulta en el ámbito de las modificaciones sustanciales de condiciones de trabajo "sin perjuicio de los procedimientos específicos que puedan establecerse en la negociación colectiva". ¿Significa ésto que también para el descuelgue la regulación del periodo de consulta es dispositiva y los convenios colectivos pueden apartarse de ella? Yo entiendo que no, porque la remisión del artículo 82.3 no es a los procedimientos que puedan iniciarse al amparo de artículo 41.4, sino al desarrollo de un periodo de consulta "en los términos" previstos por dicho artículo. Esto supone que esos términos son imperativos para la inaplicación de convenios, aunque no lo sean para las modificaciones sustanciales de condiciones de trabajo.

Ahora bien, el Real Decreto-Ley 11/2013 ha solventado muchos de los problemas que planteaba la tramitación del periodo de consultas, al exigir la remisión de una comunicación previa del empresario en la que éste indique su intención de iniciar el procedimiento, fijándose a demás un plazo para la constitución de la comisión representativa de los trabajadores (7 días), transcurrido el cual podrá ya comunicarse su inicio, esté la misma creada o no.

Aun así, quedan aspectos por precisar, en especial en cuanto a la definición de los alcances del "deber de negociar de buena fe", que puedan ser completados o precisados por la negociación colectiva. Así, la mecánica y periodicidad de las reuniones, donde los convenios podrían prever la obligación de fijar un calendario de reuniones al inicio y establecer un número mínimo de éstas, siguiendo para ello el modelo previsto por el artículo 7 del Real Decreto 1483/2012 para los despidos colectivos. O la precisión de su contenido u objeto, para lo cual los convenios podrían recordar que éste no solo deberá versar sobre la aceptación o no de la propuesta empresarial, sino también, como indica el artículo 41.4 ET, sobre la posibilidad de "evitar o reducir sus efectos", así como "sobre las medidas necesarias para atenuar sus consecuencias para los trabajadores afectados".

A continuación, a falta de acuerdo, la norma prevé que cualquiera de las partes –rectius, el empresario interesado– podrá someter la discrepancia a la "comisión" (se entiende que paritaria) del convenio colectivo, la cual contará con siete días para pronunciarse.

Esta es una fase potestativa que puede concluir con una decisión de carácter arbitral, si la Comisión Paritaria llega a un acuerdo. En relación con ella la norma deja abiertos numerosos interrogantes, que los convenios pueden también a contribuir a responder. Entre ellos principalmente los siguientes:

- Plazo y contenido de la solicitud, así como documentación que debe acompañarse a ella.
- Actuaciones que debe realizar la comisión paritaria.
- Procedimientos de solución de las discrepancias que se produzcan en su seno.
- Condiciones que deban cumplirse para que la solicitud deba ser aceptada.
- Contenido de su resolución.

Si esta fase fracasa o no se recurre a ella, el artículo 82.3 ET prevé la obligación de las partes de recurrir a los procedimientos previstos en los Acuerdos Interprofesionales para resolver esta clase de discrepancias. Y, si no se alcanza el acuerdo a través de ellos, a la intervención, nuevamente a petición de parte, de la Comisión Consultiva Nacional de Convenios Colectivos o sus equivalentes de ámbito autonómico, los cuales adoptaran una decisión por sí mismos o a través de un árbitro por ellos designado dentro de un plazo no superior a veinticinco días, resolviendo la controversia con carácter definitivo mediante una decisión a la que cabe calificar de arbitraje público obligatorio, con todo lo que ello supone.

En relación con estas dos fases, lo que me interesa destacar es que ambas operan con carácter subsidiario respecto de la competencia prevista por el artículo 85.3.c) ET a favor de los convenios colectivos, para que éstos prevean procedimientos específicos dirigidos a solventar las discrepancias en estos casos, adaptando a su ámbito lo previsto por los Acuerdos Interprofesionales. Esta es una competencia decisiva, ya que a través de ella los agentes negociadores de los convenios colectivos pueden marginar el arbitraje administrativo impuesto, optando por otras fórmulas de solución autónoma, como la intervención preceptiva y vinculante de la comisión paritaria, el arbitraje voluntario o incluso un arbitraje de futuro obligatorio o "en frío" (Vivero Serrano).

F. Contenido, efectos y vigencia del acuerdo de inaplicación

Ya se ha apuntado que el objeto de procedimiento de descuelgue no es solo dejar de aplicar determinada regulación convencional, sino sustituirla por otras en principio mas adaptada a la situación de la empresa. Es por esta razón que el articulo 82.3 ET señala que en estos casos el acuerdo "deberá determinar con exactitud las nuevas condiciones de trabajo aplicables en la empresa". Una regla que, aunque prevista para la primera fase del procedimiento, se

LA INAPLICACIÓN PARCIAL O DESCUELGUE DE CONVENIOS COLECTIVOS

aplica por razones obvias también a las restantes, de forma que, sin regulación alternativa, no hay descuelgue.

Adicionalmente, el acuerdo, deberá precisar su duración, la cual no podrá prolongarse según la propia norma más allá del momento en que resulta aplicable un nuevo convenio en la empresa. Esto supone que las partes son libres para fijar la duración del descuelgue. El único límite, subsistiendo la causa claro está, es que el convenio colectivo inaplicado no sea sustituido por otro. La regulación alternativa pactada de inaplicación seguirá, así, vigente por todo el periodo previsto, sin importar si el convenio inaplicado se encuentra en periodo de vigencia ordinaria o de vigencia ultra activa (Gorelli Hernández). Sólo el fin del plazo pactado o la sustitución de dicho convenio por otro nuevo (del mismo nivel o de otro, si decayó el primero por vencer su periodo de ultra actividad) le podrán poner fin, produciéndose como consecuencia de ello la convergencia de las condiciones laborales aplicables en la empresa con las generales pactadas. Naturalmente, ni el acuerdo de descuelgue, ni el convenio posterior, pueden tener efectos retroactivos (Gorelli Hernández).

Finalmente, dada su función reguladora y el efecto sustitutivo que tiene el acuerdo de inaplicación respecto a lo pactado en un convenio estatutario, debe reconocérsele eficacia jurídica normativa y además personal general o *erga omnes*. Por tanto, su modificación unilateral por decisión del empresario por la vía del artículo 41 ET no resulta posible, al participar de la misma naturaleza del convenio colectivo que inaplican (Alfonso Mellado).

G. Control judicial de lo acordado, decidido o resuelto

El control judicial de los pactos de inaplicación se encuentra limitado, como se anticipó, por la sorprendente indicación de que, cuando exista acuerdo, "se presumirá que concurren las causas justificativas", pudiendo el mismo ser impugnado ante la jurisdicción social "solo por existencia de fraude, dolo, coacción o abuso del derecho". Naturalmente, esta es una limitación que afecta exclusivamente al acuerdo. Y no, por tanto, a las decisiones de la comisión paritaria, los sistemas autónomos de solución de conflictos o las resoluciones de la Comisión Consultiva Nacional de Convenios Colectivos u órganos equivalentes.

Ahora bien, entenderla como una prohibición absoluta de examen de la causalidad de dicho acuerdo supondría imponer una limitación del derecho a la tutela judicial efectiva incompatible con el artículo 24 de la Constitución, toda vez que se estaría consagrando unas exigencias legales para la validez de un acuerdo, que además limita el derecho constitucional a la negociación colectiva, pero negando a los afectados cualquier posibilidad de control de su cumplimiento (Gorelli Hernández). Lo anterior resulta especialmente grave, por lo demás, si se tiene en cuenta que el acuerdo puede haber sido adoptado por representantes *ad hoc* del personal, sin experiencia ni respaldo sindical, fácilmente condicionables por tanto, como se dijo.

Con todo, existen "grietas" importantes en la regulación vigente que impiden dar un sentido absoluto a esta regla. En primer lugar, no es que a través de ella se impida examinar la existencia de causa. Lo que ocurre es que su examen ha de hacerse necesariamente al hilo de los motivos de impugnación previstos (fraude, dolo, coacción o abuso del derecho). Estos motivos son, sin embargo, lo suficientemente amplios y abiertos como para permitir el examen de la cuestión (Alfonso Mellado). En segundo lugar, las aludidas por la norma no son, ni mucho menos, las únicas causas posibles de ser alegadas para impugnar el acuerdo, ya que es evidente que el mismo puede serlo también por falta de respeto de las reglas procedimentales, su adopción por sujetos no legitimados o la afectación de una condición no modificable (Alfonso Mellado). Finalmente, la limitación apuntada no rige respecto de las acciones individuales de impugnación de las decisiones empresariales de inaplicación de lo acordado, que podrán basadas en la ausencia de causa (Gorelli Hernández).

¿Cuáles serían, por último, las vías procesales aplicables a cada uno de estos supuestos?

En principio, para la impugnación de los acuerdos de inaplicación habría que recurrir al proceso de conflictos colectivos, al referirse éste a todo tipo de pactos o acuerdos colectivos (art. 153 LRJS), mientras que el procedimiento de impugnación de convenios colectivos alude solo a los convenios estatutarios (artículo 163LRJS). Las demandas individuales, por su parte, parece que deberían sustanciarse a través del procedimiento ordinario, ya que el proceso del artículo 138 de la LRJS está previsto sólo para los casos de movilidad geográfica, modificaciones sustanciales de condiciones de trabajo y suspensión del contrato de trabajo. Por último, los laudos fruto de un arbitraje pactado y las decisiones de la Comisión Consultiva Nacional de Convenios Colectivos u órganos equivalentes tienen la misma eficacia que un acuerdo directo y pueden ser impugnados conforme al procedimiento y a las causas previstas por el artículo 91 del ET, es decir, a través del proceso de impugnación de convenios colectivos (articulos 163 y siguientes LRJS), siendo las causas alegables, tanto las previstas con carácter general para la impugnación de convenios colectivos (ilegalidad y lesividad), como las específicas del artículo 91ET (incumplimiento de los requisitos y formalidades previstos para la actuación arbitral y resolución sobre puntos no sometidos al arbitraje) (véase, Alfonso Mellado y Gorelli Hernández).

Creo que, con todo lo expuesto, se ha podido ofrecer al lector de estas páginas una visión articulada de los principales problemas que plantea la inaplicación parcial de convenios colectivos regulada por el artículo 82.3ET. Y también una aproximación a las opciones más relevantes de las que disponen los sujetos negociadores de los convenios colectivos que pueden verse afectados para conjurar los riesgos más notorios que la puesta en práctica de esta institución es capaz de generar.

Referências

ALFONSO MELLADO, C., "EL control judicial de la modificación sustancial de condiciones, la movilidad funcional y la movilidad geográfica", *Revista de Derecho Social*, 2013, núm. 62, págs. 17-52.

BAZ RODRÍGUEZ, J., *Las relaciones de trabajo en la empresa de grupo*, Granada, Comares, 2002.

CRUZ VILLALÓN, J., "EL descuelgue de condiciones pactadas en convenio colectivo tras la reforma de 2012", *Revista de Derecho Social*, 2012, núm. 57, págs. 231-248.

GORELLI HERNÁNDEZ, J., *La negociación colectiva de empresa. Descuelgue y prioridad aplicativa del convenio de empresa*, Comares, Granada, 2013.

GUERRERO VIZUETE, E., "El régimen jurídico del descuelgue empresarial tras la reforma laboral de 2012", *Revista General de Derecho del Trabajo y de la Seguridad Social*, 2013, núm. 33.

NAVARRO NIETO, F.: "La reforma del marco normativo de la negociación colectiva", AEDTSS, XXII Congreso Nacional de Derecho del Trabajo y de la Seguridad Social, San Sebastián, 17-18 mayo 2012, disponible en: http://www.aedtss.com/images/stories/301_Ponencia_Federico_Navarro.pdf

Sindicato e gênero no Brasil: a dificuldade de inserção de pautas das trabalhadoras nos instrumentos coletivos

*Regina Stela Corrêa Vieira**

1. Introdução

Desde a década de 1970, temos assistido ao processo de reestruturação da produção em escala mundial, baseado na lógica de mundialização do capital, acompanhado de uma profunda transformação do mundo do trabalho. Nesse contexto, as portas do mercado de trabalho foram definitivamente abertas às mulheres, que passaram a assumir postos de trabalho fora de casa, fenômeno que se estendeu ao Brasil.

O crescimento da atividade econômica realizada por mulheres no país é facilmente visualizado nos dados da Pesquisa Nacional por Amostras Domiciliares (PNADs): entre 1993 e 2005 a População Economicamente Ativa (PEA) feminina passou de 28 para 41,7 milhões, sua taxa de atividade aumentou de 47% para 53% e a porcentagem de mulheres no conjunto de trabalhadores passou de 39,6% para 43,5%. Isso significa que em apenas 10 anos, houve grande aumento no percentual de mulheres trabalhando ou em busca de trabalho.[1]

---

* Mestra e doutoranda em Direito do Trabalho e da Seguridade Social pela USP. Membro do Grupo de Pesquisa Trabalho e Capital, da USP, e do Grupo de Pesquisa Mulher, Sociedade e Direitos Humanos, da Universidade Presbiteriana Mackenzie.

[1] BRUSCHINI, Maria Cristina Aranha. Trabalho e Gênero no Brasil nos últimos dez anos. *Cadernos de Pesquisa*, São Paulo, v. 37, n. 132, p. 539-542, set/dez 2007.

SINDICATOS E AUTONOMIA PRIVADA COLETIVA

Apesar da conquista do espaço das mulheres no trabalho produtivo, ainda hoje as trabalhadoras não conseguiram o reconhecimento e a igualdade com os homens neste campo. Segundo pesquisa do IBGE, apesar de as mulheres terem maior grau de escolaridade, o salário feminino é 28% menor que o masculino[2]. Ademais, os números referentes ao desemprego demonstram também uma clivagem por sexo e etnia, pois enquanto o índice de desemprego entre homens brancos é de 5,3%, o índice entre as mulheres negras é de 12,3%.[3]

A desigualdade entre os sexos no trabalho também se reflete nos sindicatos. De acordo com o Anuário dos Trabalhadores 2010-2011, do DIEESE, os homens são a maioria dos trabalhadores sindicalizados em parte predominante dos setores da economia: agricultura (61,7%), indústria (73,7%), construção (93%), comércio e reparação (57,7%), transporte, armazenagem e comunicação (86,9%), Administração Pública (59,7%). Já as mulheres são maioria apenas nos setores de educação, saúde e serviços sociais (76,2%) e nos serviços domésticos (88%).[4]

Dessa forma, é possível notar que, apesar de mudanças fundamentais terem ocorrido nas relações de trabalho e de poder entre os sexos, os sindicatos continuam espaços ainda predominantemente masculinos, tanto em sua composição quanto em sua forma de atuação. Isso se reflete na ausência de políticas sindicais que abordem de forma qualificada as questões caras às mulheres trabalhadoras, bem como na crise de identidade e de representação sindical.

Para a compreensão dos motivos que levam a esse fenômeno, partimos de conceitos da teoria feminista, em especial materialista, que entende que os papeis socialmente atribuídos aos sexos não são determinados pela biologia, mas sim o modo de produção de determinada época.

Assim, tomamos como base a noção de "gênero", categoria que se refere ao código de conduta regente das relações entre homens e mulheres na ordem social, ou seja, "o modo como as culturas interpretam e organizam a diferença sexual" que, por ser historicamente construído, não é fixo, mas mutável.[5]Para

---

[2] INSTITUTO BRASILEIRO DE GEOGRAFIA E ESTATÍSTICA. Mulher no Mercado de Trabalho: perguntas e respostas. Brasília: IBGE, 2012. Disponível em: <http://www.ibge.gov.br/home/estatistica/indicadores/trabalhoerendimento/pme_nova/Mulher_Mercado_Trabalho_Perg_Resp_2012.pdf> Acesso em: 05.fev.2013.

[3] PINHEIRO, Luana [et.al.]. *Retrato das Desigualdades de Gênero e Raça*. 3.ed. Brasília: IPEA, 2008.

[4] DEPARTAMENTO INTERSINDICAL DE ESTATÍSTICA E ESTUDOS SOCIOECONÔMICOS. *Anuário dos Trabalhadores* – 11ª ed. São Paulo: DIEESE, 2011. Disponível em: <http://www.dieese.org.br/anuario/AnuTrab2010/Arquivos/notasexplicativas.html> Acesso em: 22.jun.2015.

[5] YANNOULAS, Silvia Cristina. *Dossiê políticas públicas e relações de gênero no mercado de trabalho*. Brasília: CFEME/FIG-CIDA, 2002.p. 9.

Joan Scott, as relações de gênero expressam, fundamentalmente, relações de poder. Assim, o gênero, nas sociedades ocidentais, seria campo primário no interior do qual, e por meio do qual, o poder é articulado[6].

Na sociedade capitalista, esse poder é concentrado pelos homens, estabelecendo-se uma relação de opressão e exploração das mulheres, que se institucionaliza na divisão sexual do trabalho. Entendida por Danièle Kergoat como parte integrante da divisão social do trabalho, a divisão sexual do trabalho possui dois princípios organizadores: separação e hierarquização. Estes princípios demonstram que a sociedade atribui trabalhos distintos a homens e mulheres, delimitando seus papéis na sociedade, os quais são hierarquizados, ou seja, o trabalho realizado pelas mulheres tem valor inferior se comparado aos dos homens[7].

Arraigada às relações de gênero, a inserção das mulheres no contexto sindical passa por uma série de barreiras, tanto por parte das próprias trabalhadoras, que enfrentam uma série de obstáculos para superar seu papel social vinculado ao cuidado da casa e da família, quanto por parte dos sindicatos, arraigados a modos de representação e atuação sexistas e paternalistas, que veem as pautas femininas como secundárias em face às reivindicações de classe.

Nesse contexto, o presente estudo busca analisar de que maneira os sindicatos brasileiros vêm lidando com as questões de gênero e, principalmente, compreender o papel das trabalhadoras no movimento sindical contemporâneo. Para isso, optamos por examinar as cláusulas dos instrumentos coletivos que tratam do trabalho feminino, que por serem meio normativo de o sindicato introduzir suas bandeiras na regulação do trabalho, refletem como as reivindicações das trabalhadoras são tratadas no interior das organizações sindicais.

Metodologicamente, partimos da análise da inserção dastrabalhadoras no espaço sindical, visando à compreensão das barreiras que ainda restringem a sindicalização feminina. Em seguida, verificamos o potencial das normas coletivas enquanto instrumento para a promoção da igualdade de gênero no trabalho. Por fim, examinamos a evolução das cláusulas dos instrumentos

---

[6] SCOTT, Joan. Gênero: uma categoria útil de análise histórica. *Revista Educação e Realidade*, Porto Alegre, n. 20, v. 2, p. 71-99, jul/dez1995. p. 86-89.

[7] KERGOAT, Danièle. Relações sociais de sexo e divisão sexual do trabalho. *Dictionnaire critique du féminisme*. Paris: Presses Universitaires de France, 2000. Trad. de NOBRE, Miriam. p. 1. Disponível em <http://polignu.org/sites/default/files/mulheres/data_curta/adivisaosexualdotrabalho_0. pdf>Acesso em: 29 jan. 2013.

coletivos que tratam do trabalho das mulheres, buscando examinar se seu conteúdo de fato contribui para luta pela igualdade no trabalho.

2. A inserção das mulheres no espaço sindical

Eric J. Hobsbawn analisa que, no século XIX, as formas específicas de luta do proletariado – o sindicato e a greve – excluíram, em grande parte, as mulheres, ou reduziu amplamente seu papel visível como participantes ativas. Além disso, onde o trabalho dos homens e o trabalho das mulheres não fossem tão separados e diferentes, a atitude dos sindicalistas do sexo masculino em relação às mulheres que procurassem ingressar em sua profissão era de repulsa, pois elas eram vistas como ameaça aos salários e condições trabalhistas dos homens. Consequentemente, a política da maioria dos sindicatos era de excluir as mulheres de seu trabalho, oude separar os sexos para impedir a "promiscuidade".[8]

O medo da concorrência econômica das trabalhadoras e a manutenção da "moralidade" no ambiente de trabalho se combinaram para conservar as mulheres à margem da organização sindical, ocupando apenas seu papel convencional de membros da família. Dessa forma, o movimento operário da época era bastante contraditório, pois por um lado apoiava a ideologia de igualdade e emancipação, enquanto, na prática, desencorajava a real participação conjunta de homens e mulheres no trabalho.[9]

Alice Monteiro de Barros ressalta a existência, no início do século XX, de uma forte oposição sindical à integração das mulheres em seus quadros, assim como de movimentos organizados para afastá-las do trabalho após as guerras, afim de que deixassem os empregos para os ex-combatentes, refletindo a ideia de que as mulheres roubavam postos de trabalho que pertenciam, originalmente e legitimamente, aos homens.[10]

Analisando especificamente o Brasil, Elisabeth Souza-Lobo afirma que a conjuntura do trabalho feminino entre as décadas de 1970 e 1980 era de aumento progressivo do emprego industrial das mulheres, que sofriam discriminações específicas dentro das fábricas, o que impulsionou asindicalização

---

[8] HOBSBAWN, Eric J. *Mundos do trabalho*: novos estudos sobre a história operária.Rio de Janeiro: Paz e Terra, 2000. p. 137-138.

[9] Ibid., p. 138.

[10] BARROS, Alice Monteiro de. *A Mulher e o Direito do Trabalho*. São Paulo: LTR, 1995.p. 233.

das operárias, com taxas crescentes.[11]Emergiram, assim, as primeiras reivindicações relacionadas ao trabalhodas mulheres na indústria, contexto composto por três aspectos relevantes.

O primeiro aspecto foi a mudança na composição da força de trabalho industrial, com a entrada das mulheres e jovensno setor, que pode ser entendida como uma resposta de sobrevivênciafamiliar frente à política econômica do governo militar, de desvalorização dos salários e fim da estabilidade no emprego, somada ao desenvolvimento da indústria brasileira focado em modificações da organização do trabalho e no ritmo da produção, no qual prevaleceu a criação de postos com força de trabalho não qualificada e de baixa remuneração.[12]

O segundo aspecto foi o desenvolvimento de novas práticas nos movimentos operário e sindical no fim da década de 1970. O movimento denominado "novo sindicalismo", que emergiu das lutas por aumentos salariais em São Bernardo do Campo, a partir de 1977, foi o ponto de ruptura com a tradição do sindicalismo populista, centralizado e instrumentalizado pelo governo desde 1930. Essa renovação sindical se deu tanto em relação aos temas das reivindicações, que passaram a abranger não apenas questões salariais, mas também condições de trabalho, abusos de disciplina, a dignidade operária etc., quanto em relação ao surgimento de novas formas de mobilização, como a criação de grupos de discussão, na busca por ampliar suas bases.[13]

O terceiro aspecto envolve a emergência dos movimentos populares de mulheres e de uma corrente feminista na sociedade brasileira, permitindo sua interação com movimento sindical, da qual emerge a discussão sobre a classe operária feminina.[14] De acordo com Eleonora Menicucci de Oliveira,

> As questões postas no tecido social pelo movimento feminista, como as discriminações de gênero nos locais de trabalho, a dupla jornada de trabalho, o significado do trabalho doméstico como trabalho, contribuíram para fomentar nas mulheres trabalhadoras, em particular nas que estavam inseridas no movimento

---

[11] SOUZA-LOBO, Elizabeth. *A classe operária tem dois sexos*: trabalho, dominação e resistência. 2.ed. São Paulo: Editora Fundação Perseu Abramo, 2011. p. 48.

[12] Ibid., p. 72-73.

[13] BARROS, Alice Monteiro de. *A Mulher e o Direito do Trabalho*. São Paulo: LTR, 1995.p. 233. SOUZA-LOBO, Elizabeth. *A classe operária tem dois sexos*: trabalho, dominação e resistência. 2.ed. São Paulo: Editora Fundação Perseu Abramo, 2011. p. 73-74.

[14] Ibid., p. 74-75.

sindical, o desejo e a vontade política de enfrentar tais questões no âmbito da prática sindical, marcadamente masculina.[15]

Nesse sentido, a primeira iniciativa de dar voz às operárias se deu em 1978, quando o sindicato dos metalúrgicos de São Bernardo organizou o 1º Congresso das Operárias da Metalurgia da região. Ressalte-se, porém, o caráter ambíguo da iniciativa, pois apesar de se inserir no contexto da renovação das práticas sindicais, foi também uma reação contra a ameaça de revogação da proibição legal do trabalho noturno feminino. O sindicato, naquele contexto,não agiusomente em defesa do suposto bem-estar das operárias, mas também em defesa do emprego masculino, evitando a concorrência das mulheres.[16]

Dessa forma, na estratégia sindical de mobilização das operárias fica clara uma assimetria de discurso, vez que ao afirmar a necessidade da manutenção da proibição do trabalho noturno feminino, reforçava-se a ideia da destinação primordial das mulheres ao lar. A assimetria de discurso, por sua vez, reproduz assimetrias existentes na prática cotidiana do sindicato, que se centra prioritariamente nas questões de estratégia geral, deixando em segundo plano as pautas das operárias, que ficam relegadas às suas formas individuais de resistência.[17]

Desta primeira experiência surge o questionamento de quais medidas deveriam ser tomadas pelos sindicatos para conseguirem inserir as mulheres de forma integral no cotidiano sindical, de maneira a superar as assimetrias apontadas e permitir a união de trabalhadores e trabalhadoras no mesmo espaço de representação.

Esta questão perdura até hoje, pois apesar de nas décadas seguintes os sindicatos terem buscado estratégias para a integração das trabalhadoras, por meio da formação de comissões sindicais femininas ou do incentivo à sindicalização das operárias "mais combativas", fracassaram na empreitada. Consequentemente, a barreira que exclui as operárias dos sindicatos se reproduziu e os esforços de integração não ultrapassaram o quadro simbólico

---

[15] OLIVEIRA, Eleonora Menicucci de. *A mulher, a sexualidade e o trabalho*. São Paulo: CUT, 1999. p.38.

[16] SOUZA-LOBO, Elizabeth. *A classe operária tem dois sexos*: trabalho, dominação e resistência. 2.ed. São Paulo: Editora Fundação Perseu Abramo, 2011. p. 75-76.

[17] BARROS, Alice Monteiro de. *A Mulher e o Direito do Trabalho*. São Paulo: LTR, 1995.p. 233.
SOUZA-LOBO, Elizabeth. *A classe operária tem dois sexos*: trabalho, dominação e resistência. 2.ed. São Paulo: Editora Fundação Perseu Abramo, 2011. p. 77.

de uma ou duas mulheres na direção sindical, ocupando majoritariamente cargos considerados secundários e "femininos".[18]

Assim, a relação das mulheres com os sindicatos, de maneira geral, ainda se limita a considerar a organização sindical como um depósito de reclamações, de modo individualizado, enquanto as formas femininas de resistência no interior da fábrica permanecem anônimas e invisíveis. Do mesmo modo, as reivindicações das trabalhadorascontinuam sendo ocultadas sob as reivindicações gerais, diluídas em um discurso sindical unificador.

Dessa realidade, reforçada pelos estereótipos de gênero, forjou-se a falsa noção de que as operárias são naturalmente desunidas, devido a uma suposta transitoriedade de sua condição de trabalhadoras remuneradas, pois seu "lugar de origem" seria o espaço doméstico. Esse argumento oculta a real situação das operárias, sendo necessário afastar as explicações naturalistas para a dificuldade da coletivização feminina, possibilitando compreender que esse processo é mediado pela violência, ou seja, que a opressão vivida pelas mulheres, tanto na esfera produtiva quanto reprodutiva, volta-se contra ela própria enquanto indivíduo e enquanto grupo sexuado. Explica Helena Hirata que

> (...) as mulheres têm muita dificuldade em reconhecer uma ameaça patogênica comum (no exemplo anterior: o emprego), pois a sociedade as envia sem cessar de volta para o individual, o biológico, mas também por que elas não se reconhecem como grupo sexuado. Portanto, enquanto mulheres, elas têm muita dificuldade para ter atitudes defensivas comuns que resultam em práticas coletivas.[19]

Por conseguinte, é preciso ressaltar que as operárias não formam um grupo desinteressado e ausente dos problemas da classe, muito pelo contrário. Entretanto, ocorre que as formas e motivos que desencadeiam sua combatividade são diferentes e, devido à sua força coletiva inferior, derivada da cultura de segregação feminina nos espaços privados, o resultado também é inferior se comparado com as estratégias masculino-sindicais de luta.

O motivo das reivindicações femininas serem postas em segundo plano deriva da noção equivocada de que a classe operária é homogênea e que, portanto, as práticas sindicais devem buscar um interesse padrão. Consequentemente, as demandas das trabalhadoras seriam secundárias por possuírem especificidades que diferem de um grupoentendido sob o enfoque

---

[18] Ibid., p. 77-79.

[19] HIRATA, Helena; KERGOAT, Danièle. Novas configurações da divisão sexual do trabalho. *Cadernos de Pesquisa*, v. 37, n.132, set./dez. 2007. p. 262-263.

do masculino universalizante. Destacam Chantal Rogerat e Marie-Hélène Zylberberg-Hocquard que

> Incluir as mulheres na vida sindical ainda hoje significa – mas de forma mais complexa do que antes – integrá-las com base no modelo dominante, do trabalhador masculino. É aí, sem dúvida, que reside o maior mal-entendido entre os movimentos feministas e o sindicalismo. Não é algo evidente para o sindicalismo que a contribuição das mulheres nas lutas seja fator de progresso social (...).[20]

Percebemos, assim, a necessidade de afirmar a heterogeneidade da classe operária e de entender os motivos da ausência das trabalhadoras no movimento sindical, para que possamos alterar este quadro de exclusão. No entanto, quatro obstáculos para a participação sindical das mulheres podem ser facilmente identificados: a dupla jornada de trabalho; a desvalorização social das funções exercidas pelas mulheres dentro da fábrica, não necessariamente pelo tipo do trabalho, mas por ser considerado feminino; a visão de que os homens são os principais atores sociopolíticos, enquanto as mulheres ficam restritas à esfera doméstica; e a exigência cultural de que as mulheres exerçam o cuidado da casa e da prole, suprindo seu papel reprodutivo.[21]

Tais obstáculos, porém, precisam ser combatidos e superados para possibilitar a inserção das trabalhadoras no espaço sindical, o que entendemos ser uma das principais formas de garantia da igualdade de gênero no trabalho, pois possibilita que as mulheres atuem na esfera pública e se utilizem da função normativa dos sindicatos para colocar em evidência a importância de normas coletivas referentes ao trabalho das mulheres e às relações de gênero, raciocínio que desenvolveremos a partir de agora.

3. A negociação coletiva como meio de promoção da igualdade de gênero

A negociação coletiva é base para o Direito do Trabalho, pois possibilita que as partes integrantes da relação entre capital e trabalho discutam diretamente as condições, direitos e contrapartidas dos contratos laborais. Segundo Amauri

---

[20] ROGERAT, Chantal; ZYLBERBERG-HOCQUARD, Marie-Hélène. Sindicatos. *In:* HIRATA, Helena; LABORIE, Françoise; LE DOARÉ, Hélène; SENOTIER, Danièle (org.). Dicionário Crítico do Feminismo. São Paulo: Editora Unesp, 2009. p. 236-241. p. 240.

[21] SOUZA-LOBO, Elizabeth. *A classe operária tem dois sexos*: trabalho, dominação e resistência. 2.ed. São Paulo: Editora Fundação Perseu Abramo, 2011. p. 136.

Mascaro Nascimento, "a negociação coletiva é a expressão do princípio da autonomia coletiva dos particulares e da liberdade sindical", sendo uma das principais funções do sindicato.[22]

No Brasil, a participação em negociação coletiva de trabalho é obrigação das entidades sindicais, prevista no artigo 8º, inciso VI, da Constituição,[23] derivada de nosso sistema de unicidade sindical, que permite apenas um sindicato representativo da categoria profissional dentro da base territorial. Complementarmente, é direito constitucional dos trabalhadores e trabalhadoras o reconhecimento das convenções e acordos coletivos de trabalho.[24]

Os resultados da negociação dos termos de contratos de trabalho possuem grande peso social, muitas vezes influenciando e pressionando o legislador a estender direitos negociados a toda classe trabalhadora. A negociação coletiva é, portanto, um instrumento político, por meio do qual se definem as regras materiais e de procedimento que regularão as relações de trabalho de determinado conjunto de empregadores e trabalhadores e trabalhadoras.

Por meio da negociação coletiva é possível reforçar e ampliar direitos previstos em lei, assim comocriar novos mecanismos normativos para estabelecer, por exemplo, a igualdade real, a proteção e o incentivo ao trabalho das mulheres. Por isso, vemos a negociação coletiva como instrumento fundamental para a promoção da igualdade, principalmente igualdade de gênero, no trabalho.

Nesse sentido, Ecléia Conforto afirma que

> As regras geradas pelo processo de negociação coletiva têm a capacidade de assegurar algumas condições básicas para igualdade, como a adoção e implementação de procedimentos que contribuam para tornar efetivo o princípio da remuneração, a igualdade de oportunidades de acesso a postos de trabalho, a eliminação de mecanismos discriminatórios de contratação e promoção nas empresas, a ampliação da proteção legal à maternidade e o equilíbrio entre maternidade e paternidade. Nesse sentido, a negociação coletiva torna-se um dos

---

[22] NASCIMENTO, Amauri Mascaro. *Compêndio de Direito Sindical.* 5.ed. São Paulo: LTR, 2008. p. 398.

[23] BRASIL. *Constituição*, 1988. Artigo 8º. "VI – é obrigatória a participação dos sindicatos nas negociações coletivas de trabalho"

[24] BRASIL. *Constituição*, 1998. Artigo 7º. "São direitos dos trabalhadores urbanos e rurais, além de outros que visem à melhoria de sua condição social: (...) XXVI – reconhecimento das convenções e acordos coletivos de trabalho".

espaços fundamentais para a promoção da igualdade de gênero e garantia ao trabalho da mulher.[25]

A Organização Internacional do Trabalho (OIT) compartilha este entendimento, tendo publicado documentos em que destaca a importância da atuação sindical na promoção da igualdade no trabalho. Vale destacar que a não discriminação em matéria de emprego e profissão é uma das pautas centrais da OIT, prevista na Convenção 111[26] e considerada um dos pilares do trabalho decente naDeclaração dos Direitos e Princípios Fundamentais no Trabalho.[27]

Segundo o informe global *La igualdad en el trabajo: afrontar los retos que se plantean*, de 2007, a igualdade entre a classe trabalhadora é responsabilidade primordial do Estado, sendo que a negociação coletiva e as organizações de trabalhadores/trabalhadoras e empregadores têm um papel igualmente decisivo a desempenhar nesse sentido.[28]

De forma mais aprofundada, o Relatório *Gender Equality at the Heart of Decent Work*, fruto da 98ª Conferência Internacional do Trabalho de 2009, destaca o direito à sindicalização e à negociação coletiva como instrumentos essenciais para o empoderamento das mulheres e a garantia de seu espaço no trabalho.

O relatório afirma a importância do diálogo social para a promoção da igualdade de gênero no trabalho, mas destaca dois desafios: necessidade de aumento da participação e da posição das mulheres nesse processo, uma vez que as organizações sindicais possuem um reduzido número de trabalhadoras que efetivamente participam da atuação sindical; e necessidade de introdução da perspectiva de gênero no conteúdo das negociações coletivas.[29]

Quanto à necessidade de garantir que a perspectiva das mulheres seja inserida nos instrumentos coletivos, entende a OIT que discussões como o cuidado de crianças, o cuidado de idosos e disposições sobre tempo de

---

[25] CONFORTO, Ecléia. *Mulher e negociação coletiva*: uma investigação da presença feminina nas convenções coletivas de trabalho no município de Porto Alegre no ano de 2005. 2009. 294 f. Tese (Doutoramento em Economia). Universidade Federal do Rio Grande do Sul, Faculdade de Ciências Econômicas, Programa de Pós-Graduação em Economia, Porto Alegre, 2009. p. 86.

[26] Adotada pela OIT em 1958; ratificada pelo Brasil em 26/11/1965.

[27] Adotada pela OIT em 1998, vinculando automaticamente todos os países membros.

[28] ORGANIZAÇÃO INTERNACIONAL DO TRABALHO. *La igualdad en el trabajo*: afrontar los retos que se plantean – Informe global con arreglo al seguimiento de la Declaración de la OIT relativa a los principios y derechos fundamentales en el trabajo. Geneva: ILO, 2007. p. 59.

[29] ORGANIZAÇÃO INTERNACIONAL DO TRABALHO. *Report IV*: Gender equality at the heart of decent work. Geneva: ILO, 2009. p. 161.

trabalho somente serão devidamente abordadas quando as trabalhadoras participarem mais ativa e significantemente do diálogo social, tendo acesso concreto às tomadas de decisão[30].

Assim, considerando que a negociação coletiva de trabalho é um espaço fundamental para a inserção de garantias ao trabalho das mulheres, bem como de busca pela igualdade de gênero, resta-nos verificar como esse instrumento vem sendo utilizado pelas organizações sindicais brasileiras.

4. Inclusão das pautas feministas nas normas coletivas de trabalho.

Na busca por analisar no plano fático se e como os sindicatos têm inserido pautas feministas e de promoção da igualdade entre os sexos nas negociações coletivas, optamos por utilizar os dados do relatório Negociação de Cláusulas Relativas à Equidade de Gênero e Raça 2007-2009,[31] publicado em 2011 pela Organização Internacional do Trabalho (OIT) em conjunto com o Departamento Intersindical de Estatística e Estudos Socioeconômicos (Dieese).

O relatório teve como base os acordos e convenções coletivas registrados no SACC-Dieese (Sistema de Acompanhamento das Contratações Coletivas), que abrange atualmente 220 unidades de negociação (núcleos de negociação coletiva) ao ano, as quais contemplam aproximadamente 50 categorias profissionais de todas as regiões do país.

A título de esclarecimento, o artigo 611 da Consolidação das Leis do Trabalho[32] (CLT) reconhece dois tipos de instrumentos de negociação coletiva, a convenção coletiva e o acordo coletivo. A primeira, segundo Homero Batista Mateus da Silva, é "a norma coletiva clássica do ordenamento brasileiro, envolvendo o sindicato dos trabalhadores, de um lado, e o sindicato dos empregadores, de outro lado". Já o segundo "guarda as mesmas características,

---

[30] Ibid., p. 52

[31] ORGANIZAÇAO INTERNACIONAL DO TRABALHO. *Negociação de Cláusulas Relativas à equidade de gênero e raça 2007-2009*. Brasília: OIT, 2011.

[32] BRASIL. *Consolidação das Leis do Trabalho*. Art. 611. 'Convenção Coletiva de Trabalho é o acordo de caráter normativo, pelo qual dois ou mais Sindicatos representativos de categorias econômicas e profissionais estipulam condições de trabalho aplicáveis, no âmbito das respectivas representações, às relações individuais de trabalho. §1º. É facultado aos Sindicatos representativos de categorias profissionais celebrar Acordos Coletivos com uma ou mais empresas da correspondente categoria econômica, que estipulem condições de trabalho, aplicáveis no âmbito da empresa ou das acordantes respectivas relações de trabalho.

formalidades e conteúdo da convenção coletiva, mas firmado diretamente com o empregador e não com o sindicato respectivo".[33]

A pesquisa realizou o levantamento das cláusulas referentes ao trabalho das mulheres nas normas coletivas registradas pelo sistema, agrupando-as em sete temas: gestação, maternidade/paternidade, responsabilidades familiares, condições de trabalho, processo e exercício do trabalho, saúde da mulher e equidade de gênero.

A análise dos resultados obtidos, que será feita a seguir, possibilita a percepção de como os sindicatos atualmente lidam com as questões atinentes ao trabalho das mulheres e se conseguem colocar em pauta as reivindicações feministas que envolvem condições de trabalho.

Nossa observação partirá da tabela 4 do relatório,[34] que sintetiza os dados auferidos após o acompanhamento de 90 contratações coletivas de 1993 a 2009. Vale dizer que, dentre elas, 87 possuíam ao menos uma cláusula referente ao trabalho das mulheres durante o período, o que demonstra que o tema é abordado em praticamente todas as unidades de negociação catalogadas. Vejamos:

TABELA I								
CLÁUSULAS RELATIVAS À IGUALDADE DE GÊNERO	CLÁUSULAS							
	1993-1995		1996-2000		2001-2006		2007-2009	
	nº	%	nº	%	nº	%	nº	%
Gestação	101	25	105	21	93	18	95	17
Maternidade / Paternidade	221	54	245	48	254	49	272	49
Responsabilidades Familiares	19	5	73	14	74	14	73	13
Condições de Trabalho	36	9	41	8	45	9	52	9
Exercício do Trabalho	8	2	8	2	6	1	6	1
Saúde da Mulher	18	4	19	4	27	5	37	7
Igualdade de Gênero	4	1	16	3	16	3	18	3
TOTAL DE CLÁUSULAS SOBRE MULHER	407	100	507	100	515	100	553	100

[33] SILVA, Homero Batista Mateus da. *Curso de Direito do trabalho aplicado, vol. 7*: Direito coletivo do trabalho.Rio de Janeiro: Elsevier, 2010. p. 144 e 148.

[34] ORGANIZAÇAO INTERNACIONAL DO TRABALHO. *Negociação de Cláusulas Relativas à equidade de gênero e raça 2007-2009*. Brasília: OIT, 2011. p. 31.

SINDICATO E GÊNERO NO BRASIL

A Tabela I possibilita que tenhamos uma visão geral de como se dividem e sobre o que tratam as cláusulas sobre trabalho da mulher inseridas nos contratos coletivos em estudo.

Inicialmente, chama a atenção o expressivo aumento no número de cláusulas que dizem respeito às trabalhadoras nos 16 anos abrangidos, que passou de 407 entre 1993 e 1995, para 553 no período mais recente, o que representa um crescimento de aproximadamente 35%.

Entretanto, merece destaque a discrepante concentração de cláusulas referentes aos temas gestação, maternidade e cuidado da família, que somadas representam em média 80% dos dispositivos. Vale notar, inclusive, que a questão da maternidade/paternidade é predominante, agregando quase a metade do total de cláusulas negociadas.

Partindo dessa verificação, podemos formular a primeira crítica à temática dominante das cláusulas que tratam do trabalho feminino, por considerarem que astrabalhadoras merecem regulação especial apenas enquanto mães-trabalhadoras, reforçando seu dever social de cuidado das crianças e da família, ou seja, reproduzindo o papel incumbido às mulheres nas relações sociais de sexo.

Apesar disso, também é possível verificar um ligeiro aumento nas cláusulas negociadas sobre saúde das mulheres e igualdade entre os sexos, o que pode representar que a perspectiva de gênero começa, pouco a pouco, a ser inserida nas negociações coletivas.

De todo modo, o panorama fornecido por estes dados gerais não é suficiente para que compreendamos o conteúdo e o enfoque das cláusulas coletivas referentes às mulheres. Por isso, partiremos agora para sua análise pormenorizada, buscando verificar se elas configuram ou não avanços no sentido da incorporação das pautas feministas nas negociações coletivas.

Para isso, utilizaremos como base a Tabela 3 do relatório da OIT,[35] porém fracionada por tema, para que facilite a visualização e exame dos dados. Iniciaremos com as cláusulas referentes à gestação:

---

[35] ORGANIZAÇAO INTERNACIONAL DO TRABALHO. *Negociação de Cláusulas Relativas à equidade de gênero e raça 2007-2009*. Brasília: OIT, 2011. p. 28-29.

SINDICATOS E AUTONOMIA PRIVADA COLETIVA

TABELA II				
CLÁUSULAS RELATIVAS À IGUALDADE DE GÊNERO	NUMERO DE CLÁUSULAS			
	1993-1995	1996-2000	2001-2006	2007-2009
GESTAÇÃO	101	105	93	95
Estabilidade da gestante	79	80	70	68
Função compatível à gestante	10	12	11	10
Horário de Trabalho da Gestante	3	3	3	3
Exame pré-natal	3	4	4	4
Atestado Médico de Gravidez	4	4	4	9
Primeiros Socorros para parto	1	1	1	1
Informações sobre riscos à gestante	1	1	-	-

Mostra a Tabela II praticamente uma estabilização das garantias referentes à gestação, tanto na quantidade quanto em seu conteúdo, sendo a única variação relevante a queda do número de cláusulas sobre estabilidade da gestante.

As cláusulas sobre esse tema baseiam-se na garantia legal que determina a vedação da dispensa arbitrária da empregada gestante desde a confirmação da gravidez até cinco meses após o parto,[36] sendo que pouco mais de 65% delas aumentam o prazo determinado por lei de 60 a 120 dias. No entanto, dentre todas as 95 cláusulas analisadas no período recente, apenas uma estende a garantia para casos de natimortos.

As cláusulas que versam sobre atestado médico de gravidez também sofreram ligeiro crescimento, porém sem representar avanços para os direitos das trabalhadoras. Isso porque apesar de englobarem normas que proíbem a discriminação das mulheres por meio do pedido de atestados ou testes de gravidez, o aumento deu-se em relação às normas que determinam prazos para entrega do atestado de gravidez para garantia da estabilidade à gestante.

Por fim, dentre as cláusulas sobre exame pré-natal, merece destaque uma única normacoletiva que prevê a liberação dospais-trabalhadores para acompanhamento da companheira gestante no pré-natal, cuja relevância dá-se pelo

---

[36] BRASIL. *Ato das Disposições Constitucionais Provisórias*. Art. 10, Inciso II: "fica vedada a dispensa arbitrária ou sem justa causa: b) da empregada gestante, desde a confirmação da gravidez até cinco meses após o parto".

simbolismo de diluir a responsabilidade do acompanhamento da gravidez entre os genitores, não recaindo apenas sobre as mulheres.

Feitas estas considerações sobre as cláusulas referentes ao tema da gestação, seguimos à tabela III:

TABELA III				
CLÁUSULAS RELATIVAS À IGUALDADE DE GÊNERO	NUMERO DE CLÁUSULAS			
	1993-1995	1996-2000	2001-2006	2007-2009
MATERNIDADE/PATERNIDADE	221	245	254	272
Licença-maternidade	18	21	22	23
Licença-paternidade	33	33	32	33
Estabilidade Pai	3	6	7	8
Garantias à Lactante	19	17	19	22
Licença Amamentação	3	2	1	1
Intervalos para amamentação	15	14	16	19
Jornada de Trabalho da Lactante	1	1	2	2
Creche	59	58	57	62
Acompanhamento de filhos	30	47	51	55
Auxílio natalidade	11	-	-	-
Dependentes Deficientes	-	9	15	17
Garantias na Adoção	48	54	51	55
Licença à Mãe Adotante	28	31	27	28
Licença ao Pai Adotante	4	4	6	8
Estabilidade Adotantes	4	5	5	5
Creche para Filhos Adotivos	12	13	13	14
Auxílio Adoção	-	1	-	-

Como já mencionado, o tema maternidade e paternidade predomina dentre as cláusulas analisadas relativas ao trabalho das mulheres, tendo concentrado, no período de 2007 a 2009, 49% delas, o que pode ser explicado pela necessidade

SINDICATOS E AUTONOMIA PRIVADA COLETIVA

das mulheres de dividirem-se entre o cuidado da família e o exercício de seu trabalho, pois é ainda sobre elas que recaem as responsabilidades domésticas.

As cláusulas relativas à maternidade e paternidade biológica mantiveram-se estáveis de maneira geral, representando poucos avanços em relação às garantias legais. Exemplo disso é que dentre as 23 cláusulas sobre licença-maternidade, a maioria mantém sua duração de 120 dias, nos termos constitucionais,[37] sendo que apenas duas preveem a prorrogação desse período por mais 60 dias.[38] Ademais, as licenças paternidades negociadas nunca ultrapassam 8 dias.

Da mesma forma, normas sobre o oferecimento de creches para cuidado de filhos e filhas durante a jornada de trabalho tiveram pequena variação. Apesar de a maioria delas ampliar o período de obrigatoriedade do fornecimento da creche para além dos seis primeiros meses da criança previstos em lei,[39] pouco avançam em relação à concessão do benefício de forma igualitária: mais da metade das cláusulas preveem o benefício apenas para as mães-trabalhadoras, sendo que somente 3 das 62 cláusulas do estudo asseguram esse direito a ambos os sexos indistintamente.

Isso demonstra a dificuldade das cláusulas coletivas incorporarem os debates feministas, uma vez que não incentivam a criação compartilhada da prole e a redistribuição das tarefas domésticas, tampouco promovem possibilidades externalização dessas tarefas de cuidado para o espaço público, por meio de creches ou serviços de apoio.

Portanto, verificamos que, em sua maioria, os sindicatos não estão conseguindo inserir nas negociações instrumentos e alternativas para a quebra do ciclo de manutenção da divisão sexual do trabalho, pois a fixação de cláusulas que reforçam o papel das mulheresna esfera privada apenas reforça os estereótipos de gênero, não contribuindo para a promoção da igualdade no trabalho.

Um ótimo exemplo de alternativa a ser negociada com as empresas éproposta da Central Única dos Trabalhadores (CUT), feita por meio de sua

---

[37] BRASIL. *Constituição*, 1988. Art. 7º. São direitos dos trabalhadores urbanos e rurais, além de outros que visem à melhoria de sua condição social. Inciso XVIII – licença à gestante, sem prejuízo do emprego e do salário, com a duração de cento e vinte dias.

[38] O que também não representa grande avanço, uma vez que a Lei 11.770, de 2008, regulamentou a prorrogação em 60 dias da licença maternidade para empregadores que aderirem ao Programa Empresa Cidadã.

[39] BRASIL. *Consolidação das Leis do Trabalho*. Art. 389, § 1º – Os estabelecimentos em que trabalharem pelo menos 30 (trinta) mulheres com mais de 16 (dezesseis) anos de idade terão local apropriado onde seja permitido às empregadas guardar sob vigilância e assistência os seus filhos no período da amamentação.

Secretaria Nacional da Mulher Trabalhadora, da licença parental de um ano, consistindo em seis meses para cada cônjuge desfrutar do tempo com filhas e filhos, biológicos ou adotivos, válida para casais hetero e homossexuais.[40]

Por fim, é preciso que tratemos das importantes cláusulas sobre adoção. As negociações coletivas sempre foram pioneiras em relação ao tema, tanto que uma antiga garantia prevista em convenções coletivas, a da licença-maternidade à mãe adotiva, foi incorporada à legislação brasileira pela Lei 10.421, de 15 de abril de 2002, o que representou uma grande conquista para as trabalhadoras.

Nesse sentido, a tabela III mostra a evolução de cláusulas sobre garantias ainda não previstas em lei, como a licença ao pai adotante e o direito à estabilidade de adotantes, o que mostra a importância do tema. Entretanto, no que diz respeito à licença da mãe adotante, tratada em 28 cláusulas, é alarmante que 9 delas ainda fixem prazo inferior ao previsto na lei de 2002,[41] e que em apenas 3 casos observam-se avanços.

TABELA IV				
CLÁUSULAS RELATIVAS À IGUAL-DADE DE GÊNERO	NUMERO DE CLÁUSULAS			
	1993-1995	1996-2000	2001-2006	2007-2009
RESPONSABILIDADES FAMILIARES	19	73	74	**73**
Acompanhamento de cônjuge/familiares	-	26	27	27
Auxílio-Educação	18	23	22	21
Assistência à saúde	-	23	24	23
Auxílio Dependentes	1	1	1	2

No tocante ao cumprimento das responsabilidades familiares, de que trata a Tabela IV, percebe-se uma estabilidade em relação às condições acordadas.

[40] CENTRAL ÚNICA DOS TRABALHADORES. *Proposta das trabalhadoras cutistas* – Material de subsídio para a 3ª Conferência Nacional de Política para de Mulheres e 1ª Conferência Nacional de Emprego e Trabalho Decente. São Paulo: Secretaria Nacional da Mulher Trabalhadora da CUT, 2011. p. 5.

[41] Vale frisar que a Lei 12.010, de 3 de agosto de 2009, revogou o escalonamento do período da licença maternidade baseado na idade da criança adotada, de maneira que hoje em dia as adotantes têm direito aos 120 dias integrais na adoção de crianças de qualquer idade, nos termos do artigo 392-A da CLT.

As principais cláusulas sobre o tema se referem ao auxílio-educação, ao acompanhamento de familiares e à assistência à saúde. As duas últimas são bastante relevantes, pois apesar de não terem evoluído largamente, sua simples menção representa conquista exclusiva da negociação coletiva, uma vez que não estão previstas em nossa legislação.

Ademais, diferente do que ocorre com as cláusulas referentes à maternidade e paternidade, aqui as responsabilidades familiares são aplicadas indistintamente a mulheres e homens, conferindo tais garantias a toda a classe trabalhadora, independente do sexo.

TABELA V				
CLÁUSULAS RELATIVAS À IGUALDADE DE GÊNERO	**NUMERO DE CLÁUSULAS**			
	1993-1995	**1996-2000**	**2001-2006**	**2007-2009**
CONDIÇÕES DE TRABALHO	**36**	**41**	**45**	**52**
Jornada de Trabalho	-	5	8	8
Direito de trabalhar sentada	1	1	1	1
Revista Pessoal	13	14	12	12
Controle para Uso do Banheiro	2	-	-	-
Assédio Sexual	-	1	2	5
Assédio Moral	-	-	5	9
Fornecimento de Absorventes	19	19	16	16
Fornecimento de Sapatos e Meias	1	1	1	1

Na Tabela V estão computadas as cláusulas que tratam das condições de trabalho das mulheres, buscando garantir o atendimento de algumas das necessidades específicas das trabalhadoras, no sentido de evitar abusos dos empregadores ou de outros colegas de trabalho.

Mesmo com um número reduzido de cláusulas sobre esse tema, elas são muito importantes para a redução da vulnerabilidade das trabalhadoras no ambiente laboral, derivada de sua condição de gênero. Esse é o caso, por exemplo, do importante aumento no número de dispositivos que dispõem sobre garantias contra o assédio sexual e assédio moral.

Também merece destaque a existência de cláusulas sobre os limites da revista pessoal desde 1993, o que demonstra o pioneirismo dos sindicatos na tentativa de coibir abusos nesse tipo de prática, que até hoje depende muito do entendimento jurisprudencial.[42] As cláusulas coletivas do painel estabelecem a necessidade das revistas serem feitas por pessoas do mesmo sexo e em locais privados, evitando o constrangimento.

TABELA VI				
CLÁUSULAS RELATIVAS À IGUALDADE DE GÊNERO	NUMERO DE CLÁUSULAS			
	1993-1995	1996-2000	2001-2006	2007-2009
EXERCÍCIO DO TRABALHO	8	8	6	6
Qualificação e Treinamento	8	8	6	6

A Tabela VI reúne cláusulas sobre o exercício do trabalho das mulheres, mais especificamente sua formação, qualificação e reciclagem profissional. Apesar de importantes por representarem uma tentativa de promover a igualdade de oportunidades, estes dispositivos ainda são bastante limitados quando comparados aos que tratam da formação profissional sem distinção de sexo.

TABELA VII				
CLÁUSULAS RELATIVAS À IGUALDADE DE GÊNERO	NUMERO DE CLÁUSULAS			
	1993-1995	1996-2000	2001-2006	2007-2009
SAÚDE DA MULHER	18	19	27	37
Prevenção de câncer ginecológico	3	2	4	6
AIDS	5	7	11	13
Licença Aborto	2	1	2	5
Estabilidade Aborto	8	8	9	12
Retorno de Licença Maternidade	-	1	1	1

[42] O art. 373-A da CLT, incluído em 1999 pela Lei 9.799, veda "proceder o empregador ou preposto a revistas íntimas nas empregadas ou funcionárias". Entretanto, a jurisprudência majoritária do TST entende que revistas em bolsas e mochilas, feita a todos os empregados e empregadas, sem direcionamento pessoal e que não invadam a privacidade dos mesmos é lícita.

A Tabela VII mostra a evolução de cláusulas referentes à saúde das mulheres além da maternidade. Podemos observar o avanço dos dispositivos coletivos sobre saúde feminina, merecendo destaque o aumento das cláusulas que inserem exames de prevenção de câncer ginecológico entre os exames médicos periódicos das trabalhadoras, e das cláusulas relacionadas à AIDS, de caráter predominantemente preventivo, mas que também versam sobre proteção e acompanhamento das portadoras do vírus HIV.

Ademais, é preciso mencionar a ampliação negocial do período de licença em caso de aborto, bem como a previsão da estabilidade para essa trabalhadora. Mesmo que as cláusulas sejam bastante restritas, podemos considerar que avançam no sentido de ampliar direitos às trabalhadoras que sofreram aborto, garantindo, por exemplo, um período de afastamento para a recuperação igual ou maior que os 14 dias legais[43].

Por fim, a Tabela VIII, a seguir, permite-nos ver que as cláusulas específicas sobre a equidade de gênero restringem-se às garantias contra a discriminação entre os sexos, estando limitadas a repetir as determinações constitucionais.[44] Assim, apesar de ter havido um significativo aumento no número de instrumentos coletivos que abordam o tema, eles pouco têm contribuindo para uma atuação efetiva em favor da igualdade de gênero.

TABELA VIII				
CLÁUSULAS RELATIVAS À IGUALDADE DE GÊNERO	NUMERO DE CLÁUSULAS			
	1993-1995	1996-2000	2001-2006	2007-2009
IGUALDADE DE GÊNERO	4	16	16	18
Garantia Contra Discriminação	4	16	16	18

Dessa forma, considerando o panorama geral das cláusulas sobre trabalho das mulheres nos instrumentos coletivos, notamos que poucas mudanças ocorreram em sua constituição e conteúdo ao longo dos 16 anos analisados, uma vez que até o período recente as cláusulas que tratam as mulheres trabalhadoras além de seu papel social e biológico de reprodutoras são colocadas

---

[43] BRASIL. *Consolidação das Leis do Trabalho*. Art. 395. Em caso de aborto não criminoso, comprovado por atestado médico oficial, a mulher terá um repouso remunerado de 2 (duas) semanas, ficando-lhe assegurado o direito de retornar à função que ocupava antes de seu afastamento.

[44] BRASIL. *Constituição*, 1988. Art. 7º. Inciso XXX. Proibição de diferença de salários, de exercício de funções e de critério de admissão por motivo de sexo, idade, cor ou estado civil.

em último plano, somando apenas 20% do total de dispositivos negociados sobre trabalho feminino.

Sem perder de vista a importância das garantias coletivas aqui elencadas, já que o direito adquirido nesses processos tende a se disseminar e a evoluir, ultrapassando o âmbito da convenção coletiva de trabalho, é fundamental destacar que tais cláusulas sobre o trabalho das mulheres ainda são muito restritas, carregando consigo uma carga sexista, incapazes de romper com a divisão sexual do trabalho.

Ademais, percebemos por este quadro que as reivindicações sindicais femininas são as mesmas desde os anos 1970, o que demonstra que não obtiveram avanços significativos. Leila Blass, Helena Hirata e Vera Soares analisam que a reivindicação por creches nos locais de trabalho aparece nas plataformas sindicais de 2010 como aparecia em 1978, além de que, ainda hoje, sindicatos consideram a luta das mulheres como uma luta específica e não da massa trabalhadora.[45]

5. Conclusão

Diante do exposto, pudemos constatar que no Brasil o quadro de exclusão das mulheres da luta sindical ainda é dominante, uma vez que os sindicatos, de maneira geral, reproduzem concepções e estruturas sexistas da sociedade, o que inibe a filiação de mulheres, cria obstáculos para sua mobilização e atuação política dentro desse espaço.

A dificuldade dos sindicatos de incorporar as mulheres e suas reivindicações restou demonstrada na análise da inserção das pautas das trabalhadoras nos instrumentos coletivos. Ainda que numericamente expressivas, pois presentes em quase todas as unidades de negociação estudadas, as cláusulas que tratam do trabalho feminino dão foco quase que apenas à proteção das mulheres enquanto exercem seu papel de reprodutoras e provedoras de cuidado.

Efeito negativo desse enfoque é que são deixados de lado outros temas fundamentais para as trabalhadoras, como a saúde laboral, a necessidade de treinamento, a igualdade salarial e o combate ao assédio sexual. Além disso, a forma como são redigidas as cláusulas sobre gestação, maternidade

---

[45] BLASS, Leila; HIRATA, Helena; SOARES, Vera. Prefácio. *In*: SOUZA-LOBO, Elizabeth. A classe operária tem dois sexos: trabalho, dominação e resistência. 2.ed. São Paulo: Editora Fundação Perseu Abramo, 2011. p. 11-15.

SINDICATOS E AUTONOMIA PRIVADA COLETIVA

e responsabilidades familiares deposita sobre as mulheres a obrigação de cuidado de filhos e filhas, reforçando a divisão sexual do trabalho.

Sob essa perspectiva, a maneira como tais cláusulas são inseridas nas convenções e acordos coletivos reflete a forma de inserção das mulheres no sindicato atualmente, ou seja, apesar de um crescimento da preocupação das entidades sindicais em incluírem temas que envolvam as trabalhadoras, elascontinuam ocupando um papel subalterno, sendo seus interesses considerados específicos e suas reivindicações, secundárias.

Concluímos que a inserção das mulheres trabalhadoras nos sindicatos não pode ser apenas formal e numérica. Ademais, os mecanismos de inclusão dessas mulheres não devem focar apenas a base, mas a direção do sindicato, permitindo que elas ocupem cargos de direção e lutem pela efetivação e ampliação dos direitos das trabalhadoras que, se diferentes em relação ao sexo, são iguais enquanto componentes da força de trabalho.

A compreensão de que as pautas de gênero não são marginais para a classe trabalhadora, pelo contrário, integram a base de sua dominação, é passo fundamental para que seja alcançada a equidade entre os sexos no trabalho, tanto produtivo quanto reprodutivo. Somente rompendo com a opressão de gênero avançaremos na busca por uma sociedade justa e igualitária.

6. Referências

BARROS, Alice Monteiro de. *A Mulher e o Direito do Trabalho*. São Paulo: LTR, 1995.

BLASS, Leila; HIRATA, Helena; SOARES, Vera. Prefácio.*In*: SOUZA-LOBO, Elizabeth. A classe operária tem dois sexos: trabalho, dominação e resistência. 2.ed. São Paulo: Editora Fundação Perseu Abramo, 2011.

BRASIL. *Revista do Observatório Brasil da Igualdade de Gênero*. Brasília: Secretaria Especial de Políticas para as Mulheres, 2010.

BRUSCHINI, Maria Cristina Aranha. Trabalho e Gênero no Brasil nos últimos dez anos. *Cadernos de Pesquisa*, São Paulo, v. 37, n. 132, p. 539-542, set/dez 2007.

CENTRAL ÚNICA DOS TRABALHADORES. *Proposta das trabalhadoras cutistas* – Material de subsídio para a 3ª Conferência Nacional de Política para de Mulheres e 1ª Conferência Nacional de Emprego e Trabalho Decente. São Paulo: Secretaria Nacional da Mulher Trabalhadora da CUT, 2011.

CONFORTO, Ecléia. *Mulher e negociação coletiva*: uma investigação da presença feminina nas convenções coletivas de trabalho no município de Porto Alegre no ano de 2005. 2009. 294 f. Tese (Doutoramento em Economia). Universidade Federal do Rio Grande do Sul, Faculdade de Ciências Econômicas, Programa de Pós-Graduação em Economia, Porto Alegre, 2009.

DEPARTAMENTO INTERSINDICAL DE ESTATÍSTICA E ESTUDOS SOCIOECO-NÔMICOS. *Anuário dos Trabalhadores.* 10.ed. São Paulo: DIEESE, 2009. Disponível em: <www.dieese.org.br/anu/anuarioTrabalhadores2009/index.html> Acesso em: 05.fev.2013.

HIRATA, Helena; KERGOAT, Danièle. Novas configurações da divisão sexual do trabalho. *Cadernos de Pesquisa,* v. 37, n.132, set./dez. 2007.

HOBSBAWN, Eric J. *Mundos do trabalho*: Novos estudos sobre a história operária.Rio de Janeiro: Paz e Terra, 2000.

INSTITUTO BRASILEIRO DE GEOGRAFIA E ESTATÍSTICA. *Mulher no Mercado de Trabalho:* perguntas e respostas. Brasília: IBGE, 2012. Disponível em: <http://www.ibge. gov.br/home/estatistica/indicadores/trabalhoerendimento/pme_nova/Mulher_Mer-cado_Trabalho_Perg_Resp_2012.pdf> Acesso em: 05.fev.2013.

KERGOAT, Danièle. Relações sociais de sexo e divisão sexual do trabalho. *Dictionnaire critique du féminisme.* Paris: Presses Universitaires de France, 2000. Trad. de NOBRE, Miriam. p. 1. Disponível em <http://polignu.org/sites/default/files/mulheres/data_cur-ta/adivisaosexualdotrabalho_0.pdf>Acesso em: 29 jan. 2013.

NASCIMENTO, Amauri Mascaro. *Compêndio de Direito Sindical.*5.ed. São Paulo: LTR, 2008.

OLIVEIRA, Eleonora Menicucci de. *A mulher, a sexualidade e o trabalho.* São Paulo: CUT, 1999.

ORGANIZAÇÃO INTERNACIONAL DO TRABALHO. *La igualdad en el trabajo:* afrontar los retos que se plantean -Informe global con arreglo al seguimiento de la Declaración de la OIT relativa a los principios y derechos fundamentales en el trabajo. Geneva: ILO, 2007.

_____. *Report IV: Gender equality at the heart of decent work.* Geneva: ILO, 2009.

_____. *Negociação de Cláusulas Relativas à equidade de gênero e raça 2007-2009.* Brasília: OIT, 2011.

PINHEIRO, Luana [et.al.]. *Retrato das Desigualdades de Gênero e Raça.* 3.ed. Brasília: IPEA, 2008.

ROGERAT, Chantal; ZYLBERBERG-HOCQUARD, Marie-Hélène. Sindicatos. *In:* HIRA-TA, Helena; LABORIE, Françoise; LE DOARÉ, Hélène; SENOTIER, Danièle (org.). Dicionário Crítico do Feminismo. São Paulo: Editora Unesp, 2009.

SANCHES, Solange; GEBRIM, Vera Lucia Mattar. O trabalho da mulher e as negociações coletivas. *Estudos Avançados* [online], vol.17, n.49, p. 99-116, 2003.

SILVA, Homero Batista Mateus da. *Curso de Direito do trabalho aplicado, vol. 7:* Direito coletivo do trabalho.Rio de Janeiro: Elsevier, 2010.

SCOTT, Joan. Gênero: uma categoria útil de análise histórica. *Revista Educação e Realidade,* Porto Alegre, n. 20, v. 2, p. 71-99, jul/dez1995.

SOUZA-LOBO, Elizabeth. *A classe operária tem dois sexos*: trabalho, dominação e resistência. 2.ed. São Paulo: Editora Fundação Perseu Abramo, 2011.

THOME, Candy Florencio. *O princípio da igualdade em gênero e a participação das mulheres nas organizações sindicais de trabalhadores.* 2012. 343 f. Tese (Doutorado em Direito). Universidade de São Paulo, São Paulo, 2012.

YANNOULAS, Silvia Cristina. *Dossiê políticas públicas e relações de gênero no mercado de trabalho.* Brasília: CFEME/FIG-CIDA, 2002.

As possibilidades jurídicas de organização e atuação coletivas dos trabalhadores informais: sindicatos, cooperativas e associações*

*Renan Bernardi Kalil***

1. O conceito de trabalhador informal

A conceituação do setor informal foi e é objeto de inúmeras divergências[1], tanto acadêmicas como nos debates para formulação de políticas públicas de emprego, a ponto de inexistir um consenso para defini-lo. Contudo, o mesmo não se dá quando se apontam as origens do termo.

Keith Hart, em seu artigo *Informal Income Opportunities and Urban Employment in Ghana*, utilizou pela primeira vez a expressão setor informal[2]. Ao

---

* Este artigo é fruto das reflexões realizadas na dissertação de mestrado apresentada para obtenção do título de Mestre em Direito do Trabalho e da Seguridade Social pela Universidade de São Paulo (USP) e foi base da apresentação feita no VII Congresso Latino-americano de Estudos do Trabalho.
** O autor é Mestre e Doutorando em Direito do Trabalho e da Seguridade Social pela Universidade de São Paulo (USP) e Procurador do Trabalho.
[1] KREIN, José Dari; PRONI, Marcelo Weishaupt. *Economia informal*: aspectos conceituais e teóricos. Brasília: OIT, 2010. p. 10-11. (Documento de trabalho n. 4 – Série Trabalho Decente no Brasil).
[2] A utilização do termo "setor informal" pela primeira vez por Keith Hart é apontada por: Alexandre de Freitas Barbosa (BARBOSA, Alexandre de Freitas. *De "Setor" para "Economia Informal"*: aventuras e desventuras de um conceito. Apresentado no seminário interno "A Aventura de um Conceito: De 'Setor' para 'Economia' Informal (O debate das três últimas décadas)". Centro de Estudos da Metrópole em 17 abr 2009, p. 8. Disponível em <http://www.centrodametropole.org.br/v1/texto_sem_2009_barbosa.pdf>. Acesso em: 08 ago. 2010); Jan Breman (BREMAN, Jan. *The informal sector economy*: from problem to solution. Apresentado no painel "Le secteur informel et ses dynamiques" no seminário "Economie informelle, travail au noir – Enjeux économiques et sociaux"

utilizá-la para descrever a situação do emprego em Gana, Keith Hart verbalizou uma situação do mercado de trabalho que, apesar das mudanças ocorridas nos últimos 40 anos, ainda permanece. Pode-se dizer que foi a primeira vez que o mundo acadêmico teve contato com um conceito de setor informal.

A OIT, por meio do relatório *Employment, incomes and equality – A strategy for increasing productive employment in Kenya*, deu início a um processo de difusão da utilização do termo setor informal. A entidade, ainda, foi peça importante nos debates realizados nos anos posteriores acerca das divergências na conceituação do setor informal e nas políticas públicas que lhe deveriam ser destinadas. Pode-se dizer que a OIT popularizou[3] o termo.

É importante mencionar que há uma série de estudos que partem do referencial proposto pela OIT no relatório do Quênia, como os do PREALC[4] e os dos acadêmicos que tratam do tema por meio de uma abordagem subordinada[5]. Por outro lado, existem análises relevantes que não partem da noção oiteana, como a abordagem institucionalista[6] e a liberal[7].

---

em 17 set 2007, p. 1. Disponível em: <http://www.cee-recherche.fr/colloque_tepp/eco_informelle/pdf/Breman.pdf>. Acesso em: 22 set. 2010), Maria Cristina Cacciamali (CACCIAMALI, Maria Cristina. Setor informal urbano e formas de participação na produção. *Série Ensaios Econômicos*, n. 26, 1983, p.17); OIT e OMC (INTERNATIONAL LABOUR ORGANIZATION; WORLD TRADE ORGANIZATION. *Globalization and informal jobs in developing countries*: a joint study of the International Labour Office and the Secretariat of the World Trade Organization, cit., p. 39); Caroline Moser (MOSER, Caroline O. N. Informal sector or petty commodity production: dualism ou dependence in urban development? *World Development*, v. 6, n. 9/10, p. 1052, 1978); S. V. Sethuraman (SETHURAMAN, S. V. El sector urbano no formal: definición, medición y política. *Revista Internacional del Trabajo*, Ginebra. v. 94, n. 1, p. 77, jul./ago. 1976).

[3] Para Luiz Antonio Machado da Silva, essa popularização se deu em decorrência da *canonização* do *setor informal* promovida pela OIT no relatório do Quênia (SILVA, Luiz Antonio Machado da. Mercado de trabalho, ontem e hoje: informalidade e empregabilidade como categorias de entendimento. In: RAMALHO, José Ricardo; SANTANA, Marco Aurélio (Orgs.). *Além da fábrica*: trabalhadores, sindicatos e a nova questão social, cit., p. 141).

[4] PREALC. *Sector informal*: funcionamiento y políticas. Organización Internacional del Trabajo, 1978; TOKMAN, Victor; SOUZA, Paulo R. The informal urban sector in Latin America. *International Labour Review*, v. 114, n. 3, Nov./Dec. 1976.

[5] GERRY, Chris. Developing economies and the informal sector in historical perspective. *Annals of the American Academy of Political and Social Science*, v. 493, Sept. 1987; Id. Petty production and capitalist production in Dakar: the crisis of the self-employed. *World Development*, v. 6, n. 9/10, 1978; MOSER, Caroline O. N. op. cit.; CACCIAMALI, Maria Cristina. op. cit.

[6] PORTES, Alejandro; CASTELLS, Manuel; BENTON, Lauren A. *The informal economy*: studies in advanced and less developed countries. Baltimore: John Hopkins University Press, 1989.

[7] DE SOTO. Hernando. *Economia subterrânea*: uma análise da realidade peruana. Tradução de *El Otro Sendero*: la revolución informal por Gilson Schwarz. Rio de Janeiro: Globo, 1987.

Recentemente, a OIT promoveu três momentos que foram de grande importância para a manutenção do relevante papel da entidade nessa questão: a 90ª Conferência Internacional do Trabalho, ocorrida em junho de 2002; e as 15ª e 17ª Conferência Internacional dos Estatísticos do Trabalho, realizadas em janeiro de 1993 e em novembro/dezembro de 2003, respectivamente.

A 90ª Conferência Internacional do Trabalho da OIT estabeleceu como um dos pontos de pauta a discussão sobre trabalho decente[8] e economia informal[9].

Um dos principais referenciais utilizado na análise do conceito de economia informal é o cumprimento da legislação e a legalidade da atividade econômica realizada, sendo um dos objetivos para tanto verificar se o trabalhador é socialmente protegido[10]. Coloca-se que as atividades desempenhadas na economia informal (que são classificadas por meio da conjugação da unidade produtiva com a ocupação desempenhada) não seriam reguladas por disposições formais, havendo a possibilidade de configuração de três situações: (i) as atividades não observam a legislação e operam à margem da lei; (ii) ainda que observem as disposições legais, não estão sob os seus auspícios; e (iii) a lei é desrespeitada por ser inadequada a um determinado caso. Contudo, é importante colocar que não se deve confundir atividades ilegais com ilícitas, pois, enquanto essas seriam as tipificadas penalmente, como o tráfico de drogas, aquelas seriam as que ocorrem sem que determinada regulamentação legal ou procedimento administrativo sejam observados, como a ausência de registro em carteira[11].

Apontam-se como trabalhadores na economia informal os assalariados e os por conta própria. Coloca-se que, se não houvesse atividades informais disponíveis, esses trabalhadores não teriam renda, demonstrando que o ingresso na economia informal não se faz por opção, mas por necessidade de

---

[8] A noção de trabalho decente foi apresentada, no âmbito da OIT, pela primeira vez no Relatório do Direitor-Geral na 87ª Conferência Internacional do Trabalho. De acordo com o documento, o trabalho decente para ser alcançado, demanda a articulação de quatro objetivos estratégicos, que seriam: os direitos e princípios fundamentais do trabalho; o emprego; a proteção social; e o diálogo social. Mais tarde, esses quatro objetivos são reafirmados na Declaração da OIT sobre Justiça Social para uma Globalização Justa de 2008.

[9] A OIT, que difundiu a expressão "setor informal", passa a utilizar "economia informal". A mudança foi justificada pela necessidade de ampliar o objeto de estudo desse fenômeno, tendo em vista que os informais não estariam adstritos apenas a um setor da economia, mas a vários.

[10] INTERNATIONAL LABOUR ORGANIZATION. International Labour Conference. 90th. Session 2002. Report VI. Decent work and the informal economy. Geneva, 2002. p. 53-57.

[11] Id. Ibid., p. 53-54.

sobrevivência. Ainda, faz-se ligação desses com a pobreza, dado que a grande maioria encontra-se nessa situação, e afirma-se que a geração de empregos na economia informal apresenta déficit de trabalho decente, na medida em que os quatro objetivos estratégicos da OIT sobre a matéria dificilmente existem nessas situações[12].

O déficit de trabalho decente atinge com grande intensidade os trabalhadores informais, que "não são reconhecidos nem declarados, não se beneficiam da legislação trabalhista, nem da proteção social (por exemplo, quando a sua situação em relação ao emprego é ambígua), pelo que se veem impossibilitados de desfrutar dos seus direitos fundamentais, de exercê-los ou de defendê-los. Não estando, geralmente, organizados, raras vezes são representados coletivamente juntos aos empregadores ou autoridades públicas. A economia informal caracteriza-se, muitas vezes, pela exiguidade ou indefinição dos locais de trabalho, por condições de trabalho que não garantem nem saúde, nem segurança, baixos níveis de qualificação e de produtividade, rendas baixas e irregulares, extensa jornada de trabalho e falta de acesso à informação, aos mercados, ao financiamento, à formação e à tecnologia. Os trabalhadores da economia informal podem caracterizar-se por diversos graus de dependência e de vulnerabilidade"[13].

A falta de proteção social não diz respeito apenas à ausência da cobertura da previdência social, situação em que os benefícios recebidos tendem a ser reduzidos (comparativamente com a média) ou inexistentes, mas também à exclusão de qualquer auxílio no âmbito familiar, educacional, na formação e qualificação profissionais e nos cuidados com a saúde. Considera-se que a

---

[12] Id., loc. cit. Os quatro objetivos estratégicos do trabalho decente são: (i) a promoção de empregos por meio da criação de um ambiente institucional e economicamente saudável; (ii) desenvolvimento e reforço de medidas de proteção social; (iii) promoção do diálogo social e do tripartismo; e (iv) respeito, promoção e aplicação dos princípios e direitos fundamentais do trabalho.

[13] INTERNATIONAL LABOUR ORGANIZATION. International Labour Conference. 90th. Session 2002. Report VI. Decent work and the informal economy, cit., p. 54: "are not recognized, registered, regulated or protected under labour legislation and social protection, for example when their employment status is ambiguous, and are therefore not able to enjoy, exercise or defend their fundamental rights. Since they are normally not organized, they have little or no collective representation vis-à-vis employers or public authorities. Work in the informal economy is often characterized by small or undefined workplaces, unsafe and unhealthy working conditions, low levels of skills and productivity, low or irregular incomes, long working hours and lack of access to information, markets, finance, training and technology. Workers in the informal economy may be characterized by varying degrees of dependency and vulnerability".

AS POSSIBILIDADES JURÍDICAS DE ORGANIZAÇÃO E ATUAÇÃO COLETIVAS...

falta de proteção social é um elemento crítico do processo de exclusão vivido pelos trabalhadores informais[14].

Nessa linha, atenta-se para o fato que "os trabalhadores e as empresas da economia informal caracterizam-se por, frequentemente, não serem reconhecidos, nem regulamentados, nem protegidos legalmente, onde existem padrões legais e institucionais relevantes. A Declaração da OIT relativa aos princípios e direitos fundamentais no trabalho e seu seguimento (1998), bem como as normas fundamentais do trabalho devem-se aplicar tanto à economia informal como à economia formal. Mas alguns trabalhadores estão inseridos na economia informal ou porque não entram suficientemente no âmbito da legislação laboral nacional ou porque essa não é efetivamente aplicada, especialmente devido às dificuldades práticas contra as quais se debate a inspeção do trabalho. Acontece com frequência que a legislação trabalhista não tenha em conta a organização moderna do trabalho. Definições inapropriadas de empregados e trabalhadores podem ter efeito adverso ao tratar o trabalhador como autônomo e sem a proteção da legislação trabalhista"[15].

O conceito de trabalhador informal adotado nesse trabalho é oriundo das considerações e elaborações feitas pela OIT sobre a economia informal. Serão considerados como trabalhadores informais (i) os assalariados sem carteira de trabalho assinada e (ii) os trabalhadores por conta própria que atuam na economia informal como estratégia de sobrevivência. Como exemplo da primeira espécie, mencionamos o caso do trabalhador que, mesmo preenchendo todas as características do art. 3º da CLT, não possui seu contrato de trabalho formalizado pelo empregador. A título de exemplo da segunda espécie, destacamos os casos dos vendedores ambulantes e catadores de material reciclável.

O recorte proposto abrange os assalariados sem carteira de trabalho assinada e os trabalhadores por conta própria que atuam na economia informal

---

[14] Id. Ibid., p. 54.

[15] INTERNATIONAL LABOUR ORGANIZATION. International Labour Conference. 90th. Session 2002. Report VI. Decent work and the informal economy, cit., p. 54-55: "Since a defining characteristic of workers and enterprises in the informal economy is that they often are not recognized, regulated or protected by law, the legal and institutional frameworks of a country are key. The ILO Declaration on Fundamental Principles and Rights at Work and its Follow-up and the core labour standards are as applicable in the informal as in the formal economy. But some workers are in the informal economy because national labour legislation does not adequately cover them or is not effectively enforced, in part because of the practical difficulties of labour inspection. Labour legislation often does not take into account the realities of modern organization of work. Inappropriate definitions of employees and workers may have the adverse effect of treating a worker as self-employed and outside the protection of labour legislation".

SINDICATOS E AUTONOMIA PRIVADA COLETIVA

como estratégia de sobrevivência porque são sobre eles que recaem os efeitos da economia informal de forma mais expressiva, sendo que a semelhança de suas situações reside nas seguintes características: (i) desfrutam de reduzida (ou inexistente) proteção social e raramente os direitos trabalhistas são respeitados; (ii) há o descumprimento de normas, que deveriam servir como parâmetro de comportamento coletivo, sendo que, como consequência, há a fragilização de fontes de financiamento de políticas sociais, que poderiam ser adotadas em favor dos informais. Nesse sentido, a articulação do conceito da economia informal com o trabalho decente é de grande importância, dado que se pretende melhorar as condições vivenciadas pelos trabalhadores informais[16].

2. Caracterização da organização e da atuação coletivas dos trabalhadores informais

2.1. Organizações associativas: conceito

As organizações associativas são entidades formadas por pessoas, físicas ou jurídicas, que se reúnem para atingir um determinado objetivo comum. A filiação nessas organizações depende das condições estabelecidas em seu estatuto social. As suas quatro principais características são: (i) o ingresso

---

[16] Cumpre mencionar que, mesmo com a adoção do conceito de economia informal e levando-se em consideração o critério da legalidade para definir os trabalhadores informais, não devemos tratar a distinção estritamente jurídica entre formal e informal como algo absoluto. Conforme destaca Victor Tokman, "nem o setor informal opera absolutamente 'no escuro', nem o seu oposto, o setor moderno, o faz com apego irrestrito a legalidade. Ao contrário, predominam as chamadas áreas cinzas que, em trabalhos anteriores, foi caracterizada como o cumprimento parcial de certos requisitos legais ou procedimentais, incluindo tanto a ilegalidade absoluta como a legalidade plena. Contudo, o panorama que prevalece na informalidade é uma área intermediária entre essas duas: são cumpridos certos requisitos de registro, mas não se pagam os impostos; são observadas as regulamentações trabalhistas, mas não todas". (TOKMAN, Victor. De la informalidad a la modernidad, De la informalidad a la modernidad. In: _____ (Org.). *De la informalidad a la modernidad*. Santiago: OIT, 2001, p. 25: "ni el sector informal opera absolutamente 'en negro', ni su opuesto, el sector moderno, lo hace con un irrestricto apego a la legalidad. Predominan en cambio las llamadas áreas grises que, en trabajos anteriores, se han caracterizado como el cumplimiento parcial de ciertos requisitos legales o procesales, incluyendo la ilegalidad absoluta, pero también la legalidad plena. Sin embargo, el panorama prevaleciente en la informalidad es un área intermedia entre estas últimas, se cumple con ciertos requisitos de registro, pero no se pagan los impuestos; se observa parte de las regulaciones laborales, pero no todas").

ocorre por meio de filiação (nos termos fixados pela entidade); (ii) há o objetivo de, coletivamente, promover ações com a meta de atingir a finalidade compartilhada pelos membros da organização; (iii) verifica-se a existência de condições para que todos os seus membros participem da vida associativa, seja na tomada de decisões, seja na execução de projetos, para que assim os membros se sintam parte da entidade e os dirigentes detenham legitimidade; e (iv) o financiamento é, ao menos em parte, realizado por seus integrantes[17].

2.2. Sindicatos, cooperativas e associações: questões jurídico--organizacionais

As formas utilizadas para organizar os trabalhadores informais são diversas: sindicatos, cooperativas, associações, comitês, grupos de ajuda mútua, organizações comunitárias, grupos de produtores, dentre outras. No Brasil, as formas que são mais comuns e que são previstas no ordenamento jurídico nacional são os sindicatos, as cooperativas e as associações. Enquanto as cooperativas são vistas como estratégias de organização voltadas para o desenvolvimento econômico, os sindicatos são compreendidos como as direcionadas para representação e defesa de direitos trabalhistas. Contudo, nada impede que haja uma conjugação dessas estratégias em uma mesma entidade[18]. As associações podem optar por uma ou outra estratégia.

2.2.1. Sindicatos

Os sindicatos são entidades diretamente afetadas pela existência da economia informal, dado que historicamente voltaram suas atenções para os trabalhadores formais. Além disso, a manutenção e aumento da informalidade

---

[17] CHEN, Martha; JHABVALA, Renana; KANBUR, Ravi; RICHARDS, Carol. Membership-based organizations of the poor. In: _____ (Eds.). *Membership-based organizations of the poor*. New York: Routledge, 2007. p. 4; CROWLEY, Eve *et al*. Organizations of the poor: conditions for success. In: CHEN, Martha; JHABVALA, Renana; KANBUR, Ravi; RICHARDS, Carol (Eds.). *Membership--based organizations of the poor*. New York: Routledge, 2007. p. 24; THERON, Jan. Membership--based organisations of the poor: the south-african tradition. In: CHEN, Martha; JHABVALA, Renana; KANBUR, Ravi; RICHARDS, Carol (Eds.). *Membership-based organizations of the poor*. New York: Routledge, 2007. p. 241-245; GALLIN, Dan. Trade unions and NGOs: a necessary partnership. *Programme Paper n. 1* – Civil Society and Social Movements. Geneva: United Nations Research Institute for Social Development, 2000. p. 27.

[18] BONNER, Christine; SPOONER, David. Organizing in the informal economy: a challenge for the trade unions. *Internationale Politik und Gesellschaft*, Bonn, n. 2, p. 92, 2011.

SINDICATOS E AUTONOMIA PRIVADA COLETIVA

afetam as taxas de sindicalização. Não obstante, a experiência que detêm na organização de trabalhadores é relevante para contribuir substancialmente com os informais, ainda que não sejam os atores principais.

Em relação à regulamentação do tema feita pelo ordenamento jurídico pátrio, cabe destacar que a unicidade sindical, princípio que rege o sistema brasileiro e está expresso no art. 8º, II da Constituição Federal[19], é um grande obstáculo à organização e a atuação dos trabalhadores informais por meio de entidades sindicais.

O art. 8º, II da Constituição Federal prevê que a base territorial dos sindicatos não pode ser "inferior à área de um Município". Nas cidades em que há um grande número de informais, a mencionada restrição pode desestimular a criação de sindicatos desses trabalhadores. A existência de muitas pessoas nessa condição, somada ao fato de que se trata de um setor extremamente heterogêneo e que as realidades vivenciadas são consideravelmente distintas, configura um quadro em que a identificação de interesses coletivos comuns é prejudicada.

Nas cidades de dimensões territoriais elevadas, ainda que os informais não sejam tão heterogêneos, os problemas existentes nas diferentes regiões podem fazer com que as necessidades desses trabalhadores sejam distintas o suficiente para não proporcionar elementos de unidade de interesses entre os informais a ponto de ser criado um sindicato para representá-los.

Situação que merece ser destacada é que há grupos de trabalhadores informais que se organizam a partir das comunidades em que vivem e prestam serviços, principalmente nas grandes cidades[20]. A identidade de interesses coletivos comuns ocorre a partir da vivência de realidades semelhantes, o que facilita o desenvolvimento de solidariedade entre os trabalhadores. Normalmente essas comunidades abrangem a região geográfica de um ou mais bairros, mas nunca de todo um município. Dessa forma, tal critério organizativo não atenderia à exigência do texto constitucional.

Outro elemento característico da unicidade sindical é a agregação de trabalhadores e empregadores em torno do conceito de categoria, previsto no art. 511 da CLT. No caso dos informais, essa exigência pode constituir um obstáculo para a criação de sindicatos. Para Otávio Pinto e Silva, "a sindicalização

---

[19] O art. 8º, II da Constituição Federal enuncia que "é vedada a criação de mais de uma organização sindical, em qualquer grau, representativa de categoria profissional ou econômica na mesma base territorial, que será definida pelos trabalhadores ou empregadores interessados, não podendo ser inferior à área de um Município".

[20] CHEN, Martha; JHABVALA, Renana; KANBUR, Ravi; RICHARDS, Carol. op. cit., p. 7.

por categorias não consegue enfrentar o problema do crescimento do trabalho informal"[21]. A realidade profissional desses trabalhadores pode ser diversa o suficiente a ponto de não caracterizar a "expressão social elementar" prevista no parágrafo 2º do art. 511 da CLT ou o "vínculo social básico" disposto no parágrafo 1º do art. 511 da CLT (no caso dos autônomos).

Ronaldo Lima dos Santos entende que a agregação de trabalhadores ou de empregadores em torno da noção de categoria é contrária à liberdade sindical, na medida em que se tolhe a autonomia privada coletiva, que se impede a organização da coletividade conforme o interesse coletivo e que se inviabiliza a determinação dos integrantes dessa coletividade conforme a ligação de solidariedade existente e não de acordo com um critério imposto pela lei[22].

Ao analisar os efeitos da sindicalização por categorias na organização sindical dos trabalhadores, Arion Sayão Romita, afirma que "a política corporativista de classificar os trabalhadores em grande número de categorias tem o evidente propósito de assinalar a diferenciação mais acentuada possível em todos os níveis profissionais. Pretende-se, na verdade, utilizar um mecanismo multiplicador das diferenças reais provocadas pela divisão técnica do trabalho. A categoria profissional atua, portanto, como elemento de divisão da classe trabalhadora"[23].

Na medida em que os trabalhadores informais pretendam criar um sindicato cujo grupo representado ultrapasse os limites colocados pela legislação trabalhista, que é a necessidade da caracterização de uma categoria, a liberdade de organização desses trabalhadores é tolhida. Essa é uma das razões que leva o Relatório de Práticas de Direitos Humanos no Brasil, elaborado em 2009 pelo Departamento de Estado dos Estados Unidos, atestar que "a maioria dos trabalhadores informais, incluindo trabalhadores autônomos e os sem registro formal perante o MTE, está fora da estrutura sindical oficial; portanto, eles não possuem representação sindical e geralmente não conseguem exercer completamente seus direitos trabalhistas"[24].

---

[21] SILVA, Otávio Pinto e. A questão da liberdade sindical. In: SOUTO MAIOR, Jorge Luiz; CORREIA, Marcus Orione Gonçalves (Orgs.). *Curso de direito do trabalho*: direito coletivo do trabalho. São Paulo: LTr, 2008. v. 3, p. 78.

[22] SANTOS, Ronaldo Lima dos. *Teoria das normas coletivas*. 2ª ed. São Paulo: LTr, 2009, p. 152.

[23] ROMITA, Arion Sayão. O conceito de categoria. In: FRANCO FILHO, Georgenor de Sousa (Org.). *Curso de direito coletivo do trabalho*: estudos em homenagem ao Ministro Orlando Teixeira da Costa. São Paulo: LTr, 1998, p. 210.

[24] U.S. STATE DEPARTMENT. *2009 Country Reports on Human Rights Practices*: Brazil. Disponível em: <http://www.state.gov/g/drl/rls/hrrpt/2009/wha/136103.htm>. Acesso em: 06 abr. 2011: "Most informal sector workers, including self-employed workers and those not formally registered with

SINDICATOS E AUTONOMIA PRIVADA COLETIVA

Quanto à contribuição sindical, mecanismo contrário ao princípio da liberdade sindical, tem-se que o recolhimento dificilmente seria realizado. Para analisarmos a questão, verificaremos os casos dos empregados sem carteira assinada e dos autônomos que não possuem capital social.

No tocante ao primeiro caso, tem-se que o desconto da contribuição sindical deve ser realizado na folha de pagamento. Ora, o empregado sem carteira assinada não é registrado pelo empregador, o que implica a sua não inclusão na folha de pagamento nos termos mencionados pelo Decreto n. 3.048/99. Se o empregado não está na folha de pagamento, não há desconto realizado a título de recolhimento de contribuição sindical.

Em relação ao segundo caso, é importante ter em vista que o elemento balizador para o pagamento da contribuição sindical dos autônomos é a lista preparada pelo sindicato (art. 584 da CLT). Ainda, considerando que os trabalhadores autônomos devem realizar o pagamento diretamente no estabelecimento arrecadador, as dificuldades para o recolhimento da mencionada contribuição são grandes.

Explicamos. Os autônomos na economia informal deixam de recolher uma série de tributos em decorrência de diversos motivos: falta de conhecimento, precariedade das condições de trabalho, renda baixa, dentre outros. Diante disso, não há porque considerar que o informal, diante das inúmeras dificuldades que enfrenta e dos tributos que não paga, iria se dispor a recolher a contribuição sindical espontaneamente em benefício de uma entidade que não interferisse positivamente em seu cotidiano. Ainda, cabe destacar que a economia informal é heterogênea, sendo complexa a atividade de individualizar seus membros. A lista elaborada pelo sindicato para servir de base para o pagamento da contribuição sindical deveria conter corretamente os integrantes da categoria. Contudo, a integralidade dos membros dificilmente seria auferida pela entidade. Se sindicatos bem organizados e estruturados possuem muitas dificuldades em ter a dimensão exata da totalidade da categoria que representam, não há razões para supor que com os sindicatos de informais seria diferente.

2.2.2. Cooperativas

As cooperativas, ao se apresentarem como formas alternativas para o desenvolvimento econômico de seus integrantes, são importantes instrumentos

the MTE, fell outside the official union structure; they therefore did not enjoy union representation and usually were unable to exercise their labor rights fully".

AS POSSIBILIDADES JURÍDICAS DE ORGANIZAÇÃO E ATUAÇÃO COLETIVAS...

de que os informais podem se utilizar para obterem oportunidades e para superar as adversidades que vivenciam de forma coletiva.

Os dispositivos legais que versam sobre as cooperativas não são os mais adequados para a organização e a atuação dos trabalhadores informais. A adequação da Lei n. 5.764/71 para a criação de cooperativas é questionada por analistas do mercado de trabalho. Por exemplo, coloca-se que o texto legal, criado na ditadura militar para estimular o cooperativismo como forma de modernizar a agricultura, ao prever a necessidade de um número mínimo de 20 integrantes para a constituição de uma cooperativa, acaba por impedir a regularização de uma série de organizações com número de inferior de membros. Sandro Pereira Silva afirma que 39% dos empreendimentos de economia solidária estão na condição mencionada e sem registro formal, conforme pesquisa realizada pela Secretaria Nacional de Economia Solidária do Ministério do Trabalho e Emprego em 2005[25]. Essa exigência foi mitigada com a Lei n. 12.690, de 12 de julho de 2012, que prevê em seu art. 6º a constituição de cooperativas de trabalho com um número mínimo de 7 sócios.

O autor também menciona que a legislação vigente sobre cooperativas não abrange as particularidades dos empreendimentos organizados a partir da perspectiva da economia solidária/popular, o que torna a Lei n. 5.764/71 insuficiente como instrumento de oferecimento de condições legais para a criação de cooperativas com essas características[26].

Ainda, cabe pontuar que a determinação legal de uma entidade única para representar os interesses cooperativos em todo o país pode causar problemas

---

[25] SILVA, Sandro Pereira. A economia solidária na estratégia de erradicação da pobreza extrema no Brasil: Uma contribuição para o debate. *Boletim Mercado de Trabalho*: conjuntura e análise. Brasília, ano 16, n. 47, p. 51, maio 2011.

[26] Id., loc. Cit. Segundo Paul Singer "a economia solidária constitui um modo de produção que, ao lado de diversos outros modos de produção – o capitalismo, a pequena produção de mercadorias, a produção estatal de bens e serviços. A produção privada sem fins de lucro –, compõe a formação social capitalista, que é capitalista porque o capitalismo não só é o maior dos modos de produção, mas molda a superstrutura legal e institucional de acordo com os seus valores e interesses. Mesmo sendo hegemônico, o capitalismo não impede o desenvolvimento de outros modos de produção, porque é incapaz de inserir dentro de si toda a população economicamente ativa. A economia solidária cresce em função das crises sociais que a competição cega dos capitais privados ocasiona periodicamente em cada país. Mas ela só se viabiliza e se torna uma alternativa real ao capitalismo quando a maioria da sociedade, que não é proprietária de capital, se conscientiza de que é de seu interesse organizar a produção de um modo em que os meios de produção sejam de todos os que os utilizam para gerar produto social" (SINGER, Paul. A recente ressurreição da economia solidária no Brasil. In: SANTOS, Boaventura de Sousa (Org.). *Produzir para viver*: os caminhos da produção não capitalista. Rio de Janeiro: Record, 2002, p. 86-87).

de legitimidade da Organização, tendo em vista a possibilidade de se deflagrarem conflitos internos em razão das dificuldades em acomodar visões distintas sobre o cooperativismo em uma mesma entidade.

Em relação às cooperativas, outra questão que deve ser destacada é a das fraudes. Trata-se de tema relacionado com a admissão legal das cooperativas de mão de obra, que são aquelas em que os trabalhadores, ao dispor apenas da sua força de trabalho, oferecem-na para tomadores. Nesses casos, os trabalhadores não dispõem dos fatores de produção ou de serviços, elementos essenciais para a caracterização de uma cooperativa de trabalho, nos termos do art. 4º da Lei n. 12.690/12.

Não existem divergências quanto ao tratamento jurídico a ser dado às entidades que, autodenominadas cooperativas, existem para fornecer mão de obra para empresa que, na prática, é quem organiza, controla e disciplina os supostos cooperados. Nesses casos, configurada a presença dos elementos do art. 3º que definem a relação de emprego na CLT, há fraude e deve ser aplicado o art. 9º do texto celetista, sendo os atos praticados considerados nulos[27]. A possibilidade da fundação da cooperativa de mão de obra, ao invariavelmente culminar em fraude da relação de trabalho, não permite que esses trabalhadores vislumbrem mudar a situação em que estão inseridos e desrespeita os princípios da dupla qualidade e da retribuição pessoal diferenciada. Por outro lado, ao constituírem cooperativas de trabalho (seja de produção ou de serviços), os informais podem, por meio do exercício dos princípios cooperativistas, criarem perspectivas para melhorar a sua condição socioeconômica.

2.2.3. Associações

As associações são as organizações de informais voltadas para promover e defender os interesses dos associados. Em diversos casos, a forma de atuação dessas entidades coincide com a dos sindicatos ou das cooperativas. Existem situações em que a substituição aos sindicatos e às cooperativas ocorre tanto por desconhecimento, como pelas dificuldades na criação dessas duas últimas formas. Em relação à legislação associativista, verificamos que não existem

---

[27] MELO, Raimundo Simão de. Cooperativas de trabalho: modernização ou retrocesso? *Revista do TST*, Brasília, v. 68, n. 1, p. 141-143, jan./mar. 2002.; MINISTÉRIO DO TRABALHO E EMPREGO. *Manual de cooperativas*. Brasília: MTE-SIT, 2001. p. 50-53; CARELLI, Rodrigo de Lacerda. *Cooperativas de mão de obra*: Manual contra a fraude. São Paulo: LTr, 2002. p. 45-46; SÜSSEKIND, Arnaldo. Cooperativas de trabalho. *Revista do TST*, Brasília, v. 72, n. 2, p. 34, maio/ago. 2006.

grandes obstáculos para a constituição de uma entidade dessa natureza. A reduzida extensão do arcabouço normativo que trata da matéria e o fato de, dentre as três organizações analisadas, ser a associação aquela que apresenta menor quantidade de limitações, acaba por fazer com que parte dos que se situam à margem das outras legislações optem por criar uma associação.

Quando há semelhança entre as associações e os sindicatos, a opção pela primeira é passível de ocorrer tanto consciente quanto inconscientemente. Se não se trata de uma escolha deliberada dos informais, a criação de uma associação pode se dar em decorrência da falta de conhecimento sobre a possibilidade de constituir um sindicato e da omissão do movimento sindical em manter laços com esses trabalhadores, por entender que seu papel é organizar e atuar em conjunto apenas com os formais. Se a opção é resultado de análise prévia acerca das possibilidades de organizações a serem constituídas, isso pode ocorrer em função dos seguintes elementos: (i) a ausência de uma contraparte patronal (no caso dos autônomos); (ii) opção por uma imagem não conflitiva, o que é visto como positivo em determinadas situações; e (iii) o procedimento administrativo de registro é mais simples[28]. Cabe destacar a possibilidade de constituição de associação em um momento prévio, com o objetivo de consolidar uma entidade, para uma posterior conversão em sindicato.

Ainda, há casos em que existe identidade de atuação entre as associações e as cooperativas. A escolha pela primeira forma decorre, em geral, da necessidade que os informais possuem de consolidar previamente uma estrutura organizacional e os princípios cooperativistas entre os membros da associação. Nesse período, podem receber contribuições, técnicas e financeiras, de outras organizações. Dessa forma, a entidade adquire um caráter pré-cooperativo, na medida em que a organização interna e a distribuição da renda ocorrem conforme realizado por uma cooperativa. A partir do momento em que os associados estão seguros e convictos sobre as condições existentes para atuarem como cooperados, é realizada a transição organizacional.

Contudo, é importante destacar que, segundo Sonia Maria Dias e Fábio Cidrin Gama Alves, há limitações em organizar os informais nesses termos,

---

[28] VAILLANCOURT-LAFLAMME, Catherine. *Trade unions and informal worker's associations in the urban informal economy of Ecuador*. Geneva: Policy Integration Department; International Labour Office, 2005. p. 36-40. (Working paper n. 57).; CASTILLO, Gerardo *et al*. Union education for informal workers in Latin America. In: INTERNATIONAL LABOUR OFFICE. BUREAU FOR WORKERS' ACTIVIES. *Unprotected labour*: what role for unions in the informal economy? *Labour Education*, Geneva, v. 2, n. 127, p. 27, 2002.

SINDICATOS E AUTONOMIA PRIVADA COLETIVA

em especial quando há identidade de atuação com as cooperativas, dado que a função social da associação pode ser de difícil conjugação com a necessidade de gerenciamento empresarial da entidade, em especial nos casos em que seus integrantes não possuem o conhecimento para executá-lo[29].

2.3. Os principais desafios

As dificuldades existentes para organizar os trabalhadores informais são diversas, sendo muitas delas comuns aos esforços na criação e manutenção das mais variadas formas de organização.

Inicialmente, mencionamos as adversidades para promover o espírito de cooperação e ação coletiva entre os informais. A diversidade de ocupações existente na economia informal, a dispersão e a falta de contato entre os trabalhadores em decorrência da prestação de serviços em locais diversos e de acesso nem sempre fácil, a dificuldade de demonstrar e de convencê-los dos benefícios da organização com objetivo de atuar coletivamente e a visão que os demais trabalhadores na mesma situação são concorrentes demonstram alguns elementos que caracterizam as adversidades que devem ser superadas[30].

O financiamento das organizações associativas é outra questão que deve ser enfrentada. Em decorrência da condição econômica de grande parte dos informais, da incerteza em auferir renda mensal uniformemente e da vulnerabilidade a desequilíbrios macroeconômicos, o pagamento regular e periódico de mensalidades é uma obrigação que esses trabalhadores têm grandes dificuldades de cumprir. Há autores que mencionam a necessidade de garantir uma diversificada fonte de recursos para que a entidade não fique dependente de somente um canal de verbas e crie espaço para interferências indevidas na vida associativa. A instabilidade financeira pode afetar intensamente o

---

[29] DIAS, Sonia Maria; ALVES, Fábio Cidrin Gama. Informal recycling sector in solid waste management in Brazil. *GTZ*, p. 33, mar. 2008.

[30] DELVAUX, Emile. The challenge of the informal economy. Unprotected labour: what role for unions in the informal economy? *Labour Education*, Geneva, v. 2, n. 127, p. 18-19, 2002; SINGER, Paul. O trabalho informal e a luta da classe operária. In: JAKOBSEN, Kjeld; MARTINS, Renato; DOMBROWSKI, Osmir (Orgs.). *Mapa do trabalho informal*: perfil socioeconômico dos trabalhadores informais na cidade de São Paulo. São Paulo: Ed. Fundação Perseu Abramo, 2000. p. 13; BONNER, Christine; SPOONER, David. op. cit., p. 90-91; DEVENISH, Annie; SKINNER, Caroline. Collective action in the informal economy: the case of the Self-Employed Women's union 1994-2004. In: BALLARD, Richard; HABIB, Adam; VALODIA, Imraan (Eds.). *Voices of protest*: social movements in post-apartheid South Africa. Pietermaritzburg: University of KwaZulu-Natal Press, 2006. p. 256--257; VAILLANCOURT-LAFLAMME, Catherine. op. cit., p. 38-39.

desenvolvimento de atividades da organização, na medida em que faltam recursos para as necessidades básicas das entidades, como a manutenção de uma estrutura mínima[31].

A criação de canais internos que possibilitem a integração e a participação dos membros nos processos de tomadas de decisão e de execução de atividades é de grande relevância, mas não é suficiente por si só. Tais meios devem ser estimulados e mantidos durante todos os momentos da vida associativa, especialmente quando aumentar complexidade das operações realizadas, como ocorre quando há crescimento do número de membros. Assim, torna-se possível que os dirigentes se mantenham transparentes e acessíveis aos membros da organização, de forma a manter a proximidade entre a cúpula e a base da entidade[32].

Além dos pontos mencionados, a falta de qualificação técnica mínima, o baixo grau de escolaridade e a ausência de experiência organizativa prévia são mencionados como obstáculos existentes para a gestão da entidade e para o desenvolvimento de atividades em benefício dos associados[33].

Ainda, é importante pontuar a necessidade das organizações associativas identificarem as principais demandas de seus membros, de forma a serem capazes de oferecer benefícios que os interessem. Assim, não apenas estarão aptas a manter o número de associados, como terão resultados para atrair um maior número de informais[34].

---

[31] BONNER, Christine;SPOONER, David. op. cit., p. 91-92; CHEN, Martha;JHABVALA, Renana;KANBUR, Ravi; RICHARDS, Carol. op. cit., p. 16; YU, Sandra. The Philippines. Trade unions in the informal sector: finding their bearings–nine country papers. *Labour Education*, Geneva, v.3, n.116, p.59-60, 1999; DELVAUX, Emile. op. cit., p.18.

[32] CHEN, Martha; JHABVALA, Renana; KANBUR, Ravi; RICHARDS, Carol. op. cit., p. 16; RODRIGUEZ, Cesar. À procura de alternativas econômicas em tempos de globalização: o caso das cooperativas de recicladores de lixo na Colômbia. In: SANTOS, Boaventura de Sousa (Org.). *Produzir para viver*: os caminhos da produção não capitalista. Rio de Janeiro: Record, 2002. p. 355--356; ROEVER, Sally. The effects of noncompliance among Lima's street-vending organizations. In: CHEN, Martha; JHABVALA, Renana; KANBUR, Ravi; RICHARDS, Carol (Eds.). *Membership--based organizations of the poor*. New York: Routledge, 2007. p. 272-275.

[33] CHEN, Martha; JHABVALA, Renana; KANBUR, Ravi; RICHARDS, Carol. op. cit., p. 16; BONNER, Christine; SPOONER, David. op. cit., p. 90; YU, Sandra. op. cit., p. 60; DEVENISH, Annie; SKINNER, Caroline. op. cit., p. 256-257; CROWLEY, Eve et al. op. cit., p. 34; VAILLANCOURT--LAFLAMME, Catherine. op. cit., p. 39.

[34] CROWLEY, Eve et al. op. cit., p. 34.

SINDICATOS E AUTONOMIA PRIVADA COLETIVA

2.4. A relação com as autoridades públicas

A relação entre as organizações associativas de trabalhadores informais e as autoridades públicas frequentemente é dúbia, pois se por um lado a economia informal é vista como um elemento que provê ocupações, por outro lado, deixa de recolher uma série de tributos. Segundo Gilberto Dupas, "o setor informal padece de uma relação mal resolvida com o Estado, no qual, ao mesmo tempo em que as autoridades vêem no setor informal uma 'solução', tratam-no muitas vezes como marginal, dado nosso sistema tributário encará-lo como agente de evasão fiscal"[35].

Martin Medina indica que, em especial nos países em desenvolvimento, a relação entre essas organizações e as autoridades públicas ocorre de uma das seguintes formas: (i) repressão (as atividades informais são tipificadas como ilegais e identificadas com o atraso econômico e como fonte de vergonha para determinada localidade, o que leva à existência de uma série de restrições e à tomada de atitudes hostis, especialmente pela polícia, em relação a esses trabalhadores); (ii) negligência (os informais são ignorados pelas autoridades públicas, sendo que nada é feito em relação a eles); ou (iii) conluio (as autoridades públicas concedem autorizações para os informais poderem trabalhar mediante a solicitação de vantagem indevida, ou seja, corrupção passiva)[36].

Para Luciana Fukimoto Itikawa, o fato de a relação ser pautada nesses termos faz com que o Estado precarize os direitos de cidadania dos informais e que esses trabalhadores não se submetam às regulações existentes. A autora ainda coloca que o Estado se aproveita da situação, ao explorar a clandestinidade dos informais de duas formas: por meio do clientelismo e da corrupção. A questão que está no centro desses dois temas é a concessão de licenças para ocupação do espaço público para o exercício de atividades comerciais[37].

Conforme verificou Luciana Fukimoto Itikawa, há uma quantidade considerável de autorizações para funcionamento de comerciantes ambulantes

---

[35] DUPAS, Gilberto. A lógica da economia global e exclusão social. *Estudos Avançados*, São Paulo, v. 12, n. 34, p. 121-158, 1998, p. 150.

[36] MEDINA, Martin. Waste picker cooperatives in developing countries. In: CHEN, Martha; JHABVALA, Renana; KANBUR, Ravi; RICHARDS, Carol (Eds.). *Membership-based organizations of the poor*. New York: Routledge, 2007. p. 109.

[37] ITIKAWA, Luciana Fukimoto. *Trabalho informal nos espaços públicos no Centro de São Paulo*: pensando parâmetros para políticas públicas. Tese (Doutorado em Estruturas Ambientais Urbanas) – Faculdade de Arquitetura e Urbanismo, Universidade de São Paulo, São Paulo, 2006. p. 40, 182-190.

que são concedidas mediante o relacionamento de associações e sindicatos com determinados políticos. Dessa forma, ao se realizar um favor, espera-se que ele seja retribuído, o que ocorre por meio da instrumentalização política desses trabalhadores, em especial nos períodos eleitorais, com a exigência da participação em atividades de campanha. Outro ponto que fomenta essas relações é a escassez de oferta de espaços públicos que podem ser ocupados pelos informais. A partir desse pressuposto, os trabalhadores que possuem licença requerem aos políticos com os quais mantêm contatos que dificultem ao máximo a expedição de autorizações para que novos informais possam atuar legalmente. Segundo a autora, são dessas formas que ocorre a promoção do clientelismo por parte do Estado[38].

É importante mencionar que em muitos casos, de acordo com Luciana Fukimoto Itikawa, a obtenção da licença não é suficiente para a permanência da ocupação de determinado espaço. Conforme a localidade ocupada, especialmente se há grande fluxo de pessoas e possibilidade de realizar vendas em grande escala, há a necessidade de pagamento de propina ao fiscal responsável pela área. No caso do centro de São Paulo, a manutenção da prática fez com que trabalhadores que conheciam o funcionamento da situação participassem da coleta de propina em outros bairros da cidade, no que se denominou de máfia da propina. Para a autora, são essas as formas de corrupção em que o Estado se envolve[39].

Apesar das menções a atuações negativas do Estado perante os informais, existem outras maneiras pelas quais ele pode exercer papel positivo. Uma delas é a regulação do uso do espaço público por esses trabalhadores, na medida em que os convida a participar dos debates para o estabelecimento dos marcos normativos sobre o tema. Outra forma é a criação de políticas de estímulo ao surgimento e integração de cooperativas de informais no mercado[40].

Finalmente, cabe destacar que, em diversas ocasiões, especialmente no caso dos informais que atuam como autônomos, o Estado é a contraparte no processo negocial exercido pelas organizações associativas. Portanto, o reconhecimento das entidades pelo Poder Público é importante para que as partes envolvidas nas tratativas se reconheçam como legítimas e que exista

---

[38] ITIKAWA, Luciana Fukimoto. op. cit., p. 40, p. 182-186.
[39] Id. Ibid., p. 40, p. 186-190.
[40] BONNER, Christine; SPOONER, David. op. cit., p. 90.

diálogo entre ambas para que as demandas dos dois lados sejam negociadas adequadamente[41].

3. Os trabalhadores informais, a ação conjunta e a transversalidade das organizações associativas

3.1. A ação conjunta das organizações associativas

A ação conjunta das organizações associativas ocorre por meio da atuação de duas ou mais entidades com o objetivo de reivindicar direitos, promover uma campanha, executar uma política, realizar uma mobilização, dentre outras ações, em benefício de seus integrantes, que no presente estudo são os trabalhadores informais.

O trabalho em conjunto das entidades pode ocorrer entre organizações da mesma espécie, como dois ou mais sindicatos, duas ou mais cooperativas e duas ou mais associações. Também pode acontecer entre duas ou mais organizações de diferentes espécies, como sindicatos e associações, sindicatos e cooperativas, associações e cooperativas e sindicatos, cooperativas e associações.

A ação conjunta entre organizações associativas da mesma espécie tem o objetivo de potencializar a atuação do conjunto das entidades de trabalhadores informais. Pode ocorrer tanto vertical como horizontalmente, ou seja, entre organizações de distintos graus de uma determinada estrutura, como um sindicato e uma federação, e entre entidades do mesmo grau que organizam diferentes grupos de trabalhadores.

O ponto positivo da promoção de ações entre duas ou mais organizações da mesma espécie reside no fato de que, ainda que distintas, por possuírem a mesma natureza, a possibilidade da construção da atuação conjunta é facilitada na medida em que os dirigentes conhecem o funcionamento interno do movimento do qual fazem parte. Por outro lado, a existência de acentuadas divisões entre as distintas forças que compõem as organizações, assim como a baixa capacidade organizativa dos trabalhadores informais por sindicatos,

---

[41] Id. Ibid., p. 93; WILLEMS, Wendy (Ed.). *Forces for change*: Informal economy organisations in Africa. London: War on Want, 2006. p. 31-32; HORN, Pat. *Voice regulation on the informal economy and new forms of work*.Disponível em:<http://www.streetnet.org.za/wp-content/pdf/voiceregulationontheinformaleconomy.pdf>.Acesso em: 01 jul. 2011.

cooperativas ou associações, podem ser razões que desestimulem a ação conjunta entre entidades da mesma espécie.

A ação conjunta entre organizações de diferentes espécies tem por objetivo criar possibilidades para que entidades com êxito na mobilização dos informais tenham condições de melhorar sua atuação por meio do intercâmbio com outras organizações. Além disso, a opção por atuar nesses termos também pode advir da decisão de uma determinada entidade que, ante a reduzida capacidade organizativa em face desses trabalhadores, estabeleça contatos para que a atuação conjunta lhe possibilite adquirir conhecimento sobre a organização, a realidade e as peculiaridades dos informais.

Ainda, é importante destacar que o fato das organizações de diferentes espécies serem de naturezas distintas faz com que as possibilidades de surgimento de obstáculos para a cooperação entre as entidades sejam consideráveis, como diferenças de organização política (por exemplo, a existência de democracia interna ou manutenção de um determinado grupo dirigente à frente da entidade por um longo período) e cultural (como a forma predominante de ligação entre os membros da organização) também podem ser motivos que criem problemas de relação entre as entidades[42].

Para que a aliança e a cooperação entre as organizações de diferentes espécies sejam viáveis, é importante que essas entidades tenham objetivos comuns e possuam métodos operacionais semelhantes, como os relacionados à legitimidade, transparência e gestão, de forma a estabelecer laços de confiança entre si. Dessa forma, é possível que a parceria seja consistente, os projetos contínuos e duradouros e os resultados beneficiem os maiores interessados, que são os trabalhadores informais[43].

Johnston Birchall afirma que há ações em conjunto, em especial entre sindicatos e cooperativas, que podem acontecer na forma de fonte, ou seja, envolver diversas partes da economia informal ao mesmo tempo, ou como cascata, ao atingir parcelas da economia informal em sequência. Na primeira possibilidade, as atuações em conjunto ocorrem por meio do oferecimento de serviços, como treinamento, capacitação, saúde e segurança no trabalho e ao enfocar determinado grupo de trabalhadores informais, como as mulheres.

---

[42] SPOONER, Dave. Trade unions and NGOs. Disponível em: <http://www.globallabour.info/en/2010/10/trade_unions_and_ngos_dave_spo.html>. Acesso em: 01 jul 2011; GALLIN, Dan. Trade unions and NGOs: a necessary partnership. *Programme Paper n. 1* – Civil Society and Social Movements, cit., p. 9.

[43] GALLIN, Dan. Trade unions and NGOs: a necessary partnership. *Programme Paper n. 1* – Civil Society and Social Movements, cit., p. 9.

Na segunda possibilidade, ocorre ao promover agências de desenvolvimento com o objetivo de auxiliar certos grupos de trabalhadores ou localidades específicas em que há grande concentração de atividades da economia informal[44].

3.2. A transversalidade das organizações associativas

O conceito de transversalidade adotado advém da proposta realizada por Félix Guattari ao analisar a terapêutica institucional. Trata-se de uma noção que pretende se opor à verticalidade, tendo-a como estrutura piramidal, e à horizontalidade, onde há uma mesma situação vivenciada por um grupo de coisas ou pessoas. O elemento que baliza as mencionadas oposições é a comunicação em um determinado grupo. Para Félix Guattari, "a transversalidade é uma dimensão que pretende superar os dois impasses, o de uma pura verticalidade e o de uma simples horizontalidade; ela tende a se realizar quando uma comunicação máxima se efetua entre os diferentes níveis e sobretudo nos diferentes sentidos"[45].

Ao aplicar tal perspectiva nas organizações associativas de trabalhadores informais, é importante fazer algumas considerações. Inicialmente, cabe mencionar que a noção de transversalidade nesse caso pode ser empregada nas três entidades pontuadas: sindicato, cooperativa ou associação.

A transversalidade de uma organização associativa significa que essa, ainda que constituída sob uma forma principal, possui algumas características de atuação que são próprias de outras organizações. Uma determinada entidade se organiza internamente de maneira a conjugar diversas ações com o objetivo de atender às necessidades de seus integrantes. Trata-se de um meio de organizar os informais com o objetivo de extrair as características mais úteis de cada entidade para que esses trabalhadores consigam defender e promover seus interesses. Ademais, a adoção da transversalidade em uma entidade pode fazer com que as dificuldades existentes na organização dos informais sejam mitigadas e os desafios, superados.

A pretensão da transversalidade das organizações associativas é ir além das relações verticais existentes na estruturação interna das pirâmides de cada uma das entidades, assim como das relações horizontais, presentes nas alianças e na cooperação de ação promovidas entre distintas organizações. Ou seja, tem-se

---

[44] BIRCHALL, Johnston. Organizing workers in the informal sector: a strategy for trade union cooperative action. *Working Paper*, Geneva, n. 1-1, p. 34-35, 2001.

[45] GUATTARI, Félix. A transversalidade. In: _____. *Revolução molecular*: pulsações políticas do desejo. 3. ed. São Paulo: Brasiliense, 1987. p. 96.

AS POSSIBILIDADES JURÍDICAS DE ORGANIZAÇÃO E ATUAÇÃO COLETIVAS...

como objetivo estabelecer condições para que as entidades possam ter outras opções além da verticalidade (por exemplo, a relação entre sindicatos, federações, confederações e as centrais sindicais no movimento sindical ou entre cooperativas, federações, confederações e a OCB no movimento cooperativista) e da horizontalidade (como a ação conjunta entre organizações distintas).

O objetivo da transversalidade no presente caso envolve a articulação, por uma mesma organização, de diferentes âmbitos de atuação, ao se conjugar a solidariedade com a cooperação, possibilitando que funções políticas, representativas e econômicas sejam desenvolvidas conforme as demandas de seus filiados. O mérito dessa forma de atuação reside no fato de que a organização não depende da relação com outra entidade – elemento que muitas vezes restringe a ampliação do âmbito de ação –, pois passa a concentrar e controlar internamente distintas características. Dessa forma, ao oferecer aos seus associados um leque de possibilidades mais extenso, criam-se mais condições para que as organizações atraiam trabalhadores informais para os seus quadros e atendam às suas necessidades, ao contribuir para protegê-los e permitir que aufiram rendas mais elevadas.

A transversalidade de organizações associativas é a coexistência, em um mesmo espaço, das faces sindical, cooperativa e associativa. Ainda que existam diferenças entre os sindicatos e as associações, ambos possuem características e funções similares. Dessa forma, é importante destacar que a transversalidade se mostra de maneira mais relevante quando uma organização reúne elementos sindicais ou associativos com cooperativos, conforme se depreende dos dois exemplos apresentados a seguir.

O primeiro é um caso de transversalidade muito emblemático. Trata-se da *Self-Employed Women Association*, a SEWA, da Índia, fundada em 1972. É o maior sindicato do país, com mais um de um milhão de associadas. Seus principais objetivos são organizar as trabalhadoras para obterem pleno emprego, considerado como tal aquele que provê segurança no trabalho, de renda, alimentar e social, e promover a autoconfiança entre suas associadas. Seus valores e princípios são a verdade, a não violência, a integração de todas as fés e povos e a promoção do emprego. Atualmente, possuem atuação em 12 estados na Índia. As filiadas, normalmente, são de um destes quatro grupos: (i) comerciantes ambulantes; (ii) trabalhadoras em domicílio; (iii) trabalhadoras manuais e de serviços; e (iv) produtoras[46].

---

[46] SEWA BHARAT. Annual report 2008-09. p. 10. Disponível em: <http://www.sewabharat.org/annualreport.pdf>. Acesso em: 20 out. 2010. Em 2009, o número total de associadas era de 1.256.941

SINDICATOS E AUTONOMIA PRIVADA COLETIVA

Segundo a entidade, "SEWA é a confluência de três movimentos: sindical, cooperativo e de gênero. Nasceu do movimento sindical com a ideia de que, assim como os assalariados, os autônomos também têm direito a salários justos, condições de trabalho decente e leis trabalhistas protetivas. O movimento cooperativo é importante para desenvolver sistemas econômicos alternativos, em que as próprias trabalhadoras controlam os meios de produção. Nos anos 1970, o movimento feminista deu uma guinada radical com as mulheres participando ativamente nos movimentos sociais e requerendo condições de oportunidades em todas as esferas da vida"[47].

As associadas, além de serem filiadas ao sindicato, podem optar por fazer parte de outras organizações criadas pela SEWA, como cooperativas (cujo número ultrapassa 100) e associações. Cada uma dessas organizações possui seus próprios estatutos e estrutura. Na direção dessas entidades deve existir uma integrante eleita da SEWA, fato que é o elo entre as organizações. Ademais, essa é a forma pela qual os objetivos e valores da SEWA são mantidos. A criação e o ingresso em cooperativas são estimulados pelo sindicato, uma vez que a entidade entende que aumenta o poder de negociação das trabalhadoras, permite acesso ao crédito, treinamento e mercados, além de ajudá-las na obtenção de renda[48].

É importante ainda pontuar que "depois da formação de uma cooperativa, o sindicato presta assistência às suas integrantes, desenvolvendo as suas capacidades financeiras e de gestão. Organizam aulas para essas mulheres em que, além de as ensinarem a ler e a escrever, elas aprendem a fazer cálculos e os objetivos das cooperativas, dentre outras temas. Essas atividades ajudam empoderar suas integrantes para gerirem as cooperativas com seus próprios

---

(um milhão, duzentos e cinqüenta e seis mil e novecentos e quarenta e uma). Segundo a entidade, na Índia 93% dos trabalhadores encontram-se no setor informal; SEWA. Disponível em: <http://www.sewa.org/>. Acesso em: 20 out. 2010.

[47] SEWA BHARAT. Annual report 2008-09, cit., p. 6: "SEWA is a confluence of three movements – labour, cooperative and women. It was born out of the labour movement with the idea that like salaried employees, the self-employed, too, have a right to fair wages, decent working conditions and protective labour laws. A cooperative movement is important to develop alternative economic systems where the workers themselves would control their means of production. In the 1970s women's movement took a radical turn with women participating actively in social movements and demanding capability of opportunity in all spheres of life".

[48] CHEN, Martha Alter. *Self-employed women*: a profile of SEWA's membership. Krishna Bhuvan: Sewa Academy, 2006. p. 95; DAVE, Janhavi; SHAH, Manali; PARIKH, Yamini. The Self-Employed Women's Association and Co-operative in India. In: SAMSON, Melanie (Ed.). *Refusing to be cast aside*: Waste pickers organising around the world. Cambridge: WIEGO, 2008. p. 27.

AS POSSIBILIDADES JURÍDICAS DE ORGANIZAÇÃO E ATUAÇÃO COLETIVAS...

recursos, em vez de dependerem de estranhos"[49]. O auxílio da SEWA na formação da cooperativa ajuda as trabalhadoras a superarem as dificuldades colocadas pelo Estado, ao mesmo tempo em que aumenta sua influência política[50].

Nota-se que a transversalidade realizada pela SEWA ocorre a partir da criação de outras organizações, conforme as necessidades apresentadas e identificadas de suas afiliadas, e do estabelecimento de mecanismos para que a proposta existente no momento de fundação não se esvaia. Verifica-se a existência da função política e representativa, exercidas pela face sindical, e da econômica, exercida pela cooperativa.

O segundo exemplo é o da Associação dos Catadores de Papel, Papelão e Material Reaproveitável de Belo Horizonte, a ASMARE. A entidade foi criada em 1990, por meio de mobilizações realizadas pelos catadores, pelos movimentos sociais e pela Pastoral da Rua da Arquidiocese da capital mineira. Em 2008, a entidade trabalhava com 286 associados e ex-pessoas em situação de rua[51].

Há uma parceria entre a Prefeitura Municipal de Belo Horizonte, por meio da Superintendência de Limpeza Urbana (SLU), e a ASMARE, cujo objeto é recolher papel, papelão e material reaproveitável. O acordo prevê suporte de infraestrutura (com a cessão de galpões e a instalação de LEVs – Locais de Entrega Voluntária), financeiro (repasse por convênio) e de assessoria técnica (auxílio no planejamento e em questões atinentes à segurança pessoal e capacitação em diversos temas, como cooperativismo).

A coleta do material, na parceria com a SLU, ocorre da seguinte forma: os cidadãos depositam o material nos LEVs; a SLU recolhe esse material e o entrega nos galpões da ASMARE; a partir desse momento, em que a responsabilidade é totalmente da associação, é feita triagem desse material, para que seja pesado, prensado e posteriormente comercializado. Nesse caso, a

---

[49] BHOWMIK, Sharit K. Co-operative and the emancipation of the marginalized: case studies from two cities in India. In: CHEN, Martha; JHABVALA, Renana; KANBUR, Ravi; RICHARDS, Carol (Eds.). *Membership-based organizations of the poor.* New York: Routledge, 2007. p. 124: "After forming a co-operative, the union assists its members in developing financial and managerial skills. It organizes adult education classes for these women, where, besides learning to read and write, the women are taught about accounts, the objectives of cooperatives among other topics. These activities help in empowering the members to manage their co-operative through their own resources rather than depend on outsiders".

[50] BHOWMIK, Sharit K. op. cit., p. 136.

[51] GONÇALVES, José Aparecido; OLIVEIRA, Fabiana G. de; SILVA, Diogo T. A. da. Dezoito anos catando papel em Belo Horizonte. *Estudos Avançados*, São Paulo, v. 22, n. 63, p. 232, 2008.

SINDICATOS E AUTONOMIA PRIVADA COLETIVA

remuneração dos associados que participam da triagem é feita conforme a produtividade de cada um[52].

É importante mencionar que ainda há a coleta realizada pela ASMARE. Uma forma é realizada por caminhões alugados pela associação e ocorre nos moldes da parceria com a SLU, sendo que o recolhimento do material e direcionamento aos galpões é operacionalizado por esses veículos. Quando realizado diretamente por membros da ASMARE, ocorre por meio de incursões na cidade. O recolhimento individual normalmente é feito pelos catadores que possuem carrinhos de tração humana, sendo que a triagem é realizada em boxes individuais por catadores. A remuneração dos catadores é realizada de acordo com o valor de mercado no dia da coleta. Em ambos os casos, a comercialização é feita para a indústria, de forma direta ou indireta[53].

Em 2007, dos 5.678.378 kg de material coletado, 3.017.242 kg foram feitos por membros da ASMARE, 2.030.626 kg pelos caminhões e 624.651 kg pela parceria com a SLU. A associação, além da coleta, separação, prensagem e comercialização dos materiais, possui uma oficina de artesanato e reaproveitamento, espaços de comercialização dos produtos produzidos, de shows e de palestras (Reciclo Espaço Cultural) e uma oficina que produz material a partir de resíduos da construção civil (Ecobloco)[54].

Dessa forma, percebe-se que a articulação entre o caráter político e representativo da associação, com as pressões e negociações junto à Prefeitura, seja no estabelecimento dos catadores como parceiros prioritários na coleta seletiva de Belo Horizonte, seja no trabalho desenvolvido com a SLU, e o caráter econômico, ao construir uma estrutura que permite ao trabalhador comercializar os frutos de seus esforços de forma mais favorável, demonstra a transversalidade da associação.

---

[52] DIAS, Sonia Maria. *Construindo a cidadania*: avanços e limites do projeto de coleta seletiva em parceria com a Asmare. 2002. Dissertação (Mestrado em Geografia) – Instituto de Geociências da Universidade Federal de Minas Gerais, Belo Horizonte, 2002, p. 100-101; JACOBI, Pedro; TEIXEIRA, Marco Antonio C. Criação do capital social: o caso ASMARE – Associação dos Catadores de Papel, Papelão e Material Reaproveitável de Belo Horizonte. *Cadernos Gestão Pública e Cidadania*, v. 2, p. 31, jun. 1997.; DIAS, Sonia Maria; ALVES, Fábio Cidrin Gama. op. cit., p. 27.

[53] DIAS, Sonia Maria. op. cit., p. 100-101; JACOBI, Pedro; TEIXEIRA, Marco Antonio C. op. cit., p. 31; DIAS, Sonia Maria; ALVES, Fábio Cidrin Gama. op. cit., p. 27.

[54] GONÇALVES, José Aparecido; OLIVEIRA, Fabiana G. de; SILVA, Diogo T. A. da. op. cit., p. 235-238.

4. Conclusão

As possibilidades de organização dos trabalhadores informais são de natureza complexa em razão das características peculiares mencionadas. Envolvem não apenas formas individualizadas (como os sindicatos, as cooperativas e as associações), mas também a ação conjunta de entidades e a atuação transversal. O reconhecimento jurídico da organização é muito importante, na medida em que a liberdade de constituição dessas entidades é exercida de fato quando há previsão legal que proteja seus membros, que preveja garantias para seus integrantes (contra retaliações do Estado ou dos empregadores), que disponha sobre os requisitos de participação em espaços de negociação e que vede a interferência de entes externos nas atividades por elas desempenhadas. Contudo, as limitações existentes no Brasil para que os informais estejam aptos a criar a organização que melhor atenda às suas necessidades são grandes.

A transversalidade das entidades associativas apresenta uma perspectiva interessante na medida em que é uma opção que transcende a organização dos trabalhadores informais por uma única forma e permite o aproveitamento das características mais interessantes de cada uma das espécies pontuadas. A potencialização das faces sindical, cooperativa e associativa em uma única entidade pode permitir que as peculiaridades existentes na organização e na atuação coletivas dos trabalhadores informais sejam contempladas satisfatoriamente.

É relevante ainda destacar que a identificação dos problemas para a criação de sindicatos e cooperativas nos fornece os subsídios para compreender como a transversalidade dessas entidades se coloca como um desafio de maiores proporções. Se a constituição de uma única entidade sindical ou cooperativa já apresenta obstáculos, podemos afirmar que o aumento da complexidade das funções desempenhadas por essas organizações possui menor respaldo legal, dado que não há previsão em nenhum instrumento normativo que disponha sobre garantias ou facilidades de atuação nessas condições.

A presença de um ambiente legal que hostiliza tentativas de organização que não se conformem dentro dos rígidos e antidemocráticos limites celetistas ou que não contempla as demandas de uma perspectiva alternativa de cooperativismo é um elemento que não apenas inibe o surgimento de sindicatos e cooperativas, mas também despreza uma das principais contribuições que o reconhecimento jurídico dessas organizações pode proporcionar: a garantia legal que permita uma atuação livre e desimpedida de entraves em defesa dos interesses e direitos dos trabalhadores informais.

O ordenamento jurídico não deve ser um fator desfavorável para a organização dos trabalhadores, assim como não deve ser um elemento que impeça aos interessados optar pelo modelo que lhes parecer mais adequado. Os desafios e as dificuldades na organização dos trabalhadores informais são diversos. Nesse sentido, a legislação, ao invés de ser mais um obstáculo, pode facilitar e estimular a constituição dessas organizações associativas.

A falta de adequação do ordenamento jurídico em face da organização e atuação coletivas dos trabalhadores informais, tanto pela criação de obstáculos, como pela omissão diante de novas espécies, faz com que advertência realizada há tempos por Orlando Gomes continue pertinente: "o direito conserva-se ausente para milhões de seres, enquanto abarrota de preceitos que interessam raras vezes, a meia dúzias de afortunados. Os exemplos pululam. Todos os autênticos juristas os conhecem. É a vida que foge dos códigos"[55].

5. Referências

BARBOSA, Alexandre de Freitas. *De "Setor" para "Economia Informal"*: aventuras e desventuras de um conceito. Apresentado no seminário interno "A Aventura de um Conceito: De 'Setor' para 'Economia' Informal (O debate das três últimas décadas)". Centro de Estudos da Metrópole em 17 abr 2009. Disponível em <http://www.centrodametropole.org.br/vl/texto_sem_2009_barbosa.pdf>. Acesso em: 08 ago. 2010.

BHOWMIK, Sharit K. Co-operative and the emancipation of the marginalized: case studies from two cities in India. In: CHEN, Martha; JHABVALA, Renana; KANBUR, Ravi; RICHARDS, Carol (Eds.). *Membership-based organizations of the poor.* New York: Routledge, 2007.

BIRCHALL, Johnston. Organizing workers in the informal sector: a strategy for trade union cooperative action. *Working Paper,* Geneva, n. 1-1, 2001.

BONNER, Christine; SPOONER, David. Organizing in the informal economy: a challenge for the trade unions. *Internationale Politik und Gesellschaft,* Bonn, n. 2, 2011.

BREMAN, Jan. *The informal sector economy*: from problem to solution. Apresentado no painel "Le secteur informel et ses dynamiques" no seminário "Economie informelle, travail au noir – Enjeux économiques et sociaux" em 17 set 2007. Disponível em: <http://www.cee-recherche.fr/colloque_tepp/eco_informelle/pdf/Breman.pdf>. Acesso em: 22 set. 2010.

CACCIAMALI, Maria Cristina. Setor informal urbano e formas de participação na produção. *Série Ensaios Econômicos,* n. 26, 1983.

CARELLI, Rodrigo de Lacerda. *Cooperativas de mão de obra*: Manual contra a fraude. São Paulo: LTr, 2002.

---

[55] GOMES, Orlando. *A crise do direito*. São Paulo: Max Limonad, 1955, p. 23.

AS POSSIBILIDADES JURÍDICAS DE ORGANIZAÇÃO E ATUAÇÃO COLETIVAS...

CASTILLO, Gerardo *et al.* Union education for informal workers in Latin America. In: INTERNATIONAL LABOUR OFFICE. BUREAU FOR WORKERS' ACTIVIES. Unprotected labour: what role for unions in the informal economy? *Labour Education*, Geneva, v. 2, n. 127, 2002.

CHEN, Martha Alter. *Self-employed women*: a profile of SEWA's membership. Krishna Bhuvan: Sewa Academy, 2006.

_____; JHABVALA, Renana; KANBUR, Ravi; RICHARDS, Carol. Membership-based organizations of the poor. In: CHEN, Martha; JHABVALA, Renana; KANBUR, Ravi; RICHARDS, Carol (Eds.). *Membership-based organizations of the poor*. New York: Routledge, 2007.

CROWLEY, Eve *et al.* Organizations of the poor: conditions for success. In: CHEN, Martha; JHABVALA, Renana; KANBUR, Ravi; RICHARDS, Carol (Eds.). *Membership-based organizations of the poor*. New York: Routledge, 2007.

DAVE, Janhavi; SHAH, Manali; PARIKH, Yamini. The Self-Employed Women's Association and Co-operative in India. In: SAMSON, Melanie (Ed.). *Refusing to be cast aside*: Waste pickers organising around the world. Cambridge: WIEGO, 2008, p. 27.

DELVAUX, Emile. The challenge of the informal economy. Unprotected labour: what role for unions in the informal economy? *Labour Education*, Geneva, v. 2, n. 127, 2002.

DE SOTO. Hernando. *Economia subterrânea*: uma análise da realidade peruada. Tradução de El Otro Sendero: la revolución informal por Gilson Schwarz. Rio de Janeiro: Globo, 1987.

DEVENISH, Annie; SKINNER, Caroline. Collective action in the informal economy: the case of the Self-Employed Women's union 1994-2004. In: BALLARD, Richard; HABIB, Adam; VALODIA, Imraan (Eds.). *Voices of protest*: social movements in post-apartheid South Africa. Pietermaritzburg: University of KwaZulu-Natal Press, 2006.

DIAS, Sonia Maria. *Construindo a cidadania*: avanços e limites do projeto de coleta seletiva em parceria com a Asmare. 2002. Dissertação (Mestrado em Geografia) – Instituto de Geociências da Universidade Federal de Minas Gerais, Belo Horizonte, 2002.

_____; ALVES, Fábio Cidrin Gama. Informal recycling sector in solid waste management in Brazil. *GTZ*, mar. 2008.

DUPAS, Gilberto. A lógica da economia global e exclusão social. *Estudos Avançados*, São Paulo, v. 12, n. 34, p. 121-158, 1998, p. 150.

GALLIN, Dan. Trade unions and NGOs: a necessary partnership. *Programme Paper n. 1* – Civil Society and Social Movements. Geneva: United Nations Research Institute for Social Development, 2000.

GERRY, Chris. Developing economies and the informal sector in historical perspective. *Annals of the American Academy of Political and Social Science*, v. 493, p. 100-119, Sept. 1987.

_____. Petty production and capitalist production in Dakar: the crisis of the self-employed. *World Development*, v. 6, n. 9/10, p. 1147-1160, 1978.

GOMES, Orlando. *A crise do direito*. São Paulo: Max Limonad, 1955.

GONÇALVES, José Aparecido; OLIVEIRA, Fabiana G. de; SILVA, Diogo T. A. da. Dezoito anos catando papel em Belo Horizonte. *Estudos Avançados*, São Paulo, v. 22, n. 63, 2008.

GUATTARI, Félix. A transversalidade. In: _____. *Revolução molecular*: pulsações políticas do desejo. 3. ed. São Paulo: Brasiliense, 1987.

HART, Keith. Informal income opportunities and urban employment in Ghana. *The Journal of modern African Studies*, v. 11, n. 1, p. 61-89, mar. 1973.

HORN, Pat. *Voice regulation on the informal economy and new forms of work.*Disponível em: <http://www.streetnet.org.za/wp-content/pdf/voiceregulationontheinformaleconomy.pdf>. Acesso em: 01 jul. 2011.

INTERNATIONAL LABOUR ORGANIZATION. *Employment, incomes and equality*: a strategy for increasing productive employment in Kenya. Geneva, 1972.

_____. International Labour Conference. 90th. Session 2002. Report VI. Decent work and the informal economy. Geneva, 2002.

_____; WORLD TRADE ORGANIZATION. *Globalization and informal jobs in developing countries*: a joint study of the International Labour Office and the Secretariat of the World Trade Organization. Switzerland, 2009.

ITIKAWA, Luciana Fukimoto. *Trabalho informal nos espaços públicos no Centro de São Paulo*: pensando parâmetros para políticas públicas. Tese (Doutorado em Estruturas Ambientais Urbanas) – Faculdade de Arquitetura e Urbanismo, Universidade de São Paulo, São Paulo, 2006.

JACOBI, Pedro; TEIXEIRA, Marco Antonio C. Criação do capital social: o caso ASMARE – Associação dos Catadores de Papel, Papelão e Material Reaproveitável de Belo Horizonte. *Cadernos Gestão Pública e Cidadania*, v. 2, p. 44-45, jun. 1997.

KREIN, José Dari; PRONI, Marcelo Weishaupt. *Economia informal*: aspectos conceituais e teóricos. Brasília: OIT, 2010. (Documento de trabalho n. 4 – Série Trabalho Decente no Brasil).

MEDINA, Martin. Waste picker cooperatives in developing countries. In: CHEN, Martha; JHABVALA, Renana; KANBUR, Ravi; RICHARDS, Carol (Eds.). *Membership-based organizations of the poor*. New York: Routledge, 2007.

MELO, Raimundo Simão de. Cooperativas de trabalho: modernização ou retrocesso? *Revista do TST*, Brasília, v. 68, n. 1, jan./mar. 2002.

MINISTÉRIO DO TRABALHO E EMPREGO. *Manual de cooperativas*. Brasília: MTE-SIT, 2001.

PORTES, Alejandro; CASTELLS, Manuel; BENTON, Lauren A. *The informal economy*: studies in advanced and less developed countries. Baltimore: John Hopkins University Press, 1989.

PREALC. *Sector informal*: funcionamiento y políticas. Organización Internacional del Trabajo, 1978.

RODRIGUEZ, Cesar. À procura de alternativas econômicas em tempos de globalização: o caso das cooperativas de recicladores de lixo na Colômbia. In: SANTOS, Boaventura de Sousa (Org.). *Produzir para viver*: os caminhos da produção não capitalista. Rio de Janeiro: Record, 2002.

ROEVER, Sally, The effects of noncompliance among Lima's street-vending organizations. In: CHEN, Martha; JHABVALA, Renana; KANBUR, Ravi; RICHARDS, Carol (Eds.). *Membership-based organizations of the poor*. New York: Routledge, 2007.

ROMITA, Arion Sayão. O conceito de categoria. In: FRANCO FILHO, Georgenor de Sousa (Org.). *Curso de direito coletivo do trabalho*: estudos em homenagem ao Ministro Orlando Teixeira da Costa. São Paulo: LTr, 1998.

SANTOS, Ronaldo Lima dos. *Teoria das normas coletivas*. 2ª ed. São Paulo: LTr, 2009.

SEWA. Disponível em: <http://www.sewa.org>. Acesso em: 20 out. 2010.

SEWA BHARAT. Annual report 2008-09. Disponível em: <http://www.sewabharat.org/annualreport.pdf>. Acesso em: 20 out. 2010.

SILVA, Luiz Antonio Machado da. Mercado de trabalho, ontem e hoje: informalidade e empregabilidade como categorias de entendimento. In: RAMALHO, José Ricardo; SANTANA, Marco Aurélio (Orgs.). *Além da fábrica*: trabalhadores, sindicatos e a nova questão social. São Paulo: Boitempo, 2003.

SILVA, Otávio Pinto e. A questão da liberdade sindical. In: SOUTO MAIOR, Jorge Luiz; CORREIA, Marcus Orione Gonçalves (Orgs.). *Curso de direito do trabalho*: direito coletivo do trabalho. São Paulo: LTr, 2008. v. 3.

SILVA, Sandro Pereira. A economia solidária na estratégia de erradicação da pobreza extrema no Brasil: Uma contribuição para o debate. *Boletim Mercado de Trabalho*: conjuntura e análise. Brasília, ano 16, n. 47, maio 2011.

SINGER, Paul. A recente ressurreição da economia solidária no Brasil. In: SANTOS, Boaventura de Sousa (Org.). *Produzir para viver*: os caminhos da produção não capitalista. Rio de Janeiro: Record, 2002.

_____. O trabalho informal e a luta da classe operária. In: JAKOBSEN, Kjeld; MARTINS, Renato; DOMBROWSKI, Osmir (Orgs.). *Mapa do trabalho informal*: perfil socioeconômico dos trabalhadores informais na cidade de São Paulo. São Paulo: Ed. Fundação Perseu Abramo, 2000.

SPOONER, Dave. Trade unions and NGOs. Disponível em: <http://www.globallabour.info/en/2010/10/trade_unions_and_ngos_dave_spo.html>. Acesso em: 01 jul. 2011.

SÜSSEKIND, Arnaldo. Cooperativas de trabalho. *Revista do TST*, Brasília, v. 72, n. 2, maio/ago. 2006.

THERON, Jan. Membership-based organisations of the poor: the south-african tradition. In: CHEN, Martha; JHABVALA, Renana; KANBUR, Ravi; RICHARDS, Carol (Eds.). *Membership-based organizations of the poor*. New York: Routledge, 2007.

TOKMAN, Victor. De la informalidad a la modernidad. In: _____ (Org.). *De la informalidad a la modernidad*. Santiago: OIT, 2001.

_____; SOUZA, Paulo R. The informal urban sector in Latin America. *International Labour Review*, Geneva, v. 114, n. 3, p. 335-365, Nov./Dec. 1976.

U.S. STATE DEPARTMENT. *2009 Country Reports on Human Rights Practicies*: Brazil. Disponível em: <http://www.state.gov/g/drl/rls/hrrpt/2009/wha/136103.htm>. Acesso em: 06 abr. 2011.

VAILLANCOURT-LAFLAMME, Catherine. *Trade unions and informal worker's associations in the urban informal economy of Ecuador*. Geneva: Policy Integration Department; International Labour Office, 2005. (Working paper n. 57).

YU, Sandra. The Philippines. Trade unions in the informal sector: finding their bearings – nine country papers. *Labour Education*, Geneva, v. 3, n. 116, p. 48-66, 1999.

A inevitabilidade da negociação coletiva no setor público

Enoque Ribeiro dos Santos*
Bernardo Cunha Farina**

Introdução

Em face dos recentes desdobramentos das greves de várias categorias de servidores públicos, que, por meio dos sindicatos representativos se acamparam em Brasília, no final do ano passado, reivindicando direitos de seus representados, o que culminou com a celebração de acordos coletivos de trabalho com o Estado, por meio do Ministério do Planejamento e pôs fim ao movimento paredista, com a aceitação do reajuste salarial de 15,8% proposto pelo Executivo, descortinaram-se novos horizontes para o revigoramento do instituto da negociação no setor público.

Em relação à participação do Estado como contratante de trabalhadores, na última década, o setor público se agigantou e hoje sem dúvida, a Administração Pública se apresenta como a maior empregadora. De uma força de trabalho nacional que se aproxima de cem milhões de pessoas, certamente a Administração Pública emprega direta e indiretamente, segundos dados do IBGE, um contingente superior a treze milhões de trabalhadores, daí sua relevância social e jurídica.

---

* Associado da Faculdade de Direito da USP. Livre Docente e Doutor em Direito do Trabalho pela Faculdade de Direito da USP. Desembargador do Trabalho do TRT – Rio de Janeiro. Ex- Procurador do Trabalho do Ministério Público do Trabalho (PRT 2ª. Região São Paulo Capital).

** Especialista em Direito do Trabalho e Processo do Trabalho pela UDC (União Dinâmica de Faculdades Cataratas). Mestrando do curso de pós-graduação *stricto sensu* em sociedade, cultura e fronteiras da UNIOESTE (Universidade Estadual do Oeste do Paraná).

A negociação coletiva de trabalho, considerada uma das formas mais eficazes de pacificação dos conflitos coletivos, instituto moderno do direito coletivo do trabalho, deverá ser fomentada no âmbito da Administração Pública, na medida em que seu alcance transcende os meros interesses individuais dos servidores públicos para atingir toda a sociedade.

E é justamente sobre esta importante temática e enorme desafio que nos propusemos a examinar nas próximas linhas, tendo em vista, contribuir, minimamente que seja, para o debate acadêmico e parlamentar no que tange à necessidade de pleno desenvolvimento da negociação coletiva no setor público.

A concepção de que as condições de trabalho no setor público, especialmente no que diz respeito aos subsídios e a manutenção de seu poder nominal, somente poderiam ser fixadas unilateralmente pelo Poder Executivo recua à concepção de Estado como ente englobador da sociedade, autoritário, arbitrário, remonta aos princípios do Direito Administrativo. Ademais, esse quadro não era visto em uma perspectiva de impor limites ao poder do Estado, mas sim num cenário de manutenção de privilégios mediante a criação de um espaço antagônico à atuação do particular e a dos Poderes Legislativo e Judiciário, o que impediu por muito tempo a sindicalização dos servidores públicos.

O direito à liberdade sindical, já consagrado pela Convenção n. 87 da OIT, é direito humano fundamental, portanto, preexistente ao direito positivo que somente pode reconhecê-lo ou declarar sua existência, do qual emana os direitos à negociação coletiva e à greve, considerados os pilares do Direito Coletivo, indissociáveis numa relação tridimensional que perderia todo o sentido sem qualquer um desses seus três elementos constitutivos.

Nesta direção, se a Constituição Federal de 1988 garante ao servidor público o direito à livre associação sindical e à greve, o caminho estava aberto ao reconhecimento do direito ao exercício da negociação coletiva no setor público, como corolário lógico, o que a ratificação da Convenção nº 151 da OIT somente veio a chancelar.

Neste quadro social e jurídico, passamos a analisar a complexidade da negociação coletiva de trabalho no setor público brasileiro.

1. Negociação coletiva de trabalho

1.1. Autonomia privada coletiva

Importante abordar a autonomia privada coletiva antes de adentrar ao tema da negociação coletiva de trabalho, pois esta decorre daquela. Ademais, conforme já alertava este autor[1], a denominação correta do instituto é "negociação coletiva de trabalho", haja vista que também temos em nosso ordenamento jurídico a "negociação coletiva de consumo", regulamentada no artigo 107 da Lei 8.078/1990[2], Código de Defesa do Consumidor (CDC).

Inicialmente, surgiu a autonomia privada individual, reconhecida pelo Estado, principalmente a partir da Revolução Francesa. Tratava-se da capacidade de autorregramento das vontades dos indivíduos, por meio de contrato privado no qual prevalece o princípio *pacta sunt servanda*. É o poder de autorregulamentação, poder de autogovernar os próprios interesses e pressupõem a existência de um sistema de normas que o reconhece.

Neste caso, o ordenamento jurídico reconhece aos particulares o poder de se conferirem normas e, ao mesmo tempo, reconhece tais normas, de modo que todo o ordenamento jurídico está aparelhado para conferir-lhes eficácia e validade[3].

Conforme esclareceu este autor[4], após a Revolução Francesa, a primeira Revolução Industrial, vem trazer em seu bojo o fortalecimento da autonomia privada e da liberdade para contratar, de modo que a autonomia passa a assumir grande importância, tornando-se essencial no ordenamento jurídico capitalista, evoluindo para a autonomia privada coletiva, também denominada autonomia sindical.

---

[1] SANTOS, Enoque Ribeiro dos. *O microssistema de tutela coletiva: parceirização trabalhista*. São Paulo: LTr, 2012, p. 183.

[2] Art. 107. As entidades civis de consumidores e as associações de fornecedores ou sindicatos de categoria econômica podem regular, por convenção escrita, relações de consumo que tenham por objeto estabelecer condições relativas ao preço, à qualidade, à quantidade, à garantia e características de produtos e serviços, bem como à reclamação e composição do conflito de consumo. § 1° A convenção tornar-se-á obrigatória a partir do registro do instrumento no cartório de títulos e documentos. § 2° A convenção somente obrigará os filiados às entidades signatárias. § 3° Não se exime de cumprir a convenção o fornecedor que se desligar da entidade em data posterior ao registro do instrumento.

[3] STOLL, Luciana Bullamah. *Negociação coletiva no setor público*. São Paulo: LTr, 2007, p. 18.

[4] SANTOS, Enoque Ribeiro dos. *Direitos humanos na negociação coletiva: teoria e prática jurisprudencial*. São Paulo: LTr, 2004, p. 64 a 68.

A autonomia privada coletiva, ou autonomia sindical, diz respeito à autonomia do sindicato quanto à sua criação, elaboração de seus estatutos, registro sindical, autonomia e garantias constitucionais contra a ingerência governamental, assim como a autonomia do sindicato estabelecer normas, culminando nos Acordos Coletivos de Trabalho (ACT) e Convenções Coletivas de Trabalho (CCT).

Contudo, neste processo histórico, no surgimento das primeiras organizações sindicais, a coalizão de trabalhadores, e até mesmo de empregadores, era proibida, chegando a ser considerada um movimento criminoso punido com prisão. Os primeiros países que passaram a permitir coalizões de trabalhadores e empregadores foram Inglaterra (1824), Alemanha (1869) e Itália (1889)[5].

Posteriormente, a partir do reconhecimento dos sindicatos como legítimos representantes dos trabalhadores, passaram a exercer atividade delegada do poder público, pois eram considerados órgãos ou corporações do Estado. Este modelo prevaleceu na Itália e no Brasil, onde a Administração Pública detinha absoluto controle sobre os sindicatos, interferindo desde sua criação, até nomeação de seus dirigentes[6].

Entretanto, mesmo antes da permissão legal, o movimento sindical atuava em busca de condições de trabalho mais dignas. Tratava-se de sindicalismo autêntico e forte existente nos países industrializados, fruto da práxis laboral, verdadeira pedra angular da negociação coletiva, o melhor meio da solução de conflitos por ser autocompositivo, direto, rápido e eficiente.

Já no caso da América Latina, os legisladores perceberam sua utilidade prática e jurídica e, com base na experiência europeia e estadunidense, a adotaram nas legislações.

Conforme se depreende, nas Nações que atingiram níveis elevados de industrialização a negociação coletiva de trabalho surgiu da prática do ambiente laboral, como uma das formas mais eficazes de pacificação de conflitos. Por outro lado, no caso dos países que demoraram a atingir níveis satisfatórios de industrialização, a negociação coletiva de trabalho surgiu de cima para baixo, ou seja, das leis para os fatos, o que acabou por enfraquecê-la inicialmente, mas não nos dias atuais.

---

[5] NASCIMENTO, Amauri Mascaro. *Compêndio de direito sindical.* – 6. ed. – São Paulo: LTr, 2009, p. 70.

[6] SANTOS, Enoque Ribeiro dos. *Direitos humanos na negociação coletiva: teoria e prática jurisprudencial.* São Paulo: LTr, 2004, p. 68.

1.2. A negociação coletiva de trabalho na Constituição Federal

No caso brasileiro, a Constituição Federal de 1988 foi a primeira a tratar diretamente da negociação coletiva de trabalho em vários de seus dispositivos, reconhecendo-a como direito dos trabalhadores. Destacando os artigos 7º, incisos VI, XIII, XIV e XXVI, 8º, inciso VI, e 114, §§ 1º e 2º, é possível concluir que o legislador constituinte deu ênfase e preferência à negociação coletiva de trabalho na solução dos conflitos coletivos de trabalho, que, inclusive se sobrepõe à solução jurisdicional dos conflitos[7].

Neste contexto, os sindicatos tiveram reconhecida a total liberdade e independência, assegurando a todos os trabalhadores: liberdade de associação sindical; vedação de interferência do Poder Público na atividade do sindicato; reconhecimento do sindicato como legítimo representante dos trabalhadores na defesa de seus interesses individuais e coletivos (judicial ou extrajudicialmente); obrigatoriedade da participação dos sindicatos na negociação coletiva; assegurou o direito de greve; assegurou a participação dos trabalhadores e empregadores nos colegiados dos órgãos públicos em que seus interesses profissionais ou previdenciários sejam discutidos; assegurou a eleição de um representante dos trabalhadores, nas empresas com mais de duzentos empregados, para promover o diálogo com os empregadores; assegurou o direito de greve e o reconhecimento das Convenções e Acordos Coletivos de trabalho, nos termos dos artigos[8] transcritos na nota respectiva.

---

[7] CRFB, Art. 114, § 2º. Recusando-se qualquer das partes à negociação coletiva ou à arbitragem, é facultado às mesmas, de comum acordo, ajuizar dissídio coletivo de natureza econômica, podendo a Justiça do Trabalho decidir o conflito, respeitadas as disposições mínimas legais de proteção ao trabalho, bem como as convencionadas anteriormente. (Redação dada pela Emenda Constitucional nº 45, de 2004)

[8] Art. 7º São direitos dos trabalhadores urbanos e rurais, além de outros que visem à melhoria de sua condição social: XXVI – reconhecimento das convenções e acordos coletivos de trabalho; Art. 8º É livre a associação profissional ou sindical, observado o seguinte: I – a lei não poderá exigir autorização do Estado para a fundação de sindicato, ressalvado o registro no órgão competente, vedadas ao Poder Público a interferência e a intervenção na organização sindical; III – ao sindicato cabe a defesa dos direitos e interesses coletivos ou individuais da categoria, inclusive em questões judiciais ou administrativas; V – ninguém será obrigado a filiar-se ou a manter-se filiado a sindicato; VI – é obrigatória a participação dos sindicatos nas negociações coletivas de trabalho; VIII – é vedada a dispensa do empregado sindicalizado a partir do registro da candidatura a cargo de direção ou representação sindical e, se eleito, ainda que suplente, até um ano após o final do mandato, salvo se cometer falta grave nos termos da lei. Parágrafo único. As disposições deste artigo aplicam-se à organização de sindicatos rurais e de colônias de pescadores, atendidas as condições que a lei estabelecer.

SINDICATOS E AUTONOMIA PRIVADA COLETIVA

No caso dos servidores públicos, a Constituição Federal de 1988 derrogou o art. 566 da CLT, *caput*[9], que vedava a sindicalização dos servidores públicos, ao reconhecer seu direito à livre associação sindical, nos termos do art. 37, VI, da mesma.

No atinente à negociação coletiva de trabalho dos servidores públicos, a Constituição Federal deixou uma grande lacuna, pelo fato do art. 39, § 3º[10] não fazer referência ao art. 7º, XXVI[11], ou seja, nada afirmou sobre o reconhecimento da negociação coletiva de trabalho dos servidores públicos, o que será analisado mais adiante neste artigo.

1.3. Vantagens da negociação coletiva de trabalho

Conforme salienta este autor[12], a negociação coletiva de trabalho é uma das formas mais eficazes de pacificação de conflitos coletivos, além de ser a função mais nobre que as organizações sindicais podem exercer, e estão intrinsecamente ligadas ao fortalecimento dos sindicatos.

A vantagem da negociação coletiva de trabalho se faz sentir na economia privada nacional, já de longa data pacificada, e operando em relativa harmonia e paz social, graças ao seu exercício ano a ano, que culmina com a celebração de acordos e convenções coletivas de trabalho, pelos respectivos seres coletivos. A pacificação social se faz presente e é observada na prática, na medida

---

Art. 9º É assegurado o direito de greve, competindo aos trabalhadores decidir sobre a oportunidade de exercê-lo e sobre os interesses que devam por meio dele defender. § 1º – A lei definirá os serviços ou atividades essenciais e disporá sobre o atendimento das necessidades inadiáveis da comunidade. § 2º – Os abusos cometidos sujeitam os responsáveis às penas da lei.

Art. 10. É assegurada a participação dos trabalhadores e empregadores nos colegiados dos órgãos públicos em que seus interesses profissionais ou previdenciários sejam objeto de discussão e deliberação.

Art. 11. Nas empresas de mais de duzentos empregados, é assegurada a eleição de um representante destes com a finalidade exclusiva de promover-lhes o entendimento direto com os empregadores.

[9] CLT, art. 566 – Não podem sindicalizar-se os servidores do Estado e os das instituições paraestatais.

[10] CRFB, art. 39, § 3º Aplica-se aos servidores ocupantes de cargo público o disposto no art. 7º, IV, VII, VIII, IX, XII, XIII, XV, XVI, XVII, XVIII, XIX, XX, XXII e XXX, podendo a lei estabelecer requisitos diferenciados de admissão quando a natureza do cargo o exigir. (Incluído pela Emenda Constitucional nº 19, de 1998)

[11] CRFB, art. 7º São direitos dos trabalhadores urbanos e rurais, além de outros que visem à melhoria de sua condição social: (...) XXVI – reconhecimento das convenções e acordos coletivos de trabalho;

[12] SANTOS, Enoque Ribeiro dos. *O microssistema de tutela coletiva: parceirização trabalhista*. São Paulo: LTr, 2012, p. 183.

em que os sindicatos profissionais, nos últimos anos, têm conseguido êxito não apenas na reposição salarial dos índices inflacionários, bem como agregar valores relacionados à produtividade de várias categorias profissionais.

Em outras palavras, a partir da desindexação da economia e da inexistência de política salarial para o setor privado, o Estado passou a estabelecer apenas o valor do salário mínimo nacional, e não restou outra alternativa ao setor privado da economia, a não ser o exercício da negociação coletiva para resolver suas controvérsias. Dessa forma, a pacificação social na iniciativa privada é exercida a partir da aproximação das datas bases das categorias, por intermédio do processo negocial e autocompositivo.

No presente cenário percebe-se que há relativa paz social no setor privado da economia, na medida em que de certa forma os trabalhadores estão relativamente satisfeitos, pois além de uma situação próximo ao pleno emprego estão cientes que na data base da categoria conseguirão repor, pelo menos, suas perdas inflacionárias, enquanto que no setor público da economia – no qual os reajustamentos salariais somente podem decorrer de lei[13] – existe uma insatisfação ou descontentamento geral, pois o Poder Executivo além de não atender o dispositivo constitucional retro mencionado, resolveu aplicar, em nome do princípio da reserva do possível (orçamento) e da crise no cenário internacional, um índice aleatório de reposição salarial ao funcionalismo (tirado não se sabe de onde e com que critério científico e, especialmente, sem levar em conta o efetivo índice de defasagem salarial na órbita pública), com efeitos diferidos no tempo, com a manutenção de expressiva defasagem, pelo fato de não ter havido reposição da inflação dos últimos quatro anos.

Daí, a nossa defesa inconteste dos benefícios de uma política de imediata negociação coletiva de trabalho, em caráter permanente, contínuo, a nível federal (e também estadual e municipal) entre o Ministério do Planejamento ou órgãos delegados do Poder Executivo e os sindicatos profissionais de servidores públicos ou associações de agentes políticos.

Entre as inúmeras vantagens da negociação coletiva, na pacificação de conflitos coletivos, podemos ainda destacar:

---

[13] X – a remuneração dos servidores públicos e o subsídio de que trata o § 4º do artigo 39 somente poderão ser fixados ou alterados por lei específica, observada a iniciativa privativa em cada caso, assegurada revisão geral anual, sempre na mesma data e sem distinção de índices; (Redação dada ao inciso pela Emenda Constitucional nº 19, de 04.06.1998, DOU 05.06.1998)

SINDICATOS E AUTONOMIA PRIVADA COLETIVA

a) Celeridade na elaboração de seus instrumentos jurídicos (acordo, convenção coletiva ou contrato coletivo[14]). No caso dos servidores públicos estatutários, vislumbramos somente a possibilidade de acordos coletivos de trabalho;

b) Maior adaptação ao caso concreto, levando-se em conta as peculiaridades de cada empresa, órgão público, ramo de atividade, força de trabalho competitividade, produtividade, custos de produção etc.;

c) Propensão a maior estabilidade social e a um menor nível de conflituosidade, em razão das novas condições terem sido acordadas pelas próprias partes;

d) Melhor compatibilidade às necessidades e exigências do mercado e da produção, dos serviços prestados, especialmente pelo fato de muitas empresas operarem num mercado globalizado, sem fronteiras na linha de produção, onde nem sempre a jurisdição alcança.

e) Maior grau de integração e solidariedade entre empregadores e empregados e servidores públicos envolvidos,

f) Fortalecimento do sindicato e de outras formas de organização dos trabalhadores no local de trabalho.

2. Negociação coletiva de trabalho no setor público

A despeito das complexidades da Administração Pública, além das múltiplas formas pelas quais o Estado de faz presente na sociedade, assim como a inegável especificidade das relações entre servidores com os entes públicos, não se pode esquecer que toda a estrutura da Administração Pública, assim como todas as suas atividades, não prescindem das pessoas que as realizam, pois todo o trabalho que se presta a um ente público é sempre um trabalho humano[15].

Ademais, a concepção de que as condições de trabalho no setor público somente poderiam ser fixadas unilateralmente pela Administração Pública remontam à concepção de Estado como ente englobador da sociedade, autoritário, não numa perspectiva de impor limites ao poder do Estado, mas

---

[14] Os contratos coletivos, aplicados no caso dos portuários, são regidos pela Lei 8.630/1993, Art. 18, parágrafo único. No caso de vir a ser celebrado contrato, acordo, ou convenção coletiva de trabalho entre trabalhadores e tomadores de serviços, este precederá o órgão gestor a que se refere o caput deste artigo e dispensará a sua intervenção nas relações entre capital e trabalho no porto.

[15] CAVALCANTE, Jouberto de Quadros Pessoa; JORGE NETO, Francisco Ferreira. *O empregado público*. – 3ª. ed. – São Paulo: LTr, 2012, p. 447.

sim numa perspectiva de "manutenção de privilégios mediante a criação de um espaço infenso à atuação do particular e a dos Poderes Legislativo e Judiciário"[16]. Tal concepção impediu por muito tempo a sindicalização dos servidores públicos.

Os direitos à sindicalização, à negociação coletiva e à greve são considerados os pilares do direito coletivo, indissociáveis numa relação tridimensional que perderia todo o sentido sem qualquer um desses seus três elementos constitutivos. Visto de outro ângulo, os direitos à negociação coletiva e à greve são desdobramentos do direito à sindicalização, este último, mais amplo.

Neste sentido, destaca-se o pensamento de Arnaldo Süssekind a respeito, para quem "o direito à liberdade sindical, enquanto direito humano fundamental, é preexistente ao direito positivo interno: este somente pode reconhecê-lo ou declarar sua existência, mas não concedê-lo, nem criá-lo."[17]

É certo que a Constituição Federal de 1988 garante ao servidor público o direito à livre associação sindical, nos termos do art. 37, VI, corolário do direito de associação estabelecido no art. 5º, XVII da mesma Constituição. Adicionando-se a tais preceitos constitucionais a decisão do STF, de 25/10/2007, favorável ao exercício do direito de greve por parte dos servidores públicos estatutários, o caminho estava aberto ao reconhecimento do direito ao exercício da negociação coletiva no setor público, por desdobramento lógico, o que a ratificação da Convenção nº 151 da OIT somente veio a chancelar.

2.1. As teorias desfavoráveis e as favoráveis à admissibilidade da negociação coletiva no setor público

Apesar de a liberdade sindical ser amplamente reconhecida como direito humano fundamental, da qual decorrem os direitos à negociação coletiva e à greve, no caso recente do Brasil, afigurava-se um problema quando entrava em cena a discussão sobre a admissibilidade da negociação coletiva de trabalho dos servidores públicos estatutários. Neste campo, doutrina e jurisprudência se apresentavam em duas correntes, uma que defendia sua total impossibilidade jurídica, enquanto que outra defendia sua possibilidade, desde que respeitadas certas condições.

---

[16] RESENDE, Renato de Sousa. *Negociação coletiva de servidor público*. São Paulo: LTr, 2012, p. 66.
[17] SÜSSEKIND, Arnaldo. *Direito constitucional do trabalho*. 4ª. ed. (ampl. e atual.) – Rio de Janeiro: Renovar, 2010, p. 360.

Para a corrente contrária à possibilidade da negociação coletiva de trabalho no setor público, a argumentação buscava fundamentos nos princípios da Administração Pública, em especial o da legalidade, assim como o fato do art. 39, § 3º da Constituição Federal[18], que trata dos direitos sociais dos servidores públicos, silenciar a respeito do inciso XXVI do art. 7º, que reconhece as convenções e acordos coletivos de trabalho.

Ademais, a Súmula 679 do STF declara que: *"A fixação de vencimentos dos servidores públicos não pode ser objeto de convenção coletiva"*.

Outro aspecto da argumentação contrária à negociação coletiva dos servidores públicos dizia respeito ao sistema de controle dos gastos públicos, que impunha óbice à negociação de reajustamento de salários. Nesta esteira:

a) É de iniciativa exclusiva do Presidente da república a proposta de leis que disponham sobre criação de cargos, funções ou empregos públicos na administração direta e autárquica ou aumento de sua remuneração (art. 61, § 1º, II, a da CF/88), que deve ser submetida ao Congresso Nacional (art. 49, X da CF/88);

b) As despesas com pessoal ativo e inativo da União, dos Estados, do Distrito Federal e dos Municípios não poderão exceder os limites estabelecidos em lei complementar (art. 169, caput, da CF/88);

c) A concessão de qualquer vantagem ou aumento de remuneração, só poderão ser feitas, se houver prévia dotação orçamentária suficiente para atender às projeções de despesa de pessoal e aos acréscimos dela decorrentes e se houver autorização específica na lei de diretrizes orçamentárias, ressalvadas as empresas públicas e as sociedades de economia mista (art. 169, § 1º, I e II);

d) Por sua vez, a Lei Complementar nº 101/2000 (Lei de Responsabilidade na Gestão Fiscal), fixa as despesas com pessoal da União a 50% e para os Estados e Municípios em 60% das respectivas receitas correntes líquidas (arts. 18 e 19);

Acrescente-se que em relação à Lei 8.112/1990, lei que dispõe sobre o regime jurídico único dos servidores públicos civis da União, das autarquias

---

[18] CRFB, art. 39, § 3º. Aplica-se aos servidores ocupantes de cargo público o disposto no art. 7º, IV, VII, VIII, IX, XII, XIII, XV, XVI, XVII, XVIII, XIX, XX, XXII e XXX, podendo a lei estabelecer requisitos diferenciados de admissão quando a natureza do cargo o exigir. (Incluído pela Emenda Constitucional nº 19, de 1998)

e das fundações públicas federais, o STF declarou inconstitucional as alíneas "d" e "e" do art. 240, que havia assegurado ao servidor público civil o direito à negociação coletiva e fixado a competência da Justiça do Trabalho para dirimir controvérsias individuais e coletivas (ADI 492-1, Rel. Min. Carlos Velloso, julgamento em 21-10-1992, Plenário, DJ de 12-3-1993.)[19].

Para a corrente que defendia a possibilidade de negociação coletiva no setor público,dentro de determinadas condições, a omissão do art. 39, § 3º da Constituição Federal, que silenciou a respeito do inciso XXVI do art. 7º, não era motivo suficiente para a não fruição desse direito pelos servidores públicos, pois a omissão ao aludido dispositivo não constituía óbice de natureza constitucional.

Importante destacar o papel do Estado na concepção atual, conforme defendida por Norberto Bobbio[20], como um subsistema do sistema sociopolítico, submisso ao ordenamento jurídico, sujeito de direitos e deveres, que tem como papel primordial dar respostas às demandas provenientes do ambiente social. De outra parte, no plano interno, o poder soberano é do povo, elemento constitutivo e fundamental do Estado, sem o qual este não existe legitimamente.

Portanto, o Estado Democrático de Direito representa a participação pública no processo de construção da sociedade, através do modelo democrático e a vinculação do Estado a uma Constituição como instrumento básico de garantia jurídica.

Ainda se não bastassem os argumentos acima, seria totalmente incoerente reconhecer os direitos à sindicalização e à greve sem o direito à negociação coletiva. Ora, se a greve é uma decorrência lógica da negociação coletiva de trabalho mal sucedida, total incoerência é reconhecer os seus efeitos, ou seja, o resultado sem que se reconheça a causa, ou o processo, no caso a negociação coletiva.

Para esta última corrente, a qual nos filiamos, os instrumentos jurídicos que defluem da negociação coletiva (no caso apenas os acordos[21] coletivos de

---

[19] Disponível in <http://redir.stf.jus.br/paginadorpub/paginador.jsp?docTP=AC&docID=266382> Último acesso em 10/12/2012, às 22h01min.

[20] BOBBIO, Norberto. *Estado, Governo, Sociedade: para uma teoria geral da política*.1ª ed. – 18ª reimpressão – São Paulo: Paz e Terra, 2012.

[21] Não existe possibilidade jurídica de se firmar convenção coletiva de trabalho no âmbito da Administração Pública Direta, pelo fato de inexistir sindicato patronal público, eis que o núcleo conceitual da convenção coletiva estabelece, nos dizeres do art. 611 da CLT: "Convenção Coletiva de Trabalho é o acordo de caráter normativo, pelo qual dois ou mais sindicatos representativos de categorias econômicas e profissionais estipulam condições de trabalho aplicáveis, no âmbito

SINDICATOS E AUTONOMIA PRIVADA COLETIVA

trabalho) teriam um caráter político e ético por meio do qual as partes (sindicato profissional e Ministério do Planejamento, a nível federal e estadual ou Municipal) firmariam um compromisso estabelecendo os direitos contemplados, que, posteriormente, seria transformado em Projeto de Lei pelas autoridades competentes, nos termos pactuados, para dar cumprimento ao convencionado. Dessa maneira, estariam conciliados os princípios da Administração Pública com o direito à negociação coletiva.

2.1.1. A recente alteração da OJ nº 5 da SDC do TST

Com a redação anterior da OJ nº 5 da SDC do TST, a jurisprudência do TST não reconhecia o direito ao dissídio coletivo[22] no setor público.

A mudança de orientação do Colendo Tribunal Superior do Trabalho, alterando radicalmente a redação desta OJ[23], em 14/09/2012, colocou uma pá de cal na cizânia jurisprudencial, passando a admitir, de uma vez por todas, a possibilidade de dissídio coletivo no setor público, envolvendo empregados públicos, regidos pela CLT, fruto da influência da ratificação da Convenção n. 151, da OIT, pelo Brasil.

Ora, se se permite o dissídio coletivo de natureza social, não econômico, em face dos óbices constitucionais mencionados, que decorre da existência da negociação coletiva de trabalho mal sucedida, com muito mais certeza podemos afirmar a eficácia deste processo negocial de pacificação coletiva nas contendas envolvendo a reposição de dissídios entre os servidores públicos e o Estado.

Em que pese a posição do TST, que ainda impõe limites ao dissídio coletivo de natureza econômica envolvendo os servidores públicos estatutários, ou mesmo agentes políticos do Estado, a controvérsia pode ser superada por

---

das respectivas representações, às relações individuais de trabalho". Além disso, a Administração Pública não se apresenta jamais como representativa de uma categoria econômica.

[22] OJ nº 5 da SDC do TST. DISSÍDIO COLETIVO CONTRA PESSOA JURÍDICA DE DIREITO PÚBLICO. IMPOSSIBILIDADE JURÍDICA. Aos servidores públicos não foi assegurado o direito ao reconhecimento de acordos e convenções coletivos de trabalho, pelo que, por conseguinte, também não lhes é facultada a via do dissídio coletivo, à falta de previsão legal.

[23] OJ nº 5 da SDC do TST. DISSÍDIO COLETIVO. PESSOA JURÍDICA DE DIREITO PÚBLICO. POSSIBILIDADE JURÍDICA. CLÁUSULA DE NATUREZA SOCIAL (redação alterada na sessão do Tribunal Pleno realizada em 14.09.2012). Em face de pessoa jurídica de direito público que mantenha empregados, cabe dissídio coletivo exclusivamente para apreciação de cláusulas de natureza social. Inteligência da Convenção nº 151 da Organização Internacional do Trabalho, ratificada pelo Decreto Legislativo nº 206/2010.

A INEVITABILIDADE DA NEGOCIAÇÃO COLETIVA NO SETOR PÚBLICO

meio da negociação coletiva de trabalho entre os sindicatos ou associações respectivas e o Poder Executivo.

Quando não se tratar de dissídios de natureza econômica, ou seja, que envolvam dotação orçamentária, pode ocorrer até mesmo o dissídio coletivo, corolário da negociação coletiva de trabalho mal sucedida, tendo por objeto tão somente condições de trabalho sem reflexos econômicos, tais como meio ambiente de trabalho e jornada de trabalho.

Indissociável para este debate é o fato de que a Constituição Federal, no já aludido art. 39, § 3º, faz menção expressa ao inciso XIII[24] do art. 7º, admitindo a compensação e horários e a redução de jornada *mediante acordo ou convenção coletiva de trabalho*, o que se aplica aos servidores públicos. Portanto, conforme esclarece a Luciana Bullamah Stoll, "a referência ao inciso XIII do art. 7º da Carta Magna implica na admissão da negociação coletiva para os servidores ocupantes de cargo público"[25].

Pelas razões acima expostas é mais lógico e condizente com o Estado Democrático de Direito a posição da corrente doutrinária que defende a possibilidade de negociação coletiva de trabalho no setor público, que, ademais, é integrante do rol dos direitos humanos fundamentais, na categoria de direito social fundamental,que jamais poderia ser negado a essa categoria de trabalhadores.

3. Normas internacionais que apoiam a negociação coletiva de trabalho no setor público

3.1. Convenções e recomendações da OIT

A negociação coletiva de trabalho foi erigida a direito fundamental social dos trabalhadores, estando, pois inserta no texto constitucional brasileiro, além de ter recebido especial destaque na Declaração da OIT Sobre os Princípios e Direitos Fundamentais no Trabalho, de 19/06/1998, que declara em seu artigo 2 que todos os Estados Membros, ainda que não tenham ratificado as convenções, têm compromisso derivado do simples fato de pertencerem à OIT

---

[24] CRFB, art. 7º. São direitos dos trabalhadores urbanos e rurais, além de outros que visem à melhoria de sua condição social: (...) XIII – duração do trabalho normal não superior a oito horas diárias e quarenta e quatro semanais, facultada a compensação de horários e a redução da jornada, *mediante acordo ou convenção coletiva de trabalho*; (...)

[25] STOLL, Luciana Bullamah. *Negociação coletiva no setor público*. São Paulo: LTr, 2007, p. 109.

de respeitar, promover e tornar realidade os princípios relativos aos direitos fundamentais dos trabalhadores, tais como a liberdade sindical e o direito de negociação coletiva de trabalho[26].

No âmbito da Organização Internacional do Trabalho (OIT), a negociação coletiva de trabalho vem sendo indicada como o melhor meio de solucionar conflitos de interesses e de se conseguir melhores condições de trabalho e melhores salários, gradativamente, desde sua fundação em 1919, ora integrando parcialmente os instrumentos jurídicos daquela organização que tratam de outros temas específicos, ora sendo objeto integral de suas Convenções e Recomendações, cujas principais que tratam do tema da negociação coletiva de trabalho passa-se a analisar[27, 28].

Convenção nº 98 da OIT, de 1949, ratificada pelo Brasil em 1952, foi adotada para aplicação dos princípios do direito de sindicalização e de negociação coletiva, contudo, sem abranger os servidores públicos estatutários.

Estatui que os trabalhadores deverão gozar de proteção adequada contra quaisquer atos atentatórios à liberdade sindical em matéria de emprego, devendo as organizações de trabalhadores e de empregadores gozar de proteção adequada contra quaisquer atos de ingerência, quer seja de umas contra as outras, quer seja por parte da Administração Pública, em sua formação, funcionamento e administração.

Deverão ser tomadas medidas apropriadas às condições nacionais, para fomentar e promover o pleno desenvolvimento e utilização dos meios de negociação voluntária entre empregadores ou organizações de empregadores e organizações de trabalhadores com o objetivo de regular, por meio de convenções, os termos e condições de emprego, trazendo a ressalva de não ser aplicada à situação dos funcionários públicos ao serviço do Estado e não deverá ser interpretada, de modo algum, em prejuízo dos seus direitos ou de seus estatutos.

Convenção nº 154 da OIT, de 1981, ratificada pelo Brasil em 1992, foi adotada para fomentar a negociação coletiva de trabalho, aplicando-se a todos os

---

[26] Artigo 2. Declara que todos os Membros, ainda que não tenham ratificado as convenções aludidas, têm um compromisso derivado do fato de pertencer à Organização de respeitar, promover e tornar realidade, de boa fé e de conformidade com a Constituição, os princípios relativos aos direitos fundamentais que são objeto dessas convenções, isto é: a) a liberdade sindical e o reconhecimento efetivo do direito de negociação coletiva;

[27] STOLL, Luciana Bullamah. *Negociação coletiva no setor público*. São Paulo: LTr, 2007, p. 41 a 44.

[28] MARTINS, Sérgio Pinto. *Convenções da OIT*. São Paulo: Atlas, 2009.

A INEVITABILIDADE DA NEGOCIAÇÃO COLETIVA NO SETOR PÚBLICO

ramos da atividade econômica, podendo a legislação ou a prática nacionais fixar a aplicação desta Convenção no que se refere à Administração Pública.

Para efeito da presente Convenção, a expressão 'negociação coletiva' compreende todas as negociações que tenham lugar entre, de uma parte, um empregador, um grupo de empregadores ou uma organização ou várias organizações de empregadores, e, de outra parte, uma ou várias organizações de trabalhadores, com fim de fixar as condições de trabalho e emprego, assim como regular as relações entre empregadores e trabalhadores, além das relações entre as organizações de empregadores e as organizações de trabalhadores.

Prevê que sejam adotadas medidas de estímulo à negociação coletiva, que devem prover sua ampla possibilidade de aplicação, que seja progressivamente estendida a todas as matérias, cujas medidas de estímulo adotadas pelas autoridades públicas deverão ser objeto de consultas prévias e, quando possível, de acordos entre as autoridades públicas e as organizações patronais e as de trabalhadores.

A Recomendação nº 163 da OIT, de 1981, sobre a promoção da negociação coletiva, assinala que medidas devem ser tomadas para facilitar o estabelecimento e desenvolvimento, em base voluntária, de organizações livres, independentes e representativas de empregadores e de trabalhadores, além de que tais organizações sejam reconhecidas para fins de negociação coletiva.

Ademais, a negociação coletiva deve ser possível em qualquer nível, seja ao da empresa, do ramo de atividade, da indústria, ou nos níveis regional ou nacional, podendo as autoridades públicas oferecer, a pedido das partes interessadas, assistência em treinamento para o pleno desenvolvimento de todo o processo da negociação coletiva.

As partes da negociação coletiva devem prover seus respectivos negociadores do necessário mandato para conduzir e concluir as negociações, sujeitos a disposições de consultas a suas respectivas organizações.

Outro ponto importante diz respeito a liberdade de informação necessária ao processo de negociação coletiva de trabalho, pois esta Recomendação da OIT assinala que as partes devem ter acesso à informação necessária às negociações, inclusive por parte de empregadores públicos e privados, que devem pôr à disposição informações sobre a situação econômica e social da unidade negociadora e da empresa em geral, se necessárias para negociações, devendo tais informações serem tratadas com confidencialidade, quando necessário.

Convenção nº 87 da OIT, de 1948, foi adotada para defender e fomentar a liberdade sindical e proteção ao direito de sindicalização, ainda não ratificada pelo Brasil, tendo em vista os obstáculos constitucionais relativos à unicidade sindical e aos demais ranços corporativistas ainda presentes em nosso texto constitucional.

Apesar de não tratar diretamente da negociação coletiva de trabalho, entende-se que o fez implicitamente ao afirmar e defender a liberdade sindical, que em seu bojo traz indissociavelmente o direito à negociação coletiva e à greve.

Finalmente, passa-se a expor a Convenção nº 151 da OIT e a Recomendação nº 159, ambas aprovadas pela Conferência Geral da Organização Internacional do Trabalho, em sua sexagésima quarta reunião, realizada em 07/06/1978 e, recentemente, aprovada pelo Decreto Legislativo nº 206/2010 que, por sua importância, serão analisadas em tópico próprio, a seguir.

3.2. As recentes aprovações da Convenção nº 151 e da Recomendação nº 159 da OIT

O Decreto Legislativo nº 206, de 07/04/2010, aprovou os textos da Convenção nº 151 e da Recomendação nº 159 da OIT, ambas de 1978. A aprovação e incorporação ao ordenamento jurídico brasileiro da Convenção nº 151 da OIT foi solicitada ao Congresso Nacional em 14 de fevereiro de 2008, em mensagem da Presidência da República[29].

De acordo com a solicitação do Executivo, a Convenção estabelece princípios que asseguram a proteção dos trabalhadores da Administração Pública no exercício de seus direitos sindicais, e a independência das entidades, assim como a realização de negociações coletivas da categoria com o Poder Executivo para questões como, por exemplo, reajustes salariais.

Outro acontecimento que contribuiu decisivamente para o momento político favorável à aprovação da Convenção nº 151 e da Recomendação nº 159 da OIT foi a deliberação pelo Supremo Tribunal Federal que, em 25/10/2007, decidiu ser o art. 37, VII da Constituição Federal norma de eficácia contida, de modo que nas greves envolvendo servidores públicos estatutários, deverá ser aplicada a Lei nº 7.783/1989 até que seja aplicada a lei específica, ou seja, decidiu pela legalidade do exercício do direito de greve por parte dos

---

[29] Fonte: Secretaria-Geral da Presidência da República. Disponível in <http://www.secretariageral.gov.br/noticias/ultimas_noticias/2008/02/not_130220082> Último acesso em 09/12/12, às 16h52min.

servidores públicos estatutários, o que certamente pavimentou o caminho rumo à aprovação da aludida Convenção nº 151 da OIT.

O Decreto Legislativo nº 206, de 07/04/2010, traz duas ressalvas. A primeira, que, no caso brasileiro, a expressão "pessoas empregadas pelas autoridades públicas" abrange tanto os empregados públicos, regidos pela CLT, quanto os servidores públicos estatutários, todos ingressos na Administração Pública mediante concurso público. A segunda ressalva diz que são consideradas organizações de trabalhadores, abrangidas pela Convenção, apenas aquelas constituídas nos termos do art. 8º da Constituição Federal, ou seja, as entidades sindicais.

A Convenção nº 151 da OITdeverá ser aplicada a todas as pessoas empregadas pela administração pública, na medida em que não lhes forem aplicáveis disposições mais favoráveis de outras Convenções Internacionais do Trabalho, com a ressalva que cada país poderá determinar até que ponto as garantias previstas na presente Convenção se aplicam aos empregados de alto nível[30] que, por suas funções, possuam poder decisório ou desempenhem cargos de direção ou aos empregados cujas obrigações são de natureza altamente confidencial.

Os empregados e servidores públicos gozarão de proteção adequada contra todo ato de discriminação sindical em relação com seu emprego, seja contra ato que objetive subordinar o empregado público, despedir ou prejudicá-lo devido à sua filiação sindical,

Os sindicatos e empregados públicos gozarão de completa independência a respeito das autoridades públicas, de adequada proteção contra todo ato de ingerência de uma autoridade pública na sua constituição, funcionamento ou administração.

Serão considerados atos de ingerência, principalmente, os destinados a fomentar a constituição de sindicatos de empregados públicos dominadas pela autoridade pública, ou sustentados economicamente por esta, ou qualquer outra forma que tenha o objetivo de colocar os sindicatos sob o controle da autoridade pública.

---

[30] Entendemos que tais servidores constituem os agentes políticos, que, por constituírem agentes dotados de soberania estatal, atribuídas pelo próprio texto constitucional, em suas respectivas áreas de atuação, se confundem com o próprio Estado. São eles, os titulares do Poder Executivo (Presidente da República, Governadores de Estado, Prefeitos Municipais), ministros de Estado, parlamentares (deputados e senadores), ministros dos Tribunais Superiores, desembargadores, magistrados, membros do Ministério Público e dos Tribunais de Contas.

Deverão ser concedidas aos representantes dos sindicatos facilidades para permitir-lhes o desempenho rápido e eficaz de suas funções, durante suas horas de trabalho ou fora delas, sem que fique prejudicado o funcionamento eficaz da Administração Pública.

Deverão ser adotadas medidas adequadas para estimular e fomentar o pleno desenvolvimento e utilização de procedimentos de negociação entre as autoridades públicas competentes e os sindicatos de empregados públicos sobre as condições de emprego, ou de quaisquer outros métodos que permitam aos representantes dos empregados públicos participar na determinação de tais condições.

A solução dos conflitos que se apresentem por motivo das condições de emprego serão tratadas por meio da negociação entre as partes ou mediante procedimentos independentes e imparciais, tais como a mediação, a conciliação e a arbitragem, estabelecidos de modo que inspirem a confiança dos interessados.

A Recomendação nº 159 da OIT, aprovada na mesma Assembleia em que fora aprovada a Convenção nº 151, também foi aprovada no Brasil pelo Decreto Legislativo nº 206, de 07/04/2012, tratando dos procedimentos para a definição das condições de emprego no serviço público.

Trata de recomendações complementares à Convenção nº 151, destacando a importância da legitimidade dos sindicatos, de critérios objetivos para sua constituição e representatividade da categoria profissional, assim como de definições legais, ou por outros meios, da representatividade da Administração Pública nas negociações coletivas de trabalho.

Também recomenda critérios objetivos de procedimentos na negociação, estabelecimento de prazos de vigência dos acordos bem sucedidos e critérios de revisão e renovação.

Para José Carlos Arouca, "não basta a incorporação da Convenção nº 151 ao nosso ordenamento jurídico, dependente de regulamentação precisa que defina os agentes da Administração legitimados a negociar e os limites da própria negociação, quando o atendimento das reivindicações dependerem de aprovação por lei."[31]

Com a ratificação da Convenção nº 151 da OIT cremos que não remanesce dúvidas que ficou definitivamente permitida a negociação coletiva de trabalho para dirimir os conflitos coletivos trabalhistas no setor público brasileiro. Nesta esteira, no âmbito da União, foi editado o Decreto nº 7.674/2012, que

---

[31] AROUCA, José Carlos. *Curso básico de direito sindical.* – 3. ed. – São Paulo: LTr, 2012, p. 176 a 177.

disciplina o processo de negociação nos conflitos coletivos de trabalho, no caso dos servidores públicos federais da administração pública federal direta, autárquica e fundacional.

4. A experiência brasileira

Existem várias experiências de negociação coletiva no setor público, no Brasil, mesmo antes da ratificação da Convenção 151 da OIT. Em outras palavras, a falta de previsão legal não impediu a realização de acordos coletivos entre vários Municípios brasileiros, por meio de Secretarias e os respectivos sindicatos de servidores públicos[32], com estipulação de condições de trabalho e de remuneração de servidores estatutários.

Observe-se que estas negociações são fruto das reivindicações e greves dos sindicatos dos servidores públicos que acabaram por enfraquecer a resistência da Administração Pública em negociar democraticamente melhores condições de trabalho e salários.

Em âmbito federal[33] foi criada Mesa Nacional de Negociação Permanente, em 2002,com o intuito de instituir um Sistema de Negociação Permanente

---

[32] O Município de Foz do Iguaçu e o sindicato municipal de servidores públicos realizaram vários acordos coletivos de trabalho, que resultaram em projetos de lei que proveram eficácia aos instrumentos firmados.

[33] CONSTITUCIONAL – ADMINISTRATIVO – DIRETO SINDICAL – MINISTRA DE ESTADO DO PLANEJAMENTO, ORÇAMENTO E GESTÃO – SECRETARIA DE RELAÇÕES DE TRABALHO NO SERVIÇO PÚBLICO – PRELIMINARES REJEITADAS – MESA NACIONAL DE NEGOCIAÇÃO PERMANENTE – PRETENSÃO DE REPRESENTAÇÃO DIRETA POR SINDICATO LOCAL – INCABÍVEL – PRINCÍPIO DA UNICIDADE SINDICAL – 1- Cuida-se de writ impetrado por sindicato local de servidores contra ato coator omissivo da Ministra de Estado do Planejamento, Orçamento e Gestão e do Secretário de Relações de Trabalho no Serviço Público, consubstanciado na negativa em permitir a participação plena na Mesa Nacional de Negociação Permanente, referente aos interesses da categoria que representa. 2- O sindicato impetrante possui legitimidade ativa para postular a sua participação em quaisquer atividades pertinentes à representação dos interesses dos seus representados. Preliminar rejeitada. 3- A Ministra de Estado possui legitimidade passiva ad causam já que as reuniões da Mesa Nacional de Negociação Permanente são realizadas sob a coordenação central daquele Ministério e, principalmente, porque encampou a defesa dos atos da Secretaria de Relações do Trabalho no Serviço Público. Precedente: MS 13.947/DF, Rel. Ministra Maria Thereza de Assis Moura, Terceira Seção, DJe 2.6.2011. Preliminar rejeitada. 4- As informações da autoridade dão conta de que o ato reputado como coator existe, pois alega que "a experiência tem revelado que a negociação é mais eficaz quando realizada com um número limitado de sindicatos, evitando a proliferação. Preliminar rejeitada. 4- As informações da autoridade dão conta de que o ato reputado como coator existe, pois alega que "a experiência

SINDICATOS E AUTONOMIA PRIVADA COLETIVA

em âmbito federal, integrante do Sistema de Pessoal Civil da Administração Federal – SIPEC, criado pelo Decreto nº 67.326/1970.

Podemos citar as seguintes experiências exitosas de negociação coletiva de trabalho no setor público[34]:

a) a criação da Mesa Nacional de Negociação Permanente, em 2002, e dez mesas setoriais implantadas em dez Ministérios, com os seguintes resultados expressivos: 47 negociações concluídas, 5 planos especiais de cargos criados e 112 tabelas remuneratórias estruturadas;

b) criação, em 2002, do Sistema de Negociação Permanente para a Eficiência na Prestação dos Serviços Públicos Municipais de São Paulo (SINP), composto por representantes do Governo Municipal, dos servidores públicos, da Câmara Municipal, do DIEESE, além de 31 associações de classe;

c) instituição da Mesa Nacional de Negociação Permanente do Sistema Único de Saúde, em 1993;

d) ainda é possível citar resultados exitosos em negociações coletivas, inclusive envolvendo aumento de salários, nos casos dos servidores do Poder Judiciário do Estado de São Paulo (reposição salarial de 14%), no caso dos servidores do Ministério do Planejamento (reajuste escalonado de 10,79%).

Assim a embora tardia aprovação da Convenção nº 151 da OIT simplesmente legalizou a prática corrente, ou seja, reivindicações, negociações coletivas

---

tem revelado que a negociação é mais eficaz quando realizada com um número limitado de sindicatos, evitando a proliferação de entidades sem nenhuma representatividade e incentivando aquelas de fato representativas" (fl. 68). Preliminar rejeitada. 5- Resta comprovado que o sindicato impetrante tem representatividade local (fl. 26) e possui liberdade de atuação nos limites que são fixados pelo art. 8º, incisos III e VI, da Constituição Federal; No caso concreto, não há conflito de representação, uma vez que a base territorial do sindicato local está englobada ao direito e dever de representação de sindicato nacional, em plena conformidade com o princípio da unicidade sindical. 6- Como já atestou o Excelso Pretório, "o princípio da unicidade sindical, previsto no art. 8º, II, da Constituição Federal, é a mais importante das limitações constitucionais à liberdade sindical." (AgRg no RE 310.811, Relatora Min. Ellen Gracie, Segunda Turma, publicado no DJe em 5.6.2009); Assim, o entendimento contrário estabeleceria uma concorrência entre entidades locais e nacional, que não é cabível no sistema produzido pelo Poder Constituinte originário. Segurança denegada. Agravo regimental prejudicado. (STJ – MS 18.121 – (2012/0020932-5) – 1ª S. – Rel. Min. Humberto Martins – DJe 30.05.2012 – p. 465)v96

[34] AROUCA, José Carlos. *Curso básico de direito sindical.* – 3. ed. – São Paulo: LTr, 2012, p. 176 a 177.

A INEVITABILIDADE DA NEGOCIAÇÃO COLETIVA NO SETOR PÚBLICO

de trabalho, greves e pacificação de conflitos na seara pública, à imagem do que ocorre na atividade privada.

Contudo, muito ainda precisa ser feito quanto ao respeito do exercício do direito de negociação coletiva e greve, no setor público, haja vista a recente reclamação apresentada à OIT, em 08/08/2012, pela Central Única de Trabalhadores (CUT) e mais seis entidades sindicais, contra a República Federativa do Brasil, em razão da edição do Decreto 7.777/2012 e de desconto de salários dos servidores em greve.

O aludido decreto dispõe sobre medidas a serem tomadas durante a ocorrência de greves na Administração Pública Federal, que afrontam a Convenção 151 da OIT, na medida em que propicia insegurança jurídica aos servidores envolvidos, pelo fato de permitir a substituição de trabalhadores em greve por servidores de outras esferas (estadual e municipal), o que também colide com a Lei 7.783/1989. Por tais fundamentos, a CUT requer à OIT a aplicação sanções à República Federativa do Brasil.

5. Considerações finais

O presente artigo teve por objetivo discutir e apresentar uma vertente positiva sobre a negociação coletiva de trabalho no setor público, considerando a últimas novidades jurídicas, no campo jurisprudencial e doutrinário, a realidade e a experiência brasileira, a recente ratificação de convenções da OIT alusivas ao tema, e, especialmente, o clamor das ruas, ou seja, a movimentação de servidores públicos, desde meados de 2012 lutando, por meio de seus sindicatos, pela recomposição de seus subsídios em face do Estado.

Paralelamente, enquanto assistimos a uma situação de relativa calma e pacificação social no setor privado da economia, graças à prática constante e reiterada da negociação coletiva de trabalho, por meio da qual os seres coletivos vêm celebrando, ano após ano, acordos e convenções coletivas e contemplando as categorias profissionais com reajustes salariais, em vários casos superiores aos índices inflacionários oficiais, ao revés, no setor público, nos deparamos com um quadro de insatisfação e de sentimento de desvalorização das categorias, pela ausência de diálogo social e da prática da negociação coletiva em seus vários níveis.

Em grande parte, esse sentimento de desconforto disseminado no âmbito da Administração Pública brasileira foi motivado pela ausência de qualquer forma de diálogo perene ou negociação coletiva de trabalho, estabelecimento e implementação de planos de evolução nas carreiras, ou de valorização profissional, e, em especial, pela recalcitrância do Poder Executivo em atender ao mandamento constitucional do art. 37,inciso X, da Carta Magna. A exceção é o Poder Legislativo, especialmente o federal, na medida em que os parlamentares votaram e conseguiram ajustar os seus próprios vencimentos de forma equivalente aos dos ministros do STF.

Foi isto justamente o que aconteceu no segundo semestre de 2012. Vários sindicatos profissionais representativos de servidores públicos estatutários inicialmente deflagraram uma greve, que durou meses, e posteriormente, com o aceno do Poder Executivo na concessão de um reajustamento salarial de 15,8%, em três parcelas anuais, com efeitos diferidos, aceitaram negociar coletivamente com o Ministério do Planejamento, o que culminou com a assinatura de vários acordos coletivos de trabalho, posteriormente incluídos no orçamento nacional pelo Congresso Nacional. Todavia, remanesce certa defasagem nos subsídios que poderá induzir os sindicatos de servidores públicos a futuras movimentações sociais.

Outra ilação que podemos extrair da defasagem dos subsídios no setor público se relaciona ao fato de que, qualquer reajuste deve passar pelo crivo do Poder Executivo, e após pelo Legislativo, para que se transforme em lei. Daí, a necessidade de encontrar um ambiente político favorável nestas duas instâncias, o que não acontece, porque tais instituições atualmente não ostentam prestígio na medida em que são responsáveis pela condução de processos judiciais recentes que levaram à condenação penal de vários integrantes daqueles poderes do Estado.

Em permanecendo o presente estado de coisas, a insatisfação no setor público deverá reverberar até que as partes cheguem à conclusão que a melhor solução para a pacificação dos conflitos coletivos se encontra há muito tempo à sua disposição. Em outras palavras, é dialogando (ou negociando) que as partes se entendem. E isto se aplica para todos os setores, inclusive para os servidores públicos, embora para estes a negociação coletiva seja mais complexa em face de suas peculiaridades e influências (orçamento, arrecadação, cenário internacional etc).

A ideia de que as condições de trabalho no setor público só poderiam ser fixadas unilateralmente remontam à concepção de Estado como ente englobador da sociedade, autoritário, arbitrário, antidemocrático, num espaço infenso aos demais poderes, que por muito tempo impediu a sindicalização no setor público. Hodiernamente, os tempos são outros. Os poderes devem ser harmônicos entre si e não pode haver a preponderância de um Poder sobre os demais em um Estado Democrático.

Em que pese a liberdade sindical ser amplamente reconhecida como direito humano fundamental, da qual decorrem os direitos à negociação coletiva e à greve, no caso brasileiro recente, se apresentaram duas posições sobre a admissibilidade da negociação coletiva de trabalho no setor público.

Para a corrente positiva, à qual nos filiamos, a omissão do art. 39, § 3º da Constituição Federal, que silenciou a respeito do inciso XXVI do art. 7º, que trata do reconhecimento pelo Estado dos acordos e convenções coletivas, não é motivo suficiente para a não fruição desse direito pelos servidores públicos estatutários, pois não existe vedação constitucional expressa. A diferença em relação ao setor privado, é que a negociação coletiva no setor público, envolvendo estatutários, somente poderá ser realizada por meio de acordo coletivo e não convenção coletiva de trabalho, pela inexistência de sindicatos patronais na Administração Pública.

Para robustecer esta posição doutrinária, o Brasil além de ratificar a Convenção nº 151 da OIT, contou com a alteração, pelo Colendo TST, da OJ nº 5 da SDC do TST, ocorrida em 14/09/2012, por meio da qual aquela Corte passou a se posicionar, no sentido de permitir o dissídio coletivo de natureza social no setor público, envolvendo empregados públicos, regidos pela CLT. Observe que o óbice aqui envolve justamente o princípio da legalidade, o que pode ser superado pela negociação coletiva por meio de acordos coletivos, posteriormente com trâmite nos demais poderes por meio de projetos de lei, ao envolver matéria econômica.

Na mesma esteira, existem no Brasil várias experiências bem sucedidas de negociação coletiva no setor público, mesmo antes da ratificação da Convenção 151 da OIT. Em outras palavras, a falta de previsão legal não impediu a celebração de acordos coletivos de trabalho, que foram capazes de por fim às reivindicações e greves dos sindicatos dos servidores públicos.

Por serem inegáveis os benefícios da negociação coletiva de trabalho na solução dos conflitos trabalhistas e considerando ainda que a corrente negativista à negociação coletiva de trabalho no setor público no presente momento não mais se sustenta, pois todas as suas argumentações são amplamente superadas, nos posicionamos pela inevitabilidade do diálogo e da negociação no setor público para colocar o Brasil, em definitivo, em linha com os países de economia avançada.

Referências

ARAUJO, Luiz Alberto David; NUNES JÚNIOR, Vidal Serrano. **Curso de direito constitucional.** – 11. ed. ver. e atual. – São Paulo: Saraiva, 2007.

AROUCA, José Carlos. **Curso básico de direito sindical.** – 3. ed. – São Paulo: LTr, 2012.

BOBBIO, Norberto. **Estado, Governo, Sociedade:** para uma teoria geral da política. 1ª ed. – 18ª reimpressão – São Paulo: Paz e Terra, 2012.

CAVALCANTE, Jouberto de Quadros Pessoa; JORGE NETO, Francisco Ferreira. O empregado público. – 3ª. ed. – São Paulo: LTr, 2012.

DELGADO, Mauricio Godinho. **Curso de direito do trabalho.** – 9. ed. – São Paulo: LTr, 2010.

DELGADO, Mauricio Godinho. **Princípios de direito individual e coletivo do trabalho.** – 3. ed. – São Paulo: LTr, 2010.

DI PIETRO, Maria Sylvia Zanella. **Direito administrativo.** – 22. ed. – São Paulo: Atlas, 2009.

DIEESE. **A Situação do trabalho no Brasil na primeira década dos anos 2000**. São Paulo: DIEESE, 2012.

HOUAISS, Antônio. **Dicionário eletrônico Houaiss da língua portuguesa 1.0,**Rio de Janeiro: Objetiva, 2009.

MAIOR, Jorge Luiz. **Curso de direito do trabalho:** teoria geral do direito do trabalho. Volume: I: Parte I. São Paulo: LTr, 2011.

MARTINS, Sérgio Pinto. **Convenções da OIT**. São Paulo: Atlas, 2009.

MELO, Raimundo Simão de. **Processo coletivo do trabalho:** dissídio coletivo, ação de cumprimento, ação anulatória. – 2. ed. – São Paulo: LTr, 2011.

NASCIMENTO, Amauri Mascaro. **Compêndio de direito sindical.** – 6. ed. – São Paulo: LTr, 2009.

RESENDE, Renato de Sousa. **Negociação coletiva de servidor público.** São Paulo: LTr, 2012.

SANTOS, Enoque Ribeiro dos. **Direitos humanos na negociação coletiva:** teoria e prática jurisprudencial. São Paulo: LTr, 2004.

_____. **Direito coletivo moderno:** da LACP e do CDC ao direito de negociação coletiva no setor público. São Paulo: LTr, 2006.

_____. **O microssistema de tutela coletiva:** parceirização trabalhista. São Paulo: LTr, 2012.

SANTOS, Enoque Ribeiro dos; MALLET, Estevão; organizadores. **Tutela processual coletiva trabalhista:** temas. São Paulo: LTr, 2010.

STOLL, Luciana Bullamah. **Negociação coletiva no setor público**. São Paulo: LTr, 2007.

STRECK, Lenio Luiz; MORAIS, José Luís Bolzan de. **Ciência política e teoria do estado.** 7ª. ed. 2ª. tir. – Porto Alegre: Livraria do Advogado Editora, 2012.

SÜSSEKIND, Arnaldo. **Direito constitucional do trabalho.** 4ª. ed. (ampl. e atual.) – Rio de Janeiro: Renovar, 2010.

A coletivização necessária do processo individual do trabalho – proposta de criação de varas especializadas em ações coletivas[1]

Homero Batista Mateus da Silva*

1. Aspectos das soluções dos conflitos trabalhistas

1.1. Autodefesas

Em busca de uma visão mais apropriada e abrangente do processo trabalhista, convém que se advirta a existência de abundantes formas de solução dos conflitos laborais que não coincidem com o exercício da tutela jurisdicional. Conquanto essa afirmação tenha sabor de lugar comum, é inegável a recorrência da autodefesa trabalhista mais do que se observa nos demais ramos do direito.

---

[1] O presente artigo abarca as impressões do autor a respeito da crise de efetividade do processo do trabalho, suas raízes históricas e a persistência de alguns vícios que impedem sua evolução. Demonstra a indispensabilidade da afirmação dogmática do processo trabalhista, dada a carga de peculiaridades que o afastam do processo civil. Narra a importância exagerada das interpretações jurisprudenciais para seu funcionamento, ante a escassez de dispositivos legais. Propõe, ao final, conjunto de medidas relativamente simples e urgentes capazes de alavancar sua prosperidade, especialmente no tocante à especialização de Varas Trabalhistas em lides coletivas, possibilitando ao magistrado maior dedicação aos grandes conflitos de massa. O presente estudo, com algumas alterações, corresponde à prova escrita que o autor apresentou em concurso para o cargo de professor doutor do Departamento de Direito do Trabalho e Seguridade Social da Universidade de São Paulo.

* Mestre e doutor em direito do trabalho pela USP. Professor doutor do Departamento de Direito do Trabalho e Seguridade Social da Faculdade de Direito da USP. Juiz titular da 88ª Vara do Trabalho de São Paulo.

A greve representa o exemplo clássico da autodefesa trabalhista e pode se gabar de notória evolução científica, numa rara hipótese que passou de delito a direito fundamental do trabalhador, assegurado em numerosos catálogos constitucionais e tratados internacionais. Maria do Rosário Palma Ramalho a insere no tripé que permitiu ao direito do trabalho sua plena afirmação dogmática, ao lado da negociação coletiva e da subordinação coletivo-pessoal do trabalhador em face do empregador[2].

Outros exemplos, contudo, não devem ser desprezados, como lockout ou fechamento patronal, ainda que banido por boa parte das legislações; a sabotagem; o exercício do poder disciplinar imediato pelo empregador e assim sucessivamente.

1.2. Autocomposições

Nesse âmbito viceja a espinha dorsal do direito do trabalho, momento culminante das aspirações e dos anseios de empregados e empregadores. Pela via autocompositiva, os interessados têm a possibilidade de lavrarem convenções coletivas (alcance intersindical) e acordos coletivos (limite intraempresarial) com um efeito normativo que não encontra paralelo nos cânones do direito civil.

As normas coletivas costumam guardar o frescor da proximidade física e cronológica com os problemas do ambiente de trabalho e superam de longe a quantidade de leis que regem a matéria trabalhista com abstração e frieza. São incessantemente enaltecidas pela Organização Internacional do Trabalho como a forma mais adequada aos conflitos trabalhistas.

Dados os limites deste estudo, sejam apenas citadas outras formas de solução autocompositiva, designadamente o contrato coletivo interprofissional e os pactos sociais, ambos atrofiados na realidade brasileira. Para aqueles que incluem as formas unilaterais, como a submissão, entre os meios de autocomposição, cumpre lembrar o Termo de Ajustamento de Conduta, habitualmente celebrado pelo Ministério Público do Trabalho, o qual, desde o ano de 2000, adquiriu dignidade de título executivo extrajudicial trabalhista.

---

[2] RAMALHO, Maria do Rosário Palma. *Da autonomia dogmática do direito do trabalho*. Coimbra: Almedina, 2001.

1.3. Meios heterônomos

Adota-se aqui a inserção de todas as modalidades de solução de conflito com a presença de terceiros entre os meios heterônomos, sejam os terceiros simples facilitadores ou dotados de poderes mais ou menos ativos.

Justifica-se, assim, a referência à mediação, constante expressamente no artigo 616 da Consolidação das Leis do Trabalho e art. 114, parágrafo primeiro, da Constituição Federal de 1988, mas, nada obstante, abandonada pela praxe trabalhista.

A arbitragem igualmente não encontrou o desenvolvimento esperado para as lides trabalhistas, o que se compreende talvez pelas fraudes generalizadas a que já se assistiu, talvez pela desconfiança que pesam sobre as instituições.

Referências legais não faltaram (Decreto-Lei 2.065/83, nunca implementado, Lei Orgânica do Ministério Público, Leis dos Portos, Lei da Participação dos Lucros), além de exortações da OIT, como a Recomendação 92.

Chega-se, assim, à tutela jurisdicional como meio heterônomo de solução do conflito, com seus vícios e suas virtudes. E para que a jurisdição atue concretamente, carece de um instrumento de ação de sua vontade, a que se chama de processo, sobre cujas peculiaridades se passa a tratar.

2. Notas históricas

Preliminarmente ao caráter científico do processo, vale lançar duas notas históricas.

A primeira objetiva lembrar que o direito processual nem sempre foi de legislação privativa da União (atual art. 22, I, da Constituição Federal), tendo os Estados federados mera competência concorrente para os procedimentos (art. 24, XI, Constituição Federal). Antes da Emenda Constitucional havida em 1926, a competência era das Unidades da Federação, o que justifica a existência dos conhecidos Códigos de Processo Estaduais e, na seara trabalhista, algumas experiências pioneiras como os Tribunais Rurais do Estado de São Paulo.

A segunda nota histórica almeja salientar o início tumultuado do processo do trabalho em geral e da Justiça do Trabalho em particular ter "pertencido" a estrutura do Poder Executivo por quase 20 anos (até a Constituição de 1946, ao menos formalmente) e ter sido marcada pela paritariedade (com presença de colegiado composto por juízes leigos em todas as instâncias, até

SINDICATOS E AUTONOMIA PRIVADA COLETIVA

a Emenda Constitucional 24, de 1999) deixaram marcas profundas na Justiça do Trabalho, talvez indeléveis.

3. Noções de processo e procedimento

3.1. Evolução científica

Os tratados da Teoria Geral do Processo aguardam um quase consenso de que a evolução científica do processo abarca quatro grandes fases: a) período de predomínio das teorias contratuais, creditadas a Pothier com algum subsídio em textos de Ulpiano, calcados no aspecto de negócio jurídico com submissão voluntária das partes ao processo; b) ênfase das teorias quase contratuais, que mantêm a natureza jurídica privada desta relação; c) o esplendor da virada do século XIX ao XX com os tratados de Bülow e a afirmação da teoria da relação jurídica, diferindo a relação jurídica processual da relação jurídica material, emancipando aquela perante esta; d) épocas das teorias críticas ao trabalho de Bülow, com destaque para Goldschmidt, que bem realçou a distinção entre ônus e obrigações e entre chances, expectativas e perspectivas, e para Elio Fazzalari, que lança luzes prioritariamente sobre o contraditório (processo como "módulos processuais") e a legitimação pelo procedimento.

Conforme enfatizado por Dinamarco e Grinover, as teorias mais recentes não desautorizam nem suplantam Bülow, mas complementam seu esforço em prol de uma relação jurídica processual autônoma[3].

Para além das teorias sobre a natureza jurídica do processo, campearam estudos quanto aos momentos metodológicos bem demarcados entre (a) a fase imanentista ou sincrética do processo na plena dependência do direito material (a "visão plana do ordenamento jurídico" de que nos fala Dinamarco), (b) a fase autonomista sustentada nos estudos de Bülow e (c) o apogeu da fase instrumentalista, assumindo o processo seu papel de pólo irradiador de idéias e coordenador de institutos.

---

[3] CINTRA, Antonio Carlos de Araújo; GRINOVER, Ada Pellegrini; DINAMARCO, Cândido Rangel. *Teoria geral do processo*. 24. ed. São Paulo: Malheiros Ed., 2008.

3.2. Delineamento e escopos

Postas essas premissas, delinea-se o processo como a síntese da relação jurídica progressiva, habitualmente apontado pela doutrina como o aspecto intrínseco da relação. É o instrumento da atuação da vontade concreta da lei, de que falava Chiovenda[4], na busca do "aquietamento justo da vida em concretude", como trata Manuel Alonso Olea[5].

Ao revés, o procedimento não é senão sua face visível, seu "aspecto extrínseco", na síntese feliz de Ada P. Grinover.

Embora seja comum associar procedimento com rito processual, é possível sustentar que este corresponde mais precisamente ao modo de ser daquele ou, antes, à forma legal de imprimir a marcha dos procedimentos.

Obviamente que nenhum desses termos há de ser confundido com meros autos, a forma palpável e materializada do processo judicial. Ainda que os autos pereçam, o processo segue o seu curso.

4. Afirmação dogmática do Processo do Trabalho

4.1. Persistência das teses monistas

Passadas mais de oito décadas de justiça especializada e seis décadas de lei processual trabalhista, ainda remanescem teorias monistas a negarem a autonomia científica do processo do trabalho frente o processo civil.

Valem-se de alguns artifícios como o silêncio do art. 22, I, da CF, especificamente sobre "processo do trabalho", a falta de um Código Processual Trabalhista e, verdade seja dita, ausência de autonomia didática em muitas grades curriculares do bacharelado em direito.

Olvidam-se de que a afirmação dogmática de um ramo jurídico não se mede pelos parâmetros mais superficiais. Seguem-se comentários a essas críticas nos tópicos abaixo.

---

[4] CHIOVENDA, Giuseppe. *Instituições de direito processual civil.* 2. ed. São Paulo: Bookseller, 2000.

[5] ALONSO OLEA, Manuel. *Derecho procesal del trabajo.* 8. ed. Madri: Civitas, 1995.

4.2. Avanços das teses dualistas

A inevitável aplicação subsidiária do processo comum ao processo do trabalho, fruto precípuo de desídia do legislador, leva alguns intérpretes a falar em autonomia relativa do processo laboral. A subsidiariedade, de que cuidam os artigos 769 e 889 da CLT, entretanto, não deveria impressionar, sendo essa uma técnica bastante usual nas normas de processo, dentro dos próprios Livros que compõem o CPC, e, ainda, no chamado microssistema de processo coletivo composto por Código de Defesa do Consumidor, Estatuto da Criança e do Adolescente, Lei de Ação Civil Pública e diplomas congêneres.

Destarte, a vasta matéria a ser abrangida pelo processo trabalhista, a verificação de doutrinas homogêneas, métodos peculiares e pautas reivindicatórias coesas permitem com muito mais equilíbrio a afirmação dogmática do processo do trabalho, tudo em companhia de Coqueijo Costa[6], Wagner Giglio[7], Manoel Antonio Teixeira Filho[8] e caudalosa doutrina mundial.

Ainda que assim não fosse, convém reforçar a autonomia com pelo menos dez enfoques diferentes, abaixo frisados.

4.3. Questões sobre a posição enciclopédica

Antes dos esforços recrutados para a afirmação do direito processual do trabalho, é curioso notar que o consenso em torno da natureza pública do processo, tanto civil quanto trabalhista, costuma ser quebrado, vez por outra, por algumas vozes autorizadas, que se batem pelo reconhecimento da posição intermediária do direito do trabalho em geral.

Assim, colhe-se o ensinamento de Alberto Trueba Urbina[9], sobre a natureza jurídica do direito processual do trabalho como um direito reivindicatório, dentro do campo social, e de Alfredo Montoya Melgar[10], sobre a "tarefa inconclusa" do direito processual do trabalho ainda mais ligado ao trabalho do que ao processo.

---

[6] COQUEIJO, Costa. *Direito processual do trabalho*. 2. ed. Rio de Janeiro: Forense, 1984.

[7] GIGLIO, Wagner Drdla. *Direito processual do trabalho*. 14. ed. São Paulo: Saraiva, 2005.

[8] TEIXEIRA FILHO, Manoel Antonio. *Execução no processo do trabalho*. 7. ed. São Paulo: LTr, 2001.

[9] TRUEBA URBINA, Alberto. *Nuevo derecho procesal del trabajo*. 3. ed. México: Editorial Porrúa, 1975.

[10] MONTOYA MELGAR, Alfredo [et. al.]. *Curso de procedimiento laboral*. 7. ed. Madri: Tecnos, 2005.

A COLETIVIZAÇÃO NECESSÁRIA DO PROCESSO INDIVIDUAL DO TRABALHO

4.4. Singularidades frisantes

As diferenças entre o processo civil e o processo do trabalho são inconciliáveis, pouco importando tempo de maturação dessa assertiva ou a demora para sua conscientização – aliás, entre seus próprios operadores.

Como elementos dessa separação dogmática, sejam realçados os seguintes aspectos:

Coletivização tendencial. Para além do poder normativo atribuído aos julgados coletivos dos tribunais, é interessante notar que o processo laboral sempre conviveu com formas próprias de demandas metaindividuais (ação de cumprimento, substituição processual variada, "ações plúrimas")[11], sem falar na advertência muito oportuna de Palomeque López[12] no sentido de que quase todas as demandas trabalhistas são, na verdade, coletivas, pois repercutem no seio do ambiente de trabalho, em que vicejam causas análogas ou idênticas, esteja a litigiosidade contida ou não ("demandas pseudo-individuais", na linguagem do autor).

Formações litisconsorciais atípicas. É o caso da integração à lide do propalado empregador que não se enquadra em absolutamente nenhuma figura de intervenção de terceiros do Código de Processo Civil[13].

Alta concentração de atos em audiência. Busca-se dar vazão para oralidade máxima, economia processual e celeridade. Reconheça-se que essa virtude do processo do trabalho é também seu fardo, pois as pautas de audiências longínquas põem tudo a perder.

Mera devolutividade recursal e características próprias para o reexame necessário. Há nítida influência dessa estratégia trabalhista no âmbito do processo civil. Cite-se a constante alteração do art. 520 do CPC e a restrição ao efeito suspensivo.

Foco na conciliação. Seguem obrigatórias duas tentativas de conciliação, em audiência, pela Consolidação das Leis do Trabalho. Mudança pontual na Constituição Federal objetivou apenas alcançar novas competências.

---

[11] NASCIMENTO, Amauri Mascaro. *Compêndio de direito sindical.* São Paulo: Saraiva, 2012. 7. ed.

[12] PALOMEQUE LÓPEZ, Manuel Carlos. *Derecho del trabajo.* Madri: Centro de Estúdios Ramón Areces, 1997.

[13] É o que demonstra com propriedade a tese de doutorado de GARCIA, Gustavo Filipe Barbosa. *Integração à lide na formação de litisconsórcio passivo ulterior*: demandas sobre relação de emprego no processo do trabalho. 2007. Tese (Doutorado em direito do trabalho) – Faculdade de Direito, Universidade de São Paulo, São Paulo.

Distribuição dinâmica dos meios de prova. O processo laboral convive com a supervalorização da prova testemunhal (aquela que "sobra para o operário") em meio a técnicas de procura da melhor aptidão para a produção da prova, sendo casos paradigmáticos os fatos em torno de vínculo de emprego e exibição forçada de cartões de ponto (Súmula 338 do TST, tão amada quanto censurada). Há um sistema de presunções relativas muito bem alicerçadas nos princípios do direito material do trabalho (continuidade da relação, proteção, irrenunciabilidade, primazia da realidade, razoabilidade e boa-fé, na célebre classificação de Américo Plá Rodriguez[14]), sem paralelo nos demais ramos jurídicos e com grande repercussão processual e procedimental.

Maiores poderes ao Juiz. Impulsos de ofício, que já eram realidade nos primórdios em termos de execução trabalhista e demandas ajuizadas pelo próprio empregado, foram exacerbados com a obrigação de cobrança *ex officio* das controvertidas contribuições previdenciárias decorrentes das sentenças e acordos trabalhistas.

Resistência da capacidade postulatória às partes. Com aval do Supremo Tribunal Federal, permanece a possibilidade de se prescindir de advogado com a movimentação do processo pela própria parte. Utópica ou não, a capacidade postulatória afeta diversas posições processuais, a começar pela atrofia do sistema de honorários de advogados. Note-se, também, a remanescência do sistema de custas pelo "vencido", sem a noção da sucumbência recíproca e com grande desenvolvimento do tema da assistência judiciária gratuita.

Catálogo próprio de títulos executivos judiciais e extrajudiciais. O rol se mostra tendencialmente taxativo (art. 876 da Consolidação das Leis do Trabalho).

Decisões marcadas pela extrapetição. Com apoio expresso ou velado da lei, os julgados estão livres para dizerem o direito sem maior apego à petição inicial. Servem como exemplos a alternância entre reintegração do empregado ao emprego ou sua conversão em pecúnia (art. 496 da Consolidação das Leis do Trabalho) e a ordem de registrar o contrato de trabalho documentalmente (art. 39 da Consolidação das Leis do Trabalho), independentemente dos pedidos.

---

[14] PLÁ RODRÍGUEZ, Américo. *Princípios de direito do trabalho*. 3. ed. São Paulo: LTr, 2000.

5. Impactos do "direito jurisprudencial" no processo do trabalho

O perfil do processo do trabalho fica incompleto, desfigurado e desatualizado se o estudo não enfrentar o assim chamado "direito jurisprudencial" (Mauro Cappelletti[15]).

Conquanto cuidando de temas adstritos ao controle de constitucionalidade, Canotilho igualmente refere ao assunto sob a denominação de "positivismo jurisprudencial"[16]. No processo do trabalho, temas como esses não podem ser mais urgentes.

Largos espectros do processo estão completamente ausentes das normas postas e abarcados na totalidade pelos verbetes do Tribunal Superior do Trabalho.

À constelação de Súmulas (agora com incisos e parágrafos) agregam-se as chamadas Orientações Jurisprudenciais, que, superexploradas, já se dividem em cinco blocos (dissídios individuais, competências originárias, uso restrito ou regional, dissídios coletivos e orientações plenárias). As diretrizes processuais e procedimentais são contadas às centenas.

Tome-se a Súmula 331 como exemplo.

Além de ser um raro norteamento ao regime de terceirização trabalhista no Brasil, a Súmula 331 praticamente criou uma forma anômala de litisconsórcio passivo e atribuiu a responsabilidade patrimonial subsidiária ao beneficiário dos serviços, a que denominou tomador.

Pela delimitação do espaço, basta por aqui evocar, outrossim, os curiosos exemplos da pesada restrição que se abateu sobre a substituição processual via Súmula 310, que foi cancelada por força de decisões do Supremo Tribunal Federal; da complexa rede de solidariedade muito mal resolvida com o cancelamento da Súmula 205 acerca dos conglomerados econômicos; e a surpreendente decisão de adotar o art. 93 do Código de Defesa do Consumidor para fixação de critérios de competência das ações metaindividuais (Orientação Jurisprudencial 130 da Subseção II da Seção Especializada em Dissídios Individuais do Tribunal Superior do Trabalho).

Cappelletti, em seus conhecidos estudos sobre o acesso à justiça, não demoniza o "direito jurisprudencial", mas adverte quanto aos riscos da (a) dificuldade de informação, (b) eficácia retroativa exagerada, e (c) incompetência

---

[15] CAPPELLETTI, Mauro. *Juízes legisladores?* Porto Alegre: Sergio Antonio Fabris Editor, 1999.
[16] CANOTILHO, José Joaquim Gomes. *Direito constitucional e teoria da Constituição.* 4. ed. Coimbra: Almedina, 2000.

institucional, sendo esse item associado ao caráter anti-democrático do direito sumular[17].

6. A crise de identidade do processo do trabalho e os transtornos da "hipertrofia asseletiva"

O processo do trabalho parece não ter se orgulhado dos instrumentos de que sempre dispôs para a solução dos conflitos e os deixou atrofiar. O caso da vedação à substituição processual sindical ampla, quando da existência da Súmula 310, de 1993 a 2003, já se tornou célebre. Exportou-se bastante tecnologia para o processo civil (coletivização, gratuidade, especialização, celeridade) e se importaram apenas os problemas (morosidade e, claro, os recursos, muitos recursos).

Acrescentando insulto à injúria, o processo do trabalho acaba de receber pesada incumbência de lidar com dezenas de "novas competências", oriundas da Emenda Constitucional 45, a qual, conquanto date de 08/12/2004, ainda não se acha plenamente implantada.

São suficientes as lembranças dos seguintes temas: a) execução de multas administrativas impostas pela fiscalização do trabalho; b) ações dos representantes comerciais autônomos com as peculiaridades processuais inerentes à Lei 4.886/1965; c) milhares de ações com pedidos de indenização por danos morais e materiais decorrentes de acidentes e doenças ligadas ao labor, que pareciam adormecidas.

Nada mais se constata do que o desembarque, no processo do trabalho, da "hipertrofia asseletiva", de que nos fala Salvo Leonardi[18], por que passa o direito do trabalho. No afã de querer abraçar todas as causas e agasalhar todos os interesses ligados às atividades produtivas colidentes ou não, corre-se o risco de não se atender adequadamente a ninguém.

A hipertrofia deu ensejo, também, ao crescimento alarmante dos assim chamados "litigantes habituais". Cappelletti igualmente se debruçou sobre o fenômeno e, como que sabendo das aflições da Justiça do Trabalho brasileira, traçou o perfil do litigante habitual como sendo aquele que (a) procura "economia de escala" às custas do processo judicial, (b) elabora planejamento de longo prazo, (c) mantém relações informais com os frequentadores das

---

[17] CAPPELLETTI, Mauro. *Acesso à justiça*. Porto Alegre: Sergio Antonio Fabris Editor, 2002.

[18] LEONARDI, Salvo. *Globalizzazione e relazioni industriali*. Roma: Ediese, 2003.

A COLETIVIZAÇÃO NECESSÁRIA DO PROCESSO INDIVIDUAL DO TRABALHO

cortes trabalhistas, o que inclui, perigosamente, Juízes e servidores, (d) dilui custos da sucumbência e (e) pode testar estratégias de uma tese jurídica em processos de menor complexidade antes de atingir os de maior envergadura.

Daí à procrastinação dos feitos e à curiosa figura do "assédio processual" (meio ardiloso de forçar acordos em bases modestas sob a ameaça de um processo infinito) foi apenas um passo.

Não era bem isso que a ciência processual objetivava alcançar.

7. Perspectivas e aspirações

As angústias acima descritas não são nem exclusivamente processuais nem apenas trabalhistas, se isso serve de consolo. Decorrem de causas múltiplas que vão desde a complexificação da sociedade até o próprio incentivo de maior e mais qualificado acesso ao Judiciário. Por óbvio que não se resolvem problemas judiciários represando a litigiosidade, assim como não se abrem leitos hospitalares eliminando-se pacientes.

Assistir a essa degeneração de forma passiva, todavia, é conduta inesperada de qualquer operador ou estudante de direito.

Com apoio nas lições de Tércio Sampaio Ferraz Junior, citando Hans Girardi na obra "Despedindo-se de Montesquieu"[19], bem assim na vasta colaboração de Mauro Cappelletti[20], pode-se conceber que os anseios do processo do trabalho passam pelas seguintes estratégias:

Aceleração de reformas legislativas. As reformas são necessárias, mas sabidamente insuficientes. Destaque para regulamentação do ignorado fundo de garantia das execuções trabalhistas, contemplado pela própria Emenda Constitucional 45 e, ato contínuo, desdenhado, e para um rearranjo à confusa situação do art. 769 da Consolidação das Leis do Trabalho: cada vez que o processo civil adquire medida célere ou criativa, como a multa de 10% do art. 475-J ou a citação na pessoa do advogado, voltam as divergências sobre o caráter ontológico e axiológico da subsidiariedade do processo comum. Já há mesmo quem propugne a revogação completa dos artigos 643 a 910 da Consolidação das Leis do Trabalho para pôr fim à discórdia.

---

[19] FERRAZ JUNIOR, Tércio Sampaio. O Judiciário frente a divisão dos poderes: um princípio em decadência? *Revista Trimestral de Direito Público.* São Paulo, n. 9. p. 40-48, 1995.

[20] CAPPELLETTI, Mauro. *Acesso à justiça.* Porto Alegre: Sergio Antonio Fabris Editor, 2002.

Valorização dos meios alternativos de solução dos conflitos. Os esforços de Cappelletti neste sentido, porém, foram duramente golpeados pelo excesso de fraudes e desvirtuamentos vivenciados pelo direito do trabalho em tempos recentes, havendo pouca esperança para a aplicação de procedimentos de mediação e arbitragem no direito individual do trabalho, no curto prazo. A tragédia das Comissões de Conciliação Prévia foi apenas o exemplo mais atual. Criadas em 2000, sua revogação completa já consta do Projeto de Lei conhecido por Reforma Sindical.

Desneutralização do Poder Judiciário. Aquilo que já se verificava pela civilização tecnológica assume nova dimensão para a reconfiguração das funções institucionais da magistratura.

Especialização de Varas e de Turmas. Eis um caminho eficiente e pouco utilizado pelo processo do trabalho, que adquire caráter de urgência. Uma excelente oportunidade seria tomar carona no Anteprojeto do Código Brasileiro de Processo Coletivo, de co-autoria de Ada Grinover, que exorta justamente a especialização como forma de incremento da prestação jurisdicional e realça o processo como "fenômeno social de massa"[21]. É inadmissível que o magistrado que abrace as causas de massa tenha, para fins estatísticos, a mesma contagem de processos que aquele outro magistrado, refratário às ações coletivas, com forte tendência à extinção dos feitos coletivos, sem resolução de mérito. Uma única ação coletiva – seja ela ação civil pública, ação coletiva ou simplesmente ação veiculada mediante substituição processual – é capaz de eliminar dezenas, centenas ou milhares de processos individuais, com benefícios eloquentes para a sociedade, para o Judiciário e para as partes. Que a liquidação e a execução desta demanda coletiva sejam complexas e exaustivas para a Secretaria da Vara e para o magistrado, não resta a menor dúvida, mas os benefícios quanto à racionalização do processo e o afastamento das decisões conflitantes são muito superiores. Somos forçados a concluir, afinal, que o maior obstáculo a ser superado é o cultural – das partes, dos advogados e dos magistrados – quanto à coletivização necessária do processo individual do trabalho, e não propriamente o obstáculo jurídico. Barreiras jurisdicionais não caem uma a uma, nem seguem uma lógica de superação previsível ou calculável. Mas é preciso insistir.

---

[21] GRINOVER, Ada Pellegrini; MENDES, Aluisio Gonçalves de Castro; WATANABE, Kazuo. *Anteprojeto do código brasileiro de processo coletivo.* São Paulo: Revista dos Tribunais, 2007.

Referências

ALONSO OLEA, Manuel. *Derecho procesal del trabajo*. 8. ed. Madri: Civitas, 1995.

CANOTILHO, José Joaquim Gomes. Direito constitucional e teoria da Constituição. 4. ed. Coimbra: Almedina, 2000.

CAPPELLETTI, Mauro. *Acesso à justiça*. Porto Alegre: Sergio Antonio Fabris Editor, 2002.

_____. *Juízes legisladores?* Porto Alegre: Sergio Antonio Fabris Editor, 1999.

CHIOVENDA, Giuseppe. *Instituições de direito processual civil*. 2. ed. São Paulo: Bookseller, 2000. 3 v.

CINTRA, Antonio Carlos de Araújo; GRINOVER, Ada Pellegrini; DINAMARCO, Cândido Rangel. *Teoria geral do processo*. 24. ed. São Paulo: Malheiros Ed., 2008.

COQUEIJO, Costa. *Direito processual do trabalho*. 2. ed. Rio de Janeiro: Forense, 1984.

FERRAZ JUNIOR, Tércio Sampaio. O Judiciário frente a divisão dos poderes: um princípio em decadência? *Revista Trimestral de Direito Público*. São Paulo, n. 9. p. 40-48, 1995.

GARCIA, Gustavo Filipe Barbosa. *Integração à lide na formação de litisconsórcio passivo ulterior: demandas sobre relação de emprego no processo do trabalho*. 2007. Tese (Doutorado em direito do trabalho) – Faculdade de Direito, Universidade de São Paulo, São Paulo.

GIGLIO, Wagner Drdla. *Direito processual do trabalho*. 14. ed. São Paulo: Saraiva, 2005.

GRINOVER, Ada Pellegrini; MENDES, Aluisio Gonçalves de Castro; WATANABE, Kazuo. *Anteprojeto do código brasileiro de processo coletivo*. São Paulo: Revista dos Tribunais, 2007.

LEONARDI, Salvo. *Globalizzazione e relazioni industriali*. Roma: Ediese, 2003.

MONTOYA MELGAR, Alfredo [et. al.]. *Curso de procedimiento laboral*. 7. ed. Madri: Tecnos, 2005.

NASCIMENTO, Amauri Mascaro. *Compêndio de direito sindical*. São Paulo: Saraiva, 2012. 7. ed.

PALOMEQUE LÓPEZ, Manuel Carlos. *Derecho del trabajo*. Madri: Centro de Estúdios Ramón Areces, 1997.

PLÁ RODRÍGUEZ, Américo. *Princípios de direito do trabalho*. 3. ed. São Paulo: LTr, 2000.

RAMALHO, Maria do Rosário Palma. *Da autonomia dogmática do direito do trabalho*. Coimbra: Almedina, 2001.

TEIXEIRA FILHO, Manoel Antonio. *Execução no processo do trabalho*. 7. ed. São Paulo: LTr, 2001.

TRUEBA URBINA, Alberto. *Nuevo derecho procesal del trabajo*. 3. ed. México: Editorial Porrúa, 1975.

Substituição Processual pelo Sindicato como instrumento de acesso à Justiça

*Dânia Fiorin Longhi**
*Gabriel Henrique Santoro***

Introdução

A efetivação do direito, que o trabalhador busca através da mobilização do Judiciário trabalhista, tem se tornado cada vez mais distante por inúmeros motivos. A inobservância do princípio da celeridade processual, inerente ao processo do trabalho, tem sido uma constante e isso é reflexo do número imenso de demandas na Justiça Especializada[1], a qual, ainda que se amplie e se modernize, não consegue acompanhar o grande volume de ações distribuídas.

Além disso, salvo no caso de pedido de rescisão indireta do contrato de trabalho, raríssimas são as vezes em que o empregado propõe reclamação trabalhista para pleitear direitos enquanto está trabalhando. Daí surge a importância do referido estudo com o fim de demonstrar que o sindicato, agindo em nome da categoria, pleiteando o pronunciamento jurisdicional, terá um alcance expressivo quanto ao número de trabalhadores, não só para aqueles

---

* Professora da Faculdade de Direito da Universidade Presbiteriana Mackenzie, nos cursos de Graduação e Pós-Graduação *Lato Sensu*. Mestre em Direito do Trabalho pela PUC/SP. Advogada.
** Mestre em Direito do Trabalho na Pontifícia Universidade Católica de São Paulo – PUC/SP. Especialista em Direito e Processo do Trabalho pela Universidade Presbiteriana Mackenzie. Professor de Direito e Processo do Trabalho do Complexo Educacional FMU. Advogado.
[1] De acordo com relatório divulgado em 19.01.2015 pela Associação Nacional dos Servidores da Justiça do Trabalho tramitavam, em 2013, 7,9 milhões de processo na Justiça do Trabalho. Disponível em: https://www.anajustra.org.br/noticia/9702/19/Numeros-da-Justica-do-Trabalho. Acesso em 24.06.2015.

que estão laborando, os quais somente iriam propor ação após a rescisão do contrato de trabalho, como para aqueles que, propondo individualmente, poderiam ter respostas em momentos diferentes e decisões díspares.

Assim, o que se procurará demonstrar é que o sindicato, na figura de substituto processual, traz para os trabalhadores uma grande possibilidade de ver efetivado seus direitos, mudando, inclusive, a postura do cálculo do risco, muitas vezes usado na área empresarial, quando da supressão de direitos, que leva em conta a parcela de ex-empregados que se socorrem do Judiciário e o prejuízo financeiro destas demandas individuais.

1. Substituição Processual– Conceito

Para que possamos adentrar ao tema substituição processual, é necessário falar da legitimidade para se figurar nos polos ativo e passivo da ação.

Dispõe o artigo 17º do Código de Processo Civil (CPC) que para propor ou contestar a ação, é necessário não só o interesse processual, mas, também, a legitimidade.

Como afirma Candido Rangel Dinamarco[2] a "legitimidade *ad causam* é a qualidade para estar em juízo, como demandante ou demandado, em relação a um determinado conflito trazido ao exame do juiz". A apreciação da legitimidade é feita pelo juízo, de forma preliminar, podendo levar à extinção da ação (artigos, 17, 485, inc. VI, 330, inc. II e 337, inc. XI, todos do CPC).

A legitimidade, que se desdobra em ativa e passiva, pode ser ordinária e extraordinária. É ordinária a legitimidade em que o próprio sujeito, titular do direito, atua em juízo. Ronaldo Lima dos Santos afirma que "legitimação ativa ordinária é aquela conferida ao titular do interesse pretendido em Juízo; por ela está autorizado a demandar aquele que afirma ser o titular do interesse material deduzido no campo processual. É a regra que confere a cada um pleitear interesse próprio em nome próprio"[3].

---

[2] DINAMARCO, Cândido Rangel. *Instituições de Direito Processual Civil*, Vol. II. 6ª edição. São Paulo: Malheiros, 2009, p. 313.

[3] SANTOS, Ronaldo Lima dos. *Sindicatos e Ações Coletivas – Acesso à justiça, jurisdição coletiva e tutela dos interesses difusos, coletivos e individuais homogêneos*. 2ª edição. São Paulo: Ltr, 2008, p. 248.

Por sua vez, a legitimidade extraordinária dá-se quando "aquele que tem legitimidade para estar no processo como parte não é o mesmo que se diz titular do direito material discutido em Juízo"[4].

Com efeito, dispõe o artigo 18 do CPC que "ninguém poderá pleitear, em nome próprio, direito alheio, salvo quando autorizado por lei"; o que se conclui que a legitimação extraordinária configura a verdadeira substituição processual. Este fenômeno traz a autorização legal para alguém pleitear em juízo ou requerer em direito próprio, direito alheio. Como afirma Ronaldo Lima dos Santos, "são notas básicas da legitimação extraordinária – também denominada de substituição processual: a dissociação entre os sujeitos legitimados e os titulares da relação jurídica material controvertida; a existência de um direito material reconhecido como relevante no ordenamento jurídico e que invoca a necessidade de uma tutela jurisdicional; pressuposição de alguma forma de conexão entre a situação substancial deduzida em juízo e o legitimado"[5]

Sobre o referido tema assevera Amauri Mascaro Nascimento[6] que "dada a excepcionalidade da situação descrita, a substituição processual configura uma legitimação extraordinária, anômala ou atípica. É exceção da regra geral, segundo a qual não pode alguém ter o seu interesse deduzido em juízo por outrem e independentemente de sua autorização. A atipicidade da situação justifica restrições da lei. Somente nos casos expressamente autorizados pela lei é lícita a substituição processual. Trata-se de uma transferência da titularidade do direto de ação. Por tratar de transferência do referido direito, sua pertinência é restrita e extraordinária. Justifica-se para alguns quando há uma correlação de interesses entre o substituto e o substituído. Outros entendem, de modo mais amplo, desnecessária a correlação."

Carlos Henrique da Silva Zangrando[7], por seu turno, define a substituição processual como "fenômeno jurídico-processual, quando por expressa autorização legal, alguém pleiteia em juízo, ou defende, em nome próprio, direito alheio".

---

[4] BEZERRA LEITE, Carlos Henrique. *Curso de Direito Processual do Trabalho*. 9ª edição. São Paulo: LTr, 2011, p. 313.

[5] SANTOS, Ronaldo Lima dos. *Sindicatos e Ações Coletivas – Acesso à justiça, jurisdição coletiva e tutela dos interesses difusos, coletivos e individuais homogêneos*. 2ª edição. São Paulo: Ltr, 2008, p. 248/249.

[6] NASCIMENTO, Amauri Mascaro. *Curso de direito processual do trabalho*. 27ª edição. São Paulo: Saraiva, 2012, p. 488

[7] ZANGRANDO, Carlos Henrique da Silva. *Processo do trabalho: moderna teoria geral do direito processual*. Rio de Janeiro: Forense Universitária, 2007, p. 598.

SINDICATOS E AUTONOMIA PRIVADA COLETIVA

A referida autorização é a que se observa no artigo 8º, III, da Constituição Federal[8] (CF), segundo o qual osindicato poderá defender os interesses da categoria judicialmente, ou seja, poderá pleitear direito alheio em nome próprio.

A propósito, após a promulgação da Constituição de 1988, mormente pela previsão do citado artigo,a doutrina se dividiu em duas partes: "A primeira defende a tese de que esse dispositivo constitucional consagra amplamente a substituição processual. A segunda vê nele simples reprodução do art. 513, 'a', da Consolidação das Leis do Trabalho (CLT), ou seja, um caso típico de representação judicial (ou legal), com o que a substituição processual continuaria a depender de expressa previsão na Lei (CPC, art. 18)."[9].

O Tribunal Superior do Trabalho (TST)adotava a segunda corrente,cuja posição era estampada na antiga redação da Súmula 310[10]. Porém, o Supremo

---

[8] É livre a associação profissional ou sindical, observado o seguinte: III – ao sindicato cabe a defesa dos direitos e interesses coletivos ou individuais da categoria, inclusive em questões judiciais ou administrativas.

[9] BEZERRA LEITE, Carlos Henrique. *Curso de Direito Processual do Trabalho*. 9ª edição. São Paulo: LTr, 2011, p. 316.

[10] Súmula 310 do TST – Substituição processual. Sindicato (Res. 1/1993, DJ 06.05.1993. Cancelada – Res. 119/2003, DJ 01.10.2003).

I – O art. 8º, inciso III, da Constituição da República não assegura a substituição processual pelo sindicato.

II – A substituição processual autorizada ao sindicato pelas Leis nºs 6.708, de 30.10.1979, e 7.238, de 29.10.1984, limitada aos associados, restringe-se às demandas que visem aos reajustes salariais previstos em lei, ajuizadas até 03.07.1989, data em que entrou em vigor a Lei nº 7.788.

III – A Lei nº 7.788/1989, em seu art. 8º, assegurou, durante sua vigência, a legitimidade do sindicato como substituto processual da categoria.

IV – A substituição processual autorizada pela Lei nº 8.073, de 30.07.1990, ao sindicato alcança todos os integrantes da categoria e é restrita às demandas que visem à satisfação de reajustes salariais específicos resultantes de disposição prevista em lei de política salarial.

V – Em qualquer ação proposta pelo sindicato como substituto processual, todos os substituídos serão individualizados na petição inicial e, para o início da execução, devidamente identificados pelo número da Carteira de Trabalho e Previdência Social ou de qualquer documento de identidade.

VI – É lícito aos substituídos integrar a lide como assistente litisconsorcial, acordar, transigir e renunciar, independentemente de autorização ou anuência do substituto.

VII – Na liquidação da sentença exequenda, promovida pelo substituto, serão individualizados os valores devidos a cada substituído, cujos depósitos para quitação serão levantados através de guias expedidas em seu nome ou de procurador com poderes especiais para esse fim, inclusive nas ações de cumprimento.

VIII – Quando o sindicato for o autor da ação na condição de substituto processual, não serão devidos honorários advocatícios.

SUBSTITUIÇÃO PROCESSUAL PELO SINDICATO COMO INSTRUMENTO DE ACESSO À JUSTIÇA

Tribunal Federal (STF), após analisar a matéria, filiou-se à primeira corrente e decidiu que as entidades sindicais têm ampla capacidade para atuar em nome dos substituídos, independentemente de autorização ou de lei autorizadora. Nesse sentido, citamos as seguintes decisões:

"AGRAVO REGIMENTAL NO AGRAVO DE INSTRUMENTO. CONSTITUCIONAL. SUBSTITUIÇÃO PROCESSUAL. SINDICATO. ART. 8º, INC. III, DA CONSTITUIÇÃO DA REPÚBLICA. PRECEDENTE DO PLENÁRIO. AGRAVO REGIMENTAL AO QUAL SE NEGA PROVIMENTO. 1. Processual: agravo de instrumento corretamente instruído. Matéria constitucional examinada pelo Tribunal a quo. Impugnação do acórdão proferido na ação rescisória. 2. A jurisprudência deste **Supremo Tribunal Federal firmou-se no sentido da ampla legitimidade dos sindicatos para atuar na defesa dos direitos subjetivos individuais e coletivos de seus integrantes**. 3. Imposição de multa de 1% do valor corrigido da causa. Aplicação do art. 557, § 2º, c/c arts. 14, inc. II e III, e 17, inc. VII, do Código de Processo Civil. (STF – AI: 453031 SP, Relator: Min. CÁRMEN LÚCIA, Data de Julgamento: 23/10/2007, Primeira Turma, Data de Publicação: DJe-157 DIVULG 06-12--2007 PUBLIC 07-12-2007 DJ 07-12-2007 PP-00042 EMENT VOL-02302-03 PP-00554)". Grifamos.

"SUBSTITUIÇÃO PROCESSUAL – ARTIGO 8º, INCISO III, DA CONSTITUIÇÃO FEDERAL – PRECEDENTES DO PLENÁRIO. O Tribunal, no julgamento dos Recursos Extraordinários nº 214.830, 214.668, 213.111, 211.874, 211.303, 211.152 e 210.029 concluiu pela legitimidade ativa do sindicato, ante o caráter linear da previsão do artigo 8º, inciso III, da Constituição Federal, para defender em juízo direitos e interesses coletivos e individuais dos integrantes da categoria que representam. (STF – RE: 656828 SC, Relator: Min. MARCO AURÉLIO, Data de Julgamento: 20/08/2013, Primeira Turma, Data de Publicação: ACÓRDÃO ELETRÔNICO DJe-174 DIVULG 04-09-2013 PUBLIC 05-09-2013)."

Importante salientar que somente é reconhecida a legitimidade *ad causam* do sindicato se comprovado seu registro no órgão competente[11], leia-se,

---

[11] OJ 15 da SDC-TST- Sindicato. Legitimidade "ad processum". Imprescindibilidade do registro no Ministério do Trabalho. (Inserida em 27.03.1998). A comprovação da legitimidade "ad processum" da entidade sindical se faz por seu registro no órgão competente do Ministério do Trabalho, mesmo após a promulgação da Constituição Federal de 1988.

Ministério do Trabalho e Emprego[12]. E, ainda, deverá haver a correspondência entre as atividades exercidas pelo setor econômico e profissional.[13]

A substituição processual autorizada pelo artigo 8º, III, da CF permiteque o sindicato compareça em Juízo pleiteando direitos em nomeda categoria. Há que se destacar que o referido inciso trata de interesses coletivos ou individuais da categoria, desta forma, pode-se concluir que a substituição é ampla.

O Tribunal Superior do Trabalho tem se posicionado quanto à substituição processual, quando se dá na esfera coletiva e quando se dána esfera individual, entendendo que a permissão desta substituição se restringe apenas às ações que têm como objeto direitos individuais homogêneos.

É importante destacar que a possibilidade de substituição processual para defesa de direitos individuais homogêneos se faz por meio da"ação civil coletiva"[14].

Com efeito, a"ação civil coletiva", uma das espécies do gênero "ação coletiva",tem como finalidade a proteção dos interesses individuais homogêneos e, diferentemente da "ação civil pública", que possui caráter genérico e abstrato e visa uma condenação pecuniária ou o cumprimento de uma obrigação de fazer ou não fazer[15], tem natureza reparatória concreta, cuja finalidade exclusiva é a reparação dos danos causados ao trabalhador (reparabilidade direta).[16]

A seguir, será feita uma abordagem sobre os direitos transindividuais, para que possa haver uma compreensão maior quanto à extensão da substituição processual.

---

[12] Súmula 677 do STF: Incumbência do Ministério do Trabalho – Registro das Entidades Sindicais e Princípio da Unicidade – Até que lei venha a dispor a respeito, incumbe ao Ministério do Trabalho proceder ao registro das entidades sindicais e zelar pela observância do princípio da unicidade.

[13] OJ 22 da SDC – TST – Legitimidade ad causam do sindicato. Correspondência entre as atividades exercidas pelos setores profissional e econômico envolvidos no conflito. Necessidade. (Inserida em 25.05.1998 – Inserção de ementa a sua redação – DeJT de 16/11/2010).

É necessária a correspondência entre as atividades exercidas pelos setores profissional e econômico, a fim de legitimar os envolvidos no conflito a ser solucionado pela via do dissídio coletivo.

[14] Art. 91 do Código de Defesa do Consumidor. Os legitimados de que trata o art. 82 poderão propor, em nome próprio e no interesse das vítimas ou seus sucessores, ação civil coletiva de responsabilidade pelos danos individualmente sofridos, de acordo com o disposto nos artigos seguinte.

[15] Art. 3º, da Lei 7.347/85: A ação civil poderá ter por objeto a condenação em dinheiro ou o cumprimento de obrigação de fazer ou não fazer.

[16] JORGE NETO, Francisco Ferreira; CAVALCANTE, Jouberto Quadros Pessoa. *Direito Processual do Trabalho*. 6ª edição. São Paulo: Atlas, 2013, p.1174.

2. Dos Direitos Transindividuais

Os Direitos Transindividuais, também denominados de "metaindividuais", "supraindividuais", "sobreindividuais" ou "coletivo lato sensu" são expressões utilizadas no mundo jurídico a fim de denominar situações em que os interesses envolvidos ultrapassam a figura do indivíduo.

O Código de Defesa do Consumidor (CDC), em seu artigo 81[17],classifica os direitos transindividuais como sendo: direitos difusos, coletivos e individuais homogêneos.

Para Fredie Didier Jr e Hermes Zanetti Jr[18], direitos difusos são "aqueles transindividuais, de natureza indivisível (só podem ser considerados como um todo), e cujos titulares sejam pessoas indeterminadas (ou seja, indeterminabilidade dos sujeitos, não havendo individuação) ligadas por circunstâncias de fato, não existindo um vínculo comum de natureza jurídica [...] Por essa razão, a coisa julgada que advier das sentenças de procedência será erga omnes (para todos), ou seja, irá atingir a todos de maneira igual". Já a caracterização dos direitos coletivos "pressupõe a delimitação do número de interessados por meio da existência de um determinado vínculo jurídico que una os membros de uma comunidade/coletividade e permita a definição da titularidade coletiva".[19]

Didier[20] destaca que "o elemento diferenciador entre o direito difuso e o direito coletivo é, portanto, a determinabilidade e a decorrente coesão como

---

[17] Art. 81. A defesa dos interesses e direitos dos consumidores e das vítimas poderá ser exercida em juízo individualmente, ou a título coletivo.
Parágrafo único. A defesa coletiva será exercida quando se tratar de:
I – interesses ou direitos difusos, assim entendidos, para efeitos deste código, os transindividuais, de natureza indivisível, de que sejam titulares pessoas indeterminadas e ligadas por circunstâncias de fato;
II – interesses ou direitos coletivos, assim entendidos, para efeitos deste código, os transindividuais, de natureza indivisível de que seja titular grupo, categoria ou classe de pessoas ligadas entre si ou com a parte contrária por uma relação jurídica base;
III – interesses ou direitos individuais homogêneos, assim entendidos os decorrentes de origem comum.

[18] DIDIER JR, Fredie e ZANETTI JR, Hermes.*Curso de Direito Processual Civil – Processo Coletivo, Volume IV.* 5ª edição.Salvador: Jus Podivm, 2010, p.74.

[19] SANTOS, Ronaldo Lima dos. *Sindicatos e Ações Coletivas – Acesso à justiça, jurisdição coletiva e tutela dos interesses difusos, coletivos e individuais homogêneos.* 2ª edição. São Paulo: LTr, 2008, p. 76.

[20] DIDIER JR, Fredie e ZANETTI JR, Hermes. *Curso de Direito Processual Civil – Processo Coletivo, Volume IV.* 5ª edição. Salvador: *Jus Podivm*, 2010, p. 75.

grupo, categoria ou classe anterior à lesão, fenômeno que se verifica nos direitos coletivos strictu sensu e não ocorre nos direitos difusos".

No que tange aos direitos individuais homogêneos, Nelson Nery Junior e Rosa Maria de Andrade Nery assim preconizam: "São direitos *individuais* que podem ser defendidos em juízo tanto individual como coletivamente (CDC 81 *caput* e par.ún.III). Assim, quando a lei legitima, por exemplo, o MP, *abstratamente*, para defender em juízo direitos individuais homogêneos (CF 127 caput e 129 IX; CDC1.º e 82 I), o *parquet* age como substituto processual, porque substitui pessoas *determinadas*. Apenas por ficção jurídica os direitos individuais são qualificados de *homogêneos*, a fim de que possam, também, ser defendidos em juízo por ação coletiva. Na essência eles não perdem a sua natureza de direitos individuais, mas ficam sujeitos ao regime *especial* de legitimação do processo civil coletivo (CF 127 caput e 129 IX; LACP 5.º; CDC 81 *caput*, par.ún. III e 82), bem como ao sistema da coisa julgada do processo coletivo (CDC 103 III)[21]".

Ives Gandra da Silva Martins[22] resume o tema da seguinte maneira: os interesses difusos são "caracterizados pela impossibilidade de determinação da coletividade atingida pelo ato ou procedimento lesivo ao ordenamento jurídico, da qual decorre inexistência de vínculo jurídico entre os membros da coletividade atingida ou entre estes e a parte contrária, autora da lesão". Os interesses coletivos, de outra banda, são "caracterizados pela existência de vínculo jurídico entre os membros da coletividade afetada pela lesão e a parte contrária, origem do procedimento genérico continuativo, que afeta potencialmente todos os membros dessa coletividade, presentes e futuros, passíveis de determinação"; e os interesses individuais homogêneos são aqueles "decorrentes de uma origem comum, fixa no tempo, correspondente a ato concreto lesivo ao ordenamento jurídico, que permite a determinação imediata de quais membros da coletividade foram atingidos".

Posto isto, podemos deduzir que a"ação coletiva", em seu sentido *lato*,objetiva a defesa dos interesses difusos, coletivos e individuais homogêneos, e surgem decorrência da necessidade de uma sociedade de massa, que busca assegurar direitos ea proteção do indivíduo que não se encontra em condições de reclamar pessoalmente a lesão sofrida. O principal fundamento

---

[21] NERY JUNIOR, Nelson e ANDRADE NERY, Rosa Maria. *Código de Processo Civil Comentado e Legislação Extravagante*. 9ªedição. São Paulo: Revista dos Tribunais, 2006, p. 153.

[22] MARTINS FILHO, Ives Gandra.*Processo Coletivo do Trabalho*. 4ª edição. São Paulo:Ltr, 2009, p. 233.

desta ação é a necessidade de coletivização da solução jurisdicional e o alcance da efetividade dos direitos violados que decorram de uma origem comum, visando, assim, um resultado homogêneo e amplo[23].

De igual sorte, conclui-se que a "ação civil coletiva" é o instrumento pelo qual se pretende reparar um dano individual sofrido, decorrente de ato de origem comum, ajuizada pelo sindicato, como estabelecem os artigos 8º, III, da CF e 91 do CDC.

3. Funções dos sindicatos e sua importância no acesso à justiça

Amauri Mascaro Nascimento define o sindicato como "um sujeito coletivo porque é uma organização destinada a representar interesses de um grupo, na esfera das relações trabalhistas; tem direitos, deveres, responsabilidades, patrimônio, filiados, estatutos, tudo como uma pessoa jurídica. Bastaria dizer, em linguagem kelseniana, que o sindicato é um centro de imputação da norma jurídica, o que lhe confere legitimidade para atuar como sujeito de direitos"[24]

O sentido teleológico da entidade sindical é o de representar os interesses da categoria. A CLT traz em seu Título V regras sobre a organização sindical, estandoos direitos e prerrogativas do sindicato dispostos nos artigos 513 e 514 do mesmo diploma legal.

O artigo 8º, III, da Carta Magna, vem elevar em nível constitucional a possibilidade da substituição processual, esta que já tinha previsão em casos específicos como, por exemplo: a) na ação de cumprimento prevista no artigo 872 da CLTna qual o sindicato tem legitimidade para ingressar na Justiça para pleitear em favor dos associados[25]o cumprimento dos acordos, convenções coletivas e sentenças normativas, b) e nos casos em que o sindicato movimenta o poder Judiciário objetivando o pagamento das correções automáticas dos salários, estas com previsão na Lei n. 6.708/79, art. 3º, §2º, e Lei 7.238/84, art. 3º, §2º.

---

[23] MELO, Raimundo Simão de. *Ação civil pública na justiça do trabalho.* 3ª edição. São Paulo: Ltr, 2008, p. 213.

[24] NASCIMENTO, Amauri Mascaro. *Compêndio de Direito Sindical.* 6ª edição. São Paulo: Ltr, 2011, p. 286.

[25] Com o advento da Constituição Federal, como já colocado, a substituição não se restringe mais apenas aos associados e sim a toda a categoria. Isso se observa também com o cancelamento da Súmula 271 do TST.

Ainda sobre a questão da representação dos interesses dos trabalhadores afirma Amauri Mascaro Nascimento[26] que "é certo, como foi visto, que o direito do trabalho tem funções específicas que o qualificam como ramo especial do direito. Seria possível, até mesmo, sintetizá-las em três principais: a proteção, a coordenação e a organização. A primeira, da maior relevância, por ser um direito tutelar do trabalho, dos direitos humanos do trabalhador e da sua personalidade. A segunda, a coordenação entre os interesses dos empregadores e dos trabalhadores. Situa-se, pela sua natureza, no plano dos direitos obrigacionais negociáveis, fundados na autonomia coletiva dos particulares que deve atuar com a necessária desenvoltura para promover as adaptações coerentes com o equilíbrio entre o econômico e o social, mediante entendimentos entre sujeitos legitimados e verdadeiramente representativos dos interesses em discussão. A terceira, concretizando-se no plano das relações coletivas de trabalho destinadas a estruturar os sujeitos coletivos legitimados para representar os grupos e atuar na defesa dos interesses e direitos que representam, especialmente, a organização e representação sindical".

Assim, fica claro o sentido da existência do sindicato, que é a representação dos interesses da categoria, seja ele nas relações extrajudiciais ou judicialmente.

O TST restringia, conforme entendimento espelhado naSúmula 271[27], a substituição apenas aos associados do ente sindical. Esta Súmula, entretanto, foi cancelada em 21.11.2003.

Além disso, o TST passou a dar uma amplitude maior a substituição processual nos casos da ação de cumprimento, estendendo também para o cumprimento das convenções e acordos coletivos[28].

Não bastassem estas funções primordiais, asubstituição processual pelas entidades sindicais também é importante, pois está atrelada ao movimento de acesso à Justiça em uma concepção contextual e tridimensional do direito,

---

[26] NASCIMENTO, Amauri Mascaro. *Direito contemporâneo do trabalho*. São Paulo: Saraiva, 2011, p. 38 -39.

[27] Súmula 271 do TST – SUBSTITUIÇÃO PROCESSUAL. ADICIONAIS DE INSALUBRIDADE E DE PERICULOSIDADE – Cancelada – Res. 121/2003, DJ 21.11.2003. Legítima é a substituição processual dos empregados associados, pelo sindicato que congrega a categoria profissional, na demanda trabalhista cujo objeto seja adicional de insalubridade ou periculosidade.

[28] Súmula 286 do TST – Sindicato. Substituição processual. Convenção e acordo coletivos (Res. 19/1988,DJ 18.03.1988. Nova Redação – Res. 98/2000, DJ 18.09.2000) A legitimidade do sindicato para propor ação de cumprimento estende-se também à observância de acordo ou de convenção coletivos.

SUBSTITUIÇÃO PROCESSUAL PELO SINDICATO COMO INSTRUMENTO DE ACESSO À JUSTIÇA

como propõe Mauro Cappelletti[29]: a primeira dimensão reflete o problema, uma exigência social; a segunda reflete a resposta ou solução jurídica (normas e instituições para atender àquela necessidade); e uma terceira, que avalia os impactos e resultados da resposta jurídica pensada, noticia a ampla utilização da arbitragem não apenas em conflitos comerciais, como litígios que envolvem poluição pública, construção, consumo, acidentes de trânsito, questões de vizinhança e, ainda, em matéria de família. E chega mesmo a afirmar que a filosofia do acesso à Justiça reflete exatamente a tentativa de adicionar uma dimensão 'social' ao Estado de Direito, na medida em que pode tornar a Justiça mais acessível e equitativa a pessoas e a grupos menos favorecidos.

Dentro da teoria de Cappelletti[30] de acesso à Justiça, ele divide a temática do acesso à justiça em três ondas: a primeira delas está relacionada ao acesso dos pobres e dos hipossuficientes à Justiça; a segunda está atrelada justamente aos direitos coletivos *lato sensu* e as demandas coletivas; a terceira, por fim, trata da necessidade de formas extrajudiciais de solução de conflitos serem valorizadas pelo operador do direito. Nota-se, assim, que a segunda onda está diretamente ligada a substituição processual pelo sindicato.

Corroborando o raciocínio adotado no presente estudo, ensina João José Sady que o dispositivo constitucional mencionado (art. 8º, III), portanto, "foi saudado por larga parte da doutrina como sendo o desenlace final desta progressão desembocando na generalização da outorga. Os sindicatos poderiam reclamar em Juízo na defesa de quaisquer interesses individuais violados. Destarte, a transgressão de norma que pode dar respaldo à pretensão a ser deduzida em Juízo poderia ser concernente a qualquer tipo de norma: legal, sentencial, negocial, costumeira"[31].

Pode-se concluir que o ingresso do sindicatoem juízo para defender direitos ou interesses individuais, especialmente de forma coletiva, tem um alcance social de grande relevância,visto que a extensão da decisão atinge inúmeros trabalhadores de uma só vez, sendo isto possibilitado apenas em decorrência da substituição processual.

A legitimidade da entidade sindical para representar qualquer membro da categoria, sendo ele associado ou não, conforme autoriza a Constituição Federal em seu artigo 8º, III, permite proteger determinados interesses para

---

[29] CAPPELLETTI, Mauro. *Os métodos alternativos de solução de conflitos no quadro de movimento universal do acesso à Justiça*. Revista de Processo n.74. abr/jun. 1994., p.82-97.

[30] CAPPELLETTI, Mauro; GARTH, Bryant. *Acesso à Justiça*. Trad. Ellen Gracie Northfleet. Porto Alegre: Sergio Antonio Fabris Editor, 1998.

[31] SADY, João José. *Curso de Direito Sindical*. São Paulo: LTr, 1998, p. 114.

evitar que estes pereçam pela hipossuficiência econômica de seu possuidor individual.[32]

Conclusão

O acesso à Justiça pelo trabalhador, de forma individual, é restrito, notadamente quando ele ainda está exercendo suas atividades. O que se observa é que o empregado precisa estar sem vínculo empregatício para demandar em juízo, pois é nítido o receio, devidamente justificado, de que sofrerá retaliações por parte de seu empregador se ingressar com alguma demanda judicial.

E, ainda, inúmeros trabalhadores deixam de pleitear seus direitos por inúmeros motivos, como, por exemplo, a exposição frente ao novo empregador. Além disso, o que se constata é que o grupo de trabalhadores tem uma necessidade muito grande de ter uma resposta única e célere sobre questões análogas e que atingem a categoria como um todo. A demora na solução da lide e a ocorrência de decisões judiciais conflitantes acarretam insegurança e desequilíbrio social.

Destarte, a utilização da "ação civil coletiva" na defesa dos interesses individuais homogêneos da categoria, em que o sindicato atua como substituto processual, traz um acesso efetivo à justiça, suprindo o problema da hipossuficiência e a possibilidade de retaliação por parte do empregador, ou seja, é uma forma eficiente de se aplicar o direito.

Referências

BEZERRA LEITE, Carlos Henrique. *Curso de Direito Processual do Trabalho.* 9ª edição. São Paulo: LTr, 2011.

CAPPELLETTI, Mauro. *Os métodos alternativos de solução de conflitos no quadro de movimento universal do acesso à Justiça.* Revista de Processo n.74. abr/jun. 1994.

CAPPELLETTI, Mauro; GARTH, Bryant. *Acesso à Justiça.* Trad. Ellen Gracie Northfleet. Porto Alegre: Sergio Antonio Fabris Editor, 1998.

DIDIER JR, Fredie e ZANETTI JR, Hermes. *Curso de Direito Processual Civil – Processo Coletivo, Volume IV.* 5ª edição. Salvador: Jus Podivm, 2010.

DINAMARCO, Cândido Rangel. *Instituições de Direito Processual Civil, Vol. II.* 6ª edição. São Paulo: Malheiros, 2009.

[32] Idem.

JORGE NETO, Francisco Ferreira; CAVALCANTE, Jouberto Quadros Pessoa. *Direito Processual do Trabalho*. 6ª edição. São Paulo: Atlas, 2013.

MARTINS FILHO, Ives Gandra. *Processo Coletivo do Trabalho*. 4ª edição. São Paulo: LTr, 2009.

MELO, Raimundo Simão de. *Ação civil pública na justiça do trabalho*. 3ª edição. São Paulo: LTr, 2008.

NASCIMENTO, Amauri Mascaro. *Curso de direito processual do trabalho*. 27ª edição. São Paulo: Saraiva, 2012.

_____; *Compêndio de Direito Sindical*. 6ª edição. São Paulo: LTr, 2011.

_____; *Direito contemporâneo do trabalho*. São Paulo: Saraiva, 2011.

NERY JUNIOR, Nelson e ANDRADE NERY, Rosa Maria. *Código de Processo Civil Comentado e Legislação Extravagante*. 9ªedição. São Paulo: Revista dos Tribunais, 2006.

SADY, João José. *Curso de Direito Sindical*. São Paulo: LTr, 1998.

SANTOS, Ronaldo Lima dos. *Sindicatos e Ações Coletivas – Acesso à justiça, jurisdição coletiva e tutela dos interesses difusos, coletivos e individuais homogêneos*. 2ª edição. São Paulo: LTr, 2008.

ZANGRANDO, Carlos Henrique da Silva. *Processo do trabalho: moderna teoria geral do direito processual*. Rio de Janeiro: Forense Universitária, 2007.

PARTE 3 – CONFLITOS COLETIVOS DE TRABALHO

Autonomía sindical y derecho de huelga en la crisis económica. Un análisis del caso español

*Antonio Pedro Baylos Grau**

1. La huelga como instrumento de presión colectiva en la crisis

La crisis que se ha desplegado a partir del 2008 por las economías de los países desarrollados y que desde 2010 afecta de manera especial a la Unión Europea y en concreto a los países con un fuerte endeudamiento público causado por al sostenimiento de un sistema financiero plenamente incapaz de cumplir sus funciones de financiación y canalización del crédito, ha sido abordada mediante políticas de "austeridad" que recortan el gasto social, restringen el espacio de actividad del empleo público y proceden a una "reforma estructural" de los elementos institucionales del derecho del trabajo y del poder sindical en términos drásticos[1] . Naturalmente este tipo de decisiones de los poderes públicos han provocado reacciones sindicales muy contrarias.

---

* Professor Catedrático da Universidade de Castilla La Mancha (Espanha).

[1] La literatura especializada sobre los efectos laborales y sociales de la crisis en lengua castellana es inmensa. En el campo del iuslaboralismo este tema suele ser analizado a la vez que se describen críticamente las sucesivas reformas de la legislación laboral a partir de 2010 hasta hoy. Con más perspectiva histórica, y viendo los últimos acontecimientos en los que se está resolviendo la imposición de las políticas de austeridad en la Unión Europea, como los sucedidos con el caso de Grecia, se comprende que el objetivo central de estas políticas derivadas de la crisis es fundamentalmente la dislocación y fragmentación del poder sindical y el reagrupamiento de los trabajadores en un espacio segmentado social y económicamente a partir del trabajo y de la anulación de sus capacidades de resistencia. Una aportación de conjunto interesante sobre las "medidas de austeridad" en esta perspectiva, en A. GUAMAN y A. NOGUERA, *Derechos sociales, integración económica y medidas de austeridad: la UE contra el constitucionalismo social*, Bomarzo, Albacete, 2014.

El conflicto se expresa normalmente a partir del instrumento de la huelga como manifestación de la contestación y de la resistencia a tales medidas degradatorias de derechos. Es fundamentalmente una huelga contra los poderes públicos, lo que en la tradición legislativa española se conoce como huelga socio-política, que se entiende plenamente integrada en la noción constitucional de huelga a través de la determinación genérica de los intereses de los trabajadores "en cuanto tales" como los susceptibles de ser activados a través del derecho de huelga[2]. Pero esta forma de presión requiere el mantenimiento de una relación bilateral con las autoridades de gobierno, una interlocución que se concrete en un proceso de intercambios y de cesiones[3]. Por tanto en el momento actual la huelga como instrumento de presión colectiva en la crisis resulta más problemática que en momentos anteriores. La situación actual se aparta de experiencias previas del conflicto socio-político en España.

Quizá pueda decirse que la consideración de la huelga como forma de obtener reivindicaciones laborales o sociales o al menos de resistir a las que se pretenden imponer, se ha encontrado en horas bajas. Ello tiene que ver con algo que se ha puesto de manifiesto en un intenso debate que en ámbitos sindicales se ha venido desarrollando sobre la eficacia de las acciones colectivas

---

[2] La fórmula de la Constitución española es lo suficientemente amplia como para ligar el concepto de "intereses de los trabajadores" que la huelga debe procurar no al ámbito de la negociación colectiva, sino a un campo más amplio, que tiene que ver con el contenido "socio-económico" del interés que defienden los sindicatos a través de sus medios de acción, especialmente a través de la huelga. Por eso el Tribunal Constitucional español declaró en su conocida Sentencia11/1981, de 25 de abril, que eran conformes a la constitución tanto las huelgas de solidaridad – que rompen la relación contractual entre los trabajadores y el empresario mediante la defensa por aquellos de un interés en conflicto "externo" con el que se expresa la solidaridad a través del conflicto – como las huelgas políticas entendidas como huelgas socio-económicas frente a los poderes públicos por objetivos que afectan al interés de los trabajadores "en cuanto tales" no en cuanto partes de una determinada relación contractual con un determinado empresario. Cfr. A. BAYLOS, *Sindicalismo y Derecho Sindical*, Bomarzo, Albacete, 2011.

[3] Hay que esperar a la STC 36/1993 para ver confirmada esta elaboración por la jurisprudencia constitucional sobre la integración en el ámbito de negociación propio de la acción sindical las materias sobre las que debe legislar o regular los poderes públicos, y en consecuencia, la posibilidad de emplear la huelga como medida de presión en esa interlocución "política". Un estudio monográfico sobre la huelga política y sus manifestaciones en España, lamentablemente todavía no publicado es el de E. GASCO GARCIA, "Política de la huelga y huelga política en el ordenamiento jurídico español", Tesis doctoral leída en la Universidad Castilla La Mancha el 16 de julio de 2004, inédita.

y sindicales como condición de legitimidad del sujeto sindical[4]. El debate se basa fundamentalmente en considerar que la eficacia sindical, su capacidad para obtener resultados tangibles para los trabajadores y trabajadoras como "barómetro de su utilidad", debe considerarse la clave de su legitimidad social, la influencia que demuestra al "involucrar" a los trabajadores en una acción que obtenga resultados favorables o correctos a través del conflicto y del acuerdo como resultado del poder contractual del mismo[5].

Este es un punto doliente. En los procesos de reformas estructurales que ha exigido la gobernanza económico-monetaria europea tal como han sido llevados a cabo primero por el gobierno socialista (2010-2011) y a continuación por el del Partido Popular (2012-2105), la respuesta ciudadana en España se ha canalizado a través de la convocatoria sindical de varias huelgas generales. Esto implica que el sindicalismo reivindicaba mediante este instrumento, la huelga general, su rol de interlocución política. Un rol revalorizado al no estar acompañados los sindicatos por fuerzas políticas influyentes, reducidas por el contrario a una posición secundaria en el terreno institucional, irrelevantes a partir del bipartidismo en el plano electoral, y un tanto al margen de la catalización social del movimiento ciudadano y asambleario del 15-M que congregó durante más de dos meses a miles de personas en la Puerta del Sol de Madrid y dio lugar al llamado movimiento de los "indignados"[6].

Conviene recordar la serie temporal de los acontecimientos. Tras la primera de las huelgas generales sindicales de septiembre del 2010 contra la primera de las reformas laborales de la crisis[7], la respuesta del gobierno permitió abrir un proceso de reconocimiento mutuo de interlocución junto con

---

[4] Se puede consultar un debate que sobre este tema se ha realizado recientemente a partir de un texto de Riccardo TERZI en la recopilación que ha hecho el blog *En Campo Abierto,* en este enlace: http://encampoabierto.files.wordpress.com/2014/01/debate-sindicato-y-political.pdf.

[5] Ello sin perjuicio de considerar el caso español, a efectos estadísticos, como un ejemplo de altas tasas de conflictividad en el conjunto de los países europeos. Cfr. la información estadística que publica el Instituto Sindical de Estudios, http://www.etui.org/Topics/Trade-union-renewal-and-mobilisation/Strikes-in-Europe-infographic.

[6] Hay una amplia producción editorial sobre este movimiento, nacido en el 2011, y su influencia fundamentalmente en una nueva configuración política y social en España. Una referencia muy completa en CRUELLS, M. e IBARRA, P. (Eds), *La democracia del futuro. Del 15M a la emergencia de una sociedad civil viva,* Icaria, Barcelona, 2013.

[7] Sobre el contenido de la reforma tal como se percibió nada más publicarse como norma de urgencia, luego convertida en Ley justo antes de la realización de la huelga general, cfr. J. LOPEZ GANDIA "La reforma laboral de 2010 y la evolución del derecho del trabajo: otra vuelta de tuerca", *Revista de Derecho Social* nº 51, (2010) pp. 243 ss. y J. UXO GONZÁLEZ .), "La reforma laboral y la estrategia de política económica en España", *Revista de Derecho Social* nº 51, (2010) pp. 255 ss.

el empresariado, que dio lugar al Acuerdo sobre la reforma de las pensiones y otros compromisos incumplidos[8], y que tuvo un alto coste para los sindicatos en términos de desafección social. La consideración del "sindicalismo oficialista" como uno de los sujetos que no representaban a los ciudadanos en las discusiones del movimiento asambleario del 15-M fue una consecuencia de esa percepción negativa por una parte de los participantes en las movilizaciones sociales del resultado de la interlocución sindical con el poder público.

A partir de ahí sucedieron muchas cosas, desde el Congreso de Atenas de la CES en donde se inicia la consideración realmente europea de una acción sindical coordinada contra las políticas de austeridad[9], hasta los intentos de recomposición y de diálogo entre el sindicalismo, los movimientos ciudadanos – de cuya colaboración nace la "cumbre social" – y el movimiento social emblemáticamente representado por el 15-M, pero que posteriormente encontraría expresiones organizativas de lucha más concreta, como las llevadas a cabo por el derecho a la vivienda por la PAH (Plataforma de Afectados por la Hipoteca) y las mareas ciudadanas que expresaban una profunda reivindicación de servicios públicos en materia de sanidad y educación, y en las que el sindicalismo tenía una fuerte presencia, especialmente en esta última, como se puso de manifiesto con la huelga general de la enseñanza de 24 de octubre de 2013.

El empleo de la huelga general fue particularmente intenso durante el año 2012. La huelga del 29 de marzo del 2012 tuvo un amplio seguimiento ciudadano, y la convocada conjuntamente en varios países del sur de Europa el 14 de noviembre de 2012, logró aún mayores consensos en el campo del trabajo asalariado, que los sindicatos cifraron en nueve millones de huelguistas, y que

---

[8] Una visión explicativa sobre el Acuerdo para la reforma de las pensiones, en L. COLLADO GARCIA, "Reflexiones sobre el acuerdo de pensiones", *Revista de Derecho Social* nº 52, (2010), pp. 215 ss.. La tregua entre poder público y sindicalismo confederal duró poco, puesto que tras la carta del Banco Central al presidente del gobierno español y el llamado Pacto del euro, se procedió a una reforma de la negociación colectiva extremadamente cuestionada por el movimiento sindical y por una parte importante de la doctrina laboralista. Sobre esta reforma fallida de junio del 2011, sustituida por la que llevó a cabo el RDL 3/2012, hay aproximaciones diversas. Cfr. J. CRUZ VILLALÓN "Acordes y desacordes de dos reformas de la negociación colectiva: España e Italia", *Revista de Derecho Social* nº 56, (2011), pp. 11-20, R. ESCUDERO RODRIGUEZ "Dos reformas trenzadas de la negociación colectiva: la ley 35/2010 y el RDL 7/2011", *Relaciones Laborales* vol. 2, (2011), pp. 425--470.; M. RODRIGUEZ-PIÑERO ROYO ,"Las reformas de la negociación colectiva. Perspectiva general", en GORELLI, J. y MARIN, I (Coords), *El nuevo derecho de la negociación colectiva*, Tecnos, Madrid, 2012, pp. 5 ss..

[9] A. BAYLOS, ¿Para qué sirve un sindicato? Instrucciones de uso. La Catarata, Madrid., 2012, pp. 62 ss.

fue seguida de impresionantes manifestaciones en Madrid y en Barcelona y en las capitales de provincia españolas. Este proceso de convergencias dinámicas en una presencia social compartida, se materializó en movilizaciones espectaculares desplegadas en prácticamente la mayoría de las ciudades importantes del país, o concentraciones impresionantes como la marcha de los mineros a Madrid, en julio del 2012, recibidos de noche en la capital y acompañados por una multitud a la mañana siguiente a lo largo del paseo de la Castellana. Es decir, que el arraigo y la influencia sindical en la movilización popular ha sido muy importante, y la visibilidad de la protesta muy potente, expresada en la presencia ciudadana en las calles y plazas del país, mientras que ha sido más discutida y combatida su capacidad de alteración la normalidad productiva mediante la cesación y alteración del trabajo a nivel del Estado español. De hecho a lo largo del 2013, el movimiento sindical muestra su preferencia por recurrir a las manifestaciones en las calles, como la que organizó con éxito, también en el contexto de una jornada de acción europea, el 23 de noviembre de 2013.

Simultáneamente, en el terreno electoral las posiciones alternativas y contrarias a las políticas de austeridad y los recortes sociales no obtuvieron respuesta, ni en el nivel autonómico ni en el nivel estatal, sin que la movilización social y sindical demostrara tener capacidad de incidencia ante el vendaval mayoritario del PP. El proceso de recomposición del bloque social alternativo en el que el sindicalismo confederal tenía una capacidad de impulso y de dirección mucho más evidente que la que él mismo dejaba entrever, se ha ido realizando por tanto sin acompañamiento político incisivo, y ello más allá de la imposibilidad de que este proyecto de resistencia colectiva fuera compatible con un planteamiento *bipartisan*de la política económica. La acción institucional de gobierno se ha ejercido desde las victorias electorales del 2011 de forma exclusiva y excluyente por el PP, sometiendo los puntos clave de la estructura de control de la actuación de gobierno a su orientación directa e imposibilitando cualquier tipo de participación política o ciudadana que pudiera mitigar o suavizar la determinación de su proyecto involucionista antidemocrático.

Posiblemente el sujeto sindical sea el que más haya sufrido la desconexión democrática del gobierno central y de los clónicos gobiernos autonómicos, en especial los muy emblemáticos de Madrid, Valencia y Castilla La Mancha[10]. El

---

[10] Regiones o Comunidades Autónomas en manos del PP que han aplicado de forma drástica las "medidas de austeridad" del gobierno nacional con consecuencias graves en términos de

SINDICATOS E AUTONOMIA PRIVADA COLETIVA

rol institucional de los sindicatos no sólo es reconocido por la Constitución en su artículo 7, sino que las pautas de conducta continuadas a partir de los años 80 hacían que los poderes públicos mantuvieran una relación permanente de consultas y de diálogo con los interlocutores sociales[11]. Esta práctica de gobierno se rompió de manera completa con la llegada al poder del PP en noviembre del 2011. Las sucesivas huelgas generales que el sindicalismo confederal ha ido convocando frente a las reformas laborales emprendidas por el gobierno, no han abierto ningún espacio de interlocución. Y no han sido comprendidas por el gobierno como una condición de legitimidad de su actuación regulativa, como reivindicación de un momento de participación exigida por las reglas democráticas. Al contrario, sólo han recibido una consideración negativa, como un obstáculo a la labor del gobierno, un condicionamiento a la política de "manos libres" para afrontar la crisis. En efecto, la huelga general se ha interpretado por el poder político como un acto socialmente inconveniente, económicamente temerario y políticamente reprensible.

Desde el punto de vista de la movilización, cada huelga general convocada ha obtenido mayor participación, pero la eficacia sindical es nula si se interpreta como capacidad para obtener resultados apreciables para las relaciones laborales. No obstante conviene poner de relieve que esa capacidad de agregación del disenso que ha tenido la huelga general, junto con la presencia combativa del sindicato en empresas y ramas de producción, ha sido valorado por parte de los poderes económicos y sus guardianes políticos como una forma de entorpecer el programa de degradación de derechos laborales que implica un peligro real de futuro si se afianza y se extiende, y en consecuencia se ha desencadenado una impresionante campaña mediática

---

desigualdad social e incremento de la pobreza, negación del diálogo social y desmantelamiento controlado de servicios públicos fundamentales como la educación y la sanidad. En las elecciones de 24 de mayo del 2015, las Comunidades Autónomas de Valencia y Castilla La Mancha han pasado a ser gobernadas por la izquierda.

[11] La relevancia del diálogo social como forma de gobierno de las relaciones laborales y sus múltiples manifestaciones ha sido una característica central del sistema democrático de relaciones laborales. Con respecto a las primeras manifestaciones del pacto social, cfr. N. MORENO VIDA *Los pactos sociales en el Derecho del Trabajo*, Universidad de Granada, Granada, 1989. En cuanto a su imbricación en un esquema de pluralismo social y de centralidad de la negociación colectiva en la regulación de las relaciones laborales, F. VALDES DAL RE, "El derecho a la negociación colectiva: del intervencionismo autoritario al pluralismo social", en *Relaciones laborales, negociación colectiva y pluralismo social*, Ministerio de Trabajo y Asuntos Sociales, Madrid, 1996, pp. 71 ss. La relación entre concertación social y reforma del mercado de trabajo es posiblemente el ejemplo más recurrente de la importancia de este método de gobierno de las relaciones laborales. Cfr. F. VALDÉS DAL RE "Concertación social y mercado de trabajo", *Relaciones Laborales*, Vol. 1, (2006) pp. 129-140.

de difamaciones, agresiones y descalificaciones contra los sindicatos, en un esfuerzo sin precedentes por deslegitimar a estos sujetos colectivos que ha dado sus frutos en términos de opinión pública. La ligera respuesta sindical a estas diatribas ha dado la impresión de que éstos se hallan en una cierta posición defensiva – con matices, más la UGT que CCOO, pero el resultado es común para ambos – lo que sugiere que ese sesgo de ataque es eficaz porque les debilita socialmente[12]. Además de ello, se ha afianzado la represión directa de la participación en los piquetes de huelga por obra de una aplicación programada del delito de coacciones del Código Penal llevado a cabo por la Fiscalía general del Estado que ha culminado en más de trescientas personas procesadas por ese delito[13]. En esa misma dirección camina la norma "de protección de la seguridad ciudadana" que afianza la represión gubernativa a través de una penalización económica extensa del disenso social. La huelga y la participación de los trabajadores en el conflicto, la manifestación en las calles, pueden ser así considerados actos contra el orden público o, como se presenta actualmente, como actividades contrarias a la seguridad ciudadana objeto de unas corpulentas multas pecuniarias que solo pueden impugnarse si se pagan en su totalidad[14].

De manera que para el sindicalismo el recurso a la huelga general ha resultado ser un instrumento complicado para poner en marcha por la complejidad organizativa que conlleva, costoso en términos personales y materiales, que no consigue su objetivo de "abrir" un proceso de renegociación de las medidas frente a las que se opone. Pero además y fundamentalmente, el sindicalismo confederal ha percibido que la visibilidad del conflicto es muy reducida aunque paradójicamente la participación de los trabajadores en estas acciones de conflicto haya aumentado y sea muy significativa, puesto que muy pocas organizaciones sociales son capaces de implicar a una horquilla que va entre cinco y nueve millones de trabajadores en una huelga y su desarrollo concreto

---

[12] En general, A. BAYLOS, *¿Para qué sirve un sindicato? Instrucciones de uso. ...cit.*, pp. 99 ss

[13] La Fiscalía del Estado ha impulsado la incriminación masiva de los participantes en los piquetes de huelga en las huelgas generales del 2010 – y en menor medida, del 2012 – y hay ya 300 personas procesadas por el delito de coacciones laborales. Un caso muy emblemático ha sido el procesamiento de ocho miembros del comité de empresa de Airbus por coacciones en un piquete con enfrentamientos con la policía en la huelga general del 2010 (Auto del Juzgado de Instrucción nº 4 de Getafe, de 7 de enero de 2014, Diligencias previas 1824/2010).UGT y CCOO han presentado una queja ante la OIT por este hecho insólito en una democracia social reconocida como tal por la Constitución Española.

[14] El texto se refiere a la Ley Orgánica 4/2015, de 30 de marzo, de Protección de la Seguridad Ciudadana, que ha generado una inmensa contestación de sectores sociales y jurídicos.

– en especial en la última huelga general de noviembre del 2012 – en el espacio de los barrios y de la ciudad ha sido muy original y productivo al imbricarse con los movimientos ciudadanos y sociales. Una apreciación contradictoria que hace que cuantos más trabajadores se suman a las convocatorias de huelga y cuanto más éstas refuerzan su anclaje en los espacios urbanos coordinadamente con las protestas ciudadanas, menos se considera posible repetir y fortalecer el nivel de participación alcanzado en el conflicto, y el esfuerzo necesario para su organización y desarrollo resulta desproporcionado y excesivo en relación con los resultados obtenidos en términos de legitimidad social y de opinión pública.

Y ello no sólo por la negación consciente de la huelga y de su eficacia por parte de la mayoría de los medios de comunicación "oficiales", o por la preservación y fomento en una parte de la opinión pública de los vestigios ideológicos franquistas, sino porque la huelga no altera las normas de consumo de la gran mayoría de los ciudadanos ni es capaz de incidir sobre sectores de actividad que expresan la "normalidad" de la vida social, como el comercio, la hostelería, los bancos. La huelga general no impide sacar dinero, comprar en la tienda, tomar un café, llamar por teléfono. Aunque haya muchos trabajadores que no vayan a trabajar a la sucursal bancaria, a la cocina del hotel o a la sede de telefónica móviles. Este es el nudo de la cuestión. Fijados los estereotipos de la huelga general en la gran huelga popular y ciudadana del 14 de diciembre de 1988[15], el término de comparación hace que cualquier huelga que no logre alterar o impedir la normalidad social y los patrones de consumo, es insuficiente y no pasa de ser un acto ritual de defensa de clase sin capacidad real de expresar un poder de negociación general, representativo en términos políticos.

Este es por tanto un problema sindical pero ante todo es un problema político. Hace referencia a la (in)utilidad de los derechos democráticos fundamentales en un tiempo de crisis económica extensa. Si el derecho de huelga no sirve, no es eficaz como medio de participación democrática y de autotutela de la situación subalterna de los trabajadores, los derechos del trabajo no se aplican porque no hay la capacidad de presión o de respuesta que se prevé institucionalmente como condición de funcionamiento de un sistema de

---

[15] Una huelga convocada por CCOO y UGT contra las medidas de empleo del Gobierno socialista de Felipe González que paralizó plenamente el país por vez primera desde la democracia y que constituye un hito fundamental para el movimiento sindical español. Una recopilación de documentos y un relato general de la huelga en AA.VV., *14D: veinticinco años después. La huella de un símbolo.Reflexiones y documentos de una huelga general*, Fundación 1 de Mayo, Madrid, 2013.

derechos. De esta manera, se explicita un círculo vicioso. La crisis económica y financiera sólo puede ser combatida con las políticas de austeridad y de recortes y estas políticas no pueden ser alteradas ni participadas, por lo que se debe excluir el plano de los derechos fundamentales y las libertades ciudadanas de cualquier acción de gobierno. Se desvincula por tanto la gobernanza política de los derechos democráticos, y las exigencias de ésta pueden reducir o anular en la práctica a éstos. Esto es lo que sucede con la huelga como forma de participación en el diseño de las políticas generales frente a la crisis. Lo importante no es la reacción del poder público ignorando el significado y la función de este derecho, sino la percepción del mismo por parte de una gran parte de la opinión pública como un hecho ritual e inútil.

Esta percepción pública ha influido en el movimiento sindical. Posiblemente por ello ha habido en el sindicalismo confederal una no declarada decisión de prescindir de la huelga general como forma de reacción inmediata a las sucesivas medidas del gobierno que prosiguen en su escalada anti-laboral. Durante el año 2013 la contestación sindical ha discurrido por el campo ciudadano, la presencia visible en las calles de miles de personas. La jornada de protestas de noviembre de 2013, "en defensa de lo público" y contra la degradación de las pensiones, no ha tenido continuación ante el RDL 16/2013 ni el proyecto de ley sobre la sostenibilidad de las pensiones que no han sido objeto de una respuesta específicamente colectiva y sindical en el espacio de la movilización social. A cambio, parece desplazarse el centro de interés hacia las protestas ciudadanas que se expresan en el tejido urbano, en especial las manifestaciones y concentraciones masivas. En ese deslizamiento pesa seguramente el convencimiento sindical de que una nueva huelga general convocada puede tener menos adhesión que la última de las efectuadas contra la reforma laboral del PP, lo que en efecto es bastante verosímil.

Sin embargo, es posible defender que la degradación de esos derechos, la contracción del estado social[16], requieren una respuesta que no sólo se despliegue en el nivel de la protesta ciudadana, sino de la específica resistencia de los trabajadores y de las trabajadoras como clase social estructurada en torno al trabajo que es reducido a puro componente económico, reduciendo su valor político y destruyendo los derechos básicos, individuales y colectivos,

---

[16] Es la expresión bajo la cual se quiere hacer alusión a la política de fuertes recortes sociales y de contención del gasto público sobre la base del equilibrio presupuestario que se han ido poniendo en marcha a partir de las políticas de austeridad europeas. Cfr. A. BAYLOS, "La contracción del Estado Social". *Revista de Derecho Social* nº 63, (2013), pp. 9 ss.

que de él derivan. Es decir, que es conveniente encontrar una combinatoria entre acciones de resistencia y de protesta ciudadana y el ejercicio del derecho fundamental de huelga como medio de participación democrática en defensa de los intereses de las personas que trabajan. Aunque esta conclusión requiere nuevos enfoques. Si la huelga general tiene las dificultades que se han enumerado, resulta necesario buscar nuevas expresiones de la presencia reivindicativa general del sindicalismo y su poder contractual como interlocutor político[17].

Pero la huelga en la crisis no sólo se concreta en sus objetivos socio-políticos como forma de alterar y orientar un diseño legislativo y una política social. Tiene otros espacios en los que se despliega y en los que su función y eficacia se manifiesta abiertamente. Para un jurista, la forma de enfocar esta materia reposa necesariamente en una consideración del hecho regulativo, al que sin embargo hay que enlazar siempre la apreciación del momento colectivo de la huelga como un hecho pre-normativo. El segundoapartado de este trabajo pretende reflexionar sobre esta tensión entre lo regulativo heterónomo del derecho de huelga y su raíz y fundamento autónomos, que se extrema en situaciones de crisis de empleo y de políticas restrictivas de derechos.

2. Distorsiones de la huelga: la negación de la autonomía sindical

Para el poder público y el poder económico, cada vez más estrechamente fundidos en una relación asimétrica de directa subordinación, la huelga se muestra como la ruptura de las reglas de juego, un suceso contrario al orden de las cosas que debe ser limitado y restringido en sus efectos, un acontecimiento político que interrumpe – pretendiendo alterarla– la relación laboral que fundamenta la organización de la producción de bienes y servicios y que por tanto se sitúa *fuera* y proviene *del exterior* de la ordenación del sistema de trabajo dirigido y controlado por el empresario. Aunque en el pensamiento jurídico han predominado los intentos de *interiorizar* la huelga en el contrato y en la organización del trabajo, con una clara finalidad restrictiva o limitativa de su eficacia[18], la posición más extendida actualmente es la que se orienta por el

---

[17] Un desarrollo de esta línea se puede seguir en A. BAYLOS, "Cambios en el mundo del trabajo", Colección Informes nº 89, Fundacion 1 de Mayo, abril 2014.

[18] En la doctrina española, el estudio que inaugura esta forma crítica de aproximarse a las perspectivas "privatistas" del derecho de huelga y proponer un modelo amplio de huelga-derecho, es el de MARTIN VALVERDE Huelga laboral y huelga política. Un estudio de modelos normativos",

discurso neoliberal y su clásica hostilidad frente al conflicto social, reforzado en el caso español por la retórica franquista que pervive en el discurso del poder. Estos argumentos se mantienen en el plano de los límites externos a la huelga, que se presentan de modo absoluto en dos grandes planos. El de la huelga política como huelga no laboral y el de la continuidad del servicio – o de la producción – como exigencia democrática de funcionamiento del sistema de libre empresa[19].

Esta derivación antihuelguística no merece sin embargo un análisis específico en este texto, posiblemente porque son demasiado obvios los argumentos en contrario. Es más útil reparar en un elemento que distorsiona de manera más profunda el tema de la huelga. Se trata de la muy extendida consideración de la misma como un hecho regulado por el Estado que se define desde el espacio legal y no desde la autonomía sindical y colectiva.

Es ésta una concepción que niega el anclaje de la huelga como derecho en los trabajadores y en su representación colectiva y sindical, determinando su contenido y objetivos no desde las posiciones de sus titulares, sino desde otros sujetos: los usuarios, los ciudadanos, la actividad empresarial. Todos ellos definen desde sus respectivas posiciones los límites y el alcance de la huelga y en consecuencia la delimitan a través de su interés. Es el Estado además el llamado a regularla en atención a esos intereses, sin que por consiguiente resulte el punto de vista determinante el que suministra el sindicato o la acción colectiva de los trabajadores. No se admite de esta manera que la huelga como acto de resistencia y de protesta organice sus fines y sus objetivos desde la autonomía organizativa y de actuación colectiva. Lo que lleva a que se priorice en la opinión pública y en la cultura política un enfoque eminentemente jurídico-regulativo de la huelga, que aprisiona su capacidad de irrupción y de cambio definida desde la organización sindical y la acción colectiva.

en AA.VV., *El derecho del trabajo ante el cambio social y político. I Coloquio sobre Relaciones Laborales (Jaca, 1976)*, Anuario del Instituto Universitario de Relaciones Laborales, Universidad de Zaragoza, 1977, pp. 73-86.

[19] Aunque los rasgos típicos del pensamiento neoliberal como pensamiento hostil al conflicto social y laboral han sido puesto de manifiesto suficientes veces, en el caso español es patente que la semántica violenta del franquismo sigue constituyendo el eje de su discurso frente al conflicto – no solo frente a la huelga, ciertamente, sino frente a toda forma de disenso social colectivo – , según el cual se define a los huelguistas como una mezcla de agitadores a sueldo e individuos débiles coaccionados por la organización colectiva o sindical del conflicto. Pese a esa crítica extendida, no cabe desconocer su influencia en la formación de una opinión pública intensamente manipulada y corrompida a la que se niega conscientemente la ilustración democrática. Esta aproximación al tema requerirá un análisis más detallado que no es el momento de emprender en estas líneas.

Esta concepción dominante se agrava ante la anomalía histórica que acompaña al reconocimiento constitucional del derecho de huelga como derecho fundamental en España y su regulación pre-constitucional en el Decreto Ley de Relaciones de Trabajo de 1977, claramente hostil y deficiente que sin embargo no ha encontrado un desarrollo legislativo posterior acorde con la Constitución. La ley que promete el art. 28.2 CE no se ha encarnado entre nosotros, de forma que el marco regulativo del derecho de huelga lo constituye el texto post-franquista una vez depurado por el Tribunal Constitucional en la STC 11/1981 y la muy abundante jurisprudencia constitucional en esta materia. Ello conduce a una regulación judicial del derecho de huelga con un centro de imputación fundamental, la jurisprudencia del Tribunal Constitucional, y su recepción diferida – y en muchas ocasiones combatida – en los tribunales ordinarios y en la doctrina legal del Tribunal Supremo. Lo que provoca que haya numerosas dificultades en el conocimiento y en la sistematización de esta regulación judicial, que es por su propia naturaleza limitada al caso concreto y muy abierta, y que en la misma se sostengan aproximaciones extremadamente reductivas de un sistema de huelga-derecho. Hay ejemplos evidentes de esta concepción reductiva en decisiones judiciales muy cercanas en el tiempo.

a) La concepción reductiva de la autotutela colectiva y el interés de la empresa

De forma muy recurrente, en efecto, se entiende que la huelga es un "derecho" solo en cuanto se ejercita en el marco de una relación contractual individual o colectiva y si resulta compatible con las exigencias de la actividad productiva y de la organización de la empresa[20]. Desde otra perspectiva, por tanto, la huelga no debe rebasar el campo de "lo laboral" y la continuidad del servicio que la huelga pone en peligro, debe ser preservada como una exigencia democrática del funcionamiento de la sociedad y del mercado. Se afirma así el "derecho"

---

[20] Un ejemplo significativo de esta tendencia en la muy controvertida STS 20-9-2013 (RJ 2013/7744), en donde se aísla un acto de retorsión del empresario contra el derecho de huelga en un supuesto de crisis de empresa, ampliando en 91 trabajadores despedidos la cifra inicial de los mismos como consecuencia de la huelga declarada. La mayoría del TS preserva de manera incorrecta la validez de la decisión empresarial sobre la extinción de contratos por razones económicas y productivas impidiendo que ésta quede viciada sustancialmente al estar contaminada por la retorsión que efectúa sobre los trabajadores en huelga. La sentencia tiene votos particulares en contra de extremo interés.

a la continuidad empresarial "en términos adecuados"[21] o el "derecho" de resistencia o de no colaboración por parte del empresario ante el ejercicio del derecho de huelga[22]. En otros fallos, la huelga como "protesta" aparece condicionada a la aceptación empresarial de la misma, enervando por tanto la forma concreta de la acción colectiva en la medida en que la empresa entiende que ésta es demasiado gravosa[23].

Sin embargo, la forma de abordar la huelga como derecho fundamental tiene que partir de la "función" de este derecho, de su finalidad acorde con la lógica de expresión colectiva que lo sostiene. La huelga tiene por objeto alterar o paralizar la producción como forma de reivindicar un proyecto concreto de regulación del trabajo o impedir la efectividad de una propuesta empresarial restrictiva o contraria a los intereses de los trabajadores. Esto significa que la huelga consiste en subvertir la normalidad productiva a partir del rechazo del trabajo como instrumento de dominación ejercido por un poder privado sobre las personas.

La huelga por tanto enlaza con el contrato de trabajo porque revoca temporalmente el consentimiento voluntario del trabajador en la producción dirigida y controlada por el empresario, y por tanto despliega sus efectos en términos suspensivos de la relación obligatoria recíproca del contrato laboral[24]. Pero el espacio de desarrollo de la huelga es fundamentalmente organizativo, porque paraliza o impide la extensión de los poderes de organización y de dirección del proceso de producción de bienes y de servicios que tengan por objeto disponer del trabajo "en conflicto" – el trabajo negado por los trabajadores en huelga – y por tanto impide su utilización para anular la eficacia de la huelga. Desde su encuadre político-democrático, el derecho de huelga

---

[21] STS 9-12-2003

[22] STS 11-6-2012, con varios votos particulares discordantes que en un caso posterior conseguirán modificar esta doctrina. Puede verse el comentario crítico de J. PEREZ REY "Tertulias, reportajes de actualidad y esquirolaje tecnológico en la huelga general (a propósito de la STS de 11 de junio de 2012)", *Revista de Derecho Social*, nº 59, (2012) ,pp. 195 ss.

[23] STS 25-1-2011 (RJ 2011/2112), que analiza una jornada de huelga en protesta por un accidente de trabajo con resultado muerte, en donde la empresa sanciona a los miembros del comité de empresa que convocaron un paro de un día por el fallecimiento de un trabajador, contra su opinión, apoyada por otros dos sindicatos, de realizar un paro simbólico de una hora y una concentración. La empresa sanciona por violación de la obligación de preaviso y el tribunal considera en efecto que la calificación es correcta.

[24] Con los problemas ya conocidos sobre la calculabilidad en términos salariales de los descuentos por huelga. Una exposición sintética y reciente de estas cuestiones en J. GARATE CASTRO *Derecho de huelga*, Bomarzo, Albacete, 2013, 169 ss.

es reconocido constitucionalmente como instrumento para transformar la situación económica, social y cultural de los trabajadores en cuanto tales en un proyecto igualitario, que exige en su funcionamiento concreto impedir y restringir las prerrogativas ordinarias y extraordinarias del poder empresarial, derivadas del respeto a la libre empresa.

b) Una doctrina judicial más atenta al poder colectivo que se manifiesta en el ejercicio del derecho de huelga.

En este sentido, hay precisiones interesantes en la jurisprudencia constitucional española que pueden ser aprovechadas en la determinación de los parámetros políticos dentro de los cuales se mueve el derecho de huelga. Se trata en efecto de una doctrina constitucional que no busca la preeminencia del derecho de huelga sobre la libertad de empresa sobre la base del criterio jerárquico que la Constitución establece al clasificar los derechos como fundamentales (la huelga, en el art. 28.2) y libertades cívicas (la libertad de empresa, art. 38)[25], sino que establece una relación entre ambos derechos sobre la base de la eficacia y la función de ambos. El derecho de huelga implica la facultad de incidir restrictivamente sobre las facultades empresariales, y la libertad de empresa no incorpora facultades de reaccionar contra y de desvirtuar las consecuencias de la huelga. Es decir, que el derecho de huelga no es funcional al ejercicio de la libertad de empresa o a las libertades económicas de mercado.

Ese es el sesgo equivocado de la jurisprudencia del TJ en los casos *Laval* o *Viking*[26] y como tal han sido censurados por el Comité Europeo de Derechos Sociales del Consejo de Europa por contrariar los arts. 6.2 y 6.4 de la Carta Social Europea[27]. Para nuestro Tribunal Constitucional – y son conceptos asumibles desde la autonomía sindical – el derecho de huelga se inscribe en

---

[25] Como sin embargo mantenía, como fundamento de su decisión, la STC 80/2005.

[26] De cuyas implicaciones hay una extensísima bibliografía. En el sentido destacado en el texto, cfr. A. BAYLOS "El espacio supranacional de ejercicio del derecho de huelga y la restricción legal de sus capacidades de acción", *Revista de Derecho Social* nº 41, (2008) pp. 123 ss.; M. RODRIGUEZ PIÑERO Y BRAVO FERRER,), "Libre prestación de servicios y derecho colectivo del trabajo", *Temas Laborales* nº 100 , (2009) pp. 517 ss. Sobre las vicisitudes de la propuesta de regulación Monti II, N. CASTELLI "Derecho de huelga en el espacio europeo y la propuesta de regulación Monti II", *Revista de Derecho Social* nº 59, (2012) pp. 147 ss.

[27] El seguimiento de esta interesante jurisprudencia de la Decisión de Fondo del CEDS de 3 de julio de 2013, que analiza la vulneración del derecho de huelga reconocido en la Carta Social Europea por la Ley Sueca que incorpora la doctrina *Laval* en Suecia, en C. SALCEDO BELTRAN *Negociación colectiva, conflicto laboral y Carta Social Europea*, Bomarzo, Albacete, 2014, pp. 71 ss.

el reconocimiento del Estado Social de Derecho, legitima un medio fundamental de defensa de los intereses de las clases subalternas (de los "grupos
socialmente dependientes" en la expresión del TC) y tiene por objeto reivindicaciones económicas, laborales, sociales y en general, es capaz de expresar
"una protesta con repercusión en otras esferas o ámbitos" no laborales[28].

En ese sentido, la jurisprudencia constitucional que tiene una larga evolución en más de treinta años, ofrece puntos de interés que desarrollan esa
visión de la huelga – derecho frente a las tendencias presentes en la jurisprudencia ordinaria a mantener una visión reductiva en términos contractuales
y organizativos de esta medida de presión colectiva de los trabajadores.

Cabe así traer a colación las sentencias sobre la titularidad y la función del
derecho de huelga en lo relativo a la tutela del trabajo materialmente prestado,
con independencia de su consideración como trabajo regular o nacional (STC
259/2007)[29], o la configuración de límites a la movilidad funcional ordenada
por el empresario en casos de huelga, considerando que la disposición de
trabajadores con la finalidad de evitar la eficacia de la huelga, es un acto que
vulnera el derecho de huelga, como la contratación externa de sustitutos de
los huelguistas (STC 33/2011)[30] o la muy trascendente conformación de límites al poder organizativo de la empresa manifestado en la descentralización
productiva del trabajo en contratas, responsabilizando a la empresa principal
de la lesión al derecho de huelga producida por la rescisión de la contrata
como consecuencia de una huelga en la empresa contratista (STC 75/2010)[31].

Estas tendencias se han prolongado en la más reciente jurisprudencia del
Tribunal Supremo ante supuestos en los que el empresario utiliza procedimientos tecnológicos que no requieren sostén de mano de obra para evitar la
eficacia de la huelga y lograr la continuidad de la actividad empresarial (STS 5

---

[28] STC 259/2007.

[29] Sobre este tema, M. RAMOS QUINTANA "Los derechos fundamentales laborales de los
extranjeros en España (libertad sindical y huelga): la corrección constitucional debida", *Revista
de Derecho Social* nº 42, (2008) pp. 45 ss.

[30] Esta Sentencia ha sido comentada por F. FERRANDO GARCIA "Un nuevo avance en la doctrina
constitucional sobre sustitución interna e huelguistas: del efecto "anestesiante" de las facultades
directivas a la obligación empresarial de garantizar la eficacia de la huelga. Comentario a la STC
33/2011, de 28 de marzo", *Revista de Derecho Social* nº 54, (2011) pp. 181 ss.

[31] Un comentario a esta muy importante decisión del TC en Mª F. FERNANDEZ LÓPEZ ,
"Derechos fundamentales del trabajador en empresas complejas: ahora el derecho de huelga",
Revista de Derecho Social nº 52, (2010) pp. 149 ss.

de diciembre de 2012, RC 265/2011)[32]. Como también en la línea interpretativa que se ha manifestado en varias decisiones de este mismo Tribunal según la cual que el empresario no puede, al amparo de sus facultades organizativas y de su libertad de expresión, realizar actos de claro matiz coercitivo o conminatorio[33].

Otros últimos fallos de la Sala 4ª del Tribunal Supremo han fortalecido esta visión garantista del derecho de huelga al precisar que determinadas conductas empresariales constituyen una vulneración manifiesta del derecho de huelga y por tanto deben ser declaradas nulas, declaración que en algunos casos se acompaña de la condena a la empresa a una indemnización al sindicato convocante de la huelga en calidad de indemnización de daños morales del mismo. Ha sucedido así en un supuesto en el que un grupo de empresas editoriales utiliza la estructura del mismo para desviar la producción editorial a otras empresas del grupo con la finalidad de impedir los efectos de la huelga convocada en otra de éstas[34], aunque el caso que ha tenido más resonancia mediática es la declaración de nulidad de los despidos colectivos de los trabajadores de una planta embotelladora de Coca-Cola en Fuenlabrada (Madrid) al haber la empresa vulnerado el derecho de huelga al sustituir la producción de las plantas en huelga por la de otras regiones que no lo esta-

---

[32] La sentencia cambia la doctrina de ese mismo tribunal sobre el llamado esquirolaje tecnológico, y tiene a su vez votos particulares que reiteran la doctrina modificada. Un comentario a la misma en J. PEREZ REY "El esquirolaje tecnológico: un importante cambio de rumbo de la doctrina del Tribunal Supremo (STS de 5 de diciembre de 2012), *Revista de Derecho Social* nº 61, (2013), pp. 163 ss.

[33] Entendiendo que viola el derecho de huelga la publicación de un comunicado advirtiendo que la huelga convocada por un sindicato minoritario es abusiva y amenazando con sanciones disciplinarias a a los trabajadores que la secunden (STS 23-12-2003, RC 46/2003), o, más recientemente, con ocasión del envío a todos los trabajadores de la empresa de un correo electrónico en el que se mantenía que la huelga convocada iba a producir con toda seguridad, el despido de varios trabajadores. [STS 12-2-2013 (RJ 2013 /2866).]

[34] Se trataba un caso de huelga convocada por CCOO para protestar por el despido colectivo de 92 trabajadores en una empresa del Grupo Prisa que editaba los diarios de esta, en donde la huelga fue seguida por el 100% de la plantilla de la misma, las empresas editoras de esos diarios los enviaron a otras seis rotativas para que los periódicos se pudieran imprimir y distribuir con normalidad pese a la total paralización de la actividad en la empresa en huelga. El Tribunal Supremo considera que ese desvío de la impresión a terceras empresas vacía el contenido del derecho de huelga porque la elimina como "instrumento de presión necesario para la afirmación de los intereses de los trabajadores en los conflictos socioeconómicos". El hecho de que los periódicos se distribuyeran como si los trabajadores no hubieran parado, además, "priva de repercusión apreciable a la huelga, arrebatándole su finalidad de medio de presión y de exteriorización de los efectos de la huelga". La sentencia condena a la empresa a indemnizar al sindicato con 100.000 € por daños morales resultantes de la vulneración del derecho fundamental de huelga [STS 11-2-2015, (nº rec. 95/2014)]

ban, incurriendo así en una práctica de esquirolaje (sustitución indirecta de los huelguistas por otros trabajadores) que vició de nulidad la decisión de la empresa de despedir a los trabajadores por motivos económicos[35].

Son todas éstas argumentaciones que caminan en la línea de preservar el ejercicio del derecho y su eficacia como parte del contenido esencial del mismo. La garantía judicial positivizada de forma más funcional a esta orientación garantista en la nueva Ley Reguladora de la Jurisdicción Social del 2011, con un ágil mecanismo de medidas cautelares que bloqueen los comportamiento empresariales antihuelguísticos, debe posiblemente ser utilizada más a menudo por los asesores de los sindicatos y representantes de los trabajadores que inician la convocatoria de huelga, y de esta forma dar un mayor rendimiento a esas líneas interpretativas que ayudan a favorecer su ejercicio[36].

En definitiva, la huelga es ante todo un derecho cuya titularidad y ejercicio se despliegan en el plano de las acciones colectivas dotadas de un impulso fuerte tanto de resistencia frente a los intentos de empeoramiento de las condiciones de vida y de trabajo, en una posición defensiva, como en la necesidad de ir consolidando posiciones de mejora, proyectos igualitarios, reivindicaciones de emancipación. El objeto de esta acción no se limita desde luego al intercambio presente en la relación salarial, sino que se proyecta de forma a veces muy importante sobre las iniciativas del poder público, y en estas conservan la misma lógica, defensiva o de propuesta. La huelga forma parte por

---

[35] Se trata de un supuesto de "ingeniería empresarial" llevada a cabo por la sede española de la multinacional Coca-Cola en España para aprovechar la debilitación de las garantías sobre el despido colectivo que había llevado a cabo la reforma laboral del 2012 y proceder a una reducción severa de la plantilla laboral. La impugnación del despido reveló que la fusión de las embotelladoras no se hizo adecuadamente, que la empresa no había proporcionado a los trabajadores toda la información necesaria ni requerida durante el proceso de negociación y las actuaciones de la empresa no se correspondieron con la "buena fe" que la ley impone como regla de acción en la negociación colectiva. El Tribunal Supremo fue más allá y añadió que la multinacional vulneró el derecho de huelga de sus trabajadores durante la huelga que tuvo lugar en la fábrica de Fuenlabrada, constatando que Coca-Cola usó el esquirolaje, esto es, que empleó medios ilícitos para reducir el impacto del paro. Esta conducta también supuso un motivo de nulidad del despido colectivo, ya que se trató de una maniobra para truncar una huelga, "un instrumento lícito" de los trabajadores a la hora de negociar un despido colectivo. [STS 20-4-2015, (Ref. 1969/2015)]

[36] Pese a la incorrecta opción legislativa de mantener la dualidad jurisdiccional, contencioso-administrativa y social, como se verá a continuación. En general, sobre medidas cautelares en los supuestos de tutela de libertad sindical y tutela del derecho de huelga, éstas últimas referidas en exclusiva al área del ejercicio del derecho en los servicios esenciales de la comunidad, Cfr. F. LOUSADA AROCHENA *La tutela de los derechos fundamentales y de las libertades públicas en la Ley Reguladora de la Jurisdicción Social*, Bomarzo, Albacete, 2012.

consiguiente del plan autónomo de actuación del sindicato, aunque en algunos ordenamientos jurídicos como los típicos del sur de Europa – Italia, Francia, Portugal y España – desborde el campo sindical y se localice en el colectivo de los trabajadores, como ciudadanos dotados de este poder de ejercicio colectivo de una medida de presión que simboliza el rechazo al trabajo asalariado para lograr mejores condiciones de prestación del mismo y mejores condiciones de existencia social como clase[37]. Construir por tanto las categorías del derecho sindical y colectivo desde el conflicto permite una visión global y completa del sentido y la función de todo el Derecho del Trabajo.

---

[37] Sobre las implicaciones políticas de las concepciones que se apoyan en la titularidad no sindical del derecho de huelga, es muy interesante el volumen colectivo dirigido por A. LOFFREDO, *La titolarità del diritto di sciopero*, Cacucci ed. Bari, 2008, en especial pp. 87-98.

Conflito coletivo de trabalho

*Renato Rua de Almeida**

Introdução

Pretende-se, com o presente trabalho, estudar o tema do conflito coletivo do trabalho, subdividindo-o em três partes: a) a denominação; b) conceito e c) modalidades.

Trata-se de tema recorrente no direito do trabalho que necessita ser examinado com rigor científico.

A) Denominação

A questão da denominação dos institutos jurídicos é fundamental e sobre ela já diziam os romanos que no *initium doctrinae sit consideratio nominis*, uma vez que a denominação clara do instituto permite melhor o seu exame conceitual.

A expressão conflito coletivo de trabalho é consagrada pela doutrina nacional e estrangeira.

Otávio Bueno Magano[1] afirma que, no entanto, o conflito coletivo de trabalho poderá assumir três denominações distintas, dependendo da fase em que se encontra nas relações coletivas de trabalho.

Poderá ser denominado conflito propriamente dito, controvérsia e dissídio.

---

* Professor Doutor, advogado trabalhista em São Paulo, doutor em Direito pela Faculdade de Direito da Universidade de Paris I (Panthéon-Sorbonne) e professor de direito do trabalho da Faculdade de Direito da PUC-SP, membro da ANDT e IBDSCJ

[1] MAGANO, Octávio Bueno. *Manual de Direito do Trabalho*, Volume III, Direito Coletivo do Trabalho, Editora Ltr., São Paulo, 3ª edição, 1993, págs. 180-185.

Será denominado conflito coletivo quando ocorre contraste de interesses, controvérsia quando o conflito coletivo encontra-se em via de solução extrajudicial por meio da conciliação, mediação ou arbitragem, e, finalmente, dissídio quando o conflito coletivo está em via de solução jurisdicional.

Entre nós, a matéria é também examinada por Amauri Mascaro Nascimento, em obra clássica, que utiliza a denominação genérica de conflito coletivo de trabalho.[2]

Na doutrina estrangeira, especialmente na portuguesa, prevalece apenas a denominação conflito coletivo de trabalho para todas as fases nas relações coletivas de trabalho.

B) Conceito

António Monteiro Fernandes[3], ao examinar o que chama de noção do conflito coletivo de trabalho, afirma que existe conflito coletivo de trabalho quando se manifesta, através de comportamentos coletivos, uma divergência de interesses por parte de uma categoria organizada de trabalhadores, de um lado, e uma categoria organizada de empregadores, ou um só destes, de outro lado, em torno da regulamentação existente ou futura das relações de trabalho que interessam membros das mesmas categorias.

A seguir, o autor português examina o que chama de elementos fundamentais apresentados na noção de conflito coletivo de trabalho.

O primeiro deles consiste na manifestação de uma divergência de pretensões coletivas, ou, em outras palavras divergência de interesses coletivos.

Diz que essa divergência há de estar expressa por comportamentos coletivos que a façam passar do plano de mera desconformidade de interesses para o das realidades sociais.

São normalmente as reivindicações apresentadas coletivamente pelos trabalhadores na tentativa inicial da negociação coletiva, sobretudo nas épocas dos reajustes salariais anuais das diversas categorias profissionais, como ocorre no Brasil, inclusive, algumas vezes, com afirmações de força ou de poder (expressões usadas por António Monteiro Fernandes), traduzidas, por exemplo, com ameaças de greve, estado de greve permanente ou indicativo de greve.

---

[2] NASCIMENTO, Amauri Mascaro. *Conflitos coletivos de trabalho*. Edição Saraiva, São Paulo, 1978.
[3] FERNANDES, Antonio Monteiro. Direito do Trabalho, Almedina, Coimbra, 13ª edição, 2006, págs. 835-848.

CONFLITO COLETIVO DE TRABALHO

O segundo elemento fundamental do conceito ou noção do conflito coletivo de trabalho, para Antonio Monteiro Fernandes, são os sujeitos do conflito que hão de ser, como visto, categorias organizadas de trabalhadores, representados sobretudo pelos respectivos sindicatos, de um lado, podendo figurar, do lado patronal, um ou mais empregadores isolados, isto é, sem representação sindical.

Em princípio, segundo ainda António Monteiro Fernandes, deve haver uma garantia legal de um monopólio sindical no que toca à protagonização dos conflitos coletivos pelo lado dos trabalhadores.

Essa manifestação doutrinária sobre a necessidade de uma garantia legal *prima facie* do monopólio sindical para protagonizar o conflito coletivo pelos trabalhadores atende às diretrizes da Convenção n. 135 da Organização Internacional do Trabalho, ratificada pelo Brasil.

Nesse sentido, pode-se afirmar que tal garantia legal do monopólio sindical encontra-se inserido no artigo 8º, inciso VI da Constituição Federal de 1988, bem como no artigo 4º da Lei n. 7.783, de 28 de junho de 1989.

Da mesma forma, segundo António Monteiro Fernandes, o monopólio legal em relação à protagonização dos conflitos coletivos de trabalho decorre implicitamente no disposto no artigo 2º/3 alínea *a* do Código do Trabalho português de 2009.

No entanto, esse monopólio legal sindical não é absoluto, podendo a entidade sindical ser substituída na condução do processo do conflito coletivo de trabalho por uma comissão de greve ou de negociação coletiva escolhida em assembléia geral pelos trabalhadores interessados.

No direito brasileiro, tal alternativa encontra-se prevista no parágrafo 2º do artigo 4º da Lei n. 7.783, de 28 de junho de 1989, ao dispor que na falta da entidade sindical correspondente para convocar assembléia geral dos trabalhadores para a definição das reivindicações e deliberação sobre a paralisação coletiva da prestação de serviços, a assembléia geral dos trabalhadores interessados e por eles convocada deliberará sobre o processo greve.

Também o Código do Trabalho português prevê, em seu artigo 531º/2 que a decisão do recurso da greve seja tomada, ao nível da empresa, pela assembléia dos trabalhadores, quando a maioria destes não esteja sindicalizada, e, para tanto, o artigo 532º/1 do Código do Trabalho português prevê que os trabalhadores fiquem representados por uma comissão de greve *ad hoc*.

É bastante oportuna a justificativa apresentada por António Monteiro Fernandes:

"Parece pois que, no nosso ordenamento jurídico (tal como, de resto, em todos aqueles em que se comporta o fenômeno recente da "descentralização representativa" quanto aos trabalhadores, tendendo a deslocar o centro das operações conflituais para o interior das empresas e unidades produtivas), não pode singelamente operar-se a transposição das regras de capacidade negocial colectiva para o plano da legitimação quanto aos conflitos. Há que introduzir aí acomodações, e uma delas consiste na forçosa admissibilidade de protagonismo conflitual por parte de organizações diversas das sindicais (as comissões de greve)".

Pode-se dizer que, com o deslocamento do conflito coletivo para o interior das empresas, não poderão ficar os trabalhadores sem ver suas reivindicações coletivas encaminhadas por ausência ou omissão da representação sindical, como se o monopólio legal da representação sindical no processo do conflito coletivo de trabalho fosse mais importante do que as reivindicações coletivas dos trabalhadores.

A propósito, tanto a Constituição Federal da República Federativa do Brasil, em seu artigo 9º, como a Constituição da República Portuguesa, em seu artigo 57º, afirmam que é assegurado o direito de greve aos trabalhadores, competindo a eles decidir sobre a oportunidade de exercê-lo e sobre os interesses que devam por meio dele defender.

Essa titularidade constitucional do direito de greve dos trabalhadores e não das entidades representativas fica bem explícita no artigo 530ª/1 e 2 do Código do Trabalho português, ao prescrever que "a greve constitui, nos termos da Constituição, um direito dos trabalhadores" e que "compete aos trabalhadores definir o âmbito de interesses a defender através da greve".

Essa mesma noção da titularidade do direito é prescrita pelo artigo 1° da Lei n. 7.783, de 28 de junho de 1989, ao dispor que "é assegurado o direito de greve, competindo aos trabalhadores decidir sobre a oportunidade de exercê-lo e sobre os interesses que devam por meio dele defender".

Portanto, a titularidade do direito de greve é dos trabalhadores, cabendo, no entanto, às entidades sindicais profissionais o monopólio do exercício do direito de greve, como representante dos trabalhadores, que, no entanto, não é absoluto, podendo ser exercido por comissão de greve ou de negociação escolhida diretamente pelos trabalhadores em assembléia geral, para dar seqüência ao processo do conflito coletivo de trabalho, quando inexistir a entidade sindical representativa ou quando ela deixar de assumir o exercício do direito de greve.

No entanto, pondera António Monteiro Fernandes que "nem por isso terá, a nosso ver, que por-se em causa a subsistência das regras de capacidade negociação coletiva. O que deve reconhecer-se é que o comportamento conflitual desencadeado à margem do sindicato, ainda que nos moldes especificados pela lei, não pode desembocar numa convenção coletiva propriamente dita sem que o mesmo sindicato intervenha".

De fato, o exercício do direito de contratação coletiva pelas associações sindicais é previsto pelo artigo 56, 3 da Constituição da República Portuguesa.

Por outro lado, entre as prerrogativas das comissões de trabalhadores previstas pelo artigo 54º da Constituição da República Portuguesa não se encontra o direito do exercício de contratação coletiva.

Daí também concluir Maria do Rosário Palma Ramalho[4] que é monopólio da associação sindical o exercício do direito da contratação coletivo.

Em princípio esse raciocínio deve ser aplicado também ao direito brasileiro, por força do disposto no artigo 8º, VI da Constituição Federal, ao dispor que "é obrigatória a participação dos sindicatos nas negociações coletivas de trabalho".

No entanto, na hipótese de inexistência do sindicato ou na hipótese em que o sindicato não assuma o conflito coletivo de trabalho, pode-se afirmar que a comissão de negociação prevista pelo parágrafo 2º do artigo 4º da Lei 7.783, de 28 de junho de 1989, deverá assumir a negociação coletiva e mesmo celebrar acordo coletivo de trabalho, como eventual solução para a greve.

É o que se depreende da leitura do artigo 5º da Lei 7783/1989.

Nesse caso não haveria inconstitucionalidade do dispositivo mencionado face ao disposto no artigo 8º, VI da Constituição Federal de 1988, sob pena de estar-se privilegiando o monopólio sindical absoluto em detrimento das reivindicações coletivas dos trabalhadores, quando as entidades sindicais brasileiras – diferentemente do que ocorre em Portugal e em outros países que adotam a Convenção n. 87 de 1948 da OIT sobre a liberdade sindical – padecem de representatividade sindical.

O terceiro elemento da noção do conflito coletivo de trabalho examinada por António Monteiro Fernandes é a questão dos "interesses cuja oposição produz o conflito coletivo" que "hão-de ser também interesses colectivos".

Afirma a seguir o doutrinador português que "o conceito de interesse colectivo não só difere do de totalização de interesses individuais, como visa constituir uma superação deste. O conflito potencial entre o interesse colectivo (de uma categoria) e o interesse individual (de cada membro dela) oferece

---

[4] RAMALHO, Maria do Rosário Palma. *Tratado de Direito do Trabalho*. Parte III. Situações laborais colectivas, Almedina, 2012, págs. 121-123 e 227-231.

justamente uma das razões que convergem na formação e no desenvolvimento do associativismo profissional (operário e patronal).

Observe-se, no entanto, que o interesse colectivo não pode definir-se *a priori*, é "estruturalmente elástico" – tanto que pode formar-se sobre ou a partir de pretensões individuais (p.ex. a neutralização de um despedimento)".

Na caracterização de interesse coletivo, é oportuna a contribuição de Mozart Victor Russomano[5], ao dizer que as relações coletivas "vão abranger interesses de grupos constituídos de pessoas indeterminadas, tanto em número, quanto em identidade. Assim, as relações individuais, mesmo quando plúrimas, abrangem interesses de pessoas certas, isto é, identificáveis e numericamente conhecidas ou reconhecíveis. As relações coletivas envolvem interesses de grupos constituídos de trabalhadores e empresários (categorias profissionais ou econômicas). Daí dizer-se que, nas relações individuais, os interesses em jogo, harmonia ou confronto são, sempre particulares ou concretos; enquanto, nas relações coletivas, se situam os interesses gerais ou abstratos de uma ou mais de uma categoria".

Por fim, António Monteiro Fernandes aponta como último elemento da noção do conflito coletivo de trabalho o fato de que ele se desenvolve em torno da "regulamentação colectiva das relações de trabalho".

Assim, busca-se pelo conflito coletivo de trabalho, segundo António Monteiro Fernandes a "criação de novas condições normativas ou da modificação das que existem", isto é, a pretensão de ajustar o regime das relações de trabalho em certo setor à evolução das condições técnicas e econômicas, ou simplesmente à ascensão das expectativas e aspirações coletivas dos trabalhadores envolvidos.

Mas, o conflito coletivo de trabalho, segundo ainda António Monteiro Fernandes, pode ser resultado de controvérsia em torno da interpretação ou do modo de aplicação desta ou daquela cláusula de uma convenção em vigor.

Essa questão remete ao exame das modalidades do conflito coletivo de trabalho.

---

[5] RUSSOMANO, Mozart Victor. *Princípios Gerais de Direito Sindical*. Editora Forense, Rio de Janeiro, 2ª edição, 1995, fls. 40-41.

C) Modalidades

A propósito, afirma António Monteiro Fernandes que existem "duas modalidades de conflitos colectivos de trabalho cuja diferenciação é feitos em certos sistemas, como o português: a dos conflitos jurídicos, de direito, ou de interpretação e aplicação, por um lado, e a dos conflitos econômicos, de ordem econômica ou de interesses, por outro.

Os primeiros são os que dizem respeito à interpretação e aplicação das normas já vigentes, sobretudo as constantes duma convenção colectiva. Trata-se neles, pois, duma questão "de direito", embora naturalmente esteja subjacente e implícita uma afirmação de interesses opostos...

Aos conflitos chamados "jurídicos" opõem-se, de acordo com o critério que estamos seguindo, os conflitos econômicos ou de interesses. Como ponto de partida para estes, pode haver ou não um regime de trabalho definido; mas o objecto do litígio será o estabelecimento de novas normas, ou melhor, "a modificação duma norma jurídica já existente ou a criação dum preceito novo". Acentua-se nestes diferendos o carácter reivindicativo e ajusta-se-lhes particularmente o recurso aos meios de luta laboral."

Essas modalidades de conflito coletivo de trabalho estão igualmente classificadas pela doutrina brasileira como conflitos coletivos econômicos e jurídicos[6].

Os econômicos ou de interesses visam à criação de direito novo, já os jurídicos ou de direito se fundam em norma preexistente em torno da qual divergem as partes sobre sua interpretação e aplicação.

Conclusão

A denominação conflito coletivo de trabalho é hoje consagrada pela doutrina nacional e estrangeira.

Ocorre o conflito coletivo de trabalho quando houver divergência de interesses coletivos protagonizada por associações sindicais de trabalhadores ou por comissões de greve *ad hoc*, sendo certo ainda que esses interesses coletivos não constituem a totalização de interesses individuais, mas a regulamentação

---

[6] cf. José Cláudio Monteiro de Brito Filho, Direito Sindical, Editora Ltr., São Paulo, 3ª edição, 2009, págs. 218-226.

coletiva das relações de trabalho com a criação de novas condições normativas ou a modificação das já existentes.

Esses conflitos expressam-se como sendo conflitos jurídicos, isto é, de interpretação e aplicação das normas coletivas já existentes, bem como conflitos econômicos ou de interesses que visam à criação de direito novo.

Poder normativo da justiça do trabalho: do intervencionismo à arbitragem facultativa constitucional

Luiz Carlos Amorim Robortella*
Antonio Galvão Peres**

1. Modelos regulatórios

Os modelos de regulação das relações de trabalho são basicamente dois: intervencionismo estatal ou autonomia coletiva. Não existem sistemas puros; a classificação tem em vista a técnica preponderante.

O modelo intervencionista se caracteriza pela presença forte e dominante do Estado na tutela do trabalhador, com especial ênfase na lei, com pequena margem para negociação e sem flexibilidade. Caracteriza-se pelo dirigismo contratual ou contrato regulamentado, mediante um modelo-padrão que se aplica a todos, com pequenas variações. A proteção é homogênea.

---

* Advogado – Doutor em Direito do Trabalho pela Universidade de São Paulo – Professor do Direito do Trabalho da Faculdade de Direito da Universidade Mackenzie (1974-1995) – Professor Titular de Direito do Trabalho da Faculdade de Direito da Fundação Armando Álvares Penteado (2000/2008) – Membro da Academia Nacional de Direito do Trabalho (cadeira n. 91) – Membro do Instituto Latino Americano de Derecho del Trabajo y de la Seguridad Social – Membro da Associación Iberoamericana de Derecho del Trabajo y de la Seguridad Social.

** Advogado – Doutor e Mestre em Direito do Trabalho pela Universidade de São Paulo – Professor Adjunto de Direito do Trabalho da Faculdade de Direito da Fundação Armando Álvares Penteado (2006-2014)– Presidente da Comissão de Direito do Trabalho do Instituto dos Advogados de São Paulo (2010-2012) – Membro do Instituto Brasileiro de Direito Social "Cesarino Jr", seção brasileira da SocietéInternationale du Droit du Travail et de laSécuritéSociale.

SINDICATOS E AUTONOMIA PRIVADA COLETIVA

Já a autonomia coletiva, com sindicatos livres e independentes, sobrepõe-se à vontade individual e ao poder do Estado, reduzindo o intervencionismo à fixação de garantias mínimas, inclusive para estimular a negociação sindical.

A autonomia coletiva favorece a governabilidade e melhor define as funções do Estado em face das relações de trabalho. A participação dos grupos organizados ou corpos intermediários constitui pressuposto para a regulação democrática e eficiente das condições de trabalho.

A peculiaridade das fontes do direito do trabalho encontra na convenção coletiva seu paradigma.Trata-se de um contrato no que se refere à sua elaboração e conclusão, mas, quanto à aplicação, tem natureza normativa. Aqui se fundem o legislado e o negociadopara dar lugar ao fenômeno mais original do direito do trabalho: a convenção ou acordo coletivo.

Nessa perspectiva, a relação entre norma coletiva e estatal deixa de ser concorrencial e de subordinação, mas institucional e de complementariedade.

A passagem das convenções e acordos coletivos para mecanismo central de regulação das condições de trabalho depende de muitos fatores, a começar por transformações culturais e pela efetiva prática da negociação[1], reforma do modelo sindical, representação dos trabalhadores na empresa e redução do papel do Estado.

Para tanto é imprescindível, como ensina o Professor Amauri Mascaro Nascimento, o protagonismo dos sujeitos coletivos, com o abandono da tradição corporativista, responsável pela delegação ao Estado da responsabilidade pelas questões trabalhistas[2].

No contexto do plurinormativismo jurídico, há vários centros de positivação jurídica. Além de o Estado desempenhar papel secundário, deve moderar a produção de leis de proteção.

Não se propugna a retirada do Estado das relações entre capital e trabalho, mas uma intervenção limitada, necessária para garantir eficácia econômica e eficácia social.

A equação não se resume a "mais mercado" e "menos Estado". O que se pretende é mais sociedade, mais mercado e melhor Estado, onde este não

---

[1] Para JEAUMMAUD, a legislação e a realidade da negociação coletiva constituem realidades distintas na América Latina. JEAUMMAUD, Antoine. Legislación y realidad de la negociación, apuntes para elanalisis de sus relaciones. In: La negociacióncolectiva em América Latina. Editores: Antonio Ojeda Avilés e Óscar Ermida Uriarte. Valladolid: Editorial Trotta: 1993, p. 15.

[2] NASCIMENTO, Amauri Mascaro. Princípios e fundamentos do anteprojeto de modernização das leis trabalhistas. In: TEIXEIRA, João de Linha Filho (coord). A Modernização da legislação trabalhistas. São Paulo, LTr, 1994, p.9.

apareça apenas como poder transcendente, mas como agente da sociedade, assegurando o respeito aos direitos fundamentais.

O contrato coletivo de trabalho afirmou-se nas democracias industriais do pós-guerra como instrumento de regulação do mercado de trabalho, de democratização e racionalização das relações industriais.

Após os anos de estabilidade do pós-guerra, o Estado viu-se diante de graves problemas sociais, econômicos e políticos. Surgiram ou se agravaram problemas como a desigualdade, o mercado informal, as novas tecnologias, o trabalho feminino, a precarização e outros.

Essas dificuldades demonstram ser indispensável a ação reguladora do Estado, porque o mercado não é perfeito; só funciona quando gerido com base em princípios de justiça e equidade. Mas a proteção social – um dos principais objetivos do Estado – deve ser compatibilizada com o progresso econômico.

Nas modernas relações de trabalho, os trabalhadores, os empregadores e o Estado são agentes independentes, com objetivos, valores e poderes próprios. O Estado não estabelece um vínculo de dominação; concorre com os grupos na elaboração da política social e econômica.

O sindicato deve conciliar reivindicação e cogestão das relações de trabalho. Regras negociadas com autonomia geram compartilhamento de responsabilidades e resultados, diminuindo a participação estatal.

A negociação coletiva é um constante e renovado processo de repartição de custos e proveitos entre os fatores produtivos e, a partir dos interesses em confronto de empregados e empregados, pode produzir soluções funcionais de estrita racionalidade econômica.[3]

Os interesses do trabalhador são superiormente defendidos pelos entes coletivos no exercício da autonomia privada. O grupo é o melhor juiz de seus interesses.

O destino do direito do trabalho é a convivência entre a fonte estatal e a coletiva, ambas ocupando seu espaço próprio e adequado à realidade econômica, política e social, em recíproca complementariedade.

---

[3] FERNANDES, Antonio Monteiro. Tendências da Contratação Colectiva em Portugal. In:TEIXEIRA FILHO, João de Lima (coord.). Relações Coletivas de Trabalho – Estudos em Homenagem ao Ministro Arnaldo Süssekind. São Paulo: LTr,: 1989, p. 425.

SINDICATOS E AUTONOMIA PRIVADA COLETIVA

2. Modelo corporativista

O poder normativo da Justiça do Trabalho integra os mecanismos engendrados pelo Estado Novo de Getúlio Vargas para levar ao extremo o intervencionismo. Omodelo corporativista operava com seis ferramentas:

a) rígida unicidade, mediante prévio reconhecimento estatal como condição para a fundação de sindicatos profissionais e patronais;
b) representação sindical baseada em categorias profissionais e econômicas predeterminadas;
c) contribuição sindical obrigatória, inclusive para não-associados;
d) representação classista paritária na composição dos tribunais do trabalho;
e) poder normativo da Justiça do Trabalho para substituir a vontade das partes em caso de insucesso da negociação coletiva;
f) proibição da greve e do *lock-out*.

A Constituição Federal de 1988, embora vedando a intervenção do Estado na organização sindical (artigo 8º) e permitindo a greve, manteve a unicidade, a divisão em categorias e a contribuição obrigatória, até por força da resistência a mudanças no seio das lideranças sindicais patronais e profissionais.

Essa limitação à liberdade sindical fere compromisso internacional assumido pelo Brasil, como se depreende do artigo 16 do Pacto de São José da Costa Rica, do artigo 22, § 1º, do Pacto de Direitos Civis e Políticos da ONU (1966) e do artigo 8º, "a", Pacto Internacional de Direitos Econômicos, Sociais e Culturais da ONU (1966). Vale transcrever este último:

"Art. 8º – Os Estados-Partes do presente Pacto comprometem-se a garantir:
a) o direito de toda pessoa de fundar com outras sindicatos e de filiar-se ao sindicato de sua escolha, sujeitando-se unicamente aos estatutos da organização interessada, com o objetivo de promover e de proteger seus interesses econômicos e sociais. O exercício desse direito só poderá ser objeto das restrições previstas em lei e que sejam necessárias, em uma sociedade democrática, no interesse da segurança nacional ou da ordem pública, ou para proteger os direitos e as liberdades alheias; (...)".

Ademais, nos termos da "Declaração da OIT Relativa aos Princípios e Direitos Fundamentais no Trabalho", de 1998, todo país membro está naturalmente comprometido a respeitar a liberdade sindical como princípio fundamental[4].

A Emenda Constitucional n. 24/99 extinguiu a representação classista, instrumento de aparente viés democrático e participativo, experiência de quase 70 anos extremamente nociva à liberdade sindical e à própria Justiça do Trabalho.

Por fim, a Emenda Constitucional n. 45/04 acertadamente condicionou o exercício do poder normativo à vontade dos interessados, mas provocou enorme controvérsia em doutrina e jurisprudência, havendo relutância em lhe assegurar efetividade.

3. Precedentes normativos

O poder normativo pretende que o conflito não fuja ao controle do Estado, no melhor estilo corporativista.

Mas a heterocomposição arbitra o conflito corroendo a liberdade de negociação. Ao invés de as partes dialogarem livremente, com concessões recíprocas até que se firme um compromisso, o fim da negociação tende a ser prematuro: o menor impasse desencadeia o dissídio coletivo, sem amadurecimento do debate (ou embate). A expressão "paternalismo", no sentido intervencionista, se encaixa perfeitamente à hipótese.

---

[4] Merecem referência seus dois primeiros itens:
"La Conferencia Internacional del Trabajo,
1. Recuerda:
a) que al incorporarse libremente a la OIT, todos los Miembros han aceptado los principios y derechos enunciados en su Constitución y en la Declaracíon de Filadelfia, y se han comprometido a esforzarse por lograr los objetivos generales de la Organización en toda la medida de sus posibilidades y atendiendo a sus condiciones específicas;
b) que esos principios y derechos han sido expresados y desarollados en forma de derechos y obligaciones específicos en convenios que han sido reconocidos como fundamentales dentro y fuera de la Organización.
2. Declara que todos los Miembros, aun cuando no hayan ratificado los convenios aludidos, tienen un compromiso que se deriva de su mera pertenencia a la Organización de respetar, promover y hacer realidad, de buena fe y de conformidad comla Constitución, los principios relativos a los derechos fundamentales que son objeto de esos convenios, es decir:
a) la libertad de asociación y la libertad sindical y el reconocimiento efectivo del derecho de negociación colectiva; (...)."

Os tribunais ainda se encarregaram de aperfeiçoar os entraves à negociação: passaram a editar precedentes normativos, cláusulas genericamente aplicáveis a qualquer conflito e que deveriam compor as sentenças normativas.

O precedente normativo é a antítese da negociação. Enquanto as normas coletivas autônomas tendem a instituir soluções adequadas ao grupo, os precedentes são uma panaceia.

O maior problema está na sua previsibilidade: se podem as partes recorrer à tutela do Estado sabendo de antemão o teor da sentença, há pouco interesse em negociar.

4. Limites do poder normativo

Antes mesmo da EC 45, algunsexcessos do intervencionismo eram censurados pelo Supremo Tribunal Federal.

Como escreveu Amauri Mascaro Nascimento[5], "a jurisprudência do Supremo Tribunal Federal cresceu no sentido de limitar esse poder. Passou a distinguir entre matéria de lei e matéria de dissídio coletivo e concluiu que, havendo lei, não pode a Justiça do Trabalho fixar, pelos dissídios coletivos, normas e condições de trabalho em desacordo com os seus dispositivos".

Nas hipóteses em que os tribunais avançavam sobre matérias disciplinadas em lei ou na Constituição, ou quando a lei não abria espaço ao poder normativo, o STF reconhecia afronta aos limites da competência da Justiça do Trabalho, violação ao princípio da legalidade e, especialmente, invasão em competência exclusiva do Poder Legislativo, nos termos dos artigos 5º, II, 114, 22, I, 44 e 48 da CF. É o que demonstra acórdão da lavra do Min. OCTAVIO GALLOTTI (Proc. RE 197911-9 PE)[6].

---

[5] NASCIMENTO, Amauri Mascaro. Compêndio de direito sindical. São Paulo: LTr, 2005. p. 297.

[6] Vejam-se outros acórdãos do Supremo Tribunal Federal: (i) "RECURSO EXTRAORDINÁRIO. TRABALHISTA. DISSÍDIO COLETIVO. AUSÊNCIA DE PREVISÃO LEGAL PARA CLÁUSULAS DEFERIDAS. PODER NORMATIVO DA JUSTIÇA DO TRABALHO: LIMITES NA LEI. 1. A jurisprudência da Corte é no sentido de que as cláusulas deferidas em sentença normativa proferida em dissídio coletivo só podem ser impostas se encontrarem suporte na lei. 2. Sempre que a Justiça do Trabalho editar regra jurídica, há de apontar a lei que lho permitiu. Se o caso não se enquadra na classe daqueles que a especificação legal discerniu, para dentro dela se exercer a sua atividade normativa, está a Corte Especializada a exorbitar das funções constitucionalmente delimitadas. 3. A atribuição para resolver dissídios individuais e coletivos, necessariamente in concreto, de modo algum lhe dá a competência legiferante. Recurso extraordinário conhecido e provido" (STF, 2ª Turma, RE 14836/MG, Rel. Min. Maurício

O Tribunal Superior do Trabalhopor vezes acompanhou o entendimento, como revela este acórdão do Ministro Milton de Moura França:

> "HORAS EXTRAS – SENTENÇA NORMATIVA – MAJORAÇÃO – IMPOS-SIBILIDADE – MATÉRIA AFETA À NEGOCIAÇÃO COLETIVA.
> Esta Corte cancelou o Precedente Normativo nº 43, que assegurava o adicional de 100% sobre as horas extras, após amplo debate onde se concluiu que, estando referido direito previsto na Constituição e na CLT, não se insere no poder normativo da Justiça do Trabalho decidir sobre a sua majoração, que deve ser objeto de negociação coletiva, atendidas as peculiaridades e oportunidade pelos interessados. Efetivamente, não existindo o chamado "vazio legislativo", na medida em que já se assegura aos trabalhadores a contraprestação mínima pelo trabalho em sobrejornada, nada mais razoável que às partes interessadas seja assegurado o direito, através de livre negociação, disporem de forma diferente, atentas as peculiaridades, interesses e oportunidade que decorrem e envolvem a relação jurídica que disciplina seus direitos e obrigações. Recurso ordinário provido" (TST, SDC, RO 764579/2001, Rel. Min. Milton de Moura França, DJ 14-03-2003).

Esta interpretação restritiva certamente melhor se ajusta ao espírito democrático da Constituição de 1988, embora sem grande ressonância nos tribunais.

5. A arbitragem facultativa constitucional.

A Emenda Constitucional n. 45 trouxe, no plano dos dissídios coletivos, importantes alterações, sendo a mais significativa a extinção do poder normativo.

Corrêa, DJ 06.03.1998). (ii) "TRABALHISTA. DISSIDIO COLETIVO. A cláusula que concede estabilidade no emprego, por noventa dias, aos empregados abrangidos pela decisão normativa, sem observar os casos especialíssimos que a lei reconhece a determinadas situações, exorbita o poder normativo da justiça do Trabalho, previsto no art. 142, § 1º, da Constituição Federal. Recurso extraordinário conhecido e provido parcialmente."(STF, 2ª Turma, RE 116047/PR, REl. Min. Carlos Madeira, DJ 27.10.1988). (iii) "DISSIDIO COLETIVO. SENTENÇA NORMATIVA. RECURSO EXTRAORDINÁRIO TRABALHISTA. PREQUESTIONAMENTO. ESTABILIDADE DO EMPREGADO ACIDENTADO. 1. O prequestionamento da matéria constitucional, habilitante do recurso extraordinário trabalhista, em decisão proferida em dissídio coletivo, há de ocorrer com relação a cada um dos distintos tópicos normativos. 2. Desamparada de lei e sem arrimo no poder normativo da Justiça do Trabalho (art. 142, § 1º), inconstitucional é a cláusula que concede estabilidade provisória ao empregado acidentado. Recurso extraordinário conhecido e provido, em parte." (STF, 1ª Turma, RE 108684 / SP, Rel. Min. Néri da Silveira, DJ 16.05.1986).

O artigo 114, § 2º, da Constituição Federal, condiciona o dissídio coletivo ao mútuo acordo entre as partes. Em outras palavras, não se cuida de poder normativo, mas sim de arbitragem facultativa pública, pois as partes elegem, de comum acordo, a Justiça do Trabalho para decidir o conflito; não basta pedido unilateral.

De qualquer maneira, é sempre privilegiada a solução negocial, na esteira dos princípios internacionalmente consagrados que inspiraram a reforma constitucional. Vejam-se as palavras de Süssekind[7]:

> "No que tange aos conflitos coletivos econômicos ou de interesse, a doutrina da OIT é iterativa e está consubstanciada na Recomendação nº 92, de 1951: os conflitos não resolvidos na negociação coletiva direta devem ser submetidos a organismos de conciliação voluntária, nos quais esteja assegurada a representação paritária de empregadores e trabalhadores. Segundo preceitua a recomendação, a via da arbitragem para a solução do conflito dependerá do consenso entre as partes interessadas. No mesmo sentido a 3ª Conferência dos Estados da América Membros da OIT (México, 1946) havia aprovado uma resolução sobre a conciliação e a arbitragem voluntária para os conflitos coletivos do trabalho, sendo que a Convenção nº 154, de 1981, complementada pela Recomendação nº 163, do mesmo ano, trata do fomento da negociação coletiva como procedimento ideal para a solução dos conflitos do trabalho."

O fomento à negociação coletiva consta de tratados internacionais ratificados pelo Brasil, como lembra José Miguel de Campos[8]:

> "Por esta razão é que a leitura que se faz da nova ordem constitucional deve estar inspirada na tentativa de trazer a maior concretude possível da liberdade sindical ao ordenamento jurídico brasileiro (interpretação sistemática), merecendo subsídio para a exegese o que dispõe a Convenção nº 98 da OIT, intitulada "Direito de Sindicalização e de Negociação Coletiva", aprovada no Brasil pelo Decreto Legislativo nº 49, de 1952 e com vigência nacional a partir de 18 de novembro de 1953:
>
> "art. 4º – Deverão ser tomadas, se necessário for, medidas apropriadas às condições nacionais, para fomentar e promover o pleno desenvolvimento e utilização dos meios

---

[7] SÜSSEKIND, Arnaldo. Tribunais do trabalho no direito comparado e no Brasil. Juris Síntese IOB, IOB: S. Porto Alegre, versão de julho-agosto de 2005.

[8] CAMPOS, José Miguel de. Emenda Constitucional 45/04 e Poder Normativo da Justiça do Trabalho. http://www.anamatra.org.br/opiniao/artigos/ler_artigos.cfm?cod_conteudo=6001&descricao=Artigos. Acesso: 30.03.07.

PODER NORMATIVO DA JUSTIÇA DO TRABALHO

de negociação voluntária entre empregadores ou organizações de empregadores e organizações de trabalhadores com o objetivo de regular, por meio de convenções, os termos e condições de emprego".

Conforme se observa, é conceito pacífico na doutrina internacional que a livre negociação traduz liberdade sindical, porquanto os convenentes, em igualdade jurídica, compõem-se ou, se não chegam a tanto, escolhem (o que também traduz liberdade) quem deve apresentar desfecho ao impasse.

A arbitragem facultativa, como processo de solução do conflito coletivo, é referendada por autorizada doutrina.

Diz Renato Rua de Almeida[9]:

"Mas o poder normativo da Justiça do Trabalho foi extinto com a nova redação dada pela Emenda Constituição 45 de 2004 ao artigo 114, § 2º da Constituição de 1988, ao exigir o pressuposto do comum acordo para o ajuizamento do dissídio coletivo de natureza econômica, fazendo com que a decisão normativa passe a ser efetivamente a expressão do exercício do poder jurisdicional da Justiça do Trabalho, como arbitragem pública, e não a expressão de um poder normativo usurpador das prerrogativas constitucionais do Poder Legislativo.

No entanto, alguns Tribunais do Trabalho insistem em desconsiderar a exigência constitucional do comum acordo das partes como pressuposto obrigatório para o ajuizamento do dissídio coletivo de natureza econômica, procurando assim manter o poder normativo da Justiça do Trabalho, como um dos cinco resquícios remanescentes do corporativismo sindical fora do Estado, dominado pelas organizações sindicais monopolistas já constituídas."

No mesmo sentido Davi Furtado Meirelles[10]:

"A nova redação do parágrafo 2º do artigo 114 não comporta outra interpretação senão a de que o dissídio coletivo econômico para os casos acima especificados depende da anuência dos dois lados do conflito coletivo. O termo "comum acordo" não foi inserido ali por acaso. Aliás, quanto a esse propósito, cabe lembrar que a lei, e com muito mais razão a Constituição, não contém palavras, ou expressões, inúteis."

---

[9] ALMEIDA, Renato Rua. Visão história da liberdade sindical. http://www.calvo.pro.br/artigos/visao_historica_renato_rua.htm. Acesso: 30.03.07.

[10] MEIRELES, Davi Furtado. Poder Normativo: momento de transição. LTr: revista legislação do trabalho. São Paulo. v.69. n.6. p.696. jun. 2005.

SINDICATOS E AUTONOMIA PRIVADA COLETIVA

Ao contrário de muitos arestos[11], o artigo 114, § 2º, da Constituição de 1988 não afronta o princípio da inafastabilidade da jurisdição (artigo 5º, XXXV, da CF).

Em primeiro lugar, trata-se de norma constitucional que se harmoniza com o princípio da liberdade sindical, do direito de greve e de negociação coletiva. Além disto, não se está afastando a jurisdição porque no poder normativo inexiste exercício jurisdicional. O que há, tecnicamente, é a criação da norma jurídica, em substituição à negociação coletiva.

Veja-se a lição de Marcos Neves Fava[12]:

> "Não se argumente que tal providência cerceie o princípio geral de acesso ao Judiciário, porque esta previsão constitucional, contida no artigo 5º, inciso XXXV, constitui-se garantia de acesso à jurisdição, vale dizer, garantia de intervenção estatal para proteção contra lesão ou ameaça de lesão. Ora, não existe, no ordenamento, o direito ao acordo coletivo, isto é, ao resultado positivo da negociação coletiva. Se uma das partes não acorre à negociação, a resposta da contrária não tem caráter jurisdicional, mas político, quase sempre espocando na greve, quando a categoria econômica é responsável pelo óbice. Passa a funcionar, assim, o Judiciário Trabalhista, como um mecanismo de solução

---

[11] Eis alguns exemplos: (i) DISSÍDIO COLETIVO – COMUM ACORDO – PREVISÃO LEGAL – EFEITOS – "Dissídio coletivo. Comum acordo. Previsão do art. 114, § 2º, da Constituição Federal. A expressão 'comum acordo', prevista no art. 114, § 2º, da Constituição Federal, não pode corresponder a permissivo para o exercício do poder de arbítrio, condicionando o exercício do direito de ação ao capricho de uma das partes. Inconcebível que a lesão do direito fundamental voltado à melhoria de condições sociais dos trabalhadores não possa ser levado à apreciação do Poder Judiciário, apenas porque a categoria econômica não dá o seu aceite, quando genericamente nenhuma ameaça ou lesão de direito está excluída da apreciação judicial (art. 5º, inciso XXXV, da CF). Preliminar rejeitada por unanimidade." (TRT 24ª R. – DC 852-84.2010.5.24.0000 – T.P. – Rel. Des. Marcio V. Thibau de Almeida – DJe 10.12.2010); (ii) DISSÍDIO COLETIVO – Preliminar de não conhecimento por ausência do requisito de "comum acordo" instituído pela Emenda Constitucional nº 45/2004. Inconstitucionalidade declarada por meio do controle difuso. Preliminar rejeitada. A Emenda Constitucional nº 45/2004, ao estabelecer a obrigatoriedade de anuência da parte contrária como requisito para o ajuizamento do dissídio coletivo, violou o princípio da indeclinabilidade da jurisdição, que constitui um direito fundamental e integra a parte imutável (cláusulas pétreas) do texto constitucional, nos termos do art. 60, §4º, da Carta Constitucional. O referido requisito é, portanto, inconstitucional. (...).". (TRT 21ª R. – DC 01052-2005-000-21-00-1 – (57.258) – Rel. Des. José Barbosa Filho – DJRN 14.12.2005).

[12] FAVA, Marcos Neves. Cadê o Poder Normativo. Primeiras ponderações sobre um aspecto restritivo na ampliação de competência instituída pela Emenda Constitucional 45. http://www.trt02.gov.br/geral/tribunal2/Legis/CLT/Doutrina/MNF_09_09_06_8.html. Acesso: 30.03.07.

PODER NORMATIVO DA JUSTIÇA DO TRABALHO

arbitral, eleito por ambos os interessados, não como antes ocorria, como o ponto final de qualquer negociação frustrada, ou de qualquer movimento grevista.

O impasse negocial, no regime superado pela EC 45, sempre chegava às barras dos tribunais trabalhistas. A greve merecia, em todas as situações, julgamento de sua abusividade e concessão parcial ou integral das pretensões dos suscitantes. A partir de agora, apenas a greve em serviços essenciais, e, ainda nesta hipótese, quando houver possibilidade de prejuízo do interesse público (artigo 114, § 3º da nova Carta)."

Também Raimundo Simão de Mello[13]:

"O princípio da inafastabilidade jurisdicional aplica-se, como estabelece explicitamente o referido dispositivo, às ofensas ou ameaças a direitos. Não é o caso do Dissídio Coletivo econômico, por meio do qual o que se discute são meros interesses das categorias, especialmente, e sobretudo, das categorias profissionais, consubstanciados em reivindicações econômicas e sociais, que visam à melhoria das condições de trabalho dos respectivos membros. Não há falar, pois, em ofensa a direito. É o caso, apenas para ilustrar, do pleito de concessão de cesta básica, que o Tribunal, ao analisá-lo, poderá concedê-lo ou não, baseando-se tão-somente nos critérios de oportunidade e conveniência, portanto, de forma subjetiva."

Em ação de declaração de inconstitucionalidade, assim se manifestou o Procurador-Geral da República[14]:

"Ação direta de inconstitucionalidade em face do § 2º do art. 114 da Constituição, com a redação dada pelo art. 1º da Emenda Constitucional n. 45, de 8 de dezembro de 2004. O poder normativo da Justiça do Trabalho, por não ser atividade substancialmente jurisdicional, não está abrangido pelo âmbito normativo do art. 5º, inciso XXXV, da Constituição da República. Assim sendo, sua restrição pode ser levada a efeito por meio de reforma constitucional, sem que seja violada a cláusula pétrea que estabelece o princípio da inafastabilidade do Poder Judiciário."

Há opiniões contrárias, inclusive do Professor Amauri Mascaro Nascimento[15]. Em alentado estudo afirma que nos dissídios coletivos não há mero

[13] MELO, Raimundo Simão de. A greve no direito brasileiro. S. Paulo: LTr, 2006. p. 141.
[14] Apud MELO, Raimundo Simão de. A greve no direito brasileiro. S. Paulo: LTr, 2006. p. 142/143.
[15] NASCIMENTO, Amauri Mascaro. A questão do dissídio coletivo de comum acordo. LTr: revista legislação do trabalho. São Paulo. v.70. n.6. p.647-56. jun. 2006.

debate sobre interesses, mas direitos, e que a sentença normativa é o resultado de um efetivo julgamento de um conflito. Ao final, aponta os riscos do que chama litigiosidade contidae pondera que o comum acordo, dificultando o acesso aos tribunais, pode incitar indesejáveis greves.

De qualquer modo, sendo ou não jurisdição, pensamos que a sentença normativa não resolve o verdadeiro conflito coletivo. Ao suplantar a vontade das partes, uma delas quase certamente fica insatisfeita (por vezes as duas). Não são raras as hipóteses em que os conflitos se renovam ano a ano sobre os mesmos alicerces e as sentenças normativas não pacificam as partes.

A Seção de Dissídios Coletivos do Tribunal Superior do Trabalho proferiu importante acórdão exigindo o comum acordo para o ajuizamento dos dissídios coletivos.

Eis o *leading case* sob a lavra do Min. Carlos Alberto Reis de Paula:

"DISSÍDIO COLETIVO. PARÁGRAFO 2º DO ART. 114 DA CONSTITUIÇÃO DA REPÚBLICA. EXIGIBILIDADE DA ANUÊNCIA PRÉVIA. Não demonstrado o comum acordo, exigido para o ajuizamento do Dissídio Coletivo, consoante a diretriz constitucional, evidencia-se a inviabilidade do exame do mérito da questão controvertida, por ausência de condição da ação, devendo-se extinguir o processo, sem resolução do mérito, à luz do art. 267, inciso VI, do CPC. Preliminar que se acolhe.

(...)

1 – CONHECIMENTO

A profunda reformulação operada pela Emenda Constitucional nº 45/2004, no texto do art. 114 da Constituição da República, deixou incólume o parágrafo 1º, o qual declara a possibilidade de submeter-se à arbitragem as pendências verificadas nas negociações coletivas de trabalho.

No âmbito de interesse do Dissídio Coletivo, cabe realçar-se a alteração introduzida no parágrafo 2º do mencionado dispositivo constitucional, que passou a apresentar a seguinte redação,*verbis*:

Recusando-se qualquer das partes à negociação coletiva ou à arbitragem, é facultado às mesmas, de comum acordo, ajuizar dissídio coletivo de natureza econômica, podendo a Justiça do Trabalho decidir o conflito, respeitadas as disposições mínimas legais de proteção do trabalho, bemcomo as convencionadas anteriormente.

O parágrafo em questão, em sua redação anterior, dispunha,*verbis*:

Recusando-se qualquer das partes à negociação ou à arbitragem, é facultado aos respectivos sindicatos ajuizar dissídio coletivo, podendo a Justiça do Trabalho estabelecer normas e condições respeitadas as disposições convencionais e legais mínimas de proteção ao trabalho.

PODER NORMATIVO DA JUSTIÇA DO TRABALHO

Para esboçar-se breve apreciação sobre o tema, não se dispõe de fundamentação sedimentada em entendimento jurisprudencial desta Corte, pelo que valho-me de manifestações doutrinárias.

O eminente Ministro José Luciano de Castilho Pereira, em lúcida abordagem sobre a atual redação do art. 114 da Constituição, defende a tese de que a expressão de comum acordo não deve significar, necessariamente, petição conjunta. Sustenta que o acordo, considerado no dispositivo, não precisa ser prévio, podendo revelar-se, sob a forma expressa ou tácita, ante o teor da resposta do Suscitado, ou da sua ausência, face ao pedido formulado na inicial. Entende o ilustre Magistrado que, não configurado o acordo prévio, ou na ausência de manifestação expressa da parte contrária, junto à inicial, a petição não deve ser indeferida de plano, podendo-se mandar citar o suscitado e apenas na hipótese de recusa formal ao dissídio coletivo a inicial será indeferida (A Reforma do Poder Judiciário, o Dissídio Coletivo e o Direito de Greve, in Revista do Tribunal Superior do Trabalho, vol. 71, nº 1, págs. 31-40).

Argumenta o ilustre Magistrado que, em prevalecendo na jurisprudência o entendimento contrário quanto à inviabilidade do ajuizamento do dissídio coletivo, no caso de ausência de manifestação da parte contrária a instruir a inicial – estar-se-ia fixando a eclosão da greve como caminho único para a obtenção de pronunciamento jurisdicional sobre qualquer matéria controvertida decorrente do impasse nas negociações coletivas; e acrescenta que essa tendência se revelaria apenas entre os trabalhadores representados por sindicatos fortes, aptos a promover o movimento grevista, porquanto em relação àqueles representados por sindicatos de menor poder de atuação não haveria qualquer solução viável.

Em contraste com o entendimento acima sumariado, cabe realçar a corrente doutrinária esposada pelo ilustre Professor Amauri Mascaro Nascimento, consoante o texto que transcrevo parcialmente, a seguir,*verbis:*

A inovação está no ajuizamento bilateral, de comum acordo, por pedido conjunto das partes para o Tribunal do Trabalho, submetendo as questões controvertidas para serem julgadas sob a forma não de laudo arbitral, mas de sentença normativa.

Tem havido uma reação de alguns sindicatos contra a bilateralidade do impulso processual, e em alguns casos, com algum tipo de ressonância nos Tribunais, que já admitiram que o mútuo consentimento existiu se na mesa redonda da DRT a empresa não impugnou as pretensões ou se não o fez durante o procedimento de negociação coletiva, o que vem levando as empresas a reagir, também, de forma veemente, em prejuízo da facilitação da negociação coletiva, o que desrecomenda a interpretação ampliativa que visa a superar o requisito constitucional do mútuo consentimento que é uma condição da ação, ainda que se alegar, contra o mesmo, o princípio da inafastabilidade da jurisdição que não fica afastada, apenas condicionada ao cumprimento de uma exigência, como tantas outras da legislação processual (A Reforma do Poder Judiciário e o Direito Coletivo do Trabalho, in Revista do Tribunal Superior do Trabalho, vol. 71, n° 1,págs. 190-197).

Considero que o acordo prévio entre as partes para o ajuizamento do dissídio não se configura como típica condição da ação. Caso típico próximo é o da exigência, fixada na Consolidação das Leis do Trabalho, e consagrada na Constituição vigente, de esgotamento prévio das negociações bilaterais, para que se ajuíze o dissídio coletivo. A parte autora sempre poderá demonstrar o impasse nas negociações coletivas e ingressar em Juízo sponte sua, ainda que se depare com a absoluta ausência de interesse da parte adversa.

Em outra vertente, tem-se considerado a semelhança entre a nova postura ensejada pelo parágrafo 2º do art. 114 da Constituição e dispositivos tidos como restritivos do acesso direto à tutela jurisdicional. Caso típico é o da submissão da demanda de natureza trabalhista à Comissão de Conciliação Prévia, instituída pela Lei nº 9.958/2000. Todavia, ainda nesse âmbito, o impasse na tentativa conciliatória sempre poderá ensejar a declaração nesse sentido a ser juntada à petição inicial da eventual reclamação trabalhista (art. 625-D, §3º, da CLT).

Há considerações sobre a natureza declaratória da ação coletiva do trabalho, o que afastaria o seu enquadramento entre as ações de índole contenciosa. Todavia, o fundamento legal da ação declaratória não favorece esse entendimento, já que se objetiva basicamente a declaração da existência, ou não, de relação jurídica, com vistas à garantia de direito material ou processual, em face do interesse da parte requerida. O dissídio coletivo de natureza econômica não se afasta desse cometimento a garantia de interesses das coletividades representadas.

Resta considerar o entendimento de que, no âmbito do dissídio coletivo, a jurisdição seria voluntária, como ocorre no Cível, notadamente em algumas ações do Direito de Família. Todavia, no contexto da greve, ficariam mal configuradas as hipóteses de instauração do dissídio, que pode decorrer de iniciativa de qualquer das partes, ou do Ministério Público, consoante o ordenamento jurídico.

De qualquer forma, a norma em foco, não obstante o status constitucional, submete-se ao controle da constitucionalidade, pelo que entendo objetivamente aplicável a literalidade da diretriz constitucional, até que venha a ocorrer a oportuna manifestação do Supremo Tribunal Federal (ADIns 3392/10, 3423/10, 3431/10 e 3432/10).

Depreende-se desse entendimento que, na ausência da formalidade essencial, exigida na Constituição, para a propositura da ação coletiva – que pode-se evidenciar pela ausência de petição conjunta ou pela não-apresentação do documento que expresse a anuência do Suscitado apenas o Autor poderá ser intimado a comprová-la, no prazo designado, à luz dos artigos 283 e 284 do CPC.

PODER NORMATIVO DA JUSTIÇA DO TRABALHO

Não demonstrado o comum acordo, evidencia-se a inviabilidade do exame do mérito da questão controvertida, por ausência de condição da ação, devendo-se extinguir o processo, sem resolução do mérito, à luz do art. 267, inciso VI, do CPC.

Da Preliminar de Extinção do Processo sem Resolução do Mérito por Ausência de Formalidade Essencial art. 267, inciso VI, do CPC.

Conforme relatado, a empresa Suscitada manifestou à fl. 197 expressa oposição à propositura da Ação. Não obstante consignada em petição sem assinatura, considero-a, adicionalmente, ao entendimento acima configurado quanto à exigibilidade da concordância expressa das partes na petição inicial ou em documento a esta anexado para o ajuizamento do Dissídio Coletivo.

Por esses fundamentos, acolho a preliminar, para extinguir o processo sem resolução do mérito, à luz do art. 267, VI, do CPC.

ISTO POSTO

ACORDAM os Ministros da Seção Especializada em Dissídios Coletivos do Tribunal Superior do Trabalho, por unanimidade, acolher a preliminar de ausência de comum acordo, para extinguir o processo sem resolução do mérito, à luz do art. 267, inciso VI, do CPC.

Brasília, 21 de setembro de 2006.

CARLOS ALBERTO REIS DE PAULA" (TST, SDC, Proc. DC – 165049/2005--000-00-00, DJ – 29/09/2006).

Lamentavelmente o Supremo Tribunal Federal ainda não se pronunciou sobre o tema[16] e muitos tribunais regionais se recusam a acompanhar, por razões diversas, o entendimento consagrado no Tribunal Superior do Trabalho.

O que se percebe, muitas vezes, é o legítimo esforço dos tribunais para resolver imediatamente o problema (impasse na negociação coletiva), mas sem atentar paraos impactos negativos no amadurecimento das relações sindicais no país.

6. Greve

A Seção de Dissídios Coletivos do Tribunal Superior do Trabalho decidiu que a exigência do "comum acordo" não se aplica aos dissídios coletivos de greve.

Merece referência acórdão da lavra do Ministro Maurício Godinho Delgado[17]:

[16] A ADI 3432-4/600 DF ainda não foi julgada.
[17] No caso concreto em que proferido esse acórdão pela SDC do C. TST, o STF, em decisão monocrática do Relator, deu provimento ao agravo de instrumento da empresa por vislumbrar possível afronta ao artigo 114 da CF, destrancando o recurso extraordinário ainda pendente de julgamento.

"(....) a jurisprudência desta Seção Especializada em Dissídios Coletivos abraçou o entendimento de que a novel redação do § 2º do artigo 114 da Carta Política do país, embora não tenha extirpado o poder normativo definitivamente da Justiça do Trabalho, fixou a necessidade do mútuo consenso dos interessados, ao menos tácito, como pressuposto intransponível para o ajuizamento do dissídio coletivo de natureza econômica.

Entretanto, não há a exigência de observância deste pressuposto processual no que toca ao ajuizamento do dissídio coletivo de greve.

Afinal, a suspensão das atividades laborais é um instrumento de coerção, dirigido pela coletividade dos trabalhadores sobre o patronato. Natural é que esse direito fundamental de caráter coletivo seja manejado como medida extrema da categoria profissional, na busca por melhores condições de trabalho, quando já não há mais condições de diálogo entre os agentes coletivos. Por isso não há como ser exigido o mútuo consenso das partes para o ajuizamento do dissídio coletivo de greve.

Nego provimento." (TST, SDC, Proc. RODC-20244-2005-000-02-00-0).

Essa posição, com todo o respeito, parece não enxergar a greve como natural e legítimo instrumento de pressão na negociação coletiva.

Em verdade, o constituinte considerou tais peculiaridades, admitindo umaexceção ao "comum acordo"no artigo 114, § 3º, da CF:

"§ 3º Em caso de greve em atividade essencial, com possibilidade de lesão do interesse público, o Ministério Público do Trabalho poderá ajuizar dissídio coletivo, competindo à Justiça do Trabalho decidir o conflito."

Contudo, nem mesmo tal exceção escapa à crítica da doutrina, servindo de exemplo Arion Sayão Romita[18]:

"O texto elaborado pela Relatora-Geral da Câmara dos Deputados, embora inadequado, ainda poderia ser aceito, porque reservava o exercício do poder normativo da Justiça do Trabalho aos casos de greve em atividades essenciais.

A greve, mesmo em atividades essenciais, não deve constituir objeto de julgamento por parte dos Tribunais do Trabalho, no plano coletivo.

O poder normativo não pode ser usado para julgar a greve. Os atos individuais praticados durante a greve, estes sim, devem constituir objeto de julgamento. Mas a greve, como instituto coletivo, não está sujeita a julgamento. O conflito

---

[18] ROMITA. ArionSayão. O Poder Normativo da Justiça do Trabalho: a necessária reforma. http://www.planalto.gov.br/ccivil_03/revista/Rev_22/artigos/art_arion.htm. Acesso: 30.03.07.

do trabalho que motivar a greve poderá ser composto – como o é em toda parte – pelos métodos tradicionais (negociação, conciliação, mediação e arbitragem), sem necessidade da adoção do método jurisdicional. O Brasil é o único país que ainda adota este método fascista de solução dos conflitos de interesses."

Em defesa do comum acordo nos dissídios de greve se encontram membros do Ministério Público do Trabalho, como Cássio Casagrande[19]:

"(...) pode haver greve sem que haja o exercício do poder normativo. Ou seja, os conflitos sociais acima descritos podem ocorrer sem que haja, necessariamente, pedido para que o Tribunal Regional do Trabalho resolva o conflito através de uma sentença normativa. Isto porque, nos termos dos §§ 1º e 2º do art. 114, na redação dada pela Emenda Constitucional nº 45, o dissídio coletivo só poderá ser instaurado se: a) houver pedido de ambas as partes; b) se o Ministério Público do Trabalho ajuizá-lo em decorrência de paralisação em atividade essencial, com possibilidade de lesão do interesse público. Portanto, somente nessas restritas hipóteses é que o TRT terá competência funcional para apreciar a greve."

No mesmo sentido acórdão do Tribunal Regional do Trabalho da 5ª Região:

"Devo esclarecer que, conquanto haja pedido relacionado com a abusividade da greve deflagrada, essa característica paredista não tem o condão de desclassificar a natureza intrinsecamente econômica do dissídio, vez que originário de interesses econômicos da categoria profissional, que, inclusive, na fase de negociação prévia, incluiu na pauta de discussão outras matérias de conteúdo patrimonial, como as constantes da inicial de fls. 06 e 07, itens de 01 a 09, fato que enseja a incidência do § 2º do art. 114 da Constituição Federal, com redação dada pela Emenda n. 45/2004, que estabelece como condição da ação que as partes estejam de comum acordo no que diz respeito ao ajuizamento do Dissídio. Sendo assim, entendo faltar à presente ação requisito básico de admissibilidade, claramente delineado pela Carta Política. Em conseqüência, resta prejudicada a análise da abusividade da greve, assim como as demais preliminares levantadas no Dissídio, restando à presente promoção sua extinção sem julgamento de mérito nos termos do inciso VI, do art. 276 do CPC" (TRT 5ª Região SDC; Proc. DCG n. 00247.2005.000.05.00.1; Rel. Juíza Maria Adna Aguiar, 5.4.2005).

---

[19] CASAGRANDE, Cássio. A nova competência da Justiça do Trabalho para apreciar conflitos decorrentes do exercício do direito de greve – breves anotações. In: Juris Síntese IOB. IOB: Porto Alegre, versão de julho-agosto de 2005.

7. Manifestação do consentimento

Como se trata de condição da ação, o consentimento (comum acordo) deve ser demonstrado quando do ajuizamento, sob pena de extinção do feito sem julgamento do mérito.

Contudo, como não há no processo do trabalho a figura do despacho saneador, é razoável presumir o consentimento mútuo quando não há oposição em contestação, como já se decidiu:

> "DISSÍDIO COLETIVO – AJUIZAMENTO – COMUM ACORDO – EMENTA CONSTITUCIONAL Nº 45/2004 – A expressão "comum acordo", de que trata o art. 114, § 2º da CR/88, dada pela EC nº 45 de 08/12/20, não significa, necessariamente, petição conjunta das partes, expressando concordância com o ajuizamento da ação coletiva, mas a não-oposição da parte, antes ou após a sua propositura, que se pode caracterizar de modo expresso ou tácito, conforme a sua explícita manifestação ou o seu silêncio. Não se insurgindo o suscitado contra a intenção declarada pelo suscitante de ajuizar dissídio coletivo, há que se deduzir o comum acordo para instauração da instância." (TRT 03ª R. – DC 906-98.2011.5.03.0000 – Rel. Des. Paulo Roberto Sifuentes Costa – DJe 02.12.2011 – p. 95).

O consentimento pode ser parcial. As partes têm a faculdade de delimitar a arbitragem e fixar livremente os parâmetros para a atuação do judiciário.

8. Atuação do MPT

Outra questão polêmica está na atuação do Ministério Público do Trabalho.

Diz o artigo 114, § 4º, da CF, que "em caso de greve em atividade essencial, com possibilidade de lesão do interesse público, o Ministério Público do Trabalho poderá ajuizar dissídio coletivo, competindo à Justiça do Trabalho decidir o conflito".

A dificuldade está em saber se a atuação do MPT justifica o avanço do tribunal na regulamentação das condições de trabalho ou se a decisão deve se limitar à abusividade da greve.

À luz do direito anterior, doutrina e jurisprudência eram maciças no sentido de que o dissídio de greve ajuizado pelo MPT implicava a análise das condições de trabalho. Opunha-se a isto, dentre poucos, José Augusto Rodrigues Pinto.

O emérito professor ensinava que "o Ministério Público pode ter a iniciativa do dissídio coletivo, nos casos de paralisação coletiva do trabalho, sob o fundamento de urgência de solução do impasse"[20].

Esta faculdade, porém, não dava "ao *parquet* a condição de parte, por lhe faltar pretensão. Desse modo, não lhe cabe suscitar o dissídio, como erradamente se presume, mas representar ou oficiar pela sua instauração". Nessa esteira, provocada a instauração da instância, o MPT retornaria à sua posição de fiscal da lei e provedor do interesse social.

Hoje com maior razão deve prevalecer a opinião de Rodrigues Pinto, na medida em que a regra é o mútuo consentimento das partes, mesmo no dissídio de greve.

---

[20] PINTO, José Augusto Rodrigues. Direito Sindical e Coletivo do Trabalho. S. Paulo: LTr, 1998. p. 359.

Da Proibição de Substituição de Grevistas à Luz do Artigo 535.º do Código do Trabalho

Júlio Manuel Vieira Gomes*

O artigo 535.º do Código do Trabalho de 2009, com a epígrafe "proibição de substituição de grevistas" consagra, no seu n.º1, a interdição, para o empregador, de "durante a greve, substituir os grevistas por pessoas que, à data do aviso prévio, não trabalhavam no respectivo estabelecimento ou serviço", proibindo, igualmente, o empregador de "desde essa data, admitir trabalhadores para aquele fim". Por seu turno, o n.º2 do mesmo artigo 535.º estabelece que "a tarefa a cargo de trabalhador em greve não pode, durante esta, ser realizada por empresa contratada para esse fim, salvo em caso de incumprimento dos serviços mínimos necessários à satisfação das necessidades sociais impreteríveis ou à segurança e manutenção de equipamento e instalações e na estrita medida necessária à prestação desses serviços". Finalmente, o n.º3 do artigo 535.º dispõe que "constitui contra-ordenação muito grave a violação do disposto nos números anteriores". Este preceito limita, pois, os comportamentos que o empregador pode adotar para minimizar os efeitos da greve e o dano que esta lhe causa, à semelhança, aliás, do que sucede com o artigo 544.º que, na esteira da norma constitucional, proíbe o *lock-out*.

A greve, no nosso ordenamento, não apenas é um direito dos trabalhadores, mas é também um direito a que, por um lado, a Constituição e a Lei ordinária procuram garantir alguma eficácia, preservando a sua capacidade de infligir um dano ao empregador, embora não seja, também, um direito ilimitado.

---

* Professor da Universidade Católica do Porto (Portugal).

Com efeito, e como veremos, há aqui um delicado compromisso – político, mas também jurídico – nos termos do qual a greve não deve produzir um dano particularmente intenso e irreversível (ou,mais precisamente, a greve não deve redundar em prejuízo para a segurança e manutenção do equipamento e instalações da empresa) – mas, por outro lado, procura-se garantir a sua eficácia, limitando as medidas de autodefesa do empregador.

É necessário ter em conta vários aspetos do regime legal da greve: em primeiro lugar, a ausência de uma definição legal de greve[12]. Em segundo lugar, a noção de que a greve corresponde hoje a um direito fundamental dos trabalhadores. Em terceiro lugar, importará verificar em que medida, sendo um direito, a greve não é um direito ilimitado, podendo, inclusive, ser suscetível, como todos os direitos subjectivos, de abuso de direito. É sabido que no nosso ordenamento não se encontra, pelo menos diretamente, uma noção de greve[3]. Pode pensar-se que, à semelhança do que sucede em Itália[4],

---

[1] O regime legal da greve é, aliás, bastante lacónico ou, melhor, lacunoso. Idêntica denúncia é feita em Espanha por JOAQUÍN PÉREZ REY, *El esquirolaje tecnológico: Un importante cambio de rumo de la doctrina del Tribunal Supremo (STS de 5 de diciembre de 2012)*, Revista de Derecho Social 2013, n.º 6, págs. 163 e segs., pág. 164, que afirma que por força de serem a expressão de um delicado equilíbrio ou compromisso político as normas legais sobre a greve têm permanecido "numa espécie de hibernação" que, nas suas palavras, são a causa de "um rosário de dificuldades jurídicas" a respeito da greve e do seu exercício.

[2] Sobre o conceito de greve no nosso ordenamento e as dúvidas que suscita cfr., por todos, JOSÉ JOÃO ABRANTES, *Direito do Trabalho II(Direito da Greve)*, Almedina, Coimbra, 2012, págs. 73-81,

[3] No entanto, pode afirmar-se, com GOMES CANOTILHO/ JORGE LEITE, *Ser ou não ser uma greve (A propósito da chamada "greve self-service")*, Questões Laborais 1999, ano VI, n.º 13, págs. 3 e segs., pág. 15, que "a noção de greve é, porém, um aspecto básico do regime da greve, um seu verdadeiro *prius*, já que se torna necessário saber quais são as acções que o sistema coloca ao abrigo da respectiva lei e quais são as acções dela excluídas".

[4] Sobre o tema cfr., por todos, MARTA MONDELLI, *Le forme anomale di sciopero nei servizi pubblici essenziali*, DRI (Diritto delle Relazioni Industriali) 2009, n.º 2, págs. 349 e segs.A autora refere-se à incerteza imanente da noção de greve que enquanto fenómeno da realidade económica e social é, por definição, "um conceito fluido, modificável". Tal tem como consequência uma incerteza na definição de greve, que pode repercutir-se sobre as chamadas formas anómalas de greve. A primeira atitude da doutrina italiana face à nova constituição do pós-guerra foi a de conseguir uma definição jurídica de greve. A doutrina largamente dominante definia a greve como uma abstenção concertada e total do trabalho para a tutela de um interesse económico profissional coletivo. Todas as restantes formas de luta sindical que não apresentassem uma destas características estariam fora da noção de greve. Era também frequente distinguir-se entre os limites internos e os limites externos da greve. Os limites internos (ob. cit., pág. 350) resultavam do próprio conceito de greve; os limites externos resultavam da necessidade de coordenar o reconhecimento do direito de greve com outros valores constitucionais realizando um equilíbrio ou compromisso entre os vários interesses

o silêncio do legislador é intencional, pretendendo abrir espaço para variadas formas de acção coletiva que podem ainda assim considerar-se uma greve.

Verifica-se, contudo, que a doutrina dominante tende a definir a greve como uma abstenção concertada e coletiva da prestação de trabalho, para a tutela de interesses coletivos. Esta definição, de origem doutrinal, impera entre nós e em Itália, embora possa ser considerada apriorística e tenha um suporte legal muito ténue. Em todo o caso, é frequente distinguir-se esta greve propriamente dita, como abstenção total e coletiva do trabalho, de outros fenómenos de greve ditos anormais ou anómalos em que a abstenção do trabalho é apenas parcial, como sejam as greves intermitentes e as greves rotativas ou greves trombose. Reconhece-se, com efeito, que podem existir

---

constitucionalmente relevantes. A este respeito foi muito importante o famoso Acórdão n.º 711 de 30 de Janeiro de 1980 da Corte di Cassazione em que se afirmou, por um lado, que a greve deve ter o significado que a palavra e o conceito têm na linguagem comum adotada no ambiente social e, em segundo lugar, que a greve não tem outros limites, dada a sua amplitude, que os que resultam de normas que tutelam posições subjectivas concorrentes, em um plano prioritário ou, pelo menos, paritário, como sejam o direito à vida e à integridade, a liberdade de iniciativa económica e de actividade empresarial, etc. Para alguns autores, tratou-se assim de superar a técnica da definição jurídica da greve que acabava por aprisionar o fenómeno. Para outros, esta decisão eliminou a possibilidade de distinguir limites internos e limites externos da greve ou, pelo menos, reduziu consideravelmente o âmbito dos limites internos. Não deve igualmente excluir-se que o ordenamento possa reconhecer a existência de outros meios de autotutela diversos do direito à greve. No entanto, a linha de fronteira entre esses outros meios de tutela e a greve não é clara e a terminologia empregue é frequentemente imprecisa. Assim, em primeiro lugar, pode discutir-se da possibilidade de uma greve a certas funções: recusa colectiva de realizar funções no âmbito do *jus variandi* ou mesmo algumas das funções que integram o objecto do contrato de trabalho. A doutrina dominante em Itália, mas não pacífica, considera que este comportamento coletivo não é uma greve porque não é em rigor um abandono do trabalho. Contudo, como dissemos, esta posição não é pacífica, ainda que a favor da doutrina dominante se possa dizer que não deve caber ao trabalhador a possibilidade de selecionar quais as funções que vai exercer e aqueloutras que não irá exercer, ingerindo-se na esfera organizativa do empregador. No entanto alguma jurisprudência italiana considerou que a recusa em executar certas funções seria uma greve parcial "entrando no conceito de greve legítima a abstenção parcial do trabalho até porque este tipo de greve causa menores danos à empresa [que a greve total]". Para alguma doutrina, também a recusa em realizar algumas das funções seria uma greve, até porque existiria uma abstenção (ainda que parcial) de alguns trabalhos. A jurisprudência italiana aceitou também como greve a atitude concertada e coletiva de trabalhadores que, exercendo funções de vigilância, apenas não cumpriram os seus deveres de marcar o relógio de ponto e de completar relatórios. Já não há dúvidas doutrinais quanto à licitude da chamada greve ao trabalho suplementar: trata-se de uma abstenção ao trabalho que apresenta como forma peculiar a recusa do trabalho em certos segmentos temporais, embora nesse segmento a recusa seja total. É muito mais duvidosa a qualificação como greve de comportamentos que consistem, por exemplo, na redução concertada da produção, realizando os trabalhadores a sua atividade com um ritmo mais lento que o normal.

SINDICATOS E AUTONOMIA PRIVADA COLETIVA

formas anómalas de greve, designadamente abstenções de trabalho muito fracionadas no tempo ou abstenções em momentos diferentes por diferentes grupos de trabalhadores com actividades interdependentes na organização do trabalho[5]. Para muitos autores, estarão mesmo fora do conceito de greve[6], situações em que não se verifica uma abstenção da prestação de trabalho, mas antes os trabalhadores, por exemplo, planificam uma diminuição de rendimento, através do cumprimento excessivo das regras da execução do trabalho – é a chamada greve de zelo ou a greve de menor rendimento.

Sublinhe-se, no entanto, que para um segmento da doutrina italiana, por exemplo, não há qualquer fundamento legal para dizer que estas acções

[5] GIULIANO MAZZONI, Manuale di Diritto del Lavoro, vol. II, Giuffrè, Milano, 1990, págs. 456 e segs., sublinha que as formas atípicas de greve pretendem através de uma acção coletiva concertada provocar ao empregador um dano maior do que aquele que resultaria da greve tradicional, mas procurando os trabalhadores conservar, pelo menos parcialmente, uma parte da retribuição. A este respeito podem distinguir-se diferentes orientações. Para alguns autores qualquer greve enquanto abstenção de trabalho deveria ser considerada legítima, sendo inaceitáveis limites ao exercício de direito de greve. Quando muito o empregador poderia apenas recusar, por exemplo, a prestação aparentemente oferecida durante por exemplo curtos intervalos de trabalho quando essa prestação de trabalho fosse meramente aparente e desembocasse em um resultado inútil. Para outra orientação de sentido diametralmente oposto, períodos por exemplo de abstenções ao trabalho descontínuas com pequenos intervalos de aparente prestação de trabalho são um comportamento de má-fé e não correspondem a uma luta sindical leal. Há também quem considere que nas empresas de laboração contínua tais prestações podem ser inúteis ou danosas para a empresa. MAZZONI observa que "não ter regulado, de nenhum modo, mesmo do modo mais atenuado, o exercício da greve é gravíssimo erro ou grave responsabilidade política" (pág. 464). O autor afirma também (pág. 466) que o pressuposto da legitimidade da greve é a correspetividade dos sacrifícios: "é verdade que a greve visa levar a contraparte a ceder, privando o empregador do lucro da actividade produtiva; mas é também verdade que, face a este dano, está o sacrifício voluntário da perda retributiva dos trabalhadores grevistas". Seria esta correspetividade que justificaria a tutela da própria liberdade de greve. Este entendimento estaria também de acordo com a obrigação de uma conduta leal nas próprias negociações coletivas e na aplicação de uma convenção coletiva.
[6] Para VALENTE SIMI, *Diritto di sciopero e prestazione irregolare di lavoro*, Massimario di Giurisprudenza del Lavoro 1977, págs. 330 e segs., pág. 331, a greve intermitente é uma acção coletiva organizada deliberadamente de modo a tornar improdutiva a actividade da empresa por um tempo muito superior às abstenções de trabalho. Ao dano legítimo que resultaria da suspensão da prestação de trabalho "acrescenta-se a transformação da prestação devida em fictícia ou não profícua de modo a produzir um dano que não depende da prestação de trabalho negada." Para o autor trata-se de uma violação da boa-fé e de um comportamento ilícito, que não se confunde com uma verdadeira greve. Contra, e afirmando que seria simplista dizer que a grave intermitente não é uma greve em sentido próprio, cfr. GIULIANO MAZZONI, *Forme abnormi di astenzione dal lavoro: le pratiche sleali e il cd. sciopero a singhiozzo*, Massimario di Giurisprudenza del Lavoro 1971, págs. 146 e segs., pág. 147.

coletivas não são greves[7], já que, como dissemos, a lei italiana, à semelhança da nossa, não define propriamente o que é uma greve. A greve é um direito fundamental dos trabalhadores, direito consagrado e reconhecidona nossa Constituição e também recentemente pelo Tribunal de Justiça[8] e pelo Tribunal Europeu dos Direitos do Homem[9].

[7] Cfr., por exemplo, LUIGI PELAGGI, *Considerazioni sui limiti dello sciopero nella giurisprudenza della cassazione degli anni '80*, Massimario di Giurisprudenza del Lavoro 1986, págs. 163 e segs., que dá conta, aliás, de decisões jurisprudenciais nesse sentido. Os tribunais italianos chegaram, no passado, a reconhecer a licitude destas greves de rendimento (por exemplo, Acórdão da Cassazione de 9 de Maio de 1984).Uma decisão já antiga (de 24 de Setembro de 1980) do Tribunal de Siena chegou a considerar ser uma greve o protesto concertado e colectivo de trabalhadores bancários que, por não estarem de acordo com a presença nas instalações de certas pessoas estranhas à empresa, mas cuja presença era autorizada pela direcção do banco, se afastavam do posto de trabalho quando essas pessoas se aproximavam, regressando ao posto de trabalho com a partida das mesmas. No entanto os tribunais italianos voltaram, a pouco e pouco, a considerar em regra que a greve é apenas uma abstenção ao trabalho, não se confundindo com uma ilícita substituição do objecto específico da obrigação de trabalhar.

[8] O Acórdão Laval (C-341/05) de 18 de Dezembro de 2007 e o Acórdão Viking [The International Transports Workers' Federation] (C-483/05) de 11 de Dezembro de 2007 colocam questões novas em matéria de limites à acção colectiva face à livre concorrência. Trata-se de dois Acórdãos de grande importância, porque o Tribunal de Justiça reconheceu a existência de um direito à greve, mas de um direito que de modo algum é absoluto. O caso Laval diz respeito à liberdade de prestação de serviços no quadro comunitário e à compatibilidade com os princípios da livre prestação de serviços de uma acção colectiva organizada na Suécia para compelir uma empresa letã que tinha destacado trabalhadores para a Suécia a subscrever uma convenção colectiva, sendo certo que as convenções colectivas na Suécia não têm eficácia erga omnes. O Tribunal reconheceu que o direito a realizar acções colectivas para levar a outra parte a negociar é um direito fundamental que faz parte integrante do direito comunitário. Reconheceu também que a protecção dos direitos fundamentais constitui um interesse legítimo que justifica em princípio uma restrição às obrigações impostas pelo direito comunitário, permitindo impor restrições à livre circulação de mercadorias ou à livre prestação de serviços. Mas o Tribunal de Justiça sublinhou que o direito à greve também está sujeito aos constrangimentos e à aplicação do direito comunitário, não sendo absoluto. Por outras palavras o exercício do direito à greve pode ser sujeito a restrições e aqui considerou-se que não era proporcionado. O caso Viking respeitou à liberdade de estabelecimento e à liberdade de matrícula de navio e de mudança de pavilhão. Face à gestão deficitária de uma linha Finlândia--Estónia um armador finlandês pretendia mudar o pavilhão matriculando o navio na Estónia a fim de poder contratar trabalhadores estonianos e celebrar uma convenção colectiva com sindicatos da Estónia. Foi objecto de uma campanha por um sindicato internacional ou, melhor, por uma federação internacional de sindicatos com vista a impedi-lo de mudar de pavilhão, apesar de ter garantido que não despediria os trabalhadores finlandeses já contratados e que não diminuiria os seus salários.Mais uma vez reconheceu-se em princípio que o direito de realizar uma acção colectiva constitui um interesse legítimo que pode justificar restrições a uma das liberdades fundamentais garantidas no Tratado, até porque a União não tem apenas finalidades económicas, mas tem também finalidades sociais. Contudo, entendeu-se ainda que as acções colectivas são restrições à liberdade de empresa que têm que justificar-se à luz imperiosa de interesse geral, devendo ser aptas a garantir

SINDICATOS E AUTONOMIA PRIVADA COLETIVA

O reconhecimento da greve como direito[10] representa o culminar de um longo processo, já que a greve foi inicialmente encarada pelos vários ordenamentos jurídicos como um crime, tendo-se depois transitado para a sua compreensão como uma liberdade, e só depois, em alguns ordenamentos (como é o caso do nosso), sido concebida como um direito.

Em um estudo fundamental nesta matéria PIERO CALAMANDREI[11] identifica três modelos históricos de relevância jurídica da greve: a greve delito, a greve liberdade e a greve direito. A greve delito enquadra-se em uma concepção paternalista e autoritária do Estado, própria do regime corporativo[12]. A greve como liberdade corresponde à concepção do Estado liberal em que o Estado se desinteressa da greve, desde que ela não dê lugar a violências ou perturbações da ordem pública. A liberdade de fazer greve é apenas uma expressão da liberdade individual de fazer tudo o que não é proibido por lei. No confronto do Estado não existe um dever público de trabalhar

a realização desse escopo legítimo, mas devendo também ser proporcionadas e não ultrapassar o que for necessário para atingir esse objectivo. A bibliografia sobre estes dois Acórdãos é infindável; a título meramente exemplificativo cfr. SOPHIE ROBIE-OLIVIER/ ETIENNE PATAUT, *Europe sociale ou Europe économique (à propos des affaires* Viking *et* Laval*)*, Revue de Droit du Travail 2008, págs. 80 e segs., A.C. L. DAVIES, *One step forward, two steps back? The* Viking *and* Laval *Cases in the ECJ*, Industrial Law Journal 2008, págs. 126 e segs. e BRUNO VENEZIANI, *La Corte di Giustizia e il Trauma del Cavallo di Troia*, Rivista Giuridica del Lavoro e della Previdenza Sociale 2008, págs. 295 e segs.

[9] No seu Acórdão Enerji Yapi Yol Sen contra Turquia, de 21 de Abril de 2009, o Tribunal Europeu dos Direitos do Homem reconheceu abertamente a existência do direito de greve afirmando que o direito de greve é o corolário indissociável do direito à associação sindical, mas também que se trata de um direito que não é absoluto (§ 32 do Acórdão). Em suma, o direito à greve e o direito de negociação colectiva são hoje em dia protegidos pelo art. 11.º da convenção europeia dos direitos do homem. Sobre o tema cfr., por todos, JEAN-PIERRE MARGUÉNAUD/ JEAN MOULY, *La jurisprudence sociale de la Cour européenne des droits de l'Homme : bilan et perspectives*, Droit Social 2010, n.º 9/10, págs. 883 e segs. e JEAN-PIERRE MARGUÉNAUD/ JEAN MOULY, *La Cour européenne des droits de l'homme à la conquête du droit de grève (À propos de l'arrêt de Chambre de la Cour européenne des droits de l'homme* Enerji Yapi Yol Sen c. Turquie *du 21 avril 2009*, Revue de Droit du Travail 2009, págs. 499 e segs.

[10] O direito à greve está reconhecido no artigo 11.º da Convenção Europeia para Salvaguarda dos Direitos do Homem e das Liberdades Fundamentais, que expressamente consagra a liberdade sindical, mas em que o Tribunal Europeu dos Direitos do Homem considera implícito o direito à greve. O direito à greve vem também reconhecido na Carta de Nice (Carta dos Direitos Fundamentais da União Europeia) no seu artigo 28.º que depois da entrada em vigor, a 1 de Dezembro de 2009, do Tratado de Lisboa, faz parte do direito primário da União.

[11] PIERO CALAMANDREI, *Significato costituzionale del diritto di sciopero*, Opere Giuridiche, a cura di Mauro Cappelletti, Morano Editore, Napoli, 1968, vol. III, págs. 443 e segs. (originariamente publicado na Rivista Giuridica del Lavoro 1952, págs. 221-244).

[12] Aut. e ob. cit., pág. 446.

e reconhecendo o Estado liberal a liberdade do ócio reconhece também a liberdade de fazer greve. Se ao não trabalhar o grevista perde a retribuição, ou até se sujeita a sanções disciplinares, neste modelo tal seria a consequência lógica do princípio da responsabilidade inseparável da liberdade. Finalmente quando a greve se transforma em direito tal corresponderia a uma conceção do Estado em que a greve seria encarada como um fenómeno socialmente útil, capaz de corresponder ao interesse da comunidade. O reconhecimento do direito à greve como um direito constitucionalmente tutelado e mesmo como um direito fundamental mostra que o interesse coletivo profissional dos trabalhadores foi erguido ao nível de interesse geral. A greve dentro de certos limites é considerada um fenómeno socialmente útil e benéfico que "merece não apenas ser protegido, como mesmo encorajado". Como o autor destaca, não pode deixar de realçar-se a profunda transformação das conceções sociais e políticas que permitiram que uma arma revolucionária de luta de classes tenha acabado por ter a estrutura jurídica de um direito e mesmo de um direito fundamental.

Contudo, este fenómeno teve também um preço, porquanto, como refere CALAMANDREI, as vantagens da legalidade pagam-se sempre com o sacrifício inevitável da liberdade. Nas palavras incisivas deste autor, "o direito é, pela sua própria natureza, predeterminação de limites; e, por conseguinte, desde o momento em que a greve aceitou converter-se em direito adaptou-se necessariamente a condições e restrições de exercício que se não forem estabelecidas pela lei deverão ser, mais tarde ou mais cedo, fixadas pela jurisprudência"[13].

A sua apreensão como um direito – para a maior parte da doutrina um direito individual de exercício coletivo e um direito potestativo – implica proteção jurídica para os grevistas, na hipótese de greve lícita, como até uma certa garantia legal da gravidade do dano infligido ao empregador, como

---

[13] Aut. e ob. cit., pág. 468. Para alguns, aliás, esta tentativa de inserir a greve, instrumento de luta de classes, na legalidade do Estado burguês pode parecer um contra-senso. Há mesmo quem considere tratar-se de uma domesticação constitucional do direito à greve, de uma realidade que nasceu como rebelião contra a legalidade constituída. Em todo o caso, a greve que é reconhecida e tutelada como direito não é, certamente, a greve como instrumento revolucionário susceptível de ser exercido para destruir a empresa, a que se refere CALAMANDREI, ob. cit., pág. 456, quando observa que "a greve apresenta-se, no seu aspecto puramente sindical, como um meio de coacção psicológica colectiva adoptado pelos trabalhadores para restabelecer na fase pré-contratual o equilíbrio económico das negociações [com vista à celebração de uma convenção colectiva] mas a greve tende a sair do terreno sindical em que funciona como método de coação psicológica pré-contratual e a alargar-se para o campo político, transformando-se com o mito da greve geral em instrumento de luta revolucionária para a conquista do Estado".

SINDICATOS E AUTONOMIA PRIVADA COLETIVA

resulta, de resto, da proibição legal de certas condutas do empregador, e designadamente a contratação de trabalhadores para substituir os grevistas, a que este poderia, de outro modo, recorrer para minorar o dano.

Mas a greve não é um direito ilimitado e este é o outro lado da medalha. O reconhecimento da greve como um direito implica, com efeito, que há condições legais para o seu exercício, procedimentos a adoptar, mas também limites[14].

Alguns desses limites são óbvios e resultam da tutela constitucional de outros valores e direitos fundamentais. Assim, nas empresas cuja atividade se destina à satisfação de necessidades sociais fundamentais, é obrigação dos grevistas assegurar a satisfação de serviços mínimos. No entanto, sublinhe-se que a lei portuguesa vai muito mais além e impõe aos grevistas, não apenas os serviços mínimos que se destinam a satisfazer interesses fundamentais de terceiros ou da coletividade, mas também serviços que se destinam a salvaguardar a segurança do equipamento e das instalações da empresa. Como se vê, o ordenamento jurídico não aceita que a greve vise, enquanto direito, a destruição da própria empresa, do substrato económico e da organização em que terá que se inserir a prestação de trabalho dos trabalhadores, uma vez finda a greve.

Entende-se, pois, modernamente, que a greve não é, nem pode ser, uma guerra total, conhecendo, ao invés, limites como resulta de ser obrigação do sindicato e dos grevistas garantir os serviços necessários à manutenção e segurança do equipamento e das instalações. Nas palavras de um autor, a greve não se destina a destruir o adversário. O mesmo autor acrescenta, aliás, que só assim se compreenda que o adversário não se possa defender, nem recorrendo ao *lock-out*, nem substituindo os grevistas[15].

---

[14] Não é por acaso que alguns autores persistam em recusar que a greve seja um direito. É, por exemplo, o caso de GINO GIUGNI, *Diritto Sindacale*, (actualizado por Lauralba Bellardi, Pietro Curzio, Mário Giovanni Garofalo), Cacucci Editore, Bari, 2010, pág. 240. Para este autor a greve seria, não um direito, mas um simples facto jurídico: qualquer abstenção ao trabalho quando concertada por um grupo de trabalhadores e tendo por objecto a satisfação de um interesse coletivo releva não pela declaração de vontade, mas como simples comportamento: é o facto da abstenção dos trabalhadores para a defesa de um interesse coletivo que é assumido como relevante pelo ordenamento que lhe liga o efeito jurídico da suspensão da relação de trabalho. Esta posição é defendida para evitar que, enquanto direito subjetivo, a greve possa ser suscetível de abuso de direito.

[15] SALVATORE SENESE, *Il diritto di sciopero ieri e oggi*, Il Foro Italiano 1988, parte I, cols. 1231 e segs., col. 1241. O autor refere, aliás, a posição de MAGRINI, para quem o direito à greve seria equiparável ao direito de guerra, embora destacando que também sem situações de guerra há

No entanto aqui, como noutros domínios, as normas legais sobre a greve e o exercício deste direito são muito lacónicas ou mesmo muito lacunosas – o que, de resto, já tem sido denunciado também noutros ordenamentos. Suscita--se, designadamente, a questão de saber se a greve deve ser encarada como produzindo apenas a suspensão do contrato de trabalho dos grevistas, com reflexos mínimos nos contratos de trabalho dos não grevistas, ou se não se deverá admitir que os poderes de direcção e de organização do empregador sofram uma acentuada compressãoe limitações decorrentes da greve lícita, porventura mesmo com reflexos nas relações laborais dos não grevistas. De outra perspetiva, pode perguntar-se se o artigo 535.º esgota os comportamentos proibidos ao empregador de tal modo que se poderia fazer uma leitura quase *a contrario* do mesmo preceito, com a consequência de que o empregador poderia adotar medidas defensivas não previstas e proibidas nesse preceito. Poderá, no entanto, questionar-se se algumas dessas medidas não representarão uma violação da boa-fé que deve reger a conduta das partes, mesmo na pendência de um conflito colectivo (artigo 522.º do Código do Trabalho de 2009) ou se não constituirão um abuso de direito, por esvaziarem o sentido prático da guerra transformando-a num acontecimento quase anedótico.

Importa, desde logo, reconhecer que tanto a evolução tecnológica, como as próprias alterações de direito de trabalho multiplicaram os mecanismos de reação do empregador face à greve. No passado, o empregador tinha como mecanismos de defesa face a uma greve, isto é, como mecanismos tendentes a reduzir o prejuízo que lhe podia advir da greve, fundamentalmente duas técnicas: uma, o encerramento da empresa e a outra a substituição dos grevistas por trabalhadores contratados para o efeito. A nossa Lei, à semelhança de outras, tentou contrariar a utilização destes mecanismos, por assim dizer clássicos, para mitigar os efeitos de uma greve. O problema, contudo, é que existem hoje mecanismos mais sofisticados e mais subtis, mas tão ou mais poderosos, para o esvaziamento dos efeitos da greve[16]. Apenas alguns exemplos:

---

limites ao tipo de hostilidades, resultantes, por exemplo, da Convenção de Genebra, mas afasta a imagem, sublinhando que a greve, a tratar-se de uma guerra, seria antes "uma guerra de opereta".

[16] Sobre este tema é essencial o estudo de WILFREDO SANGUINETI RAYMOND, *Los empresarios y el conflicto laboral*, tirant lo blanch, Valencia, 2006, págs. 39-40. Como o autor sublinha, o sistema da produção *just in time* e os novos modos de organização do trabalho fazem com que o empregador esteja, por um lado, aparentemente mais vulnerável perante a greve, mas, ao mesmo tempo, proporcionam-lhe novos mecanismos de defesa que não procuram propriamente impedir ou limitar o exercício do direito à greve, mas antes esvaziar ou mitigar boa parte dos seus efeitos. A maior vulnerabilidade face à greve resultaria de que, frequentemente, o empregador não dispõe de avultados *stocks* de produção ou de capacidade produtiva que lhe permita criar esses *stocks*, sendo

em alguns setores de atividade a prestação de trabalho dos grevistas pode ser substituída, não por outros trabalhadores, mas por meios tecnológicos automatizados. Pense-se, por hipótese, numa greve decretada numa rádio ou numa televisão e em que a empresa, durante o período de greve, opte por transmitir apenas publicidade e programas pré-gravados ou de que dispunha em arquivo. Deverá entender-se que esta prática é proibida? Suponhamos agora que o empregador não contrata trabalhadores a termo para substituir os grevistas, mas solicita aos seus trabalhadores não grevistas que realizem trabalho suplementar, de modo a compensar o trabalho não realizado pelos grevistas. Ou, alternativamente, o empregador altera o horário de trabalhadores contratados a tempo parcial que, em princípio só deveriam trabalhar, por exemple, às quintas e sextas-feiras, fazendo-os trabalhar numa segunda e terça-feira que são precisamente os dias de greve[17]. Aproveitando, em seu benefício, os múltiplos mecanismos de flexibilidade temporal e funcional existentes na nossa Lei, o empregador pode, pois, aparentemente, concentrar horários, alterar funções de trabalhadores não grevistas, exigir trabalho suplementar, recorrer a bancos de horas. Mas, pergunta-se, será que tudo isto é verdadeiramente compatível com a teleologia do artigo 535.º?

Começaremos por analisar mais de perto o artigo 535.º do Código do Trabalho. Antes de mais, este preceito proíbe o empregador, como já dissemos,

---

que em determinadas áreas, como no setor dos serviços, tal vulnerabilidade é acrescida. Para o empregador, é hoje mais importante continuar a produzir durante a greve, "manter o processo produtivo custe o que custar apesar da greve" (pág. 40). Contudo, este desiderato é hoje mais fácil de atingir já que nos últimos anos ou décadas se suprimiram muitos limites e custos associados à utilização mais flexível do pessoal não grevista (pense-se no desaparecimento de limites à modificação de horário de trabalho, à exigência de trabalho adicional, à mudança de funções), se potenciaram e desenvolveram, em alguns setores de atividade instrumentos tecnológicos que permitem dispensar trabalho humano durante períodos mais ou menos longos ou deslocalizá-lo espacialmente, multiplicaram-se formas de organização descentralizada da produção através, mormente, de externalizações e da criação de redes que permitem, também, transferir uma determinada atividade ou procura para outras empresas sem prejuízo, ou sem prejuízo significativo, para o empregador.

[17] A jurisprudência italiana, segundo informa VALERIO MAIO, *Attualità del Crumiraggio*, ADL 2011, págs. 523 e segs., pág. 530, tem considerado, por vezes, como anti-sindical a utilização de trabalhadores contratados a tempo parcial e que deveriam, por exemplo, trabalhar apenas no fim de semana, mas que são chamados a trabalhar em substituição dos grevistas noutros dias da semana (Cassazione, 9 de maio de 2006, N.10624). Sobre esse caso cfr., também, RICCARDO DEL PUNTA, *Sciopero e reazioni del datore di lavoro*, Massimario di Giurisprudenza del Lavoro 2006, n.º 10, págs. 731 e segs.

de durante a greve[18] substituir os grevistas por pessoas que à data do aviso prévio não trabalhavam no respectivo estabelecimento ou serviço, proibindo também o empregador de, desde essa data, admitir trabalhadores para aquele fim. A proibição da nossa Lei parece-nos ser mais ampla do que a que existe noutros ordenamentos: não se proíbe apenas a contratação a termo com o escopo da substituição dos grevistas ou o recurso ao trabalho temporário com essa mesma finalidade. Proíbe-se a substituição por pessoas que não trabalhavam, à data do aviso prévio, naquele estabelecimento ou serviço, seja qual for o tipo de contrato que o empregador celebre com essas pessoas. A nosso ver, proíbem-se não só contratos de trabalho, mas também contratos de prestação de serviços e, mais ainda, parece-nos estar abrangido pela proibição o recurso a trabalho gratuito ou benévolo por parte de membros do agregado familiar do empregador ou, até, por parte de outros empregadores/produtores.

A Lei portuguesa proíbe a substituição externa, mas também coloca limites à substituição dos grevistas por trabalhadores da mesma empresa, mas que, à data do aviso prévio, não trabalhavam no mesmo estabelecimento ou serviço. O empregador não pode, pois, transferir trabalhadores não grevistas de um estabelecimento para outro, independentemente da distância entre estabelecimentos e da existência ou da inexistência de prejuízo sério para os não grevistas. Mas repare-se que a Lei autonomiza a noção de serviço em relação à de estabelecimento: deste modo, parece-nos, que inclusive dentro do mesmo estabelecimento, o empregador não poderá transferir trabalhadores de um departamento para outro, na tentativa de compensar a ausência dos grevistas. Afigura-se-nos, com efeito, que a expressão "serviço" remete aqui para um departamento ou unidade funcional, embora nos pareça excessivo

---

[18] Supomos que o preceito apenas se aplica quando a greve é lícita. Com efeito, apenas essa corresponde ao exercício de um direito cujos efeitos a lei visa, em alguma medida, preservar ou tutelar. Não faria sentido, parece-nos, que a lei se preocupasse em salvaguardar os efeitos de uma greve ilícita. Não desenvolveremos, contudo, este aspeto, até porque é delicado o juízo sobre a ilicitude de uma greve. Esta ilicitude pode decorrer, na nossa opinião, não apenas do modo como a greve é decretada (competência para decretar a greve, respeito pelo procedimento, incluindo o cumprimento do aviso prévio), mas também do seu escopo (pense-se na hipótese, supomos que teórica, de uma greve xenófoba, que pretendesse que o trabalho disponível em Portugal fosse "para os portugueses") e da sua própria execução (parece-nos que passará a ser ilícita uma greve em que haja atos de violência sobre os não grevistas, pelo menos de maneira concertada: pense-se no piquete de greve que, porventura agindo mesmo em obediência a indicações do sindicato que declarou a greve, impede, com recurso á força física, o acesso á empresa de não grevistas, fornecedores ou clientes).

exigir que se trate de uma unidade económica autónoma suscetível, por exemplo, de transmissão em separado.

Mas deverá proceder-se a uma interpretação do artigo 535.º do CT que possibilite ao empregador a adoção de medidas defensivas para mitigar os danos causados por uma greve lícita, desde que tais medidas não constem do elenco das expressamente proibidas por aquele preceito? Poderá assim o empregador alterar as funções dos não grevistas, exigir-lhes mais trabalho de molde a compensar a suspensão da prestação de trabalho pelos grevistas, deslocar encomendas para outras empresas do grupo, antecipar a produção ou incrementá-la fora do período da greve, deslocar máquinas, durante a greve, dos estabelecimentos onde há mais grevistas para aqueloutros onde é menor a adesão à greve?

Antes de tentarmos uma resposta, não queremos deixar de referir que, no plano do direito comparado, mesmo em países como a Espanha, a França e a Itália em que o ordenamento jurídico (a lei, mas também, por vezes, a jurisprudência) proíbe, em maior ou menor medida, a substituição de grevistas, a resposta não é unívoca ou uniforme, demonstrando existirem diferentes conceções da natureza do direito à greve, mas também dos efeitos do seu exercício e do modo de dirimir o conflito entre este direito e outros direitos fundamentais, como a liberdade de empresa e de iniciativa económica e a própria liberdade de trabalho dos trabalhadores não grevistas.

Em Itália, por exemplo – mas o mesmo parece poder afirmar-se em relação ao ordenamento francês – a visão dominante, na doutrina, como na jurisprudência, parece ser a de que a lei, em rigor, não garante a eficácia de uma greve[19] e a de que o empregador, em princípio, conserva intactos, pelo

---

[19] Para MASSIMO VICECONTE, *Il contenimento del danno da sciopero da parte del datore di lavoro: mezzi consentiti e mezzi non consentiti*, Lavoro e Previdenza Oggi 2008, n.º 3, págs. 375 e segs., pág. 378, "o dano não entra como elemento constitutivo imprescindível na estrutura do instituto [do direito à greve]". A sujeição do empregador a uma tal forma de pressão não exclui o seu direito, "postulado mesmo pelo caráter conflitual da relação dialética em que surge a sua autotulela" – de socorrer-se de quaisquer meios legais que sem impedir o exercício do direito à greve possam limitar ou atenuar os seus efeitos nocivos. Em suma, o empregador conserva, mesmo no período da greve, o direito de continuar a desenvolver a sua atividade empresarial e o direito à greve não pode dizer-se violado quando o direito de livre iniciativa económica seja exercido para limitar os efeitos negativos da abstenção de trabalho sobre a atividade económica da empresa confiando a trabalhadores não grevistas as funções dos trabalhadores grevistas. Admite também a licitude da externalização da atividade para outras empresas do grupo, a aquisição no exterior a terceiros produtores dos bens não produzidos na empresa por causa da greve, a prestação de serviços por outras empresas [subcontratação] ou até a cedência de pessoal entre empresas do mesmo grupo.

DA PROIBIÇÃO DE SUBSTITUIÇÃO DE GREVISTAS...

menos na medida em que outra coisa não resulte da lei, os seus poderes de direção e de organização, relativamente aos trabalhadores que não aderiram à greve. Em suma, mesmo na hipótese de uma greve lícita, a lei não impõe a passividade ou a inércia do empregador[20] que pode assumir medidas para mitigar os efeitos danosos de uma greve[21], ainda que se admita, em alguns

[20] Como afirma RICCARDO DEL PUNTA, ob. cit., pág. 731, se o ordenamento jurídico não pode consentir que o empregador se sirva de todos ou quaisquer instrumentos para mitigar ou eliminar os danos provocados pela greve, é também difícil pensar que "o empregador deva estoicamente a renunciar a qualquer tipo de reação". ANDREA SITZIA, *Potere organizzativo e condotta antisindacale: sostituzione di lavoratori scioperanti com non aderenti allo sciopero e sondaggio preventivo sull'adesione allo stesso*, RIDL 2008, parte II, págs. 422, pág. 428, destaca que Tribunal Constitucional italiano afirmou já que nem o artigo 28.º do Statuto dei Lavoratori, nem outras normas do ordenamento, obrigam um empregador a assumir face à greve uma posição passiva. Em suma, poderia falar-se de uma obrigação do empregador de abster-se de qualquer ato que impeça ou torne mais gravoso o exercício do direito à greve, mas não de comportamentos que visem simplesmente neutralizar ou diminuir os efeitos danosos da greve sobre a empresa. Por outras palavras, a sujeição do empregador traduz-se na impossibilidade jurídica de evitar a greve, mas não na sujeição às suas consequências.
[21] Distinguem-se, assim, como destaca GAETANO ZILIO GRANDI, *L'ipotesi "classica" della sostituzione dei lavoratori in sciopero tra fonti di disciplina e diritti costituzionali* (nota a Cass. 9 maggio 2006, n. 10624), Diritto delle Relazioni Industriali 2007, n.º 2, págs. 509 e segs., pág. 512, ato de neutralização da greve (ou dos seus efeitos) de atos propriamente impeditivos do exercício da greve. Algumas situações concretas suscitam, todavia, interrogações á doutrina italiana, mormente no que toca à mudança de funções dos não grevistas. Assim, para STEFANO BELLOMO, *Gli effetti dello sciopero*, in Trattato di Diritto del Lavoro, dir. por MATTIA PERSIANI e FRANCO CARINCI, vol. III, Conflitto, Concertazione e Partecipazione, coord. por FIORELLA LUNARDON, Cedam, Padova, 2011, págs. 155 e segs, pág. 178, o poder de modificar as funções exercidas pelos não grevistas deveria sofrer restrições: "se é verdade que o empregador permanece livre de adotar, através do exercício ordinário dos seus poderes de direção e organização, todas as medidas idóneas a reduzir ou a neutralizar o prejuízo patrimonial consequente à abstenção de trabalho dos grevistas, é também incontestável que o desaparecimento dessa prestação de trabalho é a causa eficiente do dano à produção que representa o prejuízo legitimo que o empregador é obrigado a suportar em consequência da greve (...) mas se é assim parece pouco coerente e provavelmente em contradição com este princípio, admitir que o empregador possa subtrair-se a este prejuízo invocando um (legítimo) dano à produção como exigência objetiva que autoriza a invocação de um *ius variandi*". Em sentido diverso, cfr., por exemplo, VALERIO MAIO, ob. cit., pág. 538, para quem a greve lícita não impede o exercício dos poderes de diração em relação aos não grevistas, bem podendo pois o empregador exigir aos trabalhadores não grevistas funções compreendidas no objeto do contrato de trabalho destes ou mesmo outras funções no âmbito do *ius variandi*, acrescentando o autor que o ordenamento constitucional não pode impedir que o empregador e os trabalhadores não grevistas possam agir na defesa dos seus interesses (ob. cit., pág. 545). Também ANDREA SITZIA, *Potere organizzativo e condotta antisindacale: sostituzione di lavoratori scioperanti com non aderenti allo sciopero e sondaggio preventivo sull'adesione allo stesso*, RIDL 2008, parte II, págs. 422 e segs. A autora comenta um Acórdão da cassazione de 26 de setembro de 207, n.20164, que considerou legítima a atuação do empregador que, por um lado substituiu trabalhadores grevistas por trabalhadores não grevistas que normalmente exerciam funções superiores e, por outro, realizou uma sondagem preventiva

SINDICATOS E AUTONOMIA PRIVADA COLETIVA

casos, que as medidas concretamente assumidas pelo empregador podem constituir um abuso de direito.

Em França a lei proíbe a contratação a termo e o recurso ao trabalho temporário para substituição de grevistas, na hipótese de uma greve lícita. A jurisprudência francesa tem oscilado entre atitudes mais permissivas[22] – considerando, por exemplo, lícita a conduta do empregador que recorre a familiares ou a vizinhos para substituir grevistas[23] e, inclusive, aceitando que um empregador utilize trabalhadores contratados a termo antes da greve, com o motivo da substituição de trabalhadores ausentes por doença, para, durante a greve, realizarem as funções dos grevistas[2425] – e outras, mais restritivas e mais em

para tentar apurar quem é que iria ou não aderir à greve. Parece, assim, estar a consolidar-se em Itália a orientação que permite a substituição de trabalhadores grevistas pelos não grevistas mesmo com alteração das funções desempenhadas por estes últimos.

[22] No direito francês, segundo informa ROMAIN MARIÉ, *Note à Cour de Cassation (Ch. Soc.) 2 mars 2011*, Le Droit Ouvrier 2011, n.º 756, págs. 469 e segs., pág. 470, o empregador pode impor aos não grevistas que ocupem os postos dos grevistas se tal não acarreta uma modificação do seu contrato de trabalho. O empregador pode também utilizar outros meios para assegurar a continuidade da sua atividade: pode contratar trabalhadores por tempo indeterminado, recorrer à subcontratação, ao trabalho benévolo ou gratuito e até à cedência de mão de obra dentro de um grupo. Como destaca STÉPHANE MICHEL, *L'Exercice du droit de grève dans le secteur privé*, RPDS n.º 706, 2004, págs. 43-53 e RPDS n.º 708, 2004, págs. 125-136, o empregador pode recorrer à externalização ou subcontratação, desde que ela não se traduza em um trabalho temporário disfarçado. Para ser lícita esta subcontratação deve ter por objeto a realização de um trabalho que será realizado sob a direção do subcontratante, não correspondendo, pois, simplesmente à cedência de mão-de-obra.

[23] No seu Acórdão de 11 de janeiro de 2000 a Chambre sociale da Cour de cassation concluiu pela licitude da ajuda gratuita de outros produtores/agricultores para efetuar a colheita de produtos em substituição dos grevistas, com o argumento de que não é proibido ao empregador em caso de greve organizar a sua empresa de modo a assegurar a continuidade da sua actividade.

[24] O Acórdão da Cour de cassation de 17 de junho de 2003 decidiu precisamente que um trabalhador contratado a termo para substituir um trabalhador doente podia, durante um posterior período de greve substituir o grevista. A lei proíbiria apenas a conclusão de um contrato a termo cujo objetivo ou escopo fosse substituir o trabalhador grevista. A solução encontrada pelo Acórdão de 17 de junho de 2003 foi facilitada pela possibilidade de substituição em cascata. Sobre o tema cfr. ISABELLE MEYRAT, *Note à Cour de Cassation (Ch. Soc.) 17 juin 2003*, Le Droit Ouvrier 2004, págs. 89 e segs., que, aliás, discorda da solução encontrada, considerando que um trabalhador contratado a termo para substituir um trabalhador doente não deveria, depois, poder ser utilizado para substituir um grevista.

[25] Cfr., também, FRANÇOIS DUQUESNE, *Annonce de la grève et recours à l'intérim*, DS 2010, págs. 557 e segs., pág. 558, que sustenta que o conhecimento da greve pelo empregador não se opõe a que este empregue, dentro dos limites da respetiva qualificação profissional, um qualquer trabalhador já presente no seio da empresa no momento em que a greve é decretada para substituir um grevista. Posição mais restritiva era a assumida por HÉDY SELLAMI, *Le remplacement des grévistes dans les entreprises privées*, RPDS n.º 649, 1999, págs. 151 e segs. Este autor não apenas considerava ilícita – e

conformidade com a teleologia da proibição legal de substituição dos grevistas, sobretudo no que toca á ampliação do tempo de trabalho dos não grevistas[26].

Em contrapartida, o entendimento dominante – em grande medida por obra do Tribunal Constitucional Espanhol – na doutrina e na jurisprudência do país vizinho é substancialmente distinto e, pensamos poder afirmá-lo sem hesitações, muito mais radical.Este entendimento triunfou pelo menos desde o Acórdão do Tribunal Constitucional espanhol 123/1992 de 28 de setembro[27], o qual decidiu que, muito embora a lei ordinária só proibisse expressamente a substituição de trabalhadores grevistas por trabalhadores que não estivessem vinculados à empresa no momento em que a greve foi comunicada (a não ser na hipótese de cumprimento das obrigações mínimas respeitantes aos serviços de manutenção e segurança na empresa), seria erróneo deduzir *a contrario*[28], como fazia até então boa parte da doutrina espanhola, que qualquer substituição

a nosso ver com bons argumentos – a substituição de grevistas feita por contratação a termo « em cascata » (ou seja, contrata-se a termo não para substituir diretamente o grevista, mas porceder à sua substituição indireta : um não grevista ocupa o posto de trabalho e desempenha as funções do grevista e é o posto de trabalho do não grevista que vai der ocupado pelo contratado a termo), como considerava que haveria uma conduta igualmente ilícita quando verificando-se a greve apenas em um estabelecimento, o empregador recrutasse trabalhadores precários para trabalharem noutro estabelecimento, compensando a falta de produção do estabelecimento em greve (ob. cit., pág. 153).

[26] Assim, designadamente, o Acórdão da Cour de cassation (Chambre Sociale) de 2 de março de 2011, objecto de uma anotação por ROMAIN MARIÉ, *Note à Cour de Cassation (Ch. Soc.) 2 mars 2011*, Le Droit Ouvrier 2011, n.º 756, págs. 469 e segs. Confrontada com uma greve dos seus trabalhadores, uma sociedade que garantia o transporte por autocarro entre o edifício principal do aeroporto e os aviões solicitou a trabalhadores precários que já estavam ao serviço dessa mesma empresa meses antes do conflito que, além do seu trabalho habitual, efetuassem também o trabalho dos grevistas. O Tribunal considerou que essa conduta do empregador era abusiva e violadora do direito à greve. A sua contratação era anterior à greve e à existência de qualquer conflito e nessa medida não era, em si mesma ilícita. Contudo, o Tribunal decidiu que era ilícito ao empregador exigir a estes trabalhadores, além do seu período normal de trabalho habitual, o trabalho dos grevistas, aumentando o número de horas dos trabalhadores contratados a termo – tal situação já violaria o art. L. 1251-10, 1er. do Code du Travail, então em vigor. Sobre esta decisão da Cour de cassation cfr., igualmente, DANIELLE CORRIGNAN-CARSIN, *Recours à des salariés temporaires en droit de grève*, La Semaine Juridique (Édition Générale) 2011, n.º 20, págs. 980 e segs. Esta decisão causa alguma perplexidade já que, como dissemos, as decisões anteriores eram bastante permissivas. Para esta autora,seria apenas o cúmulo de funções (as suas próprias e as dos grevistas) com o correspondente aumento de volume de trabalho que seria proibido, ainda que a manifeste a sua incerteza a este respeito.

[27] Sobre esta Acórdão, de extrema importância, cfr., por todos, RAMÓN GONZÁLEZ DE LA ALEJA, *Algunas reflexiones sobre el "esquirolaje" interno*, Revista Española de Derecho del Trabajo n.º 62, 1993, págs. 967 e segs.

[28] Alerta contra esta interpretação *a contrario*, segundo a qual tudo o que não fosse proibido ao empregador pela lei ordinária ser-lhe-ia permitido, JAVIER GÁRATE CASTRO, *Derecho de Huelga*, Editorial Bomarzo, Albacete, s. d., págs. 157-157, que sublinha que o empregador não pode, durante

SINDICATOS E AUTONOMIA PRIVADA COLETIVA

interna dos grevistas por trabalhadores que já integravam a empresa seria lícita. Ao invés, o Tribunal considerou que o empregador poderia exercer os seus poderes de modo abusivo, esvaziando o efeito prático e em última análise mesmo o conteúdo essencial do direito à greve. Como se pode ler no Acórdão, "aspetos do poder de direção do empregador estão configurados para situações correntes ou excecionais, inclusive como medidas de emergência, mas sempre em um contexto de normalidade, à margem de qualquer conflito [coletivo]". Afirma-se também no Acórdão que "seria essencial para a greve uma certa eficácia" e que com a greve se reconhece "um poder de anestesiar, paralisar ou manter em uma vida vegetativa latente outros direitos que, em situações de normalidade, podem e devem manifestar toda a sua capacidade potencial"[29]. E daí que o Tribunal tenha considerado como ilícita a substituição de trabalhadores em greve por outros não grevistas de categoria profissional superior. Requisitos do exercício da mobilidade funcional seriam, assim, razões técnicas, organizativas ou de produção pensadas para períodos de vida normal e pacífica dentro da empresa e não como um instrumento para boicotar ou prejudicar o exercício de um direito fundamental como o direito à greve[30].

a greve (lícita) exercer os seus poderes sobre os não grevistas que redundem em uma redução dos efeitos da greve.

[29] Uma crítica violenta a este Acórdão pode encontrar-se em GONZALO DIÉGUEZ, *Sustitución "interna" de huelguistas*, Revista Española de Derecho del Trabajo n.º 58, 1993, págs. 211 e segs. O autor considera, ob. cit., pág. 215, que tudo que o empregador pretendia era diminuir ou mitigar os prejuízos causados pela greve, tomando pois as medidas que fossem objetivamente necessárias para o bom funcionamento da empresa, o que seria lícito e critca com ironia a virtude clorofórmica que o Tribunal Constitucional reconheceu à greve lícita, anestesiando os poderes do empregador (ob. cit., pág. 217). Nas suas palavras, "a sentença parte do apriorismo de que tudo o que obste à eficácia do direito à greve impede por definição a defesa que pelo recurso a esse direito fazem os trabalhadores dos seus interesses" (ob. cit., pág. 212) e assentaria numa visão exaltante da greve como um instrumento para a realização do bem comum que, para o autor seria ilusória, porque, no seu entender, o direito à greve não cumpre qualquer função social servindo unicamente os interesses egoístas de quem exerce tal direito. Ainda que não inteiramente concordante com a solução encontrada pelo Tribunal Constitucional espanhol, era mais comedida a crítica de JOSE MARIA GOERLICH PESET, *Los efectos de la huelga*, tirant lo blanch, Valencia, 1994, pág. 98. Este autor sublinhava que continuaba a ser possível o exercício pleno dos direitos do empregador nas hipóteses de greve ilegal ou de incumprimento dos serviços mínimos e questionava se o abuso de direito por parte do empregador não pressuporia sempre uma intenção por parte deste de esvaziar a greve de eficácia. Perguntava--se, ainda, se a utilização do poder de direcção (sobre os não grevistas) não poderia ser admitida naqueles casos em que fosse a única alternativa ao encerramento da empresa.

[30] Nas palavras de ÁNGELES CEINOS SUÁREZ, *La jurisprudência del Tribunal Supremo en materia de huelga*, Editorial Comares, Granada, 2000, pág. 47, "[os direitos fundamentais] não podem ser violados pelo exercício de outros direitos quando, por detrás do seu uso existe uma clara intenção de diminuir os prejuízos que o direito de greve, por seu turno, pode produzir. A substituição interna

DA PROIBIÇÃO DE SUBSTITUIÇÃO DE GREVISTAS...

Em certo sentido ainda foi mais longe, o recente Acórdão do Tribunal Constitucional espanhol 33/2011 de 28 de março, que transformou a posição do empregador face à greve, de um passivo dever de tolerância, em uma obrigação de garantia do exercício desse direito[31][32]. Os factos reportam-se a uma greve geral convocada pelos sindicatos CCOO e UGT no dia 20 de junho de 2002. Aderiram à greve todos os trabalhadores do jornal diário ABC, com exceção dos chefes de secção. Estes últimos, conjuntamente com quadros diretivos e chefias de várias secções do jornal (recursos humanos, produção e sistemas, logística e informática) realizaram uma edição substancialmente reduzida do mesmo (de 28.800 exemplares) durante o dia de greve. O Tribunal considerou que tinha sido violado o direito à greve, mesmo sem ter sido demonstrada uma intenção de violação por parte do empregador. Entendeu-se, pois, que o efeito da greve (lícita) vai muito para além de anestesiar ou suspender os poderes de direcção do empregador: "impõe ao empregador um efetivo dever de controlo de quem dele depende para impedir a realização de condutas que retirem eficácia ao exercício do direito à greve, como é o caso da substituição dos grevistas. Em suma, não é suficiente que o empregador tolere a greve, mas deverá garantir a sua eficácia, evitando atos dos não grevistas cujo resultado seja minimizar o seu impacto [da greve]". Transforma-se, assim, o empregador em um verdadeiro garante legal da eficácia da greve, o que para alguma doutrina, não deveria ser nada de surpreendente[33].

dos trabalhadores grevistas supõe a utilização abusiva dos poderes de direção e de mobilidade que o ordenamento concede em regra ao empregador. Estes poderes não surtem efeitos quando são exercidos com escopos diferentes dos previstos pelo ordenamento e numa situação de conflito, não como medida objetivamente necessária para a boa marcha da empresa, mas para desativar a pressão produzida pela cessação de trabalho, atentando contra o dever reciproco de lealdade e de boa fé que perdura durante a greve, mesmo que o contrato fique suspenso".

[31] Sobre este novo Acórdão cfr. FRANCISCA FERRANDO GARCÍA, *Un nuevo avance en la doctrina constitucional sobre sustitución interna de huelguistas: del efecto "anestesiante" de las facultades directivas a la obligación empresarial de garantizar la eficacia de la huelga*, Revista de Derecho Social n.º 54, 2011, págs. 181 e segs.

[32] De algum modo, já não há que falar de uma "anestesia" ou "hibernação" dos poderes normais do empregador durante o período de uma greve lícita e mesmo face aos não grevistas. Nas palavras de WILFREDO SANGUINETI RAYMOND, "durante uma greve os poderes empresariais não ficam, na verdade, nem anestesiados, nem paralisados, nem em estado latente. Simplesmente esses poderes veem-se impedidos de restringir as consequências do legítimo exercício do direito à greve. Este é naturalmente um efeito independente da valoração que tais medidas podem merecer da perspetiva da legalidade ou da sua aceitação por parte dos trabalhadores encarregados de executar tais medidas" (ob. cit., pág. 214).

[33] Neste sentido, expressamente, WILFREDO SANGUINETI RAYMOND, ob. cit., pág. 223. O autor reconhece, de resto, que a greve está a perder eficácia e a deixar de funcionar como autêntica

Outros aspetos em que alguma jurisprudência espanhola leva muito longe o alcance da proibição de grevistas é o que se reporta ao alcance subjectivo dessa proibição – a mesma incide apenas sobre o empregador ou também sobre quem, não sendo empregador dos grevistas, é o utilizador da sua força de trabalho (por exemplo no trabalho temporário ou na cedência ocasional) ou o cliente do empregador e beneficiário direto dessa prestação de trabalho (em situações de externalização ou subcontratação)? – e à possibilidade dessa mesma proibição abranger a chamada substituição tecnológica ou virtual dos grevistas.

Tradicionalmente concebia-se a greve como um direito de causar um dano ao empregador (ainda que esse dano fosse obtido, frequentemente, à custa de um dano para os clientes do empregador) e um direito que, independentemente de poder ter escopos mais amplos que não apenas reivindicações face ao empregador, existia na relação entre grevistas e o seu empregador[34], traduzindo-se, segundo a visão dominante, numa suspensão do contrato de trabalho. Por força do princípio da relatividade contratual era também entre as partes da relação contratual que a greve surtia os seus efeitos e era face ao empregador que importava protegê-la. Mas a realidade social e laboral alterou-se, nas últimas décadas, de forma dramática: milhares de trabalhadores realizam uma prestação cuja utilidade direta e imediata beneficia terceiros que não o sem empregador. É, como dissemos, o caso de trabalhadores temporários, mas o mesmo sucede na externalização ou "terceirização", para usar o vocábulo

---

medida de pressão para converter-se em uma espécie de ritual para chamar, sobretudo, a atenção da opinião pública: "a greve deixa de representar, em consequência, um sacrifício épico, para passar a converter-se em um acontecimento mediático, para cujo êxito é mais relevante o impacto que tem nos meios de comunicação do que a sua repercussão efetiva sobre a esfera de produção de bens e serviços" (ob. cit., pág. 186). A posição assumida pelo Tribunal Constitucional espanhol seria, assim, a necessária para manter a eficácia da greve, num mundo em que o empresário dispõe de novas respostas para diminuir o dano que a falta da prestação de trabalho dos grevistas lhe pode causar.

[34] Para JOSÉ MARÍA MARÍN CORREA, *Los "terceros" y la huelga*, Actualidad Laboral 2000, n.º 47, págs. 4841 e segs., pág. 4843, greve é que consiste na manifestação de um conflito coletivo laboral e, portanto, trata-se de uma situação "entre os trabalhadores e os seus empregadores". O autor comenta favoravelmente o acórdão do TSJ País Vasco de 4 de julho de 2000 que considerou não existir violação do direito à greve quando tendo os trabalhadores feito greve a análises clínicas, os serviços públicos, ao que parece com a colaboração do empregador, desviaram os pacientes para outras empresas com idênticos meios de diagnóstico. O tribunal sublinhou que "o direito fundamental de greve não inclui no seu conteúdo o poder de exigir a um terceiro alheio à relação laboral entre empresa e grevistas que sofra também uma redução no processo produtivo e nos serviços que presta" (ob. cit., pág. 4842). Sobre este tema cfr., ainda, IGNACIO GARCIA--PERROTE ESCARTIN, *Derecho de Huelga y Libertad de Empresa*, Revista Juridica de Castilla y León 2005, n.º 5, págs. 13 e segs., págs. 38-39.

brasileiro. Admitir que a proibição de substituição dos grevistas é proibição que apenas incide sobre o seu empregador é condenar a greve, nestes casos, à sua quase total inutilidade. Por outro o próprio empregador "já não é o que era"; o empregador pode, em princípio, continuar a ser apenas a pessoa que celebra o contrato de trabalho com o trabalhador, mas tratar-se de uma empresa inserida num grupo ou numa rede, que reagirão perante a greve, deslocando durante a duração da greve a actividade ou os clientes para outra empresa do grupo ou da rede[35]. É por isso que em Espanha a jurisprudência tem considerado que um terceiro, que não seja o empregador, pode, apesar disso, ser condenado por violação do direito à greve[36].

---

[35] Cfr., por todos, JESÚS LAHERA FORTEZA, *La admisión del desvío de clientes a otras empresas durante una huelga: un salto cualitativo en la valoración jurisprudencial negativa del conflicto laboral (Comentario a la STS de 11 de mayo de 2001)*, Relaciones Laborales 2002, parte I, págs. 871 e segs., pág. 874, que observa, referindo-se à possibilidade de numa rede de empresas se diminuir os efeitos da greve passando a produção para outra empresa da rede, ou desviando os clientes para essa outra empresa, que "do mesmo modo que a ação coletiva deve adaptar-se à empresa rede, a proteção jurídica dos direitos coletivos constitucionais deve responder a estes novos riscos que podem alterar os fundamentos do nosso sistema de relações laborais".

[36] Sobre o tema cfr., recentemente, JUAN ESCRIBANO GUTIÉRREZ, *El derecho de huelga en el marco de la descentralización empresarial*, Temas Laborales 2011, n.º 110, págs. 195 e segs. O autor comenta as decisões do Tribunal Constitucional Espanhol de 19 de Outubro e de 16 de Novembro de 2010 respeitantes à seguinte situação: entre uma empresa, Unigel SL e outra, a empresa Samoa Industrial SA, fora celebrado um contrato comercial de prestação de serviços, em que a primeira empresa era a prestadora e a segunda a cliente, que iniciou a sua eficácia a 31 de Dezembro de 2000 pelo prazo de um ano, renovando-se tacitamente. A empresa Unigel SL enviou os seus trabalhadores para trabalharem nas instalações da cliente, mas aparentemente mantendo o seu poder de direção sobre estes e sem que fosse suscitada a questão de uma cessão de mão-de-obra ilegal. Após 5 anos de trabalho exclusivamente prestado nas instalações do cliente, Samoa Industrial, SA, os trabalhadores do prestador de serviços entraram em greve reclamando ao seu empregador condições de trabalho, designadamente remuneratórias, idênticas às dos trabalhadores do cliente com as mesmas funções. A greve teve um sucesso relativo: o empregador concordou em estabelecer condições remuneratórias idênticas às dos trabalhadores da empresa cliente, mas para tanto viu-se forçado a repercutir esse aumento, solicitando um incremento de 1,62% na remuneração contratualmente estabelecida pela prestação de serviços com a Samoa, SA. Esta última empresa decidiu, por conseguinte, resolver o contrato de prestação de serviços. Na sequência dessa resolução, o prestador de serviços viu-se por seu turno forçado a proceder a um despedimento coletivo de 23 dos 24 trabalhadores que executavam a sua prestação nas instalações da Samoa, SA. A questão que se suscitou foi a de saber se estes trabalhadores tinham sido despedidos em razão da greve e se se poderia responsabilizar o cliente pelo sucedido. O Tribunal Constitucional Espanhol respondeu afirmativamente, embora tenha havido votos de vencido e se tenha suscitado uma acesa discussão doutrinal. A maioria dos juízes do Tribunal Constitucional Espanhol partiu da premissa de que a exteriorização de atividades não pode redundar para os trabalhadores em uma verdadeira privação dos seus direitos fundamentais. Em suma, o direito à greve não pode ser

SINDICATOS E AUTONOMIA PRIVADA COLETIVA

A chamada substituição tecnológica ou virtual tem ocorrido em Espanha em sectores onde as greves não são frequentes em Portugal, nomeadamente na rádio e na televisão. Nestes domínios de atividade, para além dos serviços mínimos, é possível às empresas manterem-se no ar, exibindo, por exemplo, um evento desportivo sem comentários ou programas pré-gravados ou em arquivo. Depois de, em um primeiro momento, os Tribunais espanhóis aceitarem, maioritariamente[37], a licitude desta prática[38], com o argumento de que

praticamente inutilizado pela circunstância de a produção se destinar a um terceiro que não é no entanto contrapartida contratual ou empregador contratual do trabalhador grevista. O Tribunal Constitucional Espanhol entendeu que era necessário utilizar aqui um conceito de empregador mais amplo que o tradicional, atendendo a que nestes processos de exteriorização se verifica a fragmentação da posição de empregador. De outro modo "existiria uma gravíssima limitação das garantias dos direitos fundamentais dos trabalhadores no quadro dos processos de descentralização empresarial, quando não mesmo a sua completa eliminação, o que seria constitucionalmente inaceitável". "de pouco serviriam as proibições, garantias e tutelas estabelecidas na legislação laboral em relação com as atuações empresariais lesivas do direito à greve se se admitisse que estas apenas afetam a contraparte contratual, empregador direto na relação laboral e não o empresário principal que é aquele sobre quem recaem em última instância os efeitos económicos da greve e quem, por conseguinte, pode estar tanto ou mais interessado que o empregador em combatê--la". O Tribunal Constitucional Espanhol considerou pois imprescindível estender ao âmbito das subcontratações a sua doutrina segundo a qual os direitos de um trabalhador podem ser violados por quem não é o seu empregador na relação laboral, mas interage ou interatua com este em conexão direta com a relação laboral. Como dissemos, houve votos de vencido no referido Acórdão que consideraram que a responsabilidade pela violação do direito à greve só devia recair sobre o empregador contratual e que "uma coisa é uma represália face ao exercício de direitos fundamentais e outra muito diferente a defesa do interesse próprio face aos efeitos negativos daquele exercício por quem não está ligado com relação alguma aos que exercem os seus direitos" (cit apud JUAN ESCRIBANO GUTIÉRREZ, ob. cit., pág. 204, a citação é de voto de vencido do magistrado Conde Martín de Hija).

[37] Embora houvesse decisões em sentido oposto. Num dos casos decidido pela STSJ de Andalucía/ Málaga de 7 de março de 1997 e comentado por SUSANA TORRENTE GARI, *El derecho de huelga y las innovaciones tecnológicas*, Revista española de Derecho del Trabajo, n.º 102, 2000, págs. 447 e segs., tratou-se de uma greve declarada na televisão andaluza com uma duração de 3 horas por dia ao longo do mês de junho com a ressalva do domingo em que a greve se estendia por mais horas. Os serviços mínimos foram fixados na emissão normal de toda a programação informativa. Encontrando-se em greve os trabalhadores da rádio televisão de Málaga o empregador desviou o sinal de satélite para uma unidade de produção em Sevilha,passando a emitir a partir de Sevilha a sua programação, incluída a transmissão do campeonato europeu de futebol no horário de greve. Os tribunais espanhóis decidiram que o direito à greve era afetado e ficaria esvaziado de qualquer sentido útil se durante a greve se pudesse manter toda a programação habitual. Sobre o tema cfr., também, IGNACIO GARCIA-PERROTE ESCARTIN, ob. cit., págs. 39 e segs.

[38] Cfr. RODRIGO MARTÍN JIMÉNEZ, *Sustitución virtual de trabajadores en huelga*, Relaciones Laborales 2000, tomo I, págs. 797 e segs. O autor alude à greve na televisão catalã de março de 1997 e à transmissão da partida da Taça do Rei pelas outras televisões, bem como pela transmissão da

DA PROIBIÇÃO DE SUBSTITUIÇÃO DE GREVISTAS...

a lei não garante a eficácia da greve[39] e não força o empresário a permanecer passivo, decisões recentes parecem significar uma inversão de rumo[40], em nome da necessidade de não esvaziar o efeito prático da greve em sectores onde a rápida evolução tecnológica facilitaria a substituição dos grevistas sem recurso a qualquer mão de obra adicional.

Como se vê, desta breve referência a alguns ordenamentos em que também existe uma proibição legal da substituição dos grevistas numa greve lícita, a posição da jurisprudência espanhola é aquela que leva mais longe o alcance

partida sem qualquer locução ou comentário pelo empregador que acedeu de maneira automática ao sinal de retransmissão. Como o autor observava, as outras televisões não tinham que suportar os efeitos da greve e a receção e emissão foram automáticas, o que para o autor implica que não houve substituição dos trabalhadores por outros. Também o Tribunal então optou por uma interpretação literal da proibição de substituição de trabalhadores grevistas por outros trabalhadores.

[39] RODRIGO MARTÍN JIMÉNEZ, ob. cit., pág. 798: "o ordenamento protege o exercício do direito à greve, mas a materialização dos objetivos prosseguidos ou dos efeitos pretendidos com a mesma situa-se fora ["extramuros"] do direito". Em sentido diametralmente oposto, SUSANA TORRENTE GARI, ob. cit., pág. 457, observa que se o exercício do direito à greve não implica a proibição do uso de recursos técnicos para mitigar ou até evitar os efeitos do conflito "restam-lhe poucos anos de vida".

[40] Assim JOAQUÍN PÉREZ REY, *El esquirolaje tecnológico: Un importante cambio de rumo de la doctrina del Tribunal Supremo (STS de 5 de diciembre de 2012)*, Revista de Derecho Social 2013, n.º 6, págs. 163 e segs. O autor comenta favoravelmente o importante Acórdão do Tribunal Supremo respeitante a uma greve geral ocorrida no país basco a 27 de janeiro de 2011 e em que a televisão pública basca durante o dia de greve manteve-se no ar emitindo, além dos programas que couberam nos serviços mínimos, publicidade e televendas, emissão que ocorreu de modo automatizado e sem necessidade de intervenção humana direta (ob. cit., pág. 169). O Tribunal considerou que o empregador havia violado o direito à greve e afirmou que "não é apenas quando se utilizam meios humanos (trabalhadores afetados à prestação de serviços mínimos) para a realização de actividades que excedem os serviços definidos como essenciais, que se viola o direito à greve, mas também se viola este direito quando uma empresa do sector de radiodifusão sonora e televisão emite programação ou publicidade por meios automáticos, no caso de essa actividade empresarial, mesmo que seja mediante a utilização de meios mecânicos ou tecnológicos, privar materialmente os trabalhadores do seu direito fundamental, esvaziando o seu conteúdo essencial, porquanto não se justifica o uso de prerrogativas empresariais, mesmo que amparadas na liberdade de empresa, para impedir a eficácia do direito à greve, e isso pela própria natureza desse direito, mas também pela [natureza] da liberdade de empresa que não incorpora no seu conteúdo faculdades de reacção face à suspensão da prestação de trabalho".JOAQUÍN PÉREZ REY, *El esquirolaje tecnológico...*, pág. 172, defende a solução encontrada, afirmando que, de outro modo, a greve se transformaria em "simples elemento decorativo" nestes domínios, como sucede nos audiovisuais "em que a capacidade técnica do empresário poderia, por completo, neutralizar as consequências do conflito, evitando não apenas o prejuízo produtivo, mas também a visibilidade da greve". O autor já tinha, de resto, defendido a necessidade de ultrapassar uma visão "anquilosada" da greve e sustentado a ilicitude da substituição tecnológica em um estudo anterior, *Tertulias, Reportajes de Actualidade y Esquirolaje Tecnologico en la Huelga General*, Revista de Derecho Social n.º 59, 2012, págs. 195 e segs., pág. 206.

da referida proibição. No entanto, apesar de ter o mérito de destacar o perigo de uma interpretação meramente literal das normas legais que visam tutelar o exercício do direito à greve, não nos parece que o caminho percorrido pelo Tribunal Constitucional espanhol seja o mais adequado. O direito à greve é um direito fundamental, mas também o são a liberdade de iniciativa económica e o direito ao trabalho dos não grevistas e não vemos por que é que o direito à greve há-de prevalecer automaticamente sobre estes[41]. Além disso, afigura-se-nos irrealista transformar o empregador em um garante legal da eficácia da greve, como não nos parece que se possa exigir à ordem jurídica que garanta, em todo o caso, a eficácia da greve e que esta produza um dano efetivo na esfera do empregador[42].Pensamos, em suma, que, em princípio, no nosso ordenamento, será lícito ao empregador, por exemplo, substituir os trabalhadores grevistas por trabalhadores que não aderiram à greve e que, à data do pré-aviso, trabalhavam no mesmo estabelecimento e serviço que os grevistas, mesmo que alterando as funções dos não grevistas, pelo menos dentro dos limites do objeto dos contratos de trabalho.

Tal não significa, todavia, que o exercício dos poderes de direção e de organização pelo empregador, sobre os não grevistas, não possa ser exercido em termos tais que, no caso concreto, configure um abuso de direito[43]: tal

[41] No mesmo sentido cfr. ALFREDO SIERRA HERRERO, *La sustitución interna de huelguistas en Chile*, in El Conflicto Coletivo y la Huelga, Estudios en Homenaje al Profesor Gonzalo Diéguez, Ediciones Laborum, Murcia, 2008, págs. 515 e segs., pág. 524, que informa que a partir do ano 2007 verificou-se uma inflexão da posição assumida pelo Tribunal Supremo chileno no sentido de considerar que a substituição proibida de grevistas só abrange a contratação de novos trabalhadores para desempenhar as funções dos grevistas. Tratar-se-ia aqui de um afloramento de uma colisão ou conflito de dois direitos constitucionalmente concedidos: o direito à greve e o direito a desenvolver uma atividade empresarial. Nas palavras do autor, não pode exigir-se ao empregador que permaneça passivo ou inativo face à greve, como se ela não existisse, sem poder reajustar minimamente a organização de trabalho na empresa para diminuir os efeitos da greve.

[42] A evolução tecnológica, por exemplo, pode ter tornado a greve um mecanismo pouco eficaz, em certos setores de atividade, mas o que importa, então, questionar é da necessidade de novos instrumentos para o conflito colectivo. No entanto, admitimos que também aqui possa existir abuso se o recurso a estas tecnologias possibilita um completo esvaziamento dos efeitos da greve.

[43] No mesmo sentido cfr., por exemplo, DARIO SCIMÉ, *Crumiraggio indiretto/interno anche com assegnazione di mansioni inferiori: cronaca di un non facile bilanciamento*, MGL 2008, n.os 1 e 2, págs. 9 e segs., pág. 11, que sublinha que a avaliação sobre se existe ou não abuso de direito não pode deixar de atender ao caso concreto, comportando por consequência "uma dose de empirismo". Contra a utilização da figura do abuso de direito neste contexto cfr., por todos, WILFREDO SANGUINETI RAYMOND, *Los empresarios y el conflicto laboral...*, cit., pág. 212, que critica a utilização do abuso de direito como instrumento para limitar os poderes do empregador e como critério determinante da admissibilidade ou inadmissibilidade da substituição interna até porque o abuso de direito só

poderá verificar-se quando, por exemplo, se exige trabalho suplementar aos não grevistas, de tal modo que estes acabam por cumular o seu trabalho com a realização das funções normalmente atribuídas aos grevistas[44]. E admitimos que, em certas situações, se possa considerar abusivo o exercício de outras faculdades pelo empregador[45]. Por outro lado, perguntámo-nos se não seria conveniente fazer uma interpretação teleológica e extensiva da proibição legal de substituição de grevistas, de modo a abranger terceiros, pelo menos quando estes exercem poderes que normalmente são exercidos pelo empregador (como sucede no trabalho temporário e na cedência ocasional de trabalhadores), quando não mesmo terceiros que, sem exercerem tais poderes, são, no entanto, os beneficiários diretos da prestação de trabalho e, frequentemente, os responsáveis pelo ambiente, pelo local em que decorre a execução da prestação. Mas esta é uma matéria que exige uma aprofundamento que não nos é possível neste primeiro estudo sobre um tema tão delicado.

opera em casos excecionais. Além disso, não importaria tanto a intenção do empregador, como o efeito prático da diminuição dos efeitos da greve.

[44] Temos, também, dificuldades em seguir o Acórdão da Relação de Lisboa de 12/07/2007, Processo 7896/2007-4, que decidiu que "(a)tento o artigo 596.º do CT [2003] para se verificar a sua previsão tem de haver substituição dos grevistas e que essa substituição ocorra durante a greve. II. O artigo 596.º do CT não impede que as empresas tomem as medidas de gestão necessárias e adequadas para debelar as consequências do exercício do direito à greve, embora essas medidas não possam ter lugar durante a greve, se incidirem sobre o trabalho concreto dos grevistas. III. Sendo a greve decretada para o segundo período de trabalho, durante o primeiro a entidade pode ter a trabalhar outros novos trabalhadores com o objectivo de ultrapassar as acumulações de serviço resultantes do exercício da greve no segundo período".

[45] Pense-se, por exemplo em deslocar máquinas (e já não trabalhadores) de um estabelecimento para outro, desviar clientes e encomendas para outra empresa do grupo...

Titularidade do direito à greve, dever de paz social e exercício do direito à greve nas microempresas

Catarina de Oliveira Carvalho*

1. Considerações gerais

O direito à greve aparece mencionado em vários instrumentos jurídicos internacionais ratificados por Portugal, por vezes em conexão com o direito à negociação coletiva, como sucede com o art. 6.º, n.º 4, da Carta Social Europeia[1]/[2], outras vezes inserido no contexto da liberdade sindical como acontece com art. 8.º, n.º 4, do Pacto Internacional sobre os Direitos Económicos, Sociais e Culturais[3]. No que respeita à OIT, as dificuldades inerentes à determinação da natureza jurídica da greve, acrescidas das divergências político-sociais no plano internacional, obstaram à elaboração e aprovação de convenções específicas neste domínio[4]. Assim, o direito à greve é apreciado no âmbito

---

* Professora da Faculdade de Direito da Universidade Católica do Porto (Portugal).

[1] A Carta Social Europeia, de 18/10/61, foi aprovada para ratificação pela Resolução da Assembleia da República 21/91, de 6/08, e ratificada pelo Decreto do Presidente da República 38/91, de 6/08. A Carta Social Europeia Revista, adotada em Estrasburgo, em 3/05/1996, entrou em vigor na ordem internacional em 1/07/99 e foi aprovada para ratificação pela Resolução da Assembleia da República n.º 64-A/2001, de 17/10, e ratificada pelo Decreto do Presidente da República n.º 54-A/2001, de 17/10. No entanto, só em 30/05/2002 é que Portugal procedeu ao depósito do instrumento de ratificação junto do Secretário-Geral do Conselho da Europa, pelo que este Tratado não podia entrar em vigor antes desta data.

[2] Note-se, contudo, que este preceito não identifica o direito à greve com um direito das associações sindicais, mas sim dos trabalhadores. Cf. GARCÍA NINET *et alli,Manual de derecho sindical*, 2.ª ed., Atelier, Barcelona, 2007, p. 449.

[3] Aprovado para ratificação pela Lei 45/78, de 11/07.

[4] *Vd.* MÁRIO PINTO, «O direito perante a greve», *Análise Social*, 1966, n.º 13, pp. 56-57.

SINDICATOS E AUTONOMIA PRIVADA COLETIVA

das convenções n.º 87, sobre liberdade sindical[5], e n.º 98, relativa ao direito de organização e negociação coletiva[6]. Também o art. 28.º da Carta dos Direitos Fundamentais da União Europeia (CDFUE)[7] consagra o direito de negociação e de ação coletiva, incluindo a greve[8], reconhecendo-o, em termos amplos, como um direito dos trabalhadores, das entidades patronais[9] ou das respetivas organizações, «de acordo com o direito da União e as legislações e práticas nacionais»[10].

Nenhum destes instrumentos internacionais e europeus opta por um modelo orgânico de greve, embora também não o rejeite[11], nos termos explanados *infra*, nem estabelece qualquer diferença baseada na dimensão da empresa.

Apesar da falta de dados estatísticos comparativos em matéria de greves, a perceção empírica comum é a da escassa presença destes conflitos coletivos

---

[5] Convenção de 1948, relativa à liberdade sindical e proteção do direito sindical, ratificada por Portugal através da Lei n.º 45/1977, de 07/07.

[6] Aprovada para ratificação pelo DL n.º 45.758, de 12/06/1964.

[7] Declaração solene, aprovada no Conselho Europeu de Nice, em 7/12/2000; daí também ser conhecida como Carta de Nice. Antes do início de vigência do Tratado de Lisboa (1/12/2009), tratava-se, na feliz súmula de BELÉNFERNÁNDEZ DOCAMPO, *La participación de los trabajadores en el derecho social comunitario*, Tirant lo Blanch, Valência, 2006, p. 46, de «uma forma original de *soft law* comunitária de carácter paraconstitucional». Com a entrada em vigor daquele Tratado, a CDFUE adquiriu força vinculativa (cf. art. 6.º, n.º 1, do Tratado da União Europeia).

[8] Contudo, mesmo antes de a CDFUE adquirir força vinculativa, o Tribunal de Justiça (UE) reconheceu, designadamente nos polémicos acórdãos LAVAL(de 18/12/2007, processo C-341/05) e VIKING-LINE (de 11/12/2007, processo C-438/05), o direito de greve como um direito fundamental que se integra nos princípios fundamentais de direito comunitário.

[9] Saliente-se, contudo, que a Constituição da República Portuguesa (CRP) proíbe, no seu art. 57.º, n.º 2, o *lock-out*.

[10] Note-se que o art. 153.º, n.º 5, do Tratado sobre o Funcionamento da União Europeia exclui do âmbito de competência da União Europeia o direito sindical, o direito de greve e o direito de *lock-out*. Por outro lado, o art. 51.º da CDFUE dispõe que a Carta tem «por destinatários as instituições, órgãos e organismos da União, na observância do princípio da subsidiariedade, bem como os Estados-membros, *apenas quando apliquem o direito da União*» (sublinhado meu) e «não torna o âmbito de aplicação do direito da União extensivo a competências que não sejam as da União, não cria quaisquer novas atribuições ou competências para a União, nem modifica as atribuições e competências definidas pelos Tratados». Sobre o problema em geral, *vd.* SOFIA OLIVEIRAPAIS, «A proteção dos direitos fundamentais na União Europeia», in *Estudos de direito da União Europeia*, Almedina, Coimbra, 2012,pp. 123 ss.; centrando-se no direito à greve, UMBERTO CARABELLI, «Note critiche a margine delle sentenze della Corte di Giustizia nei casi Laval e Viking», *Giornale di Diritto del Lavoro e di Relazioni Industriali*, vol. 30, n.º 117, 2008, pp. 151 ss.

[11] Em sentido diverso, JOAQUÍN GARCÍA MURCIA, «La huelga en el derecho de la Comunidad Europea: una visión desde el sistema español», *Aranzadi Social*, 2009, n.º 3,p. 74, entende que o art. 28.º da CDFUE consagra um direito de titularidade individual.

TITULARIDADE DO DIREITO À GREVE, DEVER DE PAZ SOCIAL...

nas pequena e médias empresas (PME)[12], situação facilmente compreensível, designadamente em resultado das baixas taxas de sindicalização e de uma maior «subjetivização» das relações laborais[13], uma vez que a personalidade e a «filosofia» do empregador exercem nelas uma influência muito mais marcante[14]. Apesar disso, admite-se que a conflitualidade se exprima por meios diversos de natureza individualista traduzida estatisticamente pelas altas taxas de *turnover*[15].

Além deste aspecto referente à maior dificuldade prática de exercício do direito, o fator dimensional da empresa assume relevância, basicamente, em

[12] Este facto foi constatado logo em 1971, no Reino Unido, no famoso relatório Bolton (cf. JOHN STANWORTH/ COLIN GRAY, *Bolton 20 years on: the small firm in the 1990's*, Paul Chapman Publishing, Londres, 1991, pp. 190 e 195) e tal convicção é também salientada, a nível europeu, entre outros, por FAUSTOMIGUELEZ, «Industrial relations insmall and medium-sized enterprises in Spain», in *Industrial relations in small and medium-sized enterprises. Final report to the Commission of the European Communities*, Berlim, 1988, p. 231; BIAGI, «Labour law in small and medium-sized enterprises: flexibility or adjustment?»,*Comparative Labour Law & Policy Journal*, 1995, vol. 16,p. 455, e ANTONIO ÁLVAREZ DEL CUVILLO, *Vicisitudes y extinción de la relación de trabajo en las pequeñas empresas*, CES, Madrid, 2007, p. 47. No Reino Unido, *vd.* BRIAN ABBOTT, «Small firms and trade unions in services in the 1990s», *Industrial Relations Journal*, 1993, vol. 24, n.º 4, p. 314. Na Alemanha, cf. WOLFGANG DÄUBLER*et alli, Arbeitskampfrecht*, 2.º ed., Nomos, Baden-Baden, 1987, p. 126. No contexto laboral espanhol, refere-se a esta realidade JAVIERMATIA PRIM, «Procedimientos de composición de controversias colectivas entre titulares de PYME y sus trabajadores», in AAVV., *La negociación colectiva en las pequeñas y medianas empresas*, IMPI, Madrid, 1982,pp. 188 ss.

[13] Para mais desenvolvimentos sobre os motivos justificativos desta realidade, *vd.* CATARINA DE OLIVEIRA CARVALHO, *Da dimensão da empresa no direito do trabalho – Consequências práticas da dimensão da empresa na configuração das relações laborais individuais e colectivas*, Coimbra Editora, Coimbra, 2011, pp. 607 ss., 632 ss. e *passim*.

[14] Assim, JOHN STANWORTH/ COLIN GRAY, *op. cit.*, p. 195; SALVADOR DELREY GUANTER, *La dimensión de la empresa en la reforma de la legislación laboral de 1994*, Tirant lo Blanch, Valência,p. 83; BENOîTLEPLEY,«Le conflit est-il possible dans les PME?», *Problèmes Économiques*, Janeiro de 2002, pp. 13 ss.; SOFÍA GUZMÁN PADRÓN, «Una aproximación sociológica a las relaciones laborales en la pequeña empresa», in *Las relaciones laborales en la pequeña empresa*, coord. por JesúsCruz Villalón e Francisca Fuentes Rodríguez, Servicio de Publicaciones Universidad de Cádiz, 2003, p. 64.

[15] Neste sentido, JOHN STANWORTH/ COLIN GRAY, *op. cit.*, pp. 195-196; PAOLO SESTITO, «Contrattazione aziendale e piccole imprese: quali spazi dopo gli accordi di política dei redditi?», *Diritto delle Relazioni Industriali*, 1997, n.º 2, p. 24; BENOîTLEPLEY, *op. cit.*, pp. 13 ss. AL RAINNIE, *Industrial relations in small firms. Small isn't beautiful*, Routledge, Londres, 1989,p. 143, explica que o silêncio não significa satisfação. SIAN MOORE/STEVE JEFFERYS/ PIERRE COURS-SALIES, «Why do Europe's unions find it difficult to organise in small firms?», *Transfer – European Review of Labour and Research*, vol. 13,2007, n.º 1,pp. 117 e 121, referem que os conflitos são geridos através da «saída informal», voluntária ou involuntária, e numa transferência do conflito para instâncias externas de natureza judicial. SOFÍA GUZMÁN PADRÓN, *op. cit.*, pp. 64-65, fala em «conflitualidade latente», citando estudos que apontam, por exemplo, a maior frequência nas empresas pequenas do «trabalho lento», como forma de atuação a meio caminho entre a conflitualidade manifesta e a dissimulada.

SINDICATOS E AUTONOMIA PRIVADA COLETIVA

questões associadas à titularidade do direito à greve, um dos temas que mais problemas doutrinais tem suscitado e que, por essa razão, será objeto de especial atenção no presente estudo[16].

Com efeito, uma análise da «geografia da greve»[17] mostra-nos que, nos países do centro e do norte da Europa, a greve liga-se fundamentalmente à negociação coletiva, o que conduz a uma configuração da mesma como um direito dos sindicatos (conceção orgânica do direito à greve)[18]. Consequentemente, em países como a Alemanha, Suécia, Dinamarca ou Irlanda, o direito a decretar uma greve pertence apenas às associações sindicais[19]. Ao contrário,

---

[16] Apesar da ligação incontornável entre o problema da titularidade do direito à greve e o da respetiva natureza jurídica, esta última controvérsia será deixada de lado por não se afigurar essencial no contexto deste trabalho. Com efeito, se a «solução dada ao segundo problema depende (...) de posições que se tomam em relação ao primeiro» — BERNARDO LOBO XAVIER, *Direito da greve*, Verbo, Lisboa, 1984, pp. 225-226 —, o inverso já não é necessariamente verdadeiro.

[17] A expressão pertence a MÁRIO PINTO, s.v. «Greve – Aspectos jurídicos», *Polis – Enciclopédia Verbo da Sociedade e do Estado*, vol. 3, p. 118.

[18] Cf. MARCO BIAGI, *Representación de los trabajadores y democracia en la empresa*, Ministerio de Trabajo y Seguridad Social, Madrid, 1992, pp. 240 ss. e 255 ss.;BRUNO VENEZIANI,*Stato e autonomia collettiva. Diritto sindacale italiano e comparato*, Cacucci Editore, Bari, 1992, pp. 347 ss.; FEDERICO DURÁN LÓPEZ, «Titularidad y contenido del derecho de huelga», *Relaciones Laborales*, 1993, I, pp. 337 ss.; M.ª JOSEFINA LEITÃO, «O sistema de relações de trabalho português no contexto europeu: algumas pistas para o aumento da sua funcionalidade», in *Trabalho e relações laborais – Cadernos Sociedade e Trabalho*, n.º 1, Celta Editora, Oeiras, 2001, pp. 225-226; José Luís MONEREO PÉREZ, «El modelo normativo de huelga en la jurisprudência del tribunal constitucional», in *El conflito colectivo y la huelga – Estudios en homenaje al Professor Gonzalo Diéguez*, coord. por Jaime Cabeza Pereiro e Jesús Martínez Girón, Ediciones Laborum, Múrcia, 2008, pp. 266 ss. Para mais desenvolvimentos sobre esta ligação entre greve e contratação coletiva no sistema germânico, vd.FRANCISCO LIBERALFERNANDES, «O direito de greve nos ordenamentos francês, alemão e italiano», in *Estudos em homenagem ao Prof. Doutor Eduardo Correia*, II, Coimbra, 1984, pp. 360 ss.; JESÚS LAHERA FORTEZA,*La titularidad de los derechos colectivos de los trabajadores y funcionarios*, CES, Madrid, 2000, pp. 31 ss.
BERNARDO LOBO XAVIER, «A greve no direito da Europa ocidental», *Revista de Direito e Estudos Sociais (RDES)*, 1996, pp. 51 ss., designa o modelo da Europa do Norte como «modelo laboral» e o latino como «multifuncional», atendendo à maior ou menor instrumentalização relativamente à negociação coletiva e à (des)necessidade de mediatização sindical. Apesar disso, o autor (*Direito da greve, cit.*, pp. XVII e 147) considera a greve «capitalmente ligada à contratação colectiva», assumindo um «cunho instrumental» relativamente a esta e à liberdade sindical. Uma visão similar parece ser partilhada por ROMAGNOLI, «Intervento», inAAVV., *Lo sciopero: disciplina convenzionale e autoregolamentazione nel settore privato e pubblico*, Giuffrè, Milão, 1989, p. 283. Ainda assim, alguma doutrina alemã questiona a solução correspondente à titularidade sindical e a ligação entre o direito à greve e o direito de contratação coletiva (HUGO SEITER, *Streikrecht und Aussperrungsrecht*, Mohr Siebeck, Tübingen, 1975, pp. 182 ss.).

[19] Cf. ROBERT REBHAHN, «Collective labour law in Europe in a comparative perspective (part II)», *The International Journal of Comparative Labour Law and Industrial Relations*, vol. 20, n.º 1, 2004,

TITULARIDADE DO DIREITO À GREVE, DEVER DE PAZ SOCIAL...

nos países do sul da Europa[20], o direito à greve é assumido maioritariamente como um direito individual dos trabalhadores, ainda que de exercício coletivo. Tal sucede, em Portugal, França, Espanha, Itália, mas também, por exemplo, no Brasil[21].

Na sequência desta diferenciação «geográfica», a Constituição da República Portuguesa (CRP) consagra uma autonomia inequívoca entre o direito de contratação coletiva e o direito à greve, estando reservado «para cada um deles um espaço próprio»[22]. Assim, não se afigura «constitucionalmente legítimo funcionalizar a greve à convenção colectiva», ainda que não se descure «uma potencial interferência recíproca»[23]. Esta configuração de interesses origina, pelo menos em teoria, uma redução significativa dos problemas do exercício do direito à greve nas PME, normalmente desprovidas de estruturas de representação coletiva.

2. Titularidade do direito à greve

Antes de apreciar o problema da imputação do direito à greve a um sujeito ativo determinado ou a vários sujeitos, devo antecipar que se trata de uma polémica que se desenvolve há décadas[24]. SUPPIEJ afirmava, ainda na década

---

pp. 110 ss. Uma breve referência ao direito à greve na Alemanha e nos países nórdicos pode ser consultada em FERNANDA AGRIA, *A greve*, A. Correia & E. Correia, Lisboa, 1974, pp. 28-30, 37-38.

[20] Com exceção da Grécia.

[21] Cf. RONALD AMORIM SOUZA, *Greve & Locaute – Aspectos jurídicos e económicos*, Almedina, Coimbra, 2004, pp. 41, 85 e *passim*.

[22] JOÃO REIS, «O dever de paz laboral», in *A reforma do Código do Trabalho*, Coimbra Editora, Coimbra, 2004, pp. 622.

[23] JOÃO REIS, *ult. op. cit.* pp. 622 e 630. Um entendimento similar era já defendido, entre outros autores, por JOSÉ JOÃO ABRANTES, «O direito do trabalho e a Constituição», in *Direito do trabalho – Ensaios*, Edições Cosmos, Lisboa, 1995, p. 52, e «A greve no novo Código do Trabalho», in *Estudos sobre o Código do Trabalho*, Coimbra Editora, Coimbra, 2004, p. 204. Em termos similares, no ordenamento espanhol, M.ª EMILIA CASAS BAAMONDE, «Derecho de huelga y Constitución», *Relaciones Laborales*, 1994, I, pp. 52-52; MONEREO PÉREZ, «El modelo normativo de huelga en la jurisprudência del tribunal constitucional», cit., p. 266 ss.; JOAQUÍN GARCÍA MURCIA, «El derecho de huelga en España: nuevas piezas para un sistema inacabado», in *El conflito colectivo y la huelga – Estudios en homenaje al Professor Gonzalo Diéguez*, coord. por Jaime Cabeza Pereriro e Jesus Martínez Girón, Ediciones Laborum, Múrcia, 2008, p. 346; e, no direito transalpino, ETTORE GALLO, *Sciopero e repressione penale*, Il Mulino, Bolonha, 1981, pp. 33 e 39, analisando a argumentação de MENGONI.

[24] A este propósito, BERNARDO LOBO XAVIER, *Direito da greve, cit.*, p. XIX (nota prévia), referia-se à questão da titularidade do direito à greve como «objeto de permanente e insolúvel polémica». O problema é minimizado por outros autores como NIKITAS ALIPRANTIS, «La grève, un droit

SINDICATOS E AUTONOMIA PRIVADA COLETIVA

de sessenta, tratar-se de um dos temas que mais divide a doutrina, sendo fonte de construções de tal modo diferentes que parece não existir um autor que tenha considerado as opiniões dos outros convincentes[25].

Estas dificuldades decorremdo facto de o fenómeno da greve ter uma «dimensão simultaneamente individual e coletiva», resistindo a uma construção unitária passível de explicar satisfatoriamente todo o seu regime[26]. MANCINI e ROMAGNOLI vão à raiz da polémica aoobservarem que a controvérsia doutrinal quanto à titularidade do direito à greve se reconduz à «eterna dialética entre espontaneidade e organização nas relações sindicais»[27].

Começarei por traçar o enquadramento doutrinário geral e as principais correntes advogadas pela doutrina portuguesa, para, num momento ulterior, retirar daí as consequências em matéria de exercício do direito à greve nas microempresas.

Segundo o entendimento nacional maioritário, à semelhança do que sucede com os restantes ordenamentos jurídicos integrados no designado «modelo multifuncional»[28], o direito à greve é atribuído constitucionalmente aos trabalhadores, individualmente considerados, e não diretamente às associações sindicais (art. 57.º da CRP), embora o respetivo exercício seja necessariamente coletivo[29].

---

encore juridiquement méconnu», in *Le droit social – Le droit comparé. Études dédiées à la mémoire de Pierre Ortscheidt*, Presses Universitaires de Strasbourg, Annales de la Faculté de Strasbourg, 2003, p. 21, nt. 5, ao considerar que a questão da titularidade do direito à greve está sobretudo ligada às regulamentações nacionais e não tanto «a uma particularidade estrutural do direito de greve».

[25] *Apud* LORENZO GAETA, «Lo sciopero como diritto», in AAVV., *Letture di diritto sindicale*, org. por Massimo D'Antona, Jovene Editore, Nápoles, 1990, p. 416.

[26] ROSÁRIO PALMA RAMALHO, *Da autonomia dogmática do direito do trabalho*, Almedina, Coimbra, 2000, pp. 857 ss. Em termos próximos, ETTORE GALLO, *op. cit.*, p. 30; AAVV., *Derecho de huelga y conflictos colectivos: estudio crítico de la doctrina jurídica*, José Luis Monereo Pérez (coord.), Comares, Granada, 2002, pp. 51 ss.

[27] *Apud* LORENZO GAETA, *op. cit.*, p. 416. Em termos análogos, DURÁN LÓPEZ, «Titularidad y contenido del derecho de huelga», cit., pp. 337 ss. JOÃO CAUPERS/PEDRO MAGALHÃES, *Relações colectivas de trabalho*, Fluminense, Porto, 1978, p. 94, referem que a hostilidade com que alguns países encaram as designadas *greves selvagens* «advém da circunstância de elas reflectirem uma ideologia global de negação do sistema. A circunstância de os grevistas se colocarem à margem das "regras do jogo" não pode deixar de irritar certas sensibilidades, inclusive as próprias estruturas sindicais».

[28] A expressão pertence a BERNARDO LOBOXAVIER, «A greve no direito da Europa ocidental», cit., pp. 51 ss.

[29] Entre nós, ANTÓNIO MONTEIRO FERNANDES, «Reflexões sobre a natureza do direito à greve», in *Estudos sobre a Constituição*, vol. II, Livraria Petrony, Lisboa, 1978, pp. 332-333, *Direito de greve – Notas e comentários à Lei n.º 65/77 de 26 de Agosto*, Almedina, Coimbra, 1982, pp. 22 e 30, *Direito do trabalho*, 16.ª ed., Almedina, Coimbra, 2012, pp. 760 ss., *A Lei e as Greves*, Almedina, Coimbra, 2013, p. 31; ANTÓNIO DA SILVA LEAL, *A greve*, Edições Conhecer, Lisboa, 1983, p. 21; JOSÉ BARROS MOURA, «O direito à

TITULARIDADE DO DIREITO À GREVE, DEVER DE PAZ SOCIAL...

greve no caso de trabalhadores não sindicalizados», *Revista Técnica do Trabalho*, n.os 11-13, 1983, p. 34 e *passim*; JOSÉ JOÃO ABRANTES, «O direito do trabalho e a Constituição», cit., p. 52; J. GONÇALVES DE PROENÇA, «O direito à greve: análise doutrinal», *Revista Jurídica da Universidade Moderna*, ano I, n.º 1, 1998, pp. 87, 89 e 91; MANUELA MAIA DA SILVA, «Os direitos constitucionais dos trabalhadores e a sua articulação com o direito ordinário», in *III Congresso nacional de direito do trabalho – Memórias*, org. por António Moreira, Almedina, Coimbra, 2001, p. 126; JOÃO REIS, «O dever de paz laboral», cit., p. 621; GOMES CANOTILHO/ VITAL MOREIRA, *Constituição da República Portuguesa anotada*, vol. I, 4.ª ed., Coimbra Editora, Coimbra, 2007,pp. 754-755; VIEIRA DE ANDRADE, *Os direitos fundamentais na Constituição Portuguesa de 1976*, 4.ª ed., Coimbra, Almedina, 2009, pp. 116-117; RUI MEDEIROS, *Constituição Portuguesa anotada*, tomo I, Wolters Kluwer/ Coimbra Editora, Coimbra, 2010, p. 1126; PEDRO ROMANO MARTINEZ, *Direito do trabalho*, 6.ª ed., Almedina, Coimbra, 2013, p. 1176; MENEZES LEITÃO, *Direito do trabalho*, 2.ª ed., Almedina, Coimbra, 2010,pp. 680, 697-698. JORGE LEITE,*Direito do trabalho*, vol. I, Serviços de ação social da Universidade de Coimbra, Coimbra, 2004, pp. 91 e 201, afirma que se trata de «um direito dos trabalhadores enquanto membros de um determinado grupo portador de interesses próprios, cujo exercício pressupõe o concurso dos membros do grupo considerado»; e, num trabalho anterior («A greve em Portugal», in *The strike*, Giuffrè, Milão, 1987, pp. 302-303), o autor referia-se a um «direito colectivo de cada trabalhador».

Em Espanha, veja-se, entre muitos outros, LUÍS ENRIQUE DE LA VILLA GIL, «Algunas reflexiones para la regulación legal de la huelga», in *Estudios de derecho del trabajo en memoria del Profesor Gaspar Bayón Chacón*, Tecnos, Madrid, 1980, pp. 101, 104, 107; DURÁN LÓPEZ, «Titularidad y contenido del derecho de huelga», cit., pp. 338 ss.; ANTONIO OJEDA AVILÉS, «Sobre la huelga de un solo trabajador y otros aspectos individuales de la huelga», in *Homenaje al Profesor Juan García Abellán*, Universidad de Murcia, 1994, p. 261 e *passim*, e *Derecho sindical*, 8.ª ed., Editorial Tecnos, Madrid, 2003, pp. 513 ss.;RAMÍREZ MARTÍNEZ, «La titularidad del derecho de huelga», in *Homenaje al Profesor Juan García Abellán*, Universidad de Murcia, 1994, pp. 320 ss.; LAHERA FORTEZA,*op. cit.*, pp. 89 ss., referindo o entendimento da doutrina maioritária, ao qual o autor não adere; FERNANDO SUÁREZ GONZÁLEZ, «La huelga en el derecho español», in *La huelga hoy en el derecho social comparado*, dir. por Marzal Fuentes, J. M. Bosch Editor, Barcelona, 2005, p. 205; IGNACIO ALBIOL MONTESINOS, in AAVV., *Convenios colectivos y acuerdos de empresa*, CISS, València, 2007, p. 44; GARCÍA NINET et alli, *Manual de derecho sindical*, cit., pp. 448-449; ALFREDO MONTOYA MELGAR, *Derecho del trabajo*, 28.ª ed., Tecnos, Madrid, 2007, pp. 725-726; MONERE O PÉREZ, «El modelo normativo de huelga en la jurisprudência del tribunal constitucional», cit., pp. 266 ss.

Em França, *vd.* JEAN-EMANUEL RAY, «Informe francés», in *La huelga hoy en el derecho social comparado*, dir. por Marzal Fuentes, J. M. Bosch Editor, Barcelona, 2005, pp. 232 ss.; ALAIN SUPIOT, *Critique du droit du travail*, 2.ª ed., Puf, Paris, 2007, p. 144; PÉLISSIER/ SUPIOT/ JEAMMAUD (com a colaboração de GILLES AUZERO), *Droit du travail*, 24.ª ed., Dalloz, Paris, 2008, p. 1406.

Em Itália, este foi o entendimento maioritário da doutrina e da jurisprudência até ao fim da década de oitenta, assumindo menor protagonismo desde então, embora mantendo a posição dominante. Na sequência da polémica à volta da cláusula de paz sindical integrante do *Acordo Pomigliano d'Arco*, a questão da titularidade do direito à greve voltou a assumir destacado protagonismo, em particular no que respeita à necessidade de acentuação do carácter individual do direito. Cfr. GRASSELLI, «Indisponibilità del diritto di sciopero», *Rivista di Diritto del Lavoro*, 1965, I, p. 220; LUISA RIVA-SANSEVERINO, *Elementi di diritto sindicale e del lavoro*, 4.ª ed., Cedam, Padova, 1980, pp. 68 e 70; SILVANA SCIARRA e GINO GIUGNI, «Intervento», in AAVV., *Lo sciopero...*, *cit.*, pp. 242 e 292, respetivamente; LORENZO GAETA, «Lo sciopero como diritto», in AAVV., *Letture di diritto sindicale*, org. por Massimo D'Antona, Jovene Editore, Nápoles, 1990, p. 419 e *passim*; PAOLA BELLOCCHI, «La

SINDICATOS E AUTONOMIA PRIVADA COLETIVA

Adota-se, portanto, uma formulação atenuada da ideia de titularidade individual do direito à greve[30], na medida em que o mesmo é configurado como «um direito individual» mas «de exercício coletivo»[31], à semelhança do direito de reunião, ideia reforçada pelos arts. 530.º, n.º 1, e 532.º do Código do Trabalho (CT)[32]/[33].

titolarità del diritto di sciopero negli studi recenti», *Lavoro e Diritto*, 1994, pp. 164 ss.; CARINCI/ LUCA TAMAJO/ TOSI/ TREU, *Diritto del Lavoro 1. Il diritto sindicale*, 5.ª ed., Utet, Turim, 2006, pp. 244 e 245; GINO GIUGNI, *Diritto sindicale*, Cacucci Editore, Bari, 2007, pp. 228-229; MATTIA PERSIANI/ GIAMPIERO PROIA, *Diritto del lavoro*, Cedam, Pádua, 2008, pp. 103-104. Para uma análise evolutiva das diversas posições nesta matéria, veja-se GUIDO ZANGARI, «Contributo alla teoria del diritto di sciopero», *Rivista di Diritto del Lavoro*, 1968, I, pp. 110 ss.; FERNANDO DI CERBO, *Lo sciopero nella giurisprudenza*, Giuffrè, Milão, 1987, pp. 53 ss. e 69 ss.; ETTORE GALLO, *op. cit.*, pp. 29 ss., e especialmente LORENZO GAETA, *op. cit.*, pp. 415 ss. Sobre o *Acordo Pomigliano d'Arco*, vd. VINCENZO BAVARO, «Contrattazione collettiva e relazioni industriali nell'«archetipo» Fiat di Pomigliano d'Arco», *Quaderni di Rassegna Sindacale*, 2010, n.º 3; *idem*,«Rassegna giuridico-sindicale sulla vertenza Fiat e le relazioni industriali in Italia»,*Giornale di Diritto del Lavoro e di Relazioni Industriali*, vol. 33, n.º 130, 2011, pp. 313-329; UMBERTO ROMAGNOLI, «Rischio di incostituzionalità. Il giudice potrebbe bloccare l'intesa», *Intervista di Giuseppe Vespo, L'Unità* 15/06/2010; *Lavoro e Diritto*, 2011, vol. 25, n.º 2, dedicado a *Il caso Fiat: una crisi di sitema?*.

[30] Cf. BERNARDO LOBO XAVIER, *Direito da greve, cit.*, p. 228; MARIO RUSCIANO, «Lo sciopero nei servizi essenziali», in AAVV., *Lo sciopero: disciplina convenzionale e autoregolamentazione nel settore privato e pubblico*, Giuffrè, Milão, 1989, p. 28.

[31] Neste sentido, *vd.* o aresto do Tribunal Constitucional (TC) n.º 289/92 que considera o direito à greve como «um direito individual de exercício colectivo, orientado à tutela comum de um interesse colectivo». Em termos próximos, pronunciou-se o TC espanhol, no acórdão n.º 11/1981, de 8/04, afirmando que a «titularidade do direito de greve pertence aos trabalhadores *uti singuli* mas as faculdades em que consiste o exercício do direito de greve, enquanto ação coletiva e concertada, correspondem tanto aos trabalhadores como aos seus representantes e às organizações sindicais». Sobre os direitos de exercício coletivo, VIEIRA DE ANDRADE, *op. cit.*,pp. 116-117, explica que se trata de «direitos fundamentais que não podem ser exercidos por cada indivíduo isoladamente, pressupondo a actuação convergente ou concertada de uma pluralidade de sujeitos».

[32] O Código do Trabalho de 2009 (identificado doravante pela sigla CT), que veio modificar o Código do Trabalho de 2003,foi aprovado pela Lei n.º 7/2009, de 12/02, retificado pela Declaração de Retificação da Assembleia da República n.º 21/2009, de 18/03, e alterado pelas Leis n.os 53/2011, de 14/10, 23/2012, de 25/06, 47/2012, de 29/08, 69/2013, de 30/08 e 27/2014, de 8/03. Os preceitos citados, exceto indicação em contrário, referem-se ao CT de 2009 (e suas posteriores alterações).

[33] No sentido de que o preceito correspondente na legislação revogada pelo Código do Trabalho de 2003 se coaduna com uma conceção do direito de greve como um direito individual de exercício coletivo, ROSÁRIO PALMA RAMALHO, *Da autonomia dogmática..., cit.*, p. 860, nt. 392, ideia reforçada pela exigência de representatividade das assembleias de trabalhadores presente no atual art. 531.º do CT. Todavia, a autora questiona, nos termos analisados ulteriormente no texto, a aptidão desta teoria para justificar cabalmente o regime do direito de greve. A ideia da titularidade individual, ou pelo menos a negação de uma titularidade sindical exclusiva, também pode ser retirada do cotejo do art. 57.º com o art. 56.º, n.º 2, da CRP, que não inclui o direito à greve entre os direitos das associações sindicais (cf. RUI MEDEIROS, *op. cit.*, p. 1127). Outros aspectos do regime legal

Assim, cabe ao trabalhador dispor do direito, mas tem de o fazer em conjunção com outros[34].

Inerente ao próprio conceito de greve encontra-se uma decisão coletiva destinada a promover interesses também eles coletivos[35], o que acentua a dificuldade de coordenação com um direito individual do trabalhador[36]. Trata-se de uma articulação entre o individual e o coletivo que, nas palavras de BORENFREUND, encontra «uma expressão jurídica sofisticada na noção de direitos individuais que se exercem coletivamente»[37].

A afirmação de uma titularidade individual corresponde a uma tentativa de valorizar a autodeterminação pessoal nas relações sindicais, assumindo um valor simbólico no que respeita à tutela da liberdade sindical negativa, e, ainda, à garantia de democraticidade das relações coletivas contra formas de representação «autoritária» ou monopolista[38]. Como desenvolve MARIUCCI, «existe uma correspondência entre estrutura (jurídica) do direito à greve e modelos de organização sindical», sendo a conceção da titularidade individual

---

apontam para uma conceção orgânica da greve, como explica BERNARDO LOBO XAVIER, *Direito da greve, cit.*, p. 236.

[34] Nestes termos, OJEDA AVILÉS, «Sobre la huelga de un solo trabajador...», cit., p. 258.

[35] Cf. BARROS MOURA, «O direito à greve...», cit. pp. 31-32; JORGE LEITE, «A greve em Portugal», cit., p. 303; PAOLABELLOCCHI, *op. cit.*, p. 163; LAHERA FORTEZA,*op. cit.*, pp. 93 ss.; GOMES CANOTILHO/ VITAL MOREIRA, *op. cit.*, p. 754; MONEREO PÉREZ, «El modelo normativo de huelga en la jurisprudência del tribunal constitucional», cit., p. 266 ss.

[36] *Vd.*GUIDO ZANGARI, «Contributo alla teoria del diritto di sciopero», cit., pp. 114-115; ETTORE GALLO, *op. cit.*, p. 33, analisando a argumentação de MENGONI; GIUSEPPE PERA, «Il diritto di sciopero», *Rivista Italiana di Diritto del Lavoro*, 1986, I, p. 447. RUSCIANO, «Lo sciopero nei servizi essenziali», cit., p. 28, acrescenta às dificuldades de articulação conceptual a inadmissibilidade de proclamação solitária da greve e a impossibilidade da «disposição individual do exercício do direito», embora esta visão não seja pacífica.

[37] GEORGES BORENFREUND, «La représentation des salariés et l'idée de représentation», «La représentation des salariés et l'idée de représentation», *Droit Social*, 1991, p. 691. O autor alarga esta conceção à «ideia de representação», uma vez que os interesses individuais são passíveis de identificação e de proteção, sem que os representantes se possam limitar a invocar um «interesse [coletivo] superior» que transcende *a priori* os interesses em presença. Em termos próximos, CHISTOPHE RADÉ, «La solitude du gréviste»,*Droit Social*, 1999, n.º 4, p. 368.

[38] Com este entendimento, RUSCIANO, «Lo sciopero nei servizi essenziali», cit., pp. 29-30, e MARIUCCI, «Intervento», in AAVV., *Lo sciopero...*, *cit.*, pp. 268-269, secundados por PAOLABELLOCCHI, *op. cit.*, pp. 164 e 173 ss., e ROBERTO ROMEI, «Di cosa parliamo quando parliamo di sciopero», *Lavoro e Diritto*, 1999, n.º 2, p. 249. Refere MARIUCCI que a titularidade individual realça a «existência de uma garantia forte», sublinhando a indisponibilidade do direito quer no plano individual, quer no plano coletivo, posição corroborada por ROMEI, ao afirmar que«a titularidade individual da greve faz deste último um direito quase inatingível», embora acrescente que a distância entre esta conceção e a tese oposta é menor do que parece.

SINDICATOS E AUTONOMIA PRIVADA COLETIVA

do direito aquela que melhor se adequa a um regime de pluralismo sindical, de matriz política, ao colocar tal direito «*fora* da concorrência entre os vários sindicatos», que o podem utilizar, mas não de ele dispor[39]. Acrescenta GUIGNI que a atribuição da titularidade do direito às associações sindicais tornaria dificilmente compreensível o efeito suspensivo dos contratos de trabalhadores não sindicalizados[40].

Partindo deste entendimento,entre nós, GONÇALVES DE PROENÇA configu-raos trabalhadores como titulares do direito, mas destituídos de capacidade para o exercício do mesmo ou, dito de outra forma, considera que «a possibi-lidade de decidir o recurso à greve concedido às organizações sindicais» não corresponde a um verdadeiro «direito», mas somente a uma «faculdade de, em nome dos respectivos membros, decidir do seu exercício, não o podendo, por isso, fazer contra a sua vontade ou mesmo na ausência dessa vontade»[41].

Outros autores, como CASAS BAAMONDE, mantendo a titularidade indivi-dual do direito à greve na pessoa do trabalhador, por força do preceito consti-tucional, vão mais longe, abrindo caminho às conceções dualistas, e admitem que as «faculdades coletivas» inerentes ao seu exercício são subsumíveis ao direito de liberdade sindical e, portanto, os sindicatos são também titulares destas últimas[42].

Estas formulações estão, no entanto, longe de ser unânimes, em particular no seio da doutrina italiana, especialmente profícua neste domínio. Assim, encontramos posições que advogam uma titularidade coletiva do direito à greve, cujo exercício é também ele coletivo, ainda que reverbere no contrato

---

[39] MARIUCCI, «Il conflitto collettivo nell'ordinamento giuridico italiano», *Giornali di Diritto del Lavoro e di Relazioni Industriali*, 1989, n.º 41, p. 17.

[40] GINO GIUGNI, *Diritto sindicale, cit.*, p. 229.

[41] GONÇALVES DE PROENÇA, *op. cit.*, pp. 88 ss.

[42] CASAS BAAMONDE, «Derecho de huelga y Constitución», cit., pp. 50-51. Na obra conjunta ALONSO OLEA/ M.ª EMILIA CASAS BAAMONDE, *Derecho del trabajo*, Civitas, 24.ª ed., Madrid, 2006, p. 1129, partindo da configuração do direito à greve como direito individual de exercício coletivo, os autores admitem que os sindicatos também são titulares de algumas faculdades que integram este direito. Uma visão próxima é desenvolvida em AAVV., *Derecho de huelga y conflictos colectivos..., cit.*, pp. 58 ss. e 244 ss., seguindo o entendimento de MONEREO PÉREZ. Trata-se de distinguir a «titularidade do direito» da titularidade das faculdades de exercício do mesmo, à semelhança do que é apontado para a liberdade sindical, identificando faculdades coletivas conexas com o direito de liberdade sindical e faculdades individuais. Todavia, não existe «"um desdobramento" da greve em dois direitos de titularidade diferenciada», e, por outro lado, o exercício das faculdades coletivas não se identifica necessariamente com exercício sindical, podendo ser levada a cabo por sujeitos coletivos de natureza diferente, como a assembleia de trabalhadores.

TITULARIDADE DO DIREITO À GREVE, DEVER DE PAZ SOCIAL...

de trabalho individual[43]. Alguma doutrina chega mesmo a inverter o entendimento maioritário através da afirmação da titularidade coletiva (não necessariamente sindical[44]) do direito de greve, cujo exercício seria individual, uma vez que um único trabalhador não poderia convocar uma greve, assim como não se poderia falar em suspensão da prestação de trabalho em relação ao sindicato[45].

---

[43] Assim,ETTORE GALLO, *op. cit.*, pp. 39 e 98 ss., que enquadra a greve no contexto dos direitos políticos, posição já defendida, em termos gerais, por E. SICA, «Il diritto di sciopero nell'ordinamento costituzionale italiano», *Rassegna di Diritto Pubblico*, 1950, I, pp. 136 ss., 140-141 e *passim*. Mais eclético parece ser o entendimento de GIUSEPPE PERA, «Lo sciopero e la serrata», in *Nuovo trattato di diritto del lavoro*, dir. por Giuliano Mazzoni e Luisa Riva Sanseverino, vol. I, Cedam, Pádua, 1971, pp. 570 ss., e «Il diritto di sciopero», cit., pp. 449 ss. O autor qualifica o direito à greve como um direito coletivo, mas admite a adesão de um único trabalhador da empresa, designadamente nos casos em que a greve se alarga ao sector de atividade e teve, nesse âmbito, «uma relativa consistência». Apesar desta formulação, PERA acaba por aceitar a adesão a uma greve lícita por parte de um único trabalhador, apelando para o princípio da boa fé e para o «elementar bom senso equitativo». Todavia, os argumentos utilizados pelo autor para defender a titularidade coletiva não são, em minha opinião, convincentes, mesmo atendendo às matizações introduzidas. Além do mais, indiciam uma legitimação da greve *a posteriori*, o que dá origem a uma inaceitável incerteza. PERA invoca, em primeiro lugar, que a tese da titularidade individual não é autêntica por não ir até às últimas consequências, aceitando a greve «individual» proclamada por um único trabalhador. Porém, não vislumbro qualquer motivo para questionar o acolhimento de uma conceção mitigada da titularidade individual. Em segundo lugar, o autor alega que as cláusulas de paz sindical só podem ser negociadas coletivamente, o que conduz, segundo me parece, a uma inversão dos termos do problema, pois o regime destas cláusulas é que deve adaptar-se à titularidade individual e não o inverso, como analisarei a seguir no texto. Finalmente, PERA alega a impossibilidade de se definir com exatidão os limites do exercício coletivo, ainda que acabe por se deparar com o mesmo problema, se não com um mais complexo, ao defender a conceção da titularidade coletiva cumulada com a necessidade de exercício, em regra, também coletivo. Contudo, GIUSEPPE PERA, «Lo sciopero e la serrata», cit., pp. 573 ss., parece distinguir as situações em que a empresa tem uma organização sindical daquelas em que tal não sucede. No primeiro caso, a proclamação sindical será «condição de legitimidade da abstenção coletiva ao trabalho», uma vez que os trabalhadores confiaram à associação a tutela do respetivo interesse coletivo, enquanto no segundo admite a possibilidade de uma coalizão de trabalhadores proclamar a greve, com exceção dos casos em que a convenção coletiva de trabalho (CCT) vincula o empregador mesmo em relação aos trabalhadores não sindicalizados. Sobre este entendimento, veja-se, igualmente, AAVV., *Derecho de huelga y conflictos colectivos...*, *cit.*, pp. 51 ss.

[44] De acordo com GAETANO VARDARO, «Intervento», in AAVV., *Lo sciopero...*, *cit.*, pp. 224-225, são titulares deste direito não apenas os sindicatos, mas também «todas as coletividades auto--organizadas de trabalhadores». De forma similar, pronuncia-se MARIO RUSCIANO, «Repliche», in AAVV., *Lo sciopero...*, *cit.*, pp. 305-306, e «Il ruolo degli attori nel disegno della legge 12 giugno 1990, n. 146», *Rivista Giuridica del Lavoro e della Previdenza Sociale*, 1991, I, p. 414.

[45] Cfr. as considerações tecidas por ROMAGNOLI, «Intervento», in AAVV., *Lo sciopero...*, *cit.*, pp. 285--286; GAETANOVARDARO, «Intervento», in AAVV., *Lo sciopero...*, *cit.*, pp. 224 ss.; MANUELALARCÓN

SINDICATOS E AUTONOMIA PRIVADA COLETIVA

Assinale-se, contudo, que a Constituição de alguns destes países[46] não é tão explícita como a nossa, ou como a espanhola[47], pelo que permite, com maior facilidade, a proliferação de diferentes entendimentos.

Estas conceções desembocam numa crítica às manifestações monistas ao ajuizarem, em termos gerais, que o sistema jurídico comporta o entendimento da greve como um direito «dúplice» das associações sindicais e dos trabalhadores[48]. Procura-se, então, realizar uma síntese entre os dois momentos, em termos nem sempre similares, pois a predominância de um ou de outro elemento é variável, culminando na afirmação de uma pluralidade de titulares[49]. Neste contexto, assumiu particular relevância o entendimento de GuidoZangari, segundo o qual não chega a existir uma antinomia entre a titularidade individual e coletiva do direito à greve, pois este direito pertence ao trabalhador individual enquanto a respetiva proclamação — que não constitui um exercício do direito à greve, embora se repercuta sobre a titularidade do mesmo — pertence a um sujeito coletivo não necessariamente sindical[50].

Caracuel, «Un posible modelo de regulación de la huelga que afecte a servicios esenciales de la comunidad», *Relaciones Laborales*, 1991, II, pp. 260-261; Rusciano, «Il ruolo degli attori nel disegno della legge 12 giugno 1990, n. 146», cit., p. 414; AAVV., *Derecho de huelga y conflictos colectivos...*, cit., pp. 51 ss. Segundo Fabio Mazzioti nãoexiste mesmo uma clara contraposição entre estas duas conceções, dado que ambas atribuem relevância aos dois momentos, conquanto considere mais acertada a tese da titularidade coletiva de exercício individual («Intervento», in AAVV., *Lo sciopero...*, cit., p. 263). Romei, «Di cosa parliamo quando parliamo di sciopero», cit., p. 248, explica que esta conceção não se reduz a uma mera inversão de termos, pois a acentuação da titularidade coletiva corresponde a uma «clara intenção de limitar o campo dos sujeitos habilitados a dispor do expediente greve».

[46] Veja-se, por exemplo, o art. 40 da Constituição Italiana que se limita a estabelecer que «o direito de greve se exerce no âmbito das leis que o regulam». A este respeito, já afirmava Sica,*op. cit.*, p. 139, que a titularidade do direito à greve «não é determinada directamente pela Constituição». Também Mariella Magnani, «Contrattazione collettiva e governo del conflitto», *Giornali di Diritto del Lavoro e di Relazioni Industriali*, 1990, n.º 48, p. 707, se refere ao carácter «impreciso» do preceito constitucional suscetível de abranger o monopólio sindical.

[47] Assim, Ojeda Avilés, «Sobre la huelga de un solo trabajador...», cit., p. 260. No entanto, Tomás Sala Franco, «La titularidad del derecho de huelga», in *Ley de huelga*, Instituto Sindical de Estudios, Madrid, 1993, pp. 28 ss., considera que uma eventual atribuição legislativa da «titularidade do exercício coletivo do direito à greve» aos sindicatos seria compatível com a Constituição espanhola.

[48] Neste sentido, Octavio Bueno Magano, «Greve», in *The strike*, Giuffrè, Milão, 1987, pp. 358-360. Amorim Souza, *op. cit.*, pp. 134 ss., designa este entendimento como «titularidade compartilhada».

[49] Cf. Piero Calamandrei, «Significato costituzionale del diritto di sciopero», *Rivista Giuridica del Lavoro e della Previdenza Sociale*, 1952, I, pp. 224 ss.; Edoardo Ghera, «Intervento», in AAVV., *Lo sciopero...*, cit., p. 184.

[50] *Vd.*GuidoZangari, «Intervento», in AAVV., *Lo sciopero...*, cit., pp. 139 ss. Nos seus extensos estudos («Contributo alla teoria del diritto di sciopero», cit., pp. 167 ss., e s.v. «sciopero (Diritto

No direito luso, o expoente máximo da doutrina plural do direito à greve é, sem dúvida, BERNARDO LOBO XAVIER. Nas palavras do autor, não podemos ignorar a multifuncionalidade do direito de greve por o mesmo abranger «estruturas jurídicas de diversa titularidade e conteúdo (...), cobertas pela referência constitucional relativa ao direito à greve»[51]. Assim,defende o autor que ambos, sindicatos e trabalhadores individualmente considerados, têm direitos, poderes e faculdades subsumíveis ao direito à greve. Do exposto decorre a necessidade de relacionar a titularidade com o conteúdo plural do direito, individualizando o direito de proclamar a greve — de titularidade sindical — e o direito de *fazer* ou de aderir à greve no sentido da abstenção de prestar trabalho com imunidade contratual — de titularidade individual[52]. A unificação destes direitos pode ter lugar, segundo o autor, somente num plano processual, mas nunca substantivo, em que os «direitos conferidos pelo ordenamento aos trabalhadores individuais» correspondem a «meras projecções» da «relação jurídica processual, de titularidade das organizações de trabalhadores». Este entendimento pode culminar numa interpretação

---

di)», in *Novíssimo Digesto Italiano,* dir. por Antonio Azara e Ernesto Eula, UTET, Torino, 1976, pp. 708 ss.) ZANGARI retira da análise do art. 40 da Constituição Italiana que a posição do sujeito sindical ou para-sindical assume prevalência em relação à do trabalhador, sendo «a verdadeira fonte constitutiva da faculdade de o trabalhador individual (...) se abster da prestação de trabalho sem se expor a "represálias" jurídicas» por parte do empregador, ou seja, do direito de titularidade individual.

[51] BERNARDO LOBO XAVIER, *Direito da greve, cit.,* pp. XX-XXI (nota prévia), pp. 225 ss. e 233 ss., «A greve no direito da Europa ocidental», cit., pp. 71-72, e *Curso de direito do trabalho – Introdução, quadros organizacionais e fontes,* vol. I, 3.ª ed., Verbo, Lisboa, 2004,pp. 313 ss. Em termos próximos, CARLOS PALOMEQUE LÓPEZ, «La titularidad diferenciada del derecho de huelga», *Actualidad Laboral,* 1992, pp. 358-359, e«Ámbito subjetivo y titularidad del derecho de huelga», in *Estudios sobre la huelga,* Editorial Bomarzo, Albacete, 2005, pp. 15 ss.; SALA FRANCO/ ALBIOL MONTESINOS, *Derecho sindical,* Tirant lo Blanch, València, 2003, pp. 388 ss.; IGNACIO GARCÍA-PERROTE ESCARTÍN, «El alcance constitucional del derecho de huelga», in *Las transformaciones del derecho del trabajo en el marco de la Constitución Española – Estudios en homenaje al Profesor Miguel Rodriguez-Piñero y Bravo-Ferrer,* La Ley, Madrid, 2006, p. 351. Na doutrina italiana, a conceção de titularidade dupla é defendida, designadamente, por CALAMANDREI,*op. cit.,* p. 224, e ZANGARI, *ult. op. cit.*

[52] Em termos próximos, *vd.* ROSÁRIO PALMA RAMALHO, *Da autonomia dogmática..., cit.,* pp. 857 ss., para quem o direito de greve deve ser estruturalmente concebido como «uma situação jurídica complexa» integrada por «múltiplas situações jurídicas activas e passivas, da titularidade de cada trabalhador aderente ou da titularidade das entidades colectivas e que se condicionam reciprocamente». Uma posição afim parece ser a de MENEZES CORDEIRO, *Manual de direito do Trabalho,* Almedina, Coimbra, 1994 (reimpressão), pp. 415-416. A distinção entre estas faculdades é também realizada por JOÃO CAUPERS, *Os direitos fundamentais dos trabalhadores e a Constituição,* Almedina, Coimbra, 1985,p. 107, e PEDRO ROMANO MARTINEZ, *Direito do trabalho, cit.,* pp. 1122, 1175-1176 e *passim,* embora sem lhe atribuírem as consequências conceptuais referidas no texto.

restritiva do preceito constitucional, à semelhança do que faz alguma doutrina do país vizinho[53], nos termos da qual o art. 57.º, n.º 1, da CRP limitar-se-ia a garantir o direito de cada trabalhador aderir à greve, mas não impediria a reserva monopolista da respetiva declaração aos sindicatos[54].

Outros autores adeptos desta corrente plural admitem que a titularidade do direito de proclamação da greve e das faculdades conexas possa ser individual quando utilizada diretamente pelos trabalhadores, ou coletiva, quando levada a cabo pelas organizações sindicais ou representantes unitários[55].

O desdobramento do direito à greve foi, todavia, considerado algo artificial ou conceptualista por alguma doutrina italiana, em virtude de não se articular bem com a «essência unitária do fenómeno», presente no preceito constitucional. Nestes termos, advoga que a distinção cronológica entre os diversos momentos de realização da greve não deve ser vista como uma cisão ou contraposição «entre uma atividade negocial de carácter coletivo e uma (sucessiva) atividade executiva de carácter individual»[56].

3. Titularidade do direito à greve e dever de paz social

Na discussão sobre a titularidade do direito à greve reside, em parte, a base da controvérsia sobre a constitucionalidade das «cláusulas de paz social»[57], previstas no art. 542.º do atual CT[58]. Entre outras dúvidas, cuja análise não

---

[53] Sala Franco, «La titularidad del derecho de huelga», cit., pp. 28 ss.; Sala Franco/ Albiol Montesinos, *Derecho sindical, cit.,* p. 390.

[54] Neste sentido, Bernardo Lobo Xavier, *Direito da greve, cit.,* p. 235.

[55] Cf. Palomeque López, «La titularidad diferenciada del derecho de huelga», cit., p. 359.

[56] Renato Scognamiglio, *Manuale di diritto del lavoro,* 2.ª ed., Jovene Editore, Nápoles, 2005, p. 310, e, em momento anterior, Paola Bellocchi, *op. cit.,* p. 167.

[57] Com esta convicção, Pera, «Lo sciopero e la serrata», cit., p. 633, «Sulle clausole di pace sindicale», *Rivista di Diritto del Lavoro,* 1964, I, pp. 297 ss. Esta visão é, contudo, rejeitada por Mariella Magnani, *op. cit.,* pp. 706-707, para quem da titularidade individual do direito à greve resulta, somente, a desnecessidade de uma proclamação sindical do conflito, mas não a inalienabilidade do direito nas relações com os sindicatos.

[58] A admissibilidade das «cláusulas de paz relativa» — ou seja interditando a greve apenas quanto às matérias reguladas na CCT e de forma temporária — já era aceite pela maioria da doutrina, no âmbito da legislação revogada pelo Código do Trabalho de 2003. *Vd.*Monteiro Fernandes, *Direito de greve..., cit.,* pp. 27-28; Silva Leal, *op. cit.,* p. 31; Jorge Leite/ Coutinho de Almeida, *Colectânea de leis do trabalho anotada,* Coimbra Editora, Coimbra, 1985,p. 468; Bernardo Lobo Xavier, *Direito da greve, cit.,*pp. 142 ss.; Menezes Cordeiro, *Manual de direito do trabalho, cit.,* p. 403; Rosário Palma Ramalho, *Lei da greve anotada,*Lex, Lisboa, 1994, pp. 19-20; Mário Pinto, *Direito*

TITULARIDADE DO DIREITO À GREVE, DEVER DE PAZ SOCIAL...

cabe no âmbito deste estudo, poderia questionar-se se os sindicatos podem renunciar ou acordar limitações ao exercício de um direito cuja titularidade radica, segundo o entendimento maioritário, nos trabalhadores[59].

do trabalho, Universidade Católica Editora, Lisboa, 1996, p.298. Controvertida era a questão do carácter implícito do dever de paz social, tal como vem sendo entendido na Alemanha (HUECK/ NIPPERDEY, *Compendio de derecho del trabajo*, trad. espanhola de Miguel Rodriguez Piñero e Luis Enrique de la Villa, Editorial Revista de Derecho Privado, Madrid, 1963, pp. 316 ss.). Todavia, o problema afigura-se resolvido após o início de vigência do art. 606.º doCódigo do Trabalho de 2003 (atual art. 542.º do CT), interpretado *a contrario*, posição aceite mesmo pelos autores que, antes, defendiam o nascimento de um dever de paz implícito aquando da outorga de uma CCT – cf. BERNARDO LOBO XAVIER, «Contratação colectiva. Cláusulas de paz, vigência e sobrevigência», in *Código do Trabalho – Alguns aspectos cruciais*, Principia, Cascais, 2003, pp. 138 e 139; MONTEIRO FERNANDES, «A convenção colectiva segundo o Código do Trabalho», in *Estudos de direito do trabalho em homenagem ao Professor Manuel Alonso Olea*, Almedina, Coimbra, 2004, p. 97, e *Direito do trabalho*, *cit.*, pp. 663 ss., *A Lei e as Greves,cit.*, pp. 168-169; AMORIM SOUZA, *op. cit.*, p. 114. Para uma análise crítica do entendimento do dever social de paz implícito, *vd.* JOÃO REIS, «O dever de paz laboral», cit., pp. 633 ss., e NIKITAS ALIPRANTIS,*op. cit.,*p. 19. Em sentido oposto aos últimos autores, a doutrina espanhola tem admitido que o dever de paz integra a CCT *ex lege* (cf. AAVV., *Derecho de huelga y conflictos colectivos...*, *cit.*, pp. 210 ss.).

[59] Para uma análise do problema, veja-se o aresto do TC n.º 306/2003, onde o Tribunal concluiu pela inconstitucionalidade do art. 606.º do projeto do Código do Trabalho de 2003 por violar o art. 57.º, n.º 1, da CRP, em virtude do alcance e consequências decorrentes de tal limitação. Em sentido diverso, pronunciaram-se BENJAMIM SILVA RODRIGUES, M.ª PIZARRO BELEZA, RUI MOURA RAMOS e PAULO MOTA PINTO, nas respetivas declarações de voto. Na doutrina, negam a inconstitucionalidade do preceito, embora sem discutir o problema da titularidade do direito à greve, MENEZES CORDEIRO, «Inovações e aspectos constitucionais sobre o anteprojecto de Código de Trabalho», cit., pp. 95-96; BACELAR GOUVEIA, *op. cit.,* pp. 207 ss. PAULO OTERO, *op. cit.*, pp. 323- -324, num sentido mais próximo do TC, admite a sua compatibilidade constitucional, desde que se flexibilize a denúncia da respetiva CCT «em situações de propósito de greve sobre matérias nela tratadas» e se salvaguarde o exercício do direito à greve sobre «motivos relacionados com o conteúdo da convenção até então em vigor». Atendendo à argumentação utilizada por aquele órgão jurisdicional, o legislador procurou evitar um possível juízo de inconstitucionalidade restringindo, no n.º 2 do art. 606.º do Código do Trabalho de 2003, o âmbito do dever de paz social, ao excluir do mesmo as greves decretadas com invocação da superveniência de uma alteração anormal das circunstâncias ou do incumprimento da CCT por parte do empregador. Sobre a versão do Código do Trabalho de 2003, que se manteve em 2009, admitindo a respetiva constitucionalidade, GOMES CANOTILHO/ VITAL MOREIRA, *op. cit.*, p. 755, e DIAS COIMBRA, «Trégua sindical e alteração anormal das circunstâncias», *RDES*, 2007, n.ºˢ 1/2, pp. 272 ss. Defende a inconstitucionalidade do preceito, GARCIA PEREIRA, «As diversas e graves inconstitucionalidades do Código do Trabalho», *Questões Laborais*, 2003, n.º 22, p. 228. Em França, o problema foi colocado nestes termos por JEAN-ENMANUELRAY, «Informe francés», cit., pp. 235. Em Espanha, *vd.* AAVV., *Derecho de huelga y conflictos colectivos...*, *cit.*, pp. 221 ss.; ANTÓNIO BAYLOS GRAU, «Titularidad y ejercicio del derecho de huelga: los inmigrantes irregulares como ejemplo», in *El conflito colectivo y la huelga – Estudios en homenaje al Professor Gonzalo Diéguez*, coord. por Jaime Cabeza Pereiro e Jesús Martínez Girón, Ediciones Laborum, Múrcia, 2008, pp. 407 ss. Em Itália, uma problematização idêntica pode ser

O carácter irrenunciável do direito por parte dos trabalhadores (art. 530.º, n.º 3, do CT), decorrente da própria CRP, por se tratar de um direito fundamental[60], impossibilita, obviamente, a renúncia ao mesmo pelos sindicatos intervenientes na negociação coletiva, o que impede a consagração de «cláusulas de paz sindical absoluta» e não temporária[61]. O mesmo problema foi analisado, num contexto constitucional afim, pelo TC espanhol que justificou a compatibilidade das cláusulas de paz sindical, previstas no art. 8, n.º 1, do *Real Decreto-Ley* n.º 17/1977, de 4/03, com a Constituição, alegando que, tratando-se de «cláusulas paz relativa» e não «absoluta», não haveria qualquer renúncia ao direito, mas apenas uma transação traduzida na limitação temporária do seu exercício em troca de certas compensações ou contrapartidas[62].

A renúncia abdicativa pressupõe, de acordo com as construções doutrinais sobre o tema, uma declaração com eficácia definitiva e irrevogável[63].

A questão situar-se-ia então no domínio mais amplo da (in)disponibilidade do direito, cujo carácter temporário tem sido admitido pela doutrina[64].

---

analisada em Luisa Riva-Sanseverino, *op. cit.*, p. 65. Paolo Tosi, «Contrattazione collettiva e controllo dei conflitto», in AAVV., *Lo sciopero: disciplina convenzionale e autoregolamentazione nel settore privato e pubblico*, Giuffrè, Milão, 1989, p. 75, salienta que a titularidade individual do direito de greve não impede a consagração de limites ao exercício do mesmo pelo «"sistema" contratual».

[60] Em sentido diverso, Monteiro Fernandes, *Direito do trabalho, cit.*, p. 666, nt. 2, entende que a irrenunciabilidade resulta da lei ordinária.

[61] Neste sentido, o acórdão do TC n.º 306/2003 e a doutrina supramencionada. Grasselli,*op. cit.*, pp. 221-222, fundamenta a irrenunciabilidade, por um lado, no facto de o direito de greve se encontrar previsto numa «norma constitucional imperativa e inderrogável» e, por outro, por visar a tutela de interesses coletivos e não individuais.

[62] Acórdão do TC n.º 11/1981, de 8/04. Em termos similares, dispôs a *Corte Cassazione*, no único caso até agora decidido por este Tribunal, segundoCarinci/ Luca Tamajo/ Tosi/ Treu, *op. cit.*, p. 196, ainda que tenha considerado que tal cláusula vinculava os trabalhadores individualmente considerados. Esta decisão da *Corte Cassazione* (sentença n.º 357, de 10/02/1971) pode ser consultada em *Il Foro Italiano*, vol. XCIV, 1971, pp. 887 ss., sendo comentada também por Mariella Magnani, *op. cit.*, pp. 709 ss. Para uma análise da evolução jurisprudencial italiana, *vd.* Michele Vacca,*Il diritto di sciopero e le sue limitazioni nelle organizzazioni e nei paesi europei*, Giuffrè, Milão, 1983, pp. 87 ss.; Di Cerbo, *op. cit.*, pp. 60 ss. e 71 ss.

[63] Nestes temos, Grasselli, *op. cit.*,pp. 209-210 e *passim*. Daí o autor explicar que a locução «renúncia temporária» é utilizada apenas por razões de simplicidade terminológica. Entre nós, em termos gerais, Francisco Pereira Coelho, *A renúncia abdicativa no direito civil (algumas notas tendentes à definição do seu regime)*, Coimbra Editora, Coimbra, 1995, pp. 124 ss., e, no domínio do direito à greve, Bernardo Lobo Xavier, *Direito da greve, cit.*,p. 143. Em sentido oposto, Federico Durán López, «La renuncia al derecho de huelga y las clausulas de paz laboral», in *Ley de huelga*, Instituto Sindical de Estudios, Madrid, 1993, p. 69, admite que a renúncia possa ser temporária.

[64] Ojeda Avilés, *La renuncia de derechos del trabajador*, Instituto de Estudios Politicos, Madrid, 1971, pp. 64-65, nt. 48. A distinção entre irrenunciabilidade e indisponibilidade também é

TITULARIDADE DO DIREITO À GREVE, DEVER DE PAZ SOCIAL...

Todavia, a natureza inderrogável da norma jurídica que consagra tal direito conduz à indisponibilidade do mesmo por parte do seu titular, pois, de outro modo, a tutela dos interesses de ordem pública social subjacentes não seria realizada de forma eficaz[65]/[66].

Aponta-se, então, o caminho da (auto)limitação ou auto(regulamentação) do exercício do direito à greve, admitindo-se que a indisponibilidade do direito não é necessariamente afetada por aquela[67]. Note-se que não se trata do mero não exercício do direito. Seguindo a distinção realizada por GRASSELLI, o «não uso voluntário» do direito não se confunde com a «impossibilidade de exercer legitimamente dentro de determinados limites o próprio direito na eventualidade de uma obrigação assumida através de uma cláusula de paz, por intermédio da qual, dispondo-se do direito, se modifica a situação jurídica preexistente»[68]; o mesmo autor esclarece ainda que «a possibilidade

---

realizada, entre nós, na senda de GRASSELLI, por BERNARDO LOBO XAVIER, *Direito da greve, cit.,*p. 143.

[65] Assim, GRASSELLI, «Indisponibilità del diritto di sciopero», cit., pp. 224 ss.

[66] Sobre as relações entre os conceitos de inderrogabilidade e de indisponibilidade, *vd.*OJEDA AVILÉS, *La renuncia de derechos del trabajador, cit.,* pp. 66 ss. De acordo com a opinião esgrimida por este último autor (e contrariamente ao que defende parte da doutrina italiana por ele citada), a indisponibilidade do direito não é uma consequência necessária da inderrogabilidade da norma legal, em virtude de a primeira pressupor «a existência atual de um direito», podendo ter a sua origem numa vontade autónoma ou em fontes heterónomas, enquanto a segunda «não dispõe de nenhum direito, porque o mesmo ainda não nasceu». O alinhamento sequencial destes institutos (o problema da indisponibilidade coloca-se quando os efeitos da inderrogabilidade cessam, em consequência da constituição do direito) não impede, contudo, que o respetivo regime seja o mesmo se a lei assim o previr, o que sucede, frequentemente, em matéria laboral com os direitos «inderrogáveis» dos trabalhadores que se ligam a interesses de ordem pública (p. 155 e *passim*). Eventuais dúvidas seriam esclarecidas, também no direito português, pela proibição da renúncia abdicativa ao direito à greve, modalidade de disposição do direito, como explica OJEDA AVILÉS (*ult. op. cit.*, pp. 136 e 145).

[67] MARIELLA MAGNANI, *op. cit.,* pp. 708 ss., considera que a inderrogabilidade do direito à greve, traduzida na impossibilidade de renúncia, não obsta à regulamentação convencional, temporária e relativa, do respetivo exercício, muito embora admita a dificuldade de definição de uma fronteira inequívoca entre estas duas figuras. Em sentido diverso, ZANGARI (*apud*GRASSELLI, *op. cit.,*p. 222, nt. 32), defensor da conceção da titularidade plural do direito à greve, identifica atos de disposição do direito com aos de não exercício do mesmo, como o não uso.

[68] GRASSELLI, *op. cit.,*pp. 222 ss., nt. 32, e 252 ss. Sobre a delimitação, em geral, da renúncia e do não exercício de direitos, *vd.* OJEDA AVILÉS, *La renuncia de derechos del trabajador, cit.,* pp. 226 ss., onde o autor esclarece que «o não exercício do direito [tem] um conteúdo diferente do ato de disposição», deduzindo que o princípio da irrenunciabilidade não o afeta.

SINDICATOS E AUTONOMIA PRIVADA COLETIVA

de exercer [o direito] pessoalmente ou não» distingue-seda disponibilidade no domínio laboral (não negociabilidade com outros sujeitos)[69].

No entanto, como alerta João Reis, a mera distinção formal entre exercício e titularidade do direito, para justificar que a cláusula só afeta o primeiro, não é totalmente satisfatória[70]. De facto, a titularidade de um direito de nada serve se o mesmo não for passível de exercício[71]; por outro lado, em termos formais, a renúncia a um direito representa «ainda de alguma forma um modo de exercício desse direito»[72]. É duvidosa a existência de uma verdadeira diferença qualitativa entre o acordo de não exercício temporário de um direito e a renúncia ao mesmo[73].

Alguns autores entendem que o que está em causa é meramente permitir aos próprios trabalhadores, através dos seus sindicatos, o estabelecimento de «cláusulas de paz sindical relativa» em convenção coletiva de trabalho (CCT), o que teria cabimento constitucional expresso no art. 57.º, n.º 2, da CRP, que proíbe apenas o legislador de limitar o âmbito de interesses a defender, mas não os trabalhadores ou os seus representantes[74]. Porém, é duvidoso que as

---

[69] Esta possibilidade de não exercício do direito pelo seu titular não é facilmente transponível para o domínio dos direitos de personalidade, tipicamente indisponíveis, como demonstra GRASSELLI, *op. cit.,*pp. 253 ss.

[70] João Reis, «O dever de paz laboral», cit., pp. 637-638. Já Di Cerbo, *op. cit.,* p. 62, questionava se as cláusulas de paz sindical significavam uma *renúncia temporária* ao direito de greve.

[71] Como afirmou Norberto Bobbio, *apud* Umberto Romagnoli, «Autonomia collettiva e legislazione», in *Le ragioni del diritto – Scritti in onore di Luigi Mengoni,* Tomo II, Giuffrè, Milão, 1995, cit., p. 1199, «a verdadeira liberdade consiste não na abstrata possibilidade de fazer, mas no concreto poder. Livre não é aquele que tem um direito abstrato sem o poder exercitar, mas antes aquele que além do direito tem também o poder de exercício».

[72] A afirmação é proferida por Francisco Pereira Coelho, *op. cit.,* pp. 79 e 103, embora no contexto dos direitos de crédito. A dificuldade de demarcação das fronteiras que separam a renúncia da limitação do exercício de um direito é também salientada por alguma doutrina italiana (Mariella Magnani, *op. cit.,* p. 710). Em termos paralelos, Ojeda Avilés, *La renuncia de derechos...*, cit., p. 66, questiona-se sobre a articulação entre indisponibilidade e limitações ao exercício de um direito.

[73] No sentido de que não existe uma diferenciação qualitativa, Durán López, «La renuncia al derecho de huelga y las clausulas de paz laboral», cit., p. 69.

[74] Cf. Pamplona de Oliveira na declaração de voto ao acórdão do TC n.º 306/2003; Gonçalves da Silva, «O Código do Trabalho face à Constituição», in *Estudos de direito do trabalho (Código do Trabalho)*, Almedina, Coimbra, 2004, p. 99. O argumento da autolimitação da autonomia coletiva foi também invocado por Bernardo Lobo Xavier, *Direito da greve, cit.,* pp. 144, 148-149, em consonância com a conceção plural da titularidade dos poderes e faculdades subsumíveis ao direito à greve. Esta questão foi igualmente colocada pela doutrina italiana no que respeita à compatibilização do art. 40 da respetiva Constituição, que refere apenas a lei, com limitações impostas pela contratação coletiva. Entendeu-se, maioritariamente, que a reserva constitucional afastava a possibilidade de intervenção por atos não legislativos, mas não precludia a autorregulamentação. *Vd.*Mariella Magnani, *op. cit.,* pp. 708-709.

regras de representação voluntária de direito civil possam aplicar-se, sem mais, à representação sindical[75]. Por outro lado, mesmo que assim se entendesse, o mecanismo da representação não resolve cabalmente a questão para a doutrina que considera o direito à greve (de titularidade individual) indisponível, pois tal significaria pressupor que o sindicato pode dispor de direitos que a lei considera indisponíveis para os próprios representados[76]. Com efeito, os sindicatos outorgantes da CCT podem dispor do que lhes pertence por se integrar na sua autonomia coletiva, mas não do que pertence aos próprios trabalhadores, expropriando-os do direito de greve que lhes é atribuído individualmente para tutela de interesses coletivos com carácter de indisponibilidade, tal como não poderiam dispor, por via da contratação coletiva, de outros direitos com tutela constitucional, como o descanso semanal ou o direito a férias, ainda que em permuta, por exemplo, de um aumento salarial[77].

Consequentemente, parece-me fundamental dar mais um passo para uma inequívoca compatibilização das «cláusulas de trégua sindical» com a CRP. Neste sentido, afigura-se-me convincente a argumentação utilizada por MENEZES LEITÃO[78], que encontrando arrimo numa corrente doutrinal e jurisprudencial italiana[79], defende que estas cláusulas se integram na CCT cuja

[75] Assim, DURÁN LÓPEZ, «La renuncia al derecho de huelga y las clausulas de paz laboral», cit., p. 68; LIMÓN LUQUE, op. cit., pp. 366 ss.; AAVV., Derecho de huelga y conflictos colectivos..., cit., pp. 222-223. Para uma análise dos desvios da representação sindical ao instituto da representação voluntária, ROSÁRIO PALMARAMALHO, Da autonomia dogmática..., cit., pp. 549 ss.

[76] Esta argumentação é utilizada por DURÁN LÓPEZ, ult. op. cit., p. 68; JOÃO REIS, ult. op. cit., p. 644; PEDRO ROMANO MARTINEZ, Direito do trabalho, cit., p. 1125; AAVV., Derecho de huelga y conflictos colectivos..., cit., p. 223.

[77] Nestes termos, veja-se o notável estudo de GRASSELLI, op. cit.,p. 226. LUIGI MARIUCCI, «Il conflitto collettivo...», cit., pp. 6 e 17, salienta a conexão existente entre «individualidade» e «indisponibilidade» no plano individual e no coletivo. Com efeito, explica o autor que o reconhecimento das greves espontâneas, decorrente de tal configuração jurídica, põe «em evidência a indisponibilidade (jurídica e prática) do direito à greve também em sede coletiva». A argumentação utilizada pela doutrina italiana é explicada por MÁRIO PINTO, Direito do trabalho, cit., p. 294.

[78] MENEZES LEITÃO, «A conformidade da proposta de lei 29/IX (Código do Trabalho) com a Constituição da República Portuguesa», in Código do Trabalho – Pareceres, vol. III, MSST/ DEEP, Lisboa, 2004, pp. 391 ss., na sequência do que já afirmavam, no domínio da legislação revogada, BERNARDO LOBO XAVIER, Direito da greve, cit., pp. 148-150, MENEZES CORDEIRO, Manual de direito do trabalho, cit., p. 403, ROSÁRIO PALMA RAMALHO, Lei da greve anotada, cit., p. 21. Posição secundada por GONÇALVES DA SILVA, «O Código do Trabalho face à Constituição», cit., p. 100.

[79] Em Itália, apesar do conteúdo da decisão da Corte Cassazione supramencionada, vd.GRASSELLI, op. cit.,pp. 227 ss.; DI CERBO, op. cit.,pp. 60 ss.; MARIO GAROFALO, «Sulla titolarità del diritto di sciopero», Giornali di Diritto del Lavoro e di Relazioni Industriali, 1988, n.º 39, pp. 578-579, citando GUEZZI; CARINCI/ LUCA TAMAJO/ TOSI/ TREU, op. cit., pp. 196-197. Em sentido diverso, defendendo

SINDICATOS E AUTONOMIA PRIVADA COLETIVA

celebração cabe aos sindicatos, vinculando-os enquanto partes outorgantes, mas deixando intocado o direito de greve dos trabalhadores individualmente considerados[80]. Os sindicatos limitam-se a restringir as faculdades que lhes competem em matéria do direito à greve, mas a faculdade de adesão é atribuída apenas aos trabalhadores individualmente considerados. Este entendimento resulta de forma clara do n.º 3 do art. 542.º do CT, ao assumir que «o conteúdo estritamente individual do direito de greve está fora do poder de disposição do sindicato». Ou seja, a «cláusula de paz social» integra-se na parte obrigacional da CCT, vinculando somente os sindicatos subscritores, mas não os respetivos filiados, pelo que o seu incumprimento «não se projeta nas relações entre trabalhadores e empregadores»[81]. Em sentido análogo, têm-se pronunciado a doutrina e a jurisprudência espanholas[82] e francesas[83].

uma vinculação dos trabalhadores individualmente considerados, GIUSEPPE PERA, «Il diritto di sciopero», cit., pp. 456 ss., e«Sulle clausole di pace sindicale», cit., pp. 301 ss. Para uma síntese das correntes doutrinais e jurisprudenciais italianas, *vd.* BERNARDO LOBO XAVIER, *Direito da greve, cit.,* pp. 227 ss.; MÁRIO PINTO, *Direito do trabalho, cit.,* pp. 293 ss., e DIAS COIMBRA, «Trégua sindical e alteração anormal das circunstâncias», cit., pp. 284 ss. Uma análise crítica da corrente referida no texto é realizada por GUIDO ZANGARI, «Contributo alla teoria del diritto di sciopero», cit., pp. 187 ss., *maxime* 197 ss., na sequência da sua conceção da titularidade do direito de greve.

[80] Alguns autores italianos, mesmo defendendo a titularidade individual do direito de greve, entendem que a questão da eficácia meramente obrigacional ou normativa das «cláusulas de paz» não é passível de uma resposta em abstrato, sendo necessário interpretar a vontade contratual das partes. Assim, GINO GIUGNI, «L'obbligo di tregua: valutazioni di diritto comparato», *Rivista di Diritto del Lavoro,* 1973, I, pp. 23-24; MARIELLA MAGNANI, *op. cit.,* p. 707.

[81] Nestes termos, JOÃO REIS, *ult. op. cit.,* pp. 643-644. Já se tinha pronunciado neste sentido, antes do início de vigência do Código do Trabalho de 2003, ANTÓNIO MENEZES CORDEIRO, *Convenções colectivas de trabalho e alterações das circunstâncias,* Lex, Lisboa, 1995, pp. 46-47. *Vd.* também AMORIM SOUZA, *op. cit.,* pp. 107 ss., a propósito do direito brasileiro e português; PEDRO ROMANO MARTINEZ, *Direito do trabalho, cit.,* pp. 1124 ss., e «Considerações gerais sobre o Código do Trabalho», *Revista de Direito e Estudos Sociais,* 2003, n.ºs 1/2, p. 22.

[82] VILLA GIL, «Algunas reflexiones para la regulación legal de la huelga», cit., p. 117; DURÁN LÓPEZ, «La renuncia al derecho de huelga...», cit., p. 70; AAVV., *Derecho de huelga y conflictos colectivos..., cit.,* pp. 223 ss. e 232 ss.; ALBIOL MONTESINOS, in AAVV., *Convenios colectivos y acuerdos de empresa, cit.,* p. 42-44; MONEREO PÉREZ, «El modelo normativo de huelga en la jurisprudência del tribunal constitucional», cit., p. 269. OJEDA AVILÉS, «Sobre la huelga de un solo trabajador...», cit., pp. 269--270, admite a «natureza mista» destas cláusulas que vinculariam também os trabalhadores, embora restrinja tal admissibilidade às convenções coletivas dotadas de eficácia *erga omnes.*

[83] Esta mais recentemente, admitindo que o incumprimento do prazo de pré-aviso, incluído num acordo de empresa, afeta somente os signatários do acordo e não os trabalhadores, o que resulta do próprio art. L. 2262-4 do *Code du Travail,* ao não incluir os trabalhadores. Cf. JEAN-ENMANUELRAY, «Informe francés», cit., pp. 234 ss.; JACQUES ROJOT, «Collective agreements in France», in *Collective bargaining in Europe,* Ministerio de Trabajo y Asuntos Sociales, Madrid, 2005, pp. 127-128; PÉLISSIER/ SUPIOT/ JEAMMAUD, *op. cit.,* pp. 1161-1162 e, especialmente, p. 1416.

4. Decisão e declaração de greve

Conceptualmente pode distinguir-se um primeiro momento antes da declaração de greve coincidente com a tomada da respetiva decisão[84]. Trata-se, nas palavras de ROMANO MARTINEZ, de separar «o juízo de oportunidade quanto ao recurso à greve, que compete aos trabalhadores» e a declaração de greve que será proferida, em regra, pelos sindicatos[85]. No entanto, na prática, como admite aliás o autor, os sindicatos absorvem ambas as competências. A maioria da doutrina parece identificar os dois momentos do processo, e/ou atribuí-los às associações sindicais[86].

Poderia afirmar-se que, sendo cada trabalhador individualmente considerado quem vai suspender o respetivo contrato de trabalho no momento da adesão à greve[87], não se afiguraria coerente atribuir a decisão a outras entidades ainda que representativas daquele[88], designadamente porque se está longe de um regime de representação equivalente ao regulado no Código Civil (CC). Todavia, trata-se de avaliar um interesse coletivo, o que dificilmente poderá ser feito por cada trabalhador, mas apenas pela coletividade através das associações sindicais ou da assembleia de trabalhadores[89].

À decisão coletiva de exercer o direito à greve pode seguir-se uma declaração nesse sentido emitida pelos próprios trabalhadores, à margem dos

---

[84] Nestes termos, LUISA RIVA-SANSEVERINO, *op. cit.*, p. 70, separa a deliberação da greve (ato interno) da respetiva comunicação e proclamação (ato externo).

[85] PEDRO ROMANO MARTINEZ, *Direito do trabalho, cit.*, p. 1121.

[86] Cfr. BERNARDO LOBO XAVIER, *Direito da greve, cit.*, pp. 154 ss. ROSÁRIO PALMA RAMALHO, *Lei da greve anotada, cit.*, p. 25, e *Da autonomia dogmática..., cit.*, p. 858, identifica os dois momentos no processo: o da decisão e o da declaração da greve, atribuindo ambos às associações sindicais e à assembleia de trabalhadores. MONTEIRO FERNANDES, *Direito do trabalho, cit.*, pp. 771 e 773, atribui o «juízo de oportunidade» aos trabalhadores e às associações sindicais, afirmando depois que a decisão cabe, em primeira linha, a estas últimas. Em sentido diferente, GONÇALVES DE PROENÇA, *op. cit.*, pp. 88 ss., nos termos supramencionados, defende que os sindicatos estão impedidos de declarar uma greve na ausência de uma manifestação de vontade por parte dos trabalhadores.

[87] GRASSELLI, *op. cit.*, p. 219, nt. 23, explica que a suspensão do contrato de trabalho ocorre com a adesão à greve e não com a respetiva proclamação.

[88] Neste sentido apontam as considerações referidas *supra* por GONÇALVES DE PROENÇA, *op. cit.*, pp. 88 ss.; OJEDA AVILÉS, *Derecho sindical, cit.*, p. 516. Em sentido oposto, atribuindo o poder de decisão aos sindicatos, AMORIM SOUZA, *op. cit.*, p. 137.

[89] Nestes termos, GRASSELLI, «Indisponibilità del diritto di sciopero», cit. p. 218. Também LUISA RIVA-SANSEVERINO, *op. cit.*, p. 69, considera o sindicato como o intérprete natural e tendencialmente exclusivo do interesse coletivo.

SINDICATOS E AUTONOMIA PRIVADA COLETIVA

sindicatos, nos termos do art. 531.º, n.º 2, do CT[90]. A atribuição monopolista da decisão de decretar a greve aos sindicatos, apesar de compatível com as normas da Convenção n.º 87 da OIT[91], seria de duvidosa compatibilidade constitucional, pois, ainda que ela seja normalmente assumida por estas organizações, não se encontrareservada a elas no plano constitucional[92]. Explica Rusciano quea regulação legal do exercício coletivo do direito à greve não pode deixar de refletir a titularidade individual do direito[93]. Tratar-se-ia, nas palavras do autor, de «expropriar» os trabalhadores do direito de proclamar a greve, pelo

[90] Trata-se, segundo Bernardo Lobo Xavier, *Direito da greve, cit.*, p. 156, de «cobrir as hipóteses de dificuldade prática de representação sindical e de dar expressão à solidariedade da comunidade de trabalho da empresa».

[91] A OIT pronunciou-se nesse sentido em *La libertad sindical. Recopilación de decisiones y principios del Comité de Libertad Sindical del Consejo de Administración de la OIT*, 5.ª ed., Genebra, 2006, n.º 524.

[92] Assim, Barros Moura, «O direito à greve...», cit. pp. 34-35; Gomes Canotilho/ Vital Moreira, *op. cit.*, pp. 754-755; Rui Medeiros, *op. cit.*, pp. 1126-1127. O mesmo entendimento é partilhado, no contexto do ordenamento jurídico espanhol, por Villa Gil, «Algunas reflexiones para la regulación legal de la huelga», cit., p. 107; García Ninetet alli, *Manual de derecho sindical, cit.*, p. 448; e Casas Baamonde, «Derecho de huelga y Constitución», cit., p. 51, que afirma ser incompatível com a Constituição a consagração legislativa da titularidade orgânica do direito de greve, acrescentando que, sem a possibilidade de exercício efetivo, não há direito. No direito italiano, Di Cerbo, *op. cit.*, p. 59, considera que a atribuição do poder deliberativo exclusivamente aos sindicatos (*maxime*, aos mais representativos) violaria dois importantes princípios constitucionais: a liberdade e pluralidade sindicais. No mesmo sentido, Guido Zangari, «Intervento», in AAVV., *Lo sciopero..., cit.*, pp. 137, 138-139, 140 e 142, comenta que num sistema democrático baseado na liberdade sindical, inclusive na sua vertente negativa, a atribuição do direito de proclamar a greve aos sindicatos submeteria todos os trabalhadores, mesmo os não sindicalizados, ao poder dessas organizações; em consequência, o autor reitera a necessidade de cautela no reconhecimento de um monopólio sindical da proclamação da greve e questiona a sua constitucionalidade. Embora se admita, com Bernardo Lobo Xavier, *Direito da greve, cit.*, pp. 227 e 236, que a falta de personalidade jurídica dos sindicatos italianos propicie este entendimento, penso não ser este o elemento decisivo nestas construções doutrinais.

Em sentido oposto, Bernardo Lobo Xavier, *Direito da greve, cit.*, pp. 155, nt. 2, e 235, advoga que a referência constitucional não nos permite imputar o direito aos trabalhadores *uti singuli*, pois o legislador constituinte «quando trata dos direitos fundamentais não cura (...) do problema da respectiva subjectivização». No entanto, mesmo que se considerasse que a CRP atribuía o direito à greve aos trabalhadores individualmente considerados, segundo o autor nada impediria a atribuição dos «poderes jurídicos necessários à actuação desse direito fundamental às organizações dos trabalhadores». Acrescenta que os órgãos representativos dos trabalhadores são os únicos com competência para tomar decisões coletivas e que os trabalhadores não sindicalizados devem «assumir as consequências da sua não sindicalização», ou seja, prescindem de participar nas decisões de carácter coletivo.

[93] Rusciano, «Lo sciopero nei servizi essenziali», cit., pp. 28-29. Note-se que o autor adere à visão da titularidade colectiva, mas não sindical, do direito à greve. Em termos próximos, Durán López, «Titularidad y contenido del derecho de huelga», cit., pp. 342 ss., embora o autor admita, com

que questiona o significado jurídico, neste domínio, do reconhecimento da titularidade individual do direito[94].

Num contexto constitucional muito próximo do português nesta matéria[95], o TC espanhol decidiu neste sentido, numa sentença já qualificada como a «pedra angular da evolução do marco institucional do conflito coletivo»[96], sustentando que a natureza do direito à greve como direito pertencente aos trabalhadores exige que o mesmo possa ser exercitado pelos próprios diretamente, sem necessidade de recurso aos respetivos representantes. Contudo, nada obsta, em virtude da natureza do direito, que o legislador possa impor que tal decisão seja adotada por um coletivo mínimo de trabalhadores[97]. Mas, nesse caso, como reconheceu aquele Tribunal, a lei deve limitar-se a impor os atos necessários em matéria de participação coletiva para que o mesmo seja cognoscível como tal[98]. Logo, afigura-se discutível a compatibilidade constitucional de normativos exigentes em matéria de *quorum* na convocação da assembleia ou na votação da deliberação de greve.

A competência para declarar a greve encontra-se dividida, no direito português, entre as associações sindicais e as assembleias de trabalhadores da empresa. Porém, é dada preferência aos sindicatos, uma vez que o art. 531.º, n.º 2, do CT restringe esta faculdade exclusivamente às associações sindicais quando o número de trabalhadores não filiados for inferior ao número de trabalhadores filiados. Por isso, vários autores falam, justificadamente, a este

---

grande amplitude, a conjugação da titularidade individual do direito com limitações de carácter coletivo ao exercício do mesmo.

[94] RUSCIANO, *ult. op. cit., ibidem.* GAROFALO, «Intervento», in AAVV., *Lo sciopero..., cit.*, pp. 237--238, pronuncia-se em desfavor de uma atribuição monopolista da proclamação da greve aos sindicatos representativos por tal opção assentar não no consenso dos trabalhadores, mas antes no reconhecimento estatal, legal ou patronal.

[95] Veja-se o art. 28, n.º 2, da Constituição Espanhola.

[96] BIAGI, *Representación de los trabajadores y democracia en la empresa, cit.*, p. 244.

[97] Nestes termos, RUI MEDEIROS, *op. cit.*, p. 1127. Nas palavras de RAMÍREZ MARTÍNEZ, «La titularidad del derecho de huelga», cit., p. 322, «não se trata de um tipo qualquer de exercício coletivo, mas requer-se uma modalidade especial do mesmo: um exercício coletivo subjetivado, que atua mediante representantes ou mediante referendo secreto e maioritário simples».

[98] GARCÍA-PERROTE ESCARTÍN, *op. cit.*, p. 350, interpreta restritivamente as declarações do TC no sentido de o mesmo não pretender afirmar a titularidade individual do direito à greve, mas somente negar a respetiva titularidade sindical. A intenção que lhe é imputada coincide com a de salientar que o direito à greve não pertence nem aos sindicatos, nem a qualquer outra estrutura representativa dos trabalhadores, mas sim a estes últimos «sempre que atuem coletiva e concertadamente», embora as faculdades inerentes ao direito também correspondam aos sindicatos e representantes unitários. DURÁN LÓPEZ, «Titularidad y contenido del derecho de huelga», cit., pp. 343 ss., critica o carácter excessivamente restritivo da interpretação do Tribunal.

SINDICATOS E AUTONOMIA PRIVADA COLETIVA

propósito, em «monopólio» ou «quase monopólio» atribuído pela lei, mas não pela CRP, aos sindicatos[99]. A razão de ser desta solução legal passaria pela valorização do papel dos sindicatos e pela articulação da declaração de greve com a competência para celebrar CCT[100], o que não me parece ser motivação suficiente.

Como comentam GOMES CANOTILHO e VITAL MOREIRA, «o monopólio sindical seria admissível se o direito de greve se traduzisse tão-só no direito *de adesão* à greve, mas é óbvio que ele implica participação na *convocação*, onde se apreciam os objectivos, a oportunidade e a dimensão da greve»[101]. A bondade desta hierarquia é portanto discutível, pois como já afirmavam JORGE LEITE e COUTINHO DE ALMEIDA, no domínio da legislação anterior ao Código do Trabalho de 2003, «a primazia na competência para a sua decisão deveria pertencer às *assembleias de trabalhadores*, independentemente das taxas de sindicalização», sob pena de «os trabalhadores não sindicalizados na associação sindical deliberadora [ficarem] privados dum importante passo no *iter* da greve: a participação na sua decisão», sendo certo que a lei reconhece este direito a todos os trabalhadores (sindicalizados ou não) e reserva-lhes, de forma expressa, «a competência para a definição do respectivo âmbito de interesses»[102].

A dimensão da empresa assume relevância aparente no que respeita à declaração de uma greve não sindical, mantendo o Código do Trabalho de 2009,

---

[99] MENEZES CORDEIRO, *Manual de direito do trabalho, cit.*, p. 383; ROSÁRIO PALMA RAMALHO, *Lei da greve anotada, cit.*, p. 23; JORGELEITE,*Direito do trabalho, cit.*, I, p. 209; JOÃO REIS, «O dever de paz laboral», *cit.*, p. 631; PEDRO ROMANO MARTINEZ, *Direito do trabalho, cit.*, p. 1121; MENEZES LEITÃO, *Direito do trabalho, cit.*, p. 680.

[100] Estes são os motivos invocados por MÁRIO PINTO, *Direito do trabalho, cit.*, p. 391.

[101] GOMES CANOTILHO/ VITAL MOREIRA, *op. cit.*, pp. 754-755.

[102] JORGE LEITE/ COUTINHO DE ALMEIDA, *op. cit.*, p. 468, e JORGELEITE,*Direito do trabalho, cit.*, I, p. 209. BARROS MOURA, «O direito à greve...», *cit.* pp. 34-35, vai mais longe, invocando a inconstitucionalidade da exclusão das assembleias de trabalhadores da faculdade deliberativa quando o número de trabalhadores não filiados for inferior ao número de trabalhadores filiados. Em termos similares, JOSÉ JOÃO ABRANTES, «O direito do trabalho e a Constituição», *cit.*, p. 52. Também, em Itália, ZANGARI, «Intervento», in AAVV., *Lo sciopero..., cit.*, p. 141, afirma que o trabalhador, como titular do direito à greve, tem o direito de participar na formação do ato deliberativo da competência do sindicato (ou de outra entidade coletiva), por ser a única via passível de assegurar a democraticidade de tal deliberação. Em sentido diferente, ROSÁRIO PALMA RAMALHO, *Lei da greve anotada, cit.*, p. 24, invoca o facto de o sindicato atuar em representação dos trabalhadores nele filiados e, em relação aos não filiados, bastaria a possibilidade de aderirem à greve. O mesmo entendimento é defendido, com argumentação diversa, por BERNARDO LOBO XAVIER, *Direito da greve, cit.*, pp. 154 e 258, e *Curso..., cit.*, I, p. 276, autor que considera ser esta a solução correta por reconhecer a decisão de greve como instrumental relativamente à contratação coletiva.

tal como o congénere de 2003, a solução decorrente da legislação revogada pelo último diploma[103]. Nestes termos, o critério dimensional adotado não corresponde ao definido no art. 100.º do CT, exigindo-se que a assembleia de trabalhadores seja convocada por 200 prestadores de trabalho ou por 20% dos mesmos[104]. À semelhança do que sucede em matéria de representação coletiva, a alternativa entre um número determinado de trabalhadores e uma percentagem dos mesmos obsta à exclusão das empresas de menor dimensão em termos ocupacionais. Outra solução conduziria, na prática, à eliminação do direito à greve nas pequenas empresas, em virtude das diminutas taxas de sindicalização e da ausência de representação sindical[105]. Também no ordenamento jurídico italiano, a jurisprudência considerou que o exercício do direito de greve não é compatível com limitações impostas pela dimensão ocupacional da empresa pelo que não lhe será aplicável o art. 35 do *Statuto dei Diritti dei Lavoratori* (SL), que exclui aquelas que empregam 15 ou menos trabalhadores[106].

A validade da deliberação grevista depende ainda de outros requisitos cumulativos que impõem, por um lado, a participação da maioria dos trabalhadores na votação (*quorum* de metade mais um) e, por outro, a tomada da decisão por maioria dos votantes. Segundo GOMES CANOTILHO e VITAL MOREIRA, os requisitos impostos por lei referentes aos processos de declaração e execução da greve não entram na conceção de restrições ao direito de greve, desde que sejam justificados e proporcionados de forma a não dificultarem «desnecessária e desmesuradamente o recurso à greve»[107]. Cumpre, por isso, verificar se o regime legal obedece a estas prescrições.

Para essa análise, afigura-se útil evocar a avaliação de imposições análogas às da lei portuguesa que foi realizada pelo TC espanhol em decisão já mencionada. Com efeito, este órgão jurisdicional considerou que as exigências impostas pelo art. 3 do RDL n.º 17/77 violavam a Constituição, apesar de o art. 53 daquele diploma permitir ao legislador regular as condições de exercício dos direitos fundamentais. Nos termos da al. b) do n.º 2 do preceito legal, a

---

[103] Art. 2.º, n.º 2, da Lei n.º 65/77, de 26/08.

[104] Explica MONTEIRO FERNANDES, «Greves "atípicas": identificação, caracteres, efeitos jurídicos», in AAVV., *Temas de direito do trabalho*, Coimbra Editora, Coimbra, 1990, p. 496, que a assembleia «deve ser convocada expressamente para deliberar sobre um projecto de greve...».

[105] Sobre este problema, cf. CATARINA DE OLIVEIRA CARVALHO, *Da dimensão da empresa no direito do trabalho, cit.*, pp. 602 ss.

[106] Cf. DI CERBO, *op. cit.*, p. 43.

[107] GOMES CANOTILHO/VITAL MOREIRA, *op. cit.*, p. 758.

SINDICATOS E AUTONOMIA PRIVADA COLETIVA

declaração de greve só poderia ser proferida diretamente pelos trabalhadores quando, pelo menos, 25% decidisse submeter a votação o acordo sobre a greve, o qual deveria ser depois aprovado por maioria simples dos votantes. Entendeu o órgão jurisdicional, esgrimindo uma argumentação que entendo ser perfeitamente transponível para o ordenamento português, que um direito individual não pode ser coartado por minorias contrárias ou abstencionistas. As formalidades impostas devem ter por escopo a proteção de outros bens ou interesses constitucionalmente tutelados e não podem ser «tão rígidas ou difíceis de cumprir que na prática tornem impossível o exercício do direito».

Os defensores do regime legal anterior à Constituição fundamentaram a exigência de um referendo aos trabalhadores — para que o acordo fosse submetido a votação — na necessidade de atribuir à decisão de greve um carácter verdadeiramente democrático, salvaguardando a liberdade dos trabalhadores. O Tribunal rejeitou, contudo, tal entendimento por julgar a limitação do direito excessiva e injustificada, passível de afetar o seu conteúdo essencial, invocando, designadamente, a circunstância de a vontade dos trabalhadores grevistas nunca se poder impor aos restantes, que são sempre livres de não aderirem à greve, razão pela qual os princípios democráticos nunca seriam afetados.

Em consequência da decisão do TC espanhol, manteve-se apenas a parte da norma que exige a aprovação da deliberação da greve por uma maioria simples dos votantes[108].

É certo que, como afirmam os críticos da admissibilidade de exercício do direito de greve por parte dos trabalhadores sem mediação sindical, o facto de uma mera assembleia minoritária poder proclamar uma greve lícita, atua como fator desestabilizador e fragmentador da organização sindical e reduz o seu peso na gestão do conflito[109], além de potenciar a utilização do direito

---

[108] M.ª EMILIA CASAS BAAMONDE («Huelgas atípicas: identificación, caracteres y efectos jurídicos», in *Temas de direito do trabalho – Direito do trabalho na crise. Poder empresarial. Greves atípicas. IV Jornadas Luso-hispano-brasileiras de direito do trabalho*, Coimbra Editora, Coimbra, 1990, p. 535) explica, na sequência da decisão do TC, que «bastará "a participação colectiva necessária para que o acto seja reconhecível" como pertencente ao tipo que se descreve, "como exercício de greve"».

[109] Estas considerações são tecidas por ROMAGNOLI, «Sulla titolarità del diritto di sciopero», *Giornali di Diritto del Lavoro e di Relazioni Industriali*, 1988, n.º 39, p. 582. O problema é igualmente analisado por GAROFALO, «Sulla titolarità del diritto di sciopero», cit., pp. 575 ss., embora o autor não chegue às mesmas conclusões.

de greve como «instrumento de prevaricação de pequenos grupos em certos casos contratualmente fortes»[110].

Simplesmente, o mesmo sucede perante a existência de uma pulverização sindical, característica dos países do sul da Europa[111]. Recorrendo a uma hipótese colocada por ROMANO MARTINEZ, podemos visualizar, numa empresa com 500 trabalhadores, a situação caricatural de a possibilidade de os mesmos declararem greve ser diminuta perante as exigências legais, mas já a poder declarar com toda a facilidade um sindicato representativo de, por exemplo, dois trabalhadores[112]. Neste sentido TOSI recentrapertinentemente o debate não na dicotomia titularidade individual/coletiva, mas antes na oposição entre «titularidade coletiva como titularidade difusa e titularidade sindical», ou seja, «entre titularidade de cada um dos trabalhadores ainda que agrupados e titularidade (...) dos agentes consolidados do sistema contratual»[113]. De qualquer forma, o fenómeno não assume grande relevância prática, pois, apesar da ampla admissibilidade das greves não sindicais em França, por exemplo, os dados estatísticos demonstram que só uma pequena parte foi realizada à revelia das associações sindicais[114].

Repare-se, no entanto, que a superação da incoerência assinalada por ROMANO MARTINEZ não deve passar pelo agravamento dos requisitos necessários para as organizações sindicais poderem declarar a greve, pois tal configuração é passível de suscitar problemas de constitucionalidade, como sucedeu, em

---

[110] SANTORO PASSARELLI, «Intervento», in AAVV., *Lo sciopero...*, pp. 194 ss., adepto da conceção da greve como direito individual, analisa esta argumentação, destacando particularmente a posição de ROMAGNOLI, e defende que estes problemaspassam pela resolução preliminar do problema da representatividade.A este respeito, GAROFALO, *ult. op. cit.*, pp. 576 ss., assinala que uma visão dinâmica do sistema de relações industriais, da qual depende a respetiva eficácia, que permita a adaptação contínua «à evolução da estrutura social e produtiva», deve permitir a representação de todos os interesses presentes no sistema produtivo, num dado momento. Conclui o autor que a atribuição «ao sindicalismo oficial do monopólio de utilização legítima da greve» não se articula com esta «dinâmica real», pois os grupos débeis, que não se reconhecem naqueles sindicatos, não são capazes de iniciar conflitos coletivos, com ou sem monopólio sindical, e, pelo contrário, os grupos fortes, designados como «grupos profissionais privilegiados», não serão afastados do conflito pela proibição legal.

[111] SALA FRANCO/ ALBIOL MONTESINOS, *Derecho sindical, cit.*, p. 389, referem que a atribuição exclusiva aos sindicatos «da titularidade do exercício do direito de greve (...) tem as vantagens e os inconvenientes da sindicalização do modelo de relações laborais».

[112] PEDRO ROMANO MARTINEZ, *Direito do trabalho, cit.*, p. 1122.

[113] PAOLO TOSI, «Intervento», in AAVV., *Lo sciopero..., cit.*, p. 311.

[114] Cerca de 16% segundo os dados apresentados por JEAN-ENMANUELRAY,*ult. op. cit.*, p. 233. Idêntica relação já era salientada, em 1966, por HÉLÈNE SINAY, *La grève*, Dalloz, Paris, 1966, p. 104.

SINDICATOS E AUTONOMIA PRIVADA COLETIVA

Espanha, em relação ao preceito constante do art. 3, n.º 2, al. a), do RDL 17/77, que obrigava a que a reunião conjunta dos representantes dos trabalhadores[115], para aprovarem o acordo de greve, tivesse um *quorum* correspondente a 75% dos representantes. Pelo contrário, os pressupostos do art. 531.º do CT deveriam ser *flexibilizados*.

Centrando, então, a minha atenção no direito português, parece-me ser manifesta, perante a formulação do art. 531.º, a ilicitude de greves espontâneas mais radicais, conhecidas na terminologia anglo-saxónica como «greves selvagens» (*wild cat strikes*)[116], ao invés do que sucede no âmbito do sector privado francês ou, com mais limitações, no direito espanhol[117]. Mas, tal não obsta a que os trabalhadores possam declarar uma greve, sem qualquer intervenção sindical, desde que cumpram as prescrições do art. 531.º do CT — excessivamente exigentes, é certo, e por isso de duvidosa compatibilidade constitucional.

5. Exercício do direito à greve nas microempresas

Das considerações tecidas até ao momento parece-me que a dimensão da empresa não pode justificar, só por si, a negação do direito à greve[118], ainda que o exercício deste direito fundamental constitucionalmente tutelado suscite algumas perplexidades no âmbito das microempresas.

---

[115] Em Espanha, esta declaração pode ser proferida pelos órgãos de representação unitária, pelas organizações sindicais ou pelas secções sindicais da empresa ou do estabelecimento.

[116] *Vd.* FERNANDA AGRIA,*op. cit.,* pp. 17, 35 ss., utilizando também a expressão «greves espontâneas». Segundo JOÃO CAUPERS/ PEDRO MAGALHÃES, *op. cit.,* p. 94, a locução «greve selvagem» assumiu em Portugal um sentido mais amplo ao abarcar, além das greves decididas fora do contexto sindical, «as greves sem pré-aviso e até qualquer greve que infrinja a lei (já para não referir o caso extremo daqueles que apelidam de *selvagens* as greves que lhes desagradam, havendo um certo paralelismo na utilização dos adjectivos "política" e "selvagem" para qualificar uma greve)».

[117] Cf. HÉLÈNE SINAY, *op. cit.,*p. 122; OJEDA AVILÉS, *Derecho sindical, cit.,* p. 515; JEAN-EnmanuelRAY,*ult op. cit.,* pp. 233-234; PÉLISSIER/ SUPIOT/ JEAMMAUD, *op. cit.,* p. 1418; MONTOYA MELGAR, *Derecho del trabajo, cit.,* p. 726; GARCÍA NINETet alli, *Manual de derecho sindical, cit.,* pp. 449 e 473.

[118] Neste sentido, MARCO BIAGI, *La dimensione dell' impresa nel diritto del lavoro,* Franco Angeli, Milão, 1978, p. 273; PEDRO ROMANO MARTINEZ, *Direito do trabalho, cit.,* p. 1117. Também FRANCISCO GÓMEZ ABELLEIRA, «La negociación colectiva en las empresa sin representantes legales de los trabajadores, en especial tras la reciente reforma del mercado de trabajo», *Revista Española de Derecho del Trabajo,* 1995, n.º 70, p. 235, admite expressamente a possibilidade de uma greve num estabelecimento com menos de seis trabalhadores, nos quais, de acordo com o direito espanhol, não é possível instituir uma estrutura de representação coletiva.

Argumenta OJEDA AVILÉS que uma greve acordada numa empresa com menos de seis trabalhadores e em que apenas um deles adere à respetiva convocatória não será de qualificar como ilícita apenas pelo diminuto número de trabalhadores envolvidos; o direito à greve é reconhecido constitucionalmente a todos os trabalhadores indistintamente, incluindo os das pequenas empresas[119]. Mesmo no ordenamento jurídico germânico, onde o BAG tem aplicado um critério quantitativo, cuja fundamentação assenta no regime de monopólio sindical da greve, ao exigir a abstenção de um número importante de trabalhadores para a identificação de uma greve, a doutrina salienta a necessidade de se atender à dimensão da empresa para este efeito[120].

Para a configuração do problema recorrerei à hipótese, representada por ROMANO MARTINEZ, de uma microempresa com dois trabalhadores ou mesmo com um único[121]. Poderá(ão) este(s) exercer o direito à greve?

Em princípio, um «trabalhador não pode individualmente "declarar-se" em greve», por tal ser incompatível com o carácter «coletivo» do fenómeno[122]. Do mesmo modo, não o pode fazer um grupo de trabalhadores para a prossecução de interesses individuais[123], ou mesmo um sindicato no interesse exclusivo de um só trabalhador e único aderente[124]. É essencial que exista «um interesse colectivo de uma *categoria* de trabalhadores»[125].

---

[119] OJEDA AVILÉS, «Sobre la huelga de un solo trabajador...», cit., pp. 264-265.

[120] *Vd.* WOLFGANG DÄUBLER *et alli, Arbeitskampfrecht, cit.,* pp. 126-127.

[121] PEDRO ROMANO MARTINEZ, *Direito do trabalho, cit.,* p. 1117.

[122] Assim, BARROS MOURA, «O direito à greve...», cit. pp. 31-33. Segundo CALAMANDREI,*op. cit.,* p. 224, o trabalhador isolado não pode ser grevista sem que exista uma vontade coletiva por parte do grupo profissional em que se insere, posição secundada por BERNARDO LOBO XAVIER, *Direito da greve, cit.,* p. 229.No mesmo sentido, OJEDA AVILÉS, «Sobre la huelga de un solo trabajador...», cit., p. 264, referindo-se a decisões jurisprudenciais italianas que são analisadas criticamente por GIUSEPPE PERA, «Il diritto di sciopero», cit., pp. 447-448, e «SCIOPERO – Diritto costituzionale e diritto del lavoro» in *Enciclopedia del Diritto,* vol. XLI, Giuffrè, Milão, 1989, p. 709.

[123] Com esta convicção, BARROS MOURA, «O direito à greve no caso de trabalhadores não sindicalizados», cit. pp. 31-33; GINO GIUGNI,*Diritto sindicale, cit.,* p. 229. Também BERNARDO LOBO XAVIER, *Direito da greve, cit.,* p. 230, afirma que «o trabalhador não cumpre a prestação de trabalho porque está em jogo um interesse do grupo que merece tutela preferencial relativamente aos interesses dos sujeitos da relação individual de trabalho», embora o autor utilize este argumento para contestar as teorias que advogam uma titularidade individual do direito de greve.

[124] GIUSEPPE PERA, «Il diritto di sciopero», cit., pp. 447-448, e «SCIOPERO – Diritto costituzionale e diritto del lavoro», cit., p. 709, refere um caso em que os tribunais italianos admitiram a greve proclamada sindicalmente no interesse exclusivo de um trabalhador, único aderente. Sobre o ponto, ainda, OJEDA AVILÉS, «Sobre la huelga de un solo trabajador...», cit., p. 264.

[125] Sobre a qualificação do interesse como coletivo, rejeitando a relevância exclusiva de um fator quantitativo, *vd.* JOÃO REIS, «A legitimidade do sindicato no processo – Algumas notas», in *Estudos*

SINDICATOS E AUTONOMIA PRIVADA COLETIVA

Assim, é teoricamente configurável «uma greve de um só trabalhador (único aderente), desde que regularmente declarada para a prossecução de um interesse colectivo»[126]. Como explica OJEDA AVILÉS, se os requisitos legais preparatórios foram observados, como é que o único trabalhador que não compareceu ao trabalho poderá ser sancionado quando não poderia saber que era o único aderente?[127]

Esta configuração poderia pôr em causa a própria necessidade de um exercício coletivo do direito à greve, bastando-se com a mera declaração regular da mesma motivada por um interesse comum a uma coletividade de trabalhadores, solução que se compaginaria melhor com uma conceção plural da titularidade do direito à greve. Nestes termos, BERNARDO LOBO

---

de direito do trabalho em homenagem ao Professor Manuel Alonso Olea, Almedina, Coimbra, 2004, pp. 385-386. O autor admite que possa estar em causa um interesse coletivo apesar de o conflito envolver apenas um trabalhador. No reverso, afirma o autor que não basta o conflito envolver vários trabalhadores para estar em causa, necessariamente, um interesse coletivo, podendo «tratar-se de uma mera soma de interesses individuais». Sobre o conceito de «interesse coletivo», *vd.* MONTEIRO FERNANDES, *Direito do trabalho, cit.*, pp. 565-566, autor que considera que o «interesse colectivo *não se reduz ao mero somatório dos interesses individuais* dos membros do grupo», mas exprime antes, seguindo a posição de MAZZONI, um «interesse unitário do grupo».

[126] SILVA LEAL, *op. cit.*, pp. 22-23; BARROS MOURA, «O direito à greve...», cit. pp. 31-33; BERNARDO LOBO XAVIER, *Direito da greve, cit.*, pp. 170 e 234, nt. 1, *Curso..., cit.*, p. 284; JORGELEITE,*Direito do trabalho, cit.*, p. 212, nt. 293; MONTEIRO FERNANDES, *Direito do trabalho, cit.*, p. 751; PEDRO ROMANO MARTINEZ, *Direito do trabalho, cit.*, p. 1117; MENEZES LEITÃO, *Direito do trabalho, cit.*, p. 675. Também SANTORO PASSARELLI, «Autonomia collettiva, giurisdizione, diritto di sciopero», in *Scritti in onore di Francesco Carnelutti*, vol. IV, Cedam, Pádua, 1950, p. 454; GRASSELLI, *op. cit.*,pp. 219-220; ZANGARI, «SCIOPERO (Diritto di)», cit., pp. 713 e 714; e mais recentemente, GIUGNI, *Diritto sindicale, cit.*, p. 229, MATTIA PERSIANI/ GIAMPIERO PROIA,*op. cit.*, p. 103, e JOAQUÍN GARCÍA MURCIA, «¿Huelga de un solo trabajador? A propósito de una sentencia de la Sala de lo social del Tribunal Francés de Casación de 13 de noviembre de 1996»,*Anuario Coruñés de Derecho Comparado del Trabajo*, vol. I, 2009, pp. 75, 79 e *passim*,reconhecem que o exercício efetivo do direito à greve se pode encontrar limitado a uma única pessoa, quando o conflito foi determinado para proteção de um interesse de natureza coletiva. Entre nós, MONTEIRO FERNANDES, *Direito do trabalho, cit.*, p. 751, admite que a greve possa abarcar um trabalhador da empresa, «único membro da categoria interessada no conflito», embora pareça pressupor que a greve se alarga ao sector em que a empresa se insere. MARIA DO ROSÁRIO PALMA RAMALHO, *Tratado de Direito do trabalho. Parte III – Situações laborais coletivas*, Almedina, Coimbra, 2012, p. 430, recusa a possibilidade de um único trabalhador desencadear uma greve, mas admite a adesão de um só trabalhador a uma greve desencadeada por um conjunto de trabalhadores ou por uma associação sindical.

[127] OJEDA AVILÉS, «Sobre la huelga de un solo trabajador...», cit., p. 264; GARCÍA MURCIA, «¿Huelga de un solo trabajador? A propósito de una sentencia de la Sala de lo social del Tribunal Francés de Casación de 13 de noviembre de 1996», cit., p. 75. Em termos próximos, já se pronunciava PERA, «Lo sciopero e la serrata», cit., pp. 570 ss., nos casos em que a abstenção coletiva se seguiu a uma proclamação sindical ou por parte de uma coalização ocasional de trabalhadores.

Xavier, aderindo às críticas formuladas por Zangari, afirma que «a tese da titularidade individual do direito à greve defronta-se com a necessidade do exercício coletivo desse mesmo direito, e acontece que tal exercício pode eventualmente vir a falhar. Não haverá um direito à greve antes de ser testada a força coletiva de greve (isto é, antes de haver greve!)»; em resultado, suscita-se a dúvida quanto ao número de «adesões» necessárias para afirmar a legitimidade da mesma, ficando por explicar «a necessária conexão entre o momento individual e o colectivo»[128].

Contudo, estas posições partem de uma conceção restritiva do *exercício* do direito à greve, o qual abarcaria somente a abstenção dos trabalhadores grevistas e não os atos preparatórios que a antecedem e cuja exclusão não considero justificada. Por outro lado, a titularidade individual do direito não obsta, entre nós, à necessidade de uma declaração formal prévia emitida pelos próprios trabalhadores.

Em abstrato, seguindo o entendimento da dupla titularidade do direito à greve, o sindicato proclamaria a greve, direito cuja titularidade lhe pertenceria, podendo cada trabalhador individualmente considerado exercer ou não o respetivo direito de adesão à mesma, abstendo-se de realizar a prestação contratualmente devida. A dimensão da empresa seria então irrelevante, mesmo na situação limite em que ela ocupa um único trabalhador.

Todavia, em face da circunstância habitual de não sindicalização dos trabalhadores das PME e de desinteresse dos sindicatos pelas pequenas estruturas empresariais[129], a possibilidade de proclamação da greve pelo sindicato será quase uma ficção, pelo que a rejeição do entendimento monista da titularidade individual do direito levaria, na prática, à negação do mesmo aos trabalhadores das empresas de pequena dimensão. Situação que se afigura particularmente injusta pela já exígua possibilidade de os trabalhadores das pequenas e microempresas exercerem reivindicações ou negociações através de representantes coletivos[130].

Assim, partindo de uma conceção do direito à greve como «um direito individual de exercício coletivo», entendendo o *exercício* em termos amplos, a presença sindical será dispensável, uma vez que caberá aos trabalhadores da empresa decidir e declarar a greve para defesa de interesses comuns à

---

[128] Bernardo Lobo Xavier, *Direito da greve, cit.*, pp. 229-230, 234, nt. 1.
[129] Sobre o problema, *vd.* Catarina de Oliveira Carvalho, *Da dimensão da empresa no direito do trabalho, cit.*, pp. 607 ss.
[130] *Idem, ibidem.*

SINDICATOS E AUTONOMIA PRIVADA COLETIVA

categoria em que se inserem, independentemente do número concreto de prestadores de trabalho que se integra em tal categoria em cada empresa[131].

Com isso não esqueço a relevância da crítica de BERNARDO LOBO XAVIER quanto à dificuldade de definir com clareza «o interesse colectivo que dá sentido à abstenção individual»[132]. Na verdade, ao abrigo do art. 531.º do CT, desde que o trabalhador não se encontre sindicalizado, a assembleia terá de ser convocada por 20% dos trabalhadores e a decisão tomada por maioria dos votantes, desde que a maioria dos trabalhadores da empresa vote. Ora, numa empresa com um ou dois trabalhadores, estas exigências serão cumpridas por decisão e deliberação de um único. Há, então, que atender à natureza das reivindicações envolvidas, passível de aplicação a potenciais trabalhadores colocados na mesma situação, para avaliarmos a existência de um interesse coletivo[133].

O problema da *solitude du gréviste* foi colocado à *Cour deCassation*, que admitiu, excecionalmente, a greve de um trabalhador isolado no caso em que este é o único trabalhador da empresa e suspende a prestação de trabalho como meio de exercer reivindicações profissionais[134]. Note-se, contudo, que o problema assume contornos muito mais delicados em França do que em Portugal, em virtude de naquele país não ser necessária, no sector privado, a observância de certas formalidades prévias ao exercício do direito, o que potencia a respetiva invocação abusiva, *a posteriori,* para justificar faltas não motivadas.

---

[131] Como defende CHISTOPHE RADÉ, *op. cit.,* pp. 372-373, não há aqui uma renúncia total ao carácter coletivo do fenómeno, mas antes uma reinterpretação teleológica deste requisito ligada aos interesses que se visam defender ou, acrescento eu, ao processo decisional prévio onde participam vários trabalhadores.

[132] BERNARDO LOBO XAVIER, *Direito da greve, cit.,* p. 234.

[133] Cf. CHISTOPHE RADÉ, *op. cit.,* p. 373.

[134] JEAN-EMMANUELRAY, «Cour de Cassation, chambre sociale, 13 novembre 1996 – Observations», *DS,* 1996, n.º 12, p. 1108; CHISTOPHE RADÉ, *op. cit.,* pp. 368 ss.; GARCÍA MURCIA, «¿Huelga de un solo trabajador? A propósito de una sentencia de la Sala de lo social del Tribunal Francés de Casación de 13 de noviembre de 1996», cit., pp. 72 ss. Decisões jurisprudenciais anteriores já tinham admitido que um movimento conduzido por três trabalhadores grevistas merecia a qualificação de greve, e mesmo de um único, embora, neste caso, surgisse no contexto de um movimento nacional (cf. CORINNE SACHS-DURAND, *Les seuils d'effectifs en droit du travail,* LGDJ, Paris, 1985, p. 24). Em sentido diverso pronunciou-se a *Corte Cassazione,* mas a propósito de um caso em que a greve foi realizada por um trabalhador «por motivos exclusivamente individuais», pelo que a argumentação utilizada não põe em causa, parecendo mesmo confirmar, o meu entendimento (DI CERBO, *op. cit.,* p. 70).

TITULARIDADE DO DIREITO À GREVE, DEVER DE PAZ SOCIAL...

Em suma, penso ser injusto e não compatível com a natureza individual do direito constitucional à greve, negar a um trabalhador, pelo mero facto de ele ser o único prestador de trabalho na empresa, o direito à mesma, privando-o deste meio de autotutela, desde que estejam em causa interesses de natureza coletiva[135].

---

[135] Neste sentido, afirma GARCÍA MURCIA, «¿Huelga de un solo trabajador? A propósito de una sentencia de la Sala de lo social del Tribunal Francés de Casación de 13 de noviembre de 1996», cit., p. 76, que não existem razões de peso para privar uma pessoa dos direitos que lhe são formalmente reconhecidos pelo simples facto de ser o único trabalhador da empresa.

Repressão aos atos antissindicais: a experiência da OIT e do direito comparado

*Firmino Alves Lima**

Para que seja possível falar em atos antissindicais é necessário adentrar em um aspecto muito importante do direito do trabalho: a proteção da liberdade sindical, como direito fundamental da pessoa.

Para abordar o tema com maior precisão, é necessário planejar a visita a este campo tão importante e tão vasto. Ao final serão apresentadas algumas conclusões, principalmente após a apresentação do que existe em alguns ordenamentos jurídicos vigentes no exterior, para que possa balizar uma nova forma de proteção da liberdade sindical em nosso país. A proteção contra os atos antissindicais importa na defesa veemente de um dos pilares da ordem democrática: a liberdade sindical. Importante será compreender o que ela significa e por qual motivo deva receber uma proteção tão enérgica, qual o seu alcance e a sua importância. Após esta rápida passagem sobre a liberdade sindical, será importante definir o que seja ato antissindical e suas diversas facetas.

Feitas tais considerações preliminares, será necessário relatar alguns mecanismos de repressão aos atos antissindicais existentes, tanto aqueles reconhecidos pela Organização Internacional do Trabalho como também no direito comparado. No campo da OIT caberá demonstrar as diversas formas de

---

* Mestre e doutor em direito do trabalho pela Faculdade de Direito da Universidade de São Paulo. Juiz do Trabalho. Ex-Presidente da Associação dos Magistrados da Justiça do Trabalho da 15ª Região. Membro da Comissão de Direitos Humanos da Associação Nacional dos Magistrados da Justiça do Trabalho. Autor de livros e artigos, tendo sido colaborador da OIT na implantação do programa de combate ao trabalho infantil daquela entidade no Estado da Bahia.

proteção da liberdade sindical erigidas por aquela entidade, bem como de que forma ela vem sendo analisada dentro do órgão responsável pelas violações das normas da organização: o Comitê de Liberdade Sindical. No plano do direito comparado, são escolhidos 4 países os quais traduzem diferentes concepções sobre os atos antissindicais, relatando cada instrumento repressivo, bem como sua contextualização no direito do trabalho atual.

Por fim, para conclusão, apresentado o panorama alienígena, e a inequívoca deficiência de nossos sistemas de proteção da liberdade sindical, caberá enumerar quais os princípios que deverão nortear a construção de mecanismos contra atos antissindicais no direito brasileiro e como este importante direito de natureza fundamental pode ser melhor protegido na complexa realidade nacional.

A liberdade sindical

A liberdade sindical é um dos princípios fundamentais que informa o direito coletivo do trabalho, junto com a autonomia coletiva dos particulares. Helios Sarthou, importante juslaborista uruguaio recém-falecido, afirmou claramente que a magia da liberdade sindical nasceu nas entranhas vivas dos acontecimentos sociais, e não no gabinete asséptico e formal do jurista, ela foi obtida através de lutas e deverá ser defendida a cada instante, frente à constante repressão, principalmente aquela promovida pelo subdesenvolvimento[1]. A liberdade sindical foi conquistada como importante instrumento de defesa da classe trabalhadora, vindo a ser reconhecida efetivamente no início do Século XX, como norma de direito fundamental e incorporada na segunda metade do Século XX aos tratados de direitos humanos. Ao lado dos demais direitos econômicos e sociais, ela possui um papel de extrema importância na edificação de uma ordem jurídica mais justa.

Arnaldo Süssekind[2] destaca que a liberdade sindical adquiriu no direito comparado, especialmente na Convenção nº 87 da OIT e no Pacto Internacional de Direitos Econômicos, Sociais e Culturais, um tríplice aspecto: O primeiro fundado na *liberdade sindical coletiva*, que corresponde ao direito

---

[1] SARTHOU, Helious. *Trabajo, Derecho y Sociedad.* Montevideo: Fundación de Cultura Universitária, Tomo I, 2004, p. 15.

[2] SÜSSEKIND, Arnaldo. *Direito Constitucional do Trabalho.* 2. Ed. Rio de Janeiro: Renovar, 2001, p. 348.

REPRESSÃO AOS ATOS ANTISSINDICAIS

dos trabalhadores e empresários constituir um sindicato, unidos por uma atividade comum, similar ou conexa. O segundo aspecto é a *liberdade sindical individual*, que é o direito de cada trabalhador ou empresário de filiar-se ao sindicato de sua preferência, e dele desligar-se. O terceiro aspecto é a *autonomia sindical*, a qual concerne à liberdade de organização interna e funcionamento da associação sindical e suas entidades correlatas.

No mesmo sentido, Arion Sayão Romita aponta que a liberdade sindical é "feixe de liberdades",[3] na medida em que "assiste inicialmente o indivíduo, ao qual confere uma faculdade, todavia interessa também ao grupo na medida em que este encontra nela a sua fonte de recrutamento e de sua expressão, qual garantia contra medidas hostis dos grupos concorrentes e oponentes (outros sindicatos e empregadores)".[4]

Cabe aqui apontar a enumeração realizada por Amauri Mascaro Nascimento dos diversos aspectos da liberdade sindical, apontando cinco: a liberdade de associação, a liberdade de organização, a liberdade de administração, a liberdade de exercício das funções e a liberdade de filiação sindical[5].

Por seu turno, o jurista lusitano Mario Pinto vai mais além e define que a liberdade sindical possui como seu conteúdo a liberdade individual positiva (liberdade de constituição de sindicatos e adesão a sindicatos já constituídos), liberdade sindical negativa, liberdade de organização interna dos sindicatos, autogoverno dos sindicatos, direito de contratação coletiva, direito de organização na empresa, direito de participação e o direito de greve[6].

É possível reunir todos esses aspectos em dois grandes grupos característicos: 1) liberdades consistentes na proibição de impedimento e de não constrição, tratando-se de *liberdades negativas*, ou seja, aquelas que asseguram uma possibilidade de agir baseada em uma norma de caráter fundamental que não proíbe determinada ação, bem como a permissão para deixar de agir, eis que inexistente norma que imponha determinada conduta. 2) aspectos que importam em *liberdades positivas* como aquelas em que o homem não está obrigado a agir senão em conformidade com sua própria vontade na definição

---

[3] ROMITA, Arion Sayão. *Direito sindical brasileiro*. Rio de Janeiro: Brasília, 1976. p. 40.
[4] *Id*. Direitos fundamentais nas relações de trabalho. 2. ed. São Paulo: LTr, 2007. p. 342-343.
[5] NASCIMENTO, Amauri Mascaro. *Direito sindical*. 5. ed. São Paulo: LTr, 2008. p. 40.
[6] PINTO, Mário. *Direito do Trabalho*. Lisboa:Editora Universidade Católica, 1996, p. 181.

de Kant[7] ou, como complementa mais adiante, como uma "autonomia, ou seja, na propriedade que o querer tem de ser para si mesmo sua lei".[8]

Tais aspectos são interligados e interdependentes, de modo que só haverá verdadeira liberdade sindical se todas as suas dimensões forem respeitadas. Não há efetividade da liberdade sindical como direito fundamental se todos os aspectos mencionados não forem respeitados. Como direito humano, dentro das suas características autônomas e totalmente distintas do direito de associação no campo civil ou comercial, implica em estrita observância e proteção de todos os seus aspectos como pilastras essenciais para que a liberdade sindical atinja seus objetivos dentro do contexto de uma ordem democrática. A natureza de direito humano traz à liberdade sindical, em relação a todos os seus aspectos, o critério de interdependência característico deste grupo de direitos, segundo a Resolução n. 32/120 da Assembleia Geral das Nações Unidas: "todos os direitos humanos, qualquer que seja o tipo a que pertencem, se inter-relacionam necessariamente entre si, e são indivisíveis e interdependentes". Do mesmo modo entendeu a Declaração e Programação de Viena aprovada pela Conferência Mundial de Direitos Humanos em 25.06.1993, em seu item 5, quando menciona que todos os direitos humanos são universais, indivisíveis e interdependentes e estão relacionados entre si. Nesse sentido, Jean-Claude Javillier afirma claramente que existe uma interdependência evidente entre, de uma parte, as referidas liberdades e, de outra parte, a efetividade dos direitos do homem e o desenvolvimento da democracia.[9]

Assim, fica bastante claro que a liberdade sindical deve ser defendida em todos os seus aspectos, se for ameaçado um singelo aspecto tão somente, toda a liberdade sindical deixa de existir em sua efetividade plena e na irradiação necessária como direito fundamental em sua maior intensidade. O escólio de Pérez Luño ao afirmar que o princípio da irradiação, lastreado nos ensinamentos de C. Graf Von Pestalozza[10], confere a esta gama de direitos uma força expansiva integrada por normas finalistas com vocação irradiadora para todo

---

[7] KANT, Immanuel. *Fundamentos para a metafísica dos costumes*. Trad. António Pinto de Carvalho. São Paulo: Nacional, 1964. p. 96.

[8] *Id Ibid.*, p. 111-112.

[9] JAVILLIER, Jean-Claude. *Droit du travail*. 6. ed. Paris: L.G.D.J., 1998.

[10] PESTALOZZA, C. Graf von. *Kritische Bemerkungen zu Methoden und Prinzipien der Grundrechtsauslegung in der Bundesrepublik Deustchland* em *Der Staat 2*, págs.230-231, 1963, *in* PÉREZ LUÑO, Antonio E. *Derechos humanos, Estado de derecho e constitución*. 7. ed. Madrid: Tecnos, 2001, *p*. 315.

o ordenamento jurídico, uma vez que estabelecem uma continuidade entre o princípio protetor da liberdade e o da efetividade dos direitos fundamentais. Não seria diferente para a liberdade sindical.

A liberdade sindical tem outras características importantes, assinaladas por Helious Sarthou[11], em especial a sua existência como instituto autônomo em face do direito geral de associação. Conjuntamente com a autonomia coletiva, permite criar direitos, possuindo um efeito extrassubjetivo fundamental para os representados pela entidade sindical. O autor uruguaio também afirma o aspecto sistêmico-democrático da liberdade sindical, ao trazer a necessária complementação instrumental dos direitos fundamentais da pessoa humana, que montado sobre o tripé essencial dos direitos humanos (liberdade física e moral, liberdade de expressão e liberdade de reunião), traduz-se em uma liberdade complexa, e que requer a instrumentalidade de outras liberdades civis e políticas para sua existência. E ainda o célebre autor afirma que a liberdade sindical é profundamente solidária com as demais liberdades que integram o sistema de direitos humanos reconhecidos, possuindo tal liberdade um objetivo essencialmente humanista.

Como menciona Peter Häberle, a cláusula do Estado social possui uma conexão importante com o significado institucional das liberdades, onde a garantia do Estado social demonstra ser uma exigência da ideia de liberdade e da visão institucional dos direitos fundamentais, entrando elas em uma relação de recíproco condicionamento[12].

Desta forma, por ser um dos pilares do Estado Democrático de Direito, trata-se de um direito fundamental que deve ser garantido na sua mais alta potencialidade pois, uma vez ameaçada, limitada ou suprimida, concretiza-se uma grave ofensa à ordem democrática.

A liberdade sindical é reconhecida na nossa Carta Política como um dos direitos sociais fundamentais no *caput* do art. 8º da Carta Política, integrando o título II, relativamente aos direitos e garantias fundamentais. Insta destacar que a liberdade garantida pela Constituição Federal de 1988 é uma liberdade relativa, posto que restrita por diversos aspectos constitucionalmente previstos, entre eles e com maior destaque, a unicidade sindical, a qual não se

---

[11] *op. cit.*, p. 22.
[12] HÄBERLE, Peter. *La libertad fundamental en el Estado constitucional*. Lima: Pontificia Universidad Catolica del Peru, 1997, pp. 209-210.

coaduna com o Estado Democrático de Direito, afirmação que este autor já defendeu em outro trabalho[13].

A Declaração da OIT sobre os princípios e direitos fundamentais no trabalho, adotada na 86ª Sessão da Conferência Internacional do Trabalho, em 18 de junho de 1998, reconhece a liberdade sindical como um dos princípios e direitos fundamentais. A referida declaração afirma que a liberdade sindical é um de seus princípios fundamentais, gozando de apoio e reconhecimento universais, como princípios fundamentais a todos os membros da organização, ainda que não tenham ratificado a respectiva declaração aprovada, no sentido de respeitar, promover e tornar efetivos.[14] Do mesmo modo, a mesma Declaração reconhece oito convenções da organização como convenções básicas aprovadas pela entidade, sendo duas delas destinadas à liberdade sindical, as Convenções 87, de 1948, e 98, de 1949.

Mario Pasco Cosmópolis destaca que a mencionada declaração da OIT constitui um ponto histórico e implica em uma quebra formal com os critérios que eram observados para a adoção de convenções internacionais de trabalho. Tais direitos são reconhecidos com uma natureza anterior e superior a qualquer normativa, de tal importância que não estão sujeitos ao reconhecimento ou adoção por cada Estado, através do processo de ratificação de convenções, mas sim, possuem efeito vinculante por si mesmos[15]. Oscar Ermida Uriarte, emérito jurista uruguaio, destaca claramente o *jus cogens* da referida Declaração como sendo o "coração do sistema jurídico dos direitos humanos" e que possuem as seguintes características: a) Obrigam a todos os estados, independentemente de ratificações ou qualquer outra forma de reconhecimento nacional; b) têm efeito *erga omnes*, enquanto não se dirigem só aos Governos, mas também aos indivíduos c) podem ser reclamados por qualquer pessoa ou Estado, mesmo à margem de todo vínculo convencional ou ratificação; d) são universais e não internacionais no sentido tradicional dessa expressão e

---

[13] LIMA, Firmino Alves. *O conflito entre o princípio da unicidade sindical previsto no art. 8, II, da Constituição Federal de 1988 e o princípio internacional da liberdade sindical.* Revista do Tribunal Regional do Trabalho da 15ª Região, São Paulo, n. 34, pp. 177-205.

[14] ORGANIZAÇÃO INTERNACIONAL DO TRABALHO. *Declaração da OIT sobre os Princípios e Direitos Fundamentais no Trabalho e seu seguimento.* Tradução de Edílson Alkmin Cunha. Brasília: Escritório da OIT, 1998.

[15] PASCO COSMÓPOLIS, Mario. *Tendências Constitucionais em Matéria Trabalhista.* Sítio da Associação de Magistrados da Justiça do Trabalho da 4ª Região – AMATRA IV. Disponível em http://www.amatra4.org.br/Comunicacao/Artigos/1460, acessado em 23.11.2008.

e) possuem multiplicidade de fontes[16]. O notável autor ainda vai mais além, e anuncia que a posição da OIT oferece à comunidade internacional, uma espécie de *cláusula social universal*, a qual pode ser referência a diversos acordos, organismos e países que se ocupem do comércio nacional.

E essa natureza de valor universal vem sendo paulatinamente reconhecida desde o Tratado de Versailles, que instituiu a OIT, tendo como um de seus valores, na Parte XIII, o reconhecimento do princípio de liberdade sindical. O reiterado reconhecimento em diversos documentos internacionais, de cunho geral ou específico, vem colocar a liberdade sindical dentre o rol de direitos que integram uma *consciência jurídica universal*. A qualificação estabelecida por Antonio Cançado Trindade significa um novo paradigma que abandona o conceito estatocêntrico e situa o ser humano como o centro da atenção de uma ordem jurídica internacional a qual se volta para o valor da solidariedade[17], sendo que nenhum Estado poderia estar acima deste corpo de direitos pertencentes à humanidade. André Carvalho Ramos obtempera que pelo menos parte dos direitos humanos já foi considerada *jus cogens*, ainda que os direitos sociais enfrentem esta dificuldade, diversamente dos direitos de primeira dimensão, como já até foram reconhecidos pela Comissão de Direitos Humanos da ONU[18]. O mesmo autor, no entanto, deixa claro que diversos procedimentos dentro das Nações Unidas vieram a ordenar padrões de conduta aos Estados fora de uma base convencional, afirmando, portanto, o caráter de *jus cogens* do Direito Internacional dos Direitos Humanos, utilizando todo o arsenal de normas protetivas e de responsabilidade internacional do Estado por violação de direitos humanos como costume internacional, devendo ser obedecido por todos[19].

A liberdade sindical também é referida como direito humano pelo art. XXII da Declaração Americana dos Direitos e Deveres do Homem e pelo art. 16 da

---

[16] ERMIDA URIARTE, Oscar. *Derechos Laborales e Comércio Exterior*. Ponencia presentada al V Congreso Regional Americano de Derecho del Trabajo y de la Seguridad Social, Lima 2001. Universidad de la República. Facultad de Derecho. Instituto de Derecho del Trabajo y Seguridad Social. Disponível em http://www.rau.edu.uy/universidad/inst_derecho_del_trabajo/derlabermida.htm, acessada em 23.11.2008.

[17] TRINDADE, Antonio Augusto Cançado. *A humanização do direito internacional*. Belo Horizonte: Ed. Del Rey, 2006, p. 91.

[18] CARVALHO RAMOS, André. *Teoria Geral dos Direitos Humanos na Ordem Internacional*. Rio de Janeiro:Ed. Renovar, 2005, pp. 173-175.

[19] CARVALHO RAMOS, André. *Processo internacional de direitos humanos: análise dos sistemas de apuração de violações de direitos humanos e implementação das decisões no Brasil*. Rio de Janeiro:Ed. Renovar, 2002, p. 160.

Convenção Americana sobre Direitos Humanos de San José de Costa Rica.[20] O art. 9º da Declaração Sociolaboral do Mercosul prevê a proteção contra todo ato discriminatório que pretenda menoscabar a liberdade sindical.[21]

Também é enunciado como direito humano no art. 8º, § 1º, itens 1 e 3, do Pacto Internacional dos Direitos Econômicos, Sociais e Culturais, adotado pela Resolução n. 2.200-A da Assembléia Geral das Nações Unidas, em 16 de dezembro de 1966, aprovado pelo Decreto Legislativo n. 226, de 12.12.1991 e assinado pelo Brasil em 24 de janeiro de 1992, com vigência a partir de 24.2.1992, conforme o Decreto n. 591, de 6.7.1992. Possui, portanto, a teor do art. 5º, § 2º do texto constitucional, antes da EC 45/2004, força de norma constitucional, por integrar tratado de direitos humanos do qual o Brasil fez parte.

Não resta qualquer dúvida a liberdade sindical é um direito humano fundamental e, como liberdade, de grande importância não somente para a pessoa do trabalhador, como também para a instituição sindical e extremamente importante para manutenção da ordem democrática. Não se trata somente de um objetivo a ser alcançado, mas também um valioso instrumento para concretizar os demais direitos sociais e promover para todos os seres humanos uma vida digna e em condições de efetiva liberdade e igualdade. A liberdade sindical é um direito em si mesmo e um direito de caráter instrumental para a concretização de outros direitos fundamentais. Por tal motivo, deve ser assegurada por meios enérgicos, para que não seja direito existente apenas em caráter formal, devendo ser protegido para que o regime de sua fundamentalidade seja material, tal qual um direito deste quilate pede. Uma vez ameaçada, não é somente uma liberdade colocada em risco, mas muitos outros direitos também passam a ser ameaçados, até mesmo fulminados.

Conceito de ato antissindical

Inicialmente, cabe ponderar que a palavra *antissindical* possui um prefixo *anti* que pressupõe contrariedade, oposição ou resistência. Ou seja, um ato antissindical pressupõe uma ideia elementar que é uma atitude que visa promover

---

[20] Adotada e aberta à assinatura na Conferência Especializada Interamericana sobre Direitos Humanos, em San José de Costa Rica, em 22 de novembro de 1969 e ratificada pelo Brasil em 25 de setembro de 1992.

[21] NASCIMENTO, Amauri Mascaro. *op. cit.*, p. 161.

algum resultado contrário aos interesses da instituição sindical, que age contrariamente aos propósitos de um sindicato, ou de quem o integra. Se anteriormente foi possível entender que a liberdade sindical, o principal bem atingido pelo ato antissindical, possui diversos aspectos, fácil imaginar que os atos que venham a atacar a liberdade sindical devam possuir diversas formas. Com efeito, uma definição de ato antissindical deve albergar diversas condutas que assim podem ser qualificadas e diversas condutas assim reconhecidas em diferentes ordenamentos jurídicos.

O ato antissindical é aquele que vem desafiar o exercício da liberdade sindical em suas mais variadas formas, possuindo diversas definições.

Mario Ghidini afirma que a conduta antissindical possui definição ampla e envolve todo o comportamento, comissivo ou omissivo por parte do empregador, que possa ainda pode interromper, atrapalhar ou desviar as atividades dos sindicatos, independentemente que tal fato venha a provocar um dano econômico aos trabalhadores individualmente[22]. Está é uma visão restrita aos atos antissindicais promovidos pelos empregadores.

Luís Enrique de La Villa Gil, Gabriel Garcia Becedas e Ignácio Garcia-Perrote Escartin afirmam que o ato antissindical é um elenco de condutas que tenham por objeto causar alguma espécie de discriminação ou lesão aos direitos da liberdade sindical por motivo de filiação ou da atividade sindical.[23]

O saudoso Oscar Ermida Uriarte definiu atos antissindicais como *aqueles que prejudiquem indevidamente um titular de direitos sindicais no exercício da atividade sindical ou por causa desta ou aqueles atos mediante os quais lhe são negadas, injustificadamente, as facilidades ou prerrogativas necessárias ao normal desempenho da ação coletiva*[24].

O notável jurista Luciano Martinez, que escreveu uma magnífica obra sobre o tema, define o ato antissindical como *a conduta de quem obstaculiza os direitos de liberdade sindical – individuais ou coletivos; positivos ou negativos; organizacionais ou acionais – e que, mesmo sem se dar conta disso, turba, por ação reflexiva, a progressividade de tantos outros direitos humanos*[25].

---

[22] GHIDINI, Mario. *Diritto del Lavoro*. 9.ed. Padova:Cedam, 1985, p. 134.

[23] VILLA GIL, Luís Enrique de la; GARCIA BECEDAS, Gabriel; GARCIA-PERROTE ESCARTIN, Ignacio. *Instituciones de derecho del trabajo*. 2. ed. Madrid: Editorial Centro de Estudios Ramon Areces, 1993. p. 378.

[24] ERMIDA URIARTE, Oscar. *A proteção contra os atos anti-sindicais*. Trad. Irany Ferrari. São Paulo: LTr, 1989. p. 10

[25] MARTINEZ, Luciano. *Condutas Antissindicais*. São Paulo:Saraiva, 2013, p. 411.

São muitas as possibilidades de definição de atos antissindicais, posto que o número de condutas tende ao infinito, uma vez que a criatividade é ilimitada para condutas de tal espécie, mormente quando podem atingir diversos aspectos da liberdade sindical. Por tal motivo, é bastante difícil elaborar um conceito fechado ou típico, sendo certo que o conceito deve ser aberto e apto a receber diversas atitudes que tenham por finalidade prejudicar a liberdade sindical nos seus mais diversos aspectos, como ocorrem nos conceitos que envolvam definições de condutas violadoras de direitos humanos. Lembrava Ermida Uriarte que *o alcance objetivo ou âmbito de aplicação objetiva da proteção da atividade sindical deve ser amplo e incluir todo ato ou conduta que prejudique a causa da atividade sindical ou que a limite além daquilo que surge do jogo normal das relações coletivas de trabalho*[26].

A Convenção 98 da OIT é um marco importante na caracterização dos atos antissindicais, na medida em que a referida norma internacional os reconhece e os classifica em dois grandes grupos, respectivamente recebendo duas tradições jurídicas distintas no mesmo diploma: a tradição codificadora romano-germâmica e a tradição consuetudinária do *common law*.

O referido documento foi aprovado na 32ª Sessão da Conferência Internacional do Trabalho, em 1º de julho de 1949, e visa proteger os direitos de sindicalização e de negociação coletiva. É uma das oito convenções fundamentais da entidade e define em seus arts. 1º e 2º duas naturezas de atos os quais passaremos a tratar com maior profundidade. Essa Convenção foi aprovada no Brasil pelo Decreto Legislativo n. 49, de 27.08.1952, ratificada em 18 de novembro de 1952, promulgada pelo Decreto n. 33.196, de 29.06.1953, portanto vigente no país desde 18.11.1953.

A referida convenção, albergando duas tradições jurídicas distintas (romano-canônica e *common law*), enuncia dois grupos de condutas antissindicais principais. O primeiro é aquela conduta contra o indivíduo propriamente dito, ou seja, proteger o trabalhador de atitudes que lhe venham a prejudicar seus direitos, aí incluído o dirigente sindical. O segundo protege contra os atos que ameaçam senão inviabilizam a instituição sindical, também conhecido como atos de ingerência ou *práticas desleais*.

Em relação ao primeiro grupo, a norma da OIT conduz à noção do *fuero sindical*, que é a mais antiga e difundida proteção na América Latina. Rodolfo Napoli aponta que a expressão acima foi utilizada pela primeira vez em uma

---

[26] *Op. Cit.* p. 59.

norma positivada no direito argentino[27] e constitui em uma proteção contra o dirigente sindical, estando vinculado a uma doutrina do direito do trabalho como um direito protetor e basicamente pretende defender o trabalhador dirigente sindical ou atuante em termos sindicais, principalmente contra a dispensa imotivada. Ermida Uriarte mencionava o surgimento do *fuero sindical* como uma garantia "maliciosamente restringida", configurando a proteção do dirigente sindical contra a dispensa injustificada.[28] Entretanto, a noção de foro sindical vem sendo ampliada nas legislações latino-americanas, de modo a abranger os trabalhadores em geral e qualquer ato que vise restringir ou impedir o exercício de direitos sindicais. Amauri Mascaro Nascimento critica a expressão foro sindical, que considera imprópria, pois não fornece uma ideia precisa de seu significado: *fuero* vem latim *forum*, o que não se ajusta à figura.[29] Possui uma característica muito voltada à proteção da discriminação contra o dirigente sindical e, posteriormente, restou estendida a todos os demais trabalhadores que tenham sofrido consequências prejudiciais de uma atitude, por motivo ligado à liberdade sindical.

O art. 1º da Convenção 98 da OIT estabelece que os trabalhadores deverão gozar de proteção adequada contra quaisquer atos atentatórios à liberdade sindical em matéria de emprego. A proteção deve estar voltada a defender o trabalhador contra comportamentos que submetam um empregado à condição de ser ou deixar de ser filiado a um sindicato ou, de algum modo, e que prejudiquem um trabalhador, restando aí incluída a proteção contra a dispensa imotivada, em função de sua filiação a um sindicato ou participação em atividades sindicais.

O termo discriminação não é expressamente utilizado na referida norma, aliás, em 1949 pouquíssimos documentos internacionais empregavam-no. No entanto, fica claro que a referida norma também visa proteger os empregados contra atitudes discriminatórias promovidas por empregadores e sindicatos. Trata-se de uma proteção derivada dos ordenamentos advindos da tradição romano-germânica, claramente derivada do foro sindical. Sua proteção é essencialmente voltada ao trabalhador contra atitudes discriminatórias, sendo uma esfera de proteção da liberdade sindical na expressão individual do trabalhador.

---

[27] NAPOLI, Rodolfo A. *Manual de Derecho Sindical*. Buenos Aires:Abeledo Pierrot, 1962.
[28] ERMIDA URIARTE, Oscar. *Op.cit.* p. 9.
[29] NASCIMENTO, Amauri Mascaro. *op. cit.*, p. 129.

SINDICATOS E AUTONOMIA PRIVADA COLETIVA

Neste particular, é obrigatória uma análise da Convenção 111 OIT, posto que, sem sombra de dúvidas, é a mais importante norma antidiscriminatória nas relações do trabalho atualmente vigente no plano internacional e no plano interno brasileiro. Ela socorre bastante a Convenção 98 na proteção contra atitudes antissindicais que venham prejudicar o trabalhador, posto que qualifica o ato discriminatório como uma prática prejudicial contra um trabalhador ou um grupo de trabalhadores.

A Convenção 87 da OIT, de 17 de junho de 1948, já prevê um princípio antidiscriminatório implícito para o exercício do direito de constituir organizações sindicais. Em seu artigo 2º, a referida convenção menciona que *"os trabalhadores e as entidades patronais, sem distinção de qualquer espécie, têm o direito, sem autorização prévia, de constituírem organizações da sua escolha"*[30]. A Convenção 98 da OIT passou a tratar da discriminação em um princípio genérico, porém sabidamente voltado para a proteção dos direitos de sindicalização e negociação coletiva.

A Convenção 111, aprovada na 42ª reunião da Conferência Internacional do Trabalho, realizada em Genebra no ano de 1958, teve sua vigência iniciada no plano internacional em 15.06.1960. Foi a primeira norma internacional a definir o que era uma prática discriminatória, e seu conceito não se encontra tão defasado. No Brasil, ela foi aprovada pelo Decreto Legislativo nº 104, de 24 de novembro de 1964, ratificada em 26 de novembro de 1965, promulgada pelo Decreto nº 62.150 em 19 de janeiro de 1968, e vigente no território nacional desde 26 de novembro de 1966[31]. Assim define a prática discriminatória

> *Art 1. 1. Para os fins da presente convenção o termo "discriminação" compreende:*
> *Toda distinção, exclusão ou preferência fundada na raça, cor, sexo, religião, opinião política, ascendência nacional ou origem social, que tenha por efeito destruir ou alterar a igualdade de oportunidade ou de tratamento em matéria de emprego ou profissão.*
> *Qualquer outra distinção, exclusão ou preferência que tenha por efeito destruir ou alterar a igualdade de oportunidades ou tratamento em matéria de emprego ou profissão que poderá ser especificada pelo Membro interessado depois de consultadas as organizações representativas de empregadores e trabalhadores, quando estas existam, e outros organismos adequados.*
> *2. As distinções, exclusões ou preferências fundadas em qualificações exigidas para determinado emprego não são consideradas como discriminação.*

---

[30] ORGANIZAÇÃO INTERNACIONAL DO TRABALHO. *ILOLEX- Base de dados sobre as normas internacionais do trabalho.* Disponível em: <http://www.ilo.org/ilolex/portug/docs/convdispl.htm>. Acesso em: 01.05.2013.

[31] SÜSSEKIND, Arnaldo. *Convenções da OIT*, São Paulo: LTr, 1994, op. cit., p. 243.

REPRESSÃO AOS ATOS ANTISSINDICAIS

3. Para os fins da presente convenção as palavras "emprego" e "profissão" incluem o acesso à formação profissional, ao emprego e às diferentes profissões, bem como às condições de emprego[32].

A definição de discriminação adotada para os efeitos da referida convenção é apontada para as situações que venham a destruir ou alterar a igualdade de oportunidades ou de tratamento em matéria de emprego ou profissão. Aliada com a proteção dada pelo artigo 1º da Convenção 98, é perfeitamente aplicável para a defesa de atos antissindicais voltados contra o trabalhador. Trata-se de uma conceituação bastante ampla e que vem buscar a defesa da igualdade de oportunidades ou de tratamento, sendo a igualdade o objeto da proteção antidiscriminatória que, conjugada com a proteção do artigo 1º da Convenção 98, fornece proteção não somente contra a dispensa, mas contra qualquer atitude prejudicial contra o trabalhador que atentar contra a liberdade sindical. Sua proteção está voltada para todas as situações que envolvem o trabalho humano, incluindo-se qualquer atitude que promova distinção, exclusão ou preferência, que tenha por efeito destruir ou alterar a igualdade de oportunidade ou de tratamento em matéria de emprego ou profissão. Claro que uma atitude antissindical não está somente restrita à dispensa imotivada, mas prejuízos designados contra o trabalhador relativamente à jornada de trabalho, períodos de descanso, descansos semanais remunerados, saúde e segurança do trabalho, benefícios, seguridade social e prestações sociais relacionadas ao emprego, entre tantas outras possibilidades que um ato discriminatório possa atacar.

Mais ainda, importante lembrar o conceito de discriminação nas relações de trabalho, conceito este defendido por este autor e que define o ato discriminatório como *o tratamento diferenciado menos favorável que o dispensado a outra pessoa ou grupo, em decorrência de uma relação de trabalho, praticado por qualquer pessoa ou resultante de uma situação de afinidade pessoal de qualquer natureza, antes de sua celebração, durante seu transcurso ou depois de seu término, por qualquer motivo que não possa ser justificado mediante os critérios de proporcionalidade e que tenha por objeto ou resultado prejudicar ou anular o reconhecimento, gozo ou exercício dos direitos laborais ou os direitos humanos e liberdades fundamentais de qualquer natureza, em qualquer campo e aspecto da vida laboral, privada ou pública[33]*. Em especial, o

---

[32] SÜSSEKIND, Arnaldo. *Convenções da OIT.*, cit., p. 244.

[33] LIMA, Firmino Alves. *Teoria da Discriminação nas Relações do Trabalho*. Rio de Janeiro:Elsevier, 2011, p. 311.

conceito de discriminação permite albergar como ato antissindical o assédio moral contra o dirigente sindical e seus assemelhados, situação extremamente comum nos dias atuais, como forma de inibir o dirigente sindical em sua atuação, bem como situações antissindicais que possam atingir o trabalhador antes, durante e depois do contrato de trabalho.

O segundo grupo de condutas antissindicais estabelecido pela Convenção 98 da OIT é aquele que tem origem na *common law*, mais precisamente nos EUA nos anos 30, e que também é uma situação muito comum. O art. 2º da referida norma aponta que as organizações de trabalhadores e empregadores deverão gozar de proteção adequada contra atos de ingerência de umas sobre as outras, seja diretamente, seja por meio de seus agentes ou membros, tanto na formação, como no funcionamento e administração.

E o referido artigo classifica como atitudes de ingerência as seguintes medidas:

a) provocar a criação de organizações de trabalhadores dominadas por organizações de empregadores;

b) manter organizações de trabalhadores, com meios financeiros ou meios diversos, submetendo-as ao controle de empregadores ou organizações de empregadores.

Tais atitudes são claramente classificáveis como atos de ingerência, ou seja, a interferência na livre organização sindical, por empregadores, organização de empregadores, ou organizações de trabalhadores rivais. Tais atitudes vinculam-se à noção de *práticas desleais*, que advém de uma outra tradição jurídica, da *common law*, especialmente nos Estados Unidos da América e no Reino Unido.

São conhecidas como *práticas laborais desleais*, assim expressamente reconhecidas pelo ordenamento federal dos Estados Unidos da América, (*unfair labor practice*), conforme o art. 8º da Lei Federal *National Labor Relations Act* de 1935, com alterações posteriores, especialmente a alteração ocorrida em 1947. Essa norma prevê um extenso rol de ações e comportamentos que podem ser considerados como desleais, portanto expressamente proibidos, tanto para sindicatos de empregados, como para empregadores.

Merecem destaque entre as condutas previstas no art. 8º, seção "a" (itens de 1 a 5), a interferência do empregador no exercício das liberdades sindicais dos empregados estipuladas no art. 7º do mesmo diploma; dominação ou interferência de entidades sindicais ou mesmo contribuição financeira;

REPRESSÃO AOS ATOS ANTISSINDICAIS

discriminação por encorajar ou desencorajar a sindicalização por meio de contratação de empregados; dispensa por reclamações apresentadas perante a autoridade administrativa competente (*National Labor Relations Board*) ou testemunho em procedimento instaurado e recusa na negociação com representantes sindicais assim escolhidos pelos empregados.

Por outro lado, a recusa do empregador para sentar-se de boa-fé diante uma mesa de negociação coletiva com os representantes dos empregados, cumpridos os requisitos legais, é considerada uma prática desleal pelo *National Labor Relations Act* de 1935 (art. 8º, alínea 1-5). A reforma do aludido diploma pelo *Taft-Hartley Act* de 1947 passou a impor igual obrigação de negociação de boa fé ao sindicato dos trabalhadores, de modo que a recusa à negociação pelos representantes sindicais também constitui prática desleal (art. 8º, alínea b-3). Também são reconhecidas como práticas desleais dos sindicatos, restringir ou coagir empregados ao exercício dos direitos legalmente garantidos. Assim, ficam proibidas as ameaças, o uso da violência, o oferecimento de benefícios para o ingresso no sindicato e a realização de pressão econômica para obrigar o empregado a eleger o sindicato como seu representante.

Os dois grupos de proteção não são antagônicos, mas complementares, na afirmação de Osvaldo Mantero de San Vicente, apontando o autor uruguaio que em diversos países da America Latina coexistem os regimes de *fuero sindical* (com esta ou outra denominação, como no caso do Brasil) com a instituição de práticas desleais[34].

Como já foi possível vislumbrar, os atos antissindicais estão divididos em dois grandes grupos, o dos atos discriminatórios e o dos atos de ingerência na organização sindical. Oscar Ermida Uriarte aponta algumas diferenças existentes entre eles: o primeiro é essencialmente unilateral, beneficiando exclusivamente o empregado, enquanto o segundo é bilateral, pois se apresenta como mecanismo de garantia da ética no livre jogo (*fair play*) dos atores sociais.[35] Nos atos discriminatórios de natureza sindical, verifica-se a existência de violações da liberdade individual de filiar-se, não se filiar ou de engajar-se em atividades sindicais. Já no caso das práticas desleais, verifica-se o atentado contra a liberdade de organização e ação sindical independente.

Uma das mais importantes características dos atos antissindicais é que tais ações ou omissões venham a demonstrar motivação antissindical, ainda que

---

[34] MANTERO DE SAN VICENTE, Osvaldo *et al. Protección y Promoción de La Libertad Sindical.* Curso Sobre la Ley 17.940. Montevideo:Fundación de Cultura Universitaria, 2006, p.57.

[35] ERMIDA URIARTE, Oscar. *op. cit.,* p. 11-2.

não exclusivamente, ou seja, um dos focos da atitude está voltado a destruir, mitigar, ou tornar sem efeito a liberdade sindical em uma das expressões anteriormente apontadas.

Os atos antissindicais de ingerência visam atacar alguns princípios reguladores da liberdade sindical. Mario Pinto formula três princípios aos quais a liberdade sindical deverá estar subordinada: o princípio teleológico, ou também considerado o princípio da especialidade, o princípio da organização e da gestão democráticas e o princípio da independência sindical, todos previstos na Constituição da República Portuguesa, de 1976.[36]

O referido jurista lusitano aponta que o primeiro princípio consiste na adequação da organização e da ação sindical ao prosseguimento da finalidade da entidade sindical, no caso português, a defesa dos direitos e interesses dos trabalhadores, conforme previsto no texto constitucional e na Lei Sindical naquele país.[37] O princípio de gestão e organização democráticas está assegurado no inciso 3º do art. 55 da Constituição daquele país, o qual exige que as entidades sindicais submetam-se a uma organização e gestão democráticas, com participação ativa dos trabalhadores. E o princípio da independência sindical está assegurado no inciso 4º do mencionado art. 55 da Constituição daquele país, referindo-se à norma constitucional que afirma que as associações sindicais são independentes do patronato, do Estado, das confissões religiosas, dos partidos e associações políticas, cabendo à norma infraconstitucional assegurar as garantias dessa experiência, como fundamento da unidade das classes trabalhadoras.[38]

Da lição do referido autor podemos extrair que a conduta antissindical é aquela que, por um meio direto ou indireto, procura afastar a ação sindical de sua finalidade original, ou que viola uma organização ou administração democrática, ou seja, voltada para a vontade da maioria que fundou ou escolheu a direção sindical e também a conduta que venha a destruir ou mitigar a independência que a entidade sindical deve usufruir em relação a diversas esferas de ação social, política ou religiosa.

Luisa Galantino menciona uma corrente da jurisprudência da Suprema Corte italiana que configura a existência de comportamento antissindical quando verificados dois elementos: um objetivo consistente na atitude vedada,

---

[36] PINTO, Mário. *Direito do trabalho*. Lisboa: Universidade Católica Ed., 1996. p. 191-193.

[37] Arts. 55 e 56 da Constituição da República Portuguesa, bem como no art. 3º da Lei Sindical daquele país.

[38] PINTO, Mário. *op. cit.*, p. 193.

ainda que somente potencial, e um elemento subjetivo, consistente na intencionalidade do comportamento antissindical.[39] A referida autora, no entanto, revela a existência de uma corrente jurisprudencial da mesma corte, com apoio doutrinário, no sentido de entender como dispensável o elemento subjetivo, para que seja possível uma maior efetividade da tutela da liberdade sindical, em face da dificuldade de sua prova.[40] No caso de práticas discriminatórias, tal possibilidade resta bastante evidenciada, quando reconhecida a discriminação *não intencional*, conhecida no ambiente europeu como *discriminação indireta*, ou *discriminação por impacto adverso* pela terminologia norte-americana. Trata-se de uma prática ou regra aparentemente neutra, que traz consequências adversas injustificáveis para determinada pessoa ou grupo de pessoas, independendo de intencionalidade por parte do praticante da conduta, tão somente é necessária a comprovação que a conduta tenha gerado impacto adverso para determinado segmento, no caso o trabalhador envolvido com a atividade sindical.

Assim, é possível concluir que os atos antissindicais são comportamentos ativos ou omissivos, com ou sem intencionalidade por parte do empregador ou de outros grupos interessados na relação, que venham a destruir, mitigar ou tornar sem efeito a liberdade sindical em suas diversas formas de expressão.

Meios de defesa contra atos antissindicais

Diversos são os meios de defesa contra atos antissindicais previstos em diversos ordenamentos internacionais e internos atualmente vigentes. Claramente, é possível vislumbrar a existência de diversos mecanismos de efetivação da garantia de proteção contra atos antissindicais, todos buscando a melhor eficácia da liberdade sindical em face da inequívoca importância de tal direito dentro da manutenção da ordem democrática. Será feito doravante uma rápida análise nas modalidades de mecanismos de efetivação da proteção da liberdade sindical. No entanto, antes de tal análise, importante constatar quais os efeitos de uma conduta antissindical.

Luciano Martinez[41] aponta que uma conduta antissindical, na condição de ilícito civil-trabalhista, pode produzir efeitos *indenizantes, caducificantes, inva-*

---

[39] GALANTINO, Luisa. *Diritto sindacale*. 6. ed. Torino:G. Giappichelli. 1995. p. 111-112.
[40] Id. Ibid., p. 112.
[41] MARTINEZ, Luciano. *Condutas Antissindicais*. São Paulo:Saraiva, 2013, p. 240.

lidantes e *autorizantes*. Indica o notável autor que o ilícito é *indenizante* quando produzir como eficácia o dever de reparar ou compensar as violações aos patrimônios material ou imaterial dos ofendidos. Seria *caducificante* quando a conduta produzisse a perda de determinado direito. *Invalidante* seria a eficácia pela qual o ato antissindical perde completamente os efeitos que o ato produziria, traduzindo-se em uma eficácia negativa, principalmente quando implica em nulidades dos atos praticados contrários à liberdade sindical. E *autorizante* seria a eficácia pela qual o ordenamento estaria por garantir ao ofendido ou mesmo ao responsável pela tutela do direito ou até mesmo ao magistrado, a liberdade de praticar determinado ato.

Feitas tais considerações sobre as eficácias dos atos antissindicais na esfera civil-trabalhista, abre-se um caminho mais compreensível para entender os diferentes mecanismos contra atos antissindicais.

O primeiro mecanismo a ser discutido é o das medidas administrativas, assim consideradas como os procedimentos não judiciais movidos por autoridades governamentais. Tal sistema é verificado nos Estados Unidos da América, eis que, antes da discussão judicial sobre atos antissindicais, um procedimento administrativo deve ser instaurado no escritório regional da organização nacional de relações do trabalho (*National Labor Relations Board*) por qualquer pessoa[42]. Naquele país, a queixa é recebida e investigada pela autoridade administrativa, a qual presidirá as investigações que assumem a forma de processo administrativo. Concluído o processo, a autoridade profere uma decisão, que tem caráter de determinação para a parte faltosa, porém despida de força executiva. Essa força somente é adquirida quando, em caso de recalcitrância da parte vencida, o próprio órgão, ou qualquer pessoa lesionada pelo ato assim considerado, ajuíza um pedido judicial perante a corte federal de apelações ou o juízo distrital federal cabível, objetivando seu cumprimento.[43]

Também é possível adotar medidas judiciais de natureza civil-trabalhista na defesa contra atos antissindicais, inclusive alguns ordenamentos preveem remédios judiciais específicos para tal finalidade. Dois exemplos na tradição romano-germânica ilustram bem tais procedimentos específicos.

Na Espanha, a liberdade sindical é constitucionalmente prevista, permitindo que a vítima do ato interponha um *recurso de amparo*. Tal modalidade

[42] GORMAN, Robert A. *Labor law: unionization and collective bargaining*. St. Paul: West Publishing, 1976. p. 7 e ss.
[43] Id., Ibid., p. 10.

REPRESSÃO AOS ATOS ANTISSINDICAIS

de remédio constitucionalmente previsto visa a proteção de direito fundamental (art. 161.1.b da Constituição Espanhola) e baseia-se nos princípios da urgência e da sumariedade, procedimento esse não acumulável com ações de outra natureza, com possibilidade de suspensão sumária dos efeitos do ato impugnado em caso de ato de difícil reparação ou que impeça participações em eleições ou negociações.

Já na Itália, o art. 28 da referida Lei n. 300/70 dispõe de um rito e medidas especiais para que o Juiz possa determinar a cessação dos atos antissindicais, possuindo um prazo de dois dias para despachar o pedido formulado, com vigência até que seja pronunciada sentença definitiva pelo Juiz do Trabalho. Gino Giugni ressalta que a celeridade do rito processual que se conclui em dois dias, "foi inspirada na necessidade de garantir a tempestividade da intervenção jurisdicional pois, em matéria de relações sindicais, tempestividade é sinônimo de efetividade".[44]

Nesse procedimento específico, o Juiz da localidade, caso não haja Juiz do Trabalho, é provocado por recurso dos organismos locais dos sindicatos nacionais, podendo o recurso ser instruído com "informações sumárias" e com possibilidade de concessão de liminar mediante despacho motivado. Esse tem efeito executivo imediato, visando a cessação do comportamento ilegítimo e a remoção de seus efeitos.[45] O despacho pode ser enfrentado por contestação do empregador a ser apresentada no prazo de 15 dias contados da comunicação.

Claramente, dentro do campo das medidas judiciais cabíveis, é possível vislumbrar a prática de atos que busquem os efeitos descritos por Luciano Martinez acima, desde indenizações para reparar danos materiais e morais, inclusive de ordem coletiva e/ou em favor do sindicato vitimizado pela conduta, a declaração judicial da perda da capacidade sindical de determinada entidade que tenha sido vítima de interferência sindical, a declaração judicial da nulidade de atos antissindicais praticados, especialmente a nulidade de dispensas, bem como a autorização judicial para impingir determinada prática não realizada por sindicato que tenha sido vítima da interferência externa, seja governamental ou do empregador.

---

[44] GIUGNI, Gino. *Direito sindical*. Com a colaboração de Pietro Curzio e Mario Giovanni Garofalo. Trad. De Eiko Lúcia Itioka. São Paulo: LTr, 1991. p. 89.

[45] RIVISTA Telematica di Diritto del lavoro. Disponível em: <http://www.di-elle.it/Leggi/70-300. htm#28>. Acesso em: 31 mar. 2004.

Por fim, devemos entender como plenamente cabível e recomendável, a adoção de medidas de cunho criminal, em face dos praticantes de atos antissindicais. Esta criminalização é prevista em várias legislações como forma de constrição do empregador faltoso, ou mesmo de terceiros, ao respeito da liberdade sindical. Mario Romano afirma que a tendência de criminalização da conduta antissindical não desmente uma prática, de longo tempo instaurada e atualmente quase constante, do desencoraja mento de comportamentos assim entendidos como lesivos de interesses particularmente qualificantes, mediante a cominação de uma sanção penal.[46] Vários são os ordenamentos que assim dispõem contra tais condutas, criminalizando-as.

Mario Giovanni Garofalo explica que a finalidade da norma penal existente no direito penal italiano é constranger o empregador a atuar no sentido de conformar a situação de fato à norma individual criada pelo Juiz. Isso se deve ao fato de que o conteúdo concreto da ordem judicial não é passível de execução de modo específico, seja por consistir em um *facere* infungível seja porque consiste em um *non facere*[47]. Gino Giugni observa que a condenação penal representa a maior sanção social da conduta reprovável do empregador e que a coação indireta ao cumprimento da ordem judicial por ela assegurada é uma das inovações essenciais do Estatuto dos Trabalhadores, explicando sua eficaz aplicação[48].

Feitas tais considerações, agora deve ser analisada inicialmente a atuação da Organização Internacional do Trabalho para, posteriormente, adentrar-se aos exemplos de ordenamentos mencionados.

A atuação da Organização Internacional do Trabalho

A Organização Internacional do Trabalho tem buscado implementar a liberdade sindical, com as proteções devidas ao seu exercício por diversos meios. O Relatório Global de Acompanhamento da Declaração da OIT relativa aos Princípios e Direitos Fundamentais no Trabalho,[49] sobre a liberdade sindical, aprovado pela 97ª Sessão da Conferência Internacional do Trabalho, aponta,

---

[46] ROMANO, Mauro. *Repressione della condotta antisindacale.* Milano: Giuffré, 1974. p. 2.

[47] GAROFALO, Mario Giovanni. *Commento all'art. 28 in lo Statuto dei Lavoratori* – commentario diretto da Gino Giugni. Milano: Giuffré, 1979. p. 516-517.

[48] GIUGNI, Gino. op. cit., p. 89.

[49] ORGANIZAÇÃO INTERNACIONAL DO TRABALHO. Liberdade sindical na prática: lições a retirar, Relatório do Director-Geral, Relatório Global de Acompanhamento da Declaração da

REPRESSÃO AOS ATOS ANTISSINDICAIS

em seu item 42, que as queixas que a organização recebeu sobre discriminação antissindical e atos de ingerência revelam a necessidade de serem estabelecidas sanções e vias de recurso suficientemente dissuasórias de tais atos. E no item 43, o referido relatório menciona que as regulamentações que proíbem atos de discriminação antissindical são inadequadas quando não acompanhadas de procedimentos que garantam uma proteção efetiva.

O Relatório Global publicado em 2008, intitulado "Liberdade sindical na prática: lições aprendidas"[50], nos traz importantes considerações sobre a liberdade sindical no quadriênio anterior à sua publicação. No entanto, devem ser observadas algumas reservas sobre o tema, tendo em vista que no segundo semestre de 2008 houve o desencadeamento da grave crise financeira que assolou os países centrais, com reflexos nos países periféricos, e que até a presente data, vem trazendo graves repercussões. Claramente, tal cenário acentua a prática de condutas antissindicais.

Segundo o relatório, foi reduzida a ausência de direitos de proteção das liberdades individuais, se for visto comparativamente com os problemas surgidos da aplicação de direitos e princípios fundamentais. O reconhecimento da importância desses direitos aparentemente foi fortalecido, mas os problemas das suas garantias persistiam, com casos de dispensas em larga escala, assédio, prisões e violência, incluindo o assassinato de sindicalistas. Entidades sindicais obreiras e patronais continuam enfrentando obstáculos em suas atividades rotineiras, com problemas típicos como o estabelecimento de tais organizações e a liberdade de adesão, interferência de governos e outros atores no funcionamento de entidades sindicais profissionais e patronais, restrições à negociação coletiva, discriminação contra membros sindicais e restrições severas ao direito de greve.

A OIT vem recebendo um número crescente de queixas envolvendo atos antissindicais de discriminação e interferência no quadriênio reportado, com alegações de atos prejudiciais como dispensas, rebaixamentos, transferências e recusas de contratação contra dirigentes e membros de sindicatos. A intervenção de governos, segundo a Organização, é um problema recorrente, com

---

OIT relativa aos Princípios e Direitos Fundamentais no Trabalho. Disponível em: <http://www. oitbrasil.org.br/download/relatorioglobal2008_portuguesportugal.pdf>. Acesso em: 26 jun. 2008.
[50] INTERNATIONAL LABOUR ORGANIZATION. *Freedom of association in pratice: lessons learned.* Global Report under the follow-up to the ILO Declaration, INTERNATIONAL LABOUR CONFERENCE, 97th Session 2008, Report I (B). Disponível em <http://www.ilo.org/wcmsp5/groups/public/---dgreports/---dcomm/documents/publication/wcms_096122.pdf>, acesso em 04.05.2013.

SINDICATOS E AUTONOMIA PRIVADA COLETIVA

restrições menos visíveis à liberdade sindical, porém não menos prejudiciais, onde o direito de associação sindical é negado ou desencorajado, como resultado de pressões ou interferências nas atividades sindicais. Sistemas de registro de entidades sindicais ainda permitem às autoridades exercer discricionariedade indevida nas respectivas atividades, principalmente com exigências excessivamente altas de representatividade ou mesmo autorizações prévias para funcionamento. Muitos países tem efetivamente abandonado a legislação ou práticas administrativas que garantem a posição dominante ou mesmo a unicidade sindical, ainda que algumas significantes exceções ainda persistam.

A restrição imposta por alguns países à negociação coletiva ou à representatividade sindical a diversos grupos ainda persiste, ainda que tenha algum progresso relativamente aos servidores públicos e trabalhadores na agricultura. Em alguns casos os governos interferem nas negociações coletivas, ao sujeitar os acordos a aprovações conforme políticas econômicas, mesmo introduzindo arbitragem obrigatória ou encerrando disputas coletivas, ou até mesmo ao promover contratações individuais de trabalho.

A realidade da globalização, segundo o referido relatório, tem resultado em competitividade mais intensa, com desafios jamais vistos impostos pelas alterações estruturais e tecnológicas da atividade produtiva, colocando em desafio métodos tradicionais de representação e negociação coletiva, tanto para trabalhadores como para empregadores. Vários estudos demonstram que o respeito à liberdade sindical e negociação coletiva tem um impacto positivo na competitividade e no desempenho econômico. Segundo a OIT, novas estratégias negociais destacam a eficiência e produtividade e exemplos recentes confirmam o poder da negociação coletiva, como uma ferramenta adaptável para necessidades emergentes, e capaz de responder eficientemente a novos desafios. Eles surgem dentro das novas formas de trabalho e novos tipos de relações trabalhistas, os quais dividem a força de trabalho em trabalhadores "essenciais" e "eventuais" dentro do mesmo setor, indústria ou local de trabalho. A precariedade resultante de relações de emprego atípicas pede dos sindicatos especialmente, uma nova e inovadora forma de aproximação para assegurar a cobertura dos interesses dos trabalhadores. Alterações estruturais no emprego, em particular daquelas resultantes de privatizações, novas tecnologias, terceirização e a extensão de cadeias produtivas, assim como novos tipos de relação empregatícia afetam duramente o exercício dos princípios e direitos envolvidos na liberdade sindical e negociação coletiva.

O interesse da OIT em efetivar os princípios da liberdade sindical e proteção da pessoa enseja que a entidade não deve deixar de discutir, no plano internacional, casos que possam mitigar substancialmente as suas finalidades e objetivos. As matérias tratadas pela OIT sobre a liberdade sindical não correspondem ao domínio reservado dos Estados e que a ação que a entidade empreende não pode ser considerada uma intervenção em assuntos internos, posto que adentra ao núcleo do marco do mandato que a organização recebeu de seus membros, procurando a alcançar os objetivos que sejam assinalados.

O Comitê de liberdade sindical da OIT promove o respeito dos direitos sindicais em situações de fato e de direito. O propósito dos procedimentos especiais do Comitê não é promover críticas ou castigos, mas sim, estabelecer um diálogo tripartite construtivo para promover o respeito dos direitos sindicais. As queixas ante ao Comitê podem ser apresentadas com independência sem intervenção do país membro, desde que ele tenha ratificado as convenções sobre liberdade sindical. Cabe ao Comitê examinar em que medida o exercício dos direitos sindicais foi afetado nos casos denunciados. Tal exame envolve a situação do país em questão, o histórico das relações de trabalho e a administração pública, o contexto social e econômico, e como os princípios são aplicados a diversos países.

A ocorrência de violações dos princípios da liberdade sindical por meio de leis nacionais, inclusive com interpretação dos tribunais superiores, autoriza o Comitê a examinar as referidas leis, emitir orientações e oferecer a assistência técnica da OIT para harmonizar as leis com os princípios da liberdade sindical definidos na Constituição da OIT ou nas convenções aplicáveis. São elas as Convenções nº 87, 98 e 135, a última que reconhece estabilidade provisória aos representantes de empregados nas empresas, além da Recomendação nº 143, que consagram o princípio da liberdade sindical.

O Comitê já estabeleceu uma série de precedentes em forma de enunciados, os quais alguns merecem destaque ao reconhecer diversas modalidades de atos antissindicais, desde aqueles praticados de forma discriminatória contra o trabalhador envolvido com atividades sindicais, como os atos de ingerência.

Podemos destacar as seguintes posições já tomadas pelo Comitê de Liberdade Sindical[51], de forma resumida:

---

[51] INTERNATIONAL LABOUR ORGANIZATION. Freedom of Association. International Labour Office. *Digest of decisions and principles of the Freedom of Association Committee of the Governing Body of the ILO.* Fifth (revised) edition. Geneva. 2006. Disponível em <http://www.ilo.org/wcmsp5/groups/public/---ed_norm/---normes/documents/publication/wcms_090632.pdf.>, acesso em 04.05.2013.

SINDICATOS E AUTONOMIA PRIVADA COLETIVA

- Dispensa de trabalhadores em uma greve como ato antissindical discriminatório;
- Medidas prejudiciais contra a constituição ou reconstituição de organizações de trabalhadores fora da organização sindical;
- Discriminação no emprego por causa de sua atividade ou filiação sindical legítima, presente ou passada;
- Existência de remédios específicos para dispensas em massa quando podem inviabilizar a atividade sindical;
- Proteção contra trabalhadores em atividade sindical, mesmo se o respectivo sindicato não seja reconhecido pelo empregador como representante da maioria dos empregados;
- A discriminação antissindical como todo ato que tenha por objeto despedir um trabalhador ou prejudicá-lo de qualquer forma por conta de sua filiação sindical ou sua participação sindical fora do lugar do trabalho, ou dentro dele e no horário de trabalho, quando houver consentimento do empregador;
- A proteção contra os atos de discriminação antissindical deve atuar na contratação, na dispensa ou mesmo contra qualquer medida discriminatória que seja adotada durante o emprego e, em particular, medidas que envolvam transferências, postergação de promoções ou outros atos prejudiciais;
- A legislação deve proteger contra a discriminação, inclusive com medidas judiciais, no momento da contratação, devendo ser protegidos os candidatos como se fossem empregados;
- São atos antissindicais os atos de assédio e intimidação perpetrados contra os trabalhadores por motivo de filiação sindical ou de suas atividades sindicais legítimas, ainda que não impliquem necessariamente em prejuízos em seu emprego;
- Atos que possam desencorajar a filiação a organizações de sua escolha, constituindo uma violação ao direito de sindicalização;
- A subcontratação acompanhada de dispensas de dirigentes sindicais;
- O protegido não possui imunidade contra dispensa quando esta tiver uma justa causa;
- Transferências frequentes de pessoas que desempenham cargos sindicais;
- Estabelecer "listas negras" de dirigentes sindicais e sindicalistas é considerada uma grave ameaça, suscitando dos governos medidas enérgicas para combatê-las;
- Não pode haver dispensa por apresentar requerimentos ao empregador;

REPRESSÃO AOS ATOS ANTISSINDICAIS

- A dispensa de dirigente sindical é ato contrário à Convenção 98;
- Devem ser criados pelas legislações nacionais recursos e sanções contra atos de discriminação antissindical para eficácia do artigo 1º da Convenção 98, assim como dispor de remédios rápidos, econômicos e imparciais, inclusive com sanções civis e penais, multas severas e possibilidade de reintegração ou compensação adequada quando não seja possível;
- Necessidade de justificação dos atos que levem a prejuízo ao empregado, devendo provar tais necessidades;

Fomentar o empregador a constituição de uma junta diretiva em um sindicato, interferir na correspondência do sindicato, suborno de dirigentes, fomentar desfiliações ou renúncias à tutela sindical, criar sindicatos "títeres", são atos contrários ao artigo 2 da Convenção 98;

As normas que proíbem ingerência devem ser acompanhadas de sanções eficazes e suficientemente inibidoras contra os atos de ingerência;

Negociações coletivas não podem ser conduzidas por organizações dirigidas por representantes designados ou controlados pelos empregadores ou suas organizações.

No que tange ao entendimento da Organização Internacional do Trabalho, fica claro que nos casos de proteção contra a discriminação de dirigentes sindicais ou trabalhadores que tenham atividade sindical, diversos institutos do direito antidiscriminatório são adotados, especialmente a inversão do ônus da prova e a consideração de probabilidade acentuada de atos persecutórios contra dirigentes e militantes sindicais. Diante de tais possibilidades, os entendimentos do Comitê são claros em apontar que, a ocorrência de prejuízos de qualquer espécie, ainda que não financeiros, ensejam justificativa razoável e plena prova da necessidade de tais atos.

Repressão dos atos antissindicais no Direito Comparado

Doravante, será realizada uma rápida visualização sobre os sistemas de repressão de atos antissindicais vigentes em alguns países. Foram escolhidos quatro países por características peculiares: Argentina e Uruguai por manterem proximidade geográfica, jurídica e econômica com o nosso país; os Estados Unidos da América por sua tradição peculiar e Portugal, país que sofre forte influência do direito comunitário europeu.

Argentina

A situação da repressão dos atos antissindicais na Argentina merece um estudo detalhado, por se tratar de um país com características histórico-sócio-econômicas semelhante ao nosso, vizinho geográfico e também um dos principais integrantes do Mercosul. No entanto, aquele país possui um desenvolvido sistema legal de proteção contra condutas antissindicais que merece uma rápida visita.

A Lei 23.551, datada de 14 de abril de 1988, conhecida como *Ley de Asociaciones Sindicales (LAS)*, é um diploma legal voltado a tratar especificamente de associações sindicais, e questões correlatas como filiação e desfiliação, estatutos, direção e administração, bem como tutela sindical e até mesmo sobre práticas desleais[52]. Além deste diploma, a Constituição da República Argentina permite através do artigo 75, item 22, que os tratados de direitos humanos ali enumerados assumam força de norma constitucional, inclusive o Pacto Internacional de Direitos Econômicos, Sociais e Culturais, que reconhece a liberdade sindical como direito fundamental. Por fim, a Lei 23.592, conhecida como *Ley de Actos Discriminatorios*, de 23 de agosto de 1988[53], é uma lei transversal na proteção contra a discriminação, e que tem papel importante na defesa contra os atos antissindicais.

Neste quadro legislativo, a proibição de condutas discriminatórias e a prática de atos de ingerência sindical, conhecido como *praticas desleales* são expressamente vedadas pela legislação da nação argentina, e que cuja proteção outrora garantida aos dirigentes sindicais, foi estendida aos demais trabalhadores pela iterativa jurisprudência da Corte Suprema de Justicia de la Nación (CSJN), refletindo nos tribunais inferiores, principalmente ao atuar conjuntamente com a Lei 23.592 (lei antidiscriminatória) e a Convenção nº 111 da OIT, que também trata do tema antidiscriminatório.

O papel da jurisprudência tem sido de ampliar a proteção o âmbito de proteção do dirigente sindical, bem como ao dirigente *de facto*, ou aquele que tenha atuação sindical destacada, com atuação direta e influente na defesa da liberdade sindical. A jurisprudência tem acolhido situações discriminatórias

---

[52] ARGENTINA. *Ley de Asociaciones Sindicales (LAS)*. Infoleg – Información Legislativa. Disponível em <http://infoleg.gov.ar/infolegInternet/anexos/20000-24999/20993/texact.htm>, acessado em 05.05.2013.

[53] ARGENTINA. *Ley de Actos Discriminatorios*. Infoleg – Información Legislativa. Disponível em http://www.infoleg.gov.ar/infolegInternet/anexos/20000-24999/20465/texact.htm, acessado em 05.05.2013.

REPRESSÃO AOS ATOS ANTISSINDICAIS

apontando importantes precedentes como no caso "Parra Vera" em que houve um procedimento preventivo de crise, mas que a Corte entendeu como prática discriminatória[54]. Não obstante houvesse permissão legal para a dispensa, a discriminação contra aquela autora restou evidenciada por sua atuante posição contra alterações de jornada, não obstante houvesse o pretexto de reestruturação empresarial.

A prova da discriminação tem recebido um destaque importante nos casos de discriminação sindical, onde cabe à vítima demonstrar, por "indícios razoáveis", a situação discriminatória capaz de fazer o julgador acreditar em uma possibilidade discriminatória, pela qual possa traduzir em uma presunção de discriminação e que, deste modo, cabe ao empregador demonstrar que não teve intenção discriminatória. A postura da Corte Nacional de Justiça daquele país apontou claramente que certas circunstâncias em que implicam em violação dos direitos humanos impõem a inversão do ônus da prova[55].

Os remédios adotados naquele país são os mais variados possíveis, desde a decretação da nulidade do ato discriminatório, bem como a reintegração como atitude adequada, como forma de reparar o dano causado, não somente contra a pessoa da vítima, como também em face da coletividade. O artigo 6º da referida Lei de Associações Sindicais (LAS)[56] aponta para uma obrigação dirigida a pessoas físicas ou jurídicas, públicas ou privadas, de abster-se de limitar a autonomia das associações sindicais. Já o artigo 9º da referida Lei[57] aponta que está proibida toda e qualquer tipo de ajuda econômica por parte dos empregadores ou dos entes públicos aos sindicatos, com exceção das cotas sindicais. Por seu turno, o artigo 53[58] da referida norma discorre claramente que são condutas de ingerência sindical classificadas como *práticas desleais*e

---

[54] ARGENTINA. CNAT, Sala V, "Parra Vera Máxima C/ San Timoteo S.A.", 14/6/06.

[55] ARGENTINA. C.S.J.N., "Pellicori, Liliana Silvia c/ Colegio Público de Abogados de la Capital Federal s/ amparo", 15 11.2011.

[56] Art. 6 LAS: "Los poderes públicos y en especial la autoridad administrativa del trabajo, los empleadores y sus asociaciones y toda persona física o jurídica deberán abstenerse de limitar la autonomía de las asociaciones sindicales, más allá de lo establecido en la legislación vigente."

[57] Art. 9 LAS: "Las asociaciones sindicales no podrán recibir ayuda económica de empleadores, ni de organismos políticos nacionales o extranjeros. Esta prohibición no alcanza a los aportes que los empleadores efectúen en virtud de normas legales o convencionales."

[58] Art. 53 LAS: "Serán consideradas prácticas desleales y contrarias a la ética de las relaciones profesionales del trabajo por parte de los empleadores, o en su caso, de las asociaciones profesionales que los representen:
a) Subvencionar en forma directa o indirecta a una asociación sindical de trabajadores;
b) Intervenir o interferir en la constitución, funcionamiento o administración de un ente de este tipo;

diversas atitudes de ingerência afirmando dez tipos diferentes de atuação antissindical por ingerência indevida.

Insta destacar que o artigo 14-bis da Constituição Argentina outorga aos trabalhadores o direito à organização sindical sem intervenção estatal, assim como o artigo 4º da LAS reconhece o direito de constituir livremente associações sindicais sem autorização prévia, cabendo tão somente o registro da entidade para obtenção da *personeria gremial*, uma condição reconhecida de negociabilidade sindical estabelecida pelo artigo 25 da referida Lei.

A mencionada norma legal prevê um tipo específico de ação judicial visando a proteção contra atos antissindicais, a *querella por práctica desleal*. Trata-se de uma queixa apresentada junto ao Poder Judiciário, podendo ser arbitradas multas contra os autores, contra o empregador pode atingir até 20% da receita obtida pelo sindicato proveniente das cotas pagas pelos filiados conforme o artigo 55, § 2º, sem prejuízo de indenizações por danos causados, conforme a legislação civil daquele país aplicável na localidade, conforme o artigo 47 da referida norma. O procedimento judicial descrito pela norma será de natureza sumária, devendo respeitar os ritos da legislação processual da jurisdição onde for aforada. Pelo mesmo sistema processual é possível solicitar a reintegração do empregado, com o pagamento dos salários devidos no período de afastamento, sem prejuízo de outras indenizações.

c) Obstruir, dificultar o impedir la afiliación de los trabajadores a una de las asociaciones por ésta reguladas;

d) Promover o auspiciar la afiliación de los trabajadores a determinada asociación sindical;

e) Adoptar represalias contra los trabajadores en razón de su participación en medidas legítimas de acción sindical o en otras actividades sindicales o de haber acusado, testimoniado o intervenido en los procedimientos vinculados a juzgamiento de las prácticas desleales;

f) Rehusarse a negociar colectivamente con la asociación sindical capacitada para hacerlo o provocar dilaciones que tiendan a obstruir el proceso de negociación;

g) Despedir, suspender o modificar las condiciones de trabajo de su personal, con el fin de impedir o dificultar el ejercicio de los derechos a que se refiere esta ley;

h) Negarse a reservar el empleo o no permitir que el trabajador reanude la prestación de los servicios cuando hubiese terminado de estar en uso de la licencia por desempeño de funciones gremiales;

i) Despedir, suspender o modificar las condiciones de trabajo de los representantes sindicales que gocen de estabilidad de acuerdo con los términos establecidos por este régimen, cuando las causas del despido, suspensión o modificación no sean de aplicación general o simultánea a todo el personal;

j) Practicar trato discriminatorio, cualquiera sea su forma, en razón del ejercicio de los derechos sindicales tutelados por este régimen.

k) Negarse a suministrar la nómina del personal a los efectos de la elección de los delegados del mismo en los lugares de trabajo."

A jurisprudência daquele país é rica por apreciar diversas situações de práticas antissindicais, merecendo destaque as seguintes:

- Dispensa discriminatória por participação de concentração sindical visando melhoria das condições de trabalho;
- Participação em assembleia e posterior dispensa;
- Utilização de correio eletrônico em solidariedade a trabalhadores de outra empresa;
- Preparar carta de reclamação de pagamento de benefícios previstos em norma coletiva;
- Participação em greve por melhoria das condições de trabalho;

Uruguai

A República Oriental do Uruguai é um país de forte e arrojada tradição na proteção de direitos trabalhistas na América do Sul, sendo também um integrante do Mercosul (onde fica sua sede) com características similares da Argentina, apenas possuindo dimensões bem mais reduzidas que seu vizinho.

Não obstante a tradição laboral daquele país, a atual norma em vigor que trata da proteção da atuação sindical, a Lei 17.940, de 2 de janeiro de 2006, foi fruto de fortes debates e intensa polêmica. A norma foi fruto de constantes reclamações dos movimentos sindicais daquele país, mais especial o conglomerado sindical PIT-CNT (*Plenario Intersindical de Trabajadores (PIT) y Convención Nacional Trabajadores (CNT)*), solicitando um marco normativo que regulasse a negociação coletiva e garantisse uma efetiva proteção da liberdade sindical a partir da falta de convocação dos *Conselhos de Salários*, conforme narra Héctor Zapirain[59].

O ponto central da referida norma legal é o reconhecimento da nulidade dos atos antissindicais ali especificados, substituindo o regime anterior de indenizações por um sistema de nulidades, para restituir a situação anterior ao ato inquinado de ilegal. O artigo 1º da referida Lei afirma que:

> *Artículo 1º.- (Nulidad de los actos discriminatorios).- Declárase que, de conformidad con el artículo 57 de la Constitución de la República, con el artículo 1º del Convenio*

---

[59] ZAPIRAIN, Hector. *Proceso de Elaboración y Aprobación de La Ley de Libertad Sindical. In* MANTERO DE SAN VICENTE, Osvaldo *et al. Protección y Promoción de La Libertad Sindical*. Curso Sobre la Ley 17.940. Montevideo:Fundación de Cultura Universitaria, 2006, pp.27-28.

Internacional del Trabajo Nº 98 (sobre el derecho de sindicación y de negociación colectiva, 1949) aprobado por la Ley Nº 12.030, de 27 de noviembre de 1953, y con los literales a) y b) del artículo 9º de la Declaración sociolaboral del MERCOSUR, es absolutamente nula cualquier discriminación tendiente a menoscabar la libertad sindical de los trabajadores en relación con su empleo o con el acceso al mismo.

En especial, es absolutamente nula cualquier acción u omisión que tenga por objeto:

A) *Sujetar el empleo de un trabajador a la condición de que no se afilie a un sindicato o a la de dejar de ser miembro de un sindicato.*

B) *Despedir a un trabajador o perjudicarlo en cualquier otra forma a causa de su afiliación sindical o de su participación en actividades sindicales, fuera de las horas de trabajo o, con el consentimiento del empleador, durante las horas de trabajo.*

Las garantías prescritas en la presente disposición, también alcanzan a los trabajadores que efectúen actuaciones tendientes a la constitución de organizaciones sindicales, dentro o fuera de los lugares de trabajo[60].

O diploma uruguaio tem caráter inegavelmente antidiscriminatório, assim estabelecido no *caput* do artigo 1º e não prevê um rol taxativo de condutas antissindicais, como não poderia ser mesmo, eis que é impossível normatizar todas as condutas de violações de direitos humanos, as quais, sempre, deverão ter uma enumeração exemplificativa. Tal condição está bem clara ao apontar que as duas condutas citadas são especialmente previstas, o que não exclui qualquer outra. Por outro lado, a norma uruguaia tende a proteger não somente o dirigente sindical, mas também, aos trabalhadores que procuram constituir uma organização sindical.

A posição essencialmente antidiscriminatória da norma uruguaia leva à aplicação complementar das normas antidiscriminatórias vigentes naquele país, especialmente a Convenção nº 111 da OIT. E tal norma pretende defender tanto a tutela positiva prevista na Convenção nº 87, como a tutela negativa prevista na Convenção nº 98.

O procedimento escolhido pela referida Lei é o de natureza extraordinária, inclusive com possibilidades de decisões liminares e tutelas especiais contra atos discriminatórios que venham a proteger os membros titulares e suplentes dos órgãos de direção de uma organização sindical, os delegados ou representantes de trabalhadores em órgãos bipartites ou tripartites, os representantes

---

[60] URUGUAI. Ley 17.940. *Parlamento de Uruguay*. Leyes. <http://www.parlamento.gub.uy/leyes/AccesoTextoLey.asp?Ley=17940&Anchor=>. Acesso em 05.05.2013.

REPRESSÃO AOS ATOS ANTISSINDICAIS

dos trabalhadores em uma negociação coletiva, os trabalhadores que realizaram atividades para constituir sindicato e os trabalhadores eleitos para tal tutela por meio de negociação coletiva (art. 2º). O procedimento e os prazos aplicáveis são aqueles previstos para a ação de *amparo*, independentemente de outros meios de proteção, cabendo ao trabalhador fundamentar por qual motivo foi dispensado ou prejudicado por razões sindicais e o empregador deverá provar uma causa razoável para justificar a atitude prejudicial adotada. O procedimento deverá respeitar os princípios de celeridade, gratuidade, imediação, concentração, publicidade, boa fé e efetividade dos direitos fundamentais, sem qualquer custo para o trabalhador envolvido.

Aponta Alejandro Castello[61] que a Lei 17.490 não promove qualquer proteção contra os atos de ingerência, como aqueles previstos no artigo 2º da Convenção nº 98 da OIT, ao contrário do que é promovido na Argentina e em outros países. O referido autor uruguaio afirma claramente que as tutelas especiais previstas no referido diploma não são aplicáveis ao caso das práticas de ingerência sindical. O referido autor afirma ainda que tais práticas não são vistas como legais pelo ordenamento daquele país, mas que os instrumentos processuais e de tutela disponibilizados pela referida norma não são aplicáveis para tais casos.

Estados Unidos da América

Estudar os mecanismos de repressão de atos antissindicais nos Estados Unidos da América requer alguns posicionamentos sobre o diferente sistema jurídico, já que se trata de uma outra tradição jurídica na tradicional classificação de John Merryman[62]. O autor norte-americano descreve três tradições jurídicas no planeta na época de sua primeira edição: O direito codificado, o direito consuetudinário e o direito socialista. Por seu turno, Guido Fernando Silva Soares afirma que os Estados Unidos possuem um sistema jurídico bastante peculiar, uma vez que se trata de um sistema derivado da mistura de dois sistemas jurídicos classificados por René David[63]: Uma espinha dorsal formada

---

[61] CASTELLO, Alejandro. *La Nulidad del Acto Antisindical. In* MANTERO DE SAN VICENTE, Osvaldo *et al. Proteccióny Promoción de La Libertad Sindical*. Curso Sobre la Ley 17.940. Montevideo:Fundación de Cultura Universitaria, 2006, p.75.

[62] MERRYMAN, John Henry. *Sistemas legales en América Latina y Europa*. Santiago:Fondo de Cultura Economica Chile, 1995, p. 11.

[63] DAVID, René. *Os grandes sistemas do direito contemporâneo*: direito comparado. Trad. de Hermínio A. de Carvalho. 2. ed. Lisboa: Meridiano, 1978. p. 48.

SINDICATOS E AUTONOMIA PRIVADA COLETIVA

pelo *Common Law* com uma avassaladora influência do *jus scriptum* romano--germânico, isto nos sistemas federal e dos estados, com exceção do estado da Louisiana, de influência francesa e que possui um sistema preponderantemente romano-germânico[64]. O autor em referência define os EUA como sendo um país de sistema de *Common Law* misto, o que significa que possui o valor vinculante de uma regra definida por um acórdão de tribunal superior, tida com efeitos universais, além das partes no processo *sub judice* ao lado da existência de normas escritas, elaboradas por legisladores postados fora da atividade judicante. Os EUA constituem uma federação dotada de significativa autonomia dos estados federados em termos de legislação material e processual[65].

Ao contrário do Reino Unido que possui um sistema de *Common Law* muito mais puro, desde 1787 uma Constituição Federal escrita estrutura o direito dos EUA e define exatamente a competência legislativa dos Estados-Membros e da Federação. Assim, cada estado possui um significativo corpo jurídico e competência legislativa para várias e importantes matérias. Há, portanto, uma pluralidade de sistemas jurídicos vigentes nos EUA em uma complexa estrutura jurídica e judiciária, em alguns casos até mesmo concorrente. Somente é possível falar em direito dos EUA quando se refere ao direito federal daquele país, limitado na sua competência legislativa definida pela Constituição de 1787, portanto.

Os Estados Unidos da América possuem um histórico distinto na promoção da liberdade sindical, não porque esteve vinculado ao Tratado de Versailles, tampouco não adotou o processo de constitucionalismo social, mas sim, em decorrência da catastrófica crise econômica pós-1929 e os anos 30, conhecidos como o período da depressão. Até o início do Século XX, a atuação sindical era tratada como prática criminal de conspiração para alterar o preço dos produtos, sendo que somente a partir de 1914, com a Lei *Clayton*, foi reconhecida a existência legal dos sindicatos e da greve. Assim mesmo, a jurisprudência reconhecia como válida a intensa atuação dos empregadores para dificultar ou inviabilizar a formação de sindicatos, principalmente pelas cláusulas de sindicalização conhecidas da época (*open shop, closed shop, union shop, runaway shop, union contract* e *yellow dog contract*), tornando-se inútil o direito à constituição de sindicatos, quando permitidas as aplicações de tais cláusulas.

Em tal contexto socioeconômico surgiu a Lei Wagner (*Wagner Act* ou *National Labor Relations Act – NLRA*) de 14 de junho de 1935, dentro da política

---

[64] SOARES, Guido Fernando Silva. *Common law*: introdução ao direito dos EUA. São Paulo: Ed. Revista dos Tribunais, 1999. p. 64.

[65] SOARES, Guido Fernando Silva. op. cit., p.82.

520

de recuperação econômica do país conhecido como programa do *New Deal*, visando reverter os graves efeitos da depressão vivida, pondo limites ao liberalismo econômico predominante. Tal diploma foi reconhecido pela Suprema Corte como constitucional em uma decisão com apertado *quorum* de cinco contra quatro votos no caso *NLRB v. Jones y Laughlin Steel Corp* (1937). A Suprema Corte entendeu que a falta de proteção às organizações sindicais gerava distúrbios e conflitos que impediam o normal desenvolvimento do comércio interestatal, obstruindo seu livre curso. O referido diploma trouxe uma série de implementações ao sistema norte-americano de relações trabalhistas, instituiu uma proteção sindical mais ampla ao reconhecer expressamente a atividade sindical, criou uma agência administradora dos conflitos trabalhistas, conhecida como *National Labor Relations Board – NLRB*. O mais importante para este estudo é que a referida norma legal também passou a declarar como ilegais determinados atos de empregadores, como restrições, interferências ou práticas coercitivas contra empregados e suas organizações na defesa de seus direitos, dominação de sindicatos, atitudes discriminatórias em relação a empregos e recusa na negociação coletiva, práticas nominadas como *unfair labor pratices* (práticas trabalhistas desleais). Tais atitudes serão monitoradas e se possível coibidas pela agência criada, cujas decisões poderiam receber força de decisão judicial pelas Cortes Federais do país.

As práticas declaradas como ilícitas pelo referido diploma legal federal, inicialmente voltado somente contra atos antissindicais dos empregadores, são as seguintes:

1) Interferir, controlar ou coagir os empregados no exercício dos direitos garantidos na seção 7ª (proteção dos direitos legais);
2) Dominar ou interferir na formação ou administração de sindicatos, bem como fornecer contribuição financeira ou conceder qualquer tipo de ajuda a sindicato;
3) Discriminar em relação à contratação ou manter o emprego ou qualquer outro termo ou condição de emprego para encorajar ou inibir membro de sindicato;
4) Promover dispensa ou praticar qualquer outro ato de discriminação contra um empregado pelo fato de ter apresentado reclamação ou ter sido testemunha em relação a práticas antissindicais;
5) Recusar a participar de negociação coletiva com os representantes dos empregados.

Em 1947, o Congresso houve por bem aprovar a Lei Taft-Hartley, a qual, além de aprovar uma série de medidas de regulação das relações trabalhistas naquele país, passou a qualificar como práticas antissindicais determinadas condutas do sindicato representante dos empregados, entre elas:

1) Controlar ou coagir contra empregados no exercício de seus direitos salvo se houver regras próprias no estatuto sindical;
2) Controlar ou coagir empregadores na seleção de seus representantes para negociação coletiva;
3) Forçar ou tentar forçar o empregador a praticar discriminação contra um empregado pelo fato de não ter sido aceito como membro por razão diversa do inadimplemento;
4) Recusar-se a participar de negociação coletiva com um empregador;
5) Induzir ou estimular o empregado ou qualquer outra pessoa que trabalhe no comércio ou na indústria para praticar greve de ocupação (*sit-down strike*) para prevenir retirada da fábrica ou contratação de novos empregados;
6) Praticar violência ou ameaças de violência na greve;
7) Forçar ou requerer que o empregador reconheça ou negocie com um sindicato específico quando outro sindicato já for reconhecido;
8) Exigir dos empregados aos quais se aplica determinado contrato coletivo com cláusula *union shop* o pagamento de taxa excessiva para filiação sindical;
9) Fazer piquete ou ameaçar instituí-lo como forma de reconhecer determinado sindicato como o representante dos empregados.

O procedimento nos Estados Unidos da América é, inicialmente, administrativo, podendo qualquer pessoa formular queixa perante a agência federal (NLRB) que irá instituir procedimento próprio. Poderá este procedimento ser acompanhado de pedido de mandado judicial (*injunction*) para interromper a prática antissindical. A queixa será julgada pelo órgão, cabendo às partes o direito de recurso, ou mesmo a chance de desistir da queixa, se for procedente, a outra parte será chamada para buscar uma conciliação ou celebração de acordo. Não havendo acordo, poderá ser solicitada de um Juiz um mandado para cumprimento, sendo que desta decisão cabe recurso para as cortes federais.

Algumas das práticas reveladas pela casuística norte-americana e enquadradas como atos antissindicais são as seguintes:

REPRESSÃO AOS ATOS ANTISSINDICAIS

- Remover benefícios, excluir empregados sindicalizados da participação em lucros e resultados, ameaças de fechamento;
- Pagamento de bônus e vantagens diferenciadas para não-grevistas e grevistas;
- Violência contra empregados contratados para substituir os grevistas;
- Relocação de unidade fabril ou ameaça desta, bem como utilização de subcontratação, em época de greve.

Nos Estados Unidos da América, a legislação federal qualifica como crimes certas atividades financeiras envolvendo empresas e sindicatos ou seus dirigentes. Pagamentos, empréstimos ou envio de aportes financeiros a empregados, bem como solicitação de quantias, oferecimento de quantias ou empréstimos a empregados, representantes ou dirigentes sindicais, com propósitos antissindicais, são atitudes consideradas criminosas pelo extenso art. 186 do Código Criminal Federal, acrescido pela Lei Taft-Hartley, com penalidades de multa de até dez mil dólares e prisão de até cinco anos.[66]

A legislação vigente pretende proscrever atitudes como subornos, propinas, favores indevidos, pagamentos que violem conflitos de interesse, bem como presentes de valor, tanto por parte de representantes de empresas ou quem estiver atuando em favor de interesses empresariais, como para dirigentes ou representantes sindicais, ou mesmo empregados. A complexa norma prevê punições tanto para quem oferece como para quem solicita tais favorecimentos. São muitas situações previstas como transgressões criminais, em uma forma bastante detalhada, e que vem continuamente sofrendo alterações para abranger outros tipos de modalidades de favorecimentos para ingerência indevida em atividades sindicais.

Portugal

A Lei nº 3/2012, que estabelece o Código de Trabalho daquele país, estabelece uma série de direitos e garantias para o exercício da atividade sindical, inclusive com a criminalização de diversas atividades antissindicais expressamente previstas naquele diploma.

Aquele país reconhece expressamente a independência sindical, tanto em relação a terceiros ou ao próprio Estado, havendo proibição expressa de

---

[66] LEGAL RESEARCH BLOG. Lawyers, legal websites, legal news and legal resources. Disponível em: <http://law.onecle.com/uscode/29/186.html>. Acesso em: 19 jul. 2008.

ingerência de qualquer instituição ou pessoa na organização, gestão ou financiamento, conforme o artigo 405 do referido diploma, nos itens 1 e 2. O artigo 406, por sua vez, proíbe a prática de atos discriminatórios antissindicais assim considerados aqueles que visem subordinar o emprego de trabalhador à condição de filiado ou não a determinado sindicato, bem como a dispensa, transferência ou por qualquer modo ou o prejuízo a trabalhador por conta do exercício dos direitos relativos à participação em estruturas de representação coletiva. Já o artigo 407 aponta claramente que é crime a violação da autonomia ou independência sindical, sujeito a prisão de até um ano o administrador, diretor, gerente ou outro trabalhador que pratique ingerência indevida nas atividades sindicais.

No caso de dispensa, o artigo 410 confere proteção ao trabalhador sujeito a procedimento disciplinar ou dispensa, como a suspensão preventiva, a presunção de dispensa sem justa causa, a possibilidade de dispensa mediante procedimento cautelar com justificativa apresentada ao Poder Judiciário com procedimento de natureza urgente, visando garantir direito à reintegração ou indenização. O artigo 411 promove uma série de considerações protetivas contra a transferência como ato antissindical, e os artigos 412 a 414 estabelecem proibições aos representantes de empregados, como a de não divulgar dados confidenciais da empresa, bem como não prejudicar o funcionamento normal da empresa por meios abusivos.

Trata-se de uma norma moderna, já cunhada em uma época de grande crise econômica por que atravessa aquele país desde 2008., São previstas medidas bastante drásticas, como a previsão de práticas criminais, especialmente nas atitudes de ingerência na atividade sindical que venham a violar a liberdade de constituição e administração da atividade sindical. A norma contempla, também, uma série de obrigações ao representante dos trabalhadores na entidade sindical, principalmente no que concerne a informações confidenciais e não promover a paralisação da empresa.

Conclusão

Como foi possível depreender dos aspectos acima expostos, a liberdade sindical é um direito humano fundamental de grande importância para a manutenção do Estado Democrático de Direito. Possui alta relevância dentro do rol de direitos sociais, econômicos e culturais, bem como no rol de direitos civis e políticos, considerando-se ainda a fragilidade que os detentores de tais direitos estão submetidos perante o poder de empregadores, grupo de empregadores, entidades sindicais rivais e até mesmo entes governamentais. Somente mediante uma proibição efetiva e uma tutela ágil dotada de punições severas contra os atos atentatórios da liberdade sindical, pode ser assegurada como uma liberdade essencial para uma sociedade democrática.

A adoção de mecanismos de efetividade contra atos antissindicais, tanto de natureza administrativa como trabalhista, civil e até mesmo de natureza penal é utilizada em diversos ordenamentos jurídicos nacionais, até mesmo estimulados pela OIT.

Traçando-se uma comparação entre os exemplos expostos e o panorama brasileiro atual, a apatia e miopia legislativa são reveladas com inegável clareza nesse campo do ordenamento nacional. Considerando-se que possuímos parcas proteções contra alguns dirigentes sindicais e membros da CIPA, fica evidente o nosso atraso diante até mesmo de nossos vizinhos. Se não dispomos de estruturação capaz de proteção da liberdade sindical, ainda mais nossas normas penais ainda estão voltadas para tempos do corporativismo fascista que dominou o cenário brasileiro por várias décadas, e não dispomos de procedimentos processuais específicos de urgência e imediata eficácia para solução de tais violações.

O ordenamento jurídico nacional clama, com a máxima urgência, uma profunda revisão dos sistemas de proteção da liberdade sindical, observando--se os seguintes princípios extraídos dos exemplos citados:

a) Proteção contra atos discriminatórios que venham a prejudicar a pessoa do trabalhador;

b) Proteção contra atos de ingerência sindical, diretos ou indiretos, que venham a mitigar a liberdade sindical constitucionalmente assegurada;

c) Adoção de medidas de cunho administrativo, civil, trabalhista e penal para proteção da liberdade sindical, que propiciem uma defesa efetiva da liberdade sindical em nosso país contra atos das mais diversas origens, desde a empresa ao próprio governo, bem como outros trabalhadores e entidades sindicais em disputa;

d) Adoção de normas penais contra práticas antissindicais;

e) Adoção de um procedimento especial e célere para a defesa da liberdade sindical, em especial um procedimento de natureza sumaríssima, com cognição rápida e decisão imediata de natureza irrecorrível, bem como ainda possuindo métodos de prova capazes de albergar a defesa de direitos fundamentais, entre eles a inversão do ônus da prova.

A construção da legalidade da greve política

José Carlos de Carvalho Baboin[*]

> « *Il y a une tristesse ouvière qu'on ne guérit que par la participation politique* ». *(Georges Navel, Travaux, 1945)*

A greve é um fato social abarcado pelo Direito, mas que a ele não se restringe. A greve extrapola os limites da conceituação jurídica. Considerando tal limitação imposta pela análise jurídica, nosso objeto de estudo limita-se ao direito de greve, ou seja, a positivação que garante proteção normativa a determinados atos de greve. Este cuidado metodológico é necessário pois imperativo reconhecer que não é o direito que define o conceito de ato greve. Ao contrário, o direito de greve surgiu para regulamentar o exercício das greves realizadas pelos trabalhadores.

Por meio da análise histórica da positivação do Direito de Greve, o presente trabalho propõe uma reflexão acerca da validade das greves com motivação política.

Inicialmente, cumpre ressaltar que a própria divisão entre objetivos que possam ser classificados ou não como políticos é questionável. O próprio conceito de "política" é objeto de amplos debates nas mais diversas esferas das ciências humanas, sendo sua constatação invariavelmente prismada pelo posicionamento ideológico do intérprete. Não é pretensão do presente trabalho adentrar em tal debate, uma vez que tem-se como objetivo justamente apontar a desnecessidade desta separação para a validade de um movimento paredista. Partindo de tal premissa, metodologicamente opta-se por aplicar

---

[*] Mestre em Direito do Trabalho pela Universidade de São Paulo. Mestre em Direito Social pela Universidade Paris 1 Panthéon-Sorbonne. Pesquisador do Grupo de Pesquisa Trabalho e Capital da Universidade de São Paulo.

o posicionamento majoritário, que separa as greves segundo sua motivação em três tipos: greve econômico profissional, greve política e greve de solidariedade.

Segundo o Ministro Maurício Godinho Delgado, as greves econômico-profissionais são aquelas que atêm-se "às fronteiras do contrato de trabalho, ao âmbito dos interesses econômicos e profissionais dos empregados, que possam ser, de um modo ou de outro, atendidos pelo empregador"[1]. Já as greves de solidariedade, em breve síntese, são aquelas em que a paralisação ocorre para fortalecer reivindicação de outra categoria. Por fim, o conceito de greve política é assegurado a todas as greves cuja motivação não se encaixa nos parâmetros anteriores como, por exemplo, protestar contra políticas sociais do governo ou pressionar para aprovação de projetos de lei.

O que se pretende nesse estudo é demonstrar que greves com finalidade política estão abarcadas na moldura protetiva delimitada pelas normas jurídicas. Para tanto, o tema foi separado em duas grandes partes contrapostas, e cada parte igualmente dicotomizada em dois subtítulos. Inicialmente analisaremos a construção das normas relativas ao direito de greve, apontando como sua construção se insere em um processo político que garantiu aos trabalhadores ampla liberdade no exercício do direito de greve.

Em um segundo momento, apontaremos a indevida limitação imposta à greve política por parte de uma construção jurisprudencial restritiva e a necessidade de garantir a efetividade das normas para que a correta extensão do direito de greve seja possível a toda a classe trabalhadora.

1. A construção das normas

A evolução da positivação do ato de greve e a construção da noção jurídica de "direito de greve" é passo necessário para uma análise jurídica verdadeiramente científica do greve política. Esta compreensão da historicidade do direito de greve permite uma leitura mais profunda da norma constante no artigo 9º da Constituição Federal de 1988 e dos termos da Lei 7.783/89.

Analisando a historicidade legislativa do direito de greve, pode-se perceber que os intérpretes do direito não atentaram para a ampliação do conceito

---

[1] DELGADO, Mauricio Godinho. *Curso de Direito do Trabalho*. 11ª edição. São Paulo: LTR, 2012, p.1429.

conquistado em 1988, eis que continuaram a aplicar a lógica conceitual das legislações anteriores.

A. O antigo ordenamento restritivo

A primeira norma a abordar a greve no Brasil foi o Código Penal de 1890, editado logo após a proclamação da república. O exercício de qualquer ato de greve era considerado crime contra a liberdade de trabalho. Segundo este código, greve era a "cessação ou suspensão de trabalho, para impor augmento ou diminuição de serviço ou salário". Em menos de dois meses, ante a pressão exercida pelo recém criado Partido Operário, a conduta deixou de ser criminalizada, mantendo a punição apenas ao exercício de atos de ameaça, constrangimento ou violência.

A promulgação da CLT em 1943 colocou novamente os movimentos grevistas na ilegalidade, proibindo expressamente a realização de movimentos paredistas, seguindo a lógica já apontada na Constituição de 1937, que dispunha que "a greve e o lockout são declarados recursos anti-sociais nocivos ao trabalho e ao capital e incompatíveis com os superiores interesses da nação".

A proteção ao exercício da greve só ocorreu com a edição do Decreto-Lei 9.070 de 1946, que permitia a cessação coletiva do trabalho em casos extremamente restritos[2]. Saliente-se que esta norma definia tanto o conceito de greve quanto os limites de suas reivindicações, proibindo greves de solidariedade ou protesto. A exposição desta limitação na norma é essencial para a compreensão do direito de greve, como veremos adiante. Poucos meses depois da edição deste decreto-lei, a Constituição Federal de 1946 aportou à greve o status de direito constitucionalmente garantido, delegando à norma infraconstitucional sua regulamentação.

Mesmo durante a ditadura civil-militar a greve manteve seu status legal de direito dos trabalhadores, muito embora tenha ocorrido a mitigação de grande parte de sua proteção. Verifica-se que a lei 4.330/64, editada pouco tempo após o golpe civil-militar, mesmo assegurando o direito de greve, também o limitou em relação às possibilidades de reivindicação, autorizando o exercício

---

[2] Decreto lei Art. 2º A cessação coletiva do trabalho por parte de empregados sòmente será permitida, observadas as normas prescritas nesta lei. § 1º Cessação coletiva do trabalho é a deliberada pela totalidade ou pela maioria dos trabalhadores de uma ou de várias empresas, acarretando a paralização de tôdas ou de algumas das respectivas atividades. § 2º As manifestações ou atos de solidariedade ou protesto, que importem em cessação coletiva do trabalho ou diminuição sensível e injustificada de seu ritmo, ficam sujeitos ao disposto nesta lei.

da greve apenas quando vise a "melhoria ou manutenção das condições de trabalho vigentes nas empresas ou empresas correspondentes à categoria", determinando ainda a indicação prévia e por escrito das reivindicações dos grevistas.

> Lei 4.330/64, Artigo 2º – Considerar-se-á exercício legislativo da greve a suspensão coletiva e temporária da prestação de serviços a empregador, por deliberação da assembléia geral de entidade sindical representativa da categoria profissional interessada na melhoria ou manutenção das condições de trabalho vigentes na emprêsa ou emprêsas correspondentes à categoria, total ou parcialmente, com a indicação prévia e por escrito das reivindicações formuladas pelos empregados, na forma e de acôrdo com as disposições previstas nesta lei.

A lei 4.330/64 não limitou a restrição das finalidades apenas ao artigo que definia o conceito jurídico de greve, fixando ainda em artigo distinto a ilegalidade de diversas motivações grevistas.

> Lei 4.330/64, Artigo 22 – A. greve será reputada ilegal: III – Se deflagrada por motivos políticos, partidários, religiosos, sociais, de apoio ou solidariedade, sem quaisquer reivindicações que interessem, direta ou legitimamente, à categoria profissional;

A Constituição ditatorial de 1967, em seu artigo 158, assegurou aos trabalhadores o direito de greve, autorizando, entretanto, a limitação desse direito por meio de lei ordinária[3]. O aprofundamento da limitação dos objetivos da greve ocorreu por meio do Decreto-Lei 898 de 1969, que proibiu greves com finalidades políticas, que fizessem propaganda subversiva ou greves de solidariedade. Ademais, o conjunto normativo constitucional proibia qualquer paralisação nos serviços públicos e atividades essenciais.

Outros instrumentos legais surgiram para limitar ainda mais o direito de greve durante o período ditatorial, tais como a Lei 6.620/78 e o Decreto-Lei 1.632, que, apesar de não serem essenciais para o deslinde do problema apontado neste artigo, merecem ser citados para salientar a repressão aos grevistas durante o regime militar.

Da análise da evolução normativa deste período, percebe-se que o legislador, ao buscar limitar o exercício do direito de greve em decorrência de

---

[3] O texto foi mantido na Emenda Constitucional 1 de 1969.

suas finalidades, o fez expressamente, indicando no corpo do texto legal a impossibilidade de deflagração de movimentos políticos e de solidariedade. Isto porque eventual silêncio sobre a questão apontaria para a legalidade do exercício de tais finalidades grevistas. A positivação de tais restrições contrasta com o texto do artigo 9º da atual Constituição Federal, que não apenas excluiu tal restrição como assegurou expressamente ampla liberdade aos trabalhadores para definir os objetivos a serem defendidos com a greve.

B. A ampla liberdade do atual ordenamento

Todos os instrumentos legais de positivação da greve anteriormente citados se mostraram limitadores de seu exercício. A Constituição de 1988, que recebeu a alcunha de "Constituição cidadã", buscou ampliar a democracia e a liberdade reprimidas durante as décadas anteriores pelos militares. A elevação dos direitos sociais, entre eles o direito de greve, ao status de direitos essenciais, demonstra a preocupação do constituinte em assegurar a eficácia desse plano político que se desenhava para o país.

O texto constitucional relativo ao direito de greve foi objeto de amplos debates na constituinte. A leitura das atas da Subcomissão dos Direitos dos Trabalhadores e Servidores Públicos possibilita uma compreensão mais precisa da extensão deste direito.

Na 7ª reunião[4], o constituinte Domingos Leonelli sugeriu que o texto a ser construído se inspirasse na simplicidade da Constituição Portuguesa[5]. Pode-se perceber claramente que seu conselho foi acatado, pois o texto do artigo 9º da Constituição brasileira de 1988 guarda indiscutível similaridade com o artigo 58 da Constituição portuguesa de 1976.

Cientes da postura repressiva do poder judiciário à época, verifica-se que havia grande preocupação entre os constituintes em elaborar um texto que reduzisse as margens de discricionariedade restritiva dos magistrados ao exercício do Direito de Greve. Buscou-se assim criar um texto conciso e objetivo para assegurar a proteção a uma ampla gama de atos de greve. A fala do Constituinte Célio de Castro traduz este sentimento:

---

[4] http://www2.camara.leg.br/documentos-e-pesquisa/fiquePorDentro/temas/temas-anteriores-desativados-com-texto-da-consultoria/jornada_de_trabalho/7a%20-%20Comissao%20VIIa.pdf, acesso em 01/04/2014

[5] Constituição Portuguesa de 1976, artigo 58:I – é garantido o direito à greve; II – compete aos trabalhadores definir o âmbito de interesses a defender através da greve, não podendo a lei limitar este âmbito; III – é proibido o "lockout".

As nossas democracias precárias, periféricas, evidentemente aliança do capital, do grande capital com o Estado, se fazem presente para perverter o direito de greve. É comum, no movimento sindical, quando da verificação objetiva de greve, a primeira providência do patronato, quando existe uma greve – uma forma de negociação, embora, radicalizada – é chamar a polícia, é convocar o aparelho do Estado, para se colocar aí o aparelho do Estado, que deveria, no mínimo, ter uma função de árbitro, ele se coloca logo do lado do capital contra os trabalhadores. E ao lado da polícia ou do organismo repressivo do Estado vão-se colocando todas aquelas formas de que o Estado periférico se utiliza para tentar inviabilizar na prática o direito de greve. É a própria interpretação de textos, que foram aqui citados pelo nobre Relator, textos que são verdadeiras caricaturas do direito de greve de que a Justiça do Trabalho lança mão para decretar ilegalidade de movimentos grevistas. Neste sentido, me ocorre reafirmar aquele pensamento aqui já exposto, que a Constituição deve, sinteticamente, caracterizar o direito e a liberdade de greve como um direito e uma liberdade auto-regulada.[6]

A preocupação em constar diretamente no texto constitucional a possibilidade de escolha da motivação da greve foi objeto da fala de Ulysses R. Resende, representante do DIAP, que apontou com precisão:

Mas, realmente, aos trabalhadores não interessa uma Constituição, com normas programáticas, que nem no ano 2050 tenham sido regulamentadas. O que nós conhecemos é que, quando a Constituição tem fixado alguns princípios meramente programáticos, eles têm permanecidos como normas programáticas, sem qualquer regulamentação por décadas e por décadas. Por isso, entende que aquilo que corresponde aos pontos essenciais, aos pontos centrais, eles devem estar claramente definidos na Constituição, e por isso se fixa independente de lei e, por isso, também se busca definir com clareza esses pontos e os limites das reivindicações das classes trabalhadoras.

Todos os embates políticos ocorridos durante os 19 meses do congresso constituinte geraram um texto normativo, apresentado como assecuratório do irrestrito exercício do direito de greve. Conforme matéria jornalística da época, que apresenta dados do Centro de Informática e Processamento de dados do Senado Federal (Prodasen), o texto legal foi aprovado por ampla

---

[6] http://www2.camara.leg.br/documentos-e-pesquisa/fiquePorDentro/temas/temas-anteriores--desativados-com-texto-da-consultoria/jornada_de_trabalho/7a%20-%20Comissao%20VIIa.pdf, acesso em 01/04/2014

maioria, sendo afastadas todas as emendas que pretendiam limitar seu alcance, inclusive as que pretendiam impor limitações à finalidade da greve[7].

Direito Irrestrito de greve – Aprovado no primeiro turno de votações da Constituinte, o direito irrestrito de greve foi atacado por vários parlamentares, que apresentaram emendas para restringi-lo. Foram derrotados, como se pode ver ao lado.

Direito irrestrito de greve (16/08/88)			
Partido	Sim	Não	Abs
PC do B	5	-	-
PCB	3	-	-
PDC	1	1	1
PDS	10	17	-
PDT	22	-	-
PFL	30	61	2
PL	5	1	-
PMB	1	-	-
PMDB	133	29	5
PSB	5	-	-
PSDB	43	-	-
PT	16	-	-
PTB	10	3	-
PTR	1	-	-
S / P	3	-	-
Total	288	112	8

[7] Lopes, Mauro. *Constituinte racha os partidos de centro; esquerda fica unida.* In Folha de São Paulo, 11 de setembro de 1988, Primeiro Caderno, páginas A10 e A12. Disponível em <http://acervo.folha.com.br/fsp/1988/09/11/2/>. Acesso em 11/04/2014. Nesta mesma edição do jornal, à página A12, foi publicada a tabela "O voto doa 40 parlamentares que mais se destacaram". Ali consta que, entre outros e apenas a título exemplificativo, Fernando Henrique Cardoso, Mario Covas, Nelson Jobim e Luis Inácio Lula da Silva votaram favoravelmente à greve como direito irrestrito.

SINDICATOS E AUTONOMIA PRIVADA COLETIVA

Por meio deste processo foi aprovado o atual texto do artigo 9º da Constituição Federal de 1988, que assegurou a legalidade do Direito de Greve e delegou aos trabalhadores a competência para definir o momento e as reivindicações da paralisação. Este é um ponto central desta análise, pois muito embora a norma constitucional se apresente de forma ampliativa à concessão de proteção ao ato de greve, a doutrina e a jurisprudência insistem em limitá-la indevidamente.

> Constituição de 1988, Artigo 9º – É assegurado o direito de greve, competindo aos trabalhadores decidir sobre a oportunidade de exercê-lo e sobre os interesses que devam por meio dele defender.
> § 1º – A lei definirá os serviços ou atividades essenciais e disporá sobre o atendimento das necessidades inadiáveis da comunidade.
> § 2º – Os abusos cometidos sujeitam os responsáveis às penas da lei.

Diferentemente das normas precedentes, conforme demonstrado acima, a Constituição de 1988 não apresentou limitações em relação à motivação do direito de greve. A lógica restritiva que determina que só é legítima a greve que vise pressionar o empregador objetivando melhores condições de trabalho representa, portanto, uma estagnação doutrinária ancorada no conceito de greve criado no período ditatorial.

O contraponto direto entre a Constituição Federal de 1988 e as legislações anteriores que abordam o tema demonstra como não merecem prevalecer as teorias restritivas da motivação da greve.

Não perceberam os juristas que a Constituição de 1988 não apenas estabeleceu novas disposições para o exercício legal da greve, como também alterou o próprio conceito de Direito de Greve. Atêm-se a um conceito imutável, quando na verdade o direito de greve passou por uma ressignificação legal. O direito de greve atual não é mais aquele de 1967, uma vez que a moldura jurídica que abarca o fato de greve alterou-se, ampliando seu espectro. Esta alteração foi fortificada pelo status de direito fundamental conferido à greve, o que impede o retrocesso deste direito, seja por meio de legislação infraconstitucional, seja por meio de aplicações restritivas por parte de nossos magistrados.

Ante a nova perspectiva que se desenhava para o direito de greve, inúmeras foram as tentativas de restringir o alcance concedido pela nova carta magna por meio de legislação infraconstitucional.

Já em 1987 fora proposto pelo Poder Executivo o projeto de lei 164, que apontava diversas restrições ao exercício do direito de greve. Em seu artigo 46,

A CONSTRUÇÃO DA LEGALIDADE DA GREVE POLÍTICA

propunha que a greve só poderia ser considerada um direito caso objetivasse obter a celebração de Convenção ou Acordo Coletivo de Trabalho[8]. Pretendia-se assim restringir os objetivos da greve apenas àqueles que pudessem ser satisfeitos pelo próprio empregador. O projeto foi retirado de tramitação a pedido do próprio autor em 21/11/1998.

O projeto de lei complementar 54 apresentado em 28/02/1989 por Doreto Campanari (PMDB/SP) propunha em seu artigo 2º restrições ao direito de greve quando exercido contra o interesse público ou com caráter exclusivamente político[9]. Foi arquivado em 02/08/1989, em decorrência da aprovação da Lei 7.783/89.

Outro projeto de lei que buscava limitar o direito de greve em relação aos interesses em pauta foi o de número 1876, de autoria de Sandra Cavalcanti (PFL/RJ), apresentado em 28/03/1989. No parágrafo único do primeiro artigo, pretendia a vedação de greves que não se destinassem à defesa dos direitos e interesses coletivos ou individuais da categoria[10]. Assim como projeto de lei anterior, foi arquivado em 02/08/1989 ante a aprovação da Lei 7.783/89.

Pode-se citar também o projeto de lei complementar 3944, de autoria da Comissão de Constituição, Justiça e Cidadania e apresentado em 01/06/1989, que buscou restringir o conceito jurídico de greve às paralisações que tivessem por objetivo a defesa dos interesses profissionais da categoria quanto às suas relações de trabalho[11]. Seu arquivamento ocorreu apenas em 28/08/1992.

O indeferimento de tais textos, bem como a reiteração dos termos constitucionais no artigo 1º da lei 7.783/89, atesta a ampla liberdade conferida aos trabalhadores em relação à motivação das greves. A liberdade de escolha dos interesses a serem defendidos em uma greve foi objeto de concertada legislatura visando garantir seu livre exercício. Segundo Marcio Túlio Viana:

> Quanto à greve política, será lícita se tiver um componente – ainda que indireto – de natureza trabalhista. Mas ainda que isso não se dê, poderá se encaixar no espectro do direito político de resistência, como na hipótese em que os

[8] http://www.camara.gov.br/proposicoesWeb/fichadetramitacao?idProposicao=172474, acesso em 05/04/2014

[9] http://www.camara.gov.br/proposicoesWeb/fichadetramitacao?idProposicao=233535, acesso em 06/04/2014.

[10] http://www.camara.gov.br/proposicoesWeb/fichadetramitacao?idProposicao=197198, acesso em 06/04/2014

[11] http://www.camara.gov.br/proposicoesWeb/fichadetramitacao?idProposicao=217364, acesso em 06/04/2014

trabalhadores se unem contra uma ditadura. A propósito das greves políticas, é interessante lembrar ainda que o Direito do Trabalho tem dupla fonte – a norma estatal e a negociada, vale dizer, a autonomia e a heteronomia – o que torna tanto o empregador como o legislador passíveis de pressão.[12]

Com esta primeira parte, buscou-se apontar a evolução do próprio conceito de Direito de Greve, demonstrando a evolução histórica de sua formação no Brasil e o processo que desencadeou no texto do artigo 9º da Constituição de 1988. Certamente não se pode ignorar que a norma posta está sujeita a amplas interpretações e aplicabilidade modulada pelas demais normas e princípios jurídicos. Contudo, tampouco se pode ignorar a alteração do conceito introduzido pela Constituição Cidadã, restando imperativo constatar que a manutenção da aplicação do conceito advindo das normas ditatoriais é indevida, emergindo não como fruto da dogmática jurídica, mas sim de uma escolha política imprópria do intérprete.

Em que pese o direito assegurado na Carta Magna, a construção da jurisprudência nas recentes décadas da redemocratização não logrou consolidar toda a extensão das conquistas da classe trabalhadora em relação ao direito de greve da Constituição de 1988.

Ao estudar o posicionamento de nossos tribunais em relação à finalidade política da greve, somos negativamente surpreendidos pela impressão de que nossos julgadores continuam aplicando o conceito de greve delimitado pela constituição imposta pelos militares em 1967.

2. A construção da jurisprudência

Abordando o "produto final" da constituinte, Florestan Fernandes já ressaltava[13]:

> "Os de baixo levavam seus clamores aos constituintes e bem ou mal tinham que ser ouvidos. A essa forma de pressão somavam-se outras, provenientes dos representantes das próprias entidades, de pessoas altamente qualificadas e de autoridades competentes em diversos assuntos. O leque de reivindicações não

---

[12] VIANA, Márcio Túlio. Conflitos coletivos do trabalho. In: FRANCO FILHO, Georgenor (Org.) Presente e futuro das relações de trabalho. São Paulo: LTr, 2000, p. 308-346.

[13] FERNANDES, Florestan. O produto final, in Folha de São Paulo, 12/09/1988, pag. A-3, disponível em http://acervo.folha.com.br/fsp/1988/09/12/2/ Acesso em 11/04/2014.

só reforçava o dos operários e dos movimentos populares. Estendia o âmbito de temas que se impunham aos constituintes de baixo para cima. Os de baixo ainda não tomavam decisões. Mas ditavam o que queriam ver incorporado no texto constitucional. (...) O que parece ser uma vitória do movimento operário poderá converter-se na fonte de manipulações jurídicas dilatórias e perversas, capazes de anular as conquistas mais notórias da nova carta".

O estudo da jurisprudência pátria em relação à finalidade política da greve demonstra como a premonição acima tornou-se realidade. Mesmo após a promulgação da Constituição de 1988, a greve política continuou sendo considerada abusiva pela doutrina e jurisprudência nacional.

Esta indevida limitação ao exercício do Direito de Greve, entretanto, vem sendo questionada por um grupo de juristas que buscam dar plena eficácia à amplitude concedida aos trabalhadores pela Carta Magna vigente. A jurisprudência busca, assim, "concretizar, pelo caminho interpretativo, a própria força normativa inerente ao Texto Máximo"[14], questão de suma importância, como dispõe Souto Maior:

> O ordenamento jurídico trabalhista foi criado sob a ótica da ordem pública exatamente para que os arranjos econômicos, que naturalmente são bastante maleáveis, não pudessem criar embaraços à sua efetividade. Esta enunciação de princípio, que reserva à jurisprudência um grande papel normatizador (vide, a propósito, o art. 8º, da CLT), está em todos os escritos que forneceram a base da formação do Direito do Trabalho. Assim, o que cabe ao Direito do Trabalho é proporcionar instrumentos para a reconstrução da relação entre o capital e o trabalho, pois o Direito do Trabalho, para ser eficaz, depende – e só tem sentido nesse contexto –, logicamente, do capital que o sustenta.[15]

A. A indevida limitação

Ante o amplo conhecimento da aplicação de interpretações restritivas por parte dos magistrados pátrios, em geral os grevistas não apontam inequivocamente que sua paralisação possui tais finalidades. É muito mais benéfico aos trabalhadores, quando da deflagração de uma paralisação, manejar suas reivindicações para que possam ser sustentadas como econômico-profissionais.

---

[14] DELGADO, Mauricio Godinho. *Curso de Direito do Trabalho*. 11ª Ed. São Paulo: LTr, 2012, p.169.
[15] MAIOR, Jorge Luiz Souto. Curso de Direito do Trabalho: Teoria Geral do Direito do Trabalho, Vol I, Parte I, São Paulo: LTR, 2011, p.138

SINDICATOS E AUTONOMIA PRIVADA COLETIVA

É o caso, por exemplo, da greve dos petroleiros de 1995. Em um momento histórico de avanço da onda privatizante encampada pelo governo de Fernando Henrique Cardoso, que já havia transferido à iniciativa provada empresas como VASP, CSN, Usiminas e Embraer, o fim do monopólio estatal para exploração do petróleo e a privatização da Petrobrás preocupavam os trabalhadores. A deflagração de uma greve que objetivasse a manutenção da empresa na esfera da Administração Pública fatalmente seria considerada abusiva ou ilegal por nossos tribunais, eis que política. A solução encontrada foi barrar o processo de reestruturação interna, processo este que prepararia a empresa para futura privatização, através de demandas como aumento salarial e garantia de manutenção dos postos de trabalho.

Dentre todas as vicissitudes do processo judicial TRT-DC-177.734/95.1, que abordou este movimento grevista e o declarou abusivo, o voto do Ministro Armando de Brito é o que nos impele a uma maior reflexão, sobretudo por ser o único a apontar a finalidade política desta greve.

A permanência do conceito jurídico de greve emanado do período ditatorial transparece em seu voto. Sustenta que "a questão da greve política, portanto, precisa se olhada como matéria diretamente ligada à sobrevivência da ordem democrática, ou seja, como verdadeira questão de segurança nacional". A abordagem da greve como "questão de segurança nacional" remete diretamente aos termos do Decreto-Lei 898 de 1969, uma das normas ditatoriais mais repressivas, que em seu artigo 40 apontava certos atos de greve como crimes contra a segurança nacional, a ordem política e social.

O Ministro reconhece em seu voto a extensão do direito de greve, sobretudo em relação à ausência de limitação na escolha das reivindicações a serem defendidas. Aponta que "não há lei democrática no mundo que, com tanta liberalidade, tenha cuidado desse tema 'greve' em sua Constituição". Entretanto, este reconhecimento não ocorre como justificativa à sua aplicação; ao contrário, é tido como argumento para ignorar a força normativa do texto constitucional.

> É necessário, sim, e urgente, expungir o texto quase irresponsável inserido no art. 9º da Constituição, para torná-lo um referencial sério e assegurador de um direito a fim de tornar claro para o leigo em Direito que não é ele absoluto e irrestrito – o da greve por qualquer motivo, em qualquer oportunidade à critério das lideranças. Esperar que se cometam abusos e mais abusos para reprimir os responsáveis segundo as penas da lei, conforme escrito no §2º do mesmo art. 9º, é postergar uma solução.

Ao optar por ignorar o artigo constitucional em decorrência de sua discordância da amplitude de seus termos, o Ministro não nega apenas a aplicabilidade da norma ao caso concreto, nega o próprio direito constitucional de greve, seu texto e sua construção[16]. Todo o processo democrático de construção de normas constitucionais, o mais amplo e com maior participação da história brasileira, foi sumariamente descartado. Atrelado ao conceito de direito de greve do período militar, o Ministro optou por ignorar o texto legal e aplicar o mesmo resultado jurídico que ocorreria se ainda vigente a Constituição de 1969.

Em caso similar ocorrido em 1998, quando os trabalhadores da Companhia Estadual de Águas e Esgotos do Rio de Janeiro entraram em greve contra a iminente privatização da empresa, também se socorreram de uma visão restritiva do direito de greve os magistrados.

No processo TST-RODC-454136/98.7, o tribunal de origem decretou a abusividade da paralisação por tratar-se de motivação eminentemente política, nos seguintes termos:

> (...) O art. 9ª da Constituição Federal não deve levar a considerar-se os trabalhadores como os únicos árbitros para a deflagração e a motivação da greve, pois pensar que esses interesses podem ser de qualquer natureza – econômica, política, profissional, subversiva, etc. –, o que seria adotar método pouco ortodoxo da interpretação de uma Constituição. É claro, portanto, que esses conflitos não serão motivados por questões políticas.
>
> (...) Não é outro o nosso entendimento que tais greves pipocam, eis que não são por um período continuado, tem acentuado teor político, visando compelir o Estado a seguir caminho diverso do que pretende trilhar, dentro da legalidade. Há fundado receio que estes movimentos se repitam, daí porque há que se coibir a repetição.[17]

Interposto recurso ao TST por parte do sindicato obreiro, este tampouco logrou resultado satisfatório, sendo proferida ementa com o seguinte teor:

> GREVE. NATUREZA POLÍTICA. ABUSIVIDADE. A greve política não é um meio de ação direta da classe trabalhadora em benefício de seus interesses

---

[16] Seria interessante imaginar como seria a reação de nossos juristas se, utilizando o mesmo raciocínio, um magistrado optasse por afastar a aplicabilidade do direito de propriedade, por entender que o texto do artigo 5º lhe conferiu indevida amplitude.

[17] Conforme citado pelo acórdão TST-RO-DC-454136/98.7, fl.03.

profissionais, e, portanto, não está compreendida dentro do conceito de greve trabalhista. Entende-se por greve política, em sentido amplo, a dirigida contra os poderes públicos para conseguir determinadas reivindicações não suscetíveis de negociação coletiva. Recurso Ordinário Obreiro parcialmente provido.

Esta ementa é importante por delimitar o conceito de greve política adotado pelo TST. Greve política é aquela "dirigida contra os poderes públicos para conseguir determinadas reivindicações não suscetíveis de negociação coletiva". Contudo, a argumentação desenvolvida pelo TST para manter a abusividade da greve política é passível de críticas.

Ao afirmar que "a greve política não é um meio de ação direta da classe trabalhadora em benefício de seus interesses profissionais". Indiferente para o deslinde jurídico da questão o debate da greve política estar vinculada ou não a "interesses profissionais", uma vez que a constituição não limitou o direito de greve a questões econômico-profissionais. Ademais, trata-se de um juízo valorativo entre reivindicações (políticas) efetuadas e benefícios (profissionais) almejados, juízo este que incumbe somente aos trabalhadores.

Uma greve se inicia por entenderem seus apoiadores que a motivação de sua paralisação será benéfica, para si ou para a sociedade de forma ampla, proporcionando a melhoria progressiva e constante das condições sociais e econômicas da classe trabalhadora – valor fundante do Direito do Trabalho[18]. A greve trabalhista é, portanto, aquela que, por observar os ditames constitucionais do artigo 9º da Constituição, deve receber a proteção legal. A ausência de reivindicações econômico-profissionais não afasta o caráter trabalhista da greve. Desta maneira, incorreta a separação feita pelo TST entre greve política e greve legal trabalhista.

Outro exemplo de greve declarada abusiva em decorrência de suas motivações foi a dos trabalhadores metroviários que ocorreu em São Paulo no ano de 2006. Nesta greve, os metroviários paralisaram suas atividades durante uma única jornada para protestar contra o descumprimento por parte da Companhia do Metropolitano de São Paulo de ordem judicial que suspendia o processo de privatização da futura linha amarela do Metrô. A ementa produzida no acórdão SDC – 00052/2007-9 do processo TRT/SP 2025800--10.2006.5.02.0000 considerou:

---

[18] MAIOR, Jorge L.S. e CORREIA, Marcus O.G., O que é Direito Social. In: CORREIA, Marcus O.G.(org), *Curso de Direito do Trabalho*. São Paulo: LTr, 2007, vol. I, p. 27-28.

A CONSTRUÇÃO DA LEGALIDADE DA GREVE POLÍTICA

"O movimento de paralisação dos serviços qualificados no artigo 9.º da Constituição Federal tem de estar vinculado à reivindicação contida no contrato de trabalho. Esta é a materialidade necessária, para que se possa falar em greve. Se a paralisação dos serviços ocorreu por motivação política, a "greve", por mais justa que possa parecer, deve ser considerada materialmente abusiva".

Seguindo a linha adotada pelos julgados anteriores, também neste caso a motivação política é apontada genericamente como elemento que descaracteriza a greve como direito. A vinculação da reivindicação ao contrato de trabalho é apontada como requisito material essencial à configuração do direito de greve. Entretanto, esta materialidade, conforme se depreende do voto, decorre do fato de ser "entendimento pacificado que o direito de greve, previsto na Constituição Federal, não é absoluto".

Inquestionável a afirmação de que o direito de greve, mesmo constitucionalmente garantido, não é absoluto. O que se questiona é o caminho lógico utilizado para empregar tal premissa como argumento caracterizador de ilegalidade de todas as greves políticas. O direito de greve não é absoluto, porém deve-se frisar de que se trata de um direito fundamental e como tal deve ser sempre interpretado de forma ampla. Eventual restrição a este direito jamais pode ser efetuada *in abstracto,* mas apenas em decorrência de conflito com outras normas assecuratórias de direitos fundamentais. A noção jurídica de que nenhum direito é absoluto de forma alguma pode servir de argumento para sustentar uma limitação *a priori* de um direito, mormente um direito fundamental como o de greve.

Em sede recursal a questão da legalidade da greve política foi abordada de forma mais ampla. Em seu voto, o ministro relator Fernando Eizo Ono expôs argumentação que sinalizou mudança de entendimento da corte superior em relação à questão da motivação da greve.

"De outro lado, observa-se que, ao contrário do sistema jurídico vigente no período anterior à promulgação da atual Constituição Federal, em que se chegou a proibir a greve política (Lei nº 4.330/1964), no atual texto constitucional e na Lei nº 7.783/1989, em que se regulamentou o exercício do direito de greve, não há literal vedação à greve política.

Todavia, tem-se que a amplitude conferida ao direito de greve na legislação constitucional e infraconstitucional citada autoriza, em princípio, as greves mistas ou decorrentes de conflitos político-econômicos, dirigidas, por exemplo, contra a política econômica do governo (política de emprego), as greves político-sindicais (garantias de atuação sindical), as greves motivadas pela luta por reformas sociais (habitações adequadas, transportes coletivos suficientes, saúde eficiente, etc.), que, embora não sejam solucionáveis diretamente pelo empregador, dependendo de atos legislativos ou governamentais, detêm conteúdo profissional, repercutindo na vida e trabalho da coletividade dos empregados grevistas. O mesmo não ocorre, porém, em relação à greve política insurrecional ou de simples retaliação, destituída de qualquer conteúdo profissional. Nestas hipóteses, exsurge o caráter abusivo do exercício do direito de greve".

A divergência interpretativa em relação ao voto de origem é patente. Enquanto o TRT da 2ª Região considerou que a greve era manifestamente abusiva por possuir motivação política, o Relator do TST apontou que, em princípio, não há vedação legal em relação à finalidade política da greve. Em que pese a ressalva do relator em relação às greves insurrecionais e de retaliação, a livre escolha dos interesses da motivação da greve é apresentado como regra pelo Ministro.

Em sede recursal foi mantida a declaração de abusividade da greve, mas o valor da multa foi reduzido. Entendeu o TST que esta greve dos metroviários possuía motivação de simples retaliação, caindo em um dos poucos casos excepcionais apresentados. Mesmo com a improcedência do pleito, o posicionamento ampliativo em relação à abrangência do conceito de interesses a defender com a greve começava a se fortalecer na jurisprudência.

B. A necessária extensão

Durante os primeiros 20 anos de existência da mais democrática Constituição brasileira, o direito de greve encontrou-se limitado por [pré]conceitos em relação à sua definição e extensão, resquícios de um pensamento jurídico forjado sob a repressiva ótica da Constituição de 1967. Em que pese ainda ser dominante tal entendimento restritivo, a parcela de juristas que sustentam interpretações ampliativas da finalidade da greve têm ganhado espaço.

No ano de 2007 os metroviários de São Paulo deflagraram outra greve, desta vez em protesto pela manutenção do veto presidencial no Congresso Nacional à Emenda nº 3, denominada "Emenda da Super Receita", que diminuía os poderes de autuação dos auditores fiscais do trabalho. Nos termos da doutrina tradicional, tratou-se de uma greve política, eis que dirigida contra o poder público visando influenciar o processo legislativo.

Nos autos do processo TRT/SP 2021800-30.2007.5.02.0000, o Ministério Público do Trabalho expôs tese favorável ao pleno exercício da greve com finalidade política, apontando que:

"O art. 9º da Constituição Federal assegura o direito de greve, deixando claro que compete 'aos trabalhadores decidir sobre a oportunidade de exercê-lo e sobre os interesses que devam por meio dele defender'.

Ora, compete aos trabalhadores decidir quais serão os interesses que devem defender por meio da greve, não havendo limitações impostas pela Carta Constitucional no sentido destes interesses estarem imediatamente ligados aos contratos de trabalho e às especificidades de cada categoria profissional. É cabível, a nosso ver a defesa de interesses imediatos, pertencentes, inclusive, ao trabalhador em geral".

A Desembargadora Anália Li Chum, relatora do processo, adotou semelhante posicionamento ampliativo:

"É certo que o conteúdo de referido protesto é legítimo das categorias profissionais como um todo, e, portanto, também dos trabalhadores que prestam serviços ao Metrô. É certo, ainda, que o caput do artigo 9º da Constituição da República assegura o direito de greve, deixando claro competir 'aos trabalhadores decidir sobre a oportunidade de exercê-lo e sobre os interesses que devam por meio dele defender'".

Em ambos os casos os juristas apontam o texto do artigo 9º da Constituição para salientar a amplitude do direito de greve. Outros dois acórdãos do TRT da 2ª Região que adotam posicionamento semelhante merecem ser citados. O primeiro, de lavra do Desembargador Francisco Ferreira Jorge Neto, foi proferido nos autos do processo TRT/SP 00515348420125020000. Trata-se de Dissídio Coletivo relativo à greve ocorrida na Pontifícia Universidade Católica de São Paulo em 2012, motivada pela não indicação do candidato mais votado para a posição de reitor:

"É inegável que o direito de greve não se resume tão somente como fator de pressão objetivando a melhoria econômica. Portanto, é possível a eclosão das denominadas greves de solidariedade ou as greves políticas. Nos presentes autos, o primeiro suscitado, como representante da categoria dos professores, acentua que a greve política tem amparo constitucional. (...) Não há como se afirmar, ao ver deste juiz, que professores e funcionários tenham extrapolado o exercício do direito de greve. A reação foi equivalente ao ato da instituição. Por tais aspectos, em sede de cognição exauriente, entende-se que a greve é política, como reação natural à quebra da confiança coletiva nos procedimentos de escolha do reitor, não havendo, assim, a sua caracterização como greve abusiva".

Outra decisão, ainda mais recente, foi a relativa à greve dos operadores portuários de São Paulo, que em 2013 paralisaram suas atividades para protestar contra a edição da Lei nº 12.815/2013, que alterava o exercício da atividade portuária. A Magistrada Soraya Galassi Lambert, relatora do processo TRT/SP 00013932720135020000, expôs:

> "Ressalte-se, entretanto, que o artigo 9º, da Constituição Federal, é claro ao assegurar o direito de greve e garantir ao trabalhador o momento oportuno para a paralisação e os interesses a serem defendidos.
> Dessa forma, a greve é um instrumento de pressão por conquista de direitos trabalhistas, sociais, econômicos e políticos. Aliás, a greve é um fato social e, também, político. (...) Dessa forma, não há que se falar em abusividade do presente movimento paredista".

A expansão de posicionamentos mais ampliativos ainda é minoritária, entretanto verifica-se um avanço considerável na doutrina e na jurisprudência na última década. Um quarto de século após sua promulgação, a Constituição de 1988 ainda não teve garantida sua plena eficácia.

3. Conclusão

Através da análise da historicidade do Direito de greve é possível a compreensão não apenas da evolução de seus requisitos e procedimentos burocráticos, mas também (e principalmente) da própria concepção de "greve" para o direito.

A Constituição vigente não limitou a greve no âmbito de suas reivindicações. Este amplitude foi reiterada na Lei 7.783/89, que abordou o Direito de Greve. Imperativo reconhecer, portanto, que qualquer limitação imposta às greves com finalidade política é fruto de uma restrição política imposta pelos operadores do Direito.

Não se pode negar que a doutrina e a jurisprudência agem como fontes normativas, aptas a promover alterações no âmbito jurídico; contudo, deve-se criticar com veemência a aplicação de doutrinas e jurisprudências frontalmente contrárias aos dispositivos constitucionais, negando aos trabalhadores direitos frutos de suas conquistas civilizatórias.

O artigo 9º da Constituição Federal, reiterado pelo artigo 1º da lei 7783/89, não deixa qualquer margem de dúvida de que os trabalhadores são os únicos

A CONSTRUÇÃO DA LEGALIDADE DA GREVE POLÍTICA

detentores do poder decisório acerca das motivações da paralisação. Não cabe ao judiciário fazer qualquer tipo de juízo em relação aos interesses defendidos com a greve que leve à ilegalidade do movimento. Não se trata aqui de afastar do judiciário a competência para dirimir o conflito, mas sim de garantir a integridade do instituto em comento. Da mesma maneira que uma greve não pode ser declarada abusiva por ter adesão de determinada porcentagem de trabalhadores, tampouco pode em razão de sua finalidade, seja ela qual for.

A exposição desta análise histórica busca instigar outros juristas a se posicionarem mais criticamente em relação à legalidade da greve política no Brasil. A greve, em decorrência de seus paradoxos, ainda constitui amplo campo a ser explorado por juristas brasileiros. Como aponta Márcio Túlio Viana, tais paradoxos permitem as maiores instigações, uma vez que "a greve consegue ser muitas coisas de uma vez só: é momento de liberdade, de pausa, de rebelião e de sonho; tem traços de homem e de mulher; arroubos de jovem e racionalidade de adulto. Exatamente por isso, as leis estão sempre tentando capturá-la, e ela sempre buscando fugir."[19]

Referências

BONAVIDES, Paulo. *Curso de Direito Constitucional*. 26ª Ed. São Paulo: Malheiros, 2011

CAVALCANTI, Temístocles Brandão. *A Constituição Federal Comentada*. Rio de Janeiro: José Konfino, 1949, Vol. IV.

CESARINO JUNIOR, A. F.. *Direito Social Brasileiro*. Rio de Janeiro: Freitas Bastos, 1957.

CORREIA, Marcus Orione G. e MAIOR, Jorge L.S. (org). *Curso de Direito do Trabalho*. São Paulo: LTr, 2008, Vol. III

DELGADO, Mauricio Godinho. *Curso de Direito do Trabalho*. 11ª Ed. São Paulo: LTr, 2012.

EDELMAN, Bernard. *La légalisation de la classe ouvrière* – Tome 1: l'entreprise. Paris: Chistian Bourgois, 1978.

FERNANDES, Florestan. O produto final, in Folha de São Paulo, 12/09/1988, pag. A-3

GOMES, Orlando e GOTTSCHALK, Elson. *Curso de Direito do Trabalho*. 12ªEd. Rio de Janeiro: Forense, 1991.

LYON-CAEN, Gérard; PELISSIER, Jean; SUPIOT, Alain. *Droit du Travail*. 17º Ed. Paris: Dalloz, 1994.

MAIOR, Jorge Luiz Souto. *O Direito do Trabalho como Instrumento de Justiça Social*. São Paulo: LTr, 2000.

[19] VIANA, Márcio Túlio. Da greve ao boicote: os vários significados e as novas possibilidades das lutas operárias. Disponível em http://www.trt3.jus.br/escola/download/revista/rev_79/marcio_tulio_viana.pdf, acesso em 13/04/2014.

SINDICATOS E AUTONOMIA PRIVADA COLETIVA

_____. Curso de Direito do Trabalho – Teoria Geral Do Direito do Trabalho. Volume I, Parte I. São Paulo: LTR, 2011

MAGANO, Otávio Bueno. Curso de Direito do Trabalho: Parte Geral, v.1, 2ª Ed., São Paulo: LTr, 1985.

MORAES FILHO, Evaristo de. Direito de Greve. In *Revista LTr Julho/86*. São Paulo: LTr, 1986.

_____. *Estudos de Direito do Trabalho*. LTr, São Paulo, 1971

MORAES, Evaristo de. *Apontamentos de direito operário*. Imprensa Nacional, Rio de Janeiro, 1905.

NASCIMENTO, Amauri Mascaro. *Compêndio de Direito Sindical*. 4ª Edição. São Paulo: LTr, 2006.

_____. *Direito sindical*. São Paulo: LTR, 1982

_____. *Direito do Trabalho na Constituição de 1988*. São Paulo: Saraiva, 1989

RAY, Jean-Emmanuel. *Droit du Travail Droit Vivant*. 19ᵉ édition. Éditions Liaisons, 2010.

RUSSOMANO, Mozart Victor. Curso de Direito do Trabalho, 6ª ed.. Curitiba: Juruá, 1997.

SANTOS, Roberto A. O. Uma contribuição sociológica à renovação da teoria jurídica da greve. *InRevista da Academia Nacional de Direito do Trabalho*. São Paulo: LTr, 1993.

SÜSSEKIND, Arnaldo; MARANHÃO, Délio; VIANNA, Segadas. *Instituições de Direito do Trabalho*. 13ª Edição. São Paulo: LTr, 1993.

_____; _____. *Instituições de Direito do Trabalho*. Rio de Janeiro: Freitas Bastos, 1984, V.2.

VIANA, Márcio Túlio. *Direito de Resistência*. São Paulo: LTr, 1996.

_____. Da greve ao boicote: os vários significados e as novas possibilidades das lutas operárias, disponível no sítio www.trt3.jus.br

_____. Conflitos coletivos do trabalho. In: FRANCO FILHO, Georgenor (Org.) *Presente e futuro das relações de trabalho*. São Paulo: LTr, 2000

VIDAL NETO, Pedro e NASCIMENTO, Amauri Mascaro. *Direito de greve: coletânea de Direito do Trabalho*. São Paulo: LTr, 1984.

Abuso do direito de greve

*Juliana Tavares Pegorer**

1. Introdução

A greve há muitos anos tem sido objeto de estudo das ciências jurídicas e continua sempre um tema atual em razão dos amplos debates que provoca, seja na área acadêmica, seja nos tribunais. Mas, ao nos propormos analisar juridicamente a greve, não podemos nos esquecer de que, antes de tudo, a greve é um fato social, é algo que surgiu espontaneamente na sociedade e devido à sua importância foi recepcionada pelo mundo jurídico.

Alguns historiadores identificam características da greve em protestos de trabalhadores no Antigo Egito e na Roma Antiga[1]. Contudo, a greve, tal como a conhecemos, surgiu em meados do século XVIII, juntamente com a classe operária fabril, não sendo possível falar em greve em períodos anteriores, quando preponderava o trabalho escravo e servil, pois esse movimento pressupõe a liberdade de trabalho.

---

* Mestre em Direito do Trabalho e Seguridade Social pela Universidade de São Paulo.

[1] Teria ocorrido no Egito, na época do novo império (1580-1080 a.C.), a primeira greve da história, quando trabalhadores se recusaram a prosseguir na construção do túmulo do faraó como protesto contra as irregularidades no fornecimento dos salários e aos maus tratos de que eram vítimas. Também a retirada dos plebeus de Roma para o monte Aventino no século V a.C. é considerada por alguns como manifestação semelhante à greve moderna.

SINDICATOS E AUTONOMIA PRIVADA COLETIVA

2. Greve

2.1. Conceito

O termo greve é utilizado indiscriminadamente na linguagem popular como toda e qualquer forma de recusa ao cumprimento de determinadas funções – inclusive funções vitais do ser humano como a alimentação –, de modo que se tornou usual o emprego do vocábulo para designar protestos de trabalhadores, estudantes, consumidores, contribuintes, produtores, políticos, dentre outros.

Contudo, seu sentido técnico-jurídico é voltado a uma forma específica de manifestação de trabalhadores coletivamente organizados.

A origem do termo deriva da palavra francesa *"grève"*. Ruprecht[2] relata que os trabalhadores se reuniam em Paris, na Praça da Municipalidade ou *Place de Grève*, que era um terreno baldio às margens do rio Sena, no qual havia se acumulado grande quantidade de areia e pedregulho, que dava o nome ao lugar. Ali se efetuava a contratação dos trabalhadores e quando estes estavam descontentes com as condições de seu trabalho também ali ficavam, isto é, se colocavam em greve, à espera de melhores ofertas.

A doutrina em sua posição majoritária costuma entender a greve como a suspensão temporária da prestação de serviços, com o fim de pressionar o empregador a ceder diante de reivindicações profissionais. É o que se denomina "greve clássica" ou "greve típica". Para Nascimento[3] greve é: *"a paralisação combinada do trabalho para o fim de postular uma pretensão perante o empregador"*.

Entretanto, tem surgido nos últimos anos uma nova corrente, segundo a qual é necessário repensar a greve como expressão dos conflitos coletivos de trabalho em face das transformações ocorridas na organização do trabalho, sobretudo a partir da segunda metade do século XX com a flexibilização da produção e do trabalho.

Ermida Uriarte[4] resume esse novo pensamento definindo a greve como: *"toda omissão, redução ou alteração coletiva do trabalho, com a finalidade de reivindicação ou protesto"*.

Márcio Túlio Viana, também adepto de tal linha, afirma que o conceito clássico de greve está ligado a certo modelo econômico e político em que

---

[2] RUPRECHT, Alfredo. *Conflitos Coletivos de Trabalho*. Trad. Jose Luiz Ferreira Prunes. São Paulo: LTr, 1979, p. 58.

[3] NASCIMENTO, Amauri Mascaro. *Compêndio de Direito Sindical*. 6ª ed. São Paulo: LTr, 2009, p. 568.

[4] ERMIDA URIARTE, Oscar. *A Flexibilização da Greve*. Trad. Edilson Alkmin. São Paulo: LTr, 2000, p. 43.

ABUSO DO DIREITO DE GREVE

predominam as grandes fábricas, reunindo imensas massas de operários homogêneos protegidos contra o desemprego e absorvidos por fortes sindicatos. Todavia, esse modelo encontra-se em crise, tornando-se necessário repensar as formas de atuação coletiva dos trabalhadores, especialmente a greve que passa a comportar uma definição mais ampla, não podendo ser vinculada a fins ou objetivos específicos, bem como não podendo circunscrever-se à natureza suspensiva da relação de trabalho[5].

Com efeito, é patente a necessidade de se reconhecer a evolução das formas de pressão adotadas pelos trabalhadores em defesa de seus interesses e a ampliação dos temas afetos à classe operária, como exercício de direitos decorrentes do princípio da liberdade sindical, mas não se pode, a pretexto de proteger essas novas modalidades de ação coletiva, ampliar de tal forma o conceito jurídico de greve, como pretendem tais autores, correndo-se o risco de ignorar toda a história da greve como fato social e descaracterizar o próprio instituto jurídico. Portanto, preferimos adotar o termo greve em seu sentido clássico, ou seja, a suspensão coletiva e temporária da prestação de serviços, com o fim de pressionar o empregador ou tomador de serviços a ceder diante de reivindicações profissionais dos trabalhadores.

2.2. Natureza jurídica. Direito de greve. Titularidade

Discutir a natureza jurídica de um determinado fato social significa buscar sua forma de recepção no mundo jurídico, eis que não são todos os fatos que têm relevância para o Direito: alguns eventos possuem grande importância para as relações humanas, mas nada representam juridicamente. A greve, no entanto, é um fato social dotado de especial relevo jurídico.

Beltran[6] aponta as dificuldades encontradas pela doutrina quanto à definição da natureza jurídica da greve em razão dos diferentes tratamentos que o instituto recebe em cada ordenamento, bem como em razão do momento histórico em que é analisado. O autor, citando Romita, afirma que a conceituação da greve como fato jurídico depende das circunstâncias políticas, econômicas e sociais que caracterizam a sociedade em determinado momento, eis que se trata de um fenômeno histórico.

---

[5] VIANA, Legalidade das greves atípicas, in *IOB Repertório de jurisprudência*: trabalhista e previdenciário, n.1, p.19-17.
[6] BELTRAN, Ari Possidonio. *A Autotutela nas Relações do Trabalho*. São Paulo: LTr, 1996, p. 222.

SINDICATOS E AUTONOMIA PRIVADA COLETIVA

Calamandrei[7] em seu conhecido artigo sobre o significado do direito de greve na Constituição Italiana de 1948 refere-se a três possíveis formas de recepção da greve no mundo jurídico relacionadas ao regime de governo e aos valores sociais do Estado. Assim, Estados autoritários concebem a greve como um delito contra a economia pública, Estados liberais desinteressam-se do tratamento jurídico da greve que passa a ser vista como mera liberdade e os Estados democráticos tendem a reconhecer a greve como um direito.

Mas o caminho para o reconhecimento da greve como um direito não se deu da mesma maneira em todos os países. A experiência francesa é tida por muitos autores como exemplo de uma evolução linear no tratamento jurídico da greve. Já no Brasil e na Itália, por exemplo, a evolução histórica da regulamentação da greve se mostrou marcada por períodos de avanços e retrocessos, conforme os regimes políticos vigentes.

Nossas primeiras Constituições – Imperial de 1824 e Republicana de 1891 – foram omissas quanto à greve, mas a legislação infraconstitucional da época – Código Penal de 1890 –, inspirada pelo liberalismo e individualismo, previu delitos de coalizão e greve, ainda que realizadas de forma pacífica. Mesmo com o decreto n. 1.162 de 1890, que alterou os dispositivos do Código Penal que tipificavam a greve, ficando proibidas apenas as greves deflagradas com o uso de ameaça, constrangimento ou violência, as autoridades públicas continuaram a reprimir as greves e punir os grevistas como se nada tivesse sido alterado.

A Constituição Federal de 1934 apesar de assegurar a liberdade sindical também não se preocupou com a greve e novamente a legislação infraconstitucional adotou a concepção da greve como delito através da Lei de Segurança Nacional – lei n. 38 de 1935 – fruto do corporativismo nascente no país. Tal posicionamento se confirmou com a Carta Constitucional do Estado Novo de 1937 que proibiu expressamente a greve, pois pregava a harmonia das classes e a supremacia dos interesses do Estado. As leis que se seguiram, dentre elas a própria CLT (decreto-lei n. 5.452 de 1943) também mantiveram o ideal repressivo à greve[8].

Foi apenas com o decreto-lei n. 9.700 em 15.03.1946 que a greve passou a ser reconhecida no Brasil como um direito, contudo eram amplas as restrições ao seu exercício.

---

[7] CALAMANDREI, Piero. Significato costituzionale del diritto di sciopero. In: *Opere giuridiche: a cura di Mauro Cappelletti*. Napoles: Morano, 1968. 3 v. p. 444.

[8] NASCIMENTO, *Compêndio de Direito Sindical*, p. 601.

ABUSO DO DIREITO DE GREVE

A Constituição de setembro de 1946 foi a primeira a garantir a greve como um direito dos trabalhadores (art. 158), e o C. Supremo Tribunal Federal entendeu pela recepção do decreto-lei n. 9.700, que permaneceu regulamentando o exercício do direito.

Ocorre que, juntamente com mudança de regime de governo no país após os eventos de 31 de março e 1º de abril de 1964, mais uma vez a greve passou a ser severamente restringida. Com a promulgação da lei n. 4.330 de junho de 1964 passaram a ser proibidos quaisquer movimentos sociais que não tivessem fins estritamente trabalhistas, sendo instituído um rito extremamente minucioso para sua deflagração. A Constituição de 1967 e a Emenda n. 1 de 1969 acentuam as restrições, proibindo a greve no serviço público e atividades essenciais. Por fim, o Ato Institucional n. 5 de dezembro de 1968 inviabilizou qualquer tentativa de paralisação trabalhista lícita.

A Constituição de 1988 reconheceu a greve como direito dos trabalhadores com as disposições dos artigos 9º e 37, VII, e para regular seu exercício no âmbito privado foi promulgada a lei n. 7.783 em junho de 1989, que também se aplica no que for compatível às greves do setor público, graças ao posicionamento do Supremo Tribunal Federal no julgamento dos mandados de injunção números 670, 708 e 712 em 25.10.2007[9].

Verifica-se, assim, que os ordenamentos jurídicos evoluíram no sentido de admitir o fato denominado greve como resultado do exercício de um direito, o direito de greve. Portanto, deve-se distinguir a greve como direito de seu exercício.

O direito de greve, que atualmente é reconhecido pelas legislações nacionais, consiste na faculdade atribuída pela norma jurídica a um grupo social de suspender o trabalho, quer seja em uma empresa ou em um estabelecimento quer seja em um âmbito maior, abrangendo toda uma profissão ou categoria em determinada base geográfica, por exemplo, ou até mesmo várias profissões ou categorias em diversas localidades.

---

[9] Mesmo passados mais de vintes anos após a promulgação da Constituição, o legislador permaneceu inerte quanto à regulamentação da greve dos servidores públicos. As referidas decisões acusam uma alteração da jurisprudência da Corte Constitucional Brasileira, que em situações anteriores apenas havia declarado a mora do Poder Legislativo e conferido prazo para regularização. Nos julgamentos dos mandados de injunção ns. 670, 708 e 712 o Supremo Tribunal Federal passou a entender que diante da longa inércia do legislador, havendo a necessidade de regulamentação desse tipo de movimento de trabalhadores, dever-se-ia aplicar, no que compatível, as normas voltadas à greve no setor privado.

Enquanto o exercício da greve constitui um ato jurídico em sentido estrito dirigido à produção de efeitos materiais – a suspensão do trabalho – com vistas a pressionar o patrão a obter a satisfação de um interesse coletivo legítimo.

Neste sentido Pérez del Castillo[10] afirma ser necessário distinguir três aspectos na análise das situações jurídicas que envolvem a greve: o direito de greve que assiste aos trabalhadores; a greve em si mesmo, como exercício desse direito; e o poder do sindicato, ou eventualmente outra entidade coletiva, que convoca os diferentes indivíduos a exercerem este direito, o que já nos remete ao tema da titularidade do direito de greve.

O problema da titularidade do direito de greve, que aparentemente reveste-se apenas de um caráter teórico, também é dotado de repercussões práticas, pois, ao se reconhecer o direito de greve como um direito limitado – portanto, passível de abuso –, é necessário identificar quem são os destinatários das limitações impostas pelo ordenamento jurídico para que seu exercício seja considerado regular, legítimo.

A tese da titularidade individual tem sido sustentada pela maioria da doutrina contemporânea[11], que admite, no entanto, que a instância prévia, a proclamação e a condução de medidas durante a paralisação dos trabalhos estejam a cargo de um ente coletivo, na maioria das vezes, uma entidade sindical.

Dessa forma, se a greve é um direito cujo titular é o trabalhador individualmente considerado, seu exercício é coletivo enquanto busca a tutela de um interesse coletivo. Consequentemente, as limitações fixadas pelos ordenamentos jurídicos para o regular exercício desse direito devem ser voltadas a todos que nela atuam, sejam os trabalhadores, sejam os entes coletivos.

3. A teoria do abuso do direito

Apesar de ser tratado primordialmente por civilistas, o abuso do direito é afeito à teoria geral do Direito, permeando todos os ramos da ciência jurídica, não sendo estranho, portanto, ao Direito do Trabalho.

Não obstante alguns autores identificarem no Direito Romano e no Direito Intermédio elementos associados ao que atualmente se entende por abuso do

---

[10] PEREZ DEL CASTILLO, Santiago. *O Direito de Greve*. Trad. Maria Stella Penteado G. de Abreu. São Paulo: LTr, 1994, p. 64.

[11] Nesse sentido: GIUGNI, *Direito Sindical*, p. 175; SANTORO-PASSARELLI, *Noções de Direito do Trabalho*, p. 37; GALANTINO, *Diritto Sindicale*, p. 217; SILVA, *Curso de Direito do Trabalho Aplicado*, p. 257.

ABUSO DO DIREITO DE GREVE

direito, a doutrina majoritária afirma que o surgimento da teoria se deu a partir do enfrentamento pelos tribunais franceses, em meados do século XIX e início do século XX, de situações nas quais a aplicação da letra fria da lei daria lugar a injustiças. Naquele momento a legislação francesa não dispunha de qualquer dispositivo que pudesse justificar a coibição do uso abusivo do direito. Frequentemente refere-se ao caso Clèment-Bayard *vs.* Cocquerel, julgado em Amiens em 1913 e confirmado pela Corte de Cassação em 1915, como a decisão de maior relevo em matéria de abuso do direito[12]. Inúmeros trabalhos doutrinários sobre o abuso do direito, inclusive anteriores aos julgados, e a positivação em diversos ordenamentos jurídicos da noção de relatividade dos direitos subjetivos também foram importantes para o desenvolvimento da noção de abuso do direito.

Entretanto, lugar de destaque na construção da teoria do abuso do direito deve ser reservado à doutrina e jurisprudência alemãs, visto que é o resultado de tal construção jurídica que chega até nós hoje na cláusula geral de abuso do direito prevista no artigo 187 do Código Civil brasileiro de 2002, cuja fonte direita é o artigo 334 do Código Civil português de 1966.

Prevê o nosso artigo 187 que: *"também comete ato ilícito o titular de um direito que, ao exercê-lo, excede manifestamente os limites impostos pelo seu fim econômico ou social, pela boa-fé ou pelos bons costumes"*.

O dispositivo inovou ao prever o abuso do direito como cláusula geral de limitação, seguindo os passos da construção alemã. Todavia, a figura do abuso do direito já era conhecida pelos juristas brasileiros a partir da interpretação *a contrario sensu* do disposto no inciso I do artigo 160 do Código Civil de 1916 que dispunha: *"Não constituem atos ilícitos: I. Os praticados em legítima defesa ou no exercício regular de um direito reconhecido"*. Martins-Costa[13] assevera que o art. 160, I, do CC 1916 apenas passou a ser examinado com maior frequência pelos Tribunais pátrios a partir de meados do século XX, o que se deu principalmente em matéria locatícia, entendendo-se no primeiro momento que para a configuração do ato abusivo era necessária a verificação de intenção emulativa, ou seja, malícia e culpa do titular do direito no exercício irregular. Apenas nas décadas de 1950 a 1970 ocorreu, segundo a autora, relativa

---

[12] Conta-se que o proprietário de um terreno vizinho a um campo de pouso de dirigíveis construiu, sem qualquer justificativa ou interesse próprio, enormes torres com lanças de ferro, colocando em perigo as aeronaves que ali aterrissavam. Ao julgar a causa, o tribunal reputou abusiva a conduta, vislumbrando exercício anormal do direito de propriedade.

[13] MARTINS-COSTA. Judith. Os Avatares do Abuso do Direito e o Rumo Indicado pela Boa-Fé. In: DELGADO, Mario Luiz; ALVES, Jones Figueiredo (Org.). *Novo Código Civil: questões controvertidas.* São Paulo: Método, v. 6, 2007, p. 509.

SINDICATOS E AUTONOMIA PRIVADA COLETIVA

expansão horizontal do instituto para outros ramos do Direito. E, principalmente após a década de 1990, a jurisprudência passou a caminhar no sentido da objetivação do abuso do direito, prescindido do elemento culpa.

O artigo 187 do Código Civil Brasileiro de 2002 ao aderir à construção alemã da figura do abuso do direito estabeleceu a boa-fé, os bons costumes e os fins econômicos e sociais como balizas de licitude. Fala-se então em dois requisitos para configuração do abuso do direito: o exercício de um direito por seu titular ou por seu representante – legal ou convencional – e a violação dos limites impostos pelos fins econômicos ou sociais do próprio direito, pela boa-fé e pelos bons costumes.

Saliente-se que, por se tratarem de limites gerais, é possível que o legislador opte em determinados momentos por positivar hipóteses de violações à boa-fé, aos bons costumes e aos fins econômicos e sociais, mas não por isso deixam de serem consideradas abusivas as condutas que assim forem praticadas nestas situações, como se dá com a maioria das restrições previstas pela lei de greve (lei n. 7.789/1989).

3.1. Fins econômicos ou sociais

Adotando a idéia desenvolvida por Josserand[14] de que cada direito subjetivo é dotado de uma finalidade, a doutrina alemã estabeleceu que os fins econômicos ou sociais dos direitos subjetivos atuam como limites à atuação do agente.

Miragem[15] assinala que o fim econômico e o fim social, ainda que colocados sob o mesmo prisma da finalidade, não são necessariamente coincidentes, embora cada direito subjetivo pressuponha a existência de um fim econômico ou um fim social.

Assim, um determinado direito subjetivo pode ter ao mesmo tempo fim econômico e fim social, que devem coincidir, ou ao menos, não se contradizer. Por exemplo, os direitos de crédito, cujos fins econômico e social coincidem por buscarem garantir o cumprimento e a satisfação do crédito pelo devedor como forma de se obter segurança nas relações econômicas. Por outro lado, há direitos em relação aos quais não há de se falar em fim econômico, mas exclusivamente em fim social, como no caso dos direitos de família[16].

---

[14] JOSSERAND, Louis. *Del Abuso de Los Derechos y Otros Ensayos.* Bogota: Temis, 1999, pp.2-3.

[15] MIRAGEM, Bruno. *Abuso do Direito: Proteção da confiança e limite ao exercício das prerrogativas jurídicas no direito privado.* Rio de Janeiro: Forense, 2009, p. 135.

[16] MIRAGEM, *Abuso do Direito*: Proteção da confiança e limite ao exercício das prerrogativas jurídicas no direito privado, p. 137.

Verifica-se, portanto, que os fins econômicos ou sociais não se tratam de limites estranhos à existência e ao conteúdo do direito subjetivo, vez que a finalidade, seja preponderante o aspecto econômico ou o social, é parte indissociável do direito subjetivo, na medida em que expressa a razão pela qual um direito foi previsto pelo ordenamento jurídico.

3.2. Boa-fé

A boa-fé objetiva é, segundo Larenz[17], o limite mais importante para o exercício de direitos subjetivos e outras prerrogativas jurídicas e exprime o *standard* ou modelo ideal de conduta social que deve pautar as relações intersubjetivas regradas pelo Direito e como tal sua aplicação se observa tanto como fonte de deveres jurídicos secundários e anexos ou instrumentais – art. 422 CC –, quanto como cânone de interpretação dos negócios jurídicos – art. 133 CC – e limite ao exercício dos direitos subjetivos – art. 187 CC[18].

A boa-fé, em matéria de limite ao exercício de direitos, apresenta papel fundamental, uma vez que ao ser fonte de deveres anexos como lealdade, colaboração e respeito às expectativas legítimas do outro sujeito da relação jurídica, por evidência lógica limita a liberdade individual do destinatário desses deveres, o qual terá de exercer os direitos de que é titular circunscrito aos limites que eles lhe impõem.

3.3. Bons costumes

No Brasil, os bons costumes são geralmente associados a questões relativas à moral sexual, decorrente da concepção de crimes contra os costumes. Isso se dá em razão do pouco interesse que tem demonstrado nos estudiosos do Direito Privado, apesar de serem diversos os dispositivos do Código Civil Brasileiro de 2002 que fazem referência aos bons costumes, não se restringindo apenas ao artigo 187 que dispõe sobre sua função de limitar o exercício de direitos[19].

---

[17] LARENZ, Karl. *Derecho Civil*: Parte general. Trad. Miguel Izquierdo y Macias- Picavea. Madri: Editorial Revista de Derecho Privado, 1978, pp. 299-300.

[18] MIRAGEM, Bruno. Op. cit. p. 140.

[19] Por exemplo: o art. 13, ao tratar dos direitos de personalidade, proíbe ato de disposição do próprio corpo quando contrário aos bons costumes; o art. 122 prevê como lícitas as condições ao negócio jurídico, desde que não contrárias à ordem pública; o art. 1336, IV estabelece como dever do condômino não utilizar a propriedade de modo contrário aos bons costumes; e o art. 1638 estabelece como causa de perda do poder familiar a prática de atos contrários à moral e aos bons costumes.

Miragem[20] apoiando-se na doutrina argentina afirma que: *"os bons costumes [...] são costumes qualificados como eticamente dotados de valor em si, segundo uma perspectiva social de sua importância e aprovação"* e aponta como critérios para a construção do conceito o sociológico e o axiológico.

Segundo o primeiro critério, bons costumes constituem-se dos hábitos e comportamentos observáveis em uma comunidade e que se encontram legitimados por serem praticados pela maioria de seus membros, razão pela qual são tidas como condutas desejáveis. Já pelo critério axiológico o conceito de bons costumes não depende de apreciações subjetivas, mesmo que da maioria social, senão de um critério objetivo e transcendente, perdurável no tempo e ligado a uma ponderação axiológica.

É necessária a conjugação desses dois critérios para se obter o conceito de bons costumes. Assim, tanto os comportamentos desejados pela maioria social, quanto determinados valores imanentes do ordenamento jurídico servem para a determinação do conteúdo e significado dos bons costumes.

4. Limites do direito de greve

Os ordenamentos jurídicos estatais evoluíram no sentido de admitirem o fato social denominado greve como resultado do exercício de um direito, o direito de greve, o qual consiste na faculdade atribuída pela norma jurídica a um grupo social de suspender o trabalho, quer seja em uma empresa ou em um estabelecimento, quer seja em um âmbito maior, abrangendo toda uma profissão ou categoria em determinada base geográfica, por exemplo, ou até mesmo várias profissões ou categorias em diversas localidades. Contudo, ao garantirem a greve como um direito, os ordenamentos jurídicos também se preocuparam em estabelecer os limites para o seu exercício, vez que é inerente à greve a causação de danos.

4.1. Limites admitidos pela OIT

A Organização Internacional do Trabalho (OIT), apesar de ter examinado o direito de greve em seus trabalhos preparatórios, jamais obteve o consenso necessário para a aprovação de uma Convenção ou Recomendação específica sobre o assunto. Todavia, isso não significou abstenção da Organização

---

[20] MIRAGEM, Bruno. Op. cit. p. 146.

ABUSO DO DIREITO DE GREVE

na análise da greve e dos meios destinados a proteger seu exercício, eis que através dos dois principais órgãos de controle da OIT – a Comissão de Peritos na Aplicação de Convenções e Recomendações e o Comitê de Liberdade Sindical – foi possível a formação de uma "jurisprudência de decisões" em matéria de greve.

A experiência adquirida pelo Comitê no exame de queixas referentes a violações ao princípio da liberdade sindical, consagrado pelas Convenções n. 87 e 98 da OIT, foi objeto de sistematização por tal órgão, dando origem ao documento denominado Recopilação de Decisões e Princípios do Comitê de Liberdade Sindical, que atualmente encontra-se em sua 5ª edição, publicada em 2006, e cujos parágrafos 520 a 676 tratam especificamente do direito de greve.

O parágrafo 521 da 5ª edição da Recopilação traz o princípio básico em matéria de greve, formulado pelo Comitê já em sua segunda reunião ocorrida em 1952, e do qual deriva toda a jurisprudência sobre o tema[21]. Prevê o referido dispositivo: *"O Comitê tem sempre reconhecido o direito de greve como um direito legítimo a que podem recorrer os trabalhadores e suas organizações na defesa de seus interesses econômicos e sociais".*

Tendo discutido sobre os interesses que poderiam ser defendidos por meio da greve, ou seja, quais as finalidades do movimento paredista, o Comitê chegou à conclusão de que os interesses profissionais e econômicos que os trabalhadores defendem mediante o direito de greve abrangem não apenas a obtenção de melhores condições de trabalho ou reivindicações coletivas de ordem profissional, mas também compreendem a busca de soluções para questões de política econômica e social e para problemas que se apresentem na empresa e que interessam diretamente aos trabalhadores.

Contudo, é na questão relativa aos limites ao exercício do direito de greve que se destaca o trabalho realizado pelo Comitê. Entendendo que o direito de greve não possa ser considerado um direito absoluto, são admitidas restrições e até mesmo proibições, em determinados casos, compatíveis com o princípio da liberdade sindical. No entanto, as restrições admitidas devem ser pautadas pela razoabilidade, caso contrário corre-se o risco de impossibilitar o exercício desse direito.

A partir da análise dos posicionamentos da OIT acerca da greve, é possível identificar duas modalidades de limites ao exercício desse direito: uma

---

[21] GERNIGON; ODERO; GUIDO, Principios de la OIT sobre el derecho de huelga, in: *Revista Internacional del Trabajo*, v.117, n.4, p.475.

refere-se aos trabalhadores envolvidos e outra às condições para o exercício desse direito.

No tocante às limitações quanto aos sujeitos, tem-se a discussão sobre os membros das forças armadas e da polícia, para os quais é admitida restrição ou até mesmo a proibição do exercício da greve.

Entretanto, questão mais complexa diz respeito às restrições impostas à greve de servidores públicos. Em um primeiro momento os órgãos de controle da OIT admitiam que houvesse limitação ao exercício do direito de greve dos servidores que atuassem como órgãos do poder público, assim entendidos os que trabalhassem nos ministérios e demais organismos governamentais comparáveis. Posteriormente, a OIT passou a entender que uma definição demasiadamente detalhada do conceito de funcionário público poderia ter como resultado uma restrição muito ampla e, até mesmo, uma proibição do direito de greve a esses trabalhadores, passando a admitir que tão somente poderia ser vedado o acesso à greve para os servidores públicos que exercem função de autoridade em nome do Estado.

Também se concebe, no âmbito da OIT, que os trabalhadores em serviços essenciais em sentido estrito, tenham seu direito de greve limitado. Hodges-Aeberhard e Odero de Dios[22] afirmam que a definição de serviços essenciais depende em grande medida das circunstâncias particulares de cada país. Todavia, em razão de certa recorrência de queixas sobre limitação à greve em determinados setores, foi possível ao Comitê indicar alguns serviços que geralmente são considerados essenciais. Segundo o parágrafo 585 da Recopilação de Decisões e Princípios do Comitê de Liberdade Sindical, podem ser considerados como serviços essenciais: o setor hospitalar, os serviços de eletricidade, os serviços de abastecimento de água, os serviços telefônicos, a polícia e as forças armadas, os serviços de bombeiros, os serviços penitenciários públicos e privados, o fornecimento de alimentos a alunos em idade escolar e a limpeza dos estabelecimentos escolares e o controle de tráfego aéreo.

Ao admitir que determinadas categorias de trabalhadores possam ser limitadas em seu direito de greve diante das atividades por eles desenvolvidas, afirma o Comitê de Liberdade Sindical que lhes seja devida alguma forma de garantia compensatória, como, por exemplo, a proibição de lockout e o

---

[22] HODGES-AEBERHARD, Jane; ODERO DE DIOS, Alberto. Los principios del Comite de Libertad Sindical relativos a las huelgas. *Revista Internacional del Trabajo*, Genebra, v.106, n.4, 1987, p. 520.

estabelecimento de procedimentos de conciliação ou mediação, que, se infrutíferos, possam dar lugar a um procedimento de arbitragem que goze da confiança dos interessados, seja imparcial e rápido, possibilite a participação em todas as etapas e cujos laudos emitidos sejam aplicados integral e rapidamente.

O Comitê também tem se manifestado frequentemente sobre os requisitos exigidos pelas legislações nacionais para o legítimo exercício do direito de greve. Dessa forma, são consideradas exigências aceitáveis para a greve: (a) o dever de dar um pré-aviso; (b) o dever de se buscar previamente uma solução negociada ao conflito, mediante esforços de mediação, conciliação e arbitragem voluntárias; (c) o dever de respeitar um determinado quórum e de obter o acordo de uma maioria; (d) a utilização de escrutínio secreto para decidir sobre a greve; (e) a adoção de medidas com o objetivo de fazerem respeitar os regulamentos de segurança e para prevenção e acidentes; e (f) a manutenção de serviços mínimos em determinados casos.

4.2. Limites previstos no ordenamento brasileiro

O direito de greve assegurado pelos artigos 9º e 37, VII, da Constituição Federal já se encontra limitado no próprio texto constitucional ante a previsão de que se devem atender as necessidades inadiáveis da comunidade, bem como exercer o direito dentro de suas finalidades econômicas e sociais, com respeito à boa-fé e aos bons costumes, conforme se depreende da previsão de punição aos abusos.

A regulamentação específica desses limites ficou a cargo da legislação infraconstitucional, a lei n. 7.783/1989 para o setor privado, que também se aplica, no que for compatível, ao setor público civil, e de maneira geral está de acordo com a doutrina da Organização Internacional do Trabalho sobre o tema.

Esses limites estão associados a dois momentos distintos: o anterior à deflagração da greve e o posterior, que consiste na recusa de trabalho, a greve propriamente dita. Antes da deflagração tem-se: a necessidade de prévia negociação coletiva, a exigência de realização de assembléia para definição das reivindicações e deflagração da greve, e a necessidade de aviso prévio. Após a deflagração, há a necessidade de se assegurar a prestação dos serviços inadiáveis à comunidade e daqueles cuja paralisação resulte prejuízos irreparáveis à empresa.

Também há um dever que perpassa todos os momentos da greve, que é o dever de não utilização de meios violentos ou que constranjam direitos e garantias fundamentais de outrem.

A lei de greve trata de maneira adequada das questões relativas ao atendimento das necessidades inadiáveis da comunidade e abuso do direito de greve. Contudo, a norma legal não restringe todas as hipóteses de violação de limites do direito de greve, cabendo caso a caso ao julgador analisar se foram observadas as finalidades econômicas e sociais, a boa-fé e os bons costumes, mesmo que aparentemente não tenha sido violado nenhum dispositivo legal.

4.2.1. Prévia negociação coletiva ou impossibilidade de recursos a via arbitral

O dever das partes de buscarem a negociação coletiva antes da deflagração do movimento paredista está previsto no artigo 3° da lei n. 7.783/1989 e relaciona-se à finalidade social da greve, pois antes de se recorrer a um mecanismo de autotutela, o ordenamento exige que as partes tentem – não que obtenham – a solução do seu litígio de outra maneira menos gravosa.

A necessidade negociação prévia levou inclusive a Seção de Dissídios Coletivos do Tribunal Superior do Trabalho a editar a Orientação Jurisprudencial n. 11: *"GREVE. IMPRESCINDIBILIDADE DE TENTATIVA DIRETA E PACÍFICA DA SOLUÇÃO DO CONFLITO. ETAPA NEGOCIAL PRÉVIA. É abusiva a greve levada a efeito sem que as partes hajam tentado, direta e pacificamente, solucionar o conflito que lhe constitui o objeto".*

4.2.2. Assembléia geral para deliberação sobre a paralisação

A exigência de realização de uma assembléia geral dos trabalhadores para decisão sobre utilização do recurso da greve, prevista no *caput* do art. 4° da lei 7.783, é inerente à natureza da greve como um direito de exercício coletivo. E cabe ao sindicato, como entidade representante da categoria dos trabalhadores, a responsabilidade pela convocação da assembléia.

Entretanto, pode ocorrer de a categoria não estar constituída em um sindicato ou há até mesmos casos em que o próprio sindicato é contra o movimento grevista, mas nem por isso esses trabalhadores deixam de ter direito de greve ou deixam de poder exercer esse direito, donde a previsão do parágrafo 2° do artigo 4° da lei n. 7.783/1989, pela qual é possível a formação de uma comissão de trabalhadores líderes do movimento quando a entidade sindical for negligente.

4.2.3. Necessidade de aviso prévio

Conforme previsão no parágrafo único do artigo 3º e artigo 13 da lei n. 7.783/1989 exige-se que a entidade sindical ou comissão de greve, após deliberação da assembléia pela suspensão das atividades para greve, comunique a decisão à entidade patronal ou ao empregador no prazo de 48 horas ou 72 horas, em se tratando de atividades gerais ou essenciais, respectivamente, antes de se efetivar a paralisação. No caso dos serviços ou atividades essenciais – definidas no artigo 10 da lei n. 7.783/1989 – também é necessária a comunicação à comunidade no mesmo prazo de 72 horas. Esse dever de pré-aviso é decorrente do princípio da boa-fé.

Alfredo Ruprecht[23] valoriza a exigência do pré-aviso à parte patronal, bem como à comunidade quando se tratam de serviços e atividades essenciais. Para o autor, a partir da comunicação prévia da intenção de se paralisarem os serviços, é dada a oportunidade de retomarem as conversações com tempo hábil a possibilitar uma composição antes mesmo da parada, da mesma forma que permite ao empregador tomar algumas medidas para evitar prejuízos à sua produtividade.

4.2.4. Manutenção dos serviços essenciais internos da empresa cuja paralisação resultará em prejuízos irreparáveis

O artigo 9º da lei n. 7.783/1989 determina que o sindicato ou a comissão de negociação deverá manter em atividade equipes de empregados para assegurar a manutenção das atividades mínimas essenciais ao funcionamento da empresa.

Apesar de ser inerente à greve a causação de danos, tanto ao empregador quanto a terceiros, não é finalidade da greve ocasionar a ruína do empregador, de modo que não são admitidos danos excessivos que coloquem em risco a própria atividade empresarial. É o que os italianos denominam de danos à produtividade[24], os quais não são admitidos pela ordem jurídica.

Tal limitação ao exercício do direito de greve se dá em função da proteção constitucional da liberdade de iniciativa econômica, que também é prevista como um dos princípios fundamentais da República (art. 1º, IV, da CF).

O legislador previu no parágrafo único do artigo 9º da lei de greve a solução a ser adotada em caso de descumprimento de tal limite, autorizando,

---

[23] RUPRECHT, Alfredo. *Conflitos Coletivos de Trabalho*. São Paulo: LTr, 1979, p. 115.
[24] GIUGNI, *Direito Sindical*, pp. 197-198; GALANTINO, *Diritto Sindicale*, p. 256.

SINDICATOS E AUTONOMIA PRIVADA COLETIVA

excepcionalmente, o empregador a contratar trabalhadores para a realização de tais tarefas, o que pode se dar através de uma empresa prestadora de serviços ou através da contratos de trabalho por prazo determinado.

4.2.5. Garantia dos serviços inadiáveis à comunidade

O artigo 11 da lei n. 7.783/1989 determina que em se tratando de serviços ou atividades essenciais, é dever dos sindicatos, trabalhadores e empregadores garantirem a prestação dos serviços indispensáveis ao atendimento das necessidades inadiáveis da comunidade.

Este dispositivo consiste na regulamentação legal do §1º do artigo 9º da Constituição Federal. Contudo, tal limitação não pode, em hipótese alguma, implicar a inviabilidade do exercício do direito de greve dos trabalhadores em tais atividades, tal como ocorria na vigência da Constituição Federal de 1967 e Emenda Constitucional n. 1 de 1969, cujo artigo 157, § 7º, expressamente proibia a greve em serviços públicos e atividades essenciais.

No tocante à definição dos serviços e atividades essenciais e que, portanto, merecem tratamento diferenciado pelo ordenamento jurídico, a lei de greve brasileira apresenta em seu artigo 10 um rol taxativo com onze incisos, de modo que são considerados serviços ou atividades essenciais: *I – tratamento e abastecimento de água; produção e distribuição de energia elétrica, gás e combustíveis; II – assistência médica e hospitalar; III – distribuição e comercialização de medicamentos e alimentos; IV – funerários; V – transporte coletivo; VI – captação e tratamento de esgoto e lixo; VII – telecomunicações; VIII – guarda, uso e controle de substâncias radioativas, equipamentos e materiais nucleares; IX – processamento de dados ligados a serviços essenciais; X – controle de tráfego aéreo; e XI compensação bancária.*

A principal limitação à greve em tais atividades é a prestação de serviços mínimos que deve ser definido em comum acordo entre sindicato, trabalhadores e empresas, como previsto no *caput* do artigo 11, sendo que em casos de total inobservância dessa determinação impõe-se ao Poder Público a prestação dos serviços inadiáveis (art. 12, da lei n. 7.783/1989)[25].

Neste aspecto não podemos deixar de almejar que nossa cultura sindical evolua ao ponto de que não seja mais necessário se recorrer aos Tribunais do Trabalho para a fixação dos serviços mínimos essenciais a serem prestados

---

[25] O que já ocorreu, como, por exemplo, em agosto de 2011 quando a Guarda Civil Metropolitana foi chamada para realizar o transporte de corpos aos cemitérios em razão da greve dos funcionários do serviço funerário de São Paulo.

em caso de greve dos trabalhadores desses setores, vez que os interlocutores sociais são os que têm melhores condições para tanto, contando com informações privilegiadas sobre o dia-a-dia da empresa, os serviços e seus usuários. A falta de conhecimento da realidade ou das práticas consagradas em empresas ou setores de atividade, por parte dos julgadores, leva muitas vezes a decisões liminares em sede de dissídio coletivo de greve que inviabilizam o próprio exercício do direito constitucionalmente assegurado aos trabalhadores.

4.2.6. Proibição de utilização de meios violentos ou que constranjam direitos e garantias fundamentais de outrem

Trata-se da concretização do principio da incolumidade das esferas jurídicas no tocante ao exercício do direito de greve e está expresso nos parágrafos primeiro e terceiro do artigo 6º da lei n. 7.783/1989.

A doutrina é uníssona na vedação à utilização de meios violentos seja pelo sindicato, pelo dirigente sindical, pelo grevista, pelo empregador ou pela entidade patronal, isso porque a greve deve ser um movimento pacífico, em que pese seja inerente ao próprio movimento a causação de danos.

5. Consequências jurídicas pelo abuso do direito de greve

Considerando-se que a violação dos limites do direito de greve importa diversas modalidades de respostas dos ordenamentos jurídicos, passamos a analisar as consequências jurídicas do abuso do direito de greve nas esferas trabalhista e penal, bem como a responsabilidade civil pelo abuso do direito de greve.

5.1. Consequências trabalhistas

No tocante às consequências trabalhistas do exercício abusivo do direito de greve, tem-se a perda das medidas protetivas. Explicamos:

A lei n. 7.783/1989 prevê no parágrafo único do artigo 7º duas modalidades de garantias aos trabalhadores durante a greve: "É vedada a *rescisão de contrato de trabalho durante a greve*, bem como a *contratação de trabalhadores substitutos*, exceto na ocorrência das hipóteses previstas nos arts. 9º e 14" (sem destaques no original). Verifica-se, assim, que a primeira garantia consiste em uma estabilidade provisória, pois é vedado ao empregador rescindir os contratos de trabalho dos empregados grevistas enquanto perdurar a manifestação. Já a segunda garantia é voltada ao próprio movimento grevista, pois proíbe a contratação de substitutos para os trabalhadores grevistas.

Todavia, tais garantias apenas subsistem nas greves lícitas, não abusivas. Havendo manifesta violação aos limites do direito de greve, o ordenamento jurídico autoriza o empregador a dispensar os empregados grevistas, por desídia ou outra falta grave, bem como autoriza a contratação de substitutos para exercer as funções dos trabalhadores parados. Nesse sentido, o E. Tribunal Superior do Trabalho já sedimentou seu entendimento através da Orientação Jurisprudencial n. 10 de sua Seção de Dissídios Coletivos do TST: *"GREVE ABUSIVA NÃO GERA EFEITOS. É incompatível com a declaração de abusividade de movimento grevista o estabelecimento de quaisquer vantagens ou garantias a seus partícipes, que assumiram os riscos inerentes à utilização do instrumento de pressão máximo".*

Observa-se que a Súmula n. 316 do E. Supremo Tribunal Federal, datada de 1963, prevê que: *"A simples adesão à greve não constitui falta grave".* Tal enunciado deve ser considerado juntamente com a OJ-SDC n. 10 de modo que não se pode cogitar a configuração de falta grave a simples adesão à greve, quando esta for lícita, não abusiva. A *contrario sensu*, quando a greve for abusiva, ou seja, quando o direito de greve for exercido além de seus limites, será possível considerar a adesão do trabalhador ao movimento grevista como inadimplemento de seu dever de prestar trabalho sem causa excludente da ilicitude trabalhista.

5.2. Responsabilidades penais

A lei penal brasileira não mais tipifica a participação em greve como um ilícito, exceto no caso dos militares, para os quais a greve não é considerada um direito, mas um ilícito de natureza penal que se enquadra nos crimes de deserção e abandono de posto, previsto nos artigos 187 e 195 do Código Penal Militar (decreto-lei n. 1.001 de 21.10.1969) em consonância com o artigo 142, §3º, IV da Constituição Federal.

O Código Penal (decreto-lei n. 2.848 de 7.12.1940) em seu Título V, ao tratar dos crimes contra a organização do trabalho, criminaliza condutas relacionadas ao irregular exercício do direito de greve, sempre destacando a inobservância ao dever de não agir violentamente. É o caso do crime de atentado contra a liberdade de trabalho (art. 197 do Código Penal); do crime de paralisação de trabalho, seguida de violência ou perturbação da ordem (art. 200 do Código Penal); do crime de paralisação de trabalho de interesse coletivo (art. 201 do Código Penal); e do crime de invasão de estabelecimento industrial, comercial ou agrícola – sabotagem (art. 202 do Código Penal).

5.3. Responsabilidade civil

A responsabilidade civil é um instituto que perpassa o direito como um todo e se reflete sobre todos os atos das pessoas, físicas ou jurídicas, que vivem na sociedade, não devendo comportar exceções que venham a conferir privilégios ou consagrar regalias[26].

Em breves palavras, pode-se definir a responsabilidade civil como um instituto jurídico que atribui o dever de indenizar quando é causado um dano não tolerado pelo ordenamento, que ocorre em razão de manifesta violação de deveres, bem como quando é exercido um direito além de seus limites.

Há de se verificar, portanto, quando tal consequência ocorrerá no caso do exercício do direito de greve, considerando-se a peculiaridade de que toda – lícita ou ilícita, legal ou ilegal, irregular ou regular, não abusiva ou abusiva[27] – provoca danos ao empregador, aos fornecedores do empregador e aos consumidores dos serviços e produtos, eis que o dano é inerente à greve, está ligado à própria essência da greve como um direito de autotutela.

Quando o direito de greve é exercido dentro dos limites impostos pelo ordenamento – assim falamos em greve lícita, legal ou não abusiva – esses danos são justos, tolerados e aceitos pelo ordenamento jurídico, de modo que não há que se falar no surgimento do dever de indenizar. A vítima deve suportar o prejuízo causado, pois o direito assim determina. No caso da greve são evidentes os danos causados, pois o empregador deixa de contar com os empregados para o desenvolvimento de sua atividade, que certamente será prejudicada, bem como suas relações com clientes e fornecedores.

Para se falar em dano passível de indenização decorrente do exercício do direito de greve, deve-se verificar um dano excepcional, não tolerado pelo

---

[26] NASCIMENTO, Amauri Mascaro. *Compêndio de Direito Sindical*. São Paulo: LTr, 2009, p. 597.

[27] Em geral os termos são utilizados como sinônimos, mas reputamos necessário distinguir tais figuras. Podemos de maneira simples definir a ato ilícito como aquele que viola um dever jurídico, que pode estar ou não concretizado em lei; ato ilegal é aquele que viola um dever jurídico previsto em lei, é, portanto, uma modalidade de ato ilícito; ato abusivo é também uma modalidade de ato ilícito que decorre da manifesta violação de deveres inerentes ao regular exercício de um direito, que podem ou não estar expressos em dispositivos legais (a doutrina diverge quanto a identificar o abuso de direito como modalidade de ilícito, entretanto após a promulgação do artigo 187 do Código Civil Brasileiro de 2002 é difícil sustentar no direito pátrio outra natureza do ato abusivo que não de ato ilícito).

ordenamento, um dano injusto. É o que ocorre quando são manifestamente extrapolados os limites do direito de greve, conforme prevê o artigo 187 do Código Civil[28]. Assim, deve-se verificar a quem eram destinados esses limites, ou seja, se se trata de um limite dirigido à entidade sindical que representa os trabalhadores coletivamente considerados, ou ao trabalhador grevista, o que terá importantes repercussões quanto ao destinatário do dever de reparar os danos.

Outro aspecto relevante quanto à responsabilidade civil é a identificação do sujeito causador do dano injusto, e, em especial, a relação de causa e efeito entre o dano e a sua conduta, que pode ser comissiva ou omissiva, o chamado nexo de causalidade. Quem der causa ao dano, o agressor, seja pessoa física – empregado ou empregador pessoa física – ou pessoa jurídica – sindicato profissional, sindicato patronal, empregador pessoa jurídica –, em regra, será o responsável pelos prejuízos que causar, pois apenas em situações excepcionais o direito impõe o dever de indenizar a alguém que não causou dano.

Também se discute a necessidade de apuração da culpa ou do dolo do agente para imposição do dever de indenizar[29], ou seja, para haver o dever de indenizar os danos causados por atos abusivos é necessário que tenha ocorrido dolo ou culpa? O artigo 187, ao prever que os limites devem ser *manifestamente* excedidos para implicar a imposição do dever de reparar danos, parece levar-nos à conclusão de que sim, é necessário verificar o elemento anímico do agente, não para qualificação ato como abusivo ou não, mas para sua responsabilização.

---

[28] Uma observação importante a se fazer diz respeito à redação do artigo 187 do Código Civil que não prevê a necessidade de dano para configurar o ato ilícito na modalidade abusiva. No âmbito da responsabilidade civil não se fala em indenização se não há danos, apenas haverá lugar para a indenização se do ato ilícito abusivo decorrer danos. Esse fato merece maior consideração quanto ao exercício do direito de greve, uma vez que sempre haverá danos. Assim, para que seja possível responsabilizar civilmente o sindicato, os grevistas e os dirigentes sindicais é necessário que o dano causado pela extrapolação dos limites do direito de greve seja um dano excepcional, ou seja, não será passível de indenização o dano, provocado por uma greve considerada abusiva, se o mesmo resultado ocorresse ainda que a greve fosse considerada lícita, não abusiva. Todavia a greve é abusiva em razão da extrapolação dos limites do exercício do direito e se deve considerar a possibilidade de o ordenamento jurídico prever outras respostas a esse ato ilícito, sobretudo as consequências trabalhistas.

[29] Frise-se que a apuração do dolo ou culpa não importa para a caracterização do ato abusivo como ilícito, pois, o ato abusivo enquadra-se na noção de ilicitude dissociada do dano e da culpa.

A reparação dos danos – a indenização – envolve o exame daquele que sofreu uma lesão em sua esfera jurídica pela prática ilícita, bem a extensão do dano (art. 944, *caput*, do CC). Assim, no tocante às vítimas dos danos decorrentes da violação dos limites do direito de greve verificamos que podem figurar nessa posição os empregadores, trabalhadores não grevistas, entidades sindicais patronais, terceiros estranhos à relação de trabalho ou até mesmo a própria sociedade, em especial no caso dos serviços e atividades essenciais. Tal diversidade se dá em razão dos diferentes interesses tutelados pelo ordenamento, podendo-se apontar os seguintes exemplos de reparação: (a) indenizações pecuniárias em favor de fundos ou entidades assistenciais, quando se trata de um dano cuja vítima é a própria sociedade, tal como ocorre quando não são prestados os serviços inadiáveis à comunidade, sem prejuízo da imposição de obrigações de fazer ou não fazer; (b) indenizações pecuniárias em favor do empregador quando são causados danos patrimoniais e compensação pecuniária quando causados danos morais, sem prejuízo de indenizações *in natura*, consistindo em obrigações de fazer ou não fazer; e (c) indenizações pecuniárias em favor de trabalhadores não grevistas ou terceiros, sem prejuízo de indenizações *in natura*. Essas modalidades não se excluem, podendo coexistir sem configurar *bis in idem*, pois uma única prática ilícita pode gerar mais de um dano a diferentes sujeitos, ou até mesmo danos de diferentes naturezas (danos patrimoniais e danos extrapatrimoniais) podem ser infligidos a um mesmo sujeito, demandando diferentes indenizações.

6. Conclusão

Esses breves apontamentos sobre abuso do direito de greve permitem-nos observar que o tema, que à primeira vista restringe-se ao estudo de restrições ou proibições de determinadas condutas, é dotado de especial importância, na medida em que nos permite, através da análise dos limites ao exercício do direito de greve estabelecidos pelo ordenamento jurídico – expressos ou não em dispositivos legais –, uma melhor percepção do sentido e do significado do próprio direito.

SINDICATOS E AUTONOMIA PRIVADA COLETIVA

7. Referência

BELTRAN, Ari Possidonio. *A Autotutela nas Relações do Trabalho.* São Paulo: LTr, 1996.

CALAMANDREI, Piero. Significato costituzionale del diritto di *sciopero. In:* _____. *Opere giuridiche: a cura di Mauro Cappelletti. Nápoles: Morano, 1968. 3 v. p.443-469.*

ERMIDA URIARTE, Oscar. *A Flexibilização da Greve.* Tradução Edilson Alkmin. São Paulo: LTr, 2000.

GALANTINO, Luisa. *Diritto Sindicale.* 6. ed. Turim: G. Giappichelli, 1996.

GERNIGON, Bernard; ODERO, Alberto; GUIDO, Horacio. Principios de la OIT sobre el derecho de huelga. *Revista Internacional del Trabajo,* Genebra, v.117, n.4, p.473-515, 1998.

GIUGNI, Gino. *Direito Sindical.* Tradução Eiko Lúcia Itioka. São Paulo: LTr, 1991.

HODGES-AEBERHARD, Jane; ODERO DE DIOS, Alberto. Los principios del Comité de Libertad Sindical relativos a las huelgas. *Revista Internacional del Trabajo,* Genebra, v.106, n.4, p.511-533, 1987.

JOSSERAND, Louis. *Del Abuso de Los Derechos y Otros Ensayos.* Bogotá: Temis, 1999.

LARENZ, Karl. *Derecho Civil:* Parte general. Tradução Miguel Izquierdo y Macías-Picavea. Madri: Editorial Revista de Derecho Privado, 1978.

MARTINS-COSTA. Judith. Os Avatares do Abuso do Direito e o Rumo Indicado pela Boa-Fé. In: DELGADO, Mário Luiz; ALVES, Jones Figueirêdo (Org.). *Novo Código Civil: questões controvertidas.* São Paulo: Método, v. 6, 2007, p. 505-544.

MIRAGEM, Bruno. *Abuso do Direito:* Proteção da confiança e limite ao exercício das prerrogativas jurídicas no direito privado. Rio de Janeiro: Forense, 2009.

NASCIMENTO, Amauri Mascaro. *Compêndio de Direito Sindical.* 6.ed. São Paulo: LTr, 2009.

ORGANIZAÇÃO INTERNACIONAL DO TRABALHO. *Libertad Sindical:* Recopilación de decisiones y princípios del Comité de Libertad Sindical del Consejo de Administración de la OIT. 5.ed. Genebra: OIT, 2006. Disponível em <http://www.ilo.org/wcmsp5/ groups/public/---ed_norm/---normes/ documents/publication/wcms_090634.pdf >. Acesso em 25.10.2010.

PÉREZ DEL CASTILLO, Santiago. *O Direito de Greve.* Tradução Maria Stella Penteado G. de Abreu. São Paulo: LTr, 1994.

RUPRECHT, Alfredo. *Conflitos Coletivos de Trabalho.* Tradução José Luiz Ferreira Prunes. São Paulo: LTr, 1979.

SANTORO-PASSARELLI, Francesco. *Noções de Direito do Trabalho.* Tradução Mozart Victor Russomano e Carlos Alberto G. Chiarelli. São Paulo: Revista dos Tribunais, 1973.

SILVA, Homero Batista Mateus. *Curso de Direito do Trabalho Aplicado.* Rio de Janeiro: Elsevier, 2010. 7 v.

VIANA, Márcio Túlio. Legalidade das greves atípicas. *IOB Repertório de jurisprudência:* trabalhista e previdenciário, São Paulo, n.1, p.19-17, jan 2000.